"十一五"国家重点图书出版规划项目

·经／济／科／学／译／丛·

Applied Intermediate Macroeconomics

应用中级宏观经济学

凯文·D·胡佛（Kevin D. Hoover） 著

蒋长流　杨玲　译

中国人民大学出版社

·北京·

《经济科学译丛》编辑委员会

《经济科学译丛》总序

　　中国是一个文明古国，有着几千年的辉煌历史。近百年来，中国由盛而衰，一度成为世界上最贫穷、落后的国家之一。1949 年中国共产党领导的革命，把中国从饥饿、贫困、被欺侮、被奴役的境地中解放出来。1978 年以来的改革开放，使中国真正走上了通向繁荣富强的道路。

　　中国改革开放的目标是建立一个有效的社会主义市场经济体制，加速发展经济，提高人民生活水平。但是，要完成这一历史使命绝非易事，我们不仅需要从自己的实践中总结教训，也要从别人的实践中获取经验，还要用理论来指导我们的改革。市场经济虽然对我们这个共和国来说是全新的，但市场经济的运行在发达国家已有几百年的历史，市场经济的理论亦在不断发展完善，并形成了一个现代经济学理论体系。虽然许多经济学名著出自西方学者之手，研究的是西方国家的经济问题，但他们归纳出来的许多经济学理论反映的是人类社会的普遍行为，这些理论是全人类的共同财富。要想迅速稳定地改革和发展我国的经济，我们必须学习和借鉴世界各国包括西方国家在内的先进经济学的理论与知识。

　　本着这一目的，我们组织翻译了这套经济学教科书系列。这套译丛的特点是：第一，全面系统。除了经济学、宏观经济学、微观经济学等基本原理之外，这套译丛还包括了产业组织理论、国际经济学、发展经济学、货币金融学、公共财政、劳动经济学、计量经济学等重要领域。第二，简明通俗。与经济学的经典名著不同，这套丛书都是国外大学通用的经济学教科书，大部分都已发行了几版或十几版。作者尽可能地用简明通俗的语言来阐述深奥的经济学原理，并附有案例与习题，对于初学者来说，更容易理解与掌握。

　　经济学是一门社会科学，许多基本原理的应用受各种不同的社会、政治或经济体制的影响，许多经济学理论是建立在一定的假设条件上的，假设条件不同，结论也就不一定成立。因此，正确理解掌握经济分析的方法而不是生搬硬套某些不同条件下产生的结论，才是我们学习当代经济学的正确方法。

本套译丛于 1995 年春由中国人民大学出版社发起筹备并成立了由许多经济学专家学者组织的编辑委员会。中国留美经济学会的许多学者参与了原著的推荐工作。中国人民大学出版社向所有原著的出版社购买了翻译版权。北京大学、中国人民大学、复旦大学以及中国社会科学院的许多专家教授参与了翻译工作。前任策划编辑梁晶女士为本套译丛的出版做出了重要贡献，在此表示衷心的感谢。在中国经济体制转轨的历史时期，我们把这套译丛献给读者，希望为中国经济的深入改革与发展做出贡献。

《经济科学译丛》编辑委员会

应用中级宏观经济学

致　谢

　　从本书构思到真正出版的将近 15 年间，为我提供帮助的人为数众多。我肯定无法记住所有的人，也无法给予他们应得的感谢。但我相信，那些未被提及的人会将此归咎为我的记忆力问题和未能保留记录（这些都是不该发生的），而不是我缺乏感激，因为我的感激之情可谓无穷无尽。

　　本书构思于 20 世纪 90 年代中期，当时我在加州大学戴维斯分校，正在对我的应用中级宏观经济学课程进行彻底改革，使其更具实证导向性，但是没有一本现存教材能真正满足我的课程要求。我首先要感谢当时在艾迪逊-威斯利出版社任责任编辑的约翰·格林曼。他首先提议我自己撰写一本教材，我的意见是，我想写的书和市场畅销的教材会有很大不同，读者面太窄，不会获得商业上的成功。尽管如此，他还是要求我提交一份教材的撰写提纲，并和我签订了协议。因为各种原因，这本书进展很慢，在经过一系列人事变动后，我和艾迪逊-威斯利出版社分道扬镳。

　　值得庆幸的是，剑桥大学出版社采用了我的书稿。这是我在剑桥出版社出版的第三本书，每本书都获得了斯考特·帕里斯的指导和支持。我非常感谢他，他是一位最用心的编辑，我们的合作一直很愉快。我还要感谢剑桥出版社的助理编辑亚当·乐凡，他做事高效并总是能解决各种问题。

　　没有成百上千的学习宏观经济学学生的激励，我绝不会完成这本书。在成书过程中，他们中的大多数人为我提供了非常有益的评论和批评。但是我尤其要感谢其中一些学生。感谢我的助研与助教莱迪·里安布、罗杰·巴特斯、迈克尔·都维尔、珍宁·汉德森、古斯塔夫·奈斯特龙和皮亚恰特·费罗姆斯瓦德。特别是海克·麦克劳顿，他带着本科生初学者的敏感和最佳编辑才具备的细致阅读了我早期的书稿。此外，我还要感谢本科生导师和读者，他们给我的课程提供帮助，并根据自己的经验或通过告知学生的反应为书稿提供极有价值的反馈。他们是罗曼·阿尔帕、安德鲁·布莱克、达米安·查第、迪安·周、帕金·张、考特尼·迪恩、马莉卡·朱里察、恩玛·艾立祖、萨拉·恩格尔、斯蒂芬·恩莱特、娄·阿兰·费尔南德斯、布里安·菲尔斯、玛利亚·弗里德曼、考利·哈里顿、大卫·豪杰斯、拉娜·沃尔克·伊万诺夫、道恩·约翰逊、尼山·克山费安、菲利普·兰姆、丽贝卡·李、斯考特·莱文、格劳莉娅·李、布里安·曼格尔德、考特尼·麦克哈格、那塔尼尔·摩尔、阿曼达·罗宾逊、史蒂芬·罗斯、古斯木兰·桑德胡、利兰·苏、斯黛芬妮·斯特恩、迈克尔·斯图华特、詹妮弗·斯迪沃斯、珍宁·查姆利安、贾克琳·沃尔特、王春、霍普·韦尔东以及奥尔加·扎热斯基。

这两家出版商邀请了众多经济学家审核最初的撰写提纲和后来各个阶段的书稿。尽管大多数审稿人为匿名的，但我还是要感谢他们。他们的反馈对这本书最终成稿至关重要，同时也帮助我避免了很多关于事实和讲解上的错误。其中几位审稿人的名字我是知道的，在此要特别感谢他们——曼弗雷德·凯尔、阿克塞尔·莱荣霍夫德和佩利·梅林。他们审稿特别细致，在批评的同时给予大量鼓励。我还要特别提及马休·拉弗蒂，我以前的博士生，更为重要的是，他是本书的一个评论者，他在自己的教学中实际使用了我的书稿，并对书稿的成功提供了极有价值的调查报告。我还要感谢穆罕默德·艾尔·萨迦，他也在教学中使用了我的书稿，并经常提供反馈。此外，我还要感谢加州大学戴维斯分校的同事托马斯·迈耶和另一位博士生塞尔瓦·德米拉普给出的几点建议。

撰写这本教材的过程中我在三个系工作过——加州大学戴维斯分校经济学系、杜克大学经济学系和哲学系。我的同事为我提供了非常好的工作环境，一路走来，很多人给予我诸多鼓励。

在看似无休无止的编写过程中，妻子凯瑟琳和两个女儿（劳拉和菲利帕）的爱和支持一直陪伴着我。我开始着手写这本书的时候，我们的女儿还是小姑娘，现在已长大成人、独立生活。我在写书的时候时常想起她们。但是，不管怎样，她们俩注定都不会成为经济学家。

致 学 生

经济学的目的是理解经济，这也一直是《应用中级宏观经济学》这本教材的目的，该书将宏观经济学视为理解经济事实并加以阐释的工具。与大多数中级宏观经济学教程不同的是，它强调对现实世界数据的应用。其目标是帮助学生使用经济学理论与数据来阐释我们不断从报纸、电视、广播、网络中获得的大量信息和关于政策的辩论。本教材的策略一直都是：运用数据和具体实例来解释经济学理论，并为学生提供涉及实际数据的分析与问题的阐释。

这一策略的前提条件是，学生具备一些数据处理能力以及对基础统计学有一定的掌握，例如，构图、计算增长率和取平均值等。在不使用任何专门统计附加软件的情况下，能使用微软 Excel 软件或类似的电子制表软件轻松地处理数据。本教材假设学生已经具备上述基本能力，并就其具体运用给予提示。那些不具备这些技能的学生需要迅速掌握。本教材的资源可从网站 www. appliedmacroeconomics. com 获得，包含 Excel 的一些入门指南。

本教材并不假设学生已经学习了统计学。它将教授所有需要的统计学知识。关键的统计学知识在"经济数据分析指南"这一章（简称"指南"）阐述。"指南"包含清晰详细的解释和大量例子，旨在作为一个独立的参考章节。读者可以全部通读从中受益，也可以根据需要简单翻阅。精确的细节非常重要，因此，即使一个学生非常熟悉基础统计学，他最好还是阅读"指南"的相关部分作为复习。正文很多地方会就相关实际问题多次提及"指南"的对应部分。每章后课后练习部分的说明也标明了"指南"中哪些部分是解答该问题所需要的基本技巧。

要掌握应用宏观经济学，仅通读这本教材是不够的。学生必须积极主动地理解并掌握这些资料：密切关注实例的细节，阅读"指南"的相关部分，仔细认真地完成每章后的问题，深入思考教材中的理论如何阐明数据以及数据如何说明、验证或挑战理论。应当记住的是，这本教材终究不是教人如何处理数据，而是教人如何分析、阐释、理解经济。

　　除了"指南"外，本教材还包括其他资源，为学习者提供帮助：

- 提供了教材所使用符号的汇总表；
- 每章的小结被分成简明扼要的几点；
- 每章的延伸阅读建议部分，为读者进一步了解本章的论题提供了资料来源；
- 提供了网上资源（大部分为资料来源）。

　　网站 www. appliedmacroeconomics. com 提供了本教材和使用本教材的课程所需要的必备支撑资料。该网站还包括定期更新的数据，为每章后面的习题集提供线索。此外，它还提供 Excel 入门提示、部分问题的答案，以及其他各种补充材料和链接。

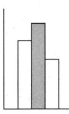

致教师

问题与教学方法

　　这本教材酝酿了很长时间。20 世纪 90 年代中期，我在加州大学戴维斯分校教授中级宏观经济学时，就开始考虑自己编写一本教材。在教学中，让我越来越不满意的是，即使是非常优秀的学生，或是可以轻松地掌握教材内容的学生，在学习完课程后对经济事实却所知甚少，也不能运用所学的理论来阐释现实世界的宏观经济问题。甚至那些在中级宏观经济学课程中得到成绩"A"的学生也难以理解经济新闻，并使用合理的经济分析评论权威人士、政治家或央行行长的经济提案。

　　因此，我开始反思自己的课程——这门课的目的应该是什么？我应该如何教授？大多数经济学专业的学生并不会继续进行经济学方面的研究生阶段学习，对一般学生来说，最大的增加值是宏观经济学的教学能够帮助他们透过媒体和政治理解现实世界。即使是那些继续进入研究生阶段学习的学生，如果他们很早就实际地理解了应用宏观经济学，他们将能更深入地领会宏观经济理论的根本动因。这本教材是我对这门课程反思的最详尽的表述，它遵循这些新思路，并以我在加州大学戴维斯分校和杜克大学大约 15 年间的宏观经济学教学为基础。[1]

---

　　[1] 关于我的早期课程及这本教材的教学理念，更完整的介绍参见 Kevin D. Hoover, "Teaching Economics While Taking complexity Seriously," in David Colander, editor, *The Complexity Vission and the Teaching of Economics*. Cambridge：Cambridge University Press，2000。该书可从 www.appliedmacroeconomics.com 网站下载。

目前的中级宏观经济学教材受到以下三个共性问题的困扰：

理论与经济事实背道而驰。这些教材往往包括用来说明理论原理的专栏案例研究，以及当前数据的说明性图形和图表。

国民账户这些章节中的数字在每一版本中都得到了更新。然而，这些经济事实通常处于次要位置——没有融入到主要论述中。所以常见的是，学生在课程结束后，就像课程开始时一样，对经济的基本特点仍然一无所知。

理论阐述不符合真实世界。宏观经济新闻通常报道变化率（例如，增长率、通货膨胀率等），而一般的教材关注的是数量（例如，总供给和总需求曲线决定价格和国内生产总值的大小）。教师知道如何将变化率和绝对量这两者进行转换，但是普通学生难以做到这一点。真实世界的宏观经济学中很大一部分与错综复杂的金融市场紧密相关。但宏观经济学教材通常关注的是由货币供给和货币需求所决定的那个利率，而将对金融市场的更深入的分析留给了后来的货币银行学课程。

过于强调理论的完整性和前沿课题，忽略基本原理。很多中级宏观经济学课本读起来就像不包括数学的研究生教材。

相比之下，本教材通过将宏观经济学理论、统计分析和阐释完整有机地整合在一起，旨在避免这些普遍的缺陷。

经济学的目标是理解经济，《应用中级宏观经济学》这本教程始终恪守这一目的。它将宏观经济学作为理解经济事实并加以阐释的工具，重点是将初级的数据分析与宏观经济学理论同时进行介绍。学生们运用这些技巧来阐释美国的实际经济数据，开发运用经济学理论和以复杂快速的统计学作为分析工具的才干。这样，他们在学习完本课程后，既对美国经济特点有充分的了解，同时又具备了分析任何一种宏观经济现象的必备技巧。

本教材主要由三个平行且相互关联的分支构成：

● 清晰地介绍宏观经济学理论的基本原理。

● 从实用的角度介绍初级统计学。

● 一系列精心组织的实证训练，需要使用实际的宏观经济数据和现代电子制表软件普遍携带的初级统计与绘图工具。

本教材的重点是宏观经济学，而非统计学。介绍统计学的唯一目的是为学生提供运用理论分析实际数据的基础，内容上仅限于那些适合手头任务的主要知识，也仅在有助于解释宏观经济的时候才予以介绍。下面我们详细介绍每个方面。

1. 宏观经济学理论

本教材具有非常清晰的理论视角。从如下意义上讲，它是凯恩斯主义的：衰退和周期性的高失业被认为是经济对最适度经济安排的一种背离（可能是可以纠正的）。所有的市场都被视为出清的这种古典（和新古典）分析被看作一种极端情形，实际上只是对于充分就业的经济来说才重要。本教材大都忽略教义方面的争论，因为这些争论并不能给初学者提供信息，反而让他们迷惑。

本教材集中介绍宏观经济学理论的实践内核，这一点经济学家都很熟悉，也都包含在其他宏观经济学教材中，但与其他教材不同的是，本教材强调经济学理论的经验应用。本教材增强理论的经验意义的一些特征包括：

- **对基本的经济学思想及其应用的强调。** 此类例子包括：名义量和真实量的区分、事前观点与事后观点的区分、预期的重要性、机会成本与现值、供给与需求、套利以及风险。
- **就宏观经济中金融市场的重要性和结构进行的超常规讨论。**
- **货币政策与财政政策（包括总量效应和激励效应）导向性的一以贯之。** 与政策相关的事实从关于国民账户的前面几章到关于要素市场和金融市场的后面几章，进而到重点论述政策的最后几章都有所涉及。
- **对不断变化的经济的重视。** 将经济增长分析与经济周期分析整合在一起。教材的系统阐述可以使学生轻易地形成关于增长率、通货膨胀率以及失业率和利用率等主宰经济政策目标与大众经济评论的议题的理论轮廓。

《美国经济评论》（1997 年 5 月）中的一个专题讨论曾经提出过这样一个问题："存在一个我们都应该相信的应用宏观经济学的核心吗？"本书的方法最接近罗伯特·索洛和艾伦·布林德在这个专题讨论中分别给予的回答。索洛和布林德认为这个核心包括：新古典增长理论、IS 曲线、菲利普斯曲线和奥肯定律。布林德注意到以一种更实际的方法对待金融市场的必要性，这一方法将淡化 LM 曲线在分析中的作用（货币供给和货币需求的不稳定性导致该曲线基本上没有什么分析意义，也不能起到政策引导作用），并能对利率的期限结构提供充分的说明。从宏观经济模型中去除 LM 曲线的类似研究已经由戴维·罗默（"Keynesian Macroeconomics without the LM Curve," *Journal of Economic Perspectives*，Spring 2000）与本杰明·弗里德曼（"The LM Curve：A Not-So-Fond Farewell," *National Bureau of Economic Research*，Working Paper NO. 10123，2003）进行过。

这本《应用中级宏观经济学》中的理论与很多宏观经济学教材中的一些共性内容存在差异，为的是体现上文中所描述的宏观经济学的核心。尽管它依赖于经济的总需求—总供给概念，但有一点不同的是，它不使用价格—产出坐标图中的总需求—总供给曲线这一架构。就目前本科学生的水平来说，将这一分析架构与经济数据联系在一起并不容易，同时将总需求和总供给曲线与关于长期经济增长、奥肯定律或菲利普斯曲线的讨论整合在一起也不容易。

取而代之的是，我们使用总量生产函数来分析总供给，总量生产函数容易量化，而且它与新古典增长模型直接相连，并可运用于生产率的讨论中。稍后关于平衡增长路径与生产率衡量的观念可以很容易地和奥肯定律（与一般教材相比，本教材对这一定律给予了更多理论支撑）、菲利普斯曲线联系在一起。总量生产函数也被用来给本书一直使用的潜在产出这一概念下一个可行的、与数据相关的定义。

另一区别是，短期宏观经济模型的核心由三个基本组成部分构成：IS 曲线、菲利普斯曲线，以及反映美联储利率政策和利率期限结构的金融部门。奥肯定律增补在这三部分内容之中。从根本上讲，这种三成分分析法就是上面提及的宏观经济学核心专题讨论中所倡导的方法。它同时也准确反映了目前支配美联储和全世界央行思路的宏观建模方法。这使得它特别容易与目前流行的关于货币政策的讨论联系起来。

尽管这种方法将 IS 曲线保留下来作为分析总需求的关键因素，但是它忽略了 LM 曲线。我认为 LM 曲线分析：（1）对于在真实世界的宏观经济学中扮演日益重要角色的金融市场没有给予足够公正的对待；（2）过度强调货币总量的意义，货币总量只是金融系统基础资产的一个很小的部分；（3）在货币政策的实际执行方面存在系统性误导。在大多数国家，包括美国（1979—1982 年期间除外），货币政策一直由目标利率支配，在 2008—2009 年的这次最近的经济危机中，则由信贷导向型货币政策——所谓的量化宽松政策支配。本教材中取代 LM 曲线的包括详细讨论国内和国际金融系统（通过资金流量账户与国民收入会计框架相连接）以及利率行为的三章，另外包括讨论货币政策的一章，该章相比这一水平的其他教材更准确地反映了央行实践。

一些读过早期书稿的人坚持 LM 曲线的重要性，虽然我不赞同，但还是在第 7 章和第 13 章的附录部分讨论了 LM 曲线和 IS—LM 模型。第 16 章的附录部分介绍了 IS—LM 分析（包括货币乘数分析）在 1979—1982 年间"货币主义时期"的应用。

2. 应用统计学

在利用经济学服务现实的过程中学生需要培养统计技能。我一直在苦苦思索：如何将统计工具以最佳方式整合到教材中（在实际教学中这个问题倒不是很突出）？最终，最实用的方式是，在教材主体之外提供一个综合性的"指南"作为参考工具。读者通过前后参照"指南"的特定部分可以发现哪些地方需要使用统计工具，在回答每章后的课后练习时也要使用"指南"中教授的技巧（每组问题都标注出解决问题需要参照的部分）。

"指南"拥有清晰、详细的解释和大量案例，旨在成为一个独立的参考章节。读者可以全部通读从中受益，也可以根据需要简单翻阅，这只是一个辅助工具。我自己在教学实践中从不试图一边教经济学课程，一边教统计学课程。"指南"旨在培养学生在基础统计学而非初级计量经济学方面的基本能力。尽管很多学生在上这门课时已经学过初级统计学课程，但"指南"并不要求学生已掌握一定的统计学知识。它从基本原理开始清晰地介绍统计学，给初学者提供足够的背景知识，对具备一定基础的学生来说，也是一种有益的复习。"指南"只使用最基本的统计学——大约在不用任何专门统计附加软件的情况下能使用微软 Excel 电子制表软件轻松地处理数据。

"指南"重点强调经济数据分析中的三个方面：

● 一般的统计方法。"指南"从一些普遍但常被忽略的话题开始，例如，计量单位、图表绘制等，然后推进到普通电子制表软件包所具备的简单而有用的统计工具，包括描述性统计量（均值、方差、标准差、变异系数、相关系数）、趋势拟合与单变量回归（作为散点图的选项）以及移动平均数等。

● 具体的经济分析方法。在多数情况下，"指南"按照各种方法在经济背景中出现的顺序，介绍与经济学特别相关的统计方法，包括：名义量到真实量的转化（不变价格美元），指数，比率和百分比份额，增长（通货膨胀）率计算（包括年化与复合增长），翻番时间的计算，对数及其与增长率的关系，以及拟合的线性与指数趋势。

● 解释的问题。每章后的课后练习强调统计学的解释性用途。本书以通俗易懂的方式对许多看上去困难复杂的统计学问题进行讨论，强调它们与实际经济问题之间的紧密联系，包括共同原因或共同趋势所导致的伪相关、随时间形成的不稳定性、因果关系的方向性、未被观察到的预期、时间加总等。

3. 课后练习

每章后的课后练习一般包括理论和实证两个方面。实证方面的习题占大多数，其中有的可以用计算器完成，但大部分习题需要学生掌握普通电子制表程序。尽管其他电子制表程序也适用，但微软的 Excel 是个典范。本书不系统教授 Excel 基础知识，我的个人经验是大部分学生在开始上这门课之前对此已有基本了解，或者是可以很快掌握。关于如何使用 Excel 解决具体问题，本书提供了大量指导。

本教材的支撑网站（www.appliedmacroeconomics.com）除课程内容以外，还包括定期更新的数据集，为每章后的应用型习题提供线索。本教材和网站还包括一个"网络资源指南"，提供数据资源的网址。学生学会发现和使用公开可获取的数据资源对他们大有裨益，例如，对辅助性课程项目，他们就应该使用这样的资源。但是也存在一些隐患。我的经验表明，如果做课后练习的时候所有学生使用相同的数据，而不努力寻找格式合适的数据，这样操作起来会顺利得多。

教材的使用

本教材各个章节按逻辑顺序安排，这或许与其他教材稍有不同之处。为了与教材的实证导向相一致，经济的基本数据，包括国民收入与产出账户、收支平衡、资金流量，以及经济周期的描述性分析（将经济数据看作包含趋势和周期的成分），都在前面部分介绍。由于其在连接总供给和总需求方面的重要作用，本教材关于经济的实际内容从国内和国际金融市场开始。然后，本教材从长期经济增长和劳动力市场的周期性行为这两个角度介绍总供给，继而总需求。虽然货币与财政政策被融入前面几章的讨论之中，但本书末尾针对每种政策作了更详细的介绍。

按照设计，各章节连成一体，学生可以从头到尾阅读，但是它们都有足够的独立性。喜欢按照不同顺序授课的教师可以灵活对待这些章节。这种灵活性更进一步表现在，教材还备有一个全面的词汇表和书中所使用符号的汇总表，允许学生临时补缺错失的术语或概念。

我自己在半学年或四分之一学年的课程中曾以不同的顺序使用本书的材料。本书对大多数经济学论题的处理带有综合性，因此不可避免要有所选择或有所省略。下列表格给出了国内宏观经济学的基本核心课程，并标出了几个选择性或辅助性的路径。

使用《应用中级宏观经济学》的可选课程结构

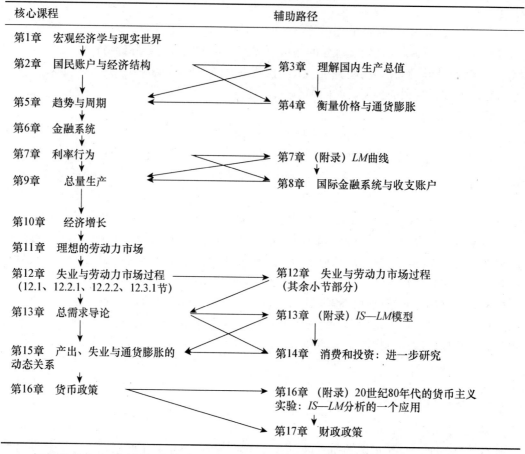

核心课程　　　　　　　　　　　　　　　　　　　　辅助路径

第1章　宏观经济学与现实世界

第2章　国民账户与经济结构　　　　　　　　　　　第3章　理解国内生产总值

第5章　趋势与周期　　　　　　　　　　　　　　　第4章　衡量价格与通货膨胀

第6章　金融系统

第7章　利率行为　　　　　　　　　　　　　　　　第7章　(附录)*LM*曲线

第9章　总量生产　　　　　　　　　　　　　　　　第8章　国际金融系统与收支账户

第10章　经济增长

第11章　理想的劳动力市场

第12章　失业与劳动力市场过程　　　　　　　　　第12章　失业与劳动力市场过程
　　　　(12.1、12.2.1、12.2.2、12.3.1节)　　　　　　(其余小节部分)

第13章　总需求导论　　　　　　　　　　　　　　第13章　(附录)*IS—LM*模型

第15章　产出、失业与通货膨胀的　　　　　　　　第14章　消费和投资:进一步研究
　　　　动态关系

第16章　货币政策　　　　　　　　　　　　　　　第16章　(附录)20世纪80年代的货币主义
　　　　　　　　　　　　　　　　　　　　　　　实验:*IS—LM*分析的一个应用

　　　　　　　　　　　　　　　　　　　　　　　第17章　财政政策

　　本书的基本支撑材料可通过网站 www. appliedmacroeconomics. com 获得。该网站包括与习题配套的定期更新的数据集、Excel 入门指导、部分课后习题答案,以及其他各种辅助资料与链接。

应用中级宏观经济学

目　录

应用中级宏观经济学

目录

应用中级宏观经济学

应用中级宏观经济学

第一篇

导 论

第 1 章

宏观经济学与现实世界

1.1 宏观经济学研究的问题

宏观经济学研究什么？理解这一问题最直接的方式，或许就是了解宏观经济学关注的典型问题。

没有什么比经济危机更容易让人把注意力集中到经济上来。绝大多数人思考经济危机时，首先想到的恰恰是经济的宏观层面。美国经济在 2007 年 12 月进入了一次衰退。自那时起到 2009 年 6 月经济开始恢复这段时间内，GDP 下降了 3.7%——这是自 20 世纪 30 年代大萧条以来经济处于衰退期间的最大降幅。准确地说，人均 GDP 下降了 2 981 美元，也就是说，假如 GDP 在每个美国人之间进行平均分配，那么每人每年将损失大约 3 000 美元，或者在为期 18 个月的衰退期间损失约 4 500 美元（换句话说，一个美国四口之家将损失 18 000 美元）。

当然，GDP 不是被平均分配的，并且经济衰退的损失也不是被平均分摊到每个人——经济衰退期间许多人受到影响，没有人比失业者承受的损失更大。同样是在此期间，7 311 000 名美国人失去了工作——总就业率下降超过 5%。换一种方式来看待（这个数字），失业率——想要工作却不在工作的人所占百分比——在此期间上升了 4.4 个百分点，达到 9.4%。差不多十个人中有一个人失去工作。随着衰退的结束，这种痛苦并没有停止。衰退结束后就业率继续下降、失业率继续上升了好几个月。2007—2009 年的衰退已被普遍认为是一次"大衰退"，这并非毫无道理。宏观经济学的第一个中心议题就是理解宏观经济波动，也就是理解为什么这种灾难会发生，而且，如果有可能的话，为战胜这些灾难提供一种智力支持。

我们不应该由此得出这样一个结论：宏观经济学是一门令人沮丧的学科，只关注运行不良的经济。事实上，在 2007 年经济开始衰退之前的 1/4 世纪里，美国经济一直处于增长期，期间有两次温和的衰退——一次是在 20 世纪 90 年代初，一次是在 21 世纪初。上一次大衰退是在 1982 年 11 月，从那时起直到 2007 年大衰退初期这段时间，真实国内生产总值翻了一番还多；此外，虽然人口增长了 30%，但就业增长超过了 50%。美国人更富裕了。人均国内生产总值增加了 75%，几乎每年增长了19 000 美元，对一个四口之家来说，几乎增长了 76 000 美元（同样不切实际地假设收入被平均分配）。归根结底，在美国历史上，国内生产总值和就业处于上升的态势远远超过衰退期的下降态势。宏观经济学关注的第二个核心议题是理解长期经济增长，也就是说，理解为什么良好的经济态势会出现，以及（如果有可能的话）为促成这一态势在将来的出现提供指导。

1.2　什么是宏观经济学

□ 1.2.1　宏观经济学的定义

宏观经济学有时被定义为一门研究加总的数量（或总量）之间关系的学科，这些总量包括 GDP、就业、失业、通货膨胀、利率、汇率和贸易平衡。而微观经济学有时被定义为研究单个经济主体行为（包括个人、家庭和厂商）的学科。

宏观经济学的另一个定义为，它是一门将经济作为一个整体进行研究的学科；而微观经济学则被定义为，将其余部分视作既定的情况下，对经济的某一部分（某一特定的个人、家庭、厂商、市场等）进行研究的学科。

宏观经济学的这两个定义并不相同，第二个定义更好一些。例如，对个人电脑市场进行的研究一般被视为微观经济学，尽管这一研究有可能使用总量数据，比如个人电脑的总销售量，而不是某一特定制造商的某一特定型号电脑的销售量。同样，研究典型的宏观经济问题也可以不使用总量（至少在理论上如此）。然而，在大多数情况下，将经济作为整体进行研究的唯一可行的方法是使用总量。所以这两种定义是殊途同归的。

将经济作为整体进行研究，与将经济的其他部分视为既定条件而对经济的个体部分进行研究，这两者之间的区分很重要。这里有个比喻。一个新奥尔良市的居民想采用最佳路线到巴吞鲁日＊，一般来说，他可以直接开车沿着 10 号州际公路行进。在计算这一最佳路线时，他假设别人都在各忙其事。但是如果出现飓风，每个人都经由这条公路离开新奥尔良市，交通阻塞就会极其严重。因此，根据其他人都在各忙其事这一假设所作出的计算就会产生误导。确实，出现问题的主要原因就是很多人依据这一有误导性的计算来行事。这种错误叫作合成谬误——假定适用于部分的就一定适用于整体。

合成谬误也发生在经济学中。例如，我说自己持有价值 2 935 美元的谷歌股票，

＊ 路易斯安那州首府。——译者注

应用中级宏观经济学

我的意思是，证券交易所目前的谷歌股票现期挂牌价格乘以我拥有的股份数等于2 935美元。由于我持有的股票份额只是已发行谷歌股票微不足道的一部分，因此有理由相信，我能够以现行价格卖出股票，而不至于推动股价下跌。但是如果整个市场决定要出售谷歌股票了，股票的价格就会暴跌。对个体来说是正确的，对整个市场而言就不一定正确。

经济学领域最著名的合成谬误是由英国经济学家约翰·梅纳德·凯恩斯（1883—1946）发现的。本教材第13章对这一谬误进行了讨论：个人能够通过储蓄增加财富，但所有人同时增加储蓄并不能使整个经济的财富得以增加。个人通过削减消费试图增加储蓄，这会减少对商品的需求，进而导致生产下降以适应越来越低的需求，生产中所需要的工人的就业跟着下降，从而使工人的收入以及可用于储蓄的资金随之下降。工人们拿出收入中较高的比例来储蓄，但与这一比例相乘的收入却越来越低。最终，由于工人们的努力储蓄导致收入降低，整个经济中储蓄的数量正是新投资所需的资金数量，这一储蓄数量并没有变化（当然，条件是没有任何其他需求来源填补空缺）。宏观经济学的一个目标就是为不犯合成谬误的经济提供分析。

□ 1.2.2 宏观经济学的产生

经济学是一个古老的学科。公元前3世纪，亚里士多德的著述中就涉及经济话题。在同等程度上，经济学的起源还可追溯到哲学，以及商人、制造商和政府的实践经验，还有法律。现在我们眼里的宏观经济问题是经济学中最古老的问题。

例如，货币存量与价格水平之间的关系问题早在16世纪初就受到关注。至少从文艺复兴时期起，政府就开始关心贸易平衡问题，并且这一问题在经济评论者之间被广泛讨论。现代经济学通常要追溯到亚当·斯密的《国富论》（1776）。由于缺乏清晰的区分，在《国富论》以及此后到20世纪之前的经济学家的著作中，微观和宏观经济问题被放在一起研究。

19世纪之前，经济学家们经常讨论货币、价格、贸易以及经济增长的源泉等问题。伴随着工业革命的推进，经济周期——景气与萧条交替发生，这种令人费解的现象变成了经济学关注的核心问题。到了20世纪20年代，经济学家们已经开始重新思考经济周期概念，与那种适用于分析消费者行为和企业行为的方法不同，这需要一种新的分析方法，大萧条加速了这种概念重构。

最广为人知的是，约翰·梅纳德·凯恩斯的《就业、利息和货币通论》被普遍认为奠定了现代宏观经济学的基础。尽管凯恩斯明确区分了单个经济主体的理论与作为总体的产出和就业的理论，但在1933年第一次创造出微观经济学和宏观经济学两个术语的并非凯恩斯，而是挪威经济学家拉格纳·弗里希（1895—1973），1969年经济学科首届诺贝尔奖获得者。最重要的是，弗里希以及与他共同获奖的荷兰经济学家简·丁伯根（1903—1994）或许为使用现代宏观经济学方法分析经济奠定了基础。丁伯根原本是一名物理学家。弗里希和丁伯根都提倡使用正式的模型作为数据分析工具来阐释宏观经济的运行。弗里希是现代计量经济学之父，而丁伯根第一个为美国经济提供了一个完整的宏观经济计量模型。这些进展之所以得以实现，就是因为处于大约同一时期的其他经济学家建立了现代国民账户体系，为宏观经济分析提供了基础数据。

这些经济学家中最著名的有：俄籍美国经济学家西蒙·库兹涅茨（1901—1985，1971 年诺贝尔经济学奖获得者）、英国经济学家理查德·斯通（1913—1991，1984 年诺贝尔经济学奖获得者），以及澳大利亚经济学家科林·克拉克（1905—1989）。

□ 1.2.3 实证宏观经济学与规范宏观经济学

大萧条对于很多经历过的人来说是一个巨大的心灵创伤。现代宏观经济学的创立正是基于解决这一困境的愿望。弗里希和丁伯根均将宏观经济建模当作一种中央计划工具看待。

虽然凯恩斯并不是一个中央计划者，但他同样将宏观经济学看作政府干预阻止经济衰退的工具。这种干预的现代反对者们常常批评他为政府干预提供了理论上的合理解释。

然而，像大多数经济学家一样，弗里希、丁伯根以及凯恩斯明白实证（事物实际上是怎样的）与规范（我们想让它们怎样）之间的关键区别。政策制定者的目标是规范性的。政策制定者怎样做才能达到那些目标，这是实证性的。两位经济学家对于经济如何运转，以及经济的当前状态的事实可能会取得一致意见，也就是说，对经济的实证描述他们可能并无异议。而对于应该怎样做则无法达成一致。一些人希望使用政策以引导经济达到更好的结果，另外一些人则希望听任经济自行其是，这本身也是一种政策。不管怎样，本书的目的是为揭示经济运行方式构建一个合理的实证性描述。这种实证性描述为制定政策提供了重要信息，无论政策制定者、政治家以及公众希望如何运用这些信息。

规范与实证，即政策与政策行动在经济中的作用方式，这种简单的二分法面临的困难是：政府并非置身经济之外，在这里按一下按钮、在那里拉一下操作杆就可以指引经济运行。政府本身就是经济的一部分。它掌控大量的经济资源，提供重要服务，以及经济活动所依赖的制度安排的关键组成元素。因此，虽然对经济的实证描述并不支持任何特定政策，但是为了理解经济的实际运行方式，实证描述必须考虑政策、政策要达到的目的，以及这些政策在各自期限内如何获得成功。

1.3 研究宏观经济学

□ 1.3.1 作为一门科学的宏观经济学

社会科学与自然科学

经济学是一门社会科学。上一节中我们提到，实证经济学必须能够解释说明政策制定者的规范性目标以及行为，这正是自然科学和社会科学之间主要的区别之一。大多数自然科学（生物科学的某些方面除外）涉及的是惰性（无生命）物质。与人类不同的是，分子、行星以及电能等没有信仰、目标、目的，也不作决定。一个合理的假说是，在某种水平上，基于合理的直接的实际观察，我们可以找到相对简单的规则来描述惰性物质的行为，但很难想象以同样的方式描述社会行为。

例如，像某个人决定去商店购买一加仑牛奶及此后的行为这样基本的现象，一个物理学家如何进行精确的解释?

这并不是说社会生活神奇莫测。虽然一个使用物理仪器的物理学家可能会发现你如何去商店超出其学科力量之外,但他作为人类一员,仅仅通过了解你的目的和你的局限性(例如,由于路途遥远,在合理的时间内不能选择步行),也许就能够以相当的精确度预测你的行程、运动方式(汽车或步行)、所费时间等等。他不需要详细了解你大脑中的想法,只需要了解人类的典型行为就已足够。当然,如果你的性格或目的具有非典型性,他的预测就会落空,社会科学中的预测鲜有确定或精确的,我们应该避免作出过多预测。自然科学在行星运动和分子测量方面能够达到的精确性,在上面的相关比较中是无法达到的。而我们想要知道的是,当运用于分析人类行为时,自然科学方法和考虑到人们目标与局限性的社会科学方法这两者之间,哪一种更精确、更具有确定性?在这方面,社会科学轻松胜出。

理性行为

实证经济学与规范经济学之间的区别有时可以用一句警句描述:"我们不能从'是'中推出'应该'。"经济学的科学解释将这种禁律颠倒过来:在经济学科中,我们经常从"应该"中推导出"是"。微观经济解释通常是这种形式:"在其偏好、水果价格以及她必要的花费均给定的情况下,路易斯更愿意买葡萄柚而不是香蕉(言下之意,路易斯应该买葡萄柚);因此,路易斯的的确确购买的是葡萄柚。"这一时常被误解的经济学假设,其实质是:人们的行为是理性的。这里,"理性"仅仅意味着,假定人们会为了满足自己的欲望而采取相应的有效行为,无论这些欲望是什么。但它并没有揭示这些欲望的本质。然而在某些特定情形下,这些解释可能是错误的。但是大多数经济学解释对特定情形并没有兴趣,它们感兴趣的是:在市场或经济中,人们一般来说会怎么做?同样,如果我们能够知道人们的代表性欲望和代表性行为,那么人们通常努力采取有效的方式满足自己的欲望这一深刻见解,就能够帮助我们理解经济中所发生的一切。

如何将宏观经济学与微观经济学联系起来这个问题已经争论了几十年。就我们的目的而言,"总量的任何变化一定是和单个人的行为联系在一起的"这个说法已经足够解释两者之间的联系。我们确实必须警惕合成谬误。然而,我们在后面的章节中将谈到,通过对个人应采取的最优化行为进行仔细分析,我们常常可以洞察领悟到总量宏观经济数据间的联系。这些领悟从来不具有决定性的作用。宏观经济数据是否以及在多大程度上反映了这些领悟,我们还得不断检验。

观察与受控实验

某些自然学科比社会科学更确定和精确,这其中一个原因就在于它们能够更好地进行受控实验。受控实验有助于使原因独立出来,并且一般会创造出比非受控实验或非实验性观察所能允许的更容易分析的情况。但两者之间的差别并非绝对清晰。尽管实验经济学现在是受到认可的一个领域,但它大多数情况下涉及观察人们在程式化市场交易或市场博弈中的行为。例如,实验经济学提供关于拍卖如何运作的真正的洞察力。但我们不一定能将实验推广到真实世界的经济行为。同样,并非所有的自然科学都是实验的:例如,实验对天文学、气象学以及地理学的影响并不比经济学多,或许更少。

在经济学中，那种最具启示性的实验通常是不可能的。用适当的方法操控经济的各个方面，以获得所需的控制，这要么太困难，要么我们根本不知道如何去做。实验也会引起伦理方面的问题。我们几乎不可能通过有意创造大量失业并观察结果，来衡量失业对通货膨胀率的影响。实验的一个最大的益处就是将复杂问题简单化。在实验中，我们可以对某个情景进行观察，在这个情景中，除了所关注的关系外，其他一切都被排除。经济过于复杂，我们不可能做此类大规模试验。相反，我们只能对经济进行观察，并通过其他手段试图推断出它运行的种种机制。

实验的另一个特征是它可以重复进行。当科学家们在其他实验室得出相同结果时，我们对实验结果就更有信心。早年，一些科学领域被称为"自然史"。生态学家或野生生物学家过去就是自然史学家，他们可能就是在自然状态中观察森林、海洋、动物和植物。地质学家可能要钻探、挖掘、测量和制图，试图确定地球的地质学史。在上述情形中，历史只有一次。自然学家无法奢望重新开始让历史再次上演，以了解是否出现相同的结果。在这一方面，经济学更像自然史，而不是物理学或化学。正如野生生物学家可以观察不同地区的不同种群（比如说大象），经济学家也可以观察不同国家的经济。

但是，无论是生物学家还是经济学家，他们都不可能在同样的初始条件下观察同一种群或同一经济。虽然可能存在相似点或普遍性，但历史是在不断向前推进的。

□ 1.3.2　模型和地图

类似地图的模型

要理解那些在自然状态下难以操控的复杂现象，方法之一就是构建模型。模型的目的是将已知的或推测的关系以某种形式表现出来，有了这种形式，即使我们不能对所建模的事物进行实验，我们也可以用模型做实验。目前，模型一般都是虚拟的，只存在于电脑中。然而最初的模型几乎总是实物模型。从莱特兄弟开始，航空工程师在风洞中使用飞机模型，以发现真正的飞机在飞行中的运行状况。土木工程师使用河流体系模型来了解实际河流的水文地理。

运用模型进行推断是类比推断。我们希望，当类比的双方在某些已知的方面接近时，它们在某些未知的方面也会接近。我们也许想象，模型越具体，就越有可能提供信息。但事实证明这很少正确。风洞模型需要飞机的外形正确，但是试图模拟飞机的内部构造可能没有必要，甚至可能误导。一个模型需要在哪些方面、何种程度上模拟实物，部分取决于我们的目的，部分取决于客观世界，还有一部分取决于模型本身的属性，这些属性有可能与我们所要试图建模的东西毫不相关。

地图就是某种特定类型的模型。在地图上我们能看到，对世界进行详细的模拟有可能适得其反。按照1∶1的比例绘制出的完美地图将毫无用处。即使是按照更高比例绘制的地图，如果上面布满我们不需要的细节，也很难使用。一张地铁图（比如标志性的伦敦地铁图）需要精确地显示哪些站与哪些地铁线联系在一起。即使地铁站之间的距离与实际距离间的比例只是大致正确的，它也是有用的。但如果这张地图显示了地铁上方街道边的每一座建筑物，那它将让使用者完全迷惑而且失去作用。地图的妙处就在于，它提供了精确且相关的信息，使得乘客能乘上正确的轨道线，并在正确的地铁站下车。

在密切相关的一系列活动中，所使用的地图也不一样。例如，我们可能同时需要一张地铁图和某一特定地铁站的平面布局示意图。不同的地图服务于不同的目的。一张地铁图将地铁站标示为一个圆点，而另一张地铁图则标示出站台、过道、楼梯以及电梯等组成部分，其中起决定作用的并非精确度，而是不同的目的。

每张地图都被高度简化，都有特定的范围。每一张地图就其使用目的而言都是有用的——有时是独立起作用，有时是与其他地图一起发挥作用。

经济模型可以被看作地图。为了便于处理和发挥作用，它们被高度简化。虽然一个好的模型可能只是有选择地代表经济的某些方面，但它不会歪曲经济。一个合适的经济模型，就像一张令人满意的地图，能够帮助我们在陌生的地方找到道路。我们可以将经济学视为绘制经济地图的科学。

数学模型

一般来说，经济模型不像风洞模型那样是有形的，而是像地图那样常常使用图形表示。更常见的是：经济模型就是数学模型。就如一个方程式能够代表一个圆或球的落体运动一样，方程式也可以用来表示重要的经济关系。

举一个例子，消费函数（见第 13 章）是对总消费与总收入之间关系建模的一个方程式。比如，消费函数被简化后可以写成：

$$C = 0.95Y \tag{1.1}$$

其中，C 是一个衡量消费的变量，Y 是衡量总收入（GDP）的变量，系数 0.95 代表的是关于经济的一种行为事实，也就是说，当 GDP 变化时，消费发生多大程度的变化。该系数是一个参数，即描述这个模型中变量之间的行为或关系特征的一个数字。按照惯例，经济模型方程式是从右向左读的：自变量 Y 决定（或导致）了因变量 C 的值。因此，如果 Y 增加 100，C 就增加 95。

方程式（1.1）将消费关系表示为线性关系。消费也可能使用其他一些更复杂，也可能是非线性的方程式表示。这其中的主要问题一直都是：如果该模型中的方程式真实地代表现实情况，它的精确性是否达到可以为我们的研究目的提供服务的程度？这既取决于世界本身的真实模样，也取决于我们的目的。

如果我们将这个方程式看作描述经济的一小部分的模型，我们可以说，Y 是一个外生变量（即一个变量的值由模型本身以外的因素决定），而 C 是一个内生变量（一个变量的值是由模型决定的）。外生变量有时也可能是随机变量。随机变量就是其值不是由任何模型决定的变量。

一对骰子掷出的数值可以作为一个随机变量来建模。公平的掷骰子游戏有一个规律：掷出的可能数值只能是 2～12 之间的一个数，7 是出现最频繁的数值。在特定的投掷中，我们无法提前知道这 11 个可能的数值中哪一个会出现，尽管我们知道，有些数值出现的可能性比其他数值出现的可能性更大一些。例如，确定性的消费函数可能也令人产生怀疑。那么，我们可能要给上面的模型增加一个随机元素：

$$C = 0.95Y + 随机误差 \tag{1.1'}$$

随机元素通常被称为"误差"，因为它是确定性消费函数（1.1）对数据完美拟合的偏离。

模型（1.1）是个静态的模型，也就是说，它代表变量间一种不受时间影响的关系。甚至连模型（1.1'）也是静态的，因为时间没有作为一个基本因素参与其中，尽管它包括随机误差这一项。但是模型也可以是动态的。在动态模型中，至少某些变量的当前值取决于它们本身或其他变量的过去值或预期未来值。比如，我们可能有一个特别简单的 GDP 模型，在这一模型中，下一年的 GDP 取决于今年的 GDP 数量加上一个随机误差：

$$Y_{t+1} = 300 + 0.7Y_t + 随机误差 \tag{1.2}$$

这里，下标 t 表示这些变量什么时候出现（见"指南"，G.1.1）。

需要注意的是，如果方程式（1.2）本身被看作 GDP 的模型，在方程式（1.1）中作为外生变量的 Y 现在成为内生变量。只有随机误差项是外生变量。如果方程式（1.1）与（1.2）组合成一个更大的模型，那么只有随机误差项再次成为外生变量。这些变量的当前值和未来值完全由它们的过去值以及当前和将来的随机误差项决定。

模型的使用

我们如何使用模型？模型有两个主要用途：作为衡量工具和作为反事实实验工具。为了说明模型作为衡量工具的用途，假设我们想了解消费对收入变化到底有多敏感。要回答这个问题，这里有一个方法。收集消费和收入方面的数据（针对不同国家或不同时期）。然后我们用这些数据建立一个类似于（1.1'）的模型，但是参数 0.95 为任意值或未指定值。因此，我们可能得到如下模型：

$$C = \beta Y + 随机误差 \tag{1.1''}$$

这里，β 是一个未知参数。如果我们将 β 设定为某个值（例如，$\beta = 0.5$），那么我们可以使用方程式（1.1''）来计算随机误差的值：随机误差 $= C - 0.5Y$。选择不同的 β 将导致不同大小的随机误差。那么我们可以为 β 选择一个值，这个值所产生的误差值是所有误差值中最小的。统计学家已经提出各种方法来衡量误差的大小。常用的一种方法被称为回归。它为 β 选择的值使得误差的平均数为零（也就是说，正负误差总是相互抵消），且误差的变异性达到最小（例如，选择一个 β 值，随机误差的平均值接近零，而选择另一个 β 值，随机误差的平均值远远偏离零，即使这两种情况下的随机误差都相互抵消，但显然前者优于后者）。（"指南"的 G.15 详细解释了回归。）

模型的另一个主要用处是进行反事实实验。我们已经看到，进行受控经济实验很难，而对实际经济进行受控宏观经济实验几乎是不可能的。然而，有一个模型却完全在我们的控制之下。在反事实实验中，我们改变模型中所代表的事实，使其与现实世界中的不一样，目的是回答这样一个问题：如果……将会发生什么情况？在某种意义上，模型允许我们创造一个与现实世界不一样的可能世界，这就类似于一个设计师可能创造一个从来没有生产过，也许永远也不会生产的汽车模型。

为了举例说明反事实实验，我们设想一下，如果 GDP 从 1 000 降到 900，将会发生什么情况？使用模型（1.1），消费将从 950 下降到 855。同样，如果人们希望只消费收入的 80%，会发生什么情况？模型（1.1）的参数将从 0.95 下降到 0.80。当 GDP 为 1 000 的时候，消费降低了 150。

对任何反事实实验，重要的是要注意，我们改变了哪些事实，或者必须允许它们改变，原因是它们是内生变量，以及哪些事实保持不变。在第一个反事实实验中，GDP 下降，我们把这个方程式本身看作不变的（尤其是它的斜率即参数 0.95）。但是，我们不能在改变 GDP 的同时使内生变量 C 保持不变。在第二个反事实实验中，参数下降，我们保持 GDP 不变。

改变一个事物而让其他事物保持不变，这样做的意义是为了单独考虑被改变的事物的特殊影响。这一做法非常普遍，以至于经济学家常常使用"ceteris paribus"这句希腊语，意为"其他条件不变"，来解释他们的反事实实验的性质。[①] 在第二个实验中，我们可能会问："如果其他条件不变，我们把参数从 0.95 降低到 0.80，会发生什么情况？"那么我们知道，我们应该使所有其他参数、外生变量以及函数关系保持不变，只允许这一个参数和外生变量发生变化。

经济学家常常使用一些特殊类型的反事实实验：

● 无条件预测。考虑将方程式（1.2）单独看作 GDP 模型，假设我们知道 2010 年的 GDP 是 1 000，随机误差项是 100，那么我们就能够对未来的 GDP 进行预测：$Y_{2011} = 1 100$；$Y_{2012} = 1 070$；$Y_{2013} = 1 049$；$Y_{2014} = 1 034$；……$Y_{2025} = 1 000$。因为我们没有可以预测未来的水晶球，无法知道未来的误差是多少，为了作出这个预测，我们假设未来的误差项为零。如果我们的模型是对的，这个结果通常是正确的。由于未来有误差存在，我们不期望这个预测非常精确。相反，这个模型产生了一个反事实预测，告诉我们如果未来没有误差存在，会发生什么情况；它还告诉我们，如果未来的误差符合模型并且平均而言相互抵消，一般会发生什么情况。由于我们只让模型包括现有事实，然后对它们进行分析，在这个意义上我们的预测是无条件的。

● 有条件预测。假设我们想了解，如果 GDP 每年增长 10%，消费会发生什么变化。如果 2010 年 GDP 为 1 000，那么我们可以猜测出以后几年中它的增加情况：$Y = 1 100$；$1 210$；$1 331$；…… 如果我们用方程式（1.1）来构建消费模型，那么消费将遵循如下路径：从 2010 年开始：$C = 950$；$1 150$；$1 264$；…… 这是有条件预测，因为我们认为，只有在关于 GDP 路径的假设证明是正确的这个前提下，关于消费的预测才是正确的。例如，如果在 2012 年，我们发现 GDP 事实上是 1 250，而不是 1 331[*]，消费事实上是 1 188，不是 1 264，那么我们的预测就是错误的，但这并不能说明模型（1.1）是错误的：错进，错出。但是，如果 GDP 被证明正好就是所预测的值（1 331），实际的消费也恰好就是 1 150，这一结果对模型并不利；同样，如果 GDP 与预测结果不符（比如是 1 500），而消费也不符合模型（比如是 1 200，而不是 1 425），这个结果也对模型不利。

一个普遍的问题是，公众和政治家将有条件预测当作无条件预测。大部分经济预

---

① ceteris paribus 常常缩略为 cet. par. 。

* 根据上面数据，似乎应该是 1 210。——译者注

测是有条件的。经济学可能是正确的，但是如果关于未来的假设被证明与预测者所设想的不一样，有条件预测对事实的预报就不准确。美国国会预算办公室（CBO）被要求评估新法令的预算效果时，这个问题常常出现。按照要求国会预算办公室评估时要使用国会本身在制定法令时使用的假设，例如，某个支出项目将在五年后取消。一个旁观者可能会断定，经验表明这样的支出项目从来没被取消过，而是一年年滚雪球似地滚下去。以上面这个假设为条件所做的预测可能比国会预算办公室的预测更准确，国会预算办公室并不试图指出实际上将发生什么情况，而只指出，如果国会遵守诺言，将可能发生什么情况。预算最终和预测的结果不一样，这可能并不错在模型，而是错在国会。

● 机制设计。想象一下政策制定者想提高总储蓄的水平。他们的想法是，税收抵免政策将会以一种可预测的方式改变人们的行为。如果 GDP 是 1 000，而他们想让储蓄增加 100，就必须将消费降低 100。使用模型（1.1），他们可以进行反事实推理："如果我们所给的税收抵免足够大，使参数从 0.95 降到 0.85，那么消费将从 950 降到 850，正好符合我们的要求。"这个模型的使用类似于有条件预测，只有一点除外：它关注的不是当外生变量变化时，内生变量发生什么改变，而是当参数改变时，内生变量会发生什么变化。这种反事实实验对政策机制设计很重要：税收系统应该如何构成？货币当局应当制定什么政策规则？这类实验表明，一般情况下，政策制定者决定经济运行的制度背景，但只在有限的情况下才为外生变量选择特定的路径。比如，政府不会选择任何个人缴税的水平，而是确定所得税税率、销售税税率以及其他税率，然后静观这些税率实际上会使税收提高多少。此类反事实实验帮助他们作出明智的选择。

模型范围

如同方程式的函数形式的适切性一样，一个变量是外生变量还是内生变量部分取决于世界，部分取决于模型构建者。我们不会去选择世界上哪些关系是正确的，但是我们确实要决定，我们想要一个模型解释什么，以及模型的范围和目的。因此，也许我们想给模型增加一些细节。例如，我们可能注意到，GDP 由各种不同部分组成——具体包括消费和投资（我们不考虑外贸和政府的存在）。这些是建模中的额外选项，它们有利于解释，但不能很好地实际代表整个世界。基于这些假设，GDP 可以用另一个方程式代表：

$$Y = C + I \tag{1.3}$$

这里，I 代表总投资。与单独作为模型的方程式（1.1）里的 Y 不同，这里 Y 不再是一个外生变量。一个包括方程式（1.1）和（1.3）的模型内生地决定 C 和 Y。新变量 I 是外生变量，I 的任何变化导致 C 和 Y 的变化。为了运算这个模型，我们只要将 I 赋予一个新值，然后解出这两个方程式。

图解模型

本书中很多模型包括一个或多个方程式。其他模型包括图表，在图表中用直线或曲线代替方程式。

有时对同一个模型，我们在方程式模型和图解模型之间来回转换。基本规则相同：

通过给参数和外生变量选择适当的数值，然后让模型决定内生变量的数值，我们就可以使用模型来回答问题。

模型（1.1）可以很容易地表示成图1—1这样一个简单的图形。由方程式（1.1）和（1.3）组成的模型更复杂一些，这两个方程式涉及三个变量。这不存在代数方面的问题，因为变量 I 是外生的，我们不需要模型来决定它。但是使用二维坐标图来表示这些方程式就存在问题。一个解决办法是将方程式（1.1）代入（1.3），于是得到：

$$Y = 0.95Y + I \tag{1.4}$$

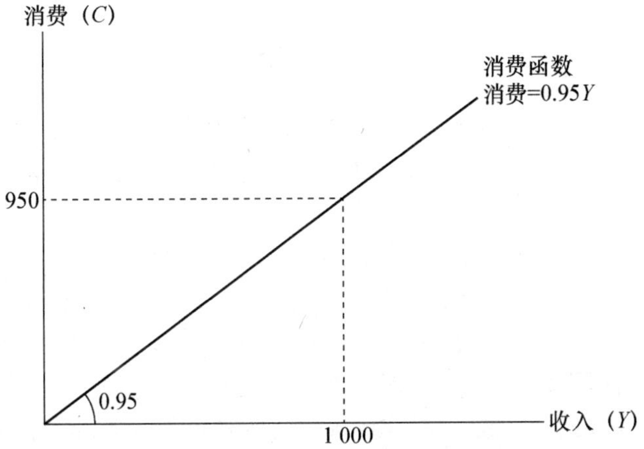

图1—1　一个简单的经济模型

注：外生变量（Y）决定内生变量（C）的值，消费函数已知，消费函数的斜率由参数0.95决定。

现在我们有了一个包含三个方程式的模型：（1.1）、（1.3）和（1.4）。

图1—2画出了这三个方程的图形：Y 用横轴衡量，C、I 和 Y 用纵轴衡量，位置较低的那条虚线代表消费函数，黑色曲线代表方程式（1.3），它的斜率为1（或45°），因为实际上，它意味着 $Y=Y$。位置较高的那条虚线代表方程式（1.4）。注意，它和消费函数平行（也就是说，它们的斜率相同，都为0.95），它的纵截距为 I。这个平行并非偶然。方程式（1.4）不是一个独立的关系，而只是用代数方法求解方程式（1.1）与（1.3）的中间步骤。我们不可能在保持（1.4）不变时改变方程式（1.1）。例如，式（1.1）的斜率参数的任何变化一定会改变式（1.4）的斜率。

假设 $I=50$。上方虚线和黑色曲线的交点所对应的横轴数字就是 Y 的值。下方虚线上与 Y 值（$=1\,000$）对应的点在纵轴上的数字就是 C（$=950$）的值。

我们可以使用这个图形进行一项反事实实验。如果投资增加10，会发生什么情况？在这种情况下，上方虚线的截距将上移10，其与黑色曲线的交点向右移，Y 和 C 的值都增加了（我们将表示该实验的图形绘制和代数运算留在问题1.3中）。

这个反事实实验说明了使用图解模型分析时的一个重要差别——移动曲线和沿曲线移动两者之间的差别。例如，在图1—1中，Y 是外生变量，如果我们增加 Y 值，消费函数不变，那么我们就沿着该曲线找到新的消费水平。相比之下，如果我们想用模型表

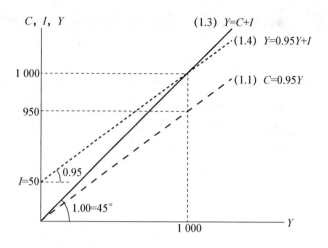

图1—2 一个更复杂的经济模型

注：已知外生变量（I）的值时，内生变量（C 和 Y）由方程式（1.1）和（1.2）共同决定。方程式（1.4）并非独立的关系，而是对该模型进行代数运算的中间步骤。

现参数从 0.95 降到 0.80 这样一个消费行为的变化，那么我们就必须移动曲线使其坡度更缓。在图1—2中，由于投资是外生变量，所以它表现得像一个参数，I 的增加使截距上移。在这样一个"其他条件不变"的实验中，我们使所有其他参数和外生变量保持不变，这样曲线的斜率不改变，整个曲线移动，从而与未变化的消费函数保持平行。

如图1—1所示，由于 I 的变化不影响消费函数本身（I 不出现在方程式（1.1）中），我们只是沿着图1—2中的消费函数曲线移动以读取新的消费水平值。

一个简单的拇指规则：当一个坐标轴表示自变量，而另一个坐标轴表示因变量时，自变量发生某种变化，曲线不发生位置的移动，我们通过沿着曲线的移动来评估自变量的这种变化；当一个不出现在坐标轴上的参数或自变量发生变化时，我们通过移动曲线来评价这一变化。

看上去图1—2是这条规则的例外，因为 I 在某种意义上被表示在纵轴上，而 I 的变化却使得曲线发生了位置的移动。事实上，这不是例外。在方程式（1.4）中 I 是一个自变量，并非因变量，而且 I 又没有被表示在横轴上，表示在纵轴上的因变量实际上是 C 和 Y。I 出现在纵轴上只是因为它起到参数的作用，决定上方曲线的位置。从图形上看，I 只是一个点，而不是一个变量。

1.4 我们往何处去？

前面部分讨论的模型并不能反映真实情况。核心问题不在于忽略了细节，而是由于一个模型从来就不代表着世界的每个方面。这些模型并没有声称要代表世界的所有经济现象，而是以一种最粗略的方式进行解释。这些模型中的关系也许和我们可能在经济中发现的关系之间存在联系，但是即使在很低的精确度水平上，也不能说它们代表任何实际经济。讨论这些模型当然是为我们的教学服务的——展示如何使用和操纵模型，而不是分析实际经济。这些模型与真实世界的关系类似于使用橡皮筋作动力的木头飞机与波音 747 飞机的关系，或类似于托尔金＊笔下的中土世界地图与欧洲地图的关系。

在本书中我们试图超越这样的玩具模型或想象中的地图。经济学原理常常简单得出人意料，理解基本原理不存在什么困难，大部分功夫花在学习如何将这些原理应用于真实案例上。一个人研究某城市或荒野的地图后，对该城市或荒野的了解是有限的、理论上的。要使一个地图或模型有用，并有助于理解，我们首先必须定位。我们需要数据，还需要知道这些数据与地图或模型的惯例之间的关系。看地形图上密密麻麻的等斜线是一回事；如何读取它是另一回事：它可能代表的是一座陡峭的山，或是指向这座山的最佳路径。这本书的主要目标就是利用与实际经济数据合在一起的宏观经济理论模型去学习如何理解经济，就像一个经验丰富的登山者理解地形图一样。

我们如何开始定位？这里我们就不能过于从字面意义理解地图这一类比了。一个登山者可以一次次地穿越同一地区，而正如我们前面所述，宏观经济学不一样，它更像自然历史。任何事情只会以这种方式发生一次。它不像一个登山者穿越荒野时可以携带一幅事先绘制好的地图，而更像路易斯和克拉克＊＊首次挺进美国西部时，一边走一边绘制的地图。绘制地图的一般原理固然有一定帮助，而基于对旅途中先前经过的地方地理特征的了解，他们也许能够对穿过下一个山脉后会发现什么地理特征作出有用的预测，但是肯定会有很多意外出现。

在宏观经济学中，定位涉及熟悉经济数据并常常将这些数据置于历史背景中，经济的基本年表可能是一个有用的工具。表 1—1 概括了美国一百年里的政治和经济历史。除了记录大事（尤其是主要战争，这些常常具有重大的经济影响）外，该表格还提供了美国总统年表、不同时期的国会政治结构和美联储主席，这些都是对宏观经济政策最具影响力的人物。

为了绘制宏观经济地图，我们首先在第二篇介绍最基本的宏观经济数据——国民收入与产出账户。在本章的开始，我们提到了宏观经济学的两个主要问题：增长和波动。在第三篇我们将看到，宏观经济数据描述是如何反映这些问题的，这一描述将每个时间序列分成趋势（即增长）和周期（即波动）。

由于宏观经济学是研究整体经济的经济学，我们必须充分关注经济的各个部分如何相互联系和相互协调。微观经济学常常抽象掉货币和金融体系，但是宏观经济学极少这样做，因为正是这些货币和金融体系将经济的各个部分联系在一起。我们在第二篇将会看到，每一笔交易几乎既涉及商品和服务，也涉及货币流，几乎每个储蓄行为都涉及资金流量。第四篇将集中探讨货币和金融体系，包括国际金融体系。

现实经济的核心是商品和服务的生产，生产的目的直接或间接地是为了消费，这是经济活动的最终目的。经济绘图的一个关键因素是供求之间概念上的区别。无论什么地方，只要能够将一个经济问题重塑成一个供求问题，我们就已经开始在分析这个问题方面取得了进展。在宏观经济学中，这一区别表现为总供给和总需求的区别。第五篇集中讨论总供给，包括对生产的基础性分析和对经济增长的分析。对总供给的讨论也包括生产要素的经济学分析，特别是与人的利益紧密相关的要素——劳动力。第六篇讨论总需求，特别是对消费和投资的需求。

＊ 《魔戒》三部曲的作者。——译者注
＊＊ 最早穿越美国西部的两位探险家。——译者注

表1—1　　　　　　　　　　美国政治和经济年表

年份	总统 白色=民主党 灰色=共和党	国会 白色=民主党控制 灰色=共和党控制		美联储主席	主要战争	政治和经济事件
		参议院	众议院			
1911	塔夫特 1909年3月—1913年3月					
1912						
1913	威尔逊 1913年3月—1921年3月			C.S.哈姆林 1914年8月—1916年8月		建立美联储；开征所得税
1914					第一次世界大战（美国1917年4月参加）	
1915						
1916						
1917				W.P.G.哈定 1916年8月—1922年8月		
1918						
1919						
1920						禁令开始 妇女获得投票权
1921						
1922	哈定 1921年3月—1923年3月					
1923				D.R.克里森格尔 1923年5月—1927年9月		
1924						
1925	柯立芝 1923年3月—1929年3月					
1926						
1927				R.A.扬 1927年10月—1930年8月		
1928						
1929						
1930	胡佛 1929年3月—1933年3月					股票市场崩溃；大萧条开始
1931				E.梅耶 1930年9月—1933年5月		
1932						
1933						
1934				E.布莱克 1933年5月—1934年8月		
1935						新政；大萧条继续；结束禁令
1936						
1937	F.D.罗斯福 1933年3月—1945年4月					通过社会保障法案
1938						
1939				M.伊寇斯 1934年11月—1948年1月		
1940						大萧条结束
1941					第二次世界大战（美国1941年12月加入）	
1942						
1943						
1944						
1945						布雷顿森林协议 《就业和稳定法案》
1946						
1947						马歇尔计划；建立《关税与贸易总协定》
1948	杜鲁门 1945年4月—1953年1月			T.B.麦克凯 1948年4月—1951年3月		
1949						
1950						
1951					朝鲜战争	
1952				W.Mc.马丁 1951年4月—1970年1月		
1953						
1954						学校种族隔离非法
1955	艾森豪威尔 1953年1月—1961年1月					苏伊士危机；修建州际高速公路
1956						
1957						人造卫星开始进入太空时代
1958						
1959						
1960						
1961	肯尼迪 1961年1月—1963年11月					创立了柏林墙 古巴导弹危机 肯尼迪总统遭暗杀
1962						
1963						肯尼迪约翰逊减税
1964	约翰逊 1963年11月—1969年1月					《大社会计划》开始；《投票权法案》；医疗保险和公共医疗补助制开始
1965					越南战争	
1966						

年份	总统 白色=民主党 灰色=共和党	国会 白色=民主党控制 灰色=共和党控制		美联储主席	主要战争	政治和经济事件
		参议院	众议院			
1967						第三次中东战争
1968						马丁·路德·金和肯尼迪遭暗杀
1969	尼克松 1969年1月—1974年8月				越南战争	首次登陆月球
1970				A.伯恩斯 1970年2月—1978年1月		实施工资和价格管制；布雷顿森林体系解散
1971						
1972						
1973						赎罪日战争；第一次石油危机爆发
1974	福特 1974年8月—1977年1月					浮动汇率体系开始 尼克松辞职
1975						
1976						
1977	卡特 1977年1月—1981年1月			G.W.米勒 1978年3月—1979年8月		
1978						
1979						伊朗革命；第三次石油危机
1980						
1981	里根 1981年1月—1989年1月			P.A.沃克尔 1979年8月—1987年8月		
1982						
1983						里根减税开始
1984						
1985						
1986						
1987						
1988						税改法案 股票市场崩溃
1989	G.H.W.布什 1989年1月—1993年1月					柏林墙倒塌；共产主义解体
1990					波斯湾战争	布什增税/支出控制
1991						
1992						
1993	克林顿 1993年1月—2001年1月			A.格林斯潘 1987年8月—2006年1月		
1994						签署《北美自由贸易协定》
1995						
1996						
1997						
1998						弹劾克林顿；亚洲金融危机
1999						亚洲金融危机持续
2000						
2001	G.W.布什 2001年1月—2009年1月					"9·11"恐怖袭击
2002						
2003					阿富汗战争 (2001年爆发) 和 伊拉克战争 (2003年3月爆发)	
2004						
2005						卡特琳娜飓风
2006				B.伯南克 2006年2月至今		
2007						
2008						房地产和金融危机
2009	奥巴马 2009年1月至今					
2010						

第1章

宏观经济学与现实世界

到第六篇结束，搭建宏观经济模型的主要材料已经到位。我们终于准备好解释这个问题：是什么决定了现代经济的繁荣与萧条周期？第七篇的目的是将前面部分综合在一起，解释总供给和总需求如何相互作用，使就业、失业、产出和通货膨胀出现波动。

最后，我们可以回忆一下，宏观经济学自20世纪30年代开始成为一门独立学科的关键推动力是政策。怎么做才能帮助经济摆脱衰退的深渊？采取什么政策可以从一开始就阻止衰退发生？如我们所知，在历史上经济增长倾向于超过宏观经济波动的影响，那么什么政策可以促进更高的长期经济增长率？两种主要类型的政策为财政政策（这些政策与政府支出和税收有关）和货币政策（这些政策与政府的金融资产组合和利率结构有关）。财政政策大部分属于联邦、州和地方政府的日常政治的职权范围，而货币政策大部分属于美联储，即美国央行的职权范围。最后，第八篇对货币和财政政策的选择及其经济影响进行探讨。

■ 本章小结

1. 宏观经济学的两个最重要的现实考虑是经济波动与经济增长。

2. 宏观经济学可以定义为对总体经济的研究；而微观经济学是将其他部分视为既定的情况下，对经济的一部分进行研究。宏观经济学一般使用总量数据。

3. 合成谬误——一个常常是错误的假设，即假定对某一部分是正确的，对总体也一定正确。从微观经济学外推到宏观经济学时，这是一个重要的陷阱。

4. 宏观经济学作为一门独立学科起源于20世纪30年代，是对大萧条的反应，创立这一学科的经济学家希望通过干预经济来解决经济衰退，并防止未来衰退的发生。宏观经济学还是一门实证科学，主要目的是理解经济如何以一种中立的方式（即在政府干预的支持者和反对者之间保持中立）运作。

5. 经济学是一门社会科学。它与物理学的主要区别是，它涉及有信仰、目的和欲望的人，而不是惰性物质。这增加了经济学的复杂性，使做实验更困难；它还支持基于理解代表性个人的理性思维基础上所作的预测和解释。

6. 在缺乏实验的情况下，宏观经济学主要通过简单而富有洞见的模型来试图理解经济。

7. 模型可以用作衡量的工具，也可以作为反事实实验的基础，支持有条件和无条件预测和机制设计或政策。

■ 关键概念

宏观经济波动	宏观经济学	合成谬误
参数	内生变量	其他条件不变
经济增长	微观经济学	经济模型
外生变量	反事实实验	

应用中级宏观经济学

延伸阅读建议

Richard Carroll，*An Economic Record of Presidential Performance*：*From Truman to Bush*，Westport，CT：Praeger，1995

课后练习

本教材的网站上（appliedmacroeconomics.com）第 1 章的链接提供了这些练习的数据。在开始做这些练习之前，同学们应该先复习"指南"的相关部分，包括 G.1～G.3。

问题 1.1 就合成谬误举几个课本以外的例子（经济或非经济的）。

问题 1.2 将方程式（1.1）看作消费模型，从 GDP 为 1 000 开始，使用代数和图表两种方法（可根据需要对图 1—1 进行改动），分析反事实实验：（a）将 GDP 提高到 1 200；（b）将消费对 GDP 的敏感度从 0.95 降低到 0.90。请指明，在其他条件不变时，这两种情况对消费有什么影响？

问题 1.3 将方程式（1.1）和（1.3）一起看作 GDP 和消费的模型，使用代数和图表两种方法（可根据需要对图 1—2 进行改动），分别分析这两种情况的反事实实验：（a）将投资从 50 提高到 60；（b）将消费对 GDP 的敏感度从 0.95 降低到 0.90。请指明，在其他条件不变时，这两种情况对消费和 GDP 有什么影响？

问题 1.4 将方程式（1.2）看作 GDP 模型。假设在 2010 年，$Y_{2010}=800$，随机误差$_{2010}=50$，那么这个模型关于 2013 年的无条件预测是什么？

问题 1.5 将方程式（1.1）和（1.3）看作消费和 GDP 的模型：（a）当投资为 100 时，关于 2012 年的消费和 GDP，该模型所暗示的有条件预测是什么？（b）2012 年到来的时候，下面的哪一个数据与模型相矛盾？（i）$I=80$，$Y=1600$；（ii）$I=90$，$C=1800$；（iii）$Y=2200$；$C=2090$。

问题 1.6 将方程式（1.1）和（1.3）看作消费和 GDP 的模型，想象 2010 年政府经济学家们估计，人口老化将使消费对 GDP 的敏感度从 0.95 降低到 2020 年的 0.85。他们还计划投资保持在相同的 $I=100$ 水平上。以这些信息为条件，预测 GDP 会如何变化？

问题 1.7 一般来说，人们都不喜欢失业和通货膨胀。描述经济状况的一个非正式方法是痛苦指数＝通货膨胀率＋失业率。对二战后的每一任总统，从杜鲁门第二个任期开始（这也是他唯一一任满的一届），计算他任期第一个月到最后一个月之间的痛苦指数变化。按照他们降低痛苦指数的成功（或运气）程度，建立一个表格。

第二篇

国民账户

第2章
国民账户与经济结构

在能够理解经济之前，我们需要了解如何描述和衡量经济。本章我们主要讨论宏观经济学中最核心的总量——国内生产总值（GDP）。何谓 GDP？GDP 是怎样被创造出来的？我们如何衡量它？GDP 与其他重要的总量之间是何关系？GDP 如何随时间而变化？

2.1 经济有多大？

自古以来，繁荣与萧条常常交替出现。自古以来，人们总是期望领导者们能够促进繁荣、缓和萧条。《圣经》中，约瑟夫预言七个丰年之后就是七个荒年，并建议法老储存谷物以应对即将来临的饥荒。当农业在经济中占主导地位时，繁荣与萧条的周期性变化主要反映的是风调雨顺与干旱或者洪涝之间的周期性变化。在现代工业经济中，经济周期性变化的原因并非显而易见。宏观经济学的一个重要目标就是帮助我们理解这些原因以及获悉什么政策可能促进繁荣、缓和萧条。经济学家们可以从理论分析开始，但要把那些理论应用到实际经济中，并且判断它们是否真的如期望的那样起作用，我们就需要一些计算方法：国家有多富有（或者经济体有多大）？增长有多快？

为了回答这些问题，新闻媒体经常引用各种统计数据：2008 年第一季度美国经济（也就是国内生产总值或 GDP）按年率下降了 5.4%。2008 年美国经济总量是日本经济总量的 3.3 倍（也就是美国 GDP 是 142 600 亿美元，日本 GDP 是 43 290 亿美元）。绝大多数人知道 GDP 及其增长率反映经济绩效，然而，鲜有人明白它们的真正含义。事实上，它们是宏观经济学中最核心的总量。几乎所有其他我们可能感兴趣的总量要么是 GDP 的一个组成部分（比如消费、投资、工资或者利润），要么通过重要的经济关系（比如失业或者通货膨胀）与 GDP 相联系。

经济学家们通过国民收入和产出账户这个框架描述整体经济，我们也从国民收入和产出账户开始研究宏观经济学。国内生产总值（GDP）是现代国民账户体系中的核心概念。美国经济分析局将 GDP 定义为：

国内生产总值是指某一特定时期内，运用某一国家领土范围内的人力和物力所生产的最终商品和服务的市场价值。[①]

GDP 这一简单明了的定义本身所包括的几乎每一个要素都隐含一些微妙的概念性问题。在第 3 章中，我们将剖析这一定义，并揭示其最重要的微妙之处。本章我们将主要介绍国民账户。前面已经提及，GDP 提供了一种快捷的衡量方法使得我们能够比较不同国家的经济绩效。在本章的剩余部分，我们将学习如何使用国民账户来形成思考经济问题的框架。

国民账户本身并不是经济分析，但它为我们深入理解经济运行提供了基本素材。为了理解国民账户的用法，我们首先需要了解 GDP 的创造和分配过程。

2.2　GDP 与经济过程

□ 2.2.1　流量与存量

在开始之前，我们需要澄清收入和财富这两个概念。想知道一个人有多么富有，至少有两种衡量方法，这两种方法在一定程度上存在差异。我们可以把他拥有的所有东西的价值（也就是他的财富）进行加总，或者我们也可以直接报出他的收入。财富用一定数量的美元来衡量。尽管财富是在某一特定时间内被衡量出来的，但是这种衡量本身并不涉及时间。收入是根据每年（或每周，或每月）所赚取的美元数量来衡量的，而且也是在某一特定的时间内被衡量出来的，在衡量中也就直接包含了时间因素。财富就是经济学家所称谓的一种存量。某一存量衡量的是某一数量。收入是一种流量。它衡量的是单位时间内的数量。GDP 的定义所指的是某一特定时期，故 GDP 是一个流量，衡量方法为：单位时间内某货币单位的数量（如每年的美元数量，每一季度的欧元数量）。

存量和流量是水力学方面的类比性术语。比方说，一条河流流入某一湖泊，流入该湖泊的流量可以用每分钟的加仑数（或用英亩—英尺/天）来衡量。任一时刻湖水的存量只不过是一定数量的加仑而已。当然，也有可能存在一条流出这个湖泊的河流。如果流入湖泊的水流速率超过流出湖泊的水流速率，那么湖泊中水的存量就上升。如果流入湖泊的水流速率正好等于流出湖泊的水流速率，那么湖泊中水的存量就保持不变。

财富和收入的关系与此相似。收入就是流入该湖泊的河流，即进入财富的价值流量，每月流入多少美元。注意我们说的是价值，因为收入未必采取实际的货币形式。它可以是存在某一银行账户上的货币。同样，它也可以是获得一小块土地、一辆小汽车、一艘船或者其他有价值的资产。所有这些资产的总和——货币的和非货币的——就是湖泊，即财富存量，它用美元来衡量并且不考虑时间。消费支出（即在某些项目

---

① Bureau of Economic Analysis, *NIPA Handbook*: *Concepts and Methods of U. S. National Income and Product Accounts*, pp. 2-7. (http://bea. gov/national/pdf/NIPAhandbookch1-4. pdf)downloaded 20 October 2009.

应用中级宏观经济学

上的开支，这些项目的价值伴随着使用而即刻消失）就是流出湖泊的河流。当收入流量大于消费支出流量时，财富存量就增加。当然，从拥有大量财富这一点来说，有的人完全可能称得上是富人，但在拥有较少收入这个意义上说却是穷人。老年人、农民、农场主通常是这种情形，他们拥有很值钱的房地产，但却只能从养老金或农产品的销售中获取少量收入。

在经济中，最终商品和服务的出售构成个人收入的全部。GDP 就是这些收入流量的总和，这些收入以每年的美元数来衡量。同样，国民财富就是以美元衡量的经济中所有个人财富的总和，收入中没有作为消费支出流出的那部分（称作储蓄）使财富增加。尽管国民账户既以收入形式也以财富形式存在，但在宏观经济分析中收入账户比财富账户使用得更为普遍。

☐ 2.2.2 循环流量

国民收入账户记录经济中某一季度或某一年的收入流量。要理解账户记录，有必要简单了解一下经济中的产出与支出。经济由四个部门组成：企业部门、家庭部门、政府部门以及外国部门（或者世界的其他部分）。国民账户记录的是每两个部门之间的双向交易。

国内私人部门

为了解释得更加清楚，我们从一个简单经济着手，在解释的过程中逐步增加复杂的内容。图 2—1 所显示的经济只包含企业和家庭两个部门，我们暂时假定该经济的运行中没有政府和对外贸易的参与。

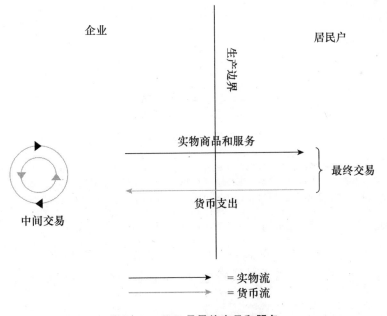

图 2—1　GDP 是最终商品和服务

注：GDP 包括所有最终商品和服务。最终的意思是指产品必须要离开企业部门（也就是穿过生产边界）。中间产品对于生产很重要，但它并不离开企业部门并且不直接计入 GDP。真实产品的转让本质上总是对应着相同价值的货币转让。因此，GDP 的计算有两种方法：或者通过产品的价值来计算，或者通过穿过生产边界的支出价值来计算。

企业部门运用劳动力、机器设备、能源、原材料、建筑物以及其他企业的产品作为投入来生产产出，这些产出表现为各种各样的商品和服务，也称为产品。其中一部分产出称为中间商品和服务，被卖给其他企业，因此仍然留在企业部门。这在图2—1中表示为企业部门的闭环形式。产出的其余部分被表示为流向家庭部门，将两个部门分开的直线被标记为生产边界。只有本期离开企业部门的产品，也就是穿过生产边界的商品和服务，才被计算为最终商品和服务。停留在企业部门内的中间产品在生产过程中被消耗了，其价值被并入最终产品之中。

家庭直接（例如，工人们拥有劳动力并把它出售给企业以获得工资或薪水）或间接（比如某一企业可能将必需的投入出售给另一企业，但是家庭作为股东最终拥有这些企业）拥有生产过程中各种各样的投入。

生产中的各种投入统称生产要素。图2—2对图2—1进行了详细阐释，从家庭部门指向企业部门的黑色箭头用来表示生产要素的流动。

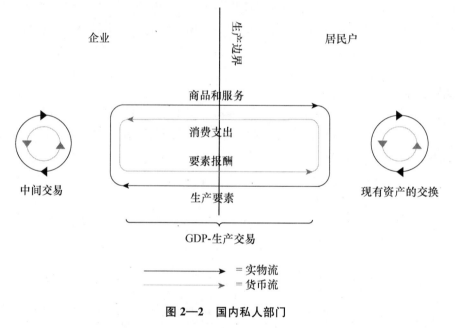

图2—2　国内私人部门

注：企业以商品和服务交换得到消费支出，再利用获得的资金向家庭购买生产要素，所以家庭支出最终变成家庭收入。同样，企业利用生产要素生产商品，所以家庭提供的实际服务最终变成他们消费的商品。这与用以下两种方法来衡量GDP是一回事：根据所生产的商品和服务的价值（用于商品和服务上的开支）来衡量；或者根据所销售的生产要素的价值（支付给生产要素所有者的报酬）来衡量。与中间产品交易一样，现存资产的买卖没有穿过生产边界，所以衡量GDP时不把它包括在内。

实质上，家庭部门与企业交换生产要素以获得最终商品和服务。在图2—2中，生产要素箭头与最终商品和服务箭头首尾相连，形成一个闭环，以强调这种交换。虽然我们有时遇到直接的物物交换（"愿意为食物工作"），但大多数交易还涉及货币，所以用生产要素交换最终商品和服务是间接交易。通常情况下，工人们出售劳动力获得以货币支付的工资和薪水。为了获得货币，其他生产要素也被出售给企业。反过来，家庭也使用货币购买企业的产品。在实质上，企业以货币（要素支付）与家庭交换货币（消费支出）。图2—2中使用灰色箭头表示货币的流动。同样，这些箭头首尾相连，用以强调在这种交换过程中，家庭的货币变成企业的货币，然后又回到家庭部门。

本质上，经济过程就是人们享受劳动成果的过程，生产的真正好处是消费各种各样的最终产品。生产的真正成本是创造最终产品所需要的各种劳动和有形资源。图 2—2 中外部顺时针方向的环路就表示这些实物流。每一个穿过生产边界的实物流箭头一定有一个从相反方向穿过生产边界的箭头相匹配，这一箭头表示相同价值的货币流。内部逆时针方向的环路代表这些货币流。图 2—2 表明总共存在两个循环流，实物流对我们的生活影响最大。尽管如此，货币流也很重要。首先，在我们的经济结构中，货币流的中断可能导致实物流的中断。（在第四篇的第 6～8 章，我们将更加详细地考虑货币流。在第 16 章中，我们将考虑政府的货币政策如何与实体经济相互作用。）其次，直接衡量实物流并不容易。正如我们在 2.1 节中所见，货币为衡量 GDP 提供了公共单位。

每一实物流一定与某一货币流相匹配的规则同样适用于图 2—2 中左边以逆时针方向环路表示的中间产品的交易。为了分析的完整性，我们也应该注意到家庭自身可能会参与到现有资产的交换中。例如，你从一个私人所有者手中购买一辆二手车时，一笔货币交易通常就发生了。但是这种交易并不计入 GDP。因为该实物商品，即小汽车，一旦穿过生产边界就已经计入 GDP。而你购买一辆二手车时不存在新的生产，因而它也就不会再次穿过生产边界。图 2—2 右边顺时针方向的实物环路和逆时针方向的货币环路表示现有商品和服务的交换。

实际经济比图 2—2 中所示的要复杂得多。然而，即使在实际经济中，从根本上讲，企业和家庭之间的关系也非常重要。这两个部门合在一起形成国内私人部门。以国内私人部门为起点，通过更多考虑时间因素，并引入政府和国外部门，我们能够以一个更加全面的视野看待经济。

投资、储蓄、资本和时间

如果所有的生产只使用在同一时期生产或供给的资源，并且所有收入都在同一时期被消费掉，那么从企业到家庭的商品和服务的实物流将总是能够与从家庭到企业的生产要素实物流正好达到平衡，同样，消费支出的货币流总是与要素支付的货币流达到平衡。但是实际上，它们并不平衡。我们后面将会看到，这种不平衡中的一部分可以归因为政府和国外部门。我们首先来考虑国内私人部门本身。

家庭通过出售生产要素获得收入，他们未必希望在本期消费掉所有的收入。为了留出购买力以备将来使用，家庭进行储蓄，也就是说，他们把钱存入银行（或放在床垫下面）或者购买金融资产（有时是真实资产），比如共有基金的股份（或者一座房子）。因此，消费支出少于收入（生产要素的购买）；而且，出售给家庭部门的商品和服务的数量显然少于总的产出。图 2—3 中，储蓄以流出国内私人部门的货币流来表示。

一些物质生产资料，比如能源和原材料，在生产过程中被耗尽。其他的物质生产资料，如建筑物、工具和机器设备以及交通工具等，统称为资本，可以使用很长时间。资本提供的服务属于生产要素的一种。如图 2—3 所示，一部分资本存量从过去的生产阶段继承下来，在当前生产阶段使用，剩余的有用部分被移交到将来。

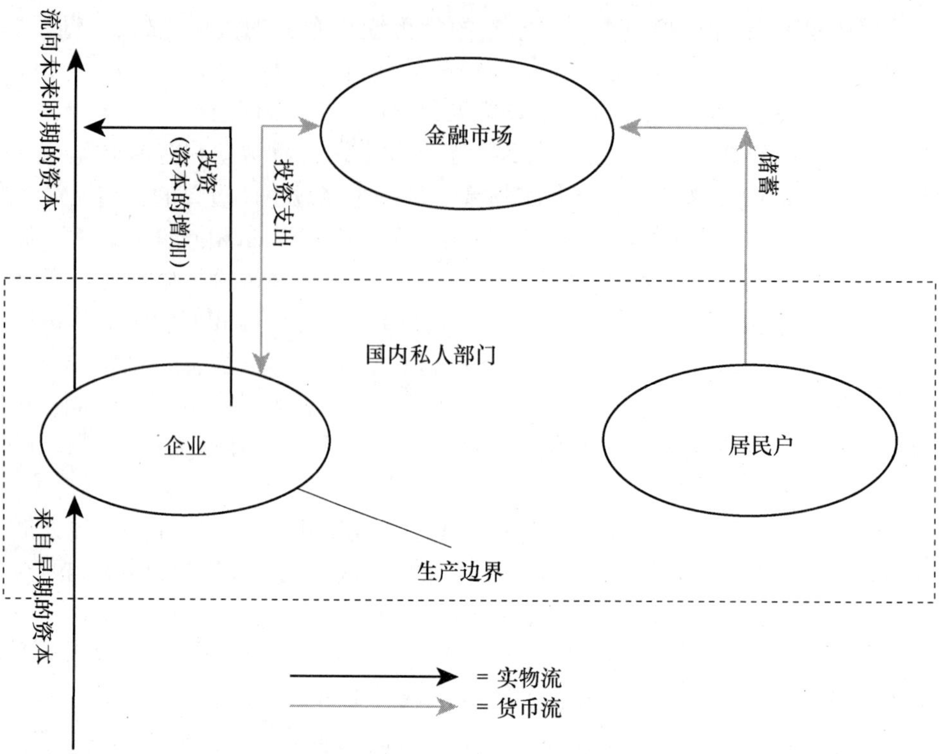
流向未来时期的资本
投资
(资本的增加)
投资支出
金融市场
储蓄
国内私人部门
企业
居民户
生产边界
来自早期的资本
= 实物流
= 货币流

图 2—3　储蓄、投资、资本与时期

注：该图省略了图 2—2 中的很多细节，为的是表明投资品在本期穿过生产边界，并被计入到未来时期用于生产的资本存量之中。投资与投资支出相匹配——投资支出部分来自企业自有资源，部分通过金融市场从家庭和其他企业传递而来。

资本存量的额外增加被称为投资。投资是新的物质生产资料流量。金融市场上"投资"一词用来表示金融资产的购买，这样的使用是相当合适的。同样，"资本"被用来表示与工商企业紧密相连的货币价值。然而，在经济学中，"资本"几乎总是指物质生产资料的存量，"投资"几乎总是指增加到物质生产资料存量上的流量。企业预测到未来需求，因而购买投资品。这在图中用从企业指出的实心箭头表示，由于它在图中穿过生产边界，因此构成 GDP 的一部分。虽然投资品继续停留在企业部门内部，但它们并非在本期被耗尽，而是转移到未来某一生产期间，这一事实使得它们在本期成为最终产品。

企业通常从其他企业购买投资品。在图 2—3 中，投资品的实物流从企业流出，投资支出的货币流向企业流入，两者相互匹配。这在图中以标记为"投资支出"的灰线表示。企业也可以不依赖借款而用其未分配利润购买投资品，虽然这一点没有在图中标示出来。购买投资品的资金来自何处？因为企业的所有收益最终都归家庭所有，家庭必须直接或间接地提供所需的资金。然而，在作出储蓄决策时，我们通常不过问企业的需求。金融市场（如图所示）充当一个渠道，通过它将家庭储蓄引导到企业投资支出中。我们将在第 6 章更加详细地分析金融市场。

政府部门

考虑投资和储蓄后，最初关于产品和货币循环流的简单图形变复杂了。现在我们通过引入政府部门使其进一步复杂化，这里的政府包括各级（联邦、州和地方）政府。图

2—4 表明，政府也使用生产要素生产其产出，这些要素主要是从家庭部门购买的劳动力和从企业购买的商品和服务。这些投入被表示为来自国内私人部门的实物流以及与之相匹配的按相反方向流动的货币流（**政府支出**）和**工资**（和其他要素报酬）。

为了购买这些实物要素和产品，政府必须征收税收。税收（个人税收或公司税收）以流向政府的货币流（标记为"净税收"）表示。

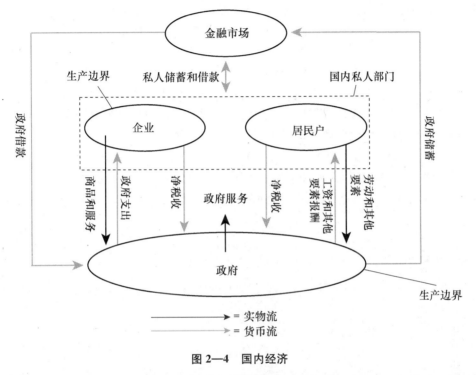

图 2—4　国内经济

注：该图省略了图 2—2 和图 2—3 中的许多细节，目的是表明出售给政府的商品和服务穿过生产边界，因而构成 GDP 的组成部分。政府支出是与这些商品和服务流相匹配的货币流。政府也从企业购买劳动力和其他生产要素，它同时使用生产要素和商品与服务来提供政府服务，这些政府服务本身穿过生产边界从而构成 GDP 的组成部分。所有的政府支出通过税收或者借款来融资，政府部门的超额收入也进行储蓄。

税收之所以称为"净税收"，是因为政府有时候也进行**转移支付**，转移支付被定义为"对于没有给出同等价值作为回报的行为所进行的支付"。转移支付主要包括社会保障支出、医疗支出、福利支出以及政府债务的利息支出。净税收等于税收减去转移支付。

有时政府税收收入超过政府用于购买商品和服务以及转移支付方面的支出，此时政府就出现预算盈余。州和地方政府通过购买私人金融资产或偿还贷款或回购先前已发行的债券将盈余储蓄起来，联邦政府主要通过回购或赎回国库券来储蓄。当政府支出超过政府收入时，政府必须通过贷款或债券销售来借款。金融市场帮助企业和家庭将储蓄转化为投资，同样，金融市场也帮助将私人和政府储蓄引导到政府部门。

图 2—4 将政府产出（政府服务）表示成一个没有特定指向的箭头，它既不流向企业或家庭，也不是税收的一个对应物。这样做基于两个原因：首先，除了某些例外情况（比如一个市政府经营电力设施）外，政府提供的绝大部分服务不是市场交易的一部分。我们并不根据账单来单独支付立法服务的费用（否则就是丑闻）；同样，我们需要保护时，也无须为空降部队一小时的军事服务付费。其次，虽然政府服务有时使某些特定人

群获益多于其他人，但是从理论上讲，政府还是为公共利益服务的。与 GDP 的其他部分不同，由于政府提供的商品和服务不存在市场交易，这意味着其价值不是通过对它们的支付来衡量的，而是由它们的生产成本来衡量的（见第 3 章 3.5.2 节）。

外国部门

图 2—4 中所示的三个部门共同构成国内经济。一些国内产品被卖到世界其他地方或外国部门，称为出口品。同样，国内经济部门从其他国家购买商品和服务，称为进口品。图 2—5 表示进出口的实物流与相对应的反方向流动的货币流。事实上，这些交易发生在特定的国内和国外企业、政府或个人之间。图 2—5 隐去了这些细节，使得这些交易看起来似乎是在整个国内经济与世界之间进行的。

出口和进口无须平衡。如果出口超过进口，那么流入国内经济（**出口收入**）的货币流超过流出国内经济（**进口支付**）的货币流。于是该经济体的**收支平衡表**上的**经常账户**出现**盈余**。或者换句话说，**净出口**是正数①，净出口被定义为出口减去进口。当进口超过出口时，经济出现经常账户赤字或负的净出口。2008 年，美国出现 7 060 亿美元的收支账户赤字。也就是说，美国企业和消费者支付 7 060 亿美元给外国人。紧接着，外国人可能将这些美元持在手中，或者使用这些美元购买他们自己国家的货币，或者购买美元主导的

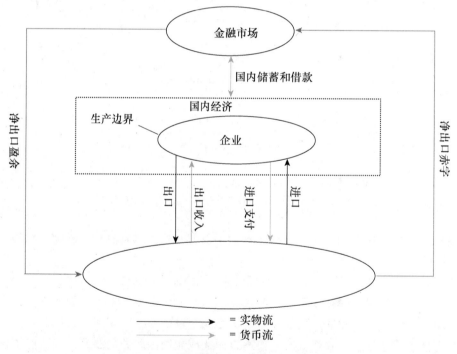

图 2—5 从国内经济的角度看待国外部门

注：该图省略了图 2—2 至图 2—4 中的许多细节，它所表达的是：商品和服务穿过生产边界出口到外国，并因此成为 GDP 的一部分；而进口相当于负出口，因此减少了 GDP。出口和进口的货币流方向正好相反。如果进口超过出口，那么国内经济就缺少货币资源，而必须借入这些货币。最终，资金来源就是对进口的超额支付，国内经济通过金融市场间接借入这些资金。同样，如果出口超过进口，国内经济就变成国外部门的净贷款人。

———————————

① 实际上，经常账户盈余和净出口并不等同，因为经常账户包括来自国外的净收入流（与出口和进口没有关联）和净转移支付，第 3 章和第 8 章涵盖这些账户的更多细节内容。

资产（例如，美国政府债券或美国公司的股票或债券），或者从美国所有者手中购买外国资产（比如，德国或英国债券）。一国出现收支账户赤字的时间越长，外国人获得的该国资产就越多，或者说本国持有的外国资产就越少。图2—5将这些资产交易表示为通过金融市场输送到国内经济。

经济概览

针对经济中的实物流和货币流，图2—2至图2—5提供了相当全面的分析。由于过程非常复杂，这些图省略了国民账户的许多细节和金融市场的大部分细节。部分被省略的细节将在第3章和第6章重点讨论。

图中的"循环"流量不是单一的、简单的循环。相反，它是由一系列相互联系的实物流和货币流形成的、类似于人体血液循环的复杂循环。如果这一循环能够持续下去，那么这些流量必须在至少三个方面保持平衡：

● 第一，每一实物流和资金流一定有一个相反方向的货币流与之平衡。

● 第二，生产要素流量的价值一定等于商品和服务上所有支出（消费支出、投资支出、政府支出和国外支出）的价值。或者说，所有产出的价值一定等于所有要素报酬的价值。

● 第三，流出国内私人部门的所有货币流（储蓄、税收和进口支出）一定与流向国内私人部门的货币流（投资、政府支出和出口收入）相匹配。

2.3 国民会计恒等式

产品和收入的循环流动以及实物流与货币流必须平衡的属性给我们展示了一个关于产品和收入创造过程的有用的概念图。然而，应用宏观经济学需要的是数字，这些数字由国民收入和产品账户（有时以首字母缩写 NIPA 来表示）提供。国民收入和产品账户将收入和产品循环流量的正向流动和逆向流动转换为一系列的复式账户。之所以是"复式"账户，是因为对于任何一种实物产出总是有一个与之对应的货币收入。因此，这表现了上一节末提到的循环流三个平衡属性中的第一个平衡属性（复式记账的基本原理将在第6章6.1节中详细介绍）。GDP 分别是账户两边的汇总，这是因为 GDP 衡量的既是经济中所有最终商品和服务的生产，也包括经济中所有的收入。

在美国，国民收入和产品账户由美国经济分析局（BEA）提供，这些账户为我们提供了关于整体经济的详细报告。这些账户将 GDP 分解成很多组成部分，分别归为产品和收入这两类。当处理实际的经济数据时，理解这些细节非常重要。而当对宏观经济的运行进行分析时，就有必要忽略细节，勾勒出大体轮廓（第3章3.7节将详细解释如何理解国民账户，以及如何将国民账户与本节提出的简单化的关系联系在一起）。

□ 2.3.1 生产—支出恒等式

可以用两个简单的恒等式来概括总产出、总支出和总收入之间的关系。第一个恒等式将产出价值和支出联系起来。经济中可资利用的最终商品和服务的价值是生产出来的价值（Y）加上进口的价值（IM）。这些商品用于满足四个方面的支出，即用于国内消费的支出（C）、私人国内投资支出（I）、政府用于购买商品和服务的支出（G）及出口支出（EX）。这样一来，**生产—支出恒等式**就是：

$$Y+IM\equiv C+I+G+EX \tag{2.1}$$

三横等号（$\equiv$）表明该等式是一个恒等式——它的两边必定相等（也就是说根据定义是相等的）。恒等式左边表明国民收入馅饼的大小，恒等式右边表明该馅饼切分的方式。恒等式两边同时减去进口（IM）就得到另一种形式的恒等式：

$$Y\equiv C+I+G+(EX-IM) \tag{2.1'}$$

定义（$EX-IM$）为净出口 NX，上述恒等式可以写成：

$$Y\equiv C+I+G+NX \tag{2.1''}$$

可以将恒等式（$2.1'$）或（$2.1''$）的左边看作带来收入的生产，右边看作购买产品的支出。

图 2—6 是利用美国 2009 年数据描绘的生产—支出恒等式：该馅饼本身代表等式（2—1）的左边——国内经济可资利用的商品和服务。内部圆圈代表 GDP，其外部圆环代表进口。该饼状图的切分反映的是等式（2—1）右边的每个支出项目。消费是最大的一块馅饼（约占 GDP 的 70%），紧接着依次是政府支出、投资和出口。

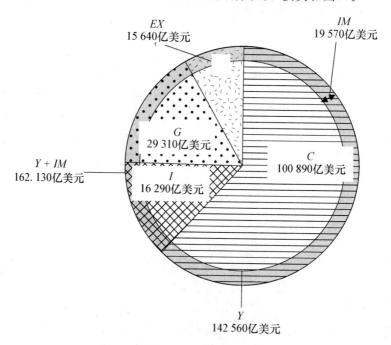

图 2—6 2009 年美国生产—支出恒等式：
$$Y+IM\equiv C+I+G+EX$$

资料来源：美国经济分析局。

应用中级宏观经济学

□ 2.3.2　可支配收入恒等式

第二个核算恒等式将总收入与其用途联系起来。由于在一国范围内所生产出来的所有价值最终都以收入形式到了工人、资本家和生产要素所有者手里，所以就像 GDP 衡量总产出和总支出一样，GDP 也衡量**总收入**。在本书中，我们将使用变量 Y 来代表总产出、总支出和总收入。

据说世界上除了死亡和税收之外，没有什么是确定的[*]。并非所有的收入都可用来购买商品和服务。一方面，政府从收入中收税（T）；另一方面，政府对国内私人部门进行转移支付（TR）。**可支配收入**（YD）是考虑税收和转移支付影响后的收入。从最广泛的意义上讲，人们对于其可支配收入只有一个决定：要么消费（C），要么储蓄（S）。因此**可支配收入恒等式**为：

$$YD \equiv Y - T + TR \equiv C + S \tag{2.2}$$

图 2—7 利用美国 2009 年的数据描绘了可支配收入恒等式：该馅饼本身代表 GDP，外圆圈和内圆圈之间形成的圆环表示税收，而内圆圈和中间圆圈之间形成的重叠圆环表示转移支付。因此，中间圆圈代表可支配收入（等式（2.2）的左边）。该饼状图的切分反映等式（2.2）的右边。消费再次成为最大的一部分（约占可支配收入的 78%）。美国家庭部门的储蓄很低。然而，由于等式（2.2）中的储蓄对应的不仅仅是家庭储蓄，而且是整个私人部门的储蓄，包括维持固定资本存量（厂房、机器设备等等）方面的隐形储蓄，因此图中的储蓄部分占到可支配收入的 22% 或 GDP 的 20%。

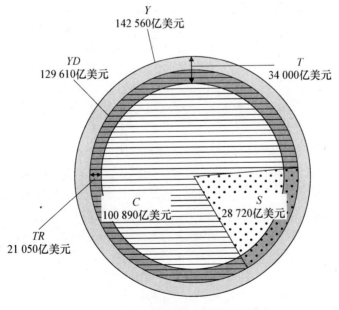

图 2—7　2009 年美国可支配收入恒等式：
$$Y - (T - TR) \equiv YD \equiv C + S$$

资料来源：美国经济分析局。

---

[*] 富兰克林的名言。——译者注

□ 2.3.3 部门赤字恒等式

等式（2.1）和（2.2）是两个基本的恒等式，我们可以从中推导出其他两个有用的恒等式。

从等式（2.1）的左右两边分别减去等式（2.2）的中间和右边两项，就得到：

$$T - TR \equiv I + G + EX - IM - S$$

重新整理，我们就得到**部门赤字恒等式**：

$$[G - (T - TR)] + [I - S] + [EX - IM] \equiv 0$$

$$\text{政府预算赤字} + \text{私人部门赤字} + \text{外国部门赤字} \equiv 0 \tag{2.3}$$

每一项代表组成循环流（将企业和家庭汇总成国内私人部门）的一个部门。第一个方括号内的项目是**政府预算赤字**，也就是政府支出超过其收入的部分。转移支付可以视为负的税收，$T - TR$ 项是净税收。

第二个方括号内的项目可以看作**私人部门赤字**。如果家庭部门消费掉企业生产的所有东西，国内私人部门将完全平衡。我们从循环流（和可支配收入恒等式）的讨论中知道，家庭通常进行储蓄，消费少于收入，因此也少于企业产出。

同样，企业购买自己生产的部分产品作为对长期资本的投资。如果储蓄恰好满足投资采购资金，则国内私人部门再次处于平衡状态。但是如果储蓄少于投资，则国内私人部门出现赤字。

第三个方括号中的项目是**外国部门赤字**。当然，从国内经济的角度来看，这一项就是净出口。净出口余额为正数，对于美国而言，将构成经常账户上的盈余。但是，由于从美国向世界其他国家的出口正好可以看作世界其他国家从美国的同等数额的进口，因此当美国净出口为正数时，外国部门将正好处于赤字状态。

部门赤字恒等式告诉我们这三部门的财务平衡是相互联系的。任一部门都可能出现赤字或盈余（就是负的赤字），但是循环流必须保持总体平衡：政府、国内私人部门和外国部门的赤字之和必须为零。

为了解释恒等式，可以想象私人部门出现赤字的情况。假设私人部门的投资超过其自己的储蓄30亿美元，以致等式（2.3）的中间项是正数。它必须借入所需资金。但是所借的这些资金从哪里来？等式告诉我们：它们要么来自出现预算盈余的政府，要么来自出现盈余的外国部门（也就是美国的负的净出口）。等式各项之和必须为零。

如果政府征收了比其支出更多的税收，它就利用多出来的收入偿还债务，将本来用于购买政府债券的资金释放出来，贷放给那些借钱进行投资的公司。

同样，如果外国部门出售给美国的多于美国出售给它们的，外国部门获得美元。外国部门可能利用它们的美元通过在美国购买房地产或资本（比如建立一个工厂）直接为美国投资提供资金，抑或通过向美国公司贷款来间接为美国投资提供资金；要释放出贷给美国公司的资金，它们或通过自己的银行借出资金，或购买美国的公司债券，或从美国人手中购买其他金融资产（比如美国国债）。

继续用该例说明。假设政府出现5亿美元的盈余，等式（2.3）的第一项是负数。再假设外国部门持有25亿美元的盈余（这等于说美国净出口是赤字），第三项也是负数。国民收入会计恒等式是成立的：

$$-5\ 亿美元+30\ 亿美元-25\ 亿美元=0$$

任何时候三大部门中的任一个或两个都可能处于赤字状态，但是必须有一个或两个部门处于盈余状态（除非所有三个部门都处于完全平衡状态，但是这样的可能性极小）。只要恒等式的各项之和为零，任何组合都有可能（见专栏 2.1 中现实世界的各种可能性的例子）。

□ 2.3.4　流入—流出恒等式

第四个恒等式集中讨论货币流。再次回顾循环流量图（图 2—2 至图 2—5）。它们既记录实物商品的流动，又记录货币支付的流动。国内私人部门是循环流的核心，投资支出、政府购买以及出口支付都由流向企业（也就是流向国内私人部门）的货币流来表示。相比之下，储蓄、净税收以及进口支付则由流出国内私人部门的货币流来表示。重新整理等式（2.3），我们得到**流入—流出恒等式**：

$$I+G+TR+EX\equiv S+T+IM$$

流入量 $\equiv$ 流出量　　　　　　　　　　　　　　　　　　　　　　　　　(2.4)

该恒等式表明流入国内私人部门的货币流（流入量）必须等于流出国内私人部门的货币流（流出量）。在一些旧教科书中，这个恒等式被明确总结为：如果账户要保持平衡，"注入"（流入）必须等于"漏出"（流出）。

图 2—8 利用美国 2009 年的数据描绘了流入—流出恒等式：左边的饼状图代表向国内私人部门支出的总流入量。

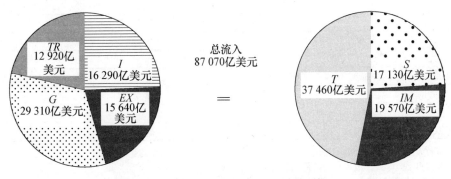

图 2—8　2009 年美国流入—流出恒等式：
$$I+G+TR+EX\equiv S+T+IM$$

资料来源：美国经济分析局。

专栏 2.1 ☞

双重赤字问题和部门赤字恒等式

20 世纪 80 年代，很多人将经常账户上的巨额赤字归咎为政府预算巨额赤字，这就是所谓的双赤字问题。21 世纪初，美国再次面临巨额预算赤字和巨额经常账户赤字（也就是外国部门盈余）的组合问题。对于部门赤字恒等式（等式（2.2））而言，2009年的数据如下（单位：10 亿美元）：

$$[2\,606-(3\,400-2\,228)]+[1\,629-2\,632]+[1\,669-2\,100]\equiv0①$$
$$[G-(T-TR)]+[I-S]+[EX-IM]\equiv0$$

或

$$1\,434+(-1\,003)+(-431)\equiv0$$
$$政府预算赤字+私人部门赤字+外国部门赤字\equiv0$$

双赤字争论断言，导致净出口（外国部门赤字）出现大的负数的原因是政府预算赤字数额巨大。如果政府能够平衡预算，净出口将会增长（也就是国外部门赤字将越来越接近于零）。这个争论忽略了重要的两点：第一，赤字有三个而非两个。如果私人部门处于赤字，即使政府预算平衡，净出口一定继续为负数。第二，一个会计恒等式本身并不能解释经济行为。实际上，政府预算方面的平衡与外国部门平衡之间没有必要的联系。下面的表B2—1显示了盈余和赤字的不同组合，这些组合从理论上讲在世界各国不同时期都可能存在。

每一部分代表一种流入的来源。右边的饼状图必须与左边的大小相同，代表流出国内私人部门的资金流。每一部分代表一种流出的来源。

表 B2—1 部分国家的部门赤字恒等式

国家/单位	年份	部门赤字		
		政府	私人	国外（净出口）[a]
美国	2003	309	186	−495
10 亿美元		赤字	赤字	盈余
德国	2008	2	−180	178
10 亿欧元		赤字	盈余	赤字
美国	2009	1 434	−1 003	−431
10 亿美元		赤字	盈余	盈余
中国	2008	−156	1 908	2 064
10 亿元		盈余	赤字	赤字
韩国	2008	−41 590	55 916	−14 326
10 亿韩元		盈余	赤字	盈余
芬兰	2008	−9	−5	4
10 亿欧元		盈余	盈余	赤字

注：正数表示赤字，负数表示盈余。
由于部门赤字恒等式，最后三列的值加总为零。
a. 国内净出口为正数时，国外部门赤字就为正数。
资料来源：International Monetary Fund，*International Financial Statistics*。

2.4 真实国内生产总值

国民账户和 4 个会计恒等式给我们提供了某一特定时期经济的概况。宏观经济学的

---

① 储蓄包括 2 050 亿美元的统计误差。

一个重要部分关注宏观经济在一定时期内的变化。首先我们必须能够准确地描述不断变化的经济，然后才能理解经济为什么会变化或政策如何改善经济。本节我们学习如何描述不断变化的 GDP，下一节我们将关注不断变化的价格。

□ 2.4.1　真实数量和名义数量

1960 年，一个普通美国大学生的祖父母正处于青壮年时期。那一年美国 GDP 是 5 260 亿美元。2009 年美国 GDP 是 142 560 亿美元——远超过 27 倍。我们的经济总量真的比我们祖父母的经济总量大 27 倍吗？当然不是！我们都知道今天一美元能买到的东西没有 10 年前一美元买到的多，比 50 年前所能买到的更少。问题是：如何解释这一事实？

GDP 增长中有多少源自我们可获得的最终商品和服务的真实增长，又有多少源自价格的上涨（美元价值的下降）？要回答这个问题，一个简单方法是考虑某种在过去的近 50 年中几乎没有变化的代表性商品。1960 年，花 10 美分就可以从自动售卖机购买一瓶 12 盎司可回收的瓶装可口可乐。2009 年，12 盎司可乐（现在售卖的是可回收的罐装可乐）的价格为 75 美分。可乐的价格上涨了 7.5 倍。

要将我们的 GDP 和祖父母的 GDP 进行比较，这里有一个选择。我们可以了解一下：如果我们今天购买祖父母所购买的那些东西，需要花费多少？换句话说，用 2009 年的价格计算 1960 年的 GDP，会是多大？答案很容易找到。如果可乐的价格上涨具有代表性，那么 1960 年一美元能够购买的东西将是 2009 年一美元所能购买东西的 7.5 倍。因此，我们应将 1960 年 GDP 的值膨胀 7.5 倍：$\$_{1960}$ 5 260 亿美元 × 7½ = $\$_{2009}$ 39 450 亿美元。（美元符号的日期下标指的是：1960 年的 GDP 值是以 2009 年的美元来表示的，也就是通常所说的，以 2009 年不变美元表示。）

我们也可以倒过来表述这个问题：祖父母购买我们今天享有的最终商品和服务要花费多少？

换句话说，用 1960 年价格计算 2009 年的 GDP 将会是多少？因为 2009 年每一美元只能购买 1960 年一美元所能购买的（$1/7\frac{1}{2}$），我们可以把 2009 年 GDP 的值缩减 7.5 倍：$\$_{2009}$ 142 560 亿美元 ÷ 7½ = $\$_{1960}$ 19 010 亿美元。

如表 2—1 所示，比较不同年份 GDP 时，这两种方法都可以解释不断变化的价格。每一行表示的是每年测量的 GDP 或名义 GDP 值（和国民收入会计人员所记录的一样），以及用 1960 年和 2009 年不变美元所表示的价值（注意用 1960 年不变美元计算的 1960 年 GDP 值与 1960 年的 GDP 测量值是一样的，用 2009 年不变美元计算的 2009 年 GDP 也是如此）。虽然比较 GDP 的测量值（第二列）是一种误导，但是用不变美元比较 GDP 则是合理的（比较第二列或第三列的数字条目）。不管使用哪一种方法，结果都显示 2009 年 GDP 比 1960 年 GDP 大 3.6 倍。美国经济在 50 年内应该增长了接近 3 倍，这本身就非同一般。但是 GDP 的测量值增加了 2 600%，相比之下，仅仅翻两番似乎微不足道。因此，有必要对价格的变化进行解释。

表 2—1　　　　　　　以可口可乐的价格作为平减指数将名义 GDP 转变为真实 GDP　　　　　单位：美元

年份	名义 GDP	可口可乐的价格	以参考年不变美元计算的真实 GDP	
			1960	2009
1960	5 260	0.10	5 260	39 450
2009	142 560	0.75	19 010	142 560

从根本上讲，真实 GDP 是某一时期内所生产的各种最终商品和服务的归集。它包括鞋、船、封蜡和演唱会门票，但不包括货币。实际上正是这些商品和服务，而非货币，满足了我们的需要和愿望。货币的一个重要作用是为我们提供一个公分母，以便将各种不同的商品和服务按照其价值大小进行加总。但是现在我们已经看到，货币的价值本身也会变化，如果我们不能解释这种变化，就无法比较货币价值。因此，真实 GDP 中的"真实"一词有另外一层含义。**名义价值**被定义为以当期市场价格衡量的价值。**真实价值**被定义为根据不断变化的价格调整过的价值（也就是某一特定时期内以不变货币单位表示的价值）。

表 2—1 的第二列表示的是 1960 年和 2009 年的名义 GDP 值，而最后两列表示的是真实 GDP 的值。该表表明有时名义值和真实值可能一致，不过仅仅是在基期针对不变美元（或其他国家的货币单位）而言，它也表明真实值并不是唯一的。

真实值可以用任一时期的不变美元来表示，但只有对所有值都使用同一时期时才能进行有效的比较。

□ 2.4.2　将名义 GDP 换算为真实 GDP

可口可乐价格提供了一种直截了当的方法将真实 GDP 和名义 GDP 分开。但是我们是否就可以认为可口可乐价格的变化能够很好地衡量所有商品价格的变化呢？经济学家们认为探究一组商品价格的变化将更为准确，因为这一组商品更能够代表实际生产和消费的商品和服务。通常，这样一组商品的价格被转换成一个指数，该指数在基期取值 100。指数值 200 意味着一般价格上涨了 100%。指数值 70 意味着一般价格下降了 30%。

国民收入会计人员发布的一个价格指数可以反映 GDP 中的商品和服务的价格变化。它被称为 **GDP（隐含价格）缩减指数**，也称 GDP（隐含价格）平减指数。术语"缩减指数"反映了它在将名义 GDP 换算为真实 GDP 中的用途——它如同一个针孔，将高价格这个热空气从 GDP 的热气球中放出来。第 4 章我们将讨论构建 GDP 平减指数和其他物价指数的细节。撇开那些有意思的细节不谈，本章我们使用 GDP 平减指数将名义 GDP 换算为真实 GDP，同时使用它来衡量通货膨胀率。

图 2—9 表示的是名义 GDP 和 GDP 平减指数的时间序列——GDP 平减指数是以构成 GDP 总量的商品和服务为基础计算的价格指数。每一时间序列上都标记了 1960 年和 2009 年的平均值。我们可以使用这一信息将名义 GDP 换算为 1960 年不变美元值或 2009 年不变美元值。

选择哪一年份来计算并不重要，但是我们必须保持一致。这里的方法与我们使用可乐价格进行计算的方法完全相同。根据价格在两年之间的变化找到价格变化因子，然后利用该因子对价格进行适当的增加或缩减。（"指南"G.8 和 G.9 讨论了指数的使用以及名义量和真实量之间的换算。）

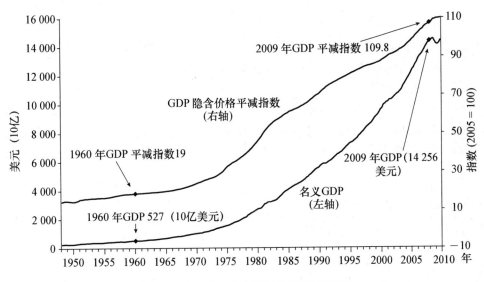

图 2—9　1948—2009 年名义 GDP 与价格

要计算某一基期和另外一个时期 t 之间的**价格因子**（pf），一般规则为：

$$pf_t = p_{基期} / p_t \qquad (2.5)$$

为了将以 t 年美元衡量的任一名义量 X 换算为用基期美元衡量的真实量，只需乘以价格因子：

$$\$_{基期} X_t = pf_t \times \$_t X_t \qquad (2.6)$$

美元符号的下标表明 X 是以哪一年的美元衡量的。（目前我们还是要注意货币时间下标的使用。为简单起见，在后面的章节中，如果名义量和真实量之间不会产生混淆，我们就省略时间下标。）

我们可以利用公式（2.6）将 2009 年 GDP 换算为 1960 年不变美元 GDP。49 年的通货膨胀导致了价值损失，要反映这一损失，2009 年的每一美元必须进行缩水。基年是 1960 年，利用图 2—9 我们可以得到隐含价格缩减指数值：

$$
\begin{aligned}
\$_{1960} Y_{2009} &= pf_{2009} \times \$_{2009} Y_{2009} = (p_{1960}/p_{2009}) \times \$_{2009} Y_{2009} \\
&= (18.6/109.8) \,\$_{2009} 142\,560 \text{ 亿美元} \\
&= (0.17) \,\$_{2009} 142\,560 \text{ 亿美元} \\
&= \$_{1960} 24\,240 \text{ 亿美元}
\end{aligned}
$$

因为 2009 年价格比 1960 年价格要高，所以以 1960 年为基年的 2009 年价格因子是：$pf_{2009} = p_{1960}/p_{2009} = 0.17$——一个小于 1 的数字。它衡量的是在一定时间内美元价值的减少。

1960 年 GDP 也可以用 2009 年不变美元表示：

$$
\begin{aligned}
\$_{2009} Y_{1960} &= pf_{1960} \times \$_{1960} Y_{1960} = (p_{2009}/p_{1960}) \times \$_{1960} Y_{1960} \\
&= (109.8/18.6) \,\$_{1960} 5\,260 \text{ 亿美元} \\
&= (5.90) \,\$_{1960} 5\,260 \text{ 亿美元}
\end{aligned}
$$

$$=\$_{2009}31\,030\ 亿美元$$

因为 1960 年价格低于 2009 年价格，所以以 2009 年为基年，1960 年的价格因子是：$pf_{1960}=p_{2009}/p_{1960}=5.90$——一个大于 1 的数字。它衡量的是早期美元价值的增加。

图 2—10 表示的是以 1960 年和 2009 年不变美元表示的名义 GDP 和真实 GDP。图 2—10 中真实 GDP 线与名义 GDP 线相交的点意义重大。每一点均表示真实 GDP 与名义 GDP 在基年相等这一事实。这一点从前面的转换公式中可以明显看出，因为在基年，基期$=t$，所以价格因子 $p_{基期}/p_t=p_t/p_t=1$。

图 2—10　1948—2009 年间名义 GDP 与真实 GDP

注：名义 GDP 向真实 GDP（也就是不变美元 GDP）的换算基于图 2—9 中的数据。需要注意的是，第一，每一真实 GDP 序列与名义 GDP 序列在基年相交；第二，每一真实 GDP 序列是其他真实 GDP 序列的一个固定倍数，所以以 2009 年不变美元表示的真实 GDP 序列的形状只不过是将以 1960 年不变美元表示的真实 GDP 序列的形状放大而已。

资料来源：美国经济分析局。

尽管存在数值和视觉上的差异，代表真实 GDP 的两条线确切地传递了以不同单位表达的相同信息。两者之间的差异与以每小时英里数和每秒英尺数来衡量的速度之间的差异性质相同。$\$_{1960}5\,260$ 亿美元$=\$_{2009}31\,030$ 亿美元与 100 英里/小时$=147$ 英尺/秒这两种写法相同，都是正确的。

尽管每一个基期都同样正确，但一种基期通常比另一个基期使用起来更加方便。为了某些目的，每小时 100 英里的意义更容易把握——比如，想知道从华盛顿乘火车到纽约可能需要多长时间。为了另外的目的，使用每秒 147 英尺更清楚一些——比如，想知道一个火箭模型在 5 秒内能飞多远。同样，人们对现期价格比对以往价格更加熟悉。如果电视剧里的一个角色在 1876 年花费 18 美分购买一块面包，这个价格是高了还是低了？我们通常说不清楚。

但是如果价格被换算为 2009 年美元的价格（大约 3.44 美元），就可以很容易地看出，按照今天的标准这是一块相当昂贵的面包。同样，即便对那些记得 1960 年的人来说，也很难让他们对美元在 50 年前所能购买的东西有一个准确把握。但是对于某些问题，使用现期价格有时并不方便。如果不断地变换基期，使用发布的新数据对时间序列进行更新就很困难。因此，政府机构通常选择一个基年并在一段时间内保持不变。当基期成为过去，政府机构通常将基期换成一个更近的年份，并根据新基年调整所有过去的数据。在撰写本章时，官方公布的国民收入和产品账户的基年是 2005 年。

在 2.4.1 节开始部分，我们就问过这样一个问题：2009 年美国经济总量是否真的比 1960 年大 27 倍？当然，答案是否定的。但是现在，我们能够给出一个更准确的评估。美国 2009 年的 GDP 是 1960 年 GDP 的 4.6 倍：

$$\$_{2009}142\,560\text{ 亿美元}/\$_{2009}31\,030\text{ 亿美元}=\$_{1960}24\,240\text{ 亿美元}/\$_{1960}5\,260\text{ 亿美元}$$
$$=4.6$$

关于变量名称的注释：在 2.1 节～2.3 节中，变量名称 Y、C、I 和 G 等等，用来代表名义数量。在几乎所有（但不是全部）的情形中，我们关心的是真实数量。所以，在本书的其余部分，除非特别说明，以美元主导的变量都表示真实或不变美元价值。出于简化目的，除了上下文的需要外，美元符号（$）的日期下标被省略。没有日期下标的美元符号表示不变美元、基年美元，或者根据上下文需要，表示现期或名义美元。

□ 2.4.3 GDP 的国际比较

国民收入账户不仅能使我们将今天的 GDP 和过去的 GDP 加以比较，而且也能在国家之间进行 GDP 的比较。因为不同的国家使用不同的货币，进行不同国家之间 GDP 的比较首先需要利用市场汇率将不同国家的货币换算成一种共同货币。但是正如我们不能客观公正地比较 2003 年美元和 1960 年美元一样，因为美元本身的价值发生了改变，我们不能将美国国内的一美元和英镑换算而来的一美元进行比较，因为美国的一美元可能比英镑换算而来的一美元（2010 年 5 月一美元为 0.69 英镑或 69 便士）购买的东西要多一些，也可能要少一些。因此，客观公正地进行 GDP 跨国比较需要将不同国家的 GDP 以购买力平价换算成一个统一量度，也就是考虑每一种货币的相对购买力。（购买力平价的概念在第 8 章中有更详细的讨论。）

表 2—2 列出了三个集团的国家和地区 2008 年的 GDP：所谓的 7 国集团（G7）；其他国家（主要是一些重要的发展中国家）与 7 国集团一起构成 20 国集团；以及部分其他国家和地区。美国是迄今为止世界最大的经济体，是 7 国集团中第二大经济体日本的 3 倍，是 7 国集团中最小经济体加拿大的 11 倍。

表 2—2　　　　　　　　　　　部分国家和地区 2008 年的 GDP

	排名	GDP（2008 年不变美元购买力平价，10 亿）
G-7		
美国	2	14 260
日本	4	4 329
德国	6	2 918
法国	9	2 128
英国	8	2 226
意大利	11	1 823
加拿大	15	1 300

	排名	GDP（2008年不变美元购买力平价，10亿）
其他 G-20		
欧盟	1	14 910
中国内地	3	7 973
印度	5	3 297
俄罗斯	7	2 266
巴西	10	1 993
墨西哥	12	1 563
韩国	14	1 335
印度尼西亚	16	915
土耳其	17	903
澳大利亚	19	800
沙特阿拉伯	23	576
阿根廷	24	574
南非	26	491
挑选的其他国家和地区		
泰国	25	547
埃及	27	444
乌克兰	35	340
中国香港	40	307
挪威	41	275
新加坡	47	237
以色列	52	201
埃塞俄比亚	80	69
卢森堡	97	39
尼加拉瓜	130	17
列支敦士登	165	4
布隆迪	173	3
世界		69 716

资料来源：Central Intelligence Agency，*The World Factbook* 2008.

□ 2.4.4　人口和人均真实 GDP

表 2—2 中或许有一个意外情况，那就是中国内地经济，虽然它的 GDP 小于美国，但仍然高于美国 GDP 的一半，并且高于包括日本在内的其他 G-7 国家。（事实上，印度、俄罗斯、巴西、墨西哥、韩国以及中国内地的 GDP 都比 G-7 中最小的经济体加拿大的 GDP 要大）。[1] 然而，中国表面上看起来不像德国或加拿大那样富有，甚至比不上卢森堡或新加坡这样的小国，因为大多数中国人从个人角度看似乎并不富裕。这一点当然很关键：按人口平均来说，中国人并没有世界上最发达国家那样富裕，中国有 13 亿人。为了某些目的，了解经济的 GDP 很重要。为了其他目的，我们想知道的是，平

---

① 最近，这个集团扩大了，将俄罗斯包括在内。俄罗斯的加入，反映的是它对前超级大国——苏联在政治地位上的继承，而不是反映它在经济地位上的重要性。

均每个人可自由支配的 GDP 有多少，也就是人均 GDP 是多少：

$$人均 GDP = GDP/总人口 \qquad\qquad (2.11)$$

对于中国而言：

$$人均 GDP = GDP/总人口 = 79\,730\ 亿美元/13.29\ 亿人 = 6\,000\ 美元/人$$

表 2—3 列出的是与表 2—2 相同的国家和地区的人均 GDP。很明显，在个人水平上，中国人远远落后于所有 G-7 国家的公民。经济福利更多地取决于个人收入，但是经济和政治力量可能经常（虽然不总是这样）取决于绝对数量的大小。要是中国的人均收入提高到现在美国的水平，中国的 GDP 将达到 623 300 亿美元。中国经济将是美国经济的 4 倍多，仅仅略低于 2008 年世界 GDP 的总和。

利用人均 GDP，我们可以重新思考美国经济自 1960 年以来的增长——这次从一个更关注个体的视角分析。我们已经知道美国 2009 年经济总量是 1960 年经济总量的 4 倍多。但由于美国人口从 1960 年的 1.8 亿增长到 2009 年的 3.07 亿多（大约增长了 2/3），增长的 GDP 被分摊到更多的人头上。对于美国来说，1960 年人均 GDP 是 $\$_{60}$ 17 518 美元（$= 31\,030$ 亿美元/1.771 35 亿人），2009 年人均 GDP 是 $\$_{09}$ 46 388 美元（$\$_{09} = 142\,560$ 亿美元/3.073 22 亿人）。虽然美国经济总量增大了 359%，但是普通公民只比原来富裕了 165%。

表 2—3　　　　部分国家和地区 2008 年 GDP 与人均 GDP（以人均 GDP 排名）

国家和地区	GDP（2008 年不变美元购买力平价，10 亿）	排名	人均 GDP（2008 年不变美元购买力平价，10 亿）	排名
列支敦士登			118 000	1
卢森堡	39	97	81 000	3
挪威	275	41	59 300	5
新加坡	237	47	51 500	9
美国	14 260	2	46 900	10
中国香港	307	40	43 700	14
加拿大	1 300	15	39 100	22
澳大利亚	800	19	38 100	25
英国	2 226	8	36 500	32
德国	2 918	6	35 400	34
日本	4 329	4	34 000	37
欧盟	14 910	1	33 700	38
法国	2 128	9	33 200	39
意大利	1 823	11	31 300	41
以色列	201	52	28 300	49
韩国	1 335	14	27 600	51
沙特阿拉伯	576	23	20 500	59
俄罗斯	2 266	7	16 100	73
南非	491	26	14 200	80
墨西哥	1 563	12	14 200	81
土耳其	903	17	11 900	92

续前表

国家和地区	GDP（2008 年不变 美元购买力平价，10 亿）	排名	人均 GDP（2008 年不变 美元购买力平价，10 亿）	排名
巴西	1 993	10	10 200	101
泰国	547	25	8 400	116
乌克兰	340	35	7 400	123
阿根廷	574	24	2 600	125
中国内地	7 973	3	6 000	132
埃及	444	27	5 400	134
印度尼西亚	915	16	3 900	154
印度	3 297	5	2 900	165
尼加拉瓜	17	130	2 900	167
埃塞俄比亚	69	80	800	216
布隆迪	3	173	400	226
世界	49 000		10 400	

资料来源：Central Intelligence Agency，*The World Factbook* 2008.

弄清楚其中的含义非常重要。第 3 章中，我们将了解到真实 GDP 不是经济福利的一种通用衡量手段；相反，它只是用来衡量市场经济所生产的最终商品和服务数量的一种手段。人均真实 GDP 衡量的只是这些商品和服务按人口平均分配后，每个人所能获得的商品和服务的真实价值。当然，不是每个人都能得到平均应得的量。有些人得到的微乎其微（2005 年，6％的人口每年所得不足 10 000 美元）；其他人所得甚多（同年，6％的人口每年所得超过 150 000 美元）。

中位数收入作为一个指标能够比较好地衡量一个普通人的收入。**中位数收入是一个分界线，在这个分界线上一半人口的收入高于这个值，一半人口的收入低于这个值**。人口可以按个人计算，或更常见地是按家庭计算。2009 年美国家庭的中位数收入是49 777 美元，远低于家庭平均收入 67 976 美元。[1] 这表明收入呈正偏态分布（参见"指南"，G.2）。设想：最贫穷的家庭一无所获，而最富裕家庭的收入是中位数收入（99 554 美元）的两倍；那么，这两个家庭的均值（或平均值）将等于中位数收入。实际上，最富裕家庭的收入远远高于中位数收入的两倍，所以平均值要高于中位数。

2.5 较长时期内的 GDP

真实 GDP 或人均真实 GDP 衡量的是国家的收入或普通公民的收入。但是我们对经济是否繁荣的感觉通常似乎更多地取决于收入增长的速度，而不是现阶段的收入。这类似于我们将在第 15 章 15.2 节中看到的，失业的增加或减少很大程度上取决于真实 GDP 增长率的快慢。虽然涉及不同的时间，但对于"2009 年的经济比 1960 年的经济大多少？"这一问题，我们的回答却并不包含时间因素。这与回答"从纽约到芝加哥有多远？"是一回事。我们想知道两者之间的距离，同时我们也想知道速度。"在横穿美国的

---

[1]　U. S. Census Bureau，Current Population Survey，2010 Annual Social and Economic Supplement.

旅行中，你是在纽约与芝加哥之间驾驶得更快，还是在芝加哥与丹佛之间驾驶得更快？"同样，我们也可以就经济提出以下问题："与过去相比，经济最近的增长是加速还是放慢了？"

□ 2.5.1　对增长的图形化描述（1）：增长率

要回答经济增长速度的问题，图 2—10 的帮助不是很大。在一个基准比例的真实 GDP 图形中，增长率以每单位时间的美元数来衡量时，坡度越陡意味着增长率越快，但增长率以每单位时间的百分比来衡量时，坡度越陡并不意味着增长率越快。问题在于，随着 GDP 的增加，计算百分比变化的基数也在增加。

用图形对增长速度进行描述的另一种方法是绘出增长率本身的图形。图 2—11 绘制了 1950—2010 年间每 10 年的（复合年化比率）季度增长率、年度增长率（季度同比增长）以及平均增长率（以水平线显示）。（关于增长率计算的细节，包括复合化和年率化，参见"指南"，G. 10。）

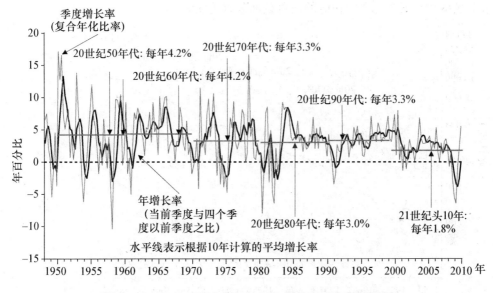

图 2—11　1948—2009 年真实 GDP 增长率（季度和年度）

注：季度增长率具有高度易变性，复利使波动更明显。年度增长率是季度增长率的几何平均，因此和所有的平均一样，平滑了一部分波动性。增长率的平均水平在 20 世纪 50—60 年代最高，此后开始下降；进入 20 世纪 70 年代后，增长率的变化性仍然较大；20 世纪 80 年代中期后出现了一个被称为"大缓和"的时期，这一期间增长率再次下降。

资料来源：美国经济分析局。

一个形式上的规定：在本书中，变量上的抑扬符或"帽子"表明该变量的增长率——例如，$\hat{Y}$ 是 GDP 的增长率。

需要注意的是，复合季度增长率是三个序列中变动最显著的。通过增加到四次方复利可以将 GDP 的任何一个小变化加以放大，年度增长率在某种程度上变动要小很多。它们可以被视为四个季度变化的平均数，找到它们的（几何）均值，这一均值一定高于最低的年化季度增长率、低于最高的年化季度增长率。尽管年增长率变动过大，不容易判断出长时期内的一般增长率，但是 10 年平均值清楚地显示出经济在 20 世纪 50 年代的增长快于 20 世纪 80 年代的增长。

□ 2.5.2 对增长的图形化描述（2）：对数图形

虽然从图 2—11 中可以相对容易地看出 20 世纪 90 年代平均增长率低于 20 世纪 50 年代，但是 10 年这种划分还是有些随意，未必与重大的经济、政治、社会或历史的划分相对应。例如，1970 年元旦那天就不太可能发生 GDP 增长率急剧下降。我们能确定经济增长减速的时间点吗？经济增长上的季度和年度显著变化使得完成这一任务困难重重。而且我们已经看到，从以正常度量单位表示的真实 GDP 图中读取增长率绝非易事，就像图 2—10 那样。好在我们还有另外一个工具：对数图。因为任何时间序列的对数图的斜率对应的是其增长率（参见"指南"，G.11.3，G.11.4），我们能够同时看到真实 GDP 水平和它的增长率。

图 2—12 中，美国 GDP（黑线）用纵轴上的对数刻度表示。灰色线部分的倾斜度对应的是图 2—11 中的水平线——1950—2010 年之间每 10 年的平均增长率。图 2—11 中水平线越高，图 2—12 中相应的灰色线部分就越陡峭。

图 2—12　1948—2009 年真实 GDP 的增长率

注：在纵轴为对数刻度的图中，线的斜率对应着增长率。该图中灰色直线部分对应于图 2—11 中的水平线。图 2—11 中的水平线越高，该图中灰色线部分就越陡峭。另外，我们可以看出 20 世纪 50—70 年代直到 21 世纪前 10 年之间平均增长率出现大幅下降。

资料来源：美国经济分析局。

2.6　衡量通货膨胀

□ 2.6.1　通货膨胀与通货紧缩

直到现在，我们一直关注的是真实 GDP。我们主要使用 GDP 平减指数这一工具将名义 GDP 换算为真实 GDP。经济学家、政策制定者以及公众基于各自的立场也关心价格的不断变化。当然，物价的普遍上涨被称为**通货膨胀**。以某一物价指数的变化来衡量的通货膨胀对应的是**货币购买力**的下降。通货膨胀越严重，一美元买到的东西就越少。因为物价指数可以在基期内取任一值，所以任一时期物价指数的实际值不会显示价格是上升还是降低了。真正显示价格上升和降低的是这个实际值的变化。物价指数的增长率告诉人们价格的增长或降低是快还是慢。通货膨胀以物价的增长率（$\hat{p}$）来衡量，所使用的所有公式与计算真实 GDP 增长率所用的公式完全相同（参见"指南"，G. 10）。

任何人持有的资产如果是以一定数量的名义美元来作价的话，都有理由讨厌通货膨胀。美元钞票的持有者看到其钞票的购买力会随着物价上涨而逐渐减弱。同样，私人养老金领取者或发行房地产抵押贷款的银行由于价格上升而损失购买力。通货膨胀既能造就赢家，也能造就输家。社会保障或其他美国政府养老金根据物价水平进行指数化，以使物价上升不会改变领取人的真实购买力。借款人（例如，利用房地产抵押贷款购买房屋的人）喜欢通货膨胀，因为他们能够以更廉价的货币偿还他们的贷款。一个人的收益往往是另一个人的损失。在贷款的情形中，借款人所得即银行所失。同样地，在政府债券的情形中，持有债券的社会公众之所失即政府之所得。除此之外，社会保障接受者或领取政府养老金的人所获得的同样等于政府本身的损失。

在过去 70 年的大部分时间里，大多数国家的通货膨胀率一直是正数。但是，价格也可能下降。**通货紧缩**或**反通货膨胀**是一般价格水平的下降。与通货膨胀一样，通货紧缩也造就赢家（贷款人）和输家（借款人）。美国上一次严重的通货紧缩发生在 20 世纪 30 年代的大萧条时期。约翰·斯坦贝克的《愤怒的葡萄》（*The Grapes of Wrath*）中的"俄克拉荷马州人"* 某种程度上就是 20 世纪 30 年代通货紧缩的受害者，因为不断下降的价格提高了以农场为抵押的贷款的真实成本，以至于他们无力偿付。20 世纪 30 年代一本叫作《通货膨胀》的书以这样的句子开头："这个世界令人遗憾地需要价格上涨"。但在接下来的 75 年内，几乎再也无人表达这种忧伤。[1]

日本就是长时期温和通货紧缩的一个明显例子，这一通货紧缩自 1994 年以后持续了十多年时间（见图 2—13）。同一时期，美国通货膨胀率虽然仍保持为正数，但却降低了（整个时期都高于日本的通货膨胀率）。2002 年和 2003 年，美国通货膨胀率变得非常低，以致货币政策制定者开始真正担心起通货紧缩来。但是随后通货膨胀再次上升，直到 2007 年 12 月经济开始衰退。这次衰退持续了 18 个月，其中一半时间内由消费者价格指数（见第 4 章 4.2 节）所衡量的价格月度同比出现下降。然而，随着衰退的结束，价格开始再次上升。通货紧缩有时比通货膨胀更令人感到害怕，因为通货紧缩的损失者（例如，20 世纪 30 年代大量抵押的农民或 21 世纪之交日本大量债务缠身的公司）很可能比通货膨胀的损失者更脆弱。

---

* 指 20 世纪 30 年代因干旱被迫从俄克拉荷马州移居到别处的工人。——译者注

[1] Donald B. Woodward and Marc A. Rose, *Inflation*, New York：McGraw-Hill, 1933, p. ix.

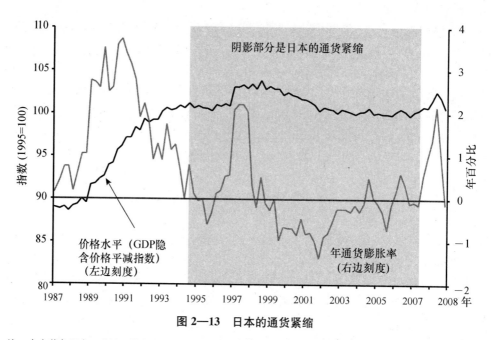

图 2—13 日本的通货紧缩

注：自大萧条以来，世界经济中占据主导地位的是价格的上升（通货膨胀），而非价格的下跌（通货紧缩）。20世纪90年代和21世纪初，日本出现了一次后大萧条时期罕见的长时期通货紧缩。

资料来源：International Monetary Fund, *International Financial Statistics*.

□ 2.6.2 使用 GDP 平减指数衡量通货膨胀

21 世纪的最初几年里，美国的通货膨胀率较低，与 20 世纪 50 年代的情形类似。图 2—14 同时显示了年化后的季度通货膨胀率（ $\hat{p} = (p_t / p_{t-1})^4 - 1$ ）和年度通货膨胀率

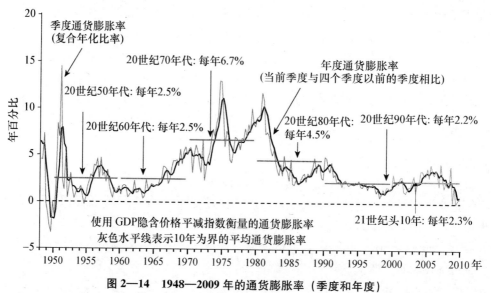

图 2—14 1948—2009 年的通货膨胀率（季度和年度）

注：虽然季度通货膨胀率比取平均值后的年度通货膨胀率波动性更大，但是与图 2—11 比较后可以看出，通货膨胀率并不像真实 GDP 增长率那样具有易变性。通货膨胀率在 20 世纪 50 年代和 60 年代很低，在 70 年代和 80 年代早期急剧上升，然后在 90 年代和 21 世纪初又下降到了更低的平均水平和更小的变动幅度上——这是大缓和的另一面。

资料来源：美国经济分析局。

$(\hat{p}=(p_t/p_{t-4})-1)$。我们注意到，就像增长一样，季度通货膨胀率变化很大。20 世纪 40 年代和 50 年代通货膨胀率很低，整个 60 年代和 70 年代通货膨胀率上升，在 80 年代初达到顶峰，自那以后总体上呈现出下降趋势。2009 年的通货膨胀率（年化比率）为每年 1.2%。在前面的章节中，我们曾探讨过 1960—2009 年期间的 GDP 增长。同一时期的平均通货膨胀率是：

$$\bar{\hat{p}}=(p_{2009}/p_{1960})^{1/49}-1$$
$$=(109.8/18.6)^{1/49}-1=0.036\,9 \text{ 或每年 } 3.69\%$$

近期经济政策获得了巨大成功，人们常常认为其中一个成功之处就是控制住了通货膨胀，这表现为现期通货膨胀率低于过去通货膨胀率。过去 20 年中通货膨胀率的不断下降是一个世界范围内的现象。但是，正如表 2—4 所示，在 2008 年开始的世界经济危机发生之前，很多国家和地区显示出某种通货膨胀加速的迹象。该表的一个显著特征是，7 国集团（工业化大国）的通货膨胀率通常低于世界其他国家和地区，虽然并非所有 G-7 国家都是如此。

表 2—4　　　　部分国家和地区的通货膨胀率（根据 GDP 隐含价格平减指数）

	平均通货膨胀率，1998—2008 年（%/年）	通货膨胀率，2008 年（%/年）
G-7		
日本	−0.1	−1.4
德国	1.6	2.6
法国	1.8	2.8
加拿大	2.3	2.4
意大利	2.4	3.3
美国	2.9	3.8
英国	2.9	4.0
其他 G-20		
沙特阿拉伯	1.4	9.9
中国内地	1.7	5.9
欧盟	2.2	3.3
韩国	3.1	4.6
澳大利亚	3.2	4.4
印度	5.3	8.3
南非	5.3	9.9
墨西哥	6.7	5.1
巴西	6.9	5.7
阿根廷	7.6	8.6
印度尼西亚	11.7	10.0
俄罗斯	21.7	14.1
土耳其	29.6	10.4
挑选的其他国家和地区		
中国香港	−0.7	4.3
新加坡	1.4	6.5

	平均通货膨胀率，1998—2008 年（%/年）	通货膨胀率，2008 年（%/年）
挪威	2.2	3.8
以色列	2.4	4.6
卢森堡	2.4	3.4
泰国	2.7	5.5
埃及	6.7	18.2
尼加拉瓜	10.0	19.8
布隆迪	10.0	24.0
埃塞俄比亚	10.1	43.2
乌克兰	14.0	25.2

资料来源：International Monetary Fund，*International Financial Statistics*.

2.7 经济行为和国民账户：总需求和供给——后面章节的引子

国民账户是一种衡量经济和介绍经济事实的方法：经济生产了多少？生产的多大部分被消费了？产出增长有多快？价格变化又有多快？但是这些描述只是开始。我们除了要知道发生了什么事情外，还要了解为什么会发生、可能会发生什么以及政策如何影响结果。因此，我们还必须作更深入的探讨。

国民收入会计恒等式告诉人们，经济的各个部分是相互联系的。经济的一个部分所发生的变化会影响到其他部分。国民账户加起来必须与总数相符。例如，不可能在政府预算出现赤字的同时，私人部门和国外部门都处于平衡状态。循环流量图（图 2—2 至图 2—5）也告诉我们，经济的不同部门各具特点。西屋电气公司的首席执行官在决定投资的数量之前不会问："政府的预算盈余有多大？"位于艾奥瓦州得梅因市 * 的约翰·迪尔公司工厂里的一个工人在决定消费（以及储蓄）之前不会问："西屋电气公司将投资多少？"韩国三星的一位经理在将 DVD 播放机运送到纽约前不会问："得梅因的工人威廉·麦考密克打算储蓄多少？"然而，从某种方式上说，国民账户一定账实相符。那么，这些互不协调的计划混杂在一起，是如何形成恒等式上的经济总量的呢？

经济行为可以从两个角度来观察。从事前（事实发生之前或计划之中）的角度来看，单个经济当事人独立作出决策。这并不是说他们在制订计划时不考虑他人，而只是说完全的有意识的协调并不是经济行为的一个前提条件。从事后（事实发生之后或已实现的）的角度来看，所有经济当事人的决策必须协调一致。这并不是说人们一定就对结果感到满意，而只是说他们不能违反经济施加给他们的约束。国民账户事后加起来与总数相符，也就是说，他们遵循四个会计恒等式，这是从事后的角度来看。而在事前，任何两个经济当事人都没有理由对他们的计划进行协调。

协调经济行为有两个关键制度——货币/金融体系与价格体系。货币/金融体系促进

---

* 美国艾奥瓦州首府。——译者注

了交换，但是它同时要求人们遵守自己的预算约束：只有在拥有或者能借到必需的资金时，才能够购买东西。价格体系通过以下方式引导人们的选择：当需求超过供给时提高价格；当供给超过需求时降低价格。这些机制的详细内容主要属于货币和金融经济学以及微观经济学课程范畴，而非中级宏观经济学课程范畴，但是其中所涉及的基本原理却很容易运用经济总量来解释。

我们回顾一下流入—流出恒等式：

$$I+G+TR+EX \equiv S+T+IM \qquad (2.4)$$

现在假设美国经济仅由两部分组成：消费者和企业（也就是没有政府和对外贸易）。于是，上面的恒等式一下子就简化为 $I \equiv S$——已实现的投资必须等于已实现的储蓄。现在，假设消费者总的可支配收入为 60 000 亿美元，集体计划消费为 54 000 亿美元，因此，储蓄为 6 000 亿美元，与此同时，企业共同计划的投资只有 5 000 亿美元。计划储蓄超过计划投资。当储蓄与投资事前不相等时，迫使事后储蓄和事后投资必须相等，将会发生什么？

本例中，计划储蓄相对于计划投资而言过高，换一种说法就是消费者计划购买的商品少于企业计划供给的商品。企业当前销售少于它们计划销售的一个早期征兆就是库存开始增加。正常情况下，汽车零售商会将仓库中小汽车的库存量保持在等于 30 天销售量的水平，但是没有销售出去的小汽车以及销售率的降低会使存货增加到 35 天或 40 天。超市的货架和仓库越来越拥挤。未售商品的存量（以及原材料的存量和半成品）被记为资本的一部分，所以这些存量或存货的变化就被记为投资。因此，库存的增加被记为国民账户中的额外投资。如果消费者没有购买企业计划出售的商品，导致企业持有价值 1 000 亿美元的存货，那么投资就增加了 1 000 亿美元。现在账户得以平衡：$S=6\ 000$ 亿美元$=5\ 000$ 亿美元（计划投资）$+1\ 000$ 亿美元（计划外存货投资）$=6\ 000$ 亿美元$=I$。

无论如何，事后账户都是平衡的。但是在这种情形下企业就不乐意了，因为它们的计划没有实现。企业的非意愿存货逐渐增加，利润不断下降。然而故事并不会就此结束。一般企业发现自己的销售业绩表现不佳后，就不会继续生产并增加存货。企业至少可以有两种方法来调整其计划：降低产品价格以促进销售，或缩减生产、解雇工人。这样就使生产与需求渐渐保持一致。当然，总收入也会下降。收入降低迫使消费者减少支出和/或储蓄。

故事到此依然没有结束。企业和消费者都将继续调整其支出和生产计划，直到计划投资与计划储蓄重新保持一致。当储蓄者的计划与投资者的计划保持一致时，这种非常理想的状态就被称为**宏观经济均衡**。当经济处于均衡状态时，所有的国民会计恒等式在事后（一向如此）和事前均成立（$I=S$ 和 $I^{\text{计划}}=S^{\text{计划}}$）。即使没有将经济假设为无政府干预和无对外贸易的简单经济，均衡也是指国民收入会计恒等式（等式（2.1）～（2.4））事前和事后均成立的状态。在均衡状态下，由于每个人的计划都得以实现，因此不存在进一步调整的动机。

宏观经济学主要研究的是经济行为，而不是经济描述或会计。国民账户为我们提供了用于研究宏观经济行为的框架。正如我们在 2.2 节中强调过的，国民账户之间的关键区别就在于产出（或供给）和支出（需求）之间的区别。企业生产实物商品，当商品穿过生产边界被供给时就变成 GDP 的一部分。家庭和其他购买者需求商品，使货币支出流量流向企业。我们将生产—支出恒等式重复如下：

$$Y \equiv C + I + G + NX \tag{2.1''}$$

可以将该等式的左边视为产量或**总供给**（AS），右边视为支出或总需求（AD），因此该恒等式也可以写为：

$$产量 \equiv 支出$$

或：

$$AS \equiv AD$$

在本书其他章节，我们分别从总供给和总需求的角度，试图将经济行为看作各种经济计划决策相互协调的过程。

◾ 本章小结

1. GDP 被定义为在某一特定时期某一国家领土范围内生产的所有最终商品和服务的价值，用来衡量经济的大小。

2. GDP 是流量的一个例子；也就是说，它衡量每单位时间内生产的价值。财富是存量的一个例子；也就是说，它衡量某一特定时刻资产持有量的价值。

3. 经济可以分成四个部门：企业、家庭、政府和国外部门。部门之间实物商品和服务流与反方向流动的同等价值的货币/金融流相匹配。

4. 企业购买生产要素（劳动、土地、资本和原材料）并利用它们生产最终商品和服务。只有那些穿过生产边界的商品，也就是说，被企业作为商品出售给其他部门或作为投资品被出售给其他企业以供后来使用的，才是最终产品。

5. 金融市场引导资金从拥有超额储蓄的部门流向支出超过其资金来源的部门。

6. 政府服务被视为最终产品（这样，政府就被看作是一个生产性部门），虽然不能以服务换取服务的方式购买政府服务，但多数情况下政府服务的支付来自总的税收收入。

7. 国外部门向国内经济供给产品（进口），并获得部分国内经济的产品（出口）。出口和进口之间的不平衡产生了金融资产的净流量，这种净流量通过金融市场被引导到超额支出的部门。

8. 两个基本恒等式组成了国民账户：（i）生产—支出恒等式（$Y \equiv C + I + G + NX$）；（ii）可支配收入恒等式（$YD \equiv Y - T + TR \equiv C + S$）。另外两个有用的恒等式可以从基本恒等式推导得出：（iii）部门赤字恒等式（$[G - (T - TR)] + [I - S] + [EX - IM] \equiv 0$）；（iv）流入—流出恒等式（$I + G + EX \equiv S + (T - TR) + IM$）。

9. 不同时期之间 GDP 的合理比较需要根据不断变化的美元购买力（即通货膨胀）进行调整。GDP（隐含价格）缩减指数为美元购买力提供了一种衡量方法。真实 GDP 就是以某个年份的不变美元表示的名义 GDP（即以现期市场价格衡量的 GDP）。

10. 真实 GDP 衡量经济的大小，但个人福利更多地受人均 GDP 的影响。GDP 大小和人均 GDP 之间几乎没什么关系。某些经济上的大国人均 GDP 却很小，而某些经济上的小国人均 GDP 却很大。

11. GDP 增长率图或 GDP 对数图有助于我们对 GDP 在一定时间内的增长进行比较。第二次世界大战后，美国 GDP 的高增长持续到 20 世纪 70 年代中期。此后，美国 GDP 增长开始显著放慢。

12. 价格的普遍上涨被称为通货膨胀；价格的普遍下降被称为通货紧缩。某个价格指数（例如，GDP 价格缩减指数）的增长率可以衡量通货膨胀。通货膨胀一般对债务人有利，而通货紧缩对贷款人有利。当今世界，长期通货紧缩极为罕见，不过日本自 20 世纪 90 年代初期以来就经历了长期通货紧缩。

13. 最终商品和服务的生产（从企业角度看待的 GDP）是总供给。对这些产品的购买（从其他部门角度看待的 GDP）是总需求。国民账户总是平衡的，因而事后总需求和总供给是相等的。但是，事前总供给者的计划与总需求者的计划并不会自动保持一致。宏观经济学的基本内容就是考虑这些计划之间如何进行协调。

■ 关键概念

国内生产总值（GDP）	国民收入和产品账户（NIPA）	真实
转移支付	消费支出	价值
收入	总收入	宏观经济均衡
政府服务	投资	GDP（隐含价格）平减指数
财富	可支配收入	总供给
出口	政府支出	通货膨胀
中间商品和服务	名义价值	总需求
进口	税收	通货紧缩
生产要素	事后	事前

■ 延伸阅读建议

Eugene P. Seskin and Robert P. Parker, "A Guide to the NIPA's," *Survey of Current Business*, March 1998. (Available electronically from the U. S. Departrment of Commerce, Bureau of Economic Analysis: www. bea. gov/scb/account _ articles/national/0398niw/maintext. htm)

Landefeld, J. Steven, Eugene P. Seskin, and Barbara M. Fraumeni, "Taking the Pulse of the Economy: Measuring GDP," *Journal of Economic Perspectives* 22 (2), Spring 2008, 193-216. (Available electronically from the U. S. Department of Commerce, Bureau of Economic Analysis: www. bea. gov/about/pdf/jep _ spring 2008. pdf)

■ 课后练习

这些练习的数据可从教材网站（appliedmacroeconomics.com）第 2 章的链接中获得。在开始这些练习之前，学生应该复习"指南"的相关部分，包括"指南"的 G. 1~G. 4 和 G. 11。

第 2 章

国民账户与经济结构

问题 2.1　图 2—6 显示了某一特定年份 GDP(Y) 中总需求（C、I、G、NX）各种来源所占的份额。这些份额如何随时间变化？利用年度数据和（2.1″）这种形式的生产—支出恒等式，将恒等式两边同除以 Y 得到：1≡C/Y＋I/Y＋G/Y＋NX/Y。现在左边是组成部分份额的总和，恒等式表示它们加总为 100%。在做任何计算之前，写下你对数据的猜想：你认为图 2—6 中显示的份额的排列顺序随着时间的推移会保持一致吗？在一定的时间内份额会增加或减少吗？你认为哪一份额的波动最大？现在利用从 1947 年到最近的数据计算每一份额。（Excel 提示：要乘以 100，这样数据就表现为百分数。）

（a）在同一图中绘出每一序列。

（b）计算每一份额的平均值、标准差、变异系数，并用表显示出来。

（c）利用（a）和（b）提供的信息，就份额在一定时间内的变化进行简单评论，并以你得到的图形和描述性统计数据为证据评价你的猜想。

下表提供了后面三道题所用的数据。

	1996 年	2000 年	2000 年
	1995 年不变 新西兰元 （百万）	当期 新西兰元 （百万）	1995 年不变 新西兰元 （百万）
GDP	95 670		
消费		68 439	63 635
储蓄	16 997		
投资	21 336	22 783	21184
政府在商品和服务上的开支		20 464	
出口	27 084		38 386
进口	26 570	39 252	36 497
政府预算盈余		—385	—358
税收	33 427		
转移支付	11 865	14 361	13 353
可支配收入	74 109		
政府开支	28 574		32 380
GDP 平减指数	（1995＝100） 101.64	（1995＝100） 107.55	（1995＝100）
人口	百万 3.65	百万 3.78	百万 3.78

资料来源：International Monetary Fund, *International Financial Statistics Statistics*.

问题 2.2　利用国民收入核算恒等式和你在名义 GDP 换算成真实 GDP 方面的知识，在前面表中的空格里填上缺失的数据。

问题 2.3　利用问题 2.2 中完成的表，证明这四个国民收入核算恒等式在 2000 年都成立（用当期新西兰元）。

问题 2.4

（1）计算 1996—2000 年真实 GDP 的平均增长率。

（2）用当期新西兰元计算的 1999 年 GDP 是 1 074.03 亿新西兰元，用 1995 年新西兰元计算的 2009 年 GDP 是 1 036.21 亿新西兰元。2000 年真实 GDP 的年增长率是多少？

（3）1996—2000 年平均通货膨胀率是多少？

（4）1996 年年通货膨胀率是多少？

(5) 2000 年用当期美元计算的人均收入是多少？（注意单位：结果表示成新西兰元/人。）

问题 2.5 图 2—11 显示了按年率（当期季度相对于上一年同期季度）计算和按折合成年率的季度率计算的真实 GDP 的增长率。季度增长率的变化明显高于年度增长率。为了用一个数字来表达两种变化性之间的差异，首先利用真实 GDP 数据计算这两个序列。然后从 1948 年第一季度开始，计算每一序列的变化和标准差。你的计算证实了图 2—11 的直观印象吗？

问题 2.6 图 2—14 显示了按年率（当期季度相对于上一年同期季度）计算和按折合成年率的季度率计算的通货膨胀率。季度通货膨胀率明显比年度通货膨胀率更多变。为了用一个数字来表达两种变化性之间的差异，首先利用 GDP 隐含价格平减指数的数据计算这两个序列。然后，从 1948 年第一季度开始，计算每一序列数据的变化和标准差。你的计算证实了图 2—14 的直观印象吗？

问题 2.7 "婴儿潮"是 20 世纪主要的人口大事之一。人们普遍认为它开始于 1945 年第二次世界大战末期。利用增长率的相关计算或者人口图确定"婴儿潮"结束的时间。解释你的方法和你为什么选择这一方法。

问题 2.8 总统在经济方面得到的批评和嘉奖超过他们应该得到的。但是，总统任期为思考历史提供了方便的参考点。从艾森豪威尔总统任期开始（将第 1 章表 1—1 中的任期时间更新至最近的总统任期，使用该表作为参考），计算真实 GDP 增长和通货膨胀（利用 GDP 隐含价格平减指数）的平均年率，并用一个表显示出来。重新建立一个表，按照 GDP 增长率从最高到最低列出总统的顺序，再按照通货膨胀率从最低到最高列出总统的顺序（每种情况都是从最好到最差）。根据这两张表，你认为哪位总统在经济上最成功（或最幸运）？解释你在评价的时候是如何对真实 GDP 和通货膨胀进行平衡的。

问题 2.9 人们通常认为美联储主席对当期经济的影响比总统更直接。从 1948 年 T. B. 麦克凯开始，用美联储主席代替总统重做问题 2.8。（同样，更新表 1—1 中的信息，将后来的美联储主席的名字和任期也包括在内。使用该表作为参考。）

问题 2.10 2009 年第四季度的季度真实消费率（2005 不变美元）是 131 500 亿美元，2010 年第一季度是 132 550 亿美元。以基本季度增长率计算，增长率是多少？以复合年增长率计算，增长率又是多少？

问题 2.11 1980 年德国真实 GDP 是 19 450 亿马克，1985 年是 20 620 亿马克。1980—1985 年期间真实 GDP 的复合平均增长率是多少？如果德国保持同样的复合平均增长率，2010 年真实 GDP 的水平将有多高？

问题 2.12 1998 年第四季度英国真实 GDP（1990 年不变英镑）是 6 360 亿英镑，1960 年第二季度是 2 640 亿英镑。这一期间，真实 GDP 的复合平均增长率是多少？

问题 2.13 只利用下表给出的数据和关于增长率的知识，就下表中缺失的数据给出你的估计值。这些估计值中你更相信哪一个？解释原因。

年份	加拿大真实 GDP（1995 年不变加元，10 亿）	加拿大人口（百万）
1991	657.55	
1992	662.58	
1993		28.95
1994	704.86	
1995	721.26	29.62

资料来源：International Monetary Fund, *International Financial Statistics*.

问题 2.14 利用名义 GDP 和 GDP 隐含价格平减指数的年度数据，绘制一个由两条线组成的真实 GDP 图：一条线基于你出生年份的不变美元，另一条线基于官方真实 GDP 数据当期基年的不变美元。利用同样的数据绘制一个对数图。就这两幅图中两条线的距离，你有什么发现？解释你的发现。

问题 2.15 利用 72 法则（参见"指南"，G.11.3），当 GDP 年增长率为 0.33%、1.5%、3% 和 13% 时，人均 GDP 翻一番各需要多长时间？人口年增长率为 0.25%、1%、2% 时，人口翻两番需要多长时间？人口年增长率为 -0.25% 和 -1% 时，人口减半各需要多长时间？

问题 2.16 该问题是对第 5 章的预习。真实 GDP 的增长并不稳定。衰退是经济活动的长期减速。一条常用的经验法则是两个或两个以上季度真实 GDP 的负增长就是经济衰退。习惯上，一次衰退的时间界定是从高峰（正增长的最后一个季度）到低谷（高峰过后负增长的最后一个季度）这段时期。利用 1947 年至今的数据和这条经验法则识别出美国经济中的衰退，是否存在被该经验法则证明为衰退而你不认为是衰退的情况？是否存在你认为是衰退但被该法则排除为衰退的情况？解释你的原因。（Excel 提示：不要直接看真实 GDP 数据，而是计算一阶差分 $\Delta Y_t = Y_t - Y_{t-1}$。然后只需寻找负数。使用 Excel 的 =if() 函数，也可能推出更好的公式来识别经济衰退。）

理解 GDP

上一章我们已经注意到 GDP 非常微妙，本章我们就来阐明 GDP 的微妙之处。对 GDP 及其构成进行定义会引起哪些概念方面的问题？如何收集和分析 GDP 数据？详细的国民账户与第 2 章详细阐述的 4 个核算恒等式之间存在什么样的联系？

不存在某种直接的方式来衡量经济的规模。现代经济学概念经历了几个世纪的发展。国民收入并不是货币，从根本上说，它是一国所生产的所有商品和服务。但我们如何将诸如鞋子、轮船、密封蜡、卷心菜以及音乐会门票等这些完全不同的产品加总在一起？当然，这是个老问题，每个小学生在算术课上都学过。我们必须找到一个共同的单位。因此，即使一国财富并非由货币构成，但每一种产品的货币价值却提供了一种度量单位，使得我们可以将这些各不相同的产品进行加总。（正如我们在第 2 章 2.4 节所看到的，即使我们用美元表示 GDP，也还要考虑到美元本身不断变化的价值。在后面的第 8 章我们将考虑如何比较不同国家使用不同货币计量的 GDP。）

在第 2 章的开始，我们引用了美国经济分析局所使用的 GDP 定义：

GDP 是某一特定时期内位于某一国家边界内的"人力和物力所生产的所有最终商品和服务的市场价值"。

尽管这一定义的几乎每个部分都隐藏某种微妙的含义，但我们在第 2 章并没有深入分析这个定义。本章我们就来探讨其中一些微妙之处。准确地说，我们要回答这些问题：国民收入会计人员计算什么？他们应该计算什么？国民收入数据精确到什么程度？

3.1 何谓最终产品？

□ 3.1.1 以物易物

我们从 GDP 这个概念本身着手。如果 GDP 是最终商品和服务（或最终产品）的价值，那么这里的"最终"和"产品"是什么含义？首先从"产品"开始。早期经济学家，例如，亚当·斯密（1723—1790），其《国富论》是现代经济学的起源。他认为唯有有形商品才有经济价值：面包和啤酒是产品，但戏剧表演和教授的讲课却不是。这一思想甚至融入前苏联和其他共产主义国家的国民账户中，这些账户核算的是物质总产品。然而，现代资本主义经济体的国民会计应用一个简单测试：产品就是用于市场交换的任何东西，或称交换物（拉丁语称作以物易物）。如果你购买课本，你用货币作为交换，因此课本就是一种产品。同样，如果你购买一盒鞋油，你拿货币作为交换，那么鞋油也就是产品。

关键在于交换，而不是货币。如果你用一辆摩托车交换到一艘帆船，这就存在着以物易物，因此两者都是产品。但是如果你施舍货币给乞丐，或者捐赠一件旧大衣给救世军，就不存在以物易物。这里的大衣或者货币可能是产品，原因在于它们所涉及的是以前的交易，但乞丐或者救世军并没有提供一种商品或服务来交换我们的捐赠品。相反，我们进行的是一项转移支付，即不以交换物为条件将某一有价值的商品、服务或资产捐赠给另一方。礼物、保险政策性支付、彩票中奖、利息支付、福利支付以及社会保障是转移支付的例子。当然，转移支付对于接受者而言是有价值的，但由于它们不涉及市场交换，并且没有拿出产品以作回报，因此并没有对 GDP 作出贡献。虽然转移支付以不同方式切分 GDP 这块蛋糕，但它们不改变 GDP 蛋糕的大小。

□ 3.1.2 最终产品和中间产品

尽管 GDP 只计算产品，但并非每个产品都计入 GDP。只有最终产品才是 GDP 的一部分。正如我们在第 2 章 2.2 节讨论循环流量时所看到的，最终产品就是在测量期内离开企业部门（穿过生产边界）的任一产品。最终产品既包括买来后直接（并且在相当短的时间内）使用的消费品（和服务），也包括生产中有用且未被消耗掉、留待以后使用的资本品。

投资就是添置（购置）新生产出来的资本品。相比之下，中间产品则是本期在生产其他商品或服务过程中所消耗掉的产品。

想要了解为什么国民账户关注的是最终产品，我们可以参照图 3—1 中所展示的飞碟的简化生产链。原油从油井中被汲取出来以 1.00 美元的价格卖给提炼厂，提炼厂将其转化为塑料备料，以 2.00 美元的价格卖给某玩具制造商，玩具制造商将其制造成一只飞碟，并以 7.15 美元的批发价卖给一家玩具店，玩具店以 9.99 美元的零售价卖给公众。

为什么我们不应该将四种不同产品（石油、塑料备料、批发飞碟、零售飞碟）同样计算为 GDP 的组成部分？该问题可以用一个古老的谚语加以总结："两者不可兼得"。当石油被转变成塑料时，它就不能用于其他用途。将石油和塑料计算为 GDP 的一部分就等于将同一产品计算两次。当然，塑料不只是石油这么简单，它是由石油加工而成的。塑料所卖的额外 1.00 美元——高于石油的投入成本——是塑料生产过程中的价值增值。同样地，玩具制造商增加 5.15 美元价值，零售商增加另外的 2.84 美元价值。如果我们将生产中每一种商品的全部价值都计入 GDP 中，那么一只飞碟的生产将会带来 20.14 美元（＝1.00＋2.00＋7.15＋9.99）价值。然而，等到飞碟在零售店出售时，前

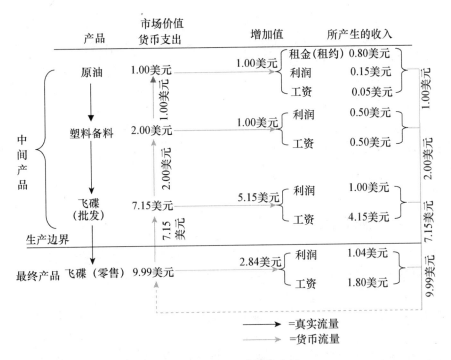

产品	市场价值 货币支出	增加值	所产生的收入	
原油	1.00美元	1.00美元	租金(租约) 0.80美元 利润 0.15美元 工资 0.05美元	1.00美元
塑料备料	2.00美元	1.00美元	利润 0.50美元 工资 0.50美元	2.00美元
飞碟 (批发)	7.15美元	5.15美元	利润 1.00美元 工资 4.15美元	7.15美元
飞碟(零售)	9.99美元	2.84美元	利润 1.04美元 工资 1.80美元	9.99美元

⟶ =真实流量
⟶ =货币流量

图 3—1 一只飞碟的生产链

面生产阶段中的这些商品都在生产过程中被消耗了。各部分的价值之和不可能超过总体的价值。问题就在于，在达到 20.14 美元这一价值时，因为石油已被合成为塑料，塑料被合成到飞碟中，批发商的飞碟被并入零售商的飞碟中，所以，石油的价值已被计算了四次，塑料被计算了三次，飞碟制造商的增加值被计算了两次。实际上每一种商品的价值只应该计算一次。每当一种中间产品的价值和投入到下一生产阶段的那种商品的价值均被计算时，重复计算就发生了。

如果我们不是将每一种中间产品的全部价值和最终产品的价值加起来，而是只加总每一生产阶段的增值，重复计算就被消除了。石油生产的增加值是 1.00 美元，塑料生产的增加值也是 1.00 美元——塑料的价值 2.00 美元减去塑料生产过程中支付的 1.00 美元石油投入。所有增加值的总和是 9.99（＝1.00＋1.00＋5.15＋2.84）美元，正好等于最终产品的价值。这是国民收入核算中的一个重要事实：GDP 的价值是所有最终商品和服务的价值总和。它同时也是生产所有这些商品和服务时的增加值的总和。

中间产品对于生产而言固然重要，但最终只有它们的增加值被并入 GDP 中。要理解为什么我们不应该计算中间产品，另一种方法就是进行一个思维实验。一般而言，国民产值就是所生产出来的所有各不相同的商品和服务，而非它们的货币价值。现在，假设飞碟制造商买下生产塑料的提炼厂，那么塑料的销售将从我们的生产链中消失，因为它现在将变为飞碟制造商的内部组织，不再作为 2.00 美元的销售环节出现。总销售额，原本为 20.14 美元，将下降到 18.14 美元。但是，国内产品并不曾真的发生什么改变，因为社会公众最终所得到的产品不会有任何变化。生产出来的飞碟的价值还是 9.99 美元。

检验一种产品是否为最终产品与产品本身的内在特性无关，而是与该产品在生产链中所处的位置有关。一种产品必须越过图3—1所示的生产边界。当某种产品在本次生产期内离开生产领域时，它就已经越过了生产边界。该产品或者被消费（或被出口到其他国家），或者被投资以便将来某个时期使用。飞碟通常是最终产品，因为大多数飞碟被出售给公众。但假设有一只飞碟被卖给了一家公司用作促销礼品，那么它就是与公司的最终产品相联系的广告费用的一部分，因此算作中间产品。当该飞碟出售给公众时，它就被计入那一年的GDP；当作为促销礼品出售时，则不计入那一年的GDP。胶合板被卖给私房屋主用来建造他女儿的玩具屋时，就越过了生产边界，并且计入GDP，但如果被同一家木料场卖给建筑商，则是中间产品，并不计入GDP。卖给家庭的电力计入GDP，卖给炼铝厂的电力则不计入GDP。

□ 3.1.3 现有商品

假设你出售自己的汽车，这笔销售包括在GDP中吗？尽管这笔销售在生产领域之外进行，你的这笔销售必须被视作中间产品的销售。在你出售它的那一刻，该汽车并不越过生产边界。当你的这辆汽车首次被生产出来时，它的确越过生产边界，并且曾被计算为GDP的一部分。但当你后来再次销售时，将其计入GDP就使同一生产重复计算。

但是，假设你做了一笔买卖，在南加州购买了一辆大众汽车公司的旧甲壳虫汽车（甲壳虫汽车在南加州很常见并维护得很好），然后将这辆旧车运到纽约（这种汽车在纽约很少见），接着再卖掉这辆车。购买加州的小汽车（现有产品）的费用并不计入GDP。然而，买卖之间的差价，包括运输费用（一种中间产品）以及你的利润（你作为中间代理商的回报），是添加在小汽车上的价值，因而计入GDP。在某种意义上，你的买卖就是利用现有的加州大众汽车公司生产一种新的产品，即纽约的大众汽车。

许多买卖都牵涉到购买和转售现有商品。现有商品的直接成本并不是当前GDP的一部分，但是，经纪人佣金或在转售这些商品的过程中增加的价值则被视为对GDP的贡献。每天，买卖股票、债券以及其他金融资产涉及数十亿美元的交易，但这些交易的价值量中只有很小的一部分进入GDP中。这一很小的部分代表的是银行、经纪商、保险公司和其他金融企业的增加值。

3.2 产出和收入

"国内生产总值"（GDP）这个名称强调的是生产，然而，正如我们在第2章（2.2节~2.3节）中所看到的，产出、收入或增加值同样可被视为GDP。图3—1有助于我们再次更好地理解这一点。从最终产品的市场价值开始，向上的箭头追溯的是对早期生产阶段进行的支付，向右的箭头表示的是每一生产阶段的增加值。零售飞碟所赚取的9.99美元中，7.15美元必须支付给批发商，2.84美元是零售商的增加值。这一增加值变成了参与该飞碟生产的各方的收入。该图表明，公司股东（公司资本的所有者）以利润形式获得1.04美元，而商店的工人以工资形式获得1.80美元。每个生产阶段都重复这种模式。销售价格的一部分支付给从前一生产阶段所得到的产品，而且增加值被分割成不同生产要素所有者的收入（劳动的工资和薪金，资本的利润，在土地、矿藏和知识产权上的所有者权利的租金）。

值得一提的是，"利润"是另一个微妙的词语。对一个经济学家来说，利润是因使用资本所有者的资本而给予他们的报酬。它是企业的收益减去企业的成本，但这些成本必须包含估算成本（或叫机会成本）以及实测的成本。例如，如果石油批发商于一年前按照每桶 20 美元的价格购买了石油，现在以每桶 30 美元销售出去，会计师可能出具报告说当初的 20 美元赚得了 50％ 的回报。但如果批发商能够购买的石油价格上涨到每桶 28 美元，那么经济学家就会将资本价值（储存的石油桶数）的增加归咎为重置成本。这样一来，利润就只有每桶 2 美元或 7.1％（＝2/28）。事实上，如果批发商利用 20 美元购买政府债券，可能赚得 6％ 的利息，那么机会成本（将资金固定在石油上而不能派作他用所造成的损失）将真正的经济利润削减到 2.9％（＝(2−0.06×20)/28）。国民收入账户对会计利润进行调整，使后者能更好地符合经济学家的定义。同样，对租赁收入也作出类似调整。

我们已经知道，最终产品的价值等于每一生产阶段增加值的总和。在图 3—1 中，所有的收入来自增加值。结果，生产链上的所有收入加起来一定等于最终产品的价值：租金（0.8 美元）＋利润（2.59 美元＝0.15 美元＋0.50 美元＋1.00 美元＋1.04 美元）＋工资（6.50美元＝0.05 美元＋0.50 美元＋4.15 美元＋1.80 美元）＝最终产品的价值（9.99 美元）。

适用于单一产品生产链的理论也适用于社会中所有商品和服务的生产链。这些商品和服务加起来就形成了 GDP：某一特定时期内所有收入的价值等于所生产的所有最终产品的价值（GDP）。当然，正如我们即将在 3.6 节看到的那样，因为测量误差的原因，在实践中收入的价值并非正好等于最终产品的价值。

在生产过程中产生的收入的价值等于最终产品的价值，这一事实意味着不同生产要素的所有者原则上能够购买到他们帮助生产的所有最终产品。

这在图 3—1 中表现为将产生的收入和飞碟销售连接起来的箭头。该箭头的最后一段用虚线表示，以表明生产要素所有者能够购买自己生产的全部产品，但实际上并不需要这样做。尽管他们偶尔可能会买一只飞碟，但一般情况下，他们想要购买的是由其他生产要素所有者所生产的食品、汽油、视频游戏，以及其他商品和服务。但是，这一箭头强化了关于经济的一个重要之处：销售带来收入，收入支付销售。

▦ 3.3 国内生产总值与国民生产总值

直到 1991 年，美国经济分析局，即为国民账户记账的政府机构，在其新闻发布和公开声明中还是以国民生产总值（GNP）而非国内生产总值为主。两者的区别是什么？国内生产总值计算在某一特定国家范围内产生的所有收入。国民生产总值是指某一特定国家的居民所拥有的所有收入。

福特是一家大型美国汽车公司，同时也是欧洲汽车的主要生产商之一。比如说，福特在英国所生产的汽车是英国 GDP 的一部分。同样，福特公司的工人在英国所挣得的工资计入到由英国 GDP 所支付的收入中。然而，福特的英国子公司的利润被支付给美国的母公司并且主要归美国股东所有，这部分利润是流向美国的要素收入。当然，这种情况反过来也一样。英国石油公司是一家大型石油公司，在美国拥有子公司，其利润构成一种从美国到英国的流出。荷兰人、英国人、日本人以及其他国家的人在美国拥有大量利益，正如美国人在海外拥有大量利益一样。

对任何国家来说，国外净收入等于从世界其他国家获得的收入减去向世界其他国家支付的收入。将 GDP 和 GNP 联系起来的一个简单等式为：

$$GNP = GDP + 国外净收入$$

GNP 可能大于或小于 GDP（见表 3—1）。英国在外国拥有大量资本所有权，它们理所当然获得大量收入。英国 2008 年的 GNP 为 14 740 亿英镑，略高于其 14 430 亿英镑的 GDP，从境外流入的净收入为其 GDP 的 2.2%。在哥斯达黎加的许多大农场和许多其他行业由外国人拥有，这些外国人获取他们的利润。2008 年，哥斯达黎加的 GNP 为 151 980 亿科朗，明显低于其 156 090 亿科朗的 GDP。

表 3—1　　　　　　　　　　2008 年部分国家和地区的 GDP 与 GNP

国家	GDP	从境外流入的净收入		GNP
		价值	占 GDP 的百分比	
G-7				
加拿大	1 602	−15	−0.9	1 588
法国	1 950	13	0.7	1 963
德国	2 488	41	1.6	2 529
意大利	1 570	−22	−1.4	1 548
日本	507 371	16 375	3.3	524 106
英国	1 443	31	2.2	1 474
美国	14 441	142	1.0	14 583
其他国家和地区				0
巴西	2 890	−72	−2.5	2 818
哥斯达黎加	15 610	−411	−2.6	15 198
中国香港	1 677	81	4.8	1 758
科威特*	39 788	2 720	6.8	42 508
新加坡	257 419	−7 031	−2.7	250 388
南非	2 284	−74	−3.2	2 210
韩国	1 023 938	6 699	0.7	1 030 637
泰国	9 103	−419	−4.6	8 684

注：第四列等于第一、二列数字之和。除了第四列外，所有数据均为各国货币，除了星号标明的是百万单位以外，其余单位为 10 亿。

资料来源：International Monetary Fund, *International Financial Statistics*.

哥斯达黎加流向外国的净收入达到其 GDP 的 2.6%。科威特呈现的是极端情形。在 1990 年海湾战争期间，科威特的生产（主要是石油）停止了，其 GDP 跌到几乎为零。然而，因为科威特过去在其他国家运用其石油利润积累了大量资产，其 GNP 仍然保持在大约每个科威特居民 3 500 美元（人均 3 500 美元）的水平上。2008 年，从国外流进的净收入仍然达到 GDP 的 6.8％。

GDP 和 GNP，哪一个能够更好地衡量国民产值？对于美国来说，两者非常接近，以致该问题几乎不存在。对于两者存在差异的国家而言，该问题取决于人们寻求回答的问题是什么。举例来说，GDP 明显和就业关联更紧密，因为它度量的是一个国家范围内的生产，而 GNP 则与收入分配或公共财政等此类问题更为密切，因为它度量的是该经济体可获得的所有收入。

3.4 折旧和净产值

"资本"一词的许多含义有用但有时并不相容。在宏观经济学中，资本被定义为能够耐用一定时期的有形生产工具。工厂建筑、冲压设备或计算机都是资本的典型形式。由于资本被用于生产过程，我们可以将资本视为资本服务。资本商品一般具有有限生命，或者需要某些维修方面的耗费。资本的磨损价值，称为折旧或资本消耗量，就是对资本提供的资本服务的度量。

资本折旧最为明显的例子就是机器的有形磨损。一辆卡车、一台铲车（叉式装卸车）、一架铣床，或者一个厂房的屋顶都会因为时间与使用发生磨损。为使生产工具有效工作所需要进行的维护是对折旧的度量。有些资本如果维护得好，实际上可以被无限期使用。英格兰的某些现代高速公路就建立在古罗马道路的基础上，而且罗马时期的引水渠仍然给某些意大利城镇供水。其他一些资本具有自然生命周期，到期后就会变得破烂不堪，无法以合理的费用进行维护。

然而，越来越多的是另一种类型的折旧——技术陈旧。计算机提供了一个很好的范例。老式的 IBM8086 个人电脑在 2011 年可能仍然像它在 1985 年全新的时侯一样起作用。但是从经济上看，它已经折旧到只能当作废料或古玩，或一无所用的垃圾。这台电脑不能运行最新软件，或者它的速度无法满足有效应用的需要。因此，即使它在外形上几乎和新的一样，从经济上看则根本没有价值。最近的估算将个人电脑的折旧率定为大约每年 50％，一台使用了 4 年的电脑只值其原价的大约 1/16。

一个经济体，如果它的资本不进行替换或维护，可能会在短期达到较高生产水平，但从长期来看却不能维持这种高生产水平。因此，仅仅为了替换或维持损耗的资本存量，每年也必须生产一定数量的新资本品。

我们来回顾一下被称为投资的新资本商品的生产和添置。（我们必须小心区分宏观经济学中使用的"投资"与其他场合中使用的"投资"。比如说，在金融领域"投资"的内涵是一种资产的购买，不论这一资产是金融资产还是真实资产，是新资产还是现有资产。）投资的一部分涉及现有资本的折旧，余下来的部分则可被用于增加资本存量。总投资包括所有的投资品，而净投资仅包括增加资本存量的那些商品：

净投资＝总投资－折旧

总投资是 GDP 和 GNP 的一部分。补偿折旧后就将 GNP 变成了国民生产净值（NNP）：

国民生产净值＝国民生产总值－折旧

尽管国民生产总值回答的是"经济到底生产了多少？"这个问题，但国民生产净值回答的却是如下这个问题："在保持经济的生产能力完好无损的情况下，经济所生产的产品中究竟有多少可被用于消费？"图 3—2 的数据表示的是美国 2009 年 GNP 和 NNP 之间的关系。折旧占美国 GNP 的比例相当大——约占 13％。

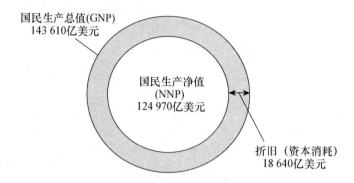

图 3—2　美国 2009 年的 GNP 和 NNP

资料来源：美国经济分析局。

3.5　局限、判断和迷惑

国民会计旨在将经济的复杂多样性简化为几个数字，任何此类简化一定涉及信息的缺失。同样，我们必须决定，不同种类产品之间的界限如何精确地划分，比如说，在最终产品和中间产品之间，或者在消费品和投资品之间。理性的人可能以不同方式设计国民账户，因为他们作出的判断不同，或者是因为他们坚持认为某些信息比其他信息更重要。下面我们就来考虑几种重要情形。

□ 3.5.1　投资还是消费？

我们对消费和投资进行区分的原因在于投资品变成资本存量的一部分。投资品从一个时期持续到下一个时期并且随着时间流逝在让渡其服务。

设想国民收入会计人员将一台具有 20 年使用寿命的 18 轮拖车设备视作消费品——该拖车在生产的那年是 GDP 的一部分，但在后来的年份中并非资本存量的一部分。在后续的年份中，这个大型设备实际上将会增加经济的生产能力，但其服务（及其折旧）将不会被度量。由于运用更少的被度量的投入生产较多的产出，因此经济的生产力将高于实际的情形。当这台大型拖车最终报废时，该经济的生产力实际上小于以前，即便国民收入会计人员所记录的资本存量并未下降。显然，这台大型拖车必须被当作投资和资本计入 GDP。

但是，如果这台大型拖车必须计入 GDP，为什么你的冬大衣不计入呢？冬大衣同样可以穿很多年，并且年复一年为你提供御寒服务。事实上，只有少数商品或服务真正

64

地被即时消费掉，比如电力，或者可能是一场现场直播的音乐表演；绝大多数商品能够或长或短地持续一段时间。GDP 基本上是以季度或年作为基础（基准）来衡量的，在一个季度内被消耗掉的商品和服务——即便是在几天或几个星期内被用掉——也可以被合理地视为完全消费。这些商品就是非耐用消费品。反之，能够持续使用几年的商品，如洗衣机或小汽车（由家庭而非企业拥有），则是耐用消费品。耐用品实际上是一种资本。不过，国民收入会计人员通常只将企业所拥有的耐用很长时间的商品计算为资本（在美国，自己住的房屋是该规则的唯一例外）。耐用品和非耐用品之间的界限是什么？这个判断非常实际。在美国，使用年限不足 3 年的商品基本上被归为非耐用品，使用年限超过 3 年的则被归为耐用品。图 3—3 表明，2009 年，美国只有 32% 的消费由商品构成（其余的由服务构成）。而在这些商品中，大约 1/3 是耐用品，2/3 是非耐用品。

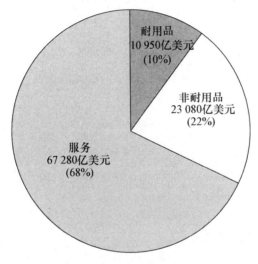

耐用品
10 950亿美元
（10%）

非耐用品
23 080亿美元
（22%）

服务
67 280亿美元
（68%）

图 3—3　2009 年美国消费的构成

资料来源：美国经济分析局。

相关判断也必须在政府和企业部门中进行。中间产品在生产中被消耗掉，而资本品继续存在，且只有其服务被消耗掉。中间产品和资本品之间的界限应该划在哪里呢？直至最近，在国民收入账户中计算机软件均被当作中间产品计入，现在它被认为属于一种折旧的资本品。

如果健康维护组织（HMO）建立一家医院或者购买一台新的磁共振成像（MRI）机器，这被算作投资。在美国，直到最近如果退伍军人健康管理局（一家政府机构）进行相同的开支，这一开支出现在国民收入账户中的方式与政府用于墨水或士兵膳食方面的开支完全相同——作为政府"消费"。确实，公立医院与私人医院提供的服务，或者国有飞机与私人飞机提供的服务大体上相同——两者都使经济的有用生产增加，即便政府拥有的商品所提供的服务并不在市场上出售。现在美国国民账户对政府消费支出和政府总投资进行了区分。图 3—4 表明，2009 年美国政府用于商品和服务的总支出中，政府投资所占的份额虽然相对较小，但仍然非常重要。

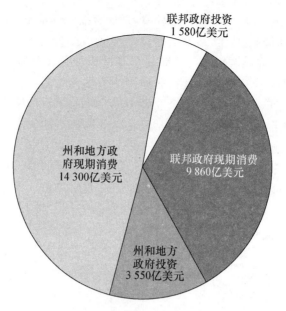

图3—4　2009年政府用于商品和服务的支出

资料来源：美国经济分析局。

投资一般涉及的是商品支出而非服务支出。然而，厂商却经常花费大量金钱培训工人。同样，教育在政府预算中是一个主要开支项目，而且个人愿意为自己的职业教育与高等教育付费。因为教育导致工人生产率的持续改进、消费者娱乐能力的持续提高，所以它可被视为人力资本方面的投资。国民收入会计人员基本上忽视了人力资本，而且将教育当作私人消费或政府消费（或作为公司的中间服务）。由于很难对教育的货币价值进行精确估算，这种做法不可能改变。

□ 3.5.2　非市场生产

GDP的绝大部分涉及市场交易。原则上，物物交换也是一种市场交易，而且也应该计入GDP，但是很容易被官方统计人员遗漏。绝大多数非市场生产并未计入GDP。

家庭式生产

人们经常自己在家做饭，打扫房间，给草坪割草，这些工作他们事实上原本可以付钱让他人来做。按照目前衡量GDP的这种方式，如果一位女士与其园艺工人结婚，衡量的GDP则出现下降，即使这个花园完全和以前一样得到细心照料。如果你付钱让你的室友替你洗衣服，而他付钱让你替他洗衣服，GDP上升，尽管所洗的衣服数量和以前完全一样。国民账户关注的是市场交易，然而许多非市场活动反映的是有价值的生产。

一些经济学家和社会积极分子提倡将家务劳动（包括照顾孩子）的价值计入GDP中。这是因为，他们期望抵制这种观念，即只有获得报酬的工作才是有价值的工作，进而提高大多数在家从事家务劳动者（绝大多数是妇女）的地位。据此看来，忽略家务劳动低估了国民产值。但是这样做各有利弊，比如说，一位母亲进入到获得报酬的劳动力队伍中，并且支付费用请人照料孩子。很明显，由于这位母亲和保姆获得了额外收入，因此 GDP 出现上升。然而，如果给家务劳动估价的话，那么 GDP 所增加的部分仅仅是这位母亲所得收入中超出其在家从事家务劳动的价值以外的部分，在家从事家务劳动的价值部分地由保姆的工资来衡量。在这种情形中，按惯例所衡量的 GDP 将会高估加入到劳动力队伍中的从事家务劳动者的价值。

闲暇是一种好东西，正如我们即将看到的，从某种重要意义上讲，它是一种经济商品（见第 11 章 11.2 节）。教育成本包括学生们为了上课和学习而放弃的闲暇的价值。就像为了投资于有形资本而让渡货币一样，学生们为投资于人力资本让渡有价值的闲暇。学生们的时间价值难道不应该计入 GDP 吗？但是，这一界限我们应该怎样划分？

第三方测试

一些经济学家提倡对所有闲暇时间根据工资进行估价，该工资就是一个人如果一直在工作所能够赚得的收入。某种意义上，正如其他最终产品的销售一样，你按照现行工资购买你的闲暇，因此闲暇应该被计入 GDP。这一极端建议其实似是而非。如果一个人一天中的每一小时均按照现行工资估价，那么衡量 GDP 就与衡量平均工资率没有区别。收集 GDP 统计数字的一个基本目的就是将生产与非生产区分开来，如果闲暇被看作一种非市场产品，就不存在这种区分。

避免该悖论的一条途径就是运用"第三方测试"：如果收入较高或者处于不同情境中的人们可能会支付报酬让他人完成一项活动，那么该活动就应该被估价并计入 GDP 中。根据第三方测试，家务劳动和烹饪可以被计入 GDP，但是某些高度私人性的活动，诸如个人卫生、玩电子游戏或者其他活动，如果由第三方来完成将会失去其本质特征，这类活动将不计入 GDP。

第三方测试意味着每当非市场活动是市场活动的相近替代物时，它们就应该计入 GDP，否则就会产生误导性。例如，在许多贫穷国家，大部分人每天的货币收入不到一美元。稍作思考，任何人都会相信，没有人能够靠着一美元买到的东西生存。这些国家的穷人或许是勉强维持生存的农户，他们自己消费农作物的绝大部分，只有少量经济作物可能被记录在官方的 GDP 统计数字中。同样，在某一发展中国家，当生产从非市场生产转向市场生产时，通常计入 GDP 中的总生产的份额增加，从而导致 GDP 增长率看起来比实际的增长率要高。

自有住房

尽管可以证明某些种类的家庭生产应该计入 GDP 统计数字中，但实际上绝大多数家庭生产并没有计入 GDP。尽管如此，某些非市场活动在经济方面非常重要，不能将其从国民账户中忽略。如果你承租一套房子，则它所提供的住房服务以你每月所支付的租金作价计入 GDP 中，租赁是一种市场交易。如果你购买了这套房子，你将会得到相同的住房服务，但是那就不再是一种市场交易。2007 年，美国自有住房占房屋存量的 68%，是总资本存量的一个很大的部分。直接销售给户主的新住宅建筑是投资的重要部分，将此类住房的服务从 GDP 中遗漏掉，将会对经济物品生产的衡量产生误导性。它也使得像德国或法国这类国家的 GDP 看起来相对更高，因为在这些国家中大量的人租住房屋。不管谁拥有一套房屋或其他资本品都不应该影响到它所产生的服务的价值。自有住房对 GDP 的贡献的衡量方法是，假使某项资产出现在市场上，那么租赁该资产所花费的租金就是其对 GDP 的贡献。尽管任何一种估算总是存在误差，但忽视其对 GDP

的贡献则是更大的误差。

政府服务

政府服务是另一种不可忽视的非市场活动。虽然大多数政府服务并不涉及对某一特定的服务直接付费,但有些服务却需要直接付费。某一政府可能拥有一家国有化公司,该公司就像任何其他类型的企业那样销售其服务。就过去的 30 年而言,尽管国有工业的私有化在世界范围内已经成为趋势(美国国有化程度一直很低),但政府经常拥有电话公司、电力公司、航空、铁路、银行或其他行业。这些行业对 GDP 的贡献可以通过其最终商品和服务的市场销售来衡量。政府有时对博物馆或公园收取门票费用,这些费用很少等同于真正的市场价格,因而低估了所提供服务的价值。

相反,大多数政府服务通过税收或借款进行支付,而且这些支付与某一特定服务之间并非实行直接交换。即便没有明确付费,人人都可以使用道路或获得警察的保护。再次强调,政府所使用的资源非常丰富,忽视经济的这些非市场贡献将严重扭曲所消费的商品和服务的价值。和住房情形不同,政府服务通常不存在市场等价物,因而无法有效估算政府服务对 GDP 的贡献。相反,国民收入会计人员以政府使用资源的全部成本来估价政府服务,因为任何可被持续生产出来的商品的最终价值一定包括了其全部生产成本。

政府支出中,只有那些被认为能够帮助生产商品和服务的支出才算作 GDP 的一部分。到目前为止,政府支出的最大部分就是对个人的直接支付。这些直接支付,即使由私人部门提供,也使得交换条件的测试失败。政府债券的利息支付、社会保障、医疗保险、公共医疗补助、政府养老(退休)金以及福利支付等等,这些是政府支出中份额较大的项目,是对 GDP 没有贡献的转移支付。大多数发达国家的政府转移支付在其政府预算中占支配地位。对商品(例如,航空母舰、纸张和计算机)、服务(例如,顾问费或研究合同)、公务员的工资和薪金等的支付只构成政府总支出中一个非常小的部分。只有用于真实商品和服务而非转移支付方面的支出才被视为政府对最终生产(也就是GDP)的贡献。

□ 3.5.3 **黑色经济**

可卡因、大麻以及其他非法毒品的销售,赛马赌注赢得的收入和其他非法赌博的盈利,以及非法卖淫(美国除了内华达以外所有州卖淫均非法)等这些市场交易很少出现在政府记录中,而且通常不计入国民账户。这些交易,以及其他有利可图的非法活动,构成了黑色经济(也被称为影子经济、隐秘经济、地下经济或黑市经济)的一部分。

地下经济中的一些商品和服务本身并不是非法的。如果某个承包人为你安装浴室设备并获得现金报酬,但在交税的时候却没有报告这笔收入,或者一个女服务员没有报告她的小费收入,这些都属于地下经济的一部分。在某种程度上,国民账户忽略地下经济是因为这些活动是非法的。将这些非法活动包括在国民账户中可能会被视为是对这些活动的美化和鼓励。但忽略它们的主要原因在于了解它们的真正价值非常困难,因为在地下经济中,商品和服务的供应商和顾客隐瞒这些活动的动机非常强烈。一般来说,在税收高、官僚机构和企业制度极其复杂的国家里,地下经济的规模也相对较大。

忽略地下经济可能严重低估 GDP。自然,精确估算确实非常困难。表 3—2 给出了

20 世纪 90 年代一些国家和地区地下经济的估计值，该表表明世界上绝大多数地区的地下经济相差巨大。在工业化经济体中，意大利和瑞典的地下经济产值尤其高（占 GNP 的 20％～30％），而美国和日本的地下经济产值较低（占 GNP 的 8％～10％）。但是，一些欠发达经济体，尤其是在中美洲、非洲和亚洲，地下经济的规模相对较大。在泰国，地下经济规模达到其 GNP 的 70％。

表 3—2　　　　　部分国家和地区的地下经济（以 GNP 的百分比表示）

西欧		中欧	
希腊	27～30	匈牙利	24～28
意大利		保加利亚	
西班牙	20～24	波兰	16～20
葡萄牙		罗马尼亚	
瑞典		斯洛伐克	
挪威	13～16	捷克共和国	7～11
丹麦		苏联	
爱尔兰		格鲁吉亚	28～43
法国		阿塞拜疆	
荷兰	13～16	乌克兰	
德国		白俄罗斯	
英国		俄罗斯	
奥地利	8～10	立陶宛	20～27
瑞士		拉脱维亚	
非洲		爱沙尼亚	
尼日利亚	68～76	亚洲	
埃及	39～45	泰国	70
摩洛哥		菲律宾	
美洲		斯里兰卡	38～50
危地马拉	40～60	马来西亚	
墨西哥		韩国	
秘鲁		中国香港	13
巴拿马		新加坡	
智利	25～35	日本	8～10
哥斯达黎加			
委内瑞拉			
巴西			
巴拉圭			
哥伦比亚			
美国	8～10		

资料来源：Bruno S. Frey and Friedrich Schnieder, "Informal and Underground Economy," in Orley Ashenfelter, editor, *International Encyclopedia of Social and Behavioral Science*, vol. 12, *Economics*, Amsterdam: Elesvier, 2000.

美国和意大利都试图对地下经济的规模进行估算。意大利人对"GDP 超越"感到非常自豪：1987 年，意大利国民收入会计人员第一次将地下经济计入官方 GDP 中，从而使意大利暂时超过英国而成为世界第四大经济体。

第 3 章

理解 GDP

□ 3.5.4 有害产品和遗憾品

GDP 是最终商品和服务的价值。"good"一词在这里意味着我们计算的东西都是有价值的。电力是好东西，然而电力生产几乎总是牵涉到污染物或其他有害副产品的产生。即使太阳能或风能也可能涉及有害的副产品，这些副产品来自太阳能电池或风车的生产。其他大多数商品和服务也涉及有害产品的生产。有时，这些有害产品明显属于制造成本，它们的负面价值直接成为商品价格的一部分。有时，如同发电带来的污染，有害物的一部分基本上由整个社会分摊，不完全反映在商品价格之中。污染是被经济学家称为"负外部性"的一个例子。一些经济学家指出，我们应该将所有商品和服务的价值扣除负外部性的价值，从而使负外部性并入 GDP 中。

自然资源的情形与此类似。国民生产净值（NNP）属于 GDP 的一部分，我们可以将这一部分全部用掉而不会削弱经济的能力，使经济仍旧按照相同速率持续生产商品和服务。计算国民生产净值的方法是从 GDP 中扣除资本折旧。经济的生产能力不仅取决于所生产出来的资本品，而且取决于有限的自然资源。准确地说，要计算 NNP，类似于石油的有限供应被耗光或者林地质量受到损害这样的情况，都应该被视为折旧，必须从 GDP 中扣除。

官方国民账户不会因为有害产品的产生或有限资源的使用而进行调整。这部分反映出对市场交易的偏见，对有害产品或有限资源的使用进行无争议的估价存在很多困难。此外还有一个概念性问题。正如我们将在第 9 章中看到的，最好不要将自然资源视为固定数量，就像水桶里的水那样。自然资源的有效数量取决于经济和自然因素。例如，海水中溶解有大量黄金，今天要从海水中商业化地提取黄金代价昂贵。如果未来黄金的价格上涨到足够高，那么从海水中提取黄金在经济上就可能变得可行。到那时，如果还有开采出来的黄金，那么我们离自然界的黄金极限有多近？或者我们应该怎样给未开采或未提取的资源定价？这些都很难说。在这种情况下，就国民账户而言应该怎样给未开发的黄金定价？

遗憾品与有害品相似。为了降低处于上升中的犯罪率，我们雇佣的警察越来越多。国民账户将用于警察方面的支出视为政府服务。在一个完美世界中，我们不必拥有警察，但事实令人遗憾，我们不得不需要警察来保护我们以应对罪犯。那么他们是否应该被计为最终产品？相反，他们有可能被认为是一种中间产品。虽然如此，与私人保镖费用不同的是，警察的费用并非明确地由生产者来支付，也没有反映在特定商品的价格之中。从社会方面看，警察仅仅是协助经济运行的工具，而非最终产品。

同样的争论也适用于军队支出、污染控制设备或其他种类的补救性支出。但是界线应该在哪里？空调和厚大衣都是极热或极寒气候下必不可少的物品，那么究竟哪一个支出应该从GDP 中忽略？生活中的每一种"必需品"——包括食品、非纯粹装饰性的所有衣服以及住房，在某种程度上都是遗憾品。但是对国民收入会计人员来说，仅作为工具使用的物品所花费的支出和满足人的欲望与需要的最终产品方面的支出，这两者之间如何区分？

□ 3.5.5 GDP 和福利

官方国民账户经常就某些非市场活动进行调整，但是很少针对有害产品或遗憾品进行调整。那么它们是否应该就此进行更多的调整呢？

关键之处就在于我们心目中这样做的目的可能远不止一个。例如，如果我们希望将美国、挪威或墨西哥的总福利进行比较，我们所关注的东西远远超出我们能够买卖什么的问题。生活的质量可能取决于 GDP 在一国居民间的分配，也取决于 GDP 的水平（参见第 2 章 2.4 节）。而且，它可能还取决于如下这些方面：工作是在有报酬的就业中完成的，还是在没有酬劳的就业中完成的？生产是否创造出负外部性，或者说生产是否耗尽了固定资源和闲暇时间？只有将更广泛的因素考虑在内，我们才能全面地判断出哪一个国家的生活更好。

衡量 GDP 或生活质量指数还有许多其他方法。例如，联合国计算了人类发展指数，这一指数不仅根据人均 GDP 给不同国家和地区排名，而且根据预期寿命、读写能力以及在校人数（参见表 3—3）排名。指数得分高低与富裕程度之间存在正向联系，但这仅仅是大体上的联系。挪威在指数上排名第一，相比其人均 GDP 排名提高了 4 个位次，而美国在指数中排名 13，相比其人均 GDP 排名低了 3 个位次。

表 3—3 　　　　　　　　　部分国家和地区的生活质量和国民收入

	人类发展指数（排名）	人均 GDP（排名）
G-7		
加拿大	4	22
法国	8	39
日本	10	37
美国	13	10
意大利	18	41
英国	21	32
德国	22	34
其他国家和地区		
挪威	1	5
卢森堡	11	3
新加坡	23	9
中国香港	24	14
韩国	26	51
墨西哥	53	81
沙特阿拉伯	59	59
俄罗斯	71	73
巴西	75	101
土耳其	79	92
泰国	87	116
中国内地	92	132
南非	129	80
印度	134	165
埃塞俄比亚	171	216
布隆迪	174	226

资料来源：United Nations, Human Development Indicators 2009, Central Intelligence Agency, *The World Factbook* 2008.

部分经济学家也已经提议对 GDP 进行一些调整，将可耗尽自然资源的使用或者环境破坏考虑在内，但这些调整都没有被广泛接受。

我们试图衡量的东西并非总是人类的福利。如果想要理解货币在经济中的作用，那么我们就要关心涉及货币的交易或者与从业者关系密切的交易。如此一来，将环境的价值、读写能力、或者预期寿命计入 GDP，或者忽略军队支出或污染控制设备支出，就可能严重歪曲我们对有关问题的理解。

各种调整也许会造成基础数据收集上的困难，或者导致人们对关键要素的估算无法达成普遍一致。归根结底，我们的判断必须具有可实现性。建立国民账户的目的是什么？国民账户能够达到这一目的吗？哪些项目可以计入国民账户在很大程度上取决于我们想要回答的问题是什么。不能期望一种衡量方法能够适用于所有目的。还应该记住的是，任何一种衡量方法，例如 GDP，在将大量信息抽象成一个数字时，就一定会丢失部分信息。有时这种信息丢失实际上具有积极的一面。古语说"只见树木不见森林"。宏观经济学关注的是森林而不是树木。但有时这种信息丢失明显具有负面作用。这里我们面临着选择。某种计算方法可以将我们的注意力引导向某一方向，而如果改变计算方式，我们也许能够阐释清楚另一个有用的方向。一个可取而代之的方法就是放弃将信息抽象为单一数字的念头。例如，电力生产增加 20％ 会导致 GDP 增加 600 亿美元及每年增加 50 亿吨温室气体的排放；而关于这些信息，国民收入会计人员的做法是，首先对温室气体排放费进行估计（比如说 200 亿美元），然后仅报告经过调整的 GDP 的增加额（比如说 400 亿美元）。相比之下，了解这一数字所包含的具体信息可能更好。

我们不应该将 GDP 看作全面衡量福利的手段，如果我们将福利视为人类幸福，这一点更是毋庸置疑的。幸福不仅仅是物质的获得和消费、购买和销售、拥有和控制。近年来已经出现大量关于幸福的调查。表 3—4 中的调查数据根据每个国家的居民所报告的主观幸福程度，将各个国家的预期寿命进行了调整，目的是构建预期幸福寿命的衡量方法。同样，虽然幸福和高人均 GDP 之间存在正向联系，但这并不准确。美国虽然做得相当不错（幸福度排名第 13 位），然而在瑞士和加拿大这些富裕国家面前却显得黯然失色，甚至像马耳他这样极其贫穷的国家也使美国相形见绌。哥斯达黎加、墨西哥、巴西和中国等国的幸福度排名均高于它们的 GDP 排名，而美洲国家和苏联国家则显得相当悲惨。

表 3—4 部分国家的幸福度和国民收入

	预期幸福寿命[a]		人均 GDP （位次）[c]
	年	位次[b]	
G-7			
加拿大	64	5	22
美国	58	19	10
英国	57	22	32
德国	55	26	34
意大利	54	30	41
法国	53	35	39
日本	51	41	37
其他国家			
哥斯达黎加	67	1	95

续前表

| | 预期幸福寿命[a] | | 人均 GDP |
	年	位次[b]	（位次）[c]
瑞士	65	4	18
挪威	62	8	5
卢森堡	61	11	3
墨西哥	60	15	81
马耳他	56	24	53
巴西	54	32	102
韩国	47	57	51
中国	46	59	133
土耳其	41	74	92
俄罗斯	36	92	73
印度	35	98	165
乌克兰	34	103	124
摩尔多瓦	33	106	171
南非	30	113	80
尼日利亚	26	120	178

a. 预期幸福寿命是预期寿命乘以每个国家的平均主观幸福度，该幸福度的取值范围是 0～1。
b. 排名国家数为 148。
c. 排名国家数为 227。
资料来源：R. Veenhoven, *World Database of Happiness*, Erasmus University, Rotterdam. Available at: *worlddatabaseofhappiness. eur. nl.* Downloaded 31 October 2009, Central Intelligence Agency, *The World Factbook* 2008.

对于社会学、心理学和治国之道来说，人类幸福和福利的源泉是重要问题，就经济学的某些部分而言它们甚至也很重要。然而，对宏观经济学来说，几乎完全依赖市场信息的传统国民账户基本上就足以回答这一领域的大多数问题。

3.6　GDP 的衡量

□ 3.6.1　源泉和方法

原则上，国民会计恒等式向我们提供了衡量 GDP 的三种不同方法（所有方法均显示在图 3—1 中）。支出（产品）法是将所有最终商品和服务的价值进行加总。收入法是将所有收入进行加总。增加值法是将不同生产阶段上的增加值进行加总。大多数国家使用至少两种方法。美国使用收入法和支出法。与美国不同，许多国家征收增值税（VAT），为此要求企业严格记录以前生产阶段的支付，其中一些国家（例如，英国）发现使用所有方法相对容易些。

不管使用哪一种方法，国民收入和产品账户所搜集的信息来自各种渠道。虽然有些信息来源，比如政府财政年度调查或者公司的联邦税返还，针对 GDP 的某些部分提供了非常完备的信息，但大多数信息来自调查——例如，对美国 55 000 户家庭的住房调查。反过来，这些调查必须按比例扩大以便解释那些实际上没被调查到的家庭，这和政治主张的民意调查很类似，后者从某一样本推断某次选举的可能结果。表 3—5 显示的是每年国民收入和国民产值账户（NIPA）估算使用的主要调查。图3—5系统地列出了产出和收入账户的数据来源。

表3—5　　　　　　　　NIPA估算中使用的人口普查局的主要调查

调查	样本	使用的主要的数据	受到影响的GDP的主要组成
年度零售贸易调查	22 000家零售企业	销售额，存货	商品消费，存货变化
美国住房调查	55 000户家庭	自用住房，租金	住房消费，租金收入
现期人口调查	50 000居民户	自用住房	住房消费，租金收入
服务业年度调查	30 000家服务企业	销售额	服务消费，软件投资
制造业年度调查	55 000家建筑企业	货运量，存货	固定投资，存货变化，资本消费
年度零售贸易调查	7 100家零售企业	存货	存货变化
年度政府财政调查	所有州与地方政府	其他	政府消费和投资，服务消费，企业间接税

资料来源：Joseph Ritter, "Feeding the National Accounts," *Federal Reserve Bank of St. Louis Review*, vol. 82, no. 2（March/April 2000），p. 12.

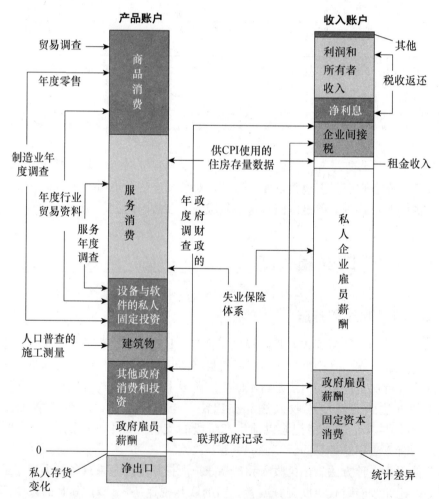

图3—5　2009年NIPA数据来源

资料来源：Redrawn from Joseph Ritter, "Feeding the National Accounts," *Federal Reserve Bank of St. Louis Review*, vol. 82, no. 2（March/April 2000），p. 15, figure 3；data updated to 2008.

更常见的是，年度估算的许多数据来源无法获得。为了得到季度 NIPA 估计值，国民收入会计人员必须推算未观察到的季度值。他们或者使用不那么可靠但被频繁报道的数据，或者进行有根据的推测。

哪一种方法最佳？每一种方法都可用来交叉检验另一种方法。原则上，每一种方法得到的 GDP 值都应该相同。但是实践中并非如此。我们不可能对收入或支出的每一个组成部分都能捕捉、记录或准确估算。经济分析局（BEA）相信，总体上讲，支出法更为准确。因此，BEA 将两种估算方法之间的差异作为一种统计差异，以调整收入账户，使其和支出账户保持一致。一般情况下统计差异大约占 GDP 的 0.5%。英国不将统计差异归到国民账户的一边，而是将三种方法的平均值作为最佳估算值。

□ 3.6.2 修订

不仅国民收入账户的不同核算方法之间存在差异，而且国民收入账户经常被修订——修订涉及的数字常常比较大。2001 年的衰退说明，这种修订有时会严重影响我们对经济状况的理解（见图 3—6）。正常情况下，一次衰退包括 GDP 在两个或两个以上季度内的下降。2001 年 11 月 26 日，美国国家经济研究局（NBER）宣布衰退已于 2001 年 3 月开始。

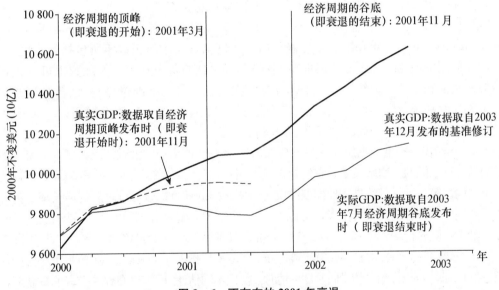

图 3—6　不存在的 2001 年衰退

注：美国国家经济研究局从一个预先估算中只获得一个季度 GDP 的下降数据，就确定了 2001 年衰退开始的时间。最终估算清楚地显示出 GDP 在三个季度出现下降，这似乎证明了 NBER 的判断。但 2003 年对数据进行全面修订后发现，虽然 GDP 速度放慢，但从来没有在衰退期的任何一个季度出现过下降。

资料来源：美国经济分析局。

衰退的起始日期看起来有些异乎寻常，因为从 11 月份所得到的数据来看，GDP 直到 2001 年第三季度才开始下降。2003 年 7 月 17 日，NBER 宣布衰退于 2001 年 11 月结束。直至那时，修订过的数据似乎都证明 NBER 选择 2001 年 3 月作为衰退开始是正确的。新数据表明，GDP 确实已经下降了总计 3 个季度，衰退始于 2001 年第一季度。几个星期之内，2001 年衰退的特殊性再次出现。2003 年 12 月 10 日发布了对 GDP 的基准修订，这一修订显示：首先，从 2000 年一直到 2002 年，几乎每个季度的 GDP 均显著高于之前所认为的数值，而且 GDP 在任何一个季度均未发生下降。如果衰退需要 GDP 出现下降，那么最近的修订表明 2001 年根本就不存在衰退。（NBER 可能会反驳，它的估算基于更多信息，而不仅是 GDP 数据。我们将在第 5 章全面地分析衰退。）

修订计划说明，进行平衡非常困难。使用宏观经济政策引导经济就好像一位远视的船长只盯着船尾就试图驾驶一艘轮船。那些近距离的东西虽然有一点模糊，但也许可以提供一些关于轮船正前方状况的信息。随着前方的事物后退到远处，虽然它们进入比较清晰的视野中，但同时也变得与轮船的当前状态越来越不相关。当然，现在的轮船正前方实际上有什么，充其量也只是一种猜测。同样，国民账户总是向后看，当它变得日益清晰时也变得越来越无关紧要。这种模式在 2001 年的衰退中非常明显。NBER 直到衰退发生 8 个月之后才宣布衰退开始——实际上，此时正好大约为衰退结束的时间。而且 NBER 直到衰退结束 20 个月之后才宣告衰退结束。要是再等上不到一个月，他们或许就能拿到基准修订后的国民账户，这一修订让人怀疑，到底是否曾经有过这样一次衰退。

常规的修订计划有三个步骤。先行估计在季度结束之后的大约第一个月末（也就是大约 1 月，4 月，7 月和 10 月）发布。同一季度的初步估计在季度结束后的大约第二个月末（2 月，5 月，8 月和 11 月）发布。最终估计在第三个月末（3 月，6 月，9 月和 12 月）发布。因此，每月都会发布有关 GDP 的新信息。

"最终"估计并非真正意义上的最终。每年夏天均会发布上一日历年的年度估计，同时发布的还有前第三年和第二年的修订值。年度估计用于纠正该年所包括的季度值。年度估计使用的数据来源更好，因此就 GDP 的许多组成部分而言，实际数据可以代替对趋势的判断和推断。大约每隔 5 年就会有一次综合修订（基准修订）。综合修订通常吸收了方法学和统计学中的方法，因此可能对账户的全部历史数值进行调整。2009 年的综合修订就对 1929—2009 年之间的数据进行了调整。

表 3—6 给出了季度数据层面上关于 GDP 增长率修订值大小的大致情况。第一、第二列显示的是两种不同的平均增长率，它们是在样本期间内使用"先行"和"最终"GDP 估计值计算出来的。第三列显示的是在抽样期结束之前所作出的任意综合修订之后的增长率。为了大致了解这些修订程度到底有多大，可以考虑一下 GDP 以这些增长率增长需要经过多长时间才能翻番：就先行增长率而言，26 年翻一番；对于稍快一些的最终增长率，24.5 年翻一番；对于更快一些的综合增长率，21 年翻一番。（参见"指南"，G.11.3，关于使用 72 法则计算翻一番时间。）可以推测，衡量同一件事情时，使用不同估计值所产生的结果差异非常显著。

表 3—6   GDP 增长率修订值的大小

	估计的增长率			估计值的修订（百分点）	
	先行估计	最终估计	综合估计	先行与最终估计	先行与综合修订
均值	2.64	2.81	3.27	0.19	0.63
标准离差				0.81	2.13
66.67%范围[a]				−0.62～1.00	−1.50～2.76
90%范围[a]				−1.43～2.62	−3.63～4.89

a. 基于估计的标准差，修订值的 66.67%（2/3）或 90%落在标出的上限和下限之间。

注：样本收集时间为 1968 年（第一季度）到 2000 年（第二季度）。

资料来源：Karen E. Dynan and Douglas Elmendorf, "Do Provisional Estimates Miss Economic Turning Points?" Division of Research & Research & Statistics and Monetary Affairs, Federal Reserve Board, Finance and Economics Discussion Series, No. 2001-52 (November 2001), Table 3.

第四列和第五列从另一个角度来看待这种修订。第一行的第四列显示的是先行和最终估计之间一次修订的平均规模，第一行的第五列显示的是先行和综合修订之间的平均规模。它们表明早期的 GDP 估计值系统性地低估了最新的估计值。通过在 GDP 增长率的先行估计值上增加 2/3 个百分点或者在 GDP 增长率的最终估计值上增加 0.5 个百分点，我们可以改进 GDP 的平均估计值。

但实际情况远比这个更加复杂。尽管平均修订是正数，个别修订却可能是正数或负数，因而，在某种程度上正负修订相互抵消。这样一来，平均值就对一般性修订给出了误导性的低估值。第二行报告的是修订的标准差。从中我们可以估计出修订的变动范围（参见"指南"，G.4.3）。第三行表明修订值的大约 1/3 向下限方向大于 1.5 个百分点或者向上限方向大于 2.76 个百分点，而且修订值的大约 10% 向下限方向大于 3.63 个百分点或者向上限方向大于 4.89 个百分点。这意味着，在很多情形下，修订的绝对值比增长率的初始估计值要大得多。在此情形下，那些初始估计值几乎没有什么意义——我们不能确定 GDP 增长是上升还是下降了，更不能确定它原本有多大。

向上或向下的修订值并非在估计值之间随机分布。修订值不仅平均后为正数，而且它们与经济状况同方向变化。若真实 GDP 过去一直在上升但随后开始下降，早先的估计值就倾向于高估，而若真实 GDP 过去一直在下降但随后开始上升，早先的估计值就倾向于低估。为什么早先的估计值错过了拐点？这很容易理解。举例来说，如果住宅装修支出（如改造厨房的结构）一直在增加，BEA 将在季度估计值中对这种增长进行推断。然而，如果真实 GDP 以及由此得出的实际收入出现下降，那么人们可能在住宅装修方面花费较少，因而实际值将下降到趋势值以下。GDP 的许多其他组成部分也是通过对趋势的推断来估计的。对政策制定者来说，了解拐点何时出现可能是最重要的信息。然而，最想要知道的东西恰恰是早期发布的报告中最不能提供的东西。

股票和债券价格或许会大幅上升或下降，这取决于不同报告中 GDP 的估计值。看一看表 3—6 就可知道，市场对待这些早先的报告应该持保留态度。解决 GDP 真实路径的不确定性尚需相当长的时间。

□ 3.6.3 按全年计算和按季度调整

关于国民账户的描述，还有最后两点值得注意。

首先，美国的 NIPA 数据是按全年计算的。GDP 或者按年计算，或者按季度计算，人们可能认为，将一年中四个季度的 GDP 加总应该得出一年的值。事实上，这样得出的值是真正的年度值的 4 倍。表达 GDP 的方式是美元/年，即使是表示一个季度的 GDP，GDP 的测算值在公布之前会被乘以 4。（参见"指南"，G.1.2，按全年计算。）

其次，NIPA 数据经过了季节调整（参见"指南"，G.1.3）。虽然各种调整计算起来非常复杂，但季节调整这个概念比较容易理解。政策制定者和预测者对 NIPA 数据最感兴趣的时候，就是这些数据出现意料之外和不可预测的变化的时候。经济中的许多变化是高度可预测的。例如，圣诞节临近时 12 月份的零售额通常急剧上升。经济预测者不会因为 12 月份零售额好于 11 月份就宣布经济开始繁荣。政策制定者也未必需要弥补工业生产在 6 月和 7 月的下降，或者住房建设在秋冬季的下降。7 月是休假的高峰月，因此工厂生产通常出现下降。冬季，湿冷多雪的天气通常使得建筑工人无法施工。对政策制定者和预测者来说，比上面这些更为重要的是，今年圣诞节的销售量是否高于去年，或者工业生产在 7 月是否低得不同寻常，或者住房建设是否在冬天异常偏低。

季节调整是对正常变化进行估计的一种统计方法（实际上是一系列统计方法）。举个例子，工业生产的季节调整针对通常偏低的月份调高其数据（1 月，2 月，4 月，5 月，7 月，11 月和 12 月），针对通常偏高的月份调低其数据（3 月，6 月，8 月，9 月和 10 月）。对于工业生产和零售业而言，季节调整的方式并不相同。这取决于每一时间序列的独特性。关键在于，一旦数据经过了季节调整，我们就认为月与月之间或季度与季度之间的变化具有经济学意义。当经过季节调整的 GDP 出现上升时，预测者也许可以合理地宣布经济开始繁荣，而当经过季节调整的 GDP 出现下降时，政策制定者则或许希望刺激经济。许多经济方面的时间序列数据在公布的时候既包括经过季节调整的版本，也包括未经季节调整的版本，但在美国，定期公布的只有经过季节调整的 NIPA 数据。

3.7　汇总：解读国民收入和产出账户

上一节我们探讨了涉及国民收入和产出账户编制的一些主要问题。在最后这一节，我们将分析国民收入账户本身，并且说明如何将其与第 2 章的国民收入会计（核算）恒等式联系在一起。美国官方的国民收入和产出账户用 148 个独立表格来表示，它们被概括为五个相互关联的表格，这些表格可被看作国民会计恒等式（2.1）～（2.3）更复杂的表现形式。

□ 3.7.1　国民收入和产出账户

第一个账户（见表 3—7）与生产—支出恒等式相对应：

$$Y \equiv C + I + G + (EX - IM) \tag{2.1}$$

除了增加的细节之外，表 3—7 的右半部分大致等同于此恒等式的右边。这里的绝大多数术语我们都已经熟悉。第 2 章中我们讲到，存货包括未使用的原材料的存量、半成品、未销售的制成品的存量（例如，杂货店货架上的食品）。存货是资本的一种形式，私人存货的正向变化是投资的一种形式。

表 3—7 的左半部分是收入方面。恒等式（2.1）将所有收入归并在一起，但在第 2 章和图 3—1（3.2 节）的讨论中我们获悉，收入是以工资、利润和租金形式支付给了生产要素所有者。表 3—7 表明收入也以其他形式支付。

● 所有者收入。大厂商通常组成公司，由股东拥有。小厂商常常由同一个人拥有与经营——这个人即所有者。小企业（例如，一家小型保险代理机构、一家便利店，或一家修鞋店）常常是个人所有制。因为企业所有者也是该企业的工人，他的收入与经济学家看作工资和利润的收入合在一起，不易分开。国民收入会计人员将其归并在一起作为一类收入，以区别于工资和利润。

● 净利息。厂商将其收益的一部分以利润形式支付给股份所有者，但同时也将一部分收益以利息形式支付给公司债券或其他债务所有者。厂商或许也从个人那里得到利息，因此，利息收入被记录成扣除收入后的报酬。

工资与薪金（雇员薪酬）、所有者收入、利润，以及利息等的总和就是所熟知的国民收入（有时也称作按照要素成本计算的净国民收入）。在一定程度上它就是人们必须支付的花费。

国民收入显著地低于总收益。收益的构成还包括其他四个方面。

● 企业转移支付。它们包括公司捐赠（例如，英国石油公司对芝加哥交响乐团演出的赞助）、个人抚恤金，以及支付给外国政府的税收。

● 减去补贴后的生产与进口税。这些税可被视为一种企业成本并加入到产品价格中（例如，消费税或财产税），公司所得税不包括在内。此项必须就政府补贴进行调整（基本上是负的税收）。

表 3—7　　　　　　　　　　　　　　**2008 年的国民收入和产出账户**

序号	收入		序号	产出	
1	**雇员薪酬**	**7 792**	29	**个人消费支出**	**10 089**
2	工资和薪金	6 289	30	耐用品	1 035
3	工资和薪金补助	1 502	31	非耐用品	2 220
4	雇主对养老金和保险的捐助	1 044	32	服务	6 834
5	雇主对社会保险的捐助	458	33	**私人国内总投资**	**1 629**
6	**经过存货估价和资本消耗调整的所有者收入**	**1 041**	34	固定投资	1 750
7	**经过存货估价和资本消耗调整的个人租金收入**	**268**	35	非住宅性	1 389
8	**经过存货估价调整的公司利润**	**1 309**	36	建筑物	480
9	公司所得税	292	37	设备和软件	909
10	净红利	690	38	住宅性	361
11	未分配利润	378	39	存货变化	−121
12	**净利息**	**788**	40	**商品和服务的净出口**	**−392**
13	**国民收入（按照要素成本计算的国民生产净值）**	**11 198**	41	出口	1 564
14	生产和进口税与补贴差额	964	42	进口	1 957
15	**企业转移支付**	**134**	43	**政府消费支出和总投资**	**2 931**
16	对个人的（净值）	33	44	联邦	1 145
17	对政府的（净值）	97	45	国防	779
18	对世界其他国家的（净值）	5	46	非国防	366

续前表

序号	收入		序号	产出	
19	国营企业的现期盈余	−8	47	州和地方政府	1 786
20	固定资本的消耗	1 864			
21	私人	1 539			
22	政府	325			
23	国民总收入	14 152			
24	统计差异	209			
25	国民生产总值	14 361			
26	减去来自其他国家的所得收入	589			
27	加上对其他国家的收入支付	484			
28	国内生产总值	14 256	48	国内生产总值	14 256

注：由于四舍五入，单个条目的数字加起来或许不等于总和。

资料来源：Based on table A in Eugene P. Seskin and Robert P. Parker, "A Guide to the NIPAs," *Survey of Current Business*, March 1998, updated to 2008 from Bureau of Economic Analysis, National Income and Product Accounts.

● 国营企业的现期盈余。像私人公司一样，国营公司（例如，美国铁路公司或者公有公共事业）也许销售超过其开支。如果这些企业为私有企业的话，盈余将被计作利润。

● 固定资本的消耗。为保持资本存量不变，磨损的资本（折旧）必须补偿。

国民收入以及上述这四项的总和就是国民总收入，它被定义为一国居民所得到的总收入。原则上讲，国民总收入应该等于国民总产出。但实际上存在测量误差，测量误差反映在统计差异上。

为了得到国内生产总值（也就是在一国范围内的最终商品和服务的总产出），我们减去来自其他国家的所得收入——这部分收入是从国外赚得的（例如，来自一家外国工厂的美国所有者的利润，或者外国债券的利息），加上向其他国家的支付（例如，来自美国生产但被外国人所拥有的收入）。换句话说，我们现在是从 GNP 往回推算 GDP，而在本书前面部分我们是从 GDP 往前计算 GNP。

有必要解释一下表中出现的一些令人迷惑的术语。

● 存货估价调整（序号 6、7、8）。如果厂商以历史购买价格计算某一存货项目的使用成本，而不是以较高的重置成本计算使用成本的话，这一计算方式将产生一笔利润，这笔利润的数字与现行生产之间没有联系，因此与 GDP 也不存在联系。存货估价调整是对这一差异进行纠正。

● 资本消耗调整（序号 6、7）。出于税收目的所报告的折旧补贴与基于经济考虑所衡量的折旧之间存在着差异。资本消耗调整就是对这一差异进行纠正。

使用 2009 年数据（10 亿美元），恒等式（2.1）为：

$$Y = C + I + G + (EX - IM)$$
$$14\ 256 = 10\ 089 + 1\ 629 + 2\ 931 + (1\ 564 - 1\ 957)$$
7-28　　7-29　　7-33　　7-43　　7-41　　7-42

（美元金额下方的数字指的是记录该数额的账户号和序号。例如，7-28 的意思就是

表 3—7 中的序号 28。)

□ 3.7.2　个人收入和支出账户

表 3—8 几乎是可支配收入恒等式的另一种表现形式:

$$YD \equiv Y - T + TR \equiv C + S \tag{2.2}$$

表 3—8　　　　　　　　　　　**2009 年个人收入和开支账户**

序号	开支		序号	收入	
1	**个人现期税收**	**1 102**	10	工资和薪金支出	**6 284**
2	**个人开支**	**10 459**	11	其他劳动收入	**1 503**
3	个人消费支出	10 089	12	经过存货估价和资本消耗调整的所有者收入	**1 041**
4	个人支付的利息	214	13	经过存货估价和资本消耗调整的个人租金收入	**268**
5	个人转移支付	156	14	个人资产方面的所得收入	**1 793**
6	对政府的转移支付	92	15	个人利息收入	1 238
7	对别国的转移支付	64	16	个人红利收入	554
8	**个人储蓄**	**465**	17	**个人现期转移所得**	**2 105**
			18	减去政府社会保险方面的捐赠	967
9	**个人收入**	**12 026**	19	**个人收入**	**12 026**

注: 由于四舍五入, 单个条目加起来或许不等于总和。

资料来源: Based on table A in Eugene P. Seskin and Robert P. Parker, "A Guide to the NIPAs," *Survey of Current Business*, March 1998, updated to 2009 from Bureau of Economic Analysis, National Income and Product Accounts.

为使两者一致, 在恒等式中间和右边项中加上税收 (T) 得到:

$$Y + TR \equiv T + C + S \tag{3.1}$$

从表 3—8 两边减去个人转移支付, 这样右边的个人现期转移所得可视为转移支付净值。同样, 从表 3—8 两边减去个人支付利息——转移支付的另一种形式, 也将其并入转移支付净值。等式右边与表 3—8 的左边就具有相同形式, 反之亦然。

这里有两点重要区别。其一, 表 3—8 只涉及个人的收入和开支。收入 (Y) 和转移支付 (TR) 包括各种收入, 税收 (T) 包括的是全体国内私人部门的支付。只有个人能够消费, 但恒等式 (2.2) 中的储蓄与表 3—8 不同, 前者包括个人储蓄和企业储蓄。

其二, 第 2 章的恒等式假设 TR 只涉及政府转移支付。明细账户促使我们注意到其他形式的转移支付, 这些转移支付来自企业、个人、外国部门和政府。在计算政府预算赤字 ($G - (T - TR)$) 时, 我们必须注意, 只计算来自政府的转移支付。

□ 3.7.3　三大部门, 三种赤字

表 3—9 至表 3—11 大致与部门赤字恒等式的构成相对应:

$$[G - (T - TR)] + [I - S] + [EX - IM] \equiv 0 \tag{2.3}$$

在每一种情形中都要作出一些调整以实现完全匹配。除了某些调整外, 恒等式与表

格之间主要的不同之处就在于恒等式忽略了 GDP 和 GNP 之间的差异。正文中的推导假设来自国外的净收入流量为零，并且没有对外国人进行转移支付。

为了解释这种差异，必须对恒等式（2.2）作出某些调整：

$$YD \equiv Y + NIA + TR - T - NTRA \equiv C + S \qquad (3.2)$$

恒等式（3.2）包含两个新的术语。NIA 是来自国外的净收入——GNP 和 GDP 之间的差额。$NTRA$ 是对国外的转移支付和税收净值。企业和个人对本国其他居民的转移支付并不影响国民收入，它们只是国民收入的再分配。但私人向外国人的转移支付与税收对私人部门的作用方式完全相同，因为收入都从国内支出中流失了。TR 仍然是政府给本国居民的转移支付，而 $NTRA$ 包括了政府向外国人的转移支付。

用（2.1）式减去（3.2）式，重新整理后得到：

$$[G - (T - TR)] + [I - S] + [EX + NIA - IM - NTRA] \equiv 0$$
$$政府赤字 +私人赤字+对外赤字 \equiv 0 \qquad (3.3)$$

除了对外赤字不再被定义成贸易余额（净出口＝$EX - IM$）而是被定义成经常账户余额（$EX + NIA - IM - NTRA$）以外，恒等式（3.3）与恒等式（2.3）是相似的，经常账户余额解释流入和流出一个国家的所有货币流。

表 3—9　　　　　　　　　　　　2009 年政府收入和支出账户

序号	支出		序号	收入	
1	**消费支出**	**2 417**	14	**现期税收收入**	**2 428**
2	**现期转移支付**	**2 134**	15	个人现期税收	2 102
3	对个人的转移支付	2 072	16	生产和进口税	1 024
4	对其他国家的支付	62	17	公司所得税	290
5	**利息支付**	**379**	18	来自其他国家的税	12
6	对个人和企业的支付	243	19	**为政府社会保险的捐助**	**972**
7	对其他国家的支付	136	20	**资产上的所得收入**	**164**
8	**补贴**	**60**	21	利息和其他收入	143
9	应付工资减去现款支付的工资	0	22	红利	22
10	**政府储蓄净值**	**−1 244**	23	**现期转移收入**	**189**
11	联邦政府	−1 225	24	来自企业（净值）	97
12	州和地方政府	−19	25	来自其他国家	92
			26	**现期国营企业盈余**	**−8**
13	**现期政府支出和盈余**	**3 746**	27	**现期政府收入**	**3 746**

注：由于四舍五入，单个条目加起来或许不等于总和。

资料来源：Based on table A in Eugene P. Seskin and Robert P. Parker, "A Guide to the NIPAs," *Survey of Current Business*, March 1998, updated to 2009 from Bureau of Economic Analysis, National Income and Product Accounts.

恒等式所表达的信息仍然相同：根据定义，政府赤字、私人赤字和对外赤字之和等于零。

表 3—9 中的政府储蓄净值（序号 10）与被定义为赤字的负数的政府盈余，即 $G-$

（$T-TR$），非常接近。两者的区别就在于表3—9只计算政府消费支出（如购买回形针），而不计算政府投资支出（如修建公路）。为使账户两边保持平衡，表3—9序号1中的政府投资支出净值（政府投资减政府固定资本消耗）增加多少，序号10中就必须扣除多少，从而使得现期盈余或赤字负数增大（也就是移向更大的赤字）。就2009年来说（数据单位：10亿美元）：

$$
\begin{array}{ccc}
G & - & (T & - & TR) \\
2\,606 & - & (3\,400 & - & 2\,228) \\
(9\text{-}1+11\text{-}2-11\text{-}10) & & (9\text{-}14+9\text{-}19) & & (9\text{-}2+9\text{-}5+9\text{-}8-9\text{-}9 \\
& & & & -9\text{-}20-9\text{-}23-9\text{-}26)
\end{array}
$$

$$= 政府赤字$$
$$= 1\,433\ 美元$$
$$[(-1)\times(9\text{-}10-11\text{-}2+11\text{-}10)]$$

表3—10与恒等式（3.3）中的改进过的对外赤字恰好相对应：

$$
\begin{array}{ccccccccc}
EX & + & NIA & - & IM & - & NTRA & = & 对外赤字 \\
1\,564 & + & 105 & - & 1\,957 & - & 143 & = & -430 \\
10\text{-}1 & & (10\text{-}4-10\text{-}14) & & 10\text{-}11 & & 10\text{-}20 & & 10\text{-}24
\end{array}
$$

表 3—10 　　　　　　　　　　　　**2009 年对外交易账户**

序号	收入		序号	支付	
1	**商品和服务的出口**	**1 564**	11	**商品和服务的进口**	**1 957**
2	商品	1 038	12	商品	1 575
3	服务	526	13	服务	381
4	**所得收入**	**589**	14	**所得支付**	**484**
5	工资和薪金收入	3	15	工资和薪金收入	10
6	资产上的所得收入	586	16	资产上的所得收入	474
7	利息	156	17	利息	356
8	红利	203	18	红利	86
9	美国国外直接投资方面的再投资报酬	227	19	在美国的外商直接投资的再投资报酬	32
			20	**对其他国家的经常性税收和转移支付（净值）**	**143**
			21	来自个人（净值）	64
			22	来自政府（净值）	49
			23	来自企业（净值）	30
			24	**经常项目余额**	**-430**
10	**来自其他国家的经常项目收入**	**2 154**	25	**对其他国家的经常项目支付**	**2 154**

注：由于四舍五入，单个条目加起来或许不等于总和。

资料来源：Based on table A in Eugene P. Seskin and Robert P. Parker, "A Guide to the NIPAs," *Survey of Current Business*, March 1998, updated to 2009 from Bureau of Economic Analysis, National Income and Product Accounts.

注意，表3—10中的对外赤字被称为经常账户余额。

最后，表3—11与私人部门的赤字（$I-S$）相对应。需要进行三方面调整。因为恒等式（3.3）中的变量 I 仅包含私人投资，所以政府投资（序号2）和对外投资净值（序号3）被从恒等式的左边消掉。（回顾一下，我们前面将政府投资移到表3—9中。）同样，恒等式（3.3）中的变量 S 也只包含私人储蓄，所以政府经常账户盈余（序号11）也被消掉。（注意，企业储蓄采取的形式为：企业应支付但没有支付的工资（序号6，"应付工资减去现款支付的工资"），加上未分配利润（序号7）和（重要的）固定资本消耗（序号8）。）最后一项是储蓄，因为它计算的是企业用以补偿其资本存量消耗的那部分投资——它是总投资和净投资的差额。

表 3—11　　　　　　　　　　　　2009 年总储蓄和总投资账户

序号	投资		序号	储蓄	
1	私人国内总投资	1 629	5	个人储蓄	465
2	政府总投资	514	6	应付工资减去现款支付的工资（私人）	5
3	对外投资净值	−430	7	经过存货估价和资本消耗调整的公司未分配利润	418
4	总投资	1 713	8	固定资本消耗	1 864
			9	私人	1 539
			10	政府	325
			11	政府经常账户余额	−1 244
			12	统计差异	205
			13	总储蓄和统计差异	1 713

注：由于四舍五入，单个条目加起来或许不等于总和。

资料来源：Based on table A in Eugene P. Seskin and Robert P. Parker, "A Guide to the NIPAs," *Survey of Current Business*, March 1998, updated to 2009 from Bureau of Economic Analysis, National Income and Product Accounts.

由于这些调整，（表3—11中）账户的两边不再平衡。账户左边和右边的差额是私人赤字（单位：10亿美元）：

$$
\begin{array}{ccccc}
I & - & S & = & 私人赤字 \\
1\,629 & - & 2\,427 & = & -798 \\
11\text{-}1 & & (11\text{-}5+11\text{-}6+11\text{-}7+11\text{-}9) & &
\end{array}
$$

原则上说，三种赤字之和应该为零。但是实际上，

$$
\begin{array}{ccccccc}
政府赤字 & + & 私人赤字 & + & 对外赤字 & = & 统计差异 \\
1\,433 & + & -798 & + & -430 & = & 205
\end{array}
$$

当然，这里的统计差异就是从最终商品和服务角度加总计算 GDP 或者从收入角度加总计算 GDP 两者之间的差额（而且与表3—7序号24的数字不同，这只是因为四舍五入导致的）。

美国 NIPA 的账户多达 143 个。每个账户都把额外的细节包括在内，或者从不同角度提供基础数据。然而，这五个表提供的是分析宏观经济所必需的主要数据。

本章小结

1. GDP 是经济中所有最终产品的价值。

2. 一种产品就是一种有价值的商品或服务，且存在一个与之相交换的市场或以货易货的市场。转移支付是没有进行以货易货的被无偿给予的价值，它们包括捐赠、福利支付以及利息支付。

3. 中间产品是本期生产过程中所消耗掉的产品。最终产品是越过生产边界的产品（本期离开企业部门），而且可用于消费或投资。

4. 只有每一生产阶段上的增加值——大于或超过生产成本的价值——才计入最终产品的价值之中。

5. 最终产品的销售额以工资、租金和利润的形式被分配给生产要素所有者。在任一生产期间，最终产品的销售价值一定等于所产生的收入，而且等于每一生产阶段上的增加值之和。

6. 国民生产总值（GNP）是 GDP 加上国外净要素收入（支付给生产要素的报酬和转移支付）。GNP 可能高于或低于 GDP，这取决于来自国外的报酬是高于还是低于支付给外国人的报酬。

7. 资本是经久耐用的有形生产手段。只有当投资的一部分被用于替换资本存量的磨损（或陈旧过时）之后才计入资本存量，这部分磨损被称为折旧或资本消耗。

8. 一些称作耐用消费品的消费品是经久耐用的，因而与生产性资本相类似。耐用品和非耐用品的区分、消费品和资本品的区分，并非泾渭分明。按照惯例，耐用品是持续使用三年以上的商品。

9. 官方 GDP 主要是一种市场衡量手段。作为市场生产的一种相近替代品的非市场生产（如自有住房是租住房屋的相近替代品）可被列入国民账户中，政府服务也被列入。但其他非市场生产则不被列入（如打扫自家房屋）。

10. 黑色经济，即各种不同的非正规或非法市场交易，原则上应该计入 GDP 中，但常常没有计入，因为相关信息必定难以获得。在很多国家，黑色经济占 GDP 很大比例。

11. 许多经济学家，以及环境和社会方面的激进主义分子，认为 GDP 应该作出调整以便解释许多非市场活动——例如，考虑到家庭生产和人力资本，应该上调；而考虑到环境破坏和社会的不平等，则应该下调。当 GDP 被用来衡量社会福利时，这类调整是有意义的。但是当 GDP 用于描述市场经济活动以及类似活动时，这类调整就不合适。

12. GDP 数据依赖于一系列复杂来源，导致适时与准确之间的冲突。GDP 数据经常而且大量被修订，有时在首次公布之后很长时间才进行。

关键概念

以物易物	支出（或产品）法	国民生产总值
资本消耗	增加值	国外净收入
转移支付	收入法	贸易余额
黑色经济	生产要素	资本
最终产品	增加值法	经常账户余额
负外部性	国民收入（或以要素成本计的净国民收入）	折旧
中间产品		

延伸阅读建议

Robert Eisner, *The Total Incomes System of Accounts*, Chicago: University of Chicago Press, 1989

Eugene P. Seskin and Robert P. Parker, "A Guide to the NIPAs," *Survey of Current Business*, March 1998. (Available electronically from the U. S. Department of Commerce, Bureau of Economic Analysis: bea. gov/bea/an/0398niw/maintext. htm.)

Joseph Ritter, "Feeding the National Accounts," *Federal Reserve Bank of St. Louis Review*, vol. 82, no. 2 (March/April 2000), pp. 11-12. (Available electronically from research. stlouisfed. org/publications/review/00/03/0003jr. pdf.)

Joel Popkin, "The U. S. National Income and Product Accounts," *Journal of Economic Perspectives*, vol. 14, no. 2 (Spring 2000), pp. 215-224

J. Steven Landefeld, Eugene P. Seskin, and Barbara M. Fraumeni, "Taking the Pulse of the Economy: Measuring GDP," *Journal of Economic Perspectives*, vol. 22, No. 2 (Spring 2008), pp. 193-216

课后练习

这些练习的数据可从教材网站（appliedmacroeconomics. com）第 3 章的链接中获得。在做练习之前，请复习"指南"中 G. 1～G. 4、G. 10 和 G. 11 部分的相关内容。

问题 3.1 下表给出的是英国经济的相关数据。

单位：10 亿英镑

	2001 年	2002 年
消费	660	691
政府商品、服务支出	191	210
固定投资	167	170
存货变动	3	
出口	272	273
进口		305
国内生产总值（GDP）	994	
国外净要素流入	8	20
国民生产总值		1 064
国外净转移支付	3	7
储蓄	147	155
资本品消费（折旧）	109	116

资料来源：International Monetary Fund, *International Financial Statistics.*

（a）运用所学的国民核算知识填补表格中的空缺处。

（b）计算每一年的国民生产净值（NNP）、净投资、贸易余额和经常账户余额。

问题 3.2 下面列出了一些职业的从业者，解释哪些职业能对 GDP 作出贡献，哪些不能：

古董经销商，贩毒者，慈善机构工作者（例如，红十字会），宗教领袖（例如，牧师、神父、拉比，或阿訇），码头工人，心理学家。为什么不同职业之间的差异会令人感到困惑？请解释原因。

问题 3.3

（a）经济繁荣的最大受益者是谁？是工人还是雇主？从表 3—7 中，可以看出要素收入的主要类型符合下列等式：国民收入≡职工报酬＋经营者收入＋租金收入＋利润＋净利息。在不参照任何信息的情况下，回答下列问题（即作出最佳推断）：

（i）国民收入占 GDP 的百分比是多少？

（ii）将国民收入各构成部分（占 GDP）的比重从大到小进行排序，顺序如何？

（iii）过去 50 年中，国民收入中的哪一部分呈上升趋势？哪一部分呈下降趋势？哪一部分几乎保持不变？

（b）计算二战后国民收入及其组成部分占 GDP 的比重，并用一张图表示。

（c）根据（b）、（c）两小题的答案重新评估你对（a）小题的回答，有什么意外的发现吗？

问题 3.4

（a）结合问题 3.3 中国民收入的构成情况（与表 3—7 中的主要成分相同），推测哪一种收入来源最为稳定可靠。

（b）为了检验你的推测，判断哪一部分收入波动最大？计算二战后国民收入的均值、方差、标准差、变异系数以及国民收入的各组成部分占 GDP 的比重，并列表表示。

（c）运用（b）小题中的信息，将（a）小题中的推测值与（b）小题中的实际情况进行对比。（请详细说明使用哪一种变异性度量以及为何使用该变量。）

问题 3.5 通过表 3—1 可以看出，2008 年美国的 GNP 大于 GDP。这是一般情况吗？从 1947 年起计算 GNP 在 GDP 中的比值，用百分比表示。在这一系列数据中，最大值和最小值分别为多少？通过数据，能看出 GNP、GDP 以及国外净资金流入之间有何种关系？在对 GDP 和 GNP 进行比较时，除了求两者的比值外，还可以求两者的差值。你更倾向于选择哪种方法？为什么？

问题 3.6 图 3—2 表明，2008 年美国 GDP 的资本消耗（折旧）约为 13％。绘制图形表示二战后资本消耗占 GDP 的百分比。描述你的发现，并尝试找出原因。

问题 3.7 续问题 3.6。绘图表示二战后总投资、净投资及资本消耗占美国 GDP 的百分比。把样本分成两组，并分别将两组样本的平均值在一张表格中表示出来，描述两组样本在一定时间内的相对变化。在你看来，哪些变化是由总投资比重改变而导致的，哪些又是由资本消耗的变化而导致的？

问题 3.8 图 3—3 显示，实物支出占美国 2009 年总消费支出的三分之一，其中耐用商品的支出只占约十分之一。这一比例保持不变吗？绘制图形表示二战后耐用品、非耐用品，以及服务消费占 GDP 的百分比，并描述图形在一定时间内的变化模式。该如何解释这一模式？你认为这一模式能延续下去吗？为什么？

问题 3.9 在 GDP 的构成中，哪一级政府所占的份额最大？是联邦政府，还是州和地方政府？这一模式会随时间而变化吗？请制作一张图表反映二战后美国政府在商品和服务上的总支出，标出联邦政府、州政府以及地方政府各占 GDP 的百分比。描述你的发现，并推测这一模式形成的原因。

问题 3.10 制作一张图表，反映二战后美国联邦政府、州政府以及地方政府投资额占 GDP 的百分比，以此来进一步观察联邦政府、州政府和地方政府在支出上的差异。哪些历史事件可以解释这种差异？

问题 3.11 通过对比国防支出和非国防支出可以进一步了解政府的支出模式。在一张图表中列出下列 4 项美国联邦政府支出的时间序列：

（1）非国防消费；（2）非国防投资；（3）国防消费；（4）国防投资。

将每一项用百分比表示。请描述你的发现。

问题 3.12 房产（住宅投资）是人们最为熟悉的一种投资方式。房地产业作为一种经济因素究竟有多重要？其重要性是如何随着时间而变化的？请绘制一张曲线图，在图中表示二战后投资占 GDP 的百分比以及房产投资占总投资的百分比。描述你的发现，并尝试结合历史背景加以分析。

问题 3.13 举出两种生产性的无偿家务活动，其中一项活动通过第三方测评，另一项未通过测评。说明你为何选择这两项活动。

问题 3.14

（a）估测黑市经济规模是件困难的事情，因为黑市交易者们总是试图隐藏自己的活动。可以通过两种方法来推测黑市的规模：一是通过观察美国人均现金（纸币和硬币）持有量。这一数据很高，在 2010 年初就达到了 3 000 多美元/人；二是通过观察电量的使用状况。请思考，这两项数据和黑市经济有何关系？如何借助这些数据来估测黑市的规模？使用这些数据又会遇到哪些问题？

（b）请举出其他一种或几种方法来估测黑市的规模。

问题 3.15 经济活动中，有些因素会直接影响到人们的福利和幸福，但却没有体现在 GDP 中。请举出这样几种因素。根据这些因素对 GDP 进行修正，相对于美国之前的 GDP 或他国 GDP，美国目前的 GDP 会上升还是下降？（请详细说明你所参考的时段和国家，并说明你的判断。）

问题 3.16 请登录美国经济分析局网站（www. bea. gov/），在新闻发布档案库页面（www. bea. gov/newsrellease/relsarchivegdp. htm）获取本题所需数据。

（a）登录 BEA 网站，查找上上季度美国 GDP 的预期、初期和终期数据。计算这些数据相对于上一季度（以复合年利率表示）和去年同期的增长率。列表显示每期增长率；计算预期数据和终期数据的比值以及初期数据和终期数据的比值。两项计算结果有何差异？差异大小如何？

（b）登录 BEA 网站，查找最近一期的 GDP 估测的综合修正数据。选择修正时期大约 5 年前的某一年份。计算或查找该综合修正前一年的真实 GDP 增长率。然后找到同一年的最早的年度修正数据。计算或找到那一年的最早和后来的三次年度修正数据。将结果记录在表格中，这一表格也反映了三次年度修正与综合修正之间的差异。这些差异是大是小？

第4章

衡量价格与通货膨胀

我们在前两章已经了解到，为了将名义量换算为真实量以及估计通货膨胀率，需要一种衡量一般物价水平的方式。在本章开始部分我们提出如下问题：经济中存在几百万种价格，如何将这些价格中的信息简化成一种更简单、更易于处理的指数？首先，我们来看一下价格指数的主要类型。这些指数是怎么计算的？每一类型的优缺点是什么？本章结束部分讨论经济政策形成和执行过程中最常用的价格指数。

在第2章，我们使用过一种价格指数，即 GDP（隐含价格）平减指数，它是对一般物价水平或货币价值进行衡量的首选指数。GDP 平减指数不是唯一的价格指数。本章我们将学习各种不同的价格指数以及这些指数的构建方法。

第2章中，GDP 平减指数有两大用途。第一，我们通常关心真实量而不是名义量：真实 GDP、真实消费、真实投资、真实政府支出。在第2章和第3章中，我们看到真实 GDP 及其组成部分是无法直接观察出来的。相反，国民收入会计人员必须首先用现期美元衡量市场或名义 GDP，然后，利用一个价格指数将其换算为真实或不变美元 GDP。第二，我们有时关心价格变化的速度有多快。价格指数的增长率，即通货膨胀率，提供了一种测量方式。

构建价格指数对国民收入会计人员来说显然很重要。GDP 平减指数构建中的一个差错就会导致通货膨胀率高估 0.1 个百分点，并使得 2008 年对真实 GDP 的估计减少大约 140 亿美元。这些差错对政府而言可能代价高昂。例如，因为通货膨胀的缘故，政府根据消费者价格指数（CPI；见 4.2.1 节）对社会保障和政府养老金作出调整。2008 年，CPI 通货膨胀率每高估一个百分点的十分之一将可能增加大约 5 亿美元的社会保障成本。1996 年，博斯金委员会估计 CPI 通货膨胀率曾被高估了 1.1 个百分点。这将转化成 2011 年的 55 亿美元——一个代价高昂的差错，而且这种差错年复一年地逐渐累加。

我们也常常对通货膨胀率本身感兴趣。货币政策的一个目标是保持通货膨胀率低且不为负——正如我们在第 2 章中所见（2.6 节），通货紧缩（不断下降的价格）至少与通货膨胀一样不受欢迎。那么，对于政策制定者而言，零通货膨胀率看起来就是一个最佳目标。但是，按照哪个指数来确定通货膨胀率呢？使用 GDP 平减指数所衡量的通货膨胀率一般要比使用 CPI 所衡量的通货膨胀率低一些。如果使用 GDP 平减指数更好，那么，达到零 CPI 通货膨胀率这一目标事实上意味着通货紧缩。因此，弄清楚价格指数很重要，至少要理解各种价格指数之间的差异。

本章开始部分介绍构建价格指数的一般原理，最后对经济学家、国民收入会计人员和政策制定者使用的主要指数进行描述性分析。

4.1 构建价格指数

为什么单一产品（如第 2 章 2.2 节中的一听可乐）的价格不能准确代表市场价格？假如经济中每一种商品的价格在所有时期同比例变化，事情就很简单了。可惜不是这样。虽然半个多世纪以来美国大多数商品的价格已经上涨，但它们上涨的比例各不相同，而像电视机这种基本商品，价格实际上出现下降。我们需要的是对价格的一种平均测量。但是，简单的加总平均并不是令人满意的测量方法（比如说，一百万种产品的价格相加后除以 1 000 000）。火柴价格对我们几乎没有影响，然而，汽车价格对我们影响很大。一种令人满意的测量方法需要考虑不同商品的相对重要性。

一般价格水平的估计可以使用不同方法，这一点我们可以用一个编造的简单例子来说明。"沙发土豆"* 经济只生产两种商品——墨西哥玉米片和啤酒。（电视和沙发可以视为自然资源。）表 4—1 显示的是每一种商品三年内的价格和产量。

□ 4.1.1 拉斯贝尔（或基期加权综合）指数

价格在 2010—2011 年之间上涨了多少？墨西哥玉米片的价格翻了一番，而啤酒的价格上涨了 5/3 倍。一种估计平均值的方法就是按照每种产品在 2010 年总支出中的重要程度来对价格变化进行加权（关于加权方法，参见"指南"，G.4.2）。2010 年名义 GDP 是 5.50 美元（＝5 袋墨西哥玉米片×0.50 美元/袋＋4 听啤酒×0.75 美元/听）。

表 4—1   沙发土豆经济

年份		墨西哥玉米片（袋）	啤酒（听）
2010	价格（美元）	0.50	0.75
	产量	5	4
2011	价格（美元）	1.00	1.25
	产量	4	5
2012	价格（美元）	1.25	1.40
	产量	3	6

---

* 指的是那些手拿遥控器，蜷缩在沙发上，什么事都不干，跟着电视节目转的人。这个词最早诞生在美国。——译者注

用于墨西哥玉米片上的总支出是 2.50 美元或名义 GDP 的 45.5%（= 2.50 美元/5.50 美元=0.455）。用于啤酒上的总支出是名义 GDP 的 54.5%。**基期**是指用于计算支出份额的时期——这里是 2010 年。

利用基期中的支出份额作为权重，一般价格的增加以价格因子来衡量，价格因子被定义为价格水平的比率（=p_{2011}/p_{2010}），计算如下所示：

$$pf = 0.455 \times 2 + 0.545 \times \frac{5}{3} = 1.818$$

价格因子显示一般价格比啤酒的价格上涨得更快，但比墨西哥玉米片的价格上涨得要慢。

我们曾经使用可乐价格的相对增加来缩减 2011 年的 GDP，并将 GDP 用 2010 年美元表示，这里，我们也可以用同样的方式使用价格因子。2011 年的名义 GDP 是 10.25 美元。用 2010 年不变美元价格表示的 2011 年 GDP 是多少？

$$\$_{2010}Y_{2011} = \$_{2011}Y_{2011} \div pf = \$_{2011}10.25 \div 1.818 = \$_{2010}5.64$$

真实 GDP 增长了 2.5%（=(5.64−5.50)/5.50）。

为了构建一个价格指数，我们从**参照期**开始，在参照期内指数被设定为某一任意值——通常设定为 100。如果 2010 年是参照期，那么，根据定义，$p_{2010} = 100$。因为价格已经普遍上涨了 1.818 倍，2011 年的指数同样高出 1.818 倍：$p_{2011} = pf \times p_{2010} = 1.818 \times 100 = 181.8$。以 2010 年作为基年（即使用 2010 年的支出份额），我们可以计算出用于衡量 2010—2012 年间价格增长幅度的价格因子，并用它来计算 2012 年的价格指数（见问题 4.3）。

使用基期支出份额加权价格增长的指数被称为基期加权指数，或称拉斯贝尔指数，该指数以德国统计学家厄恩斯特·路易斯·艾蒂安·拉斯贝尔（1834—1913）的名字命名，他于 19 世纪发明了这一指数。拉斯贝尔指数也许是众多类型价格指数中使用最普遍的一个。像消费者价格指数（CPI）和生产者价格指数（PPI）这类常见的指数就是拉斯贝尔指数（"指南"，G.8.2 给出了计算拉斯贝尔指数的一个一般公式）。

对于拉斯贝尔指数而言，基期（也就是计算权重的时期）和参照期（也就是名义值与真实值相等的时期）通常是相同的，但是两者不需要相同。例如，用 2011 年不变美元衡量的 2010 年 GDP 的价值是多少？通过利用相同的拉斯贝尔指数使 2010 年美元值膨胀，我们就可能回答这个问题：

$$\$_{2011}Y_{2010} = \$_{2010}Y_{2010} \times pf = \$_{2010}5.50 \times 1.818 = \$_{2011}10.00$$

同样，可以将 2011 年的价格指数任意地设为 100。那么，$P_{2011} = 100$ 以及 $P_{2010} = 100/pf = 100/1.818 = 55.0$。尽管参照期现在是 2011 年，但基期还是 2010 年，因为价格因子是基于 2010 年的支出份额计算出来的。

表 4—1 中的数据告诉了我们一个典型的经济故事。需要注意的是，在 2010 年，啤酒相对于墨西哥玉米片的价格是：每听啤酒 0.75 美元，每袋墨西哥玉米片 0.50 美元，每袋墨西哥玉米片相当于 1.5 听啤酒。墨西哥玉米片的价格比啤酒的价格上涨得更快，所以到了 2011 年，啤酒的相对价格下降到每袋墨西哥玉米片 1.25 听啤酒。表 4—1 显

示人们购买更多的啤酒和更少的墨西哥玉米片，这说明了一条普遍法则——**替代**原理：当一种产品的相对价格下降时，销售量通常增加，与此同时，相对价格更高的商品的销售量下降。因此，拉斯贝尔指数倾向于高估价格的平均上涨幅度。人们倾向于用价格增长慢于平均增长速度的商品代替价格增长快于平均增长速度的商品。通常，这种替代降低了价格增长较快商品在总支出中的份额。但由于基期拉斯贝尔指数的权重是固定不变的，价格因子和价格指数均不能反映消费者偏好和支出份额的变化。

固定权重导致通货膨胀率被高估，这称为**替代偏误**。为了减轻替代偏误，拉斯贝尔指数的基期必须常常更新。从历史上看，CPI（一种拉斯贝尔指数）的权重大约每十年更新一次。最近更新计划加速，平均而言，大约三年就更新一次。尽管 CPI 的基期已经被更新了若干次，但是参考期仍然是 1982—1984 年间的某个时期。

如果基期加权指数未能适时考虑产品质量变化*，它同样能够高估价格膨胀。美国一所房子的平均价格在过去 50 年急剧上涨，但房屋的质量也显著提高。例如，美国新建住房的平均面积从 1950 年的 983 平方英尺到 2000 年的 2 265 平方英尺，翻了一番以上。

基于每套房屋价格的价格指数算出的通货膨胀比基于每平方英尺住房面积价格的价格指数的要高。这里还有一个类似例子。电脑的计算能力与电脑关系更密切，衡量计算能力的是诸如中央处理器速度和内存大小方面的特性，但是衡量计算机价格的价格指数下降的速度慢于计算能力价格的下降速度，这也促成一般价格上涨率的高估。

电脑突出了基期加权指数带来的另一个问题——**新产品偏误**。2011 年，个人电脑是一般支出中的一个重要组成部分，并在一般价格水平的计算中具有极大的权重。然而，1970 年根本就没有个人电脑。为了考虑到这种新产品，必须常常更新权重。

□ 4.1.2 帕舍（或报告期加权）指数

另一种减轻替代偏误的方法是更新权重。1874 年，另一位德国统计学家赫尔曼·帕舍（1851—1925）提出用另一指数来代替向后看的拉斯贝尔指数，该指数就是利用报告期支出份额对不同的价格变化进行加权计算的指数。在表 4—1 中，2011 年用于墨西哥玉米片的支出是 GDP 的 39%，用于啤酒的支出是 GDP 的 61%。2010 年墨西哥玉米片的价格是 2011 年的一半；啤酒的价格是 2011 年的 3/5。拉斯贝尔指数的价格因子以后期价格与前期价格比例的变化来表示。因为**帕舍指数或报告期加权综合指数**是向前看的，它以前期价格与后期价格比例的变化来表示。为了把它置于与拉斯贝尔指数相同的基础上，我们必须计算加权平均的倒数：

$$pf = \frac{1}{0.39 \times 1/2 + 0.61 \times 3/5} = 1.783$$

（"指南"，G.8.2 节给出了计算帕舍指数的一般公式。）2010 年真实 GDP 用 2011 年不变美元价格表示是：

$$\$_{2011}Y_{2010} = \$_{2010}Y_{2010} \times pf = \$_{2010}5.50 \times 1.783 = \$_{2011}9.80$$

---

* 质量偏误。——译者注

如果参照年份 2011 年的价格指数设定为 100，那么，$p_{2011}=100$ 并且 $p_{2010}=p_{2011}/pf=100/1.782=56.1$。

尽管帕舍指数减轻了拉斯贝尔指数的替代偏误，但它却无法摆脱自身的一种偏误——**质量变化偏误**。当一种商品的价格上涨时，我们经常用不那么合意的商品来替代，例如，汉堡包代替牛排、百威啤酒代替喜力啤酒、丰田汽车代替雷克萨斯汽车。由于这些替代品的使用降低了满意度，帕舍指数少计算了满意度上的损失。作为一种报告期加权综合指数，帕舍指数同样也无法摆脱一个大麻烦：通常由于每期的权重都在变化，该指数每期都必须重新计算。

每次重新计算帕舍指数时，该指数的所有历史数值都必须用新的权数来修订。然而，由于实际上参照期保持不变，新的权数只适用于报告期指数水平的计算。

□ 4.1.3　费雪理想指数

表 4—1 的沙发土豆经济中的通货膨胀率是每年 82%（按照拉斯贝尔指数）还是只有每年 78%（按照帕舍指数）？无论我们使用哪一种指数，墨西哥玉米片和啤酒的价格和数量相同。我们只不过是用不同的眼镜观察隐含在价格和数量背后的相同事实而已。难道一副眼镜就比另一副更好？其实并非如此。每种指数都受不同的偏误所困扰。

真正的价格指数是不存在的。由于价格指数用一个数字来概括大量价格的变化，在此过程中一些信息肯定被丢失。对单个变化所施加的权数不同，所丢失的信息也不同。拉斯贝尔指数在一定程度上定义的是一般价格水平变化的上限，而帕舍指数定义的是下限。理论上说，在这两个上下限之间存在无数个合理的加权方案——每一个方案均定义了一个不同的指数。美国伟大的经济学家欧文·费雪（1867—1947）建议在拉斯贝尔指数和帕舍指数之间进行折中，他称之为"理想折中"，因为它有许多令人满意的特性。**费雪理想指数**（pf^F）的价格因子是拉斯贝尔（pf^L）指数的价格因子和帕舍指数（pf^P）的价格因子的几何平均：

$$pf^F=\sqrt{pf^L\times pf^P} \tag{4.1}$$

就 2011 年来说，沙发土豆经济的费雪理想指数的价格因子是 $pf^F_{2011}=\sqrt{1.818\times1.782}=1.800$。价格因子可按常规的方式来使用。如果 2010 年被定为参照年，那么，费雪理想价格指数是 $p^F_{2011}=pf^F_{2011}\times p^F_{2010}=1.800\times100=180.0$。（"指南"，G.8.2 给出了计算费雪理想指数的一般公式。）

□ 4.1.4　链式加权指数

在美国，汇编国民账户时所使用的大多数价格指数是费雪理想指数类型的一个变式，被称为**链式加权指数**。建构链式加权指数的第一步是计算相邻两期的费雪理想指数的价格因子，其中每一期的链式指数的基期都进行更新。

举例说明。利用图 4—1 中的数据，我们已经知道，以 2010 年作为拉斯贝尔指数的基期，2011 年的费雪理想指数是 $pf^F_{2011}=1.800$。我们也已经知道，2011 年 39% 的支出用在墨西哥玉米片上，61% 的支出用在啤酒上。因此，以 2011 年作为基期的 2012 年的拉斯贝尔价格因子是 $pf^L_{2012}=0.39\times\dfrac{1.25}{1.00}+0.61\times\dfrac{1.40}{1.25}=1.171$。帕舍价格因子是 $pf^P_{2012}=$

1.157^*。于是，费雪理想价格因子就是 $pf^F_{2012}=\sqrt{1.171\times1.157}=1.164$。

这样一来，价格因子就结合在一起形成一个链，在该链中，上一期的指数被本期的价格因子相乘，如此构成一个完整的序列。以 2010 年为参照年：

$$p^C_{2010}=100$$

$$p^C_{2011}=p^C_{2010}\times pf^F_{2011}=100\times1.800=180.0$$

$$p^C_{2012}=p^C_{2011}\times pf^F_{2012}=180.0\times1.164=209.5$$

$$\dots$$

□ 4.1.5 价格指数和真实 GDP

表 4—2 显示的是 2010—2012 年间沙发土豆经济的拉斯贝尔、帕舍和链式加权价格指数，以及利用这些指数计算出来的真实 GDP。（学生应该检查一下，确定条目中未使用本书计算方法获得的数字都是正确的。）该表格说明了两个法则：

● 第一，通常，基于拉斯贝尔指数判断出的价格变化比基于链式加权指数判断的变化要大，基于链式加权指数判断出的价格变化比基于帕舍指数判断的变化要大。

● 第二，一般价格水平越高，任意真实数量越低，这样，当使用帕舍指数进行估计时，真实量的变化比使用链式加权指数估计看起来要大，用链式加权指数估计时，真实量的变化比使用拉斯贝尔指数估计看起来大。

第一个法则反映在通货膨胀率上：用每种指数衡量的 2010—2012 年之间的平均通货膨胀率是：拉斯贝尔 45.9%＞链式加权 44.7%＞帕舍 43.6%。第二个法则反映在真实 GDP 的增长率中：用每种指数衡量的同一时期平均真实增长率是：帕舍 3.48%＞链式加权 2.69%＞拉斯贝尔 1.89%。

表 4—2   **在沙发土豆经济中将名义 GDP 换算为真实 GDP**   单位：美元

年份	名义 GDP	价格指数			以不变美元计算的真实 GDP								
					拉氏指数			帕氏指数			链式加权		
		拉氏	帕氏	链式加权	参考年份								
					2010	2011	2012	2010	2011	2012	2010	2011	2012
2010	5.50	100.0	100.0	100.0	5.50	10.00	11.85	5.50	9.81	11.14	5.50	9.90	11.52
2011	10.25	181.8	178.2	180.0	5.64	10.25	12.14	5.75	10.25	11.64	5.69	10.25	11.93
2012	12.15	215.4	202.5	209.5	5.64	10.25	12.15	6.00	10.70	12.15	5.80	10.44	12.15

注：数据基于表 4—1。

与现实世界中通常观察到的数字相比，沙发土豆经济中的数字夸大了三种指数之间的差别，但是它们很好地说明了一般模式。有必要回顾一下我们前面所说的：尽管存在不同的通货膨胀率和增长率，但是通过不同的眼镜所看到的经济只有一种。与基于拉斯贝尔指数估计的较慢增长率相比，基于帕舍指数估计的较快增长率并不会给沙发土豆经济中的人们提供更多啤酒或墨西哥玉米片。与基于帕舍指数估计的较慢通货膨胀率相比，基于拉斯

---

* 学生应该练习如何证实这个值，实际上这个值应该为 1.167。——译者注

贝尔指数估计的更快通货膨胀率也不会使沙发土豆经济中的人们承受更多的成本。

□ 4.1.6　隐含价格平减指数

美国 GDP 的大多数组成部分都被换算为不变美元或利用链式加权指数进行了缩减。只有少数组成部分仍使用诸如拉斯贝尔指数或帕舍指数这样的固定权重指数。官方真实 GDP 的估计值是由缩减过的组成部分构造的。名义 GDP 与真实 GDP 估计值的比率提供了总体衡量一般价格水平的一种方式，这种方式称为 GDP **隐含价格平减指数**：

$$P^{隐含} = \frac{名义\ GDP}{实际\ GDP} \times 100$$

乘以 100 是确保参考年真实 GDP 的隐含价格平减指数 $P^{隐含} = 100$。GDP 隐含价格平减指数并不一定与用来构建真实 GDP 的许多价格指数完全一致。相反，它概括了这些价格指数之间相互作用的净效果。我们也可以为消费和 GDP 的其他组成部分建构隐含价格平减指数。

在第 2 章我们曾提出这样一个问题：今天的经济比 1960 年的经济大多少？现在我们清楚了，为什么使用一个合适的价格指数比使用一听可口可乐的价格能够更好地回答这个问题。1960 年的隐含价格平减指数是 18.6，2009 年是 109.8。依据这种测算，价格在 49 年间上涨了 5.9 倍。表 4—3 与表 2—1、表 4—2 相似，不同之处在于它利用这个比率将名义 GDP 换算为 1960 年和 2009 年的不变美元真实 GDP。利用可乐价格作为平减指数表明价格上涨了大约 7.5 倍，而利用经济分析局的隐含价格平减指数则表明上涨不足 6 倍。相比之下，用 GDP 隐含价格平减指数衡量的通货膨胀的步伐较慢，这意味着用这一方法所衡量的真实 GDP 增长得更多：利用隐含价平缩减指数来计算时，真实 GDP 在 1960—2009 年之间增长了 4.6 倍，相比之下，利用可乐价格来衡量时，真实 GDP 只增长了 3.6 倍。在一般价格方面我们认为正确的东西，却会深刻地影响我们对真实经济规模的看法。

表 4—3　　　　　　　利用隐含价格平减指数将名义 GDP 换算为真实 GDP　　　　　单位：美元

年份	名义 GDP	隐含价格平减指数 (2005=100)	参照年的不变美元真实 GDP	
			1960	2009
1960	526	18.6	526	3 105
2009	14 256	109.8	2 415	14 256

资料来源：美国经济分析局。

4.2　**其他价格指数**

虽然我们使用 GDP 平减指数将名义 GDP 换算成真实 GDP，但是，出于别的目的我们也普遍使用其他价格指数。美联储的货币政策制定者最近更愿意使用**个人消费支出 (PCE) 平减指数**（这一平减指数被定义为名义消费与真实消费的比率）来估计通货膨胀率。原因之一是 GDP 平减指数反映的是 GDP 所有组成部分的价格，而 GDP 中的重要组成部分（例如，投资或政府支出）却并不直接由个人来消费，况且政策的主要目标是人们的福利。有两个引用最为普遍的价格指数并没有在国民账户中公布出来，它们是**消费者价格指数 (CPI)** 和**生产者价格指数**（PPI）。这两个指数都由美国劳工统计局（BLS）构建和公布。

□ 4.2.1 消费者价格指数

CPI是一个**生活成本指数**。本质上说，它是一个拉斯贝尔指数，其权数反映的是一般消费者的消费束中不同商品和服务的相对重要性。CPI是基于对消费者实际购买的东西的调查。事实上，CPI并非单一的指数，有许多个CPI。每个CPI可以根据构建CPI的一篮子商品的不同与其他CPI区别开来。引用最频繁的CPI是CPI-U，它是所有城镇消费者消费的所有东西的消费者价格指数。这个指数反映了大约87%城镇居民的消费束。

计算出来的CPI序列超过350种。特定类型商品的消费者价格指数有200多种（例如，苹果、飞机票、男士衬衫、汽油），这些指数组合在一起变成120多种覆盖范围更广的指数（例如，食品和饮料、住房、医疗保健、能源、男性服装），这些又相应地被合并成九个主要的类别（食品和饮料、住房、衣着、交通、医疗保健、娱乐、教育、通信以及其他商品和服务）。而且也还有更宽泛的种类，如耐用品、非耐用品和全部产品。

此外，对主要的大城市区域，如加州的洛杉矶—河滨—橘子郡或东北部城镇人口普查地区，都有分开计算的CPI。针对城镇工资收入者和文职人员（约占城镇总人口的32%）这类范围更窄的人群，这一CPI序列被称为CPI-W。劳工统计局正在尝试用一种特殊的CPI，该CPI使用的是适合老年人购买的消费束。名目繁多的CPI中，有许多以季度调整和非季度调整的形式对外发布（见"指南"，G.1.3）。当前，CPI的参照期被确定为1982—1984年间的某个时期，因此1982—1984年的平均值是100。

CPI是公布最及时和引用频率最高的价格衡量方法。GDP价格平减指数每季度公布一次且频繁被修订，与之不同的是，CPI每月公布一次，而且一旦公布就不会改变，即使劳工统计局经常对计算新数据的方法作出改进。新闻媒体的报告中最常引用的是有关CPI-U的月度通货膨胀率。月度CPI通货膨胀具有高度的不稳定性（见图4—1）。一个月快速增长，下一个月增长又放慢很多，这是很普遍的现象。一般而言，观察CPI通货膨胀的年率水平更安全一些。

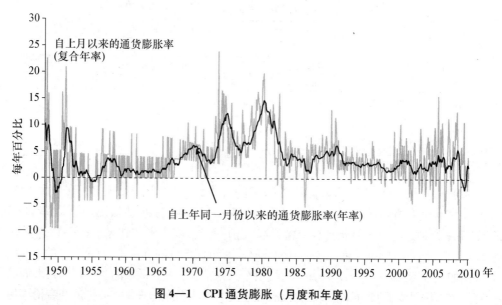

图4—1 CPI通货膨胀（月度和年度）

资料来源：劳工统计局。

所有价格指数中 CPI 的引用最为广泛。它之所以特别重要，是因为它用于对生活成本进行调整，包括那些为社会保障接受者作出的调整。由于高估潜在的通货膨胀率，CPI 长期以来一直受到批评。20 世纪 90 年代中期，美国国会委托相关机构对 CPI 进行了研究。以经济学家迈克尔·博斯金（斯坦福大学）领衔的委员会提出了 CPI 估计中多个偏误的来源。

除了 4.1 节中讨论的替代偏误、质量变化偏误和新产品偏误之外，该委员会又识别出两种其他偏误：直销一替代偏误，导致这一偏误产生的原因是劳工统计局没有考虑到消费者在购买相同商品时会选择更廉价的商品直销店，例如，沃尔玛超市。公式偏误的产生是因为一些劳工统计局的公式中存在技术问题，该问题影响 CPI 数据的历史记录，尽管 CPI 在公布时已经被纠正。博斯金委员会估计总偏误平均达到 1.1 个百分点（不包括 1996 年以前公式偏误的 0.2 个百分点）。委员会对劳工统计局的计算程序提出了许多修改，包括放弃拉斯贝尔指数公式，支持一种所谓的最佳指数。尽管最佳指数依赖几何加权平均而不是算术平均来构造它的根指数，但它在实质上与费雪理想指数很相似。

自博斯金发布 CPI 偏误报告以来，劳工统计局引进了博斯金委员会关于处理新产品偏误、质量变化偏误和直销店偏误的许多建议。CPI 基本上还是拉斯贝尔指数。它不是由单个价格构建而成，而是由狭义定义的一组日用品的价格指数构建而成。其中有些成分就是现在的最佳指数，而其余成分仍然是拉斯贝尔指数。2002 年，劳工统计局也开始发布 C-CPI-U，它是依据最佳公式计算的链式 CPI 指数。与 CPI-U 不同，C-CPI-U 经常进行修订。

□ 4.2.2 个人消费支出平减指数

PCE 平减指数（有时称为 PCE 价格指数或 PCEPI）在国民账户中与 CPI 最为相似。事实上，PCE 平减指数和 CPI 使用许多相同的调查作为原始材料。然而它们也有很多不同之处。第一，PCE 平减指数采取生产者视角。它试图捕捉国内私人部门所生产的消费品的价格，而不是被消费者实际所购买的商品价格。除此以外，它还不包括国外生产的商品。第二，它是一个链式加权指数，而不是一个拉斯贝尔指数。第三，它与国民账户一样经常被修改。相比之下，如前所述，CPI 一旦公布，基本上就不作任何修改。最后，PCE 平减指数是一个季度序列而不是一个月度序列。表 4—4 总结了 PCE 平减指数和 CPI 之间的主要区别。图 4—2 比较了由这两种指数以及 GDP 平减指数所衡量的年通货膨胀率。

表 4—4   CPI 和 PCE 平减指数差异总结

类别	差异
公式	CPI 使用一个固定权数的拉斯贝尔公式，其权数由基年支出决定。 PCE 平减指数使用一个链式加权费雪理想公式。
范围	PCE 平减指数范围更广一些。 CPI 包括城镇消费者费用自付的支出［CPI-U］。 PCE 平减指数也包括农村消费者、服务消费者的非营利性机构支出、由政府和雇主提供资金的医疗保健和保险以及估算的金融服务支出。
权数	权数差异反映的是如下方面的差异：范围、项目定义和支出数据来源。

续前表

类别	差异
价格	尽管 PCE 平减指数中大多数细化项目的价格是 CPI 指数，但是 PCE 平减指数依赖于未包括在 CPI 中的项目的非 CPI 价格信息，也依赖于 CPI 与 PCE 平减指数中涵盖范围显著不同的项目的非 CPI 价格信息。
修改的处理	CPI 基本上从不修改，而 PCE 平减指数持续不断地修改。

资料来源：Adapted from Todd E. Clark, "A Comparison of the CPI and the PCE Price Index," *Federal Reserve Bank of Kansas City Economic Review*, vol. 84, no. 3 (3rd quarter), 1999, table 1, p. 21。

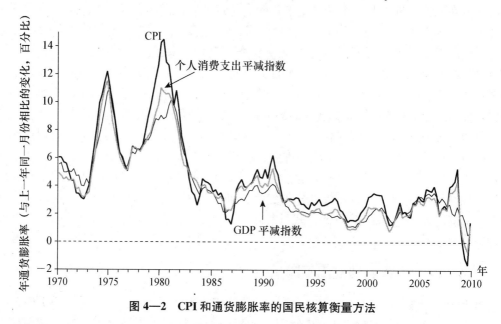

图 4—2　CPI 和通货膨胀率的国民核算衡量方法

资料来源：CPI，劳工统计局；PCE 和 GDP 平减指数，美国经济分析局。

□ 4.2.3　生产者价格指数（PPI）

PPI 是美国第二个最广泛引用的价格指数。它是美国最古老的价格指数，且它的计算没有中断过。1902 年首次由劳工统计局发布时，PPI 使用的名称是批发价格指数。与 CPI 一样，PPI 不是一个单一指数，而是一族指数，旨在捕捉制造商和其他生产者出售它们的产出时的价格。按时发布的 PPI 指数涉及 500 多个行业中的 10 000 多种制造业和采矿业产品的价格。除此之外，还有服务部门 1 000 多种产出的价格指数，以及按照产品类型和最终用途分组的 3 200 种指数。

生产者价格指数也按照加工阶段分组发布。回顾一下第 3 章中的图 3—1，它表示的是飞碟从原油到最终零售产品的生产和销售。飞碟生产的不同阶段正好与用于计算 PPI 的三个加工阶段相对应。矿井中的原油是用于深加工的原材料的一种，其他原材料种类还包括谷物、牲畜、金属矿、原棉以及建筑用沙和碎石。飞碟生产过程中所使用的塑料属于中间材料、物料和生产构件。这一类别也包括诸如面粉、棉纱、木材、柴油、纸箱、计算机芯片和化肥等产品。完工后准备批发销售的飞碟属于产成品。PPI 中记录的价格是被制造商接受的价格，而不是被零售商接受的价格，所以，飞碟生产和销售的最后阶段——售予消费者——的价格是由 CPI，而不是由 PPI 记录的。产成品的 PPI 在

PPI 指数中报道最为广泛。PPI 按月发布。目前，PPI 的基期被确定为 1982 年，所以，1982 年的平均值是 100。

PPI 的绝大部分涉及的是中间产品而不是最终产品，中间产品不是 GDP 的一部分。但也存在一些例外：偶尔，被直接消费的未加工产品以及被视为最终产品的资本品也属于 GDP 的一部分。PPI 的构建涉及产品的各个加工阶段，主要基于这样一种思想：产品是沿着从原材料到最终产品这一链条向前发展的。不过，世界当然复杂得多。一些商品（比如说，从农场购买的西红柿）可以跳过所有的中间阶段从未加工产品直接就转到最终消费品阶段。中间产品或最终产品，例如，箱子或资本设备，可能是其他中间产品或未加工产品生产中的投入品。如果不考虑这些复杂情况，加工阶段结构就意味着，当一个阶段的产出品变成后一阶段的投入品，价格也从一个阶段传递到下一个阶段。

人们对产成品 PPI 的定期发布感兴趣，主要原因是他们将 PPI 视为 CPI 变化的先兆。然而，两者之间的联系并不清晰。产成品的 PPI 不包括服务或进口品，但包括资本设备；CPI 包括服务和进口品，但不包括资本设备。图 4—3 显示的是利用 CPI-U 和产成品的 PPI 衡量的通货膨胀率之间的关系。PPI 通货膨胀比 CPI 通货膨胀的波动性稍大。除此而外，它们的变化趋势非常相似。

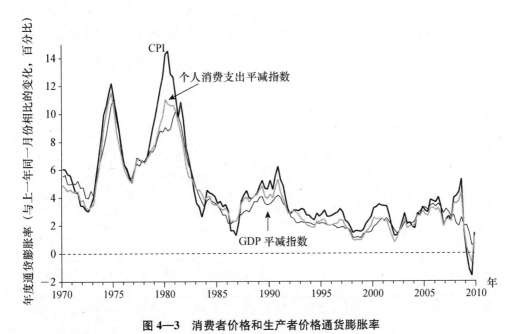

图 4—3　消费者价格和生产者价格通货膨胀率

注：年度通货膨胀率：基于上一年相同月份的年化增长率。

资料来源：劳工统计局。

4.3　核心通货膨胀

□ 4.3.1　核心通货膨胀率

按年计算的 CPI 或 PPI 的月度通货膨胀率显现出高度的易变性，这说明我们使用真正的年度通货膨胀率（当期通货膨胀率相对于 12 个月前通货膨胀率）来衡量通货膨胀可能更理想。但是，即使年度通货膨胀率也可能会产生误导性，因为价格指数中某些商品的价格变化更大，不仅月月不同，而且年年变化。食品和能源的价格尤其多变。1973年后的 10 年间石油价格急剧上涨，但在 20 世纪 80 年代中期暴跌，到 2008 年油价又达到创纪录的高水平。食品价格随着气候条件（美国中西部的水灾导致谷物和谷物喂养的牛的价格上涨；加利福尼亚州的干旱导致蔬菜的价格上涨）和国际需求（俄罗斯农作物丰收会导致美国小麦价格下降）的变化而发生显著变化。食品和能源价格在 CPI 中的权数很大，但它们的价格变化可能与其他价格的变化方式不同，对未来的价格趋势可能传递不出有用的信息。在通货膨胀率的计算中，政策制定者常常希望从 CPI 或 PPI 中扣除食品和能源价格。这种通货膨胀率被称为**核心通货膨胀率**，这些指数或许能更好地指示价格的一般变化方向。

图 4—4 中灰色线表示的是年度 CPI 通货膨胀率，而黑色粗线显示了年核心 CPI 通货膨胀率。核心 CPI 通货膨胀明显比 CPI 通货膨胀平滑得多。当这两条线发生偏离时，食品和能源的价格相对于其他产品的价格必定发生了变化。如果这种偏离是持久性的，关注核心通货膨胀的政策制定者将不会注意到消费者潜在生活成本方面的巨大变化，而且在一定时间内会对价格变化的一般路径产生错误印象。但是图 4—4 表明，虽然这种偏离经常持续几年，但是在长时期内核心通货膨胀与 CPI 总体还是呈现出相似的变化趋势。

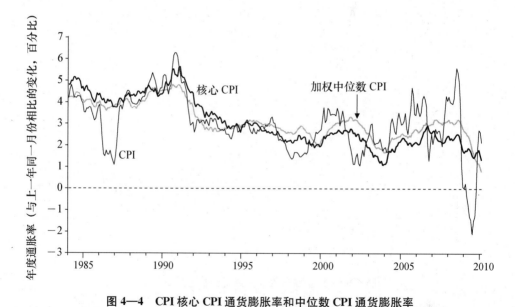

图 4—4　CPI 核心 CPI 通货膨胀率和中位数 CPI 通货膨胀率

注：年度通货膨胀率：基于上一年相同月份的年化增长。
资料来源：CPI 和核心 CPI，劳工统计局；加权中位数 CPI，克利夫兰联邦储备银行。

从核心通货膨胀中排除食品和能源价格并不是说它们不是真正的通货膨胀的构成因素，理解这一点很重要。当石油价格上涨时，消费者支付在汽油和家庭取暖用燃油上的费用上涨，从而导致生活成本上升——这种上升有时给公众带来烦恼。就某些目的（比如调整养老金）来说，这种上升具有重要影响。但是货币和财政政策旨在稳定一般价格水平的总通货膨胀率，它们不可能关注某一种商品的价格。如果能源或食品价格中的这

应用中级宏观经济学

种大幅波动几乎总是逆转，那么它们代表的是相对于一般价格水平趋势的价格变化，而几乎没有传递关于趋势本身的信息。

□ 4.3.2 加权中位数 CPI

由于食品生产与世界范围内变化无常的气候条件有关，食品价格的易变性似乎有可能是经济的一个持久性特征。但能源价格也一定如此吗？在过去 40 年左右的时间中，油价的波动大部分是由主要石油出口国极其不稳定的政治关系导致的。这一点有可能继续存在，也可能不会。有理由相信其他价格也会显示出与此相似的易变性特征。一般规则就是，在试图判断价格变动的集中趋势时，价格变化程度较大的应该给予较小的权数。有时这可能意味着对能源价格变化进行折扣，但有时可能也意味着对其他类型产品价格变化进行折扣。

在克利夫兰联邦储备银行工作的两位经济学家迈克尔·布莱恩和史蒂芬·切凯蒂设计出了一种 CPI 衡量方法，该方法被称为**加权中位数 CPI**。加权中位数 CPI 对所有波动大的价格变化进行折扣，而没有机械地假定这些就一定是食品和能源的价格。为了构造加权中位数 CPI，他们计算构成 CPI 的一篮子商品中每一种商品价格变化的百分比，然后找到将这些价格变化百分比分成两个不同组的那个百分比值*，以使得高于和低于这个值的百分比变化数量同样多。能源价格或其他任何价格的一个异乎寻常的大幅增长将根本不会改变中位数 CPI，除非它从低于中位数的那一组跳到高于中位数的那一组。即使这种情况出现，由于它只是那一组中许多价格中的一个，因此不会使中位数有多大改变。只有大多数的价格出现增长时，中位数才有可能出现明显上升。

图 4—4 中的灰色线描绘了加权中位数 CPI。CPI-U、核心 CPI 和加权中位数 CPI 彼此吻合度相当好。20 世纪 70 年代、80 年代早期以及 21 世纪初石油价格的大幅抬高以及 1986 年油价暴跌期间，由核心 CPI 和中位数 CPI 序列衡量的通货膨胀率与由 CPI-U 衡量的通货膨胀率相比较而言，两者存在显著的偏离。中位数通货膨胀率有时比核心通货膨胀率快，有时比它慢，这说明食品和能源价格并不总是最易变的价格。

本章小结

1. 对于计算真实量、估计通货膨胀和进行生活费用调整而言，价格指数很重要。

2. 价格指数将大量个别价格信息抽象为单一数字。要做到这一点有许多合理的方法，因此也就有许多合理的价格指数。

3. 最普遍的价格指数是拉斯贝尔（基期加权综合）指数。它使用基期的支出份额来塑造价格变化的一个加权算术平均。

4. 拉斯贝尔指数难以避免替代偏误，因为人们通常会减少价格上升相对较快的商品的支出。拉氏指数也无法避免新产品偏误和质量变化偏误的困扰，因为基期支出份额不能反映在基期内无法获得的产品或新款商品。

5. 帕舍（报告期加权综合）指数使用报告期（现期）支出份额来构建价格变化的一个加权平均。

---

* 即中位数。——译者注

虽然它减轻了拉斯贝尔指数的偏误，但也无法避免质量偏误的困扰，当人们为了规避价格上涨而以低档商品取而代之时，帕氏指数对于这种质量损失赋予了较低的权数。

6. 费雪理想指数是拉斯贝尔指数和帕舍指数的几何平均。它的目的是在这两个相互冲突的偏误之间进行折中。

7. 在实践中，费雪理想指数是作为链式加权指数来起作用的，在链式加权指数中，拉斯贝尔基期和帕舍指数的基期两者之间相隔一个时期，在每一个新时期都属于预先指数。

8. 真实 GDP 的估计源于名义 GDP，名义 GDP 的每一组成部分被一个适当的链式加权指数加以平减。名义 GDP 与真实 GDP 的比率表示为一个被称作 GDP 隐含价格平减指数的价格指数。它衡量的是估计真实 GDP 的所有指数的净影响。

9. 消费者价格指数（CPI）是最广泛引用的价格指数。它本质上是衡量普通消费者生活成本的一种拉斯贝尔指数。CPI 在经济上之所以很重要，是因为许多生活成本的调整，包括对社会保障支付的调整，都以它为基础。

10. 个人消费支出（PCE）平减指数是 GDP 中消费这一组成部分的隐含价格缩减指数。它和 CPI 使用的原始信息大部分相同，但它是一个链式加权指数。

11. 生产者价格指数（PPI）是美国最古老的价格指数。它衡量的是许多大宗商品的价格以及从生产者立场衡量的不同加工阶段的价格。

12. 核心通货膨胀率指的是 CPI 或 PPI 通货膨胀，它不考虑食品和能源价格。这些价格在一定时间内趋向于和其他价格保持一致，但是它们经常出现异常变化，以致从它们的逐月变化中很少能获得关于一般价格变动的信息。

▇ 关键概念

价格指数	一般价格水平	基期
价格因子	参照期	拉斯贝尔（基期加权综合）指数
替代偏误	新产品偏误	帕舍（报告期加权综合）指数
质量变化偏误	费雪理想指数	链式加权指数
隐含价格平减指数	生活成本指数	核心通货膨胀率

▇ 延伸阅读建议

Joseph Persky, "Retrospective: Price Indices and General Exchange Values," *Journal of Economic Perspectives*, vol. 12, no. 1 (Winter 1998), pp. 197-205

Todd E. Clark, "A Comparison of the CPI and the PCE Price Index," *Federal Reserve Bank of Kansas City Economic Review*, vol. 84, no. 3 (3rd quarter), 1999, pp. 15-29

Michael J. Boskin, et al., *Toward a More Accurate Measure of the Cost of Living*, Final Report to Senate Finance Committee from Advisory Commission to Study the Consumer Price Index, 4 December 1996

Brian Motley, "Bias in the CPI: 'Roughly Right or Precisely Wrong,'" *Federal Reserve Bank of San Francisco Economic Letter*, 97-12, 23 May 1997

Bureau of Labor Statistics, *BLS Handbook of Methods*, chapter 14 ("Producer Prices") and chap-

应用中级宏观经济学

课后练习

这些练习的数据可从教材网站（appliedmacroeconomics.com）第 4 章的链接中获得。在开始做这些练习之前，学生应该复习"指南"的相关部分，包括 G.1～G.4、G.6 和 G.8～G.11。

问题 4.1 下列信息描述了"警察经济"，"警察经济"中仅有的两种最终产品是咖啡和炸面圈。

年度	咖啡		炸面圈	
	数量（杯）	价格（美元）	数量（个）	价格（美元）
2010	20	0.75	20	0.50
2011	30	1.00	18	0.75

（1）以 2010 年为参考年（$p_{2010}=100$），计算每一年的拉斯贝尔、帕舍和费雪理想指数。

（2）利用链式加权指数用 2010 年不变美元价格计算每一年的真实 GDP。

（3）利用链式加权指数用 2011 年不变美元价格计算每一年的真实 GDP。

问题 4.2 考虑一个完全用下列产品和价格描述的经济。

年度		酒（瓶）	旅馆住宿（夜）	光碟（盘）
2009	价格（美元）	5	100	12
	数量	50	5	10
2010	价格（美元）	6	110	15
	数量	48	6	7
2011	价格（美元）	7	120	16
	数量	45	7	6

（1）在每一例中以 2009 年为参考年（$p_{2009}=100$），计算每一年的拉斯贝尔（基期加权综合）和帕舍（报告期加权综合）指数。

（2）对于每一指数，计算 2009—2010 年之间以及 2010—2011 年之间的通货膨胀率。计算 2009—2011 年之间的平均通货膨胀率（以复合年度通货膨胀率表示）。如果这个增长率持续不变，价格增长四倍大约需要多长时间？

（3）利用每一指数，以 2009 年不变美元价格计算 2009—2011 年之间每一年的真实 GDP 和真实 GDP 的平均增长率（复合年度增长率）。

（4）参考（1）～（3）中的计算，解释两种指数之间的区别。

（5）计算每一年的链式加权指数并用它来计算真实 GDP。解释这些计算和（1）～（3）中计算的联系。

问题 4.3 对于表 4—1 中的沙发土豆经济：

（1）利用 2010 年为基年（也就是利用 2010 年的支出份额）来计算衡量 2010—2012 年之间价格增长幅度的价格因子。

（2）利用价格因子来计算以 2012 年为参考的 2010 年价格指数和以 2010 年为参考年的 2012 年价格指数。

（3）利用价格指数来计算 2010—2012 年之间以复合年率表示的通货膨胀率。

问题 4.4

（1）详细解释表 4—2 中 2012 年帕舍和链式加权指数是如何计算的。

第 4 章

衡量价格与通货膨胀

103

（2）利用链式加权指数，显示表4—2中以2010年、2011年和2012年不变美元价格表示的2012年真实GDP是如何计算的。

问题4.5 （这个问题利用第3章和第4章中的思想。）阿尔巴尼亚拥有丰富的水和芦苇，水和芦苇都是免费的产品。这个国家生产只能用于制造砖的泥。砖在砖窑中烧制并且每一批砖泥的10%必须用于保持砖窑处于良好状态。阿尔巴尼亚人也生产有趣的芦苇帽。下面是阿尔巴尼亚年度产量数字和价格。先假定阿尔巴尼亚是一个完全封闭的、由阿尔巴尼亚人完全拥有的经济体。

年度		泥（吨）	砖块（数量）	帽子（数量）
2010	数量	100	100 000	5 000
	每单位价格（美元）	810	1.00	20
2011	数量	95	95 000	5 300
	每单位价格（美元）	891	1.10	21

（1）计算每一年的下列项目：名义GDP，拉斯贝尔（基期加权综合指数）、帕舍（报告期加权综合指数）和链式加权指数，并利用链式加权指数计算真实GDP。（对于所有的价格指数，以2010年为参考年（$p_{2010}=100$））。

（2）解释国内生产总值和国民净产值之间的区别。以每一年的当期价格计算阿尔巴尼亚的国民净产值。

（3）假定所有其他项目与前表中相同，除了阿尔巴尼亚与意大利开放贸易外。如果阿尔巴尼亚的砖泥生产加倍，并出口全部的额外量，以0.50美元/块瓦片的价格交换100 000块意大利瓦片，2011年名义GDP和净出口将会发生什么变化？

（4）假定所有其他项目与前表中相同，除了一个美国公司在2011年购买了阿尔巴尼亚半个芦苇帽制造产业外。如果利润率是销售额的10%，2010年和2011年国民生产总值是多少？

问题4.6 下表给出了真实支出份额和CPI的广泛组成部分的价格指数。

	2002年支出份额（百分比）	2002年价格指数（1982—1984＝100）	2010年支出份额（百分比）	2002年价格指数（1982—1984＝100）
食品与饮料	15.583	177.8	15.384	184.1
住房	40.854	181.1	42.089	185.1
服装	4.220	121.5	3.975	119.0
交通	17.293	154.2	16.881	154.7
医疗	5.961	291.3	6.074	302.1
娱乐[a]	5.943	106.5	5.872	107.7
教育和通信[a]	5.798	109.3	5.948	110.9
其他商品和服务	4.350	295.6	3.776	300.2

a. 对于这些指数，1997年＝100。

（1）以2002年为基年和参考年，计算2010年的拉斯贝尔指数。

（2）如果以1982—1984年为参考期（$p_{67}=100$），2002年CPI值是180.9，以你对（1）的回答为基础，2010年它的CPI值是多少？

（3）以1967年为参考年（$p_{82-84}=100$）的CPI也被公布了。如果1967年是参考年，2002年CPI值是541.9，以你对（1）的回答为基础，2010年的CPI值是多少？

（4）计算2010年帕舍和费雪理想指数（以2002年为参考年）。你的回答证实了4.1节中讨论的模式吗？如果不是，它们如何区别？什么可能解释这些区别？

问题4.7 解释拉斯贝尔、帕舍和链式加权指数的优缺点。

问题 4.8　这是过去几年一些产品的真实价格，记录时间是在标明年份的 11 月：（ⅰ）男士运动上衣，1960 年 22.85 美元；（ⅱ）咖啡（2 磅），1965 年 1.09 美元；（ⅲ）福特轿车（银河系），1972 年 3 939 美元；（ⅳ）躺椅，1981 年 299 美元；洗衣机，1988 年 349 美元。利用 CPI-U 为价格指数，它们的价格以 2011 年 11 月不变美元价格表示是多少？

问题 4.9　这是 1998 年第三季度一些产品的真实价格：（ⅰ）真空吸尘器，169 美元；（ⅱ）10 件装炊具套，299.99 美元；（ⅲ）男士运动衬衫，24.99 美元；（ⅳ）24 寸电视，219.99 美元；（ⅴ）个人电脑，604.00 美元。利用 GDP 价格平减指数，它们的价格以 1980 年第四季度和 1948 年第一季度不变美元价格表示是多少？

问题 4.10　这是以 1992 年不变美元价格标明的一些过去产品的真实价格（利用 CPI-U）：（ⅰ）单间卧室公寓（加利福尼亚州萨克拉门托），1960 年 906 美元；（ⅱ）男士领带，1965 年 8.90 美元；（ⅲ）躺椅，1972 年 300.51 美元；（ⅳ）咖啡（2 磅），1981 年 4.53 美元；（ⅴ）福特轿车（银河系），1988 年 11 809 美元。它们的价格在销售的年份是多少？

问题 4.11

（1）计算图 4—4 中公布的年度 CPI 率和年度核心 CPI 通货膨胀率之间的差异。视觉上，哪一个更多变？计算并公布该差异的均值、方差和标准差。

（2）利用计算的标准差，我们可以得到这一观点：CPI 通货膨胀对于政策制定者可能会有很大的误导性。回忆"指南"，G.6，如果数据被正常分配，那么，62％的时期数据将高于或低于均值半个多标准差；32％的时期多于一个标准差；5％的时期多于两个标准差。计算在 62％、32％和 5％参考点上（也就是通货膨胀的多少百分点对应 0.5、1 和 2 个标准差？），CPI 和核心 CPI 之间差异的大小（用百分点表示）。你判断相对于核心 CPI 通货膨胀，CPI 通货膨胀对于政策制定者具有很大误导性还是不具有很大误导性？为什么？

问题 4.12　由加工阶段来分类生产者价格的想法是：原始价格传递到中间价格，中间价格反过来传递到最终生产者价格。利用你认为合适的图表或计算比较这三个加工阶段的 PPI。哪一加工阶段价格更多变？存在某一加工阶段的价格比其他阶段增长更快或更慢的任何长期趋势吗？存在前期阶段价格预测后期阶段价格的任何证据吗？

第三篇

趋势与周期

第 5 章

趋势与周期

前面三章集中讨论了重要的国民会计衡量变量：GDP 和价格。尽管这些是宏观经济学分析的核心部分，但是衡量经济的方法有成千上万种——大部分都与 GDP 及其组成部分有这样或那样的联系。在这一章，我们一开始从一个更广阔的范围审视经济，将我们的注意力转移到如下问题上来：GDP 和其他各种各样的经济变量是如何随着时间的变化而变化的？我们着手将它们的活动分为长期趋势和短期周期。那么我们要问：不同变量的周期是否与整个经济系统的经济周期紧密相连？经济周期具有什么样的特性？

5.1 时间序列分解

回顾一下图 2—10 或图 2—12，每个图都显示了美国真实 GDP 在 60 年里的轨迹。这些图具有两个突出特点。第一，美国 GDP 以上升趋势为主；第二，这一上升运动是不稳定的：它常常表现出起伏，至多也不过是略有规律的起伏。在描述经济的成千上万个经济时间序列中，很大一部分有类似的表现。这里举三个列子：图 5—1 表示的是个人可支配收入（个人收入减去转移支付）、工业生产和就业这三个方面的时间序列。每一个都与 GDP 类似，每一个都围绕一个主导上升趋势呈现出某种波动模式。

经济学家常常发现，将被称为趋势的主导路径从被称之为周期的波动中区分开来非常有用，因为解释这两个方面的因素不同。本书后面的大部分章节旨在解释趋势（尤其是第 9、第 10 章）或周期（尤其是第 13、第 15 章）。

图 5—2 的上面部分表示的是一个经济时间序列的程式化描述：围绕一个平滑的指数趋势呈现一个有规律的波动。这个时间序列可以分解为两步：首先，对这个趋势进行估计；其次，将波动表达为对趋势的偏离。图 5—2 下面部分表示的是周期，目前以时间序列与它的趋势之间的差来衡量，并以趋势的百分比表示。

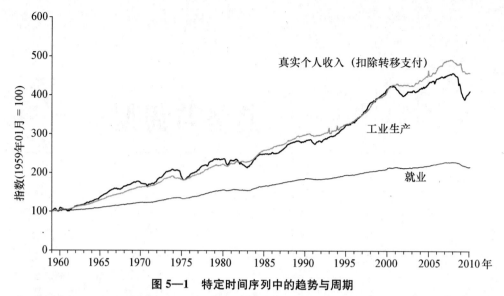

图5—1　特定时间序列中的趋势与周期

注：如同真实 GDP 一样，很多经济时间序列表现出围绕潜在上升路径（趋势）出现某种波动（周期）的模式。

资料来源：真实个人收入数据来自美国劳工统计局；就业数据来自国家经济事务局；工业生产数据来自联邦储备委员会 *。

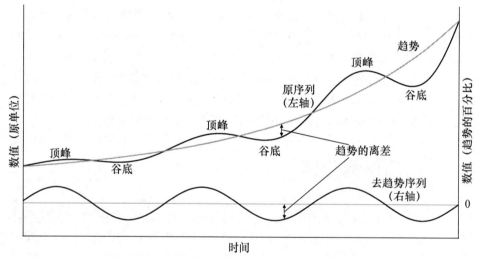

图5—2　程式化的经济时间序列中的趋势与周期

注：去趋势序列是趋势与原来序列之间的差，由趋势的百分比表示。去趋势序列的顶峰和谷底被稍微左移了（即顶峰和谷底出现的时间比原来的时间序列要早一点）。

　　将周期用趋势的百分比来表示具有一定意义：当一个经济变量的平均值较小时，虽然它的波动可能确实要小一些，但是也没有理由认为，这些波动就一定会小于该经济变量的平均值的波动。

　　如同我们在第 2 章中所见到的，有时使用对数图来显示经济时间序列比较方便。图5—3 使用对数刻度展示了与图5—2 同样的信息。指数趋势用一条直线表示。图5—3 的下部分显示的是 log（时间序列）减去 log（趋势）的差。由于这两个对数之间的差为

应用中级宏观经济学

一个比率，就像是两个百分比的差异一样，所以定性地说，图5—3下半部分与图5—2下半部分是一回事。如果我们将它乘以100，它也可以用百分点来表示（见"指南"G.11，关于对数和对数图）。将任何时间序列分解成趋势和周期的关键在于识别趋势。（"指南"，G.12讨论了一些估算趋势的有用方法。）

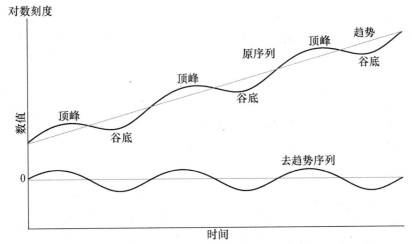

图5—3　使用对数图描述的程式化经济时间序列中的趋势与周期

注：去趋势序列是趋势与原来序列的差。由于这两个对数之间的差为一个比率，去趋势序列可以解释为原来趋势序列的百分比。原来序列的顶峰和谷底也是去趋势序列的顶峰和谷底。

在用来表示原时间序列或对数的图中，处于高点的叫周期的顶峰，位于谷底的叫周期的谷底。一个完整的周期可以用峰—峰来衡量，或用谷—谷来衡量。趋势增长有时也叫作长期变化（或增长），以将其与周期性波动区别开来。

当然，图5—2和图5—3只是程式化的描述。图5—4的上半部分表示的是20世纪70年代的真实GDP及其趋势，其下半部分表示的是偏离趋势的百分比。比较图5—2与图5—4可以看出，实际数据的图形并不像程式化的图形那样有规律，但总体上是相似的。

图5—4　真实GDP：1970—1980年期间的趋势与周期

资料来源：美国经济分析局。

▋5.2 经济周期

□ 5.2.1 经济周期术语

仔细观察图 5—1 可以发现，图中几个时间序列的起伏波动是紧密相关的。当数据被去趋势时（见图 5—5），这个起伏模式表现得更清楚。这不是巧合。大量经济时间序列的周期性模式是紧密联系的。经济活动的很多表现倾向于朝着一致的方向变化，这表明存在共同的推动力，同时也表明，我们不能只考虑个别经济表现的趋势和周期，而应该考虑整体经济的趋势和周期。一个合理的定义是：

经济周期是经济状态中具有大体一致的周期性的交替更迭，且经济的不同表现之间存在大体的一致性。①

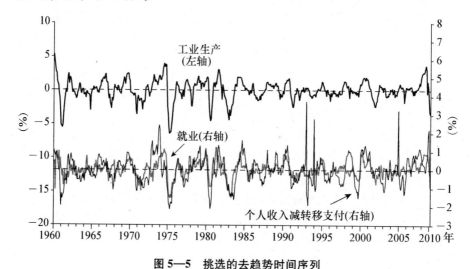

图 5—5　挑选的去趋势时间序列

资料来源：真实个人收入数据来自劳工统计局；就业数据来自美国经济分析局；工业生产数据来自联邦储备委员会。

在这个定义中，"大体的一致性"反映了不同经济时间序列以紧密相关的模式上升或下降的倾向。说经济大范围的起伏涨落具有"大略的一致性"，就是承认如下这一事实：虽然它们之间的间隔并不相等，但是经济起伏的模式看来并非完全随机的行为：在过去的 150 年里，经济周期平均持续 4～5 年，最短的不到两年，最长的为 10 年。

就像特定时间序列里的周期一样，我们通过顶峰和谷底来识别经济周期（见图 5—6）。经济周期的描述具有一套特定术语。重要术语包括：

衰退（也叫萧条或紧缩）：周期性顶峰和周期性谷底之间的时期，此时经济活动处于下行阶段。

---

① 人们偶尔使用经济周期的另一个较早的称呼：贸易周期。

应用中级宏观经济学

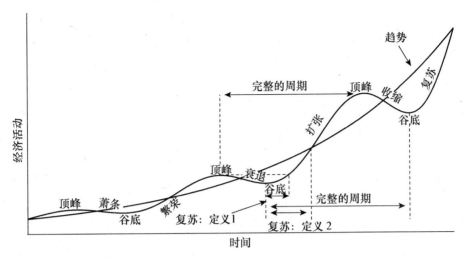

图5—6　程式化的经济时间序列

注：从顶峰到谷底的这一时期是衰退（也叫萧条或紧缩）。从谷底到顶峰的这个时期叫扩张（也叫繁荣或复苏）。复苏有时只用来表示上升阶段的一部分，表达下面这两个意思中的一个：（1）从谷底到前一个顶峰水平的这段时期；或（2）从谷底到趋势水平的这段时期。一个（完整的）周期是从一个谷底到下一个谷底的这段时期，或从一个顶峰到下一个顶峰的这段时期。

扩张（也叫繁荣或复苏）：周期性谷底到周期性顶峰之间的时期，这时经济活动处于上升之中。"复苏"这个词有时特指从谷底到经济活动刚好恢复到前一个顶峰水平的那段时期，或从谷底到经济重新回到趋势水平所经历的那段时期。

萧条：一种特别严重的衰退。"萧条"原本是"衰退"的同义词，实际上是其委婉用语。不幸的是，它与美国和世界经济史上最大的衰退联系在一起：1929—1933年的大萧条，在这次萧条中真实GDP下降了27%，失业率从顶峰时期的3%多一点上升到谷底时期的近25%[①]。"萧条"这个词现在主要专指在规模和持续时间上特别严重的经济衰退。19世纪有几次经济收缩被视为萧条，但大萧条是20世纪唯一的例子。

增长性衰退：比趋势增长慢的时期，一般持续一年或更长时间。在增长性衰退中，产出继续增加，但增长缓慢，以至于经济的其他方面——特别是就业——可能会停滞或下降。一次增长性衰退可能是一次真正衰退的先兆。

（完整的）周期：从一个顶峰到下一个顶峰、或从一个谷底到下一个谷底之间的时期。

□ 5.2.2　确定经济周期的时间

确定经济周期的时间这个问题，其实就是确定经济在什么时候到达顶峰、什么时候到达谷底。由于"经济状况"这个概念非常模糊，没有独特的方法来识别经济周期。

一个普遍的拇指法则就是将衰退定义为真实GDP连续两个季度的负增长。这样一来，顶峰就是GDP开始下降的前一个季度，谷底就是经济开始再度增长的前一个季度。

国民经济研究局（NBER），作为一个私人的非营利性组织，尽管没有官方地位，

---

① 尽管准确地讲，大萧条的谷底是在1933年3月，但是很多经济史学家将整个20世纪30年代看作萧条期，直到美国1941年底加入二战后经济才真正复苏。

但在美国普遍被视为衰退开始与结束的仲裁者。NBER公开表明不接受两个季度法则。根据NBER，一次衰退就是：

> 经济活动的一次严重下降，它扩散到整个经济，持续几个月或更长，一般表现在真实GDP、真实收入、就业、工业生产以及批发—零售销售量等方面。[1]

不断下降的真实GDP当然是典型的衰退，但是NBER的经济周期测定委员会认为这个测量方法并不充分，因为它的范围较窄，且只以季度来计算。NBER关注的范围更广，并密切关注月度数据，同时也观察季度数据。正式规则是不存在的。NBER的判断是基于很多时间序列变动的总体印象。表5—1呈现的是NBER完整的经济周期时间。

表5—1 NBER的经济周期时间

经济周期参考时间				持续月份数			
				扩张	收缩	周期	
顶峰[a]		谷底[a]		谷底到顶峰	顶峰到谷底	前一谷底到这一谷底	前一顶峰到这一顶峰
		12月（Ⅳ）	1854	—	—	—	—
6月（Ⅱ）	1857	12（Ⅳ）	1858	30	18	48	—
10月（Ⅲ）	1860	6月（Ⅲ）	1861	22	8	30	40
4月（Ⅰ）	1865	12月（Ⅰ）	1867	46	32	78	54
6月（Ⅱ）	1869	12月（Ⅳ）	1870	18	18	36	50
10月（Ⅲ）	1873	3月（Ⅰ）	1879	34	65	99	52
3月（Ⅰ）	1882	5月（Ⅱ）	1885	36	38	74	101
3月（Ⅱ）	1887	4月（Ⅰ）	1888	22	13	35	60
7月（Ⅲ）	1890	5月（Ⅱ）	1891	27	10	37	40
1月（Ⅰ）	1893	6月（Ⅱ）	1894	20	17	37	30
12月（Ⅳ）	1895	6月（Ⅱ）	1897	18	18	36	35
6月（Ⅲ）	1899	12月（Ⅳ）	1900	24	18	42	42
9月（Ⅳ）	1902	8月（Ⅲ）	1904	21	23	44	39
5月（Ⅱ）	1907	6月（Ⅱ）	1908	33	13	46	56
1月（Ⅰ）	1910	1月（Ⅳ）	1912	19	24	43	32
1月（Ⅰ）	1913	12月（Ⅳ）	1914	12	23	35	36
8月（Ⅲ）	1918	3月（Ⅰ）	1919	44	7	51	67
1月（Ⅰ）	1920	7月（Ⅲ）	1921	10	18	28	17
5月（Ⅱ）	1923	7月（Ⅲ）	1924	22	14	36	40
10月（Ⅲ）	1926	11月（Ⅳ）	1927	27	13	40	41
8月（Ⅲ）	1929	3月（Ⅰ）	1933	21	43	64	34
5月（Ⅱ）	1937	6月（Ⅱ）	1938	50	13	63	93
2月（Ⅰ）	1945	10月（Ⅳ）	1945	80	8	88	93
11月（Ⅳ）	1948	10月（Ⅳ）	1949	37	11	48	45
7月（Ⅱ）	1953	5月（Ⅱ）	1954	45	10	55	56
8月（Ⅲ）	1957	4月（Ⅱ）	1958	39	8	47	49
4月（Ⅱ）	1960	2月（Ⅰ）	1961	24	10	34	32

---

[1] 引自NBER的网站（www.nber.org/cycles.html）；2009年12月15日下载。

经济周期参考时间					持续月份数			
					扩张	收缩	周期	
顶峰[a]		谷底[a]			谷底到顶峰	顶峰到谷底	前一谷底到这一谷底	前一顶峰到这一顶峰
12 月（Ⅳ）	1969	11 月（Ⅳ）	1970		106	11	117	116
11 月（Ⅳ）	1973	3 月（Ⅰ）	1975		36	16	52	47
1 月（Ⅰ）	1980	7 月（Ⅲ）	1980		58	6	64	74
7 月（Ⅲ）	1981	11 月（Ⅳ）	1982		12	16	28	18
7 月（Ⅲ）	1990	3 月（Ⅰ）	1991		92	8	100	108
3 月（Ⅰ）	2001	11 月（Ⅳ）	2001		120	8	128	128
12 月（Ⅳ）	2007	7 月（Ⅱ）	2009		73	18	91	81
所有周期的平均								
1854—2009		（33 周期）			39	17	56	57b
1854—1919		（16 个周期）			27	22	48	49c
1919—1945		（6 个周期）			35	18	53	53
1945—2009		（11 个周期）			58	11	69	68

a. 罗马数字表示季度；

b. 32 个周期；

c. 15 个周期。

资料来源：NBER.

NBER 数据的发布有相当长时间的滞后。通常，委员会必须要等着看后面的数据是否会推翻或证实经济方向的改变。因此一般情况下，顶峰和谷底出现半年到一年后，它们出现的时间才会得以宣布。一次衰退的开始还没宣布，这个衰退常常已经临近结束。而公众在获知衰退结束之前，经济扩张已经开始。

1992 年总统大选期间，由于衰退结束的消息未能及时发布，这使比尔·克林顿得以宣称（也有一定道理），当时的美国经济处于二战后最长的衰退期之一——当然，他将此归咎于老布什总统。他的竞选标语是："经济才是重点，笨蛋！"事实上，1990—1991 年的衰退是战后第二个最短的衰退，只持续了 8 个月，在 1991 年 3 月（即大选前 20 个月）就已结束。但是克林顿和他的经济政策支持者们也有道理，因为失业率直到 1992 年 6 月（谷底后 3 个月）才开始下降，直到 1993 年 8 月（经济复苏开始后的两年多）才到达经济周期顶峰的水平（6.8%）。这并非不寻常，失业率的顶峰通常滞后于周期性的谷底。正如我们在第 3 章（3.6.2 节）所看到的，NBER 直到 2003 年 3 月才宣布，经济于 2001 年 11 月到达谷底。2004 年总统大选的筹备阶段，民主党再次（同样也有一定道理）将处于实际衰退中的经济归咎于小布什总统。

5.2.3　典型的经济周期

NBER 的经济周期时间在多大程度上能够捕捉到美国经济的周期性波动？这在很大程度上就是这个问题：它们与有效反映经济总体状况的时间序列的运动吻合得很好吗？经济学家研究了成千上万个经济时间序列，并对它们的周期性行为进行归类。为了试着让人们对作为整体的经济周期有一些感觉，美国商务部创造了**经济指标指数**，类似于价格指数。（从 1995 年起，这些指数由世界大企业联合会这样一个非营利性商业组织编纂。）这三个指数（经济周期的先行指标、同步指标、滞后指标）中的每一个都是几个月度时间序列的加权平均数，而且被表示成 2004 年的平均值等于 100 这一基础上的一个指数。表 5—2 表示的是每个指数的组成序列。在此，我们只考虑同步指标指数——顶峰和谷底应该与经济周期的顶峰和谷底一致的一组时间序列。（我们将在后面的 5.3 节讨论先行指标和滞后指标。）图 5—7 表示的是与 NBER 的周期时间非常吻合的（去趋势）同步指标的顶峰和谷底。

表 5—2   **组成经济周期指标的指数序列**

先行指标指数	同步指标指数	滞后指标指数
1. 制造业周平均工作时间	1. 非农就业人员	1. 平均失业时间[a]
2. 周平均失业保险初次申领[a]	2. 个人收入减去转移支付	2. 库存销售比（制造业与商业）
3. 制造商新订单（消费品和原材料）	3. 工业生产	3. 单位产出劳动力成本的变化
4. 销售商业绩，延迟交货扩散指数	4. 制造业和商业销售额	4. 银行平均优惠利率[b]
5. 制造业新订单（不包括防御设施的资本货物）		5. 商业和工业贷款
6. 建筑许可（新建私人房屋单位）		6. 消费者分期还款信贷与个人收入比
7. 500 种普通股股票价格		7. 服务业消费者价格指数[b]
8. 货币供应量 M2		
9. 十年期国库券利率与联邦基金利率的差额[b]		
10. 消费者预期指数		

a. 反向经济序列，这一因素的负面变化具有积极作用。
b. 变化方式以百分比计算，贡献基于算术变化。
资料来源：世界大企业联合会。

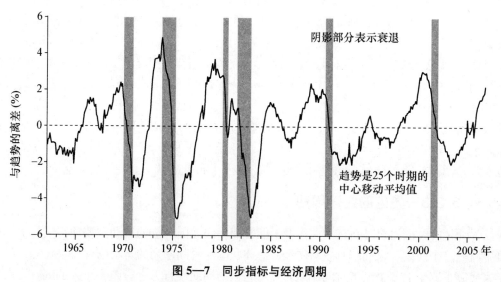

图 5—7   同步指标与经济周期

注：同步指标指数与 NBER 的经济周期时间虽然不是完美一致的，但大致吻合。阴影部分是 NBER 测定的衰退。趋势是一个 25 期的中心移动平均数。
资料来源：世界大企业联合会。

我们如何描述典型经济周期的特征呢？图 5—8 从同步指标与 NBER 测定的周期时间之间的关系的另一个视角提供了一个答案。这个图表的中心为经济周期的顶峰，标为 0。在经济周期的顶峰取 100 这一数值，同步指标指数据此重新进行了调整（见"指南"，G. 8. 1）。该图显示的是顶峰前的 12 个月（−1 到−12）和顶峰后的 36 个月（＋1 到＋36）。垂直线表示的是 NBER 测定的顶峰和谷底。黑线显示的是 1960—2009 年间 8 次衰退的平均值，而灰线表示的是 1990—1991 年衰退的值。（在撰写本章的时候，自 2007 年 12 月开始至 2009 年 6 月结束的衰退还不到 36 个月。如同我们在第 3 章中提到的，2001 年的衰退有一些不同寻常之处。请学生们在问题 5. 13 中作出分析。）平均指数的顶峰正好是 NBER 测定的顶峰。在＋13 个月处，平均指数的谷底与 NBER 测定的 1960—2009（＋12）年间的 8 次衰退的平均谷底非常接近。在 1990—1991 年间，同步指标与 NBER 的周期时间完全吻合。

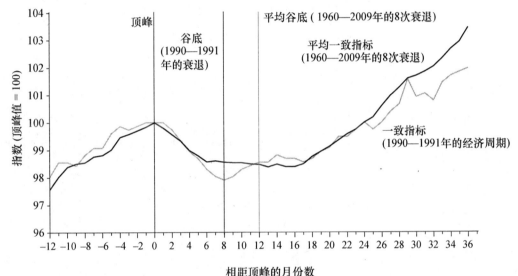

图 5—8　同步指标与经济周期

资料来源：世界大企业联合会。

图 5—9(a) ～ (c) 显示的是图 5—1 已经表示过的三个时间序列的典型周期性行为：个人收入（减去转移）、工业生产以及就业。这些是构成同步经济指标指数的四个因素中的三个。工业生产的模式与同步指标指数的模式极为相似。虽然平均工业生产系列在−3 时到达顶峰，但它与 NBER 所测定的经济周期顶峰几乎是同等水平。同样，在＋9 时的实际谷底比 NBER 的平均谷底提前了 3 个月。这个系列直到＋17 为止几乎都在同一水平上。1990—1991 年期间的数据几乎是一致的。

就平均序列而言，就业模式与同步指标指数的模式类似，但就业方面的主要损失倾向于在衰退的早期出现，从而使得就业只是缓慢地下降到谷底。1990—1991 年的衰退期间的就业模式则有所不同：它的顶峰出现在 NBER 的顶峰之前，在 NBER 的谷底附近变平，并且在 NBER 的谷底后 8～10 个月就开始稳步复苏。正是这一异常模式支持民主党在 1992 年的大选期间声称经济依然处于衰退状态。

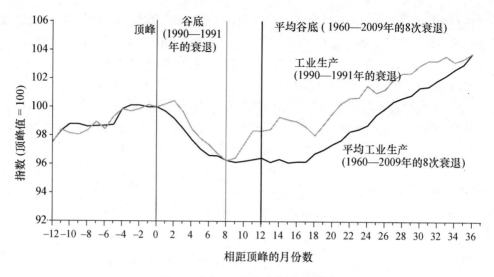

图 5—9(a)　工业生产与经济周期

资料来源：联邦储备委员会。

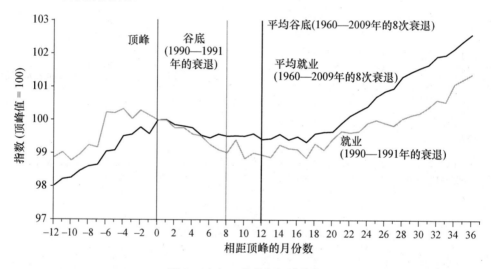

图 5—9(b)　就业与经济周期

资料来源：美国劳工统计局。

个人收入减去转移的模式在顶峰几乎完全吻合，但对平均序列和 1990—1991 年的序列来说，个人收入在 NBER 谷底前就开始复苏了，尽管它在谷底后复苏得更快。

表 5—1 和图 5—7～图 5—9 向我们清楚地展示了近代美国经济周期的历史。至少有两个特点值得提出来：第一，二战后的时期内，平均衰退时间持续 11 个月，而平均扩张时间持续 50 个月。经济周期所呈现出来的远非图 5—2 和图 5—3 的程式化曲线图中那种简单的对称性的正弦曲线，经济周期是非对称性的。过去 50 年中经济增长过程的特点可以概括为这样一种模式：进五步，退一步。

第二，始于 1982 年 12 月的经济扩张是有记录以来的第三个最长扩张，始于 1991 年 4 月的扩张为期最长。介于两者之间的衰退，与 2001 年的衰退一起，并列成为第二

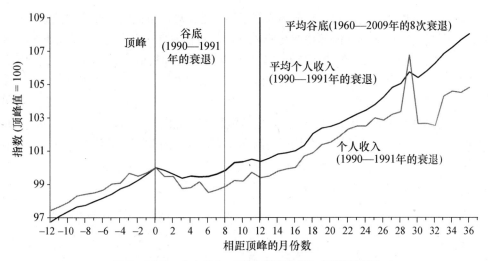

图 5—9(c)　个人收入（减去转移支付）与经济周期

资料来源：美国经济分析局。

个最短衰退。因此，2011 年的代表性大学生经历了美国经济历史上持续增长时间最长的时期，而始于 2007 年 12 月的衰退是大多数学生面临的第一次严重经济低迷。

▮ 5.3　经济周期与经济

□ 5.3.1　什么导致了经济周期？

经济周期在 19 世纪首次被确认为一个规律性现象，从那以后，经济学家们一直就其成因进行激烈辩论，并对经济周期展开适当分析。他们发现，对周期的这两个方面进行区分很有帮助：**刺激机制**和**传播机制**。一个孩子荡秋千时遵循的是周期性的模式，而他的母亲时而推他一下，这就提供了冲力。在这种情况下，周期是由**传播机制**造成的，也就是说，重力和秋千的构造限制了秋千的活动，确保一个向外的运动在到达顶峰后，往反方向运动，并在回摆时到达谷底。经济周期理论的不同之处在于，他们是把重点放在刺激机制上还是传播机制上。

第一类经济周期理论认为，经济中的传播机制就像秋千一样，从本质上讲具有周期性。自然界的很多周期，例如，潮汐、月球和行星的轨迹，是本身固有的。甚至一个复杂的周期运动也主要是由传播机制决定的，例如，吉他琴弦的振动需要时时刺激才能持续发出声音。如果经济具有内在的周期性，那么它肯定是一个极其复杂的周期——比吉他琴弦或潮汐要复杂得多。

第二类经济周期理论认为，经济中的周期主要是刺激机制本身的周期造成的。19 世纪，威廉·斯坦利·杰文斯（1835—1882）认为，太阳活动的变化与太阳黑子相关，导致农业收成的变化，并最终导致经济周期。尽管杰文斯的理论从未被广泛接受，但今天的一些经济学家认为，技术的外生性周期导致了经济周期。其他人相信，是决策者的行为引发了周期性衰退。这一观点的支持者认为，如果美联储并不常常提高利率，而让经济自我调节，经济将经历极少的衰退。

第三类经济周期理论认为，经济周期归根结底是无规律可循的。经济固然是存在起伏变化的，但我们所见到的这种起伏变化模式其实是貌似真实的。想象一下 GDP 趋向于以平均每年 2％的速度增长，但是每年都有好的或坏的完全随机的事件发生——这些事件没有周期性。统计学家将这种模式描述为**带漂移的随机游走***。（这里，漂移为 2％的趋势增长。）这一模式之所以被称为"随机游走"，是因为它就像一个醉汉离开酒馆后行走的路径：由于他的每一步既可能往这个方向，也可能往那个方向，那么关于他下一步之后应该往哪个方向去，一般最佳预测是看他现在站在什么地方。图 5—10 显示的是一个带漂移的随机游走，与真实 GDP 的变化图极相似（例如，图 2—10）。该图中明显的周期模式纯粹是一种偶然，并非描述一个需要理论解释的真实现象。

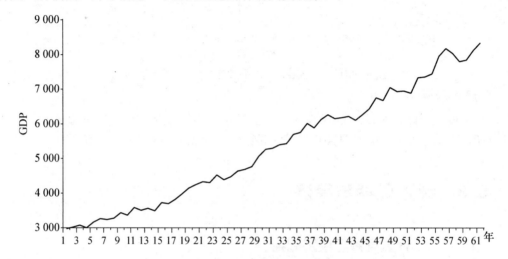

图 5—10　具有漂移的随机游走

注：由于存在带漂移的随机游走，今天的值就是昨天的值加上一个百分比的增长项（漂移项），再加上一个随机项（随机游走），随机项上下运动的可能性是一样的。这样一个序列看起来像是具有某种周期性（这样的一个序列非常类似于真实 GDP 的变化图），但其变动性背后并无真正的规律可言。

哪一种经济周期理论描述了实际的经济尚无定论：物理和生物法则具有规律性，那么决定经济起伏变化的法则是否具有同样（或更复杂的）的规律性？或者经济起伏实际上只不过是随机因素影响经济的方式的一种反映？或者这些机制可以组合起来解释（例如，被强加在潜在的有规律模式之上的随机影响）？在这样一本中级教材里我们无法提供一个确定的答案。它们是经济学的前沿研究课题。

如果随机游走这个解释是正确的，那么经济的周期性行为就是一种错觉。由于"周期"这个词常常包含一种强烈的"规律性"的意味，那些不想作此暗示的经济学家有时使用"经济波动"这个词来描述，它比"经济周期"更中性一些。但是"经济波动"这个术语显得不够有活力，因此我们在本书中将继续使用"经济周期"这个词。

□ 5.3.2　**经济指标的分类**

我们对经济周期的定义分为两部分：（1）经济状况的交替变化；以及 （2）经济的

---

*　也有人译成带漂移的随机步游。——译者注

不同测量方法之间的一致性。虽然关于经济交替变化的终极原因，甚至关于经济变化模式是否真正具有周期性，经济学家们还在继续争论，但对不同测量方法之间一致性的本质却有较深的理解。有时，不同测量方法之间的联系是显而易见的。生产商品需要工人，因此，就业与工业生产在一段时间内遵循相似的模式不足为奇。维持支出需要收入，因此，也不必为消费与收入遵循相似的模式而大惊小怪。其他联系没有这么明显，大部分经济理论（以及本教材的大部分理论）的目的就是让这些联系更清楚。在一开始，有必要掌握一定数量的词汇来描述不同时间序列之间的关系。

与经济周期相比较，经济指标是如何表现的？据此我们可对经济指标进行分类。我们已经使用同步指标指数作为衡量周期的一种方法。如果一个指标的顶峰与经济周期的顶峰吻合或接近，或它的谷底与经济周期的谷底吻合或接近，这个指标就是同步的。

我们也可以根据经济指标是否与经济周期的主要的正向的衡量手段变化方向基本一致，而对指标进行分类。这些主要测量手段如 GDP、工业生产或就业等。这种分类指标可以是：

顺周期的：它们与经济周期以大致相同的方向变化（例如，零售额就是顺周期的）；

逆周期的：它们与经济周期以大致相反的方向变化（例如，失业率就是逆周期的）；或

无周期的：它们与经济周期没有规律性的关系（例如，农业生产与人口就是无周期的）。①

经济指标还可以根据它与经济周期之间的相位关系进行分类，也就是说，根据它们的极点是否出现在经济周期的极点之前、之后或同时出现。图5—11说明的是顺周期的时间序列的一些可能情况。

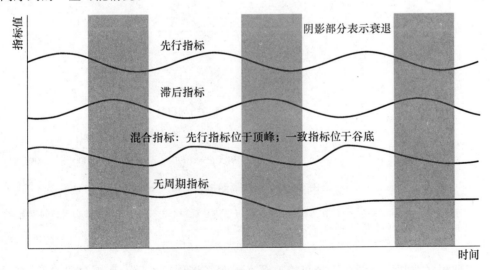

图5—11　经济指标分类

注：阴影部分表示衰退。

—————————

① 农业生产虽然有自己的起伏变化，但是它随着季节和逐年随天气波动变化，而不是随着整体经济波动而变化。在总就业人数方面，现在农业只占经济的 2.5%。过去，农业在经济中所占的份额较大时，它倒是有可能与经济周期有更为密切的联系。

一个**先行指标**的顶峰和谷底在经济周期相对应的顶峰和谷底之前出现。

一个**滞后指标**的顶峰和谷底在经济周期相对应的顶峰和谷底之后出现。

一个**混合指标**遵循一个有规律性的模式，既不同于先行指标，也不同于滞后指标。图5—11的第三个序列显示的是一个混合指标，它的顶峰先行于经济周期的顶峰，但它的谷底与经济周期的谷底同步。混合模式有很多种可能。

逆周期指标也可以是先行指标、滞后指标或混合指标。例如，平均失业时间是经济周期中的逆周期指标和滞后指标。

先行指标、同步指标和滞后指标指数是由美国商务部创立的，世界大企业联合会一直沿用，并每月发布数据。表5—2列举了这些指数的组成序列。

□ 5.3.3 经济周期是可预测的吗？

很多时间序列始终如一都是先行经济指标这个事实说明，预测经济周期的进程在某种程度上是有可能的。图5—12表现了经济指标的三个指数（去趋势）。首先要注意到波动的大致相似性。所有这三个序列都是顺周期性的，它们表现了一种粗略的一致性，这是经济周期的特点。[①] 观察更为仔细一些我们就可以看到所预期的模式（在顶峰和谷底尤其清楚）：先行指标在同步指标前出现，而同步指标又在滞后指标前出现。

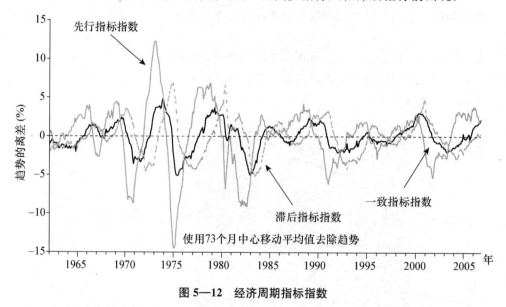

图5—12 经济周期指标指数

注：这三个指数的运动紧密相关，在顶峰和谷底部分可以清楚看到，先行经济指标能够预测到同步指标的运动，而同步指标可以预测到滞后指标的运动。

资料来源：世界大企业联合会。

怎样很好地利用经济指标之间的关系来预测经济周期的路径呢？这里有两个问题：第一，先行指标平均领先同步指标多长时间？第二，这两个指数之间的联系有多紧密？通过计算这两个指数之间的相关系数可以回答第二个问题。（见"指南"，G.13，关于

[①] 先行经济指标指数的一个组成序列和滞后经济指标指数的一个组成序列实际上是逆周期的，但它们在成为指数时被乘以−1，因此，所有组成序列倾向于与周期按照相同方向变化。

相关性的测量。）先行指标与同步指标之间的相关系数为 0.52，是适度的正相关。但是我们不应该因此就预期今天的先行指标和今天的同步指标之间存在很强的相关性。我们知道先行指标在同步指标之前变化，我们可以计算每个时期的同步指标与一个月前或更早的先行指标之间的相关度。同步指标指数和一个月前的先行指标指数之间的相关系数为 0.60，相关性稍强一些。

表 5—3 表示的是领先和滞后 0～12 个月的计算结果。第一列表示了同步指数与先行经济指数之间的相关性。标为 0 的一行是这两个指数在同一个月的相关性。我们已经提过，这个相关性为 0.52。标为 +1 的一行是先行指数与一个月后的同步指标的相关性。它衡量的是，在多大程度上先行指数能够预测后来的同步指数以及经济周期。这个相关性，我们在前面也已提过，是 0.60。

表 5—3 　　　　　　　　　　　　　经济周期指标之间的相关性

领先月份数	先行指标	滞后指标
−12	−0.45	0.86
−11	−0.39	0.88
−10	−0.32	0.89
−9	−0.25	0.89
−8	−0.18	0.88
−7	−0.10	0.87
−6	−0.02	0.85
−5	0.06	0.81
−4	0.15	0.76
−3	0.24	0.71
−2	0.34	0.64
−1	0.43	0.56
0	**0.52**	**0.47**
+1	0.60	0.38
+2	0.67	0.30
+3	0.72	0.21
+4	0.77	0.13
+5	0.80	0.05
+6	0.83	−0.03
+7	0.85	−0.10
+8	0.86	−0.17
+9	0.86	−0.24
+10	0.85	−0.30
+11	0.83	−0.35
+12	0.81	−0.40

注：表中数字记录代表 1～12 个月前和 1～12 个月后，先行指标指数与滞后指标指数的当前值与同步指标指数值之间的相关系数。
资料来源：世界大企业联合会和本书作者的计算。

后面几行（+2～+12）表示的是先行指标与同步指标之间在提前时间为 2 个月、3个月，一直到 12 个月的相关性，而上面几行表示的是两者之间在滞后时间为 1～12 个月（−1～−12）的相关性。同样地，第二列表示的是滞后指标与同步指标之间的一系列相关性。

同步指标与先行指标之间最大的相关系数为领先 8 个月和 9 个月（＋8 与＋9）时的 0.86（也就是说，大约提前三个季度）。如此强相关表明，在预测经济周期未来行为方面，先行指标虽不是完美的、但却是有效的预测指标。图 5—13 形象地强调了这一点，这与图 5—12 所显示的类似，不同的是先行指标指数向前移了 9 个月（也就是说，1 月份的值被标在接下来的 9 月上，诸如此类。）一旦平移，先行指标与同步指标高度吻合。

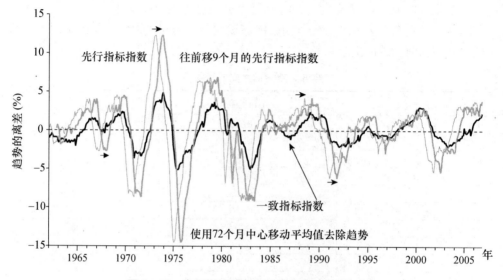

图 5—13　先行指标对经济周期的预测效果如何？

注：将先行经济指标往前移 9 个月，就与同步指标高度一致。这证明，它们可以提前大约三个季度提供经济周期波动的信号。
资料来源：世界大企业联合会。

新闻报道常常说，先行经济指标指数是政府的"主要预测工具"，而且该指数可以提前 6～9 个月发送经济衰退的信号。第一点有些夸张。事实上，大多数政府预测来自关于某一经济的宏观经济计算机模型，在这一模型中，数十个、甚至成百上千个公式代表经济的不同方面，而先行经济指标指数没有什么作用。并且，正如我们前面提及的，政府已经将经济周期指标的检测交给了私人机构。

但是，有足够理由相信，先行指标指数对经济周期确实具有一些预测力。注意在表 5—3 中，从＋5 月到＋12 月之间的每个月，先行指数与同步指数之间的相关系数都在 0.8 以上。这一结果支持了这个观点：先行指标有助于预测衰退。一个通行的拇指法则认为，先行指标连续两个月下降即为衰退即将来临的信号。这一法则常常起作用，但是过犹不及：它可以精确预测大多数衰退，但有时预测了衰退，衰退却并没有出现。还有人建议使用连续三个月下降，而不是两个月，以使得预测更准确。但是在这种情况下，预兆和开始衰退之间的领先时间就更短了。

先行经济指标具有重要性，原因之一是，我们常常要耽搁很长一段时间才能获得相关的同步指标信息（我们在 5.2.2 节和第 3 章的 3.6.2 节已经讨论过）。滞后经济指标指数的作用之一是提供证据来证明经济事实上已进入或离开衰退，并有助于解决不确定性，这种不确定性使得所有对经济状况所作出的判断不准确。表 5—3 表示，滞后指标与同步指之间的相关系数，在滞后时间为 −9 个月到 −10 个月的时候（大约为三个季度后）达到最高，为 0.89。

先行指标、滞后指标与同步指标的一致模式表明，关于经济周期，存在着经济学家们需要解释的事实。这些模式就经济周期的过程提供了一些线索，但是这些模式本身不会解释为什么经济周期这么表现。在后面的几章中，我们将尝试理解能够解释这些模式的机制。

本章小结

1. 很多经济时间序列由围绕一个主导性增长趋势的波动所支配。这些可以分解成反映增长的趋势和反映波动的周期。

2. 周期相对于趋势的最高点叫顶峰，最低点叫谷底。一个完整的周期用顶峰到顶峰，或谷底到谷底来衡量。

3. 经济周期是经济状况（由各种各样的时间序列来衡量）以一种大致有规律的方式波动的倾向性。

4. 一个完整的经济周期包括收缩（从顶峰到谷底的时期）以及扩张（从谷底到顶峰的时期）。

5. 经济周期的时间根据顶峰和谷底来确定。相关信息的获得常常有很长时间的滞后。

6. 美国典型的二战后经济周期的扩张阶段大约是衰退阶段的 5 倍（50 与 11 个月）。

7. 关于经济周期的成因，经济学家们存在分歧。有些认为经济周期在于经济的外部刺激因素；有些认为是内部的经济行为导致了经济周期；还有些人相信，经济波动并不是真正的周期，而是显示为周期的一种随机运动。

8. 就具有深藏的规律性这个意义来说，不论周期是否真正存在，经济行为确实说明了经济时间序列之间的共同趋势。这些序列可以分为顺经济周期运动（顺周期的）、逆经济周期运动（逆周期的）或与经济周期无关的（无周期的）运动。它们可以系统性地领先、滞后经济周期，或与经济周期同步，或与经济周期有更复杂的关系。

9. 对于经济周期而言，一些时间序列为其先行指标这种模式的存在意味着经济周期本身也许可被预测。先行经济指标指数倾向于领先经济周期大约 9 个月。

关键概念

趋势	周期性顶峰	刺激机制
衰退	经济指标	经济周期
周期	周期性谷底	传播机制
扩张		

延伸阅读建议

National Bureau of Economic Research, Business Cycle Dating Committee website (*nber. org/cy-*

cles/main. html）contains useful articles about its procedures and announcements of particular peaks and troughs

Norman Frumkin，*Guide to Economic Indicators*，Armonk，NY：M. E. Sharp，1990

F. M. O'Hara，Jr. and F. M. O'Hara，III，*Handbook of United States Economic Indicators*，revised edition，Westport，CT：Greenwood Press，2000

课后练习

课程网站上（appliedmacroeconomics. com）第 5 章的链接提供了该练习的数据。开始做练习之前，学生应该复习"指南"中的 G. 4、G. 7、G. 13。

问题 5.1 问题 2.16 要求你们使用两个季度方法识别顶峰和谷底。如果你们还没有做该练习，现在就去做。表 5—1 给出了 NBER 发布的顶峰和谷底发生的月份。将这些转换为对应的季度，然后建立一个表，将你算出的问题 2.16 的结果与 NBER 的时间相比较。前往 NBER 的经济周期时间测定委员会的网站（nber. org/cycles/main. html），阅读上面的常见问答以及与时间测定程序相关的文件。依据 NBER 所提供的信息和你自己对经济周期的理解，解释你的日期与官方的 NBER 日期有什么差别，以及为什么存在差别。

问题 5.2 （a）利用表 5—2，根据日期和持续时间，构建出 1946 年至今的最长与最短的经济繁荣期、衰退期以及完整的经济周期（从顶峰到顶峰，从谷底到谷底）。同样，根据日期和持续时间，构建出中等长度的繁荣期、衰退期以及完整的经济周期。

（b）就 1942 年以前的时期，重复练习（a）。

（c）二战前与二战后的经济周期存在明显不同的特征吗？

从问题 5.3 与问题 5.4 获得的数据可以用在问题 5.5 和问题 5.6 中。

问题 5.3 使用自 1947 年以来的季度真实 GDP，计算出每个衰退（从顶峰到谷底）、扩张（从谷底到顶峰）和完整周期中 GDP 的百分比变化，将它们作为单独的时间序列输入电子表格。对每个序列，计算出平均值和中位数，并记录在表格中。

问题 5.4 使用自 1947 年以来的月度失业率，计算出每个衰退（从顶峰到谷底）、扩张（从谷底到顶峰）和完整周期中失业率的变化，并将它们作为单独的时间序列输入电子表格。对每个序列，计算出平均值和中位数，并记录在表格中。

问题 5.5 使用表 5—1 中的数据和问题 5.2、问题 5.3 中的统计，描述二战后典型经济周期在数据和时间上的特征。

问题 5.6 经济周期有很多理论。有人认为，经济衰退的种子在繁荣期就已种下，因此顶峰越高，随后的谷底就越低。也有人认为，经济就如同吉他琴弦，被拨得越高（谷底越低），它反弹得就越高（随后的顶峰就越高）。还有人认为，温和的衰退常继之以强劲的复苏。但是也有人认为，相邻的衰退和扩张本质上是彼此独立的。还存在其他可能。就相邻的衰退和扩张在真实 GDP 上的百分比变化的关联，你如何表述这四种观点？（提示：如果使用正数表示 GDP 在衰退期的下降，将帮助我们更清晰地思考，所以将 GDP 的变化乘以 -1。）使用问题 5.3 获得的数据，通过计算下面两个相关性来检验你的假设：（1）扩张与随后的衰退；（2）衰退和随后的扩张。你的计算结果支持哪一种假设（或模式）？

问题 5.7 在问题 5.6 中，我们重点讨论使用 GDP 来衡量变化的大小，在本问题中，我们使用衰退和扩张的持续时间来考虑同样的假设。使用表 5—1 中二战后的衰退和扩张数据（按照月度衡量），重复问题 5.6 中的计算。你的计算结果支持哪一种假设（或模式）？将这些结果与使用 GDP 计算的结果进行比较。

问题 5.8 使用真实 GDP 来确定加拿大经济周期中顶峰和谷底的时间。解释你的计算过程。根据衰退、扩张和完整周期的大小和持续时间，加拿大典型的经济具有什么特点？加拿大的经济周期与美国经济周期似乎存在紧密联系吗？

问题 5.9 使用真实 GDP 来确定日本经济周期中顶峰和谷底的时间。解释你的计算过程。根据衰退、扩张和完整周期的大小和持续时间，日本典型的经济具有什么特点？我们是否应该认为日本在 20 世纪 90 年代经历了一次衰退？

问题 5.10 先行指标作为衰退的预测指标可靠性是多少？一种规则（见 5.3.3 节）认为，如果先行经济指标指数连续两个月下降，那么衰退就会发生。统计学家认为，存在两类错误。第一类错误（假阴性错误）是，没有预兆显示衰退会发生，但衰退却发生了。第二类错误（假阳性错误）是，预兆显示衰退会发生，但却没有发生。先行指标在前一个月（对于两个月规则）或两个月（对于三个月规则）下降后再次下降，这就是一个衰退信号。使用先行经济指标指数的时间序列，找出所有的衰退信号，并将其与表 5—1 中的实际衰退时间进行比较。计算出：

成功预测：如果在衰退信号出现后的 12 个月内，发生了一次衰退，那么这次衰退就是成功的预测。

第一类错误：一次衰退发生了，但之前的 12 个月内没有信号出现。

第二类错误：出现了衰退信号，但在 12 个月内，没有发生衰退。

（注意：（a）如果一个信号出现在衰退期间的某个月，不要算作成功预测；（b）只计算同一衰退的成功预测；（c）如果一个连续数月的序列中，第一个信号未能预测衰退，但同一序列后来的信号预测成功，算作一次第二类错误和一次成功预测；（d）如果连续数月中，每个月都有信号，但没能成功预测，就只能算作一次失败。）

将两个月规则和三个月规则分别运用于先行经济指标的时间序列中，识别出成功预测和错误预测的类型，将结果按照下面的模板填入两个单独的表格中：对这两种规则来说，错误发生了什么变化？哪一种规则更好？为什么？更好的那个规则是否为预测衰退的有用指标？解释你为什么作这样的评价。

问题 5.10 的表格模板

		衰退	
		未出现	出现
先行指标	不发送衰退信号	将这一单元空着。任何不属于其他单元的情况自动属于这里。	第一类错误：发生衰退但事先没有信号。输入这种情况的次数。
	发送衰退信号	第二类错误：有衰退信号，但衰退没有发生。输入这种情况的次数。	成功预测：有衰退信号，且衰退确实发生。输入这种情况的次数。

问题 5.11 使用任何你认为有用的计算和图表，分析失业率，并找出它的周期性；它是顺周期性的、反周期性的，还是非周期性的？它是先行指标、滞后指标，还是混合指标？（如果是混合指标，精确描写出它的特征。）

问题 5.12 阅读"指南"的 G.12.3，关于使用增长率进行趋势剔除。计算出年化真实 GDP 季度增长率的时间序列。比照 NBER 的经济周期时间标绘出这个时间序列。你的图是否证实了图 G—12 所示的数量序列波动与变化率序列波动之间具有程式化关系？

问题 5.13 如同我们在第 3 章的 3.6.2 节（尤其是图 3—6）所看到的，从修正后的真实 GDP 数据来看，2001 年的衰退看起来完全不像衰退。那一年被 NBER 鉴定为衰退，使用任何你认为有用的数据、计算和图表，看看更大范围的数据是否支持 NBER 的观点？（要回答这个问题，你可能必须在网上找到其他数据。）

第四篇

金融市场

第6章

金融体系

> 金钱，代表生命中单调的一面，人们很难堂而皇之地赞美它；然而，从它的影响力来看，又美得跟玫瑰一样。

> ——拉尔夫·瓦尔多·爱默生

一提到经济或者经济学，大多数人最先想到的是货币：货币从何处来？又到何处去？在宏观经济学领域，最受关注的是金融体系。每天，金融报道充斥着我们的生活。这些报道关注股票市场的最新动态，不停地解读联邦储蓄委员会的货币政策，揣测各大金融巨头之间将会如何拓展、整合，关心国内外政府和各家企业的偿债能力。在本章，我们将分析金融体系在协调经济决策、连接总供给和总需求中所扮演的角色。而在下一章我们将关注利率问题。

■ 6.1 金融体系和实体经济

□ 6.1.1 货币和金融的作用

货币和金融资产并非经济福利的直接来源。我们既不能把货币和金融资产当作食物，也不能用其建造房屋。苏格兰经济学家、哲学家和历史学家大卫·休谟（1711—1776）曾经写道："货币不是贸易的车轮，而是贸易的润滑油。它可以让车轮更加顺畅平缓地运转。"[1]我们不会因为一辆车的润滑系统良好就判断它是辆好车，同样，我们也不会因为一个经济体的金融系统良好就判断其是个健康的经济体。金融系统之所以重

---

① David Hume, "Of Money," in *Essays, Moral, Political, and Literary*, 1752.

要，只是因为它关乎我们的生活是否幸福：比如，是否能找到一份工作，在现在和未来如何进行消费，政府财政状况如何，国家在世界上扮演何种角色等。润滑系统让汽车复杂的零件顺畅地运转；而金融系统则让消费和生产活动变得简单。在复杂的经济关系中，金融系统扮演着至关重要的角色。没有金融系统的经济充其量只是一个小村庄。正如我们驾驶一辆汽车时，很少会想到车子的润滑系统；同样，在日常经济活动中，我们也很少会想到金融体系的存在。但是，当缺少润滑油或者油泵损坏时，汽车就会抛锚；同样，金融体系失调则会导致经济衰退。

实物流和金融流

金融系统是总供给和总需求之间的重要连接。家庭提供劳动力和其他生产要素，厂商利用这些要素生产商品和服务，而这些商品和服务又会被提供给家庭。在第2章里，这一过程是通过商品和服务的循环流量图来表现的（在图2—2中，实物流通过黑色的顺时针方向圆圈表示，圆圈在顺时针方向和逆时针方向均与生产边界相交）。从根本上讲，经济活动最本质的意义在于实物生产要素与实物商品和服务之间的交换。不过，只有在极少数情形下，人们劳动的目的是为了换取食物，而不是换取货币。

任何一个复杂经济体内的经济活动都要比商品和服务循环流量图所展示的更为复杂。工人和其他生产要素的提供者不可能只满足于消费其所在企业提供的商品，比如，一个烘烤店的工人不可能仅仅依靠面包就能生活。工人需要用他们的劳动来换取货币，然后决定消费什么商品。因此，厂商必须将商品出售给各色人等，而不是和自己的工人进行物物交换。这样一来，在经济活动中，就出现了一个与实物流动方向相反且相对应的货币流（在图2—2中，货币流呈灰色，逆时针方向运动，其与生产边界有两个交点，并指向代表实物流的圆圈）。

一个家庭的货币收入决定了其可用于支出的货币量，而一个企业的经营收入则决定了其可用于支付员工工资的货币量。虽然货币本身并不能直接为消费者提供实用价值，也不能直接为企业提供资源，但是一旦货币流动出现断裂，实物流动也必然会出现断流。

还有另外一种主要的货币联系。在第2章中，我们了解到，某一时段的货币收入并不会全部被用于消费。因为收入的价值和生产价值必须相等，所以如果家庭没有把收入全部用于消费，就会对生产的连续性产生灾难性影响。因为，如果库存堆积，商家就会缩减产量。当家庭（或其他储蓄者）选择把他们的货币储蓄存放在饼干罐子里或者床垫下面时，这种可怕的问题就很容易出现。不过出现这种问题的可能性很小，大部分人都会把自己的储蓄存放在更加安全的地方，这个地方可以给他们提供利息或是其他回报。正如在第2章（见图2—3）中所了解的，**金融市场**把拥有过剩购买力的储蓄者和购买力不足的借款者联系在一起。厂商和个人通过借款来满足自己的开支，而投资和其他支出活动则利用借款来填补因为储蓄而引发的总需求不足。

在这里我要重申一下：在一个货币经济中，当货币顺着一个方向流动时，就必然会有一个同等价值的实物流顺着相反的方向流动。储户把货币投放到金融市场上，作为回报，他们获得一个**金融工具**。金融工具指的是：详细列明对现期或者未来的有价商品（比如欠条或者物品所有权）拥有索取权的书面证明或电子凭证。金融工具的种类纷繁复杂，不过很多都是我们所熟悉的。比如，支票账户、储蓄账户、公司股票和政府债券等（虽然图 2—3 中并没有显示金融工具的流动，但它确实存在）。同样，储蓄和各种金融工具的双向流动被打断也会引发实物商品和服务的流动受阻，并最终影响到人们的福利。即便在一个运行顺畅的经济体中，个人和企业的借贷条件，特别是利率，影响的不仅仅是储蓄量和借贷量，而且还影响谁在储蓄、谁在借款。

我们已经将金融系统的两个方面独立开来：货币交换系统和金融市场。下面我们将对两种系统逐个进行详细分析，先从货币开始。

货币经济

货币是什么？这个问题一直以来困扰着经济学家。毫无疑问，美元是货币。但是，还有什么东西能被当作货币？传统上，货币根据其职能进行定义：

1. **交易手段**：人们用货币来购买商品和服务；
2. **计价单位**：用账户中的美元数表示的价值；
3. **价值贮藏**：可以把货币存储起来以便未来购买。

美元和其他货币（即各种纸币和硬币）是最常见的交易手段。然而，在个人交易中，货币交易只占 20%（支票和信用卡交易占 80%），在商业交易中则更少（商业交易主要以银行账户间的电汇交易为主）。至此，不难看出，货币工具（即通货和其他交易媒介）对于复杂经济体的高效运行至关重要。

物物交换是货币经济之外的另一种交易模式。比如，我为你提供劳力，作为回报你给我提供食物。那么，我所付出劳动的价值便是你所提供给我的食物的价值。国民账户仍将是平衡的：收入等于产出，产出等于支出。不过，物物交换需要协调。交易双方不仅需要知道自己想要出售和购买什么，还要知道对方要出售和购买什么。要完成一项交易，就必须满足如下条件，即：我要购买的东西和你要出售的一致，或我要出售的东西和你要购买的一致。这种条件被称为欲望的双重一致性。

但是渐渐地，一个经济体会变得比农业耕作更加复杂，并最终复杂得难以追踪记录。货币有一个至关重要的职能，就是把我们的计划和他人的计划分离开来。我只需要知道自己想出售什么（比如劳动力），卖多少钱，想买什么（比如食物、房子或者其他各种东西），要花多少钱（在买卖的每一个阶段，只需要单方面的欲望满足就可以了）。比如说，雇主是否生产了我想消费的东西，对我来说就不那么重要了。只要他付我工资，我就可以从其他生产者那里买到想要的东西。货币之所以能够提高经济活动的效率，部分原因就在于它让人们可以更简单地协调自己的计划。

货币的另外一个重要职能是计价单位，这一职能可能比交易手段职能更加重要。记账便是以货币为单位的。即使货币没有直接参与到经济活动中，人们还是可以用美元或是其他货币来记录盈余和亏损、收入和支出。有了货币的计价单位功能，人们便可以用统一的标准来衡量不同商品和服务的价值，解释经济表现，记录企业运行成败等。货币的计价单位职能是现代经济活动得以开展的基础。

金融工具和金融媒介

虽然通货和其他货币工具可作为价值储藏手段，但并不是理想的价值贮藏工具。通货膨胀侵蚀它们的价值，而且其他资产通常比它们获得更多的利益。比起货币，各种金融工具的价值贮藏功能更加理想。

每一种金融工具都代表资源在资金拥有者和使用者之间的转移。最常见的金融工具是各种形式的贷款。贷款人向借贷人提供资源（通常是货币），而借款人则承诺在未来按照约定的方式还款。欠条（IOU）便是最原始的贷款形式。

货币扮演着双重角色。我们可以把贷款看作是用货币购买，并通常用货币工具偿还的金融工具。有些货币工具，其本身既是债务也是金融工具，比如支票。

在很多国家，中央银行是由政府运作的，是商业银行的银行。在美国，扮演中央银行角色的是美国联邦储备系统（简称"美联储"）。①商业银行在当地的联邦储备银行（美联储的分支机构）开设账户，进行资金往来。存在这些账户中的资金被称为**央行储备**。

打个比方，我给你签了一张 150 美元的支票，承兑行是我的开户行富国银行（Wells Fargo Bank）。当你把这张支票存到你的开户行大通银行（Chase Bank）时，你账户上就会多出 150 美元。之后，大通银行会把这张支票送到美联储（或是一个私人票据交换所），美联储又会拿着这张支票去找富国银行。此时富国银行会从自己的美联储账户上转 150 美元至大通银行，并把这笔账记在我的账户上。一旦美联储完成这笔交易，你我之间的债务关系就结束了。此时，你的开户行应当从其美联储的账户向你的账户转账，以保证你的支票通过见票即兑或者担保的方式承兑。

根据上述内容，又可以归纳出货币的另外一个职能：

4. 最终支付手段：货币可以偿还债务。

在美国经济中，只有货币和央行储备才具备此项职能。②

中央银行和商业银行都是金融中介。不过中央银行是一种特殊的金融中介，它的所有者是政府，为非营利性机构。金融中介是买卖金融工具或者为借贷双方或储蓄者和支出者充当中介的一个企业。金融中介的种类纷繁多样：银行、共同基金、保险企业、信托企业、股票经纪人、退休基金都是其类型，它们各自专注于不同的领域。银行主要吸收商业存款和个人存款，发放商业贷款和个人贷款（比如按揭贷款、学生贷款、车贷和信用卡贷款业务等）。可以认为，银行通过出售一种金融工具（支票和储蓄账户）来购买另一种金融工具（比如各种贷款）。

资金的流动

虽然货币的产生提高了经济活动的效率（人们不必再局限于物物交换），专业的金融中介的存在则为经济活动带来另外一个效率源泉：货币经济具有将现在和未来区别开来的能力。

在物物交换中，如果你想要在未来进行超过自己收入能力的消费（比如你想为退休后的生活做些准备），你就必须储存一些特殊商品。这些商品要么是你确信你所需要的，要么是可以交易出去的。你必须制订一个详细的计划。

---

① 从法律上讲，美联储地方系统是由 12 家银行构成的，这些银行是隶属于商业银行的私人企业，而商业银行又是美联储的成员；从实际上讲，美联储是由位于华盛顿的董事会运行的联邦政府机构。详细内容见第 16 章。

② 1964 年之前，超过 5 美分面值的硬币都是银质的，且大部分的美元货币都可以兑换成银币。此时，美元实际上是一种债务，在技术上并不是一种最终支付手段。不过很少会有人在大宗交易中要求对方用银币支付。

而在一个货币经济体中，你则可以把货币和金融资产存储起来，未来再作打算到底要买些什么。虽然所有的生产都是为了消费，但是在货币经济中，人们不必为未来的消费制订什么详细的计划。

在货币经济体中，不同的经济当事人并不需要协调各自的活动。从第 2 章中的各种国民收入会计等式可以看出，国民收入与产出账户事后必须相等。比如，各部门的赤字额加在一起必须为零（等式（2.3），即$(T-TR)+(I-S)+(EX-IM)\equiv0$）。

不过，国民收入和产出账户事前未必相等。家庭在确定储蓄计划之前，并不需要了解各家企业的投资计划。尽管未经协调的国民账户最终还是会相等，这是因为这些账户中包含了非计划的投资。如果一家企业没能卖出其所意图销售的所有产品，那么未售商品、半成品、原材料就会库存堆积，导致资本存量上升。在决定总需求时，这种非计划投资是一个十分重要的因素（见第 2 章 2.7 节）。

大多数投资都包含一家企业从另外一家企业那里购买资本商品。资金必须经过转手交易。那么，企业从哪里才能得到自己所需要的资金呢？家庭储户以及其他储户最终提供这些资金。但是这些资金如何到达投资者手中？一般而言，家庭储户并不会把自己的储蓄直接交到像通用电气和微软这样的企业手里，供它们建造新工厂或是办公大楼。大多数情况下，这些储户会把钱存进银行，或投进 401K 计划*，或个人退休账户（IRA），或者购买其他金融资产。那么这些资金又是如何来到企业手中，被它们用作投资的呢？

图 6—1 简单地展示了资金流是如何从储户（包括企业、政府和个人储户）流向企业和其他机构手中的。企业会用这些资金进行投资，而其他的一些机构则会用这些资金来进行一些开支。在一定程度上，本章的这个图可以看作是对第 2 章中图 2—3 到图 2—5 中所标记的那个椭圆形的"金融市场"的更加详细的描述。

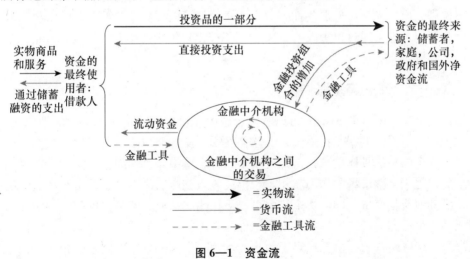

图 6—1 资金流

注：金融部门将最终储户（资金来源）与最终借款人（资金使用）联系在一起。每一笔交易都是以货币交换实物商品或服务，或者以货币交换金融工具。不管经过各种金融中介的渠道多么曲折，最终储蓄都能被运用于购买实物商品和服务。

---

* 在美国，401K 计划是一种由雇员、雇主共同缴费建立起来的完全基金式的养老保险制度，始于 20 世纪 80 年代初。——译者注

和收入流量循环图一样，资金流量图强调经济交易是建立在以物易物的基础上的（见第 3 章 3.1.1 节）。对于资金来源的直接提供者而言，其每提供一笔货币流，就必须从资金使用者那里得到相对应的等价物作为回报。在图中，针对每一笔货币资金流，都有反方向的实物流或金融工具流与之对应。

货币一般会从储蓄者手中流向使用者手中（在图中从右向左表示），然而实物商品和金融工具则是从使用者手中向储蓄者手中流动。在图表的顶端，可以看出一部分储蓄被直接用来购买投资产品。在很多情况下，这是与企业的内部投资相对应的。比如，卡特彼勒公司把自己的一部分收益留存下来用于建造一间新的发动机厂（而不是把收益分配给股东），这是一种公司储蓄直接与公司的某一特定投资相匹配的形式。同样，当一个家庭购买一辆新车或者一套新房子时，这既是储蓄，也是直接地在投资。在任何一种情况下，储蓄和投资都是等额对应的。

图 6—1 下方的椭圆图形表示金融中介机构，大部分储蓄额的流动都是通过金融中介机构完成的。一些金融中介机构和最终的借贷双方都有来往，而另外一些机构则从其他的金融机构那里借来资金，只与最终借方来往，或从最终储蓄方那里取得资金，然后把资金借给其他中介机构；还有一些机构可能也是通过中介机构完成借贷的。图 6—1 中标记为"金融中介机构之间的交易"的资金流只是展示了金融系统复杂性的冰山一角。

虽然投资支出或许是储蓄所产生的资金的经济方面的最重要的用途，但是除此之外，储蓄资金也有其他用途。当一名消费者用信用卡购买机票时，他实际上是向信用卡的发行银行出售了一张 IOU 欠条。而银行支付给商人的资金则实际上最终来自其他消费者、企业或者是政府的储蓄。同样，虽然许多政府机构会出现财政盈余，而许多其他政府机构则会出现赤字，但那些拥有盈余的机构就可以被看作储蓄者。政府要为其各种采购行为买单，就会通过出售政府 IOU——主要出售给金融中介机构——并最终从储蓄者那里募集资金。

□ 6.1.2　资金流量账户

通过资金流量图（图 6—1）可以看出金融中介机构在宏观经济学中的地位。不过，实际的经济分析需要数据。在美国，美联储在**资金流量账户**中收集了这些数据。流量账户包括 155 个账户的具体信息，追踪反映了每种金融中介机构间相互交织的关系网。资金流量账户之于金融市场的作用就相当于国民收入和产出账户之于现实经济的作用。

就像其他流量变量一样，资金流也可以被比喻成水流。储蓄在各种金融中介机构网络间流动，最后到达最终用户的手中，就像是高山上流下的雪水流经小溪和河流，最终汇入海洋。金融财富的存量就相当于静止的水——水流入海途中经过的湖泊、池塘、河流、湿地和水库中的水。就像湖泊中的水分子会不断地变化一样，金融工具的形态也会不断变化。虽然水分子会发生形态变化，但湖泊还是会保持一定的水的存量；同样，个人、企业、政府和金融中介机构手中也会保有一定的金融资产存量。当金融资产的流入量超过流出量时（也就是资金的流出量超过流入量或者贷出资金超过借入资金时），个人、企业或者其他机构所持有的金融资产的数量就会增加。

为了理解资金流量账户，需要简单地分析一下实物资产和金融资产的性质，以及会计的一些基本原则。

实物财产和金融财产

你手中持有的某种金融工具构成了你财富的一部分。财产可以有很多形式。古人或原始人用实物来衡量财产：房屋、土地、黄金、牛羊、奴隶、妻妾、贝壳、念珠、食物都是财产的形式。实物财产可以提供直接效用和生产性服务，通常是有形的（比如房屋、汽车和金戒指）。不过有时候，它也会以无形的方式出现，比如一份价值不菲的发明专利权也是一种实物财产。本质上实物财产是一个正值概念：你可以拥有房子、金子，或者不拥有，但是你不可能拥有负数量的房子或者金子。

金融财产和实物财产有很多重要区别。金融工具通常会涉及两方或多方，它们代表的是债务。对于每一个金融工具的拥有者（债权人），一定有一个负有偿还义务的某人与之相对应（债务人）。与实物财产不同的是，金融财产可以是正值也可以是负值。债权人拥有某物的价值，而债务人则拥有某物。一个人的财产可以划分为资产（正值财产）和负债（债务或者负值财产）。资产包括我们拥有的一切实物财产和其他人欠我们的，而负债则表示我们欠他人的财富。

我们可以把**金融财产**定义为在将来某个时间某种有价物的支付（或转移）索取权。实物财产是由具有内在价值的商品构成的，而金融财产则不具有内在价值。金融资产在如下意义上说具有真正的价值，我们可以将其出售，并利用所获收益获得商品。但金融资产本身并不提供直接服务。

金融资产实际上是一种对他人的索取权（以及金融负债，对他人应尽的义务），这一事实赋予金融系统一种社会属性。需要注意的是，金融财富的净值总是零。如果简持有约翰的 IOU，后来他俩结婚了，他们的财产也合并在了一起，这时候简的资产和约翰的负债就会相互抵消。

金融资产的未来属性对于提高经济活动的效率具有十分重要的意义。比如说，一个工人不愿意把赚来的钱全部消费掉，他可以购买一些将来需要的物品储存起来。可是，他并不知道自己未来需要什么，而且让真正的资源闲置起来不仅费钱，而且是一种浪费。食物放久了会变质，衣服放久了会过时，而且存储东西还会占用空间。更简单的方法是，把钱存放在金融中介机构里，想买什么东西的时候再去支取。数十亿美元可以方便地存放在一小块芯片中，而且还能获取利息。

同样，那些可能被存放起来的资源可以提供给经济中那些需要的人。这些借款人现在需要真实的资源，指望将来能够连本带息地偿还这些资源的价值。而贷款人现在并不需要真实的资源，因此在对方允诺偿还的前提下愿意把资产贷出去。这样一来，由于金融系统的存在，真实的资源可以不断运转并创造经济价值。

会计和资产负债表

如何衡量财富？想从银行借钱（比如助学贷款、车贷和房贷）的人必须填写一份申请。申请中有这么一项，要求申请人在 A 栏填写资产（所拥有的东西），在 B 栏填写负债（欠别人的东西）。A 栏和 B 栏的净差额就是一个人的财富值或其所拥有的**净资产**。净资产的概念很简单，如果一个人变卖所有的资产来偿还债务，最后剩下的部分就是净资产。净资产可以用会计基本恒等式来定义：

净资产≡资产－负债 (6.1)

贷款申请表依据的就是这个等式的变化形式：

$$资产 \equiv 负债 + 净资产 \tag{6.2}$$

这个等式可用资产负债表来代表，该表列出了资产和负债项目，并计算出净值。

下面便是资产负债表的一种格式，很像常见的贷款申请表的样式，一般称其为 T 形账户：

资产	负债和净资产
拥有物	所欠之物
	净资产

根据会计基本恒等式，左栏的项目之和必须和右栏项目之和相等。乍看起来，把净资产和负债归为一栏似乎有些奇怪。不过，这却是会计的标准操作。你可以这样想：净资产是你欠自己的东西。

会计基本恒等式指的是财产存量。它也可以用下列等式重新表达：

$$\Delta 资产 \equiv \Delta 负债 + \Delta 净资产 \tag{6.3}$$

这一等式为会计复式簿记系统提供了基础。"复式"一词意为恒等式两端要保持相等，只要一端（资产负债表中的一项）发生变化，另一端就肯定也会发生变化。这一复式簿记原理要求账户必须保持一致，所以购入一辆车（资产增加）并不会让我们变得更加富裕；用现金支付则会让货币存量变少（资产减少）；用贷款购车会增加负债。

虽然复式簿记原理看起来很简单，但它却是人类数千年文明的产物（与纽扣、马刺一样，复式簿记系统也是中世纪的产物）。德国大诗人歌德曾把复式簿记系统说成是"人类大脑最杰出的发明之一"。[1] 近代一位学者指出，"在过去的 700 多年中，复式簿记系统比哲学界和科学界的任何一种创新都更能启发人们的思维。"[2]

流量账户

美联储的资金流量账户主要有两种类型：流量账户和数量（即存量）账户。流量账户与图 6—1 所表示的大体相对应。虽然流量账户中重新改成以资金来源和资金运用表示，但流量账户以会计恒等式（6.3）的流量形式开始。资产变化是资金运用，负债和净资产变化是资金来源，因此得出如下等式：

$$\Delta 资产 \equiv 资金运用 \equiv 资金来源 \equiv \Delta 负债 \tag{6.4}$$

表 6—1 是更为复杂的资金流量表的统一版本，被称为资金流量矩阵。[3] 表中主要栏目代表经济的各个部门，行代表实物资产和金融工具的变化。每个主栏又可以分为两个次栏，一栏为资金运用，一栏为资金来源。每一个主栏都可以被看作是一个特定部门的 T 形表。前四行表示每个部门的总资金流，紧接着的下面四行则表示资金运用和来

① J. W. Goethe, *Wilhelm Meister's Apprenticeship*, book Ⅰ, chapter 10.

② Alfred W. Crosby, *The Measure of Reality*: *Quantification and Western Society*, 1250 – 1600, Cambridge: Cambridge University Press, 1997.

③ 如果需要资金流量账户的完整详细数据，请参见美联储董事会网站，网址为 www. federalreserve. gov/release /Z1/Current/default. htm.

源的具体情况。

表 6—1　　　　　　　　　　　　资金流量矩阵，2009 年　　　　　　　　　　单位：10 亿美元

总流量	部门												
	家庭和非营利组织		非金融企业		政府		金融部门		国家其他		所有部门		工具误差
	运用(1)	来源(2)	运用(3)	来源(4)	运用(5)	来源(6)	运用(7)	来源(8)	运用(9)	来源(10)	运用(11)	来源(12)	运用(13)
(1) 总储蓄	—	1 724	—	1 366	—	−953	—	293	—	424	—	2 854	—
(2) 真实总投资	1 359	—	1 081	—	521	—	153	—	−3	—	3 111	—	−257
(3) 资金运用	301	—	198	—	395	—	−1 672	—	243	—	−535	—	391
(4) 资金来源	—	−194	—	−4	—	1 718	—	−1 704	—	40	—	−144	—
资金流量													
(5) 货币工具	−151	—	195	—	−67	—	−508	—	−401	—	−931	—	207
(6) 债务工具	−180	−237	15	−200	284	1 553	−776	−1 753	219	199	−438	−438	—
(7) 公司股权工具和企业信贷	469	49	−116	−166	23	80	54	731	196	73	627	767	140
(8) 其他工具	163	−6	104	362	155	83	−443	−128	228	−60	207	251	44
(9) 部门误差	−130	—	83	—	−151	—	108	—	223	—	134	—	134

注：由于四舍五入，表中数据有些地方不一致。

资料来源：Board of Governors of the Federal Reserve System, Flow of Funds, Quarterly Release Z.1. Entries consolidate detail.

对于每一个部门，账户必须在原则上保持对等，也就是说，资金来源必须等于资金运用。但是，在实际中由于数据收集并非完美，所以账户并不总是对等。比如，在家庭和非营利性组织这一栏中，资金来源（1、4 两行）为 17 240 亿＋1 940 亿＝15 300 亿美元，而资金运用（2、3 两行）为 13 590 亿＋3 010 亿＝16 600 亿美元。这里把来源－运用的值（在这里为−1 300 亿美元）定义为部门差异值。在表格的编制中，部门差异值被当作资金运用，把这个差值加到其他资金运用数值上之后，账目两端就取得平衡。

同样，在每个工具类别中，资金来源必须与资金运用相等。在表中，每一行的金融工具的数值都被标记在"所有部门"这一最重要的栏目中。原则上说，所有部门一栏中的资金来源和资金运用两个子栏目的值也应该相等。但是，在实际中，它们并不相等，它们之间的差值被称为工具误差，放在表格最右边一栏中。所有部门误差的总和与工具误差的总和是相等的，记在最底部右边的单元格中——在复式簿记系统中，即使误差值也必须一致。

想通过现金流量表了解金融系统的复杂性，我们可以看一下家庭部门。2009 年，家庭部门的储蓄总值为 17 240 亿美元。这部分储蓄值中，一部分被用来购买投资产品——主要是房产和诸如汽车、干衣机这样的耐用品（虽然这些物品在国民收入和产出账户中被看作消费，但是在现金流量表中，它们却被当作投资）。在表中，总储蓄值比总投资值高出 3 650 亿美元。那么，那些没有被直接用于投资的资金去了哪里？通过表第 1 纵栏第 3 项，可以看到家庭储蓄中有 3 010 亿美元被用于购买金融资产。这样一来，储蓄总额就应当只剩 640 亿（＝17 240 亿−13 590 亿−3 010 亿）美元。而第 2 纵栏的

第4行却又显示，超过这个数额的资金（－1 940亿美元）被用来偿还债务（负号表示资金没有被用来消费，而是被用来偿还债务）。

由于用于偿还负债的资金数目比储蓄的余额（640亿）多出了1 300亿美元，这个条目能说明很多问题。用来偿还这一债务的钱从何处来？事实上，美联储的会计也不确定为什么会出现这一差额，也不知道是不是有条目被漏记或是误算。如果账目完美无瑕，总储蓄额加上资金来源应当正好等于实际总投资和资金运用额之和。差额本不该出现，一切都应当相等。事实上，这里的差额正是第1纵栏第9行的部门误差值。

需要注意的是，家庭部门在偿还债务（第2栏，第1行）的同时，也增加了对金融资产的持有（第1栏，第3行）。在更加具体的账目中，我们还可以看到，购买政府债券、共同基金和股票（公司权益）是家庭最大的几项开支。

这些资金流说明，一个部门可以通过以下两种方式改变自己所持有的金融资产：

● **净增金融资产**产生于一个部门的储蓄大于投资之时。
● **投资组合再配置**使资金从一种金融工具转移到另外一种金融工具。

金融市场总是处于变化之中，因此上述两种变化总是不断发生。

下面举个假想的例子来说明纯粹的投资组合再配置。假设你要购买一套价值250 000美元的房子，但是你今年没有净储蓄，那么你将如何进行交易？这笔交易在现金流量表中又是如何体现的？购买房屋会让家庭部门中总投资（第1栏，第2行）这一项增加250 000美元。为了保持流量表的平衡，其他条目肯定会发生同等金额的变化。假设你从共同基金中支取了50 000美元用来支付首付，这笔支付会在第1栏第7行（以及第3行）的条目中显示为一个负值。然后，你从银行办理了按揭贷款来支付剩余的房款，那么第2栏第6行（以及第4行）条目的值就会增加200 000美元。总体上讲，这笔交易的净效应是，你的资产总量没有改变。你所做的只是把手中的金融工具变成了实物资产。只要你有总储蓄，你的财富就能增加。

你的房屋购买这个例子还说明了资金流量账户另外一个十分重要的特点：不同部门的资产负债表之间是相互关联的。例如，当你的共同基金账目值降低（资金流出）时，金融部门中金融工具的资金来源值也会出现同样的下降（第8栏的第7行和第4行）。当然，变化还不仅仅如此。因为共同资金这一条目（金融部门也是）必须始终平衡，因此它必须反映出这笔资金的最初来源。当共同资金条目在支出50 000美元之后，投资组合必须作出其他调整：或许卖出持有的部分股票、债券或其他金融工具。同样，通过按揭获得的资金必须由银行提供，导致金融部门中债务资产（第7栏第5行）这一条目增加200 000美元；这些资金的来源会在银行资产负债表中的其他条目上得以反映。银行和共同基金向你提供资金的行为涉及一系列金融中介机构，这些机构把资金从它们的持有人手中转移到了你——资金最终使用人的手中。在资金流量表中，所有这些变化所引发的净效应都得到了体现。

通过借贷，任何一个部门都可以增加自己的投资额或者使其持有的金融资产额超过总储蓄额。但是，由于在经济活动中，每一笔金融资产都要有一笔同样的负债相对应，所以，把各个部门的条目相加时，会发现资产来源和资产使用相等，不存在金融资产的净增加。

通过把各部门的条目相加，可以保证储蓄和投资额相等。但是，投资是一种获得新实物资本的活动，因而会增加实物资产。相反，金融资产的总额总是为零。但是，这并不表示金融资产不重要。正是由于金融资产的存在，资源才从手中持有积蓄的人向那些需要使用积蓄的人转移，即使前者根本不认识后者，也不了解后者的需求。因此，资金流保证资源能够得到最高效的利用。金融系统为经济发展和繁荣提供了重要支撑。

资产和负债账户

流量账户（表 6—1）对金融工具的活动进行了追踪。而存量账户或者资产负债账户（表 6—2）则展示了每个部门所持有的金融工具的数量情况。如果说流量账户关注的是河流和小溪，那么存量账户关注的就是湖泊和池塘。两个账户之间相互联系。比如，当表 6—1（第 3 栏第 5 行）中非金融性业务的货币工具账目出现正的记录值时，就表明这些业务所持有的货币资产（在表 6—2 第 3 栏第 3 行，这一项目为 24 900 亿美元）较 2008 年增加了 1 950 亿美元。同样，当流量表中的资金来源出现正值时，资产负债表中的负债一栏也会出现相应的变化。流量表告诉我们储蓄发生什么变化，以及投资组合如何变化。资产负债表可以提供经济的金融投资组合的大致情况。

表 6—2　　　　　　　资金流量矩阵：2009 年资产与负债　　　　　　单位：10 亿美元

总流量	部门											工具误差
	家庭和非营利组织		非金融企业		政府		金融部门		其他国家		所有部门		
	资产 (1)	负债 (2)	资产 (3)	负债 (4)	资产 (5)	负债 (6)	资产 (7)	负债 (8)	资产 (9)	负债 (10)	资产 (11)	负债 (12)	(13)
(1) 总金融资产	45 115	—	17 878	—	4 093	—	613 578	—	15 423	—	146 086	—	−6 544
(2) 总负债和权益	—	14 001	—	38 237	—	12 408	—	63 274	—	11 621	—	139 541	—
资金流													
(3) 货币工具	7 750	—	2 490	—	928	31	4 436	15 980	1 278	883	16 883	16 894	−69
(4) 债务工具	4 203	13 536	262	10 999	2 043	10 168	38 092	15 651	7 817	2 063	52 417	52 417	
(5) 公司权益工具和企业信贷	12 783	444	2 725	14 819	451	900	12 732	11 577	2 931	4 162	31 623	31 903	
(6) 其他工具	20 378	21	12 401	12 419	670	1 309	8 318	20 066	3 397	4 513	45 164	38 328	

资料来源：Board of Governors of the Federal Reserve System, Flow of Funds, Quarterly Release Z.1. Entries consolidate detail. 各记录值是明细科目的合计额。

表 6—2 有几点值得注意：

● 第一，资产（第 11 栏第 1 行）和负债（第 12 栏第 2 行）的总和十分巨大，大约是美国 GDP 的 10 倍。

● 第二，家庭部门和非营利组织的总金融资产和总金融负债的差值，也就是这个部门的资产净值，也十分巨大，共 33.1 万亿美元。在非金融企业和政府部门中，负债都高于资产。然而在世界其他国家，也出现了价值为 3.8 万亿美元的正的净资产。这是可以理解的，因为营利性公司的最终持有者是国内外的个人和组织（比如高校或红十字会），所以在表中，任何营利性公司的资产价值都被作为该公司的负债来表示，而作为家庭部门和世界其他国家的资产来表示。相比之下，金融部门的账目却几乎保持平衡，显示的净资产额只有 3 040 亿美元，只占 64 万亿美元总资产额的 0.5%。这也可以理解，因为金融资产的业务就是将属于储蓄者的资金（表现为第 8 栏中的负债）转移到借款人手中（表现为第 7 栏中的资产）。在这一过程中金融中介机构自身的份额相对较小。

● 第三，政府部门的净负债额十分巨大。更明细的账户（这里并没有给出）显示，2009 年该部门最大的负的净资产额要归因于联邦政府。不过，州政府和地方政府的账目基本持平。在联邦政府的债务中，五分之四都是以国库券（长期国债）的形式出现的。这些债券都包含在了第 6 栏第 4 行的负债项目中。这些债券的持有者有美国的家庭（包含在第 1 栏第 4 行的资产条目中）、州政府和地方政府（包含在第 5 栏第 4 行的资产条目中）。不过，这些债券的最大持有者主要是各种金融机构（持有量占 34%）以及世界其他国家（持有量 48%），包含在这些部门的资产条目中。

● 第四，所有的货币工具（第 3 行）从本质上讲都是金融部门（包括像美联储和国际货币基金组织这样的机构）的负债。家庭持有的货币工具占总量的一半，剩余部分则分布在包括金融部门（比如其他银行和共同基金也会拥有自己的银行账户）在内的其他部门之中。

6.2 估价的原则

对于一个水文学家来说，他可能关注自然水系统的两个问题：什么力量推动水的运动？运动所产生的效应又是什么？经济学家也关注资金流的两个问题：是什么力量影响着金融工具的流量？这些流量的效应又是什么？这里先初步回答一下这些问题，在后面的章节中，还将给出更加详细的解答。金融市场中的参与者会对投资组合进行不断的组合和重组，以寻求最佳风险报酬组合（常用利率衡量）。我们将在第 7 章详细讨论资产组合的问题。金融资产的运动之所以影响到实体经济，是因为这些运动会直接通过资金供给和间接通过资金的成本或机会成本（同样用利率衡量）影响到支出决策。这里，资金供给和各种不同金融工具的价值（例如，表 6—1 和表 6—2 中）均用美元衡量。由于金融工具是对终值兑现的一种承诺，由此便会引发一个问题：资产的持有者、债务的发行者、会计人员、税务部门和其他相关人员是如何确定一项资产的当前价值的呢？

□ 6.2.1 现值

相似性和替换性原则

实物资产的估价非常简单，其遵循相似性和替换性原则：一辆汽车或一台机器价值是多少，只不过是在同等情况或相似情况下，用另一个拥有相同或者相似设计的物品对其进行替换将要花费的代价。要评估一辆二手车的价值，你可能会去看一看《凯利蓝皮书》（*Kelley Blue Book*）（纸质或者在线书籍）作参考。该书会根据二手车的品牌、型号和使用状况给出定价参考。也就是说，只要从最近卖出的车中找到和你的车尽可能相似的那辆，就可以大致上估算出你车子的价钱。地产商的估价员、索斯比拍卖行和《古玩秀》（*Antiques Show*）节目中的专家们则需要对一些独特的资产进行估价，比如一所房子、一块地皮、一件古玩或者一幅画，他们所依照的依然是相似性和替换性原则。

不过，找出一件相似的物品替代另外一件只不过是个开始。人们还要问，对于那栋和我们房子类似的房子以及那件和我们的古玩类似的古玩，它们的价值又是如何确定的呢？对经济问题，有个放之四海而皆准的答案，那就是——供求关系。一辆新车的供给价格就是其生产成本（包括利润），而要确定一块土地和一幅古画的价格则要更复杂一些，因为它们的供给基本不变，而需求却可能经常发生改变。有时，可以大致猜测一件物品的价格，不过直到其被出售之前，都没法确定它的准确价格。

金融工具的定价也依赖相似性和替换性原则。因为两张 10 年期政府债券完全相同且可相互替代，所以它们的价值也完全一样。而这一价值又是由供求关系来决定的。对于通用汽车发行的两只一样的股票或者其他任何两份完全相同的金融工具，情况也都是如此。

金融工具的出现为人们提出了一个问题。金融工具为债权人所带来的收益或给债务人所施加的成本是在未来发生的，而它们给债权人（提供资金者）所带来的成本，以及他们给予债务人（使用资金者）的收益却是在现在发生的。问题在于，估价必须将现期的成本和收益与未来的收益和成本进行比较，而未来尚未到来。没有可以预知未来的水晶球，一笔金融交易的任何一方如何确定所交易金融工具的价值呢？

两个关键概念：机会成本和现值

要回答上面的问题，就要弄清楚经济学中两个最重要的概念：机会成本和现值。

任何一项选择的机会成本就是所放弃的选择中那个最佳选择的价值。比如，在芝士蛋糕和巧克力慕斯中选一个作为甜点，选择芝士蛋糕的机会成本就是巧克力慕斯给你带来的价值。对于一个喜欢巧克力的人来说，这个机会成本就会很高；而对巧克力过敏的人来说，选择芝士蛋糕的机会成本可能为零。虽然没法用明确的货币价值来度量机会成本，但在很多情况下，面对选择不难作出决定。比如在上 4 年大学和去汉堡王快餐店工作 4 年之间，你选择了上大学，机会成本就包括你在汉堡王快餐店工作 4 年可能赚到的工资。

可以很简单地把机会成本的概念运用到金融资产上。购买共同基金的机会成本就是购买其他金融资产可能获取的收益。可以通过百分比**收益或利息率**来衡量持有某种资产能够获得的收益。比如，你在银行账户上存了 100 美元，一年后账户的贷方计入 3 美元的利息，那么利率就是 3%。假设你没有把钱存进银行，而是购买了共同基金中价值100 美元的股份，假设把钱存进银行是购买基金外的最佳选择，那么购买基金股份的机会成本就是 3% 的利息率。

有了机会成本这个概念，就可以把货币的现期值和未来值作比较。假如你的一位朋友有一张一年期面值 100 美元的支票，一年之后可以去银行兑付。现在他要把这张支票卖给你，你应该出多少钱？

假设这位朋友值得信赖，那么是否购买这张支票，就只要考虑机会成本的问题。要想在一年后获得 100 美元，你现在要花 X 美元，那么这一年内，你就少了 X 美元可供支配的现金。也就是说，你放弃了使用这 X 美元的其他机会。假设把钱存进银行是把钱借给朋友之外的最佳选择，且银行存款利率为 6%，那么你把钱贷给朋友的机会成本就是6%。如果你所花费的 X 美元的回报率没有达到 6%，那么把钱存进银行是更好的选择。

因此，你最多愿意出 X 元来买朋友的支票，这样你一年后用支票兑付的 100 美元应当足够支付你 6% 的利息，该利息大于你为了获得这张支票所支付的利息。也就是说：

$$X+0.06(X)=(1.06)(X)=100$$

换句话说，X 美元是这样一个数量，如果你支付出去了，将会使得一年后的 100 美元所得到的 6% 的利息率要高于你所支付的利息率。求解表达式的后两项可以算出：

$$X=100/1.06=94.34$$

也就是说，你最多只愿意花 94.34 美元来买朋友的支票。而因为你最好的选择是把钱存进银行，所以你的朋友也不会接受比 94.34 美元更低的价格。当某种类似资产一年后的收益率是 6% 时，100 美元的现值为 94.34 美元。

这个例子中的特定数据并不重要。不用 100 美元而用 FV 来表示终值，把最佳可选择资产的收益率（或者利率）用 r 表示。那么之前的等式就可以写成为一般公式，用来计算一年后某一价值的现值（PV）：

$$PV=\frac{FV}{1+r} \tag{6.5}$$

一般来说，某一资产的现值可以定义为：在相关的机会成本给定的情况下，未来收益所获得的现在价值。

再举一些例子。有一份国库券，一年后可以兑现 10 000 美元，如果最佳可替代资产的收益率为 4%，那么其现值是多少？根据等式（6.5），$PV=10\,000/1.04=9\,615.38$ 美元。

那么，两年后得到兑付的 10 000 美元的国库券的现值应该是多少呢？在这种情况下，用来购买这一债券的资金在两年内是无法另作他用的，而且两年内只能获取 4% 的利率（复利）。因此，$1.04(1.04)PV=10\,000$ 美元。那么，$PV=10\,000/(1.04)^2=9\,245.56PV$。同样，可以推导出一个一般公式，两年后得到的某一价值的现值就为：

$$PV=\frac{FV}{(1+r)^2} \tag{6.6}$$

依此类推，可以得到未来 3 年、4 年甚至更长年份所得到的某一价值的现值的一般公式。如果年数是 m，那么现值的公式就是：

$$PV=\frac{FV}{(1+r)^m} \tag{6.7}$$

这个简单公式中所表示的现值概念是金融经济学中唯一最重要的概念。有了这个概念，我们就可以对不同时间范畴的价值进行有意义的经济上的比较。同时，这一概念也出现在金融资产估价以外的很多领域（将在后面的章节中提到）。

现值的 4 个特性

现值的计算公式（6.7）中隐含了现值的 4 个特点：

1. 因为利率总是正值，$1+r$ 总是大于 1，所以未来的某一价值的现值必然要小于该终值（$PV<FV$）。[①] 所以购买债券（或者朋友的支票）花的钱必然要少于债券的未来

---

① 在最近日本金融危机最严重的时期，一些短期政府债券出现了负收益。这并不是反映了持有负收益金融工具的风险，而是持有金融工具替代品的风险（货币可能会丢失、被偷盗；就算把钱存入银行，银行也有破产的风险）。这个例外证实了我们的规则。

值。现值被说成今天以一个贴现率购买的价值。计算现值有时又被称为贴现，衡量机会成本的收益被称为贴现率。所以，现期贴现的价值和现值表示的是同一个意思。

2. 现值比未来值小这一事实与通货膨胀没有任何关系。当然，在通胀的情况下，今天的美元在明天的价值肯定没有今天的价值多。不过，贴现指的却是另一个事实：明天的美元在今天的价值比其在明天的价值要小。导致这种现象的原因不是通胀，而是机会成本。贴现弥补了购买者所损失的未来机会收益（在下一部分我们将会看到，通胀和贴现相互关联，但区分二者不同的作用很重要）。

3. 一个价值所处的时段距今天越远，其现值就越小。在公式（6.7）中，当 m 变得越来越大时，PV 就会变得越来越小。兑现需要等待的时间越长，人们就越不愿意在当前付出价值。

4. 机会成本越高，贴现率就越大，现值也就越小。在公式（6.7）中，当 r 变得越来越大时，PV 就会变得越来越小。

□ 6.2.2 真实价值和名义价值

截至目前，对于价值的计算都是基于名义价值进行的。我们已经清楚，在大部分情况下，应当用真实价值而不是用名义价值来引导经济决策。不过大多数金融工具都是以名义条款阐述的合约，那么应该如何用真实条款来对其进行思考呢？

现在，来考虑一个简单贷款的情形。你从朋友那里借了 100 美元，1 年后还他 105 美元。你所支付的借款利率是多少？显然是 5%。

通常，利率可以通过 $r_t = (FV_{t+1}/PV_t - 1)$ 这一公式计算，所以在你贷款那个例子中的利率为：

$$r_t = 105/100 - 1 = 5\%$$

为了进一步计算贷款的真实利率，我们通过类比，并用每笔数量的真实价值或者不变美元价值来替换名义价值。这样，就可以用下面的公式来表达真实利率：

$$rr_t = \frac{RFV_{t+1}}{RPV_t} - 1 \tag{6.8}$$

式中，字母 R 表示真实价值。回忆一下，当我们将任一名义数量换算成参考年份的美元值（参考年份为 0）时，我们是除以计算期年份的价格水平，并且乘以参考年份的价格水平（第 2 章 2.4.2 小节，以及"指南"，G.9）。现在把等式（6.8）中的每一真实量用对应的名义量代替，换算成不变美元就得到：

$$rr_t = \frac{FV_{t+1}\left(\frac{p_0}{p_{t+1}}\right)}{PV_t\left(\frac{p_0}{p_t}\right)} - 1 \tag{6.9}$$

约去基期价格水平，重新整理得到：

$$1 + rr_t = \frac{\dfrac{FV_{t+1}}{PV_t}}{\dfrac{p_{t+1}}{p_t}} \tag{6.9'}$$

等式（6.9′）右边的分子只不过是 1 加上名义利率的定义（$1+r_t$），而分母则等于 1 加上通胀率，即 $1+\hat{p}_{t+1}$。（注意隐含在下标中的时间选择。如果债券的购买时间是在 t，那么会对债券价值产生影响的应该是下一期的通胀率——即 $t+1$ 期的通胀率，因为债券的偿还时间是第 $t+1$ 期。）这样，就可以把公式（6.9）重新表达为：

$$1+rr_t=\frac{1+r_t}{1+\hat{p}_{t+1}} \tag{6.10}$$

或者：

$$1+r_t=(1+rr_t)(1+\hat{p}_{t+1}) \tag{6.10′}$$

现在再回头看上面贷款那个例子。假设整个贷款期间的通胀率是 2%，那么等式（6.10）表明真实利率为：

$$rr_t=\frac{1.05}{1.02}-1=2.94\%$$

一个有用的近似

上面这个计算是完全正确的，但在很多时候公式（6.10）的算法过于烦琐。为了方便起见，把公式（6.10′）右边的括号展开，得到：

$$1+r_t=(1+rr_t)(1+\hat{p}_{t+1})=1+rr_t+\hat{p}_{t+1}+rr_t(\hat{p}_{t+1}) \tag{6.11}$$

因为利率和通胀率的数值通常都较小，比 1 小得多（百分之几），所以利率和通胀率的乘积 $rr_t(\hat{p}_{t+1})$ 就更小，常常忽略不计。略去（6.11）的最后一项，再把等式两边各减去 1，就可以得到：

$$r_t\approx rr_t+\hat{p}_{t+1} \tag{6.11′}$$

或者：

$$rr_t\approx r_t-\hat{p}_{t+1} \tag{6.11″}$$

这样一来，我们就可以运用等式（6.11″）将你的那笔贷款的真实利率近似计算成 $rr_t=5\%-2\%=3\%$。[①]本来的精确值为 2.94%，因此误差为 0.06 个百分点（即真实值的 $0.06/2.94=2\%$）。在很多情况下，这种小误差都不会产生太大影响。不过，如果名义利率或通胀率的数值更大（或者两者都更大）一些，误差也会更大。在低通胀的经济形势下，可以放心使用该公式，而在高通胀的经济形势中，使用该公式计算出的数值则可能会带来误导，这时候还应当使用公式（6.10）进行计算。

事前真实利率与事后真实利率

在上述例子中，你的朋友还钱后，你可以看一下当时的 CPI（消费者价格指数）是多少，然后计算通胀以及真实利息率。在行动已经作出之后再去计算一些重要的数值总

---

① 还可以用另外一种方法推导公式（6.11′）。对公式两边取对数，得到 $\log(1+r_t)=\log(1+rr_t)+\log(1+\hat{p}_t)$。在 x 值较小的情况下，$\log(1+x)\approx x$（见"指南"，G.11.2），可以把公式重新表达为：$rt\approx rr_t+\hat{p}_t$，这样就和公式（6.13′）一致了。

是十分简单的，经济学中经常出现这种情况，这叫作**事后真实利率**。然而不幸的是，重要经济决策发生在你同意借钱给朋友之时，而不是在他还钱之后。你真正需要的是在作出决定采取任何行动之前的一些指导，因此你需要了解事前真实利率。

如果有水晶球可以精确地看到未来，那么事前真实利率和事后真实利率应该完全一样。不幸的是，谁也没有那样的水晶球，我们所能做的最多就是对未来的真实利率作出预期。事前（预期的）真实利率用上标 e 表示，则 $rr_t^e \approx r_t - \hat{p}_{t+1}^e$。相关的名义利率是借款合同中规定的市场利率，因此是确定已知的。唯一不确定的就是通胀率。目前的价格水平是已知的，但是人们只能通过预测来得出未来的价格水平。

现值计算公式全部都可以转换为真实形式。每一项以美元命名的名义数量都被换算成不变美元数量，每一名义收益都被换算成真实收益。一旦我们考虑到未来的未知事实，事前和事后的区分就显得十分重要。比如，等式（6.7）就能够转化为真实形式的事前现值表达式：

$$RPV_t = \frac{RFV_{t+m}^e}{(1+rr_t^e)^m} \tag{6.12}$$

式中，rr_t^e 表示从时间 t 开始的、在 m 个时期内被接受的预期的真实机会成本。可以通过调整现值计算公式来计算真实价值（事前值或事后值）。关键在于，不要把它们混为一谈。在使用真实或不变美元价值时，使用真实收益率作为贴现率（机会成本）。而在使用市场价值或名义价值时，使用市场收益率或名义收益率。

6.3 主要金融工具

如何把估价的一般原则运用到不同的金融工具上？表 6—1 和表 6—2 把金融工具划分成四大类，按所占的份额大小排序，分别是债务、其他金融工具、公司股权和货币工具（见表 6—2）。在其他金融工具类别中，所占比例最大的是养老金和人寿保险准备金，它们本身主要由债务、股权工具以及非公司企业的股权构成。所以，只要理解其他类别金融工具的估价，在一定程度上就可以理解所有金融工具的估价。

□ 6.3.1 债务

债务工具是一种付款承诺，也就是 IOU。所有的债务都是某种形式的贷款。有些债务能够反映出贷款期内借贷双方之间的直接关系，例如，普通的银行贷款（包括按揭贷款）和信用卡欠款。相反，债券是一种非个人形式的贷款，其中 IOU 可以很容易地在公开市场上买卖。① 通过表 6—2 和图 6—2，可以看出在 2009 年所有的金融工具中，贷款所占的份额为 14%，在所有债务工具中所占比重约为 40%。债券和贷款的情况类似，占所有金融资产的比重为 16%，占所有债务工具的比重为 44%。虽然公司股权（股票

---

① 近些年来，原始借款人也开始发售抵押贷款和其他贷款，这让贷款和债券的界限变得模糊起来。一些买家在市场上购买囤积贷款，并用这些贷款的现金流来偿还公开市场上发售的债券的本息。这一过程被称为证券化。在 2008—2009 年的金融危机中，大量抵押贷款无法被按时偿还，从而导致债券贬值。

或股份）在金融资产中所占份额和债务的份额类似（14%），但是债券市场所募集的新资金却是股票市场的4倍多。如此看来，汤姆·伍尔夫的小说《虚荣的篝火》（*Bonfire of the Vanities*）中的主人翁谢尔曼·麦考伊就确实是个值得同情的人。作为一名债券经纪人，他虽然号称自己是"整个宇宙的主人"，却在鸡尾酒会上得不到任何尊敬。在人们眼里，也许债券更强大，但是股票却更具吸引力。由于2009年经济危机，市场上新发行的债券只有很少一部分是企业债券，大部分都是政府公债。不过这种情况并不正常，在更一般的年份，公司债券的发行量超过市场新发行的股票。

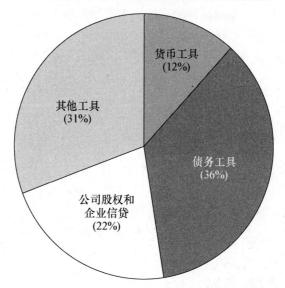

图6—2　2009年的金融资产构成饼状图

资料来源：Board of Governors of the Federal Reserve System, Flow of Funds, Quarterly Release Z.1。

什么是债券？

和其他债务一样，债券是一种IOU（借条）。由于所有的债务都可以由IOU表示，因此可以把债务都看成是债券。上一节举了朋友向你借款的例子，那里的未到期支票就是原始的债券。按揭贷款、信用卡贷款和一切形式的贷款都可以被看成是一种债券。不论IOU采取什么形式，其定价的原则都是一样的。不过，当我们使用"债券"一词时，一般指的都是在高度有组织的金融市场上交易的金融工具。从这个更有限的市场交易意义上看，可以把债券定义为以某种固定方式支付一定量货币流的承诺，这一承诺通常采取纸质证明或债券经纪人或政府账户账目的方式，并可以在公开市场上买卖。符合这一定义的金融工具多不胜数，名称也不一而足。其中包括以短期国库券、回购协议、商业票据、存款证明和银行承兑汇票为代表的短期金融工具，以中期国库券为代表的中期金融工具，以及以公司债券、长期国库券、地方债券为代表的长期债券。这些金融工具都存在着细节上的差别，关于这些差别可以在公司财务、财政学或者货币银行学的课程中学到。不过就其核心内容来说是相似的。

金融工具一般在有组织的市场上进行交易，特别是长期金融工具，也称**有价证券**。在美国，规范金融工具交易的政府机构被称为证券交易委员会（SEC）。短期金融工具市场通常被称为货币市场。金融专家们谈论货币或是现金时，一般指的都是在货币市场上交易的短期可增值的金融工具，而不是指纸币、硬币或是银行的支票账户存款。

一般来说，债券都是按照同一面值统一发行的，以便它们在市场上买卖。买卖的便捷性，即所谓的流动性，可以鼓励人们购买债券。

现代政府债券最初产生于 18 世纪中期的英国。在那之前，英国政府为了和欧洲大陆国家进行战争，曾向富裕的商人和地主发行过各式各样的债券，每一种债券的发行都经过单独协商，并基于不同的条件。后来，政府把这些债券合并，并同意替换为利率为 3％的永久债券（被称为统一公债）。因为这些债券的面值较小，中产阶级和富人们都买得起也乐意购买，因为他们知道在需要资金时，这些债券可以在公开市场上轻松地出售。

同样的原则也适用于目前的金融市场。很少有人愿意把自己的钱借给福特汽车公司或者联邦政府，不过他们可能会愿意购买福特公司和联邦政府的债券，因为他们知道，需要用钱时，他们可以为这些债券找到市场。

债券定价的方法

债券的价格只不过是其产生的未来收入流的现值而已。要计算其价格，关键在于要知道收入流和相关的机会成本。

大部分债券都是同一基本形式的变体。定义债券的几个关键因素包括：

● **面值 FV**（face value）：指债券到期兑付时的价格。当债券以纸质形式出现时（现在纸质形式已经越来越少），其面值也就是债权凭证上印制的数值。FV 既可以用来表示终值（future value），也可以用来表示面值，因为面值实际上就是债券兑付时的终值。

● **息票**（coupon 或 Cpn）：指的是向债券持有人定期（一般是一季度，半年或者一年）支付的直至到期日的债券利息。以前，债券凭证的边缘印有小标签，用以记录其兑付日期和数额。在兑付债券的时候，持有人会把息票撕下来，寄给发行人进行兑付。因此，那些靠金融资产吃饭而不用工作的有钱人有时被称为"剪息票的人"。

● **息票利率**：息票被表示成面值的一定百分比，即息票利率＝Cpn/FV。如果某一债券的面值为 5 000 美元，而每年所付的票息值为 400 美元，那么息票利率就为 400/5 000＝8％。息票利率是表示债券价值的另外一种方法。当人们支付了债券的面值之后，他们所获得的票息也就相当于其所得到的利息收益。

● **市值**或者**债券价格**（P_B）：指的是某一债券在即期市场上应得的实际价格。债券价格也就是其现值：$P_B＝PV$。

● **到期日**：指债券支付票面金额的日期。此时，债券对于发行者来说不再是负债，对持有者来说不再是资产。虽然到期日是一个日期，但是我们经常用变量 m 来表示到期时间，m 衡量的是债券到期所经历的时期数目。比如，一个 10 年期债券每半年兑付一次票息，那么从持有人购买债券的那一天算起，$m＝20$。债券到期日并不是一个固定的数值，而是会随着债券持有时间加长而变小。截至 2010 年，一个 1990 年发行的 30 年期限的债券的到期日就只有 10 年。

● **到期收益率**（r）：到期收益率是指在以当前市场价格购买的债券到期并按面值兑

付之后获得的报酬率。债券收益的获得有两种形式：以票息形式和面值超过购买价格的升水形式。到期收益率以购买价格的某一百分比表示。因为它是一种利息率，到期收益率用变量 r 表示，也就是市场利率的通常表示符号。到期收益率也是债券持有的机会成本。如果类似的金融工具能够产生更高的收益，没有人会购买债券。而如果债券的收益更高，没有人会购买其他金融工具。

构成债券合同的一部分的不同兑付金额（票息和票面价值）是在未来的不同时间获得的。要想求出现在的价格，就必须对每一份兑付金额求现值。比如，今天的时间为 $t=0$，4 年后票息值的现值就等于 $PV=Cpn/(1+r)^4$。7 年后兑付面值的现值就等于 $PV=Cpn/(1+r)^7$。

所以债券的价格也就是每一部分现值的和。[①] 因此，一般来说，m 期后偿还的债券，其价格可以用下面的公式进行计算：

$$p_B = PV = \frac{Cpn}{1+r} + \frac{Cpn}{(1+r)^2} + \frac{Cpn}{(1+r)^3} + \cdots + \frac{Cpn}{(1+r)^m} + \frac{FV}{(1+r)^m} \quad (6.13)$$

可以将公式进一步简化为：

$$p_B = PV = \left[\sum_{t=1}^{m} \frac{Cpn}{(1+r)^t} \right] + \frac{FV}{(1+r)^m} \quad (6.13')$$

这一公式在债券的每个部分都单独使用了公式（6.7）。假设前提是每期支付的票息值相同，且首次票息在第一期结束时支付。

债券的种类

通过公式（6.13'），可以很轻松地得到最普通的两种债券的定价方法。大多数长期政府债券或公司债券都是票息债券，使用公式（6.13'）可以精确地计算出其价格。

上一小节提到了短期国库券的定价。短期国库券是一种常见的**纯贴现**（或**零票息**）的例子。纯贴现债券并不支付票息。在公式（6.4'）中，令票息债券的 $Cpn=0$，并令 m 为债券到期日，就可以求出纯贴现债券的价格。比如，一年期短期国库券的价格为：

$$p_B = \frac{FV}{1+r} \quad (6.14)$$

最常见的纯贴现债券是短期国库券和商业票据，其偿还日期都在一年以内。但是近些年，二级市场的经销商已经把票息支付流和政府债券的面值分开出售。这些拆分后的债券被称为国库券 STRIPS。[②] 分割本金债券只有票面价值，所以也是按照纯贴现债券的方式来定价的。[③] 当类似债券的收益率为 5.5% 时，一份面值 5 000 美元，期限为 30 年的分割本金债券的售价为 $p_B=5\,000/(1.055)^{30}=1\,003.22$ 美元。一般来说，可以通过

---

① 在应用公式（6.4）时，利率（到期收益率）必须与票息支付的频率相当。如果票息是每年支付一次，那么利率也应当是年利率。如果票息是每半年支付一次，那么利率也应当是半年率：$r_{\text{semi-anna}} = r_{\text{annuaquarterly}}/2$。同样地，$r_{\text{quarterly}} = r_{\text{annual}}/4$，$r_{\text{monthly}} = r_{\text{annuaquarterly}}/12$。

② Strips 是 seperately traded registered interest and principal securities 的首字母缩写，其所反映的是把债券的本金和利息分割的过程，这一过程在口语中被称为拆券（stripping the bond）。

③ 本金指的是借贷的金额或需要偿还的贷款。

下面的公式来计算还款期为 m 的纯贴现债券的价格：

$$p_B = \frac{FV}{(1+r)^m} \qquad (6.15)$$

本章只介绍了几种最简单的债券，不过已经足够用来做宏观经济分析之用。关于债券更加详细的介绍，可以在金融学的课程中学到。

价格和收益

在之前的章节中，我们已经了解到，利率越高，一份资产的机会成本也就越大，其现值越小。这表明，债券价格和收益的运动方向是相反的。在公式（6.15）中，我们可以很明显地看出这个关系。当 r 不断增大时，p_B 则会变小。

例如，当类似资产的利率为 7.25% 时，一份价值 75 000 美元的一年期存款证明（纯贴现债券）的售价就可以用公式（6.15）计算：$p_B = 75\,000/(1.075) = 69\,767.44$ 美元。但是当利率升至 8% 时，其售价会更低，此时 $p_B = 75\,000/(1.08) = 69\,444.44$ 美元。

同样，可以用公式（6.15）来计算短期国库券的价格。当竞争利率为 9% 时，一份价值为 1 000 美元的 12 年期分割本金债券的价格就应该为：$p_B = 1\,000/(1.09)^{12} = 355.53$ 美元。但是当利率降至 8.75% 时，其售价则会增至 $p_B = 1\,000/(1.087\,5)^{12} = 365.47$ 美元。

这些例子都假设我们知道其他类似资产的收益率，并用这些收益率来计算债券的价格。当然，已知一份债券的售价，也可以计算出其到期收益率。通过公式（6.14）和（6.15），就可以求出 r 的值：

$$r = \frac{FV}{p_B} - 1 \qquad (6.16)$$

以及

$$r = \sqrt[m]{\frac{FV}{p_B}} - 1 \qquad (6.17)$$

在上面两个公式中，当 p_B 增加（或减少）时，r 的值就会下降（或增加）。所以，假如一份面值 1 000 美元的 1 年期国库券售价为 9 500 美元，通过公式（6.16）就可以计算出其收益率为 $r = (10\,000/9\,500) - 1 = 5.26\%$。当然，收益率的变化和价格的变化方向是相反的：如果价格上涨至 9 600 美元，那么收益率就会降至 $r = (10\,000/9\,600) - 1 = 4.17\%$。

同样，公式（6.17）也可以显示债券价格和收益率之间的反向变化关系。实际上，这种关系也可以运用到更加复杂的一般债券定价公式中。从等式（6.13'）中可以很容易看出，只要收益增加，债券价格就会下降，反之亦然。给定债券价格，计算收益率要更难一些，因为方程的解是一个 m 阶多项式。如果是二次方程，一个高中生就可以解出答案，但是高阶多项式并没有简单的一般公式求解。不过，借助电子表格软件和商业计算机可以轻松解出（见问题 6.23）。

债券价格和收益之间的反向变化关系至关重要，以颂歌形式对这个一般法则进行多次重复表述：价格涨，收益跌；价格跌，收益涨；收益涨，价格跌；收益跌，价格涨。

有时候，人们会对债券和收益的反向变化关系产生错误的理解，尤其是报社编辑和电视节目主播。我们经常听到记者这样说："今天，由于利率上涨，导致了债券价格的下跌。"其实它们之间的关系并不是因果关系，而是一种定义性关系。给定某一债券的面值、票息结构和到期日，如果知道价格，就可以计算出其收益率；同样，如果知道收益率，也就可以算出其价格。其实债券的价格和收益率只不过是同一个信息的不同表达方式而已。利率上涨并不会导致债券价格下跌，利率上涨与债券价格下跌是同一回事。

一个纯贴现债券的售价总是比其面值要低，至少不会超过面值。如果不是这样的话，债券就不会获得正收益。票息债券的情况则更加复杂。假设一个两年期票息债券的面值为 1 000 美元，票息率为每年 5%。该债券的票息就为 50 美元（$FV \times$ 票息率 = 1 000 美元 $\times$ 0.05）。如果某一类似的竞争性资产的收益率为 7%，那么该债券的价格应当为 $p_B = 50/(1.07) + 50/(1.07^2) + 1\,000/(1.07^2) = 963.84$ 美元，也就是说该债券是按照其面值折价销售的。

如果竞争性资产的收益率下降到 4% 会怎样呢？此时，$p_B = 50/(1.04) + 50/(1.04)^2 + 1\,000/(1.04)^2 = 1\,018.86$ 美元。此时该债券是按照面值溢价销售的。那么，这是否意味着其违反了现值必须要小于终值的规律呢？

当然不是。请注意，在该笔资金流的每单笔流动（票息和面值）中，都遵循了现值小于终值的规律。它们的现值分别是：48.08 美元，46.23 美元，924.56 美元。那为什么部分的和会比面值要大呢？考虑一下，如果把这一票面价值放进银行储蓄的话，每年得到利率为 4% 的利息，会产生什么收入流？存入银行，每年可以得到 40 美元的利息，而购买债券每年可以得到 50 美元的收益。这样一来，购买者应该愿意花费更多的钱（即愿为溢价支付）以获得更高的收入流。

当收益率比票息率高时，债券以折价方式出售，这也是基于同样的道理。当年利率为 7% 时，一笔 1 000 美元的银行存款每年会产生 70 美元的利息。而债券每年带来的收益却只有 40 美元*。所以，收益率上的差别必须由面值超过买价的差额来弥补。这一点和纯贴现债券是一样的。

还有一种特殊情况，那就是债券的收益率和类似的竞争性资产的收益率完全一致。此时，债券的价格和其面值是完全一样的。可以用下面的法则来总结上述关系：收益率等于票息率，债券以面值发售（即平价发行）；收益率高于票息率，债券折价发售；收益率小于票息率，债券溢价发售。

□ 6.3.2 货币

在美国，货币工具（包括国内外）只占全部金融工具的很少一部分。2008 年，这一比率仅约为 13%。而如果把货币的定义进一步限定为通货和支票账户存款，这个比例还会进一步下降为 2%。不过，我们已经知道，货币之所以重要，不仅仅因为它是计价单位，能够促进大量交易，还因为其是许多金融交易链上的最后一环。

历史上，大部分国家的货币都是由金银来扮演的。美国在 1933 年废除了国内的金本位制，并在 1973 年脱离国际金本位制。1964 年之前，大部分美国硬币依然是银质的，而纸币只不过是兑换银币的凭证而已。金银度量衡是商品货币的例子。相比之下，

---

* 应为 50 美元。——译者注

应用中级宏观经济学

美元和今天的大部分纸币则是一种法定货币。纸币之所以会成为货币是因为政府规定其为法币，这意味着，如果一笔债务的数值由一定量的美元来计量的话，那么债务双方就必须接受美元作为最终的支付手段。

很容易理解为什么商品货币是有价值的。因为作为货币的商品具有各种不同用途。金子可以用来制作首饰、芯片，银则可以用来制作首饰、餐具和电影胶片。金银还有很多其他用途。尽管存在将旧纸币变成五彩纸屑以作为隔热材料或作为新奇的礼物（"1 000 美元装在一大罐里只卖 4.99 美元！"）这一事实，但法定货币本身几乎没有内在价值。它之所以有价值，部分是因为其供应量少，部分因为每个人都认为它具有价值。

刚果（原名扎伊尔）内战可以说明法定货币价值的自我强化本质。刚果叛军在推翻政府后，废除了原来的法定货币，发行了新的法定货币。叛军大量印制新货币以支付各种费用。结果新货币急剧贬值，很多人在交易中只接受已废除的货币作为法定货币，因为毕竟被废止的货币供给有限，而且人们对其熟悉。

在维护法定货币的价值上，政府扮演着重要角色。与刚果叛乱政府的做法截然相反的是，政府要想维持法定货币的价值，就必须限制货币供给，不让它随着人们现金支付需要的增加而成比例增加。政府还会通过其他手段来维持法定货币的价值，比如，用该法币或者用可以直接兑现为该法币的资产来向债权人偿还债务，以及要求公民用法币来缴纳税收。

现金支付是人们最熟悉的一种最终支付手段。另外一种最终支付手段也很重要，它就是中央银行准备金（见 6.1.1 节）。中央银行准备金的价值是和货币的价值紧密联系在一起的，美联储随时准备用准备金换取货币或用货币换取准备金。当商业银行需要把自己的 ATM 机里装满现金时，它就从自己在中央银行的账户中取出现金，就像你从自己本地的银行账户中取钱一样。一个差别在于，它的钱一般是用运钞车押运的。

紧接着大萧条之后，美国的金融机构经历了一系列改革，此后的很多年里，法律禁止金融机构向支票账户存款支付利息。虽然这一法规已经不存在，但是很多银行依然不向支票账户存款支付利息。很多储户认为，账户所提供的交易服务足以弥补这一损失。不过，其他支票账户存款、定期存款、储蓄存款以及货币市场共同基金是支付利息的。那些常被人们视为货币工具的金融资产通常具有两个属性：第一，它们或者根据需求转换成货币，或者根据相对较短的提前告知转换成货币。第二，它们是安全的资本。这一点和折价债券不同。折价债券是通过价格低于面值隐含地支付利息的，而货币工具始终以票面价值销售，而且任何利息的支付都是明明白白的。

不同的金融工具或多或少都履行货币的传统职能，很难在货币和非货币之间画一条分界线。事实上，美联储关于货币有三种不同的定义，或者正如它们的官方称谓的那样，具有三种不同的货币总量。其中最狭义的定义只关注拥有最终支付手段的资产：**基础货币**（MB）等于非银行公众手中的通货加央行准备金。另一种定义关注的是可被非银行社会公众所持有的和用作支付手段的资产，或者能够快速地转换成那些支付起来不十分方便的资产。最狭义的定义被称为 M1，M1 等于非银行社会公众手中的通货＋支票存款＋旅行支票。表 6—3 给出了基础货币 M1 和货币总量 M2 的定义。货币银行学或者金融经济学的课程中将详细研究这些定义及其用途。

表 6—3　　　　　　　　　　　　美联储的货币总量

货币总量	定义	2009 年 12 月 31 日的货币量（单位：10 亿美元）
基础货币（MB）	＝存款机构的准备金（包括美联储的准备金余额和国库现金）＋非银行社会公众持有的货币	2 075.4
M1	＝非银行社会公众持有的货币＋旅行支票＋非银行社会公众持有的活期存款＋其他支票存款	1 696.4
M2	＝M1＋储蓄存款（包括货币市场存款账户）＋小面额定期存款（少于 100 000 美元）＋零售货币市场共同基金［M2 不包括免税退休账户资金］	8 543.9

资料来源：联邦储备委员会。

在后面的章节中，我们只涉及基础货币，以及在较小的程度上涉及 M1。[1]

□ 6.3.3　股本

何为股票？

　　公司股本（又称为股票和股份）是公司所有者权益的一部分。**公司**是一个重要的合法架构，其中公司的所有者、股东只对公司承担有限责任。这意味着，股东只以自己拥有的股份数量来对公司的行为负责。因此，假如公司破产，公司股票变得一文不值，股东就会失去自己的股本。虽然公司的债权人能够通过没收公司的资本和金融资产以便追回自己的损失，但他们对股东的房屋、汽车或者其他资产并无索取权。

　　股份不是债务，而是一种企业净资产的索取权。拥有股份就拥有了对公司董事、公司的高级管理层以及公司的某些法律架构问题进行投票的权利。不过，大部分股东并不参加公司的年会，也不直接行使投票权。他们把自己的投票权委托给管理层，有时也委托给希望取代或重组目前管理层的群体，但是这种情况并不多见。投票权之所以重要，不是因为这一权利经常被行使，而是因为经常存在这样一种威胁，即当公司管理层不能让股东们满意时，后者就会行使投票权来否决管理层。因为拥有否决权，不满意的股东可以用两种方式来约束公司管理层：或者直接通过投票，或者把自己的股份卖给那些希望改变管理决策的买家。

　　公司获取利润。公司的这些利润可能被用来增加资本储备或者增加公司的金融资产，这被称为留存收益；利润也可以按照股东持有股票的份额，以红利的形式分配给股东。大多数股票都是普通股，持有这种股票的股东有完全投票权，却不享有特殊的红利支付。有时候，公司还会发行优先股，持有这种股票的股东拥有优先分红权，但是在投票权上受到一定限制。优先股就像是普通股票和企业债券的中间物。

股票定价的方法

　　原则上说，每一股份的价值等于公司的现值除以其公开上市的股票的数量（N）。

---

　　[1]　从历史的角度来看，表 6—3 中的数据是不寻常的。在表中，基础货币的量要大于 M1 的量，而一般来说情况应该相反。原因是，为了应对 2008—2009 年间的金融危机，美联储采取了名为"量化宽松"的计划，即向各家银行提供大量的中央银行准备金（见第 16 章表 16—1），而准备金又属于基础货币的一部分。一般来说，银行会借出超过存款准备金标准部分的准备金来创造存款，所以 M1 的量一般超过准备金的量（见第 16 章附录 16.A.2 部分）。但是在经济危机时期，银行更愿意自己持有准备金来保障自己的偿还能力。

公司的现值则取决于公司的预期利润收入（Π_t^e）。同样，金融市场上不存在可以预测未来的水晶球（经济学家也没有），所以没有人知道公司未来能在市场上得到多少利润。最多我们只能基于已有的知识进行猜测。

理想状态下，股票的价格（p_s）应当遵从下列现值计算公式：

$$p_s = (1/N)\left[\sum_{t=1}^{\infty} \frac{\Pi_t^e}{(1+r)^t}\right] \tag{6.18}$$

方括号中的算式表示的是公司的现值：把公司在未来每一时期的预期利润进行适当贴现后加总求和，然后再乘以 $1/N$ 就可以算出每股的价值。

虽然股票价格公式和债券价格公式很相似，但还是存在一些差别。首先，与公式（6.13'）中将固定时期（m）内的报酬加总求和不同，这里是将无限期的报酬进行加总求和。这并非假设公司会永远存续下去，而是因为不知道它会在什么时候破产倒闭。[①] 无论在何种情况下，当时间值 t 不断增大时，贴现因子 $(1+r)^t$ 也会变得越大，如此一来，即使是在不太遥远的将来所获得的利润，其对股票价格也只有很小的贡献。比如，当利率为 5％ 时，未来 30 年后的 1 美元只值 23 美分（$=1/(1.05)^{30}$），而未来 100 年后，其现值将不到 1 美分。所以，忽略遥远未来的报酬并不会造成多少损失。[②]

第二点差别是，债券的未来收入流是已知的，而股票的未来收益只是预期的。当然，不能绝对肯定债券一定会支付借款合同规定的金额，但至少还款承诺写得清清楚楚。如果市场预期债券存在偿还风险，债券的市场需求量就会降低，市场价格也会走低，而到期收益率则将相应提高。但是我们无法事先计算出股票收益，因为股票的发行人并没有承诺确定的收益。我们只知道，如果股票发行公司能够盈利并分配红利的话，每只股票都会得到均等的收益。

由于股票发行公司未来的收益情况无法确定，因此，人们对于公司未来前景的判断变化就很容易引发股票价格的变动。比如说，一家制药公司研制了一种新型抗癌药物，那么市场就会上调对于该公司未来收益的预期。根据公式（6.18），可以看出这会导致公司股价上涨。

相反的情况同样会出现。2004 年 9 月 30 日，默克制药公司宣布，由于存在危险的副作用，公司的畅销药物 Vioxx arthritis（一种治疗关节炎的药物）将被撤市。当天，默克公司的股价就从每股 45 美元跌至不足 35 美元，之后几天公司股价继续下跌至不足 27 美元。这是市场对公司有关将来而非现期的收益和成本的决策可能引发的后果的一种反应。

同样，未来利润的重要性也可以用来解释，为什么很多公司刚刚开办，甚至还没有

---

① 一些企业或是自行消亡，或是被其他企业兼并。不过总有一些企业的存续时间很长。目前，存续时间最长的企业是日本建筑企业金刚组株式会社，这是一家成立于公元 578 年专注于庙宇建筑的家族企业。其他历史悠久的企业还包括：成立于 1189 年的英格兰费佛宜牡蛎养殖企业，成立于 1288 年的瑞典造纸商 Stora Enso。最早以持股形式出现的企业也许是成立于 1670 年的哈德逊湾企业，这家贸易企业曾是加拿大主要领土面积（大约占世界全部领土面积的 10％）的拥有者。现在哈德逊湾企业经营百货业务。

② 当然，计算未来无限期间的收益额现值是可以实现的，条件是每一期现值都比上一期要小，且序列值最终向一个确定值方向发展。在第 13 章 13.1.4 节就列举了一个求无限收敛序列值的例子。

一分钱的利润，却拥有非常高的股价。

股票价格和收益

计算债券的事前收益相对简单，因为我们假设债券会在承诺的时间内全额支付票息和面值。对于股票而言，知道实际利润和价格之后，计算收益虽然也十分简单，但要计算事前的股票收益却十分困难。任何一个股票市场分析家、经济学家或股民赋予一只股票的收益取决于每个人对未来利润所持有的预期，而这些预期事先都是无法知道的。不过，有一些标准可以作为股票收益的指标，被金融出版物广泛引用。

一个普遍的衡量标准就是股息（或红利）收益率，被定义为每年支付的股息与股票价格的比率。股息收益率类似于利息率，但是这种看法具有高度误导性。公司不需要把全部利润拿出来作为红利支付。它可能选择使用留存收益进行自身的实物资本投资，或者购买金融资产以使股东将来获得更好的回报。

实际上，税收法规不鼓励公司支付股息。公司利润是要被征税的。在公司缴纳过公司所得税之后，如果公司以股息形式分配利润，就会被再征一次个人所得税。为了避免重复征税，公司一般只派发很少的股息，或者根本不派发股息。在一些极端案例中，一些公司收益极高，但不派发任何股息。

不过，即使公司不派发或派发很少的股息，股民依然可以从股票中获利。根据公式（6.18），可以看出当公司的利润值上涨时，股价也会上涨。这样，以低价买进、高价卖出的人就能从中获取差价，这个差价被称为**资本利得**。[①] 只有在股票持有人卖出所持股票时（称为资本利得的实现），资本利得才会被课税。不过，资本利得的税率要比普通收入的税率低得多。股民对资本利得的偏爱意味着，人们可能把股息收益率误当作衡量股票收益率的一种标准。

衡量股票价格另一个稍好一点的方法考虑到了所有的利润（也称作盈利），包括股息和留存利润。盈利与股价的比率可以大体衡量股票的收益。财经出版物经常提及的是**盈利/价格比率的倒数**，也就是所谓的价格/盈利比率，或 **P/E 比率**。比如，如果一个公司在每股价格 34.50 美元时获得每股 2.3 美元的收益，那么该公司的盈利/价格比率便是 6.67%，而 P/E 比率则为 15（＝1/0.067）。

虽然用盈利/价格比率衡量股票收益比股息收益率要更加合理，但这仍然并不完美。比如，一家刚刚起步还没有盈利的公司就很有可能被人们预期会在未来具有很高的利润。虽然这家公司的盈利/价格比率为 0，但是根据公式（6.18），其股价仍然很高。

公式（6.18）是对股价的一种理想表达。经营公司的目的在于为股东赢得利润，而公式（6.18）正是把股价和这一目标结合在了一起。那些影响公司未来收益前景的因素，可以称之为基本面。股价是多变的，主要原因在于人们对于一个公司基本面的评判在不断变化。股价取决于未来收益预期，而预期在快速变化。影响这些预期的新闻一旦出现，很快就会被市场交易者吸收。

其他一些非基本面因素也很重要。比如，股市上的一些参与者预期未来收益会提

[①] 在这里，"资本"的含义与企业财务中"资本"一词的含义是相同的，指债券或者净值，而不是宏观经济学中一般的物质生产方式的含义。

高，于是抬高股票价格。由于乐观交易者的非理性繁荣（这里借用格林斯潘的名言），其他交易者即使不认同基本面的判断，也会对股价作出上涨预期。出于对资本利得的期盼，交易者纷纷购入股票，而他们的需求本身又推动了股价的上涨。这种预期并不是建立在基本面的基础之上，而是基于一种自我实现的预言。当股票和其他资产的价格由于基本面之外的原因上涨时，我们就说市场经历了一次**泡沫**。金融资产和实物资产价格的上涨与基本面不成比例，历史上这样的例子数不胜数。最著名的例子大概要数郁金香狂潮和南海泡沫了。

在 17 世纪中叶的荷兰，郁金香受到人们的追捧。一些郁金香球茎可以卖到好几百美元，而罕见的球茎甚至超过 20 000 美元。然而，1637 年郁金香价格突然暴跌。这一故事的普遍结论是，那些以高价买进郁金香并希望以更高价格出售的交易者纷纷破产，但支持这一观点的证据一直存在争议。[①]

南海公司是一家成立于 1711 年的贸易公司，当时人们预期，该公司将垄断英国和西属美洲之间的贸易，并从中获利。但事实却并非如此。1720 年，南海公司参与了英国政府债务的融资，这一事件引发人们疯狂交易该公司的股票。几个月内，该公司的股价从每股 100 英镑涨到了 1 000 英镑。然而，同年 9 月该公司股价大跌，很多股民纷纷破产。瞬间暴跌是市场泡沫的一大特点，因为维持高价格的是人们对资本利得的预期，而这种预期并非建立在基本面基础上。如果有人相信股价会下跌，那么最佳策略是迅速卖掉手中的股票，当然，这样会引发所担忧的股价大幅下跌。资本损失和资本利得都源于一种自我实现的预期。

在最近的 20 世纪 80 年代，日本的股票市场和房地产市场也经历了不同寻常的增长。从 20 世纪 90 年代中期开始，美国的房价也迅速增长（从 20 世纪 90 年代末期到 2001 年的衰退期）。从 2005 年左右到 2008 年的衰退和金融崩溃，美国房价再次上涨。P/E 比率也飙升到了前所未有的高度，因为美国股价远远超过收益，但是在 2000 年，美国股市迅速下跌，经过急剧上升后在 2008 年再次极速下跌。这两个时期普遍被认为是市场的泡沫。2000 年市场崩盘前的极速增长一般被人们称为 dot.com 泡沫，因为这一增长中涉及的多为与互联网泡沫有关的科技股。2008—2009 年间的金融崩溃则普遍被视为大萧条以来最严重的经济危机，这场危机与房地产市场有直接联系。房价增速的回落和抵押贷款利率的上涨导致人们无法按时偿还抵押贷款，并进一步导致一系列以抵押贷款为基础的证券价格的崩盘。很多持有大量此类证券的金融机构面临破产。一些机构最终破产，另外一些或得到美联储和财政部的救援，或被更强大的金融机构接管。

即便如此，仍然无法确定资产价格的上涨是真正的泡沫，还是由于人们对基本面的乐观估计。一些经济学家认为，所有著名经济泡沫的例子里，泡沫被吹上了天，然后破裂，其实都是对基本面激进评估的结果，这与默克公司的例子没有本质区别。默克公司*生产的万络消炎药被发现对心脏有损害，此消息一出，立刻引发默克公司股票价格急剧下跌。显然，关于默克的新闻是一个基本面因素。

---

① See Peter M. Garber, *Famous First Bubbles：The Fundamentals of Early Manias*, Cambridge, MA：MIT Press, 2001.

* 德国著名化学公司。——译者注

股市指数

市场上有成千上万种个股。有些在有组织的市场上进行交易,比如在纽约证交所、美国证交所或者纳斯达克全国证券交易商自动报价系统协会(NASDAQ)。而对于其他小公司或股东人数有限的公司,它们的股票则只在私下交易。宏观经济学家们更关心的是股票价格的共同变化,而不是某只个股的命运。关于实物资产的价格指数,有消费者价格指数(CPI)和生产者价格指数(PPI)这样的指标来衡量总量变化。同样,也有很多不同的指标用来反映股票价格,其中最著名的指标莫过于道琼斯工业股票平均指数。1896 年,查尔斯·道开始发布 12 个工业公司的平均股票价格。多年以后,道琼斯指数所统计的公司数量已经达到了 30 个。有的新公司被加进来,也有的公司被剔除出去。道琼斯指数的精确计算方法也发生了改变。现在,道琼斯指数也计算反映交通运输公司和公用事业公司股价的平均指标。

除了道琼斯指数外,还有很多著名和不太著名的股票指数。其中最重要的有发布美国 500 家大公司股价的标准普尔 500 指数,发布纽约证交所内所有挂牌股票的纽约证券交易所综合指数,以及发布 2 000 家小公司股票指数的罗塞尔 2 000 指数。

6.4 金融市场和总需求

在本章的大部分章节中,我们都在学习金融市场如何运作,以及如何通过利率所反映的机会成本来衡量金融工具的价值。不过,要想了解货币和金融市场在宏观经济中的作用,这只是第一步。显然,各种利率是关键变量。我们必须进一步了解是什么决定了这些利率,以及这些利率如何表现。这些内容将在第 7 章中讲述。我们还需要了解利率和金融资产的供求如何影响总需求。虽然这是本书后面大部分章节的主题,但是有必要在这里简单介绍一下。

我们已经知道,总需求是投资、消费、净出口以及政府在商品和服务上支出的总和。我们依次思考一下这些因素中的每一个与金融市场、收益率之间的相互作用。

● **投资**。如果只要企业愿意付出代价,企业就总是能够免费地借款的话,那么投资就会变成一个理论上十分简单的选择:哪个挣得多?是通过投资所购买的资本商品,还是作为一种替代性选择所购买的金融工具呢?其实,这就是一个关于机会成本的问题。当机会成本也就是相关利率较高时,公司更有可能买进金融工具;而当机会成本较低时,公司更有可能买进资本商品。但是,如果公司不能免费借款——例如,银行担心公司破产,即使利率很高,银行也只愿意借出有限数量的钱——这样,公司的投资可能也会受到限制。那么,一旦银行或政府方面的政策发生变化,可借资金量增加(增加金融工具的供给量),那么投资水平和总需求量也会随之增加。这一点在本书的第 13、第14、第 16、第 17 章中还会提到。

● **消费**。人们通常希望其消费模式大大不同于其收入模式。人们可能在年轻时想要花更多的钱(比如支付大学学费),但只是在年纪较大的时候挣钱才更多。或者,人们可能想要相对稳定的消费,即便他们的收入逐月或逐年发生变化。和公司投资一样,如果人们能够免费借入借出的话,他们可以在自己收入相对较少的时候借入钱,在收入相对较高的时候偿还这些钱。利率会影响消费，因为这正是借钱付出的代价。但是，和公司一样，很多消费者发现，即使他们愿意付出代价，也不能想借多少就借多少。在这种情况下，可以借到的资金数量（相应的金融工具的供给，比如信用卡借款）就会决定人们今天是否可以随心所欲地消费。这些问题将在第 14 章中讨论。

- **净出口**。当美国的国际收支出现赤字时，外国人获得了美国的金融工具。如果在将美国利率和他们本国利率进行比较后，这些外国人仍愿意继续持有刚取得的资产，这样的局面可以持续下去。但是，如果他们觉得美国的利率太低，那么他们就会试图出售这些资产，从而使这些资产的价格下降（即使得美国利率提高），同时使汇率贬值。直到每个人都对自己的投资组合满意之后，这一过程才会停止。资产交易情况的变化会导致美国进口价格上升、出口价格下降，并最终减少美国的国际收支赤字（关于国际收支，本书将在第 8 章中讨论）。

- **政府支出**。当政府出现预算赤字时，政府必须通过发行债券来弥补。债券供给的增加会导致债券价格的下降（提高债券的利息率）。因为经济中的其他当事人可以购买这些政府债券，更高的债券利率对于其他实物资产和金融资产来说就意味着更高的机会成本。所以，政府赤字可能影响到投资、消费和净出口，并可能影响到经济领域内与之关系不那么直接的投资组合调整。政府财政政策在第 17 章中讨论。

除了偶然发生的效应外，政府有时可能有意使用金融系统来影响总需求的构成。它可能会在选择财政政策时同时注意其对利率变化的影响。更直接的是，它可以采取货币政策，通过买卖金融资产来改变相对需求和供给，从而改变不同金融工具的利息率，并达到改变总需求的目标。货币政策将在本书的第 7 和第 16 章中予以讨论。

▌ 本章小结

1. 所有实物商品和服务的流动（最终产品、中间产品和生产要素）与反方向的货币流相匹配。

2. 金融市场把储蓄者（资金的最终来源）和借款者（资金的最终使用者）联系在一起。货币从资金来源流向资金运用，并且与代表使用者债务的金融工具的反向流动相匹配。

3. 货币可以作为金融工具，其他金融资产在不同程度上也可以。货币可以作为交易手段、计价单位、价值贮藏和最终支付手段。

4. 中央银行（在美国是美联储）是银行的银行。中央银行所持有的资金被称为央行准备金，央行准备金具有结算不同银行间债务的职能，是一种最终支付手段。

5. 金融中介是一种企业，其业务就是买卖金融资产，并充当联系资金的持有者和使用者的部分角色。

6. 资金流量账户记录了经济中不同部门之间的金融往来。

7. 金融财富以金融工具的形式出现。其与实物财富（可以提供持久使用价值的有形资产和无形资产）的不同之处在于，对于每一笔正值持有（信用或资产），经济体中都有同样价值的负值持有（债务或者责任）与之相对应。所以，在整个经济中（包括外国部门），金融财富的总和为 0。

8. 会计基本恒等式为：资产≡负债＋净资产。等式有不同的表达方式，其中包括资产负债表和 T 形账户。会计基本恒等式是复式簿记系统的基础。复式记账法中的"复式"一词表示资产负债表中任何变化必须伴随其他变化，以使等式两端保持平衡。

9. 对于每一个部门来说，资金的流动要么导致财富增加（获得的金融资产净增加），要么导致财富持有方式的变化（资产组合的重新分配）。把经济中所有部门加在一起，只有实物资产的增加值才会导致经济中净资产的增加（也就是说，对于包括国外部门的整个经济体而言，金融资产不会净增加）。

10. 相似性和替代性原则表明，如果两种商品极其相似，可以互相替代的话，那么它们的价值相等。所以，相同的金融工具也必定具有相同的价值，知道其中一种的价值，就能知道另外一种的价值。

11. 为所作的选择而放弃的其他选择中最佳选择的成本就是机会成本。一个金融资产的机会成本可以用与之相关的可替换资产的收益率或者利息率来衡量。

12. 一个终值（FV）的现值（PV）是将要施加在替代性资产上的一笔货币量，该资产的收益率（r）衡量的是带来相同终值的机会成本。对于未来 m 期的现值而言：$PV=FV/(1+r)^m$。

13. 实际利率是票面（市场）利率经通货膨胀率调整后的值，接近值为：$rr \approx r - \hat{p}$。预期实际利率减去的是预期通货膨胀率，而事后实际利率减去的则是实际通货膨胀率。

14. 债券是一种可以在金融市场上买卖的固定格式的欠条。可以通过发行者（政府或者企业）和结构（票息、票面价值和到期时间）来区分不同债券。

15. 债券的价格就是债券的现值。根据现值计算公式，债券的价格和收益率总是朝着相反的方向变动。

16. 货币的形式有实物货币（比如金银）和法定货币两种。法定货币是指专为交易使用的金融工具。货币不同的官方定义包括不同的货币工具。在美国，货币的定义有三种。一是最狭义的货币，即基础货币（通货和央行准备金）；二是 M1（通货加活期存款）；三是 M2（其定义更加广泛，包括各种短期有息保本金融工具）。

17. 企业证券（股票或股份）是可以在金融市场上买卖的企业所有权。企业证券的价值由人们对企业未来盈利的现值预期来决定。有时候，人们会按照一种自我实现的预期来给证券定价，此时股票价格就会上涨（产生泡沫）。

关键概念

金融市场	投资组合重组	金融工具
相似性原则和替换性原则	货币工具	机会成本
欲望的双重一致性	收益率（利息率）	中央银行
现值	联邦储备系统	事后真实利息率
央行储备	事前（预期的）真实利息率	金融中介
债券	资金流	货币市场
资金流量表	流动性	实物财富
到期收益率	资产	商品货币
负债	法定货币	金融财富
货币总量	净值	基础货币
会计基础恒等式	公司股本（或股票，或股份）	复式簿记系统
基本面因素	净增金融资产	泡沫

延伸阅读建议

一些参考资料来源：

Stephen D. Smith and Raymond E. Spudeck, *Interest Rate: Principles and Applications*, New

York：Harcourt Brace，1993

Marcia Stigum and Anthony Crescenzi，*The Money Market*，4th ed，New York：McGraw-Hill，2007

Introduction to Flow of Funds，Washington，DC：Board of Governors of the Federal Reserve System，1980

关于金融市场的历史背景知识，请参见：

Peter L. Bernstein，*Capital Ideas：The Improbable Origins of Modern Wall Street*，New York：Free Press，1993

关于金融市场泡沫的讨论已经持续了超过150年，具体情况请参见：

Charles MacKay，*Extraordinary Popular Delusions and the Madness of Crowds*，1841

Charles P. Kindleberger，*Manias，Panics，and Crashes：A History of Financial Crises*，4th edition，New York：Wiley，2000

Peter M. Garber，*Famous First Bubbles：The Fundamentals of Early Manias*，Cambridge，MA：MIT Press，2001

Robert J. Schiller，*Irrationals Exuberance*，2nd Edition，Princeton：Princeton University Press，2005

George A. Akerlof and Robert J. Schiller，*Animal Spirits*，*How Human Psychology Drives the Economy*，*and Why It matters For Global Capitalism*，Princeton：Princeton University Press，2009

课后练习

本练习的数据资料可以在本书网站（appliedmacroeconomics.com）第6章的链接中找到。在做练习之前，学生应当复习一下"指南"G. 1～G. 4以及G. 10～G. 11的相关部分。

问题6.1 假设你花12 000美元购买一辆车。考虑一下，采用不同方式支付会对资产负债表产生什么影响？（用T形账户作答，用＋、－表示数额变化、金额值和工具类型以及所使用的货币工具，例如，"＋1 800美元股票"或者"－500美元信用卡贷款"。）采用以下几种支付方式分别会对你的资产负债表产生什么样的影响（记住资产负债表的两端必须相等）？

（a）从信用合作社借钱；

（b）用自己的银行账户支票支付；

（c）从共同基金中提取2 000美元，并用信用卡透支10 000美元；

（d）通过抽奖赢得了一辆车。

问题6.2 上题中，购车对金融中介机构的资产负债表会产生怎样的影响？如果你的购车资金来源方式分别是以下几种，那么问题6.1中金融中介机构的T形账户会出现哪些变化？

（a）资金来源于借款协会的额外储蓄；

（b）通过存款证明从银行提取12 000美元（即带有利息的银行欠条）；

（c）资金一部分来自银行准备金，一部分通过出售短期国库券来自共同基金。

问题6.3 接问题6.1。假如你从父亲那里借了12 000美元买车，而你父亲的钱是从他的活期存款账户中支取的，那么你的购车行为会对你和你父亲的T形账户分别造成什么影响？如果把你和你父亲的账户看成一个家庭账户，那么你的家庭T形账户又会产生什么样的变化？

问题6.4 请思考不同金融市场中不同参与者的经济活动。制作一个T形账户，在账户中适当的地方填上可能作为下列项目的资产或债务形式出现的实物商品和金融工具：

（a）家庭；

（b）非金融企业（比如福特汽车企业）；

（c）银行。

问题 6.5　列举出三种不同类型的金融中介机构，并解释这些机构一般是从何处筹集资金的（它们的资金从何处来），且一般会把资金借给哪些人和机构使用（这些资金的使用者是谁）。说明每个金融中介机构不同于其他金融机构的特点。

问题 6.6　设想一个类似表 6—1 那样的资金流量表，该表所反映的年份是 2010 年。假设在这一年，联邦政府出现了 5 000 亿美元的赤字。如果联邦政府通过以下几种方式来弥补赤字，赤字将会在表中以什么样的方式体现出来？（也就是说，哪些条目会发生变化？变化了多少？给出该条目的列数和行数。）

（a）由国外个人或机构购买美国政府债券；

（b）共同基金持有家庭的新增储蓄，而共同基金又购买了美国政府债券。

如果题目中的信息不够详细，难以准确说明情况，请指出能用其他什么方式来说明。

问题 6.7　以表 6—2 为起点，针对表 6—6 中的每一种情况，说明 2010 年的资产负债表发生了怎样的变化（指出列数和行数，以及每个条目可能会发生变化的数额）。如果问题中的信息不足以说明情况，请指出能用其他什么方式来说明。

问题 6.8　假如你赚了 100 美元，并决定把这些钱存进自己的无息活期账户中。考虑一下你所处的实际情况，估算你这一行为的机会成本是多少。

问题 6.9　使用电子表格软件，计算 1 美元在不同条件下的现值。期数为从现在（0 年）到未来的 100 年，贴现率分别为 0，1%，5%，10%。把计算结果用一个图表呈现出来。关于现值与下列条件之间的关系，你能得出什么结论？

（i）获得收益的未来某个时间；

（ii）贴现率。

请联系图表进行评论。

问题 6.10　用精确值公式和近似值公式分别计算下面几种情况的实际利率：

（a）市场利率为 7%，通胀率为 2%；

（b）市场利率为 35%，通胀率为 29%；

（c）市场利率为 4%，通胀率为 2%；

（d）市场利率为 24%，通胀率为 2%。

根据计算结果，试评价什么时候适合使用精确值公式，什么时候适合使用近似值公式。

问题 6.11　用精确值公式和近似值公式计算下面几种情况下的市场利率。

（a）实际利率为 2%，通胀率为 3%；

（b）实际利率为 2%，通胀率为 14%；

（c）实际利率为 10%，通胀率为 3%；

（d）实际利率为 3%，通胀率为 6%。

问题 6.12　用精确值公式和近似值公式计算下面几种情况下的通胀率。

（a）实际利率为 4%，市场利率为 8%；

（b）实际利率为 4%，市场利率为 4%；

（c）实际利率为 −1%，市场利率为 8%；

（d）实际利率为 4%，市场利率为 40%。

问题 6.13　根据月度数据，使用公式 $\hat{p}_t = (p_{t+12}/p_t) - 1$ 计算每年 CPI 的通胀率，计算结果用百分比表示。利用密歇根预期 CPI 通胀调查数据（Michigan Survey of Expected CPI Inflation）来计算预期通胀率（根据报告的时间计算 12 个月的通胀率）。用 1 年期固定期限国库券的市场收益率来计算事前（预期）实际利率和事后实际利率，在同一张图中绘制两种利率的变化曲线。两者之间有什么区别？什么因素造成了这种区别？为什么说这种区别具有重要意义？

问题 6.14　重新计算 6.13 题中的事前（预期）实际利率。这一次不要使用基于调查的预期值计算，而是使用上一年的实际通胀率（$\hat{p}_t^e = (p_t/p_{t-12})-1$）作为预期通胀率。这个图与问题 6.13 中的图相比，有什么重要的差别？

问题 6.15 重新计算问题 6.14。这一次使用 10 年期固定期限国库券收益率，把上一年的实际通胀率作为预期通胀率。10 年期债券和 1 年期债券的实际利率相比有什么区别？要计算出（事后）实际利率，需要注意：通胀率必须是接下来 10 年通胀率的平均值，即：$\hat{p}_t^e = (p_{t+120}/p_t)^{(1/10)}-1$。

问题 6.16 计算下列纯贴现债券的价格。

（a）1 年期面值为 1 000 美元的债券，相似资产的收益率为 3%；

（b）2 年期面值为 1 000 美元的债券，相似资产的收益率为 5%；

（c）10 年期面值为 5 000 美元的债券，相似资产的收益率为 11%。

问题 6.17 计算下列纯贴现债券的收益率。

（a）1 年期面值为 75 000 美元的债券，价格为 70 754.72 美元；

（b）5 年期面值为 1 000 美元的债券，价格为 862.81 美元；

（c）10 年期面值为 5 000 美元的债券，价格为 1 283.37 美元。

在计算问题 6.18～6.23 时，请记住收益率每年都是变化的，期数和利率的单位必须一致。

问题 6.18 美国长期债券是一种纯贴现债券，面值为 10 000 美元，计算下面几种情况下债券的价格。

（a）3 个月后到期，相似资产的收益率为 4%；

（b）6 个月后到期，相似资产的收益率为 2%；

（c）9 个月后到期，相似资产的收益率为 7%；

（d）1 个星期后到期，相似资产的收益率为 5%。

问题 6.19 计算 3 个月期长，价格为 9 878.76 美元的短期国库券收益率。

问题 6.20 当年票面利率分别为以下数值时，计算 2 年期、面值为 100 美元的债券价格。相似资产的收益率为 4%。请写出计算过程。

（a）票面利率为 3%；

（b）票面利率为 4%；

（c）票面利率为 5%。

就你计算出的债券价格和债券面值之间的关系进行评论。

问题 6.21 假设同样的息票每年分两次支付，重新计算问题 6.20。

问题 6.22 用 Excel 的 RATE 功能（类似的电子表格软件或者计算器亦可）计算 10 年期、面值为 100 美元的债券和半年期、票息率为 5% 的债券的价格收益率。债券的价格分别为：

（a）108.18 美元；

（b）100 美元；

（c）92.56 美元。

请就以上计算结果进行评论。

[Excel 使用提示：以正值的形式输入债券持有人得到的资金额（票息 Cpn＝Excel 中的 PMT）和票面价值（FV），以负值的形式输入其购买债券所花费的资金额（购买价格（p_B＝PV）。所得收益值是半年期的，最终结果必须以 1 年期的形式表达。]

问题 6.23 使用 Excel 的 PV 功能（类似的电子表格软件或者计算器亦可）计算下面相应债券的价格。当初始收益率为 5% 时，收益值和损失值是多少？

（a）面值为 100 美元的 5 年期纯贴现债券，收益率为 （i）4%，（ii）6%；

（b）面值为 100 美元的 5 年期债券，债券每年的票息率为 5%，收益率为 （i）4%，（ii）6%。

请就以上计算结果进行评论。

[Excel 使用提示见问题 6.22。]

问题 6.24 联合公债（或永久年金）也是一种债券，按照**名义**面值的一定比例支付票息，这种债券没有到期日（也就是说，会一直支付票息）。当其他长期债券的收益率为 4％时一份面值为 1 000 美元、票息率为 3％的联合公债的价格是多少？（提示：使用债券价格计算公式（6.13′）计算，把 m 的值设为无穷大（∞）。注意涉及 FV 这一项的值无限小，可以忽略不计。然后把各项数值导入公式，展开最先几个带有 Cpn 的数值项。（由于债券的期限是无穷的，无法一一展开各项式。）接下来，把所得等式（1）乘以 $1/(1+r)$，得到等式（2）。然后从等式（1）减去等式（2），注意约去的项。此时你就可以得到一个有穷等式。根据这个等式，就可以解出 p_B 的值。）你能写出一个求联合公债价格的一般等式吗？如果已知其价格，你能写出一个求联合公债收益率的一般等式吗？

问题 6.25 假如你是 Orbit 3 企业的股东。Orbit 3 企业的唯一目的是第一个造出可以绕地球 3 圈的私人宇宙飞船，从而赢得奖金。当你购买 Orbit 3 企业的股票时，企业已经支付了飞船发射前的所有费用。如果 Orbit 3 企业获胜，就能赢得 1 亿美元。企业共发行了 1 000 000 份股票，相关的机会成本率为 20％。当比赛结束之后，宇宙飞船就会变得一文不值，企业也将解散。

（a）假设企业根本没有对手，而你又 100％地确定企业可以在 1 年后的今天赢得比赛。那么，根据基本因素，你觉得 Orbit 3 的每股价格应该是多少？

（b）在条件（a）不变的情况下，随着获得奖金的日期越来越近，你认为股票价格会有怎样的变化？请具体解释。

（c）如果你发现另外一家企业 SpaceFirst 也加入了比赛，而且这两个企业之间胜负率基本上为 50％对 50％，你觉得 Orbit 3 企业的股票价格会发生什么样的变化？

（d）如果在一次发射试验中，SpaceFirst 唯一的宇宙飞船爆炸，他们至少白花费了两年的心血。你认为此时 Orbit 3 企业的股票价格又会发生怎样的变化？

（e）如果 SpaceFirst 企业在本年成功地进行了一次发射，那么 Orbit 3 企业的股票价格又会有什么样的变化呢？

问题 6.26 给股票价格、股息和企业的 P/E 值下定义。从一个主要的证券交易所内找一家上市企业，记录该上市企业在本日前的最后一个交易日的股票价格、股息和企业的 P/E 值。请提供所引用数据的准确来源。

应用中级宏观经济学

第 7 章

利率行为

大约每隔六周，金融新闻报道就会花几天时间来预测美联储关于短期利率目标的声明。而一旦消息公布，新闻报道会再花几天时间来分析这一声明的政策含义。同样，无论长期债券利率出现显著上升或下跌，都会引起激烈的金融评论。这是为什么呢？简单的回答是，因为对于那些借钱支付大学学费、买车、买数码相机或者购买其他商品的人来说，利率每上涨一次就意味着他们的手头就紧一点；而利率每下降一次就意味着他们的手头宽松一点。房地产抵押贷款利率出现大幅下跌，不仅房地产市场可能会迎来一次繁荣，而且由住房抵押贷款提供资金的所有业务都会随之繁荣起来。同样，抵押贷款利率出现大幅上涨，这些市场就会变得冷清。对于宏观经济学来说，理解利率行为至关重要。我们需要知道：什么决定了利率水平？又是什么导致了利率变化？

7.1 关于利率的五个问题

图 7—1 表现了五种不同利率在不同时段的变化。这五种利率分别是：短期政府利率（3 个月期国库券利率）、短期私人部门利率（3 个月期商业票据利率）、长期政府利率（10 年期国债利率）以及两种风险程度不同（穆迪评级公司的 AAA 级和 BAA 级两种债券利率）的长期私人部门利率。（图中，五条利率曲线相互交织，看起来有些费力。但是这种相互交织本身却隐含了关于利率的重要信息。）我们选择这五种利率来代表定期发布的上千种利率，而这上千种利率又代表着经济发展史中存在的数不清的各种利率（每笔贷款或每个债务工具都有一个利率）。图中，不同利率之间相互关联，却在许多地方呈现出一致性模式，这至少表明了五个问题。

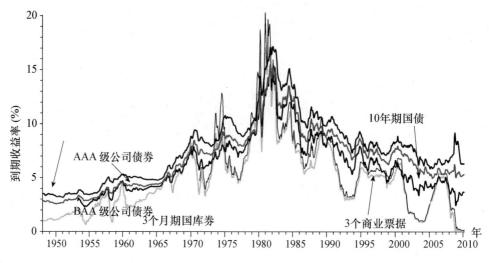

图 7—1　五种利率曲线图

注：图中选择的五种利率曲线变化表现出了一些相同的特点：（1）利率倾向于以大体相同的模式变化；（2）利率的变化并非完全一致；（3）长期利率一般高于（尽管并不总是）短期利率；（4）长期公司债券利率高于长期政府债券利率，短期公司债券利率高于短期政府债券利率。

资料来源：联邦储备委员会。

图 7—1 的明显特征为：五条曲线图形似乎遵循大体相同的模式；从 20 世纪 40 年代末期开始，这些曲线都处于较低点，随后上升，并在 20 世纪 80 年代初期达到顶峰；然后下降，到 21 世纪之交，曲线下降至中等水平；与此同时，这些曲线的波谷也或多或少在相同时期出现。不过，五条曲线虽然大体相似，但是每条曲线还是具有各自不同的变化轨迹。总体来说，在任一时刻，五种利率的取值明显各不相同。根据这些观察结果，首先指向两个问题：

● 第一，为什么不同利率倾向于同步变化？

● 第二，为什么利率的变化并不完全一致？

分析图中数据，可以发现更多的变化规律。首先，两种短期利率（3 个月期短期国库券利率和 3 个月期商业票据利率）一般低于（尽管并不总是）三种长期利率（10 年期国库券利率和 AAA 级、BAA 级两种风险度的企业债券）。其次，短期国库券的利率要低于商业票据的利率，长期国债利率也低于两种公司债券的利率。上述这些观察表明了另外两个问题，可以看作是对第二个问题的进一步提炼：

● 第三，为什么较短期限的到期资产的利息率总体上低于（但并不是完全）较长期限到期资产的利息率？

● 第四，为什么每一种到期的政府债券利息率都低于私人部门的债券利息率？

以上四个问题关注的是不同利率之间的关系，而下面最后一个问题关注的则是利率的整体结构。

● 第五，是什么决定了总的利率水平？

本章旨在回答上述五个问题。

7.2 金融资产市场

□ 7.2.1 替代和套利

相似性原则和替换性原则

第6章（6.2.1节）解释了如何通过相似性原则和替换性原则来评估金融工具。通过现值计算公式，并参照类似金融工具的收益率，即可决定一种金融工具的价值。收益率（或机会成本）之所以重要，是因为金融市场的当事人能够在相互竞争的金融工具中进行选择。

从某种角度来说，所有的金融工具都是类似的，但通常又不完全相同。发行每种金融工具的借款人不同，偿还贷款的可能性不同，贷款人获得的资金收益流不同，且每种金融工具具有不同的特性。

一般说来，在其他因素不变的情况下，某种产品的价格相对于其替代品价格上升的话，人们就会少买这种产品，多买替代品。比如，当草莓果酱的价格相对于橘子果酱的价格上涨时，人们一般就会少买草莓果酱，多买橘子果酱。草莓果酱和橘子果酱互为替代品。直观地说，当两种产品具有相似的功能时，它们就互为替代品。不过，经济学家对于替代品的定义更加正式。在经济学中，一种产品的价格上涨，导致对该产品的需求下降，而对另外一种产品的需求上升，那么这两种产品就互为**替代品**（价格下跌的情况也同样适用）。

当产品实质上相同时，即使价格的微小差异也会导致人们的需求完全偏向较便宜的商品。例如，货架上并排放着同样包装的啤酒（一样的品牌，一样的容量，一样的类型），消费者肯定不会有意去选择较贵的那种。如果微小的价格差就能导致人们的需求完全倒向便宜的产品一方，这两种产品就被称为**完全替代品**。

不同的商品之间还有可能互为补充品。直观地说，如果没有另外一种产品，一种产品就无法正常使用，这两种商品就被称为**互补品**。比如，汽油和机油就是互补品，只有一起使用才能让汽车运转起来。更正式地说，一种商品的价格上升，导致对该商品的需求下降，并同时引发对另外一种商品的需求也下降，那么这两种商品就是**互补品**。

不同的金融工具几乎都互为替代品。在第6章（6.2.1节）中，我们已经了解到金融资产的价格与其收益率（利息率）成负相关关系。所以，一种金融资产的收益率或利息率下降，导致对该金融资产的需求下降，并引发对另外一种金融资产的需求上升，就称这两种金融资产互为替代品。相同的金融工具是完全替代品。相似的金融工具之间是不同程度的不完全替代品。如果说所有的金融资产在某种程度上都互为替代品，那么每种金融资产的需求就取决于其他所有竞争性资产的利息率。

供给和需求

现在有两只类似的公司债券，比如宝洁和高乐氏发行的债券。它们的收益率是由什么来决定的？照例，你可以说是供求关系，因为这个答案基本上可以回答所有的经济学问题。然而，在金融市场上，"供给"和"需求"这两个概念非常微妙。要准确地运用它们，就要搞清楚正在进行什么样的交易。例如，如果你从银行借钱买车，我们一般说银行提供了一笔贷款给你。另一方面，如果你从政府那里买了一份债券，我们一般则说政府为你提供了一份债券。在第一个例子中，你是借方，而银行这个"供给者"是贷方；而在第二个例子中，你是贷方，政府这个"供给者"则是借方。两个例子中的用法都是正确的。在第一个例子中，可以认为是你用自己的债务去购买货币；而在第二个例子中，可以认为是你用货币去购买政府的债务。因为每一笔交易都有两面，每一面都是正确的，只不过视角不同而已。

为了避免混淆，传统上总是把金融工具本身作为交易的对象。借方使用资金，并供给金融工具；贷方提供资金，并需求金融工具。在上面两种债券的例子中，公司是（债券）供给方，而公众则是（债券）需求方。

金融市场的均衡

图7—2展示的是上述两家公司债券市场的示意图。纵轴表示的是每只债券的到期收益率，横轴表示公开上市的债券数量（也可认为是公开上市的债券的总面值）。[①]

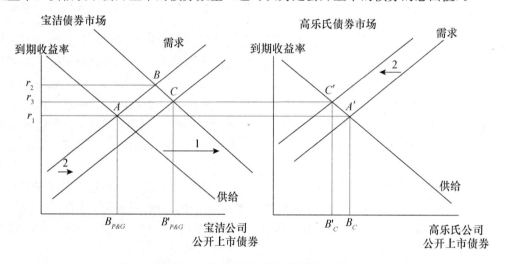

图7—2　两个金融市场间套利的图解

注：一开始，两个债券市场分别处于均衡位置 A 和 A'，债券利率都为 r_1。（1）宝洁公司债券供给的增加使得宝洁公司的供给曲线向右移动。其他条件保持不变的话，这将导致债券利率提高到 B 点的 r_2。（2）债券市场上的参与者将资金从较低收益率的高乐氏债券抽走，转向收益率更高的债券——此时，高乐氏债券的需求曲线向左移动，导致该债券市场的价格下降，而宝洁公司的债券需求曲线右移，导致该债券市场的价格上升。这一过程在 C 和 C' 点终止，这时两个公司的利率均为 r_3。

就商品或生产要素来说，典型的供求曲线反映的是有价商品的流动，比如很多小时的劳动或者很多千瓦时的电量。商品的供给或需求最终是为了供人使用。而金融资产的供给和需求则是为了储存——一种不受时间限制的美元数量。人们对金融资产的供给和需求，目的都是为了持有。当然，人们持有金融资产是为了其所带来的有价值的资金流。但是金融工具与电力和苹果这样的实物商品不同。电力一旦生产出来就立即被用掉；苹果放久了不吃也会坏掉，并且必须经常购买。而一份30年期的债券却可以在30年存续期内满足人们的需求。因此，金融资产的供给和需求取决于公开上市资产的全部

————————————

① 注意，衡量债券的价值时，横轴表示的是票面价值而不是市场价值。因为根据第6章的债券定价公式，收益率的任何变化都会引发债券市场价格的变化（比如公式（6.13′））。

存量（比如高乐氏公司债券的存量），而不仅仅取决于公司为满足当前资金需求而新发行的金融资产。

公众的债券需求在图 7—2 的每幅图中都表示为向右上方倾斜的线。债券的收益率越高（借出的每一美元的回报越大），人们就越愿意购买两家公司债券中的任意一种。公司的债券供给曲线在图中表示为一条向右下方倾斜的线。[①] 债券的收益率越高（借入的每一美元成本越高），公司也就越不愿意发行债券。当每个市场上供求相等时，利率就被决定了。假设宝洁公司和高乐氏公司的债券可以完全彼此替换，那么图 7—2 显示两家公司债券市场上的初始利率是完全相同的（r_1）。

假设宝洁公司欲通过发行新债券为一个大投资项目融资，情况会发生什么变化？这意味着，在同一利率水平下，公司希望获得更多的资金，所以公司的债券供给曲线会向右移动（移动 1）。在其他条件不变的情况下，均衡点会从 A 点移动到 B 点，利率也会从 r_1 上升到 r_2。原因在于现在市场上有更多的债券可供购买，诱使公众持有这些债券的唯一方法就是让它们变得更便宜，即降价。当债券价格下降时，债券的收益率上升。

当宝洁公司债券供求曲线的均衡点移动到 B 点时，高乐氏公司债券的供求曲线均衡点却依然在 A' 点。此时，宝洁公司的债券收益率高于高乐氏公司债券的收益率。由于在公众眼中，两家公司的债券实质上不存在区别，为什么人们仍将同意持有具有较低收益率的高乐氏公司的债券呢？

人们不会这样做的。此时，一些人就会抛售手中（昂贵的）高乐氏公司债券，用该笔收入转而购入（现在较便宜的）宝洁公司的债券。如此一来，资金就会从高乐氏公司的债券市场流出，并流入宝洁公司的债券市场。这样，在每个利率水平上，高乐氏公司债券的需求量就会下降。右图中高乐氏公司的需求曲线将会向左移动。

同样，在每个利率水平上，宝洁公司债券的需求量会随之上升，图 7—2 的左图中宝洁公司的债券需求曲线向右移动（两个需求曲线的移动都以移动 2 来表示）。只要宝洁公司债券的收益率高于高乐氏公司债券的收益率，资金就会持续从高乐氏公司流向宝洁公司。最终，高乐氏公司债券的收益率会被抬高（债券价格下降），而宝洁公司债券的收益率则会从 B 点下降（债券价格上升），直到在 C 点达成一个新的市场均衡。

在新的均衡点处，宝洁公司未公开上市的债券增多（从 $B_{P\&G}$ 增加到了 $B'_{P\&G}$）。这会带来两个影响：首先，利率上升鼓励公众购买更多的债券；其次，两个市场的收益率之间的期初差异（$r_2 > r_1$）激励公众抛售高乐氏债券，转而买进宝洁债券，直到两种债券的收益率重新相等为止（高乐氏债券的数量从 B_C 降到 B'_C，并且两种债券的收益率都为 r_3）。在新的均衡状态下，高乐氏的债券数量较少。由于利息率较高，高乐氏只想保留更少的债务，债券到期后不再发行新债券以降低债券数量，甚至通过购回未公开上市的债券来减少债务数量，因为这些债券现在更便宜了。（这只是很多可能例子中的一个，其他例子可以参见问题 7.1。）

套利

资金在市场间流动以寻找更高收益的过程被称为套利。可以把套利定义为：在不同

[①] 注意，一般来说，供给曲线向上倾斜，需求曲线向下倾斜；而在此则正好相反。因为图形是通过利率来解释供求变化情况的，而利率与债券的价格成反方向的变化关系。如果纵轴上表示的是债券价格，而不是利率，那么这里的供求曲线形状就会和一般的供求曲线（比如苹果的供求曲线）一样。

的市场上同时买卖紧密相连的商品或金融工具，以便从价差中获利。① 从事套利行为的人在一个市场上以低价购入商品，在另一个市场上高价售出，这样的人被称为套利者。

比起上面关于两家公司债券的简单例子，实际的金融市场要复杂得多。现实生活中充斥着数不胜数的金融资产，它们基本上都互为替代品——有时候几乎可以完全替代。因此，任何一个市场发生的变化在一定程度上都会影响到其他市场。由于套利的驱使，两种金融资产越接近，它们的收益率也就越接近。

□ 7.2.2 有效市场

金融市场的内外视角

因为存在着大量具有危险性的货币，而且因为金融市场充斥着大量的信息，所以套利行为十分有效，也十分迅速。实际上，套利的诱惑让人们更加深信那句老话，"当断不断，反受其乱。"一旦市场利率上涨，债券的价格就会下跌。那些未能迅速卖掉高价债券、买进低价债券的人就会遭受资本损失。这些人持有的资产组合价值就会下跌，且得不到任何资金流形式的补偿。虽然这些人每期还是能得到同样的票息，且票息的面值也没有变化，但是它的市场价值却不如以前。因此，即使交易活动很少，市场间的资金流动也不多，债券的需求也会迅速发生变化。出售债券的人会很快标出下一个预期平衡点的价格，使债券收益迅速上升到接近最终价格的数值，而由实际资金流驱动的变化则相对较小。

由于套利具有极高的效率，这使得我们可以从两个角度来考察金融市场。首先，可以从内部看待市场过程。具有极强动机的交易者在市场上寻找稍纵即逝的机会，在机会消失前迅速利用。这是个复杂的过程，每天涉及上百万笔交易。

其次，也可以从外部看待市场结果。由于套利具有极高的效率，出于各种目的，我们有理由把它看成是完美的。所有的利润机会都在相互竞争，稍纵即逝，以至于完全可以认为这些机会根本就没发生过。从第二个视角看，可以把金融市场看成是一个高效的信息处理系统。市场上一旦有人了解到与金融资产获利相关的信息，资产的价格就会根据这些新信息快速作出变化。例如，研究表明，一条关于佛罗里达州寒流的报道，在短短几分钟后就会反映到橙汁期货市场上——事实上，市场通常能够对报道作出精确预测，这样，人们要处理的也就是新闻报道的内容和人们预期将要报道的内容之间的细微差异而已。

有效市场假说

将金融市场看作一个高效的信息处理器的外部观点正是**有效市场假说**最关键的因素。有效市场假说理论认为，基于金融市场能够公开获得的信息，不存在系统性的、可利用的套利机会。

一则冷笑话可以说明有效市场假说：如果你在人行道上发现一张 100 美元的钞票，你不应该去捡，因为如果真的有 100 美元的话，肯定早就会被人捡走了。这个笑话具有误导性。有效市场假说并不否认套利机会的存在，而是认为系统性的套利机会并不存

---

① 有些经济学家将套利的定义限制为，只有确定获利时，才能称之为套利。不过这种定义的范围太过狭窄，一般金融学者都支持前一种定义。

在。系统性的套利机会之所以不存在，是因为交易者早就准备好了，一旦它们出现，就会迅速利用。所以你要是在路边看到100美元，你应当赶紧捡起来。因为你不捡，其他人会捡。不过，要是你今天在第34大街或者藤街*的人行道上发现100美元，第二天想在同样的地方再找到100美元几乎是不可能的。

有效市场假说认为，平均而言，没有人能够利用公开可获得的信息而打败市场。在一部20世纪80年代拍摄的喜剧片《交易场》（*Trading Places*）中，由丹·阿克罗德和艾迪·墨菲饰演的主角偷盗了一份橙子收成报告，在报告公开之后，就立即根据期货市场可能出现的反应进行交易，从而获取巨大利润。从真正的私人信息中获利与有效市场假说理论是一致的。

有些人的确能够战胜市场，在金融市场交易中获取巨额利润，这同样不违背有效市场假说。有效市场假说并不排除运气的存在。平均而言，买彩票是只赔不赚的，可是有时候还是会有人中奖，甚至能赢得上百万美元。许多交易者、共同基金经理人和金融顾问相信自己能够系统地战胜市场，他们的证据是自己连续多年都获得了高于市场平均值的回报。

对于这种情况，如何判断是因为运气还是技巧？对于个人而言，无法判断。真正的考验是：这种运气能不能持续下去？

一种考验方法是：比如说，利用一年的时间把市场分为高于平均收益的交易者和低于平均收益的交易者。然后观察高于平均收益的交易者在接下来的一年中是否继续战胜低于平均收益的交易者。许多详细的研究显示，情况并非如此。看起来还是运气更重要。

有些交易者将大量金融数据层层过滤，找出那些价格扭曲资产的模式，这些模式看起来可提供利润机会。很多时候，这种明显的获利机会太小，无法利用，因为佣金和其他交易成本已经超过了套利所能获取的收益。这种价格扭曲的情况也符合有效市场假说理论。在这些机会中，有些是真正的机会，它们能够为交易者带来丰厚的收益。这些交易者让金融市场得以保持高效性。有效市场假说并不是说，交易者不能通过这样的套利活动养家糊口，而只是认为套利收益平均来说不可能超过一定数额，这个数额使交易者认为还值得继续在这个行业做下去。比方说，在上次捡到100美元之后，我有可能成为一名全职"捡钱人"，也许这样我也能够糊口。但是如果人们发现，在花费同样时间和精力的情况下，这份职业比其他职业更加有利可图，那么每个人都会成为"捡钱人"，最后大部分"捡钱人"都会饿死。

虽然有效市场假说是金融市场运作的主导理论，但还是有很多人对其并不认同。他们的理由是，很多人通过市场交易成了百万富翁；统计数据也证明市场上存在着系统性的、未被利用的赚钱机会，他们甚至还会举出羊群行为的心理学理论。很多时候，这些人就是简单地相信自己要比别人聪明。虽然有些人声称自己能够找到别人发现不了的赚钱机会，可是一个简单的问题就能让他们哑口无言："既然你那么聪明，你为什么没有变成富翁呢？"不过，有些人确实成了富翁，比如20世纪最重要的宏观经济学家约翰·梅纳德·凯恩斯。凯恩斯不仅仅通过市场交易赚得财富，还在担任剑桥大学国王学院投

---

* 第34大街是纽约曼哈顿的一条主干道；藤街是好莱坞附近的一条繁华街道。——译者注

资财务主管期间为学院带来大量财富。这到底归功于运气还是技巧？仅仅根据个案，谁也无法对此给出解答。但是，如果这是技巧的话，为什么没有人能够通过可靠途径把这个技巧传授给他人呢？统计学的研究还是更加倾向于把答案归结为运气，而不是技巧。到目前为止，有效市场假说仍然是解释金融市场运作的最佳理论。

对有效市场假说的挑战

一个不切实际的假设认为，人们都能够充分获得市场信息。在这一假设条件下，决定资产价值的因素被称为市场基本面。

例如，如果我们拥有能够预知未来的水晶球，并确切知道公司在未来无限期间内的利润流，那么该公司的股价应该就是简单地将这些利润的现值除以公司公开上市的股票数量之和。有效市场假说的强假说认为，市场价格准确地反映了基本面。有时候，人们会把有效市场假说与它的强假说相混淆。

行为金融学是经济学的一个新领域，它将心理学研究应用在人们的市场决策上，发现金融市场上的单个当事人在决策时，并不总是进行理性计算。单个当事人容易目光短浅。相对于潜在收益和更完整的数据，他们过多地考虑潜在损失和近期数据，并经常对各种可能性作出系统性误判。这不仅仅是因为没有预知未来的水晶球——没有作出完美的预测，还因为他们所作出的预测存在系统性偏见。这些研究结果有时被人们视为是对有效市场假说的直接挑战。

人们认为，2008—2009年的金融危机用真实案例证明了有效市场假说的失败（也被认为证明了行为金融学理论的正确性），因为造成这场危机的原因似乎是：对房地产和股票的估价与对基本面的正确判断不成比例。同样，人们似乎系统性地低估了各种金融工具的风险——尤其是各种所谓的金融衍生工具，这些衍生品的价值最终取决于许多住房抵押贷款的报酬和风险。既然金融市场一开始设法使自身运行到一个不合理的繁荣状态（或者像前美联储主席阿兰·格林斯潘所说的"非理性繁荣"），再发展到恐慌、混乱乃至停滞状态，金融市场怎么可能是有效的呢？

这个问题其实是利用了"有效"一词模棱两可的含义。在这里，"有效"被理解为"运行良好"。事实上，在有效市场假说中，"有效"的定义更狭窄。它指的是：利用市场上公开发布的信息，不存在可被系统性利用的收益机会。市场可能远远偏离基本面，它可能以看起来不合理的方式运作，但在这一意义上市场仍是有效的。例如，一个泡沫经济不为套利提供机会，在这一意义上，这个泡沫经济完全有可能是有效的。但是我们绝不会认为这个泡沫经济是一个运行良好的市场。

心理学研究表明，单个人是以破坏理性计算和决策制定的方式行事的，那么市场怎么可能是近似有效的呢？这是一个令人困惑的问题。市场是由个体组成的，但是市场行为作为一个总体却往往偏离个体行为。经济学中这样的情况还有很多。其实对宏观经济分析的大部分目的来说，我们并不依赖市场具有绝对的有效性，而只要其具有近似有效性。

两个回答

现在我们可以就7.1节中提出的前两个问题作一个初步回答：

- 各种利率之所以倾向于同步变化，是因为各种金融资产互为替代品，而且逐利的交易者进行有效的套利活动；

● 各种利率之所以并不完全一致地同步变化，是因为各种金融资产并不是完全替代品。

这些只是初步回答，因为它们并没有解答一些很重要的问题。替换性原则和套利解释了为什么一个市场上的收益率变化时，其他市场上的收益率倾向于同步变化。但这两个原则本身没有解释为什么早先那个市场的收益率发生了变化。同样，不完全替代性只不过被看作是对这样一个事实的认同而已：套利行为并不能有效消除所有的收益率差异。至于原因，还有待解释。

7.3 风　险

不同的债券并非完全替代品，因为它们并不完全相同。即使两种债券的市场价格一样，它们的结构也可能不同。例如，有些债券没有票息，而对派发票息的债券来说，票息率也可能不同。有些债券是可提前赎回债券，其他的则不是（可提前赎回债券指的是债券销售时，附有发行人可以在债券到期之前偿还的条款）。大部分债券需要缴税，但有些债券无须缴纳联邦税和（或）州与地方税。此外，不同债券之间还存在很多不同。本节和下一节将关注其中两个最重要的差异：不同债券滋生不同程度的风险；不同债券具有不同的到期时间。

风险是一个很复杂的问题。这里集中探讨风险的两个关键因素：违约风险和价格（或利率）风险。

□ 7.3.1　违约风险

风险和收益

个人、公司和其他组织，比如州政府、地方政府和市政公用事业部门都可能成为债务人，他们通过发放债券或借贷来筹集资金。由于这些个人和组织可能会破产，因此债权人和债券持有人会面临违约风险，而无法收回资金。

有些风险或多或少具有对称性。比如，一份沃尔玛的股票有可能涨价，也有可能跌价。而有些风险则是不对称的。购买一般的州彩票在大部分情况下都赔本，但是一张彩票只需花费 1 美元，向下的风险就很小。尽管鲜有中奖机会，但是一旦中奖就能赢得几百万美元，所以往上的风险很大。任何一个人，如果他看重的是获得巨大收益的低概率而不是小损失的高概率的话，他可能会理性地购买一张彩票。违约风险也是不对称的。因为无论一个公司的经营业绩有多好，债券只偿还它所承诺的；但是如果这个公司倒闭的话，它根本就不可能有任何偿还。这样一来，就只存在向下的风险，而不存在向上的风险。[1]

一般来说，债券的违约风险都较小，而个人贷款的违约风险一般高得多。面对同样

---

[1] 注意，同一家公司的不同股票可能拥有极大的向上的风险，比如，公司的管理层把公司的未来押宝在一款新产品上，那么股东既可能赢得盆满钵满，也可能输得倾家荡产。

的收益率，一般人不会购买违约风险较高的债券。当然，如果高风险的债券十分便宜的话——其收益率要比那些低风险的债券高——或许值得一买。因为债券的额外收益，或者称之为**风险溢价**，弥补了它的高风险。

虽然市场参与者购买的金融工具的风险高于平均市场投资组合的风险，却得到一个更高的收益率，但他并没有"打败市场"。因为高收益的优势会被高风险的劣势所抵消，正所谓"没有付出就没有回报"。这样看来，可将风险溢价看成是风险的价格。较高的平均收益率只不过是对逐月、逐年收益的更高不确定性的补偿而已。

联邦政府债券

债券的风险范围内，处于一个极端的是垃圾债券，处于另一个极端的是美国联邦政府债券。后者基本不存在违约风险，因为政府拥有税收垄断权，因此可以很容易地通过征税偿还债务。更重要的是，一般的美国政府债券是以美元偿还的，而美元又是政府发行的金融工具。由于联邦政府可以与美联储（实质上也是政府机构）合作，创造出偿还债务所必需的足够多的美元，所以政府没有任何理由违约。[①]

联邦政府债券之所以没有违约风险，是因为这些债券是以美元来计价的，而美元处于联邦政府的掌控之中。但是，并不是每一级政府都有这样的优势。州政府和地方政府有可能违约，因为它们无权印制货币。只要各国政府发行的债券是以本国法定货币偿还的，就同样不会有违约风险。

很多发展中国家发现，它们难以用自己的货币在国际市场上发行债券。比如，墨西哥就很难把以比索为面值的债券卖给国外买家，因为买家们通常更愿意购买以美元、日元和欧元为面值的债券。由于墨西哥政府不能印制美元，即使发行了以美元为面值的债券，这些债券还是和美国的公司债券和市政债券一样具有违约风险。

在20世纪60年代，美国政府曾发行过以日元为面值的债券。这种债券和墨西哥发行的以美元为面值的债券没有本质区别：两者都是通过风险溢价来弥补违约风险的。

风险评级

银行力图对个人和公司借款人进行筛选以限制违约风险。这就是为什么银行会要求借款方提供资产和负债的详细信息，以及为什么银行要去信用信息机构（比如环联、艾可飞和益百利）核查借款方的偿还历史。一些风险级别较高的借款方要为贷款支付更高的利息。

违约风险对于债券来说同样十分重要。要想在有组织的市场上销售债券，公司和各级政府必须雇佣债券评级机构来为自己的债券进行风险评级。这些评级机构（其中最重要的三家是穆迪、标准普尔和惠誉）利用各种信息——一部分信息来自这些机构本身——来分等级，并用字母等级来表示。表7—1就表示标准普尔的等级标准（从AAA到D）（穆迪和惠誉采用类似的评级标准）。

[①] 严格地说，政府也有可能违约，因为即使政府有还款能力，也可能选择不偿还债务。在克林顿政府时期，财政部曾经拖延了几天才偿还债务利息，不过市场并没有把这当作政府的违约行为。2011年，总统和国会直到债务到期前11个小时才作出提高联邦债务限额的决定。虽然三大评级机构之一的标准普尔下调了财政部和财政部债券的等级，但是美国政府发行的以美元计价的债券一般是不会违约的。如果发生了违约，那么只可能出于政治上的决定（或者政治瘫痪），而不是由于政府无力偿还。

表 7—1

等级	描述	累计违约率[a]（%）
	投资等级	
AAA	品质最高，还本付息能力很强。	0.67
AA	品质高，还本付息能力强。	1.30
A	中到高品质，具有还本付息能力，但是还款能力易受到环境和经济因素的影响。	2.88
BBB	中等品质，还款能力一般，但是极易受到不利环境的影响。	9.77
	投机等级	
BB	具有投机性，不过相比于其他投机性债券，在短期出现到期无法支付的情况较少。	24.51
B	目前具有还本付息能力，但极易受外界因素的影响。	
CCC	有违约可能，还本和付息取决于此种可能。	
CC	还贷能力次于 CCC 级别的债券。	41.09
C	还贷能力次于 CCC-D 级别的债券。	
D	目前已经出现未还本付息的违约情况。	60.70

a. 累计违约率一栏的数值是从最初的评级开始后 15 年间的平均累计风险率。

资料来源："Long-term Rating Definitions," *Standard & Poor's Credit Week*，February 11, 1991, p. 128; *S & P Ratings Performance*，February 2003.

债券等级处于等级量表上半部分的（违约风险较低）被称为**投资等级**；债券等级处于等级量表下半部分的（违约风险较高）则被称为**投机等级**。人们开始熟悉**垃圾债券**这个概念是在 20 世纪 80 年代。垃圾债券听起来似乎是"没有价值"的意思，其实就是低于投资级别的债券（也就是说，低于穆迪的 BAA 等级和低于标准普尔的 BBB 等级）。正因为如此，这些债券的风险溢价比那些相对安全的债券要高。自从金融家迈克尔·米尔肯（Michael Milken）以及其他一些金融家认识到垃圾债券存在价格扭曲的情况后，垃圾债券市场自 20 世纪 80 年代就开始繁荣起来：相对于它们的违约历史所反映的实际风险，垃圾债券的收益实在很高。这为市场交易者提供了巨大的套利机会，很多人因此发了大财。[①]

债券风险等级评估机构时刻监控市场上公司和市政机构的运行。下调某种债券的等级会大大增加发行者的借贷成本。批评家担心，由于公司被评级时要向评估机构支付费用，这些机构有可能会提高公司的债券等级。这种风险确实存在，但是由于维持公正性方面的声誉对这些评估公司来说非常重要，因此评估机构往往不会轻易作出高出实际的不实评级。如果一个评估机构的评价存在系统性偏差，债券的违约风险率就会和风险级别不一致。表 7—1 中的模式与负责的评估机构的评估结果是较为一致的。

---

① 就米尔肯来说，他赚的钱不仅可以支付因违反 6 项债券法而被罚的 6 亿美元，而且剩下的钱还足够使他摇身一变成为一名大慈善家。

但是评估机构并不完美，有时候也会落后于形势。2001 年，能源交易公司安然的股票价格持续下跌了好几个月，但是穆迪和标准普尔直到安然宣布破产前 4 天，才把该公司的债券等级从投资级别下调到垃圾级别。类似的还有电信巨头世通公司。该公司 2002 年破产前不久，评估公司才把其债券从投机级别下调到垃圾级别。结果，世通公司债券持有人持有的每 1 美元债券仅收回 35.7 美分。

一般情况下，评估机构的这些失误可能是用来证明规则的例外。不过评估机构也会出现巨大失误。很多批评家认为，在 2008—2009 年的金融危机中，评估机构低估了各种抵押贷款证券的风险等级。很多预期违约风险很高的债券和金融衍生品都被给予很高的评估等级，进而推动了房价和股价的迅速上涨。由于这些机构在金融危机中的失误，很多人呼吁国会进行调查，并加强对评级机构的规范。

违约风险和利率

表 7—1 还向人们展示了不同风险级别债券 15 年间的平均累计违约率。对于等级为 BBB、平均违约率为 9.77％的债券，可以大致理解为，持有这种债券 15 年之后，无法得到全额偿还的概率约为 10％。[1]

如果说违约意味着债券持有人将一无所得的话，那么预期收益率就应当为（1－违约率）$\times r_{BBB}$。如果债券持有人出于自己的利益考虑并不在乎风险，只在乎债券的预期收益率，那么套利行为就会促使债券的收益率与相同到期日的政府债券收益率相同。[2] 如果政府债券的收益率 r_G＝5.00％，那么：

$$（1－违约率）\times r_{BBB}＝（1－0.097\ 7）\times r_{BBB}＝5.00＝r_G$$

因而：

$$r_{BBB}＝\frac{r_G}{1－违约率}＝\frac{5.00}{1－0.097\ 7}＝5.54％$$

0.54 个百分点的风险溢价将会是套利者对于其持有的风险级别为 BBB 的债券通常所经历的风险水平的理性反应的一部分。

这个风险溢价反映了这样一个事实：BBB 等级债券收益均值的最佳估计值低于无风险的政府债券。不过，即使 BBB 等级债券支付的是 5.00％这一收益率，大多数人还是会倾向于购买政府债券，因为平均而言政府债券支付的不仅是同样的收益率，还不存在违约风险（政府债券具有较低风险）。一般来说，BBB 等级债券需要提供额外的风险溢价来弥补其偿还的不确定性。

从图 7—1 中可以看出不同违约风险的债券在收益上的实际差异。BAA 级债券（适度低风险）的收益率曲线通常比 AAA 级债券（风险极低）的收益率曲线高出约一个百分点；而 AAA 级债券的收益率曲线又要比政府债券（基本上没有风险）的收益率曲线高出约 0.75 个百分点。不同风险债券之间的利率差并不是恒定的，违约风险在经济周期的不同阶段也存在变化。在经济衰退和经济危机时期，由于市场参与者在"安全投资转移"中把资金转向低风险资产，高风险债券和低风险债券之间的收益差异也会拉大。

---

① 在很多债券违约的例子中，持有人最后确实收回了原债券金额的一部分。

② 我们的计算假设债券都是零票息债券。这种情况发生的概率很小，所以计算结果只是一个近似值。

□ 7.3.2 价格或利率风险

在上一章中，我们了解到：债券的价格或者市场价值与其收益成负相关关系。例如，现在有一张面值为1 000美元的1年期贴现债券，类似资产的市场收益率为5%。那么该债券的价格就为 $p_B = 1\,000/(1.05) = 952.38$ 美元。现在假设你在早上购买了一张这样的债券，到中午的时候，你突然急需用钱，所以决定把债券卖掉。这张债券能卖个什么价格？这要取决于即期利息率。如果利息率从早上的5%跌到了下午的4%，你的债券就可以卖 $p_B = 1\,000/(1.04) = 961.54$ 美元。这样你就可以从中获得0.96%（$=961.54/952.38-1$）的资本利得。如果下午收益率涨到了6%，那么你就会遭受0.94%的资本损失。

因购入债券和售出债券两个时刻的利息率变化而引发的资本利得或资本损失的风险称为持有某债券的**价格（或利率）风险**。（价格风险中的"价格"一词指的是债券价格 P_B，而不是指一般价格水平或者通货膨胀）。

债券的偿还期越长，价格风险也就越大。表7—2反映的是，基准利率（5%）每上升或下降1个百分点而引发的贴现债券的价格变化。对于1年期债券来说，资本利得和损失约为1%，而对10年期债券来说，约为10%，对30年期的债券来说，则达到了20%～30%。从债券的计算公式中可以很清楚地看出这种变化的原因。贴现债券的一般计算公式（见公式（6.15））为 $p_B = FV/(1+r)^m$。m 大（到期日长）时给定利率的变化导致的分母值的变化比 m 小（到期日短）时该利率 r 的变化导致的分母值的变化要大得多。虽然数据不同，但是对票息债券和贴现债券来说同样如此。

表7—2　　　　　　　　市场利率与贴现债券价格

到期	市场利率（百分比）				
	5	4		6	
	价格	价格	相较于5%利率的百分比变化	价格	相较于5%利率的百分比变化
1年	952.38	961.54	+0.96	943.40	−0.94
10年	613.91	675.56	+10.04	558.39	−9.04
30年	231.38	308.32	+32.25	174.11	−24.75

注：指价值1 000美元纯贴现债券的价格。

所有的债券都面临价格风险，包括联邦政府债券。价格风险至少解释了不同到期日的债券在收益率上的部分差异。与短期债券相比，长期债券面临更大的价格风险，而且一定获得风险溢价。债券的期限越长，风险溢价越高。在图7—1中，3个月期的商业票据的收益率一般低于AAA级债券的收益率（长期商业利率）；3个月期国库券的收益率（短期政府利率）一般低于长期政府债券的收益率。这个差异的一部分就反映在弥补价格风险的风险溢价上。

无论是为弥补违约风险，还是为弥补价格风险，风险溢价都是为了保证持有高风险资产比持有安全资产获得更高的收益。如果一个人愿意持有风险高于一般市场组合的资产组合，那么他获得的收益回报就系统性地高于市场一般收益率。这种高收益现象并不违反有效市场假说。这些收益并不是来源于那些未被人们利用的套利机会，它们反映的是风险的"价格"。关于定价风险，最早的例子可能就是保险。这里指的也是通过提供风险溢价来减少风险。金融市场上很多最重要的发展——这些发展已经大大超出了中级宏观经济学教材的范围，可以在公司金融和货币银行学的教材中学到——涉及各种风险的包装、定价和交易的新方式。

7.4　利率的期限结构

□ 7.4.1　不同期限的利率之间的关系

再看看图 7—1。尽管短期利率一般都低于长期利率，但有时候前者也会高于后者（比如 20 世纪 80 年代初）。图 7—3 中的曲线展示了 10 年期国债和 3 个月期国库券的收益率和两者之间的差。差值为负时，表示短期债券利率曲线位于长期债券利率曲线之上。所以可以推断出，除了价格风险溢价之外，还有其他因素在起作用。

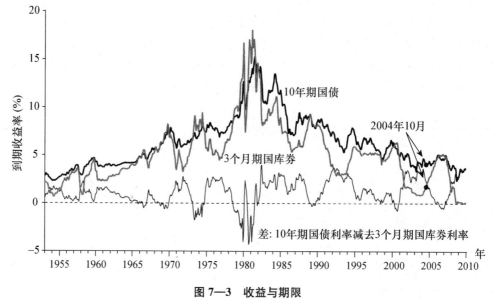

图 7—3　收益与期限

注：一般情况下，差大于零，表明长期债券的利率高于短期债券的利率。
资料来源：联邦储备委员会。

为了进一步了解利率和期限之间的关系，我们用纵轴表示债券的到期收益率，用横轴表示到期时间（图 7—4 显示的是 2004 年 10 月份的情况，此时经济正处于经济周期中扩张的中间阶段）。图 7—4 中的黑点表示的是图 7—3 中所描绘的 3 个月期国库券和 10 年期国债的到期日价值情况（它们在图 7—3 中也以黑点标出）。从某种意义上讲，图 7—4 是图 7—3 的一个纵向截图，但是 7—4 允许我们将同一天到期的不同期限的债券的利息率一并考虑。在图中，这些利息率的值用空心的小圈表示。

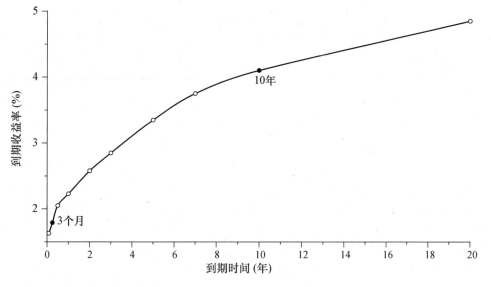

图 7—4 2004 年 10 月的债券收益率曲线

注：收益率曲线画出了在单个时期中与到期时间对应的债券利率。黑点标记的是 3 个月和 10 年期的收益率，与图 7—3 中 3 个月期国库券和 10 年期国债时间序列上的黑点一致。当图 7—3 中的差为正值时，收益率曲线向上倾斜（至少在 3 个月和 10 年之间是这样）；当差为负值时，收益率曲线向下倾斜。这一收益率曲线是一条代表性的曲线，因为它向上倾斜。

资料来源：联邦储备委员会。

图中连接各点的平滑曲线被称为**收益率曲线**。收益率曲线向上倾斜[1]，说明 10 年期国债的收益率高于 3 个月期国库券的收益率，以及长期利率超过短期利率，这一点更具有普遍性。我们把不同期限债券的收益率之间的关系称为**利率的期限结构**。收益率曲线是显示期限结构的一种特别有用的方法。图 7—3 提供了观察利率期限结构的另外一种方法。当图 7—3 中的差值为正值时，收益率曲线向上倾斜（至少在 3 个月和 10 年之间是如此）；而当差值为负值时，收益率曲线则向下倾斜。为了防止将与期限相关的利率特点和与违约风险相关的利率特点彼此混淆，我们应该只为具有相似违约风险的债券画出收益率曲线。[2]

□ 7.4.2 期限结构的预期理论

不同期限债券间的套利

应该如何解释利率的期限结构？以及如何解释收益率曲线的形状？

为此，必须对不同期限的债券作出区分。首先，从一些标记开始：$r_{m,t}$ 表示在 t 时刻发行的，期限为 m 的债券。比如，$r_{1,2001}$ 就表示 2001 年发行的，期限为 1 年的债券（即 2002 年到期）；而 $r_{5,(2008年5月3日)}$ 就表示 2008 年 5 月 3 日发行的，期限为 5 年的债券；而 $r_{0.25,t}$ 则表示在时刻 t 发行的，期限为 3 个月的（0.25 年）的债券（$t+3$ 个月到期）。

现在，考虑一个简单的问题。你希望以获取利息为目的把资金投放出去两年。有很

---

① 网站 www. stockcharts. com/charts/yeildcurve. html 提供了一个动态的收益率曲线图，通过该图可以看出收益率曲线的历史变化。

② 票息结构上的各种变化也会给债券的比较造成困难。理论上最纯粹的收益率曲线针对的是零票息（纯贴现）债券。

多种方法来完成你的这个愿望，但只考虑以下两种情况：

1. 你可能购买某种 2 年期的债券。在此情形下，每投放 1 美元，在本金基础上第一年就可以赚到 $(1+r_{2,t})$ 的收益；而在第二年，在本金和第一年的利息基础上，再赚到 $(1+r_{2,t})$ 的收益。也就是说两年总共赚得的收益为：$(1+r_{2,t})(1+r_{2,t})=(1+r_{2,t})^2$。如果说，这份 2 年期债券的收益率是 11%，那么在 2 年期结束时，每 1 美元的价值为：$(1.11)^2=1.23$ 美元。

2. 与以上情况相反，你可能购买某种 1 年期的债券。这样在 1 年后，每 1 美元就能赚到 $(1+r_{2,t})$ 的收益。然后你必须考虑如何处置这些资金。可以用这些钱再买另一种 1 年期债券，当然，与此同时，市场利率可能已经发生了变化。因此你就不能像上例中那样确切地知道 2 年后的收益是多少。收益率将取决于第二年开始时的利率水平。像经济学中常常发生的那样，我们多么希望能有个预知未来的水晶球。

为了决定是事先购买 1 年期债券还是 2 年期债券，就不得不对 1 年期债券 1 年后的利率作出预期。用 $r_{1,t+1}^e$ 来表示预期收益率，那么本金和第一年的利息收益在第二年预期能赚到的收为：$1+r_{1,t+1}^e$，那么两年总共的预期收益就为 $(1+r_{1,t})(1+r_{1,t+1}^e)$。

是购买 1 年期债券还是 2 年期债券，取决于每种债券的收益率以及 1 年期债券一年后的预期收益率。例如，考虑一下 $r_{1,t}=10\%$ 和 $r_{1,t+1}^e=9\%$ 的情况，那么每一美元获得的收益为：$(1+r_{1,t})(1+r_{1,t+1}^e)=1.10\times1.09=1.20$ 美元。这一收益值少于 2 年期债券 1.23 美元的收益值。所以你——以及其他市场参与者——应当选择购买 2 年期债券。不同债券间的收益差为套利创造了机会。因为收益的差别，市场对 2 年期债券会产生新的需求，1 年期债券的持有者会卖掉手中的债券，转而购入 2 年期债券。这样的资金流会导致 2 年期债券的价格上涨（即驱使其收益率下降）、1 年期债券的价格下降（即驱使其收益率上升）。这种趋势会一直持续下去，直到两种不同持有方式带来同样的收益率。

比如说，如果未来 1 年期债券的预期收益率不受资金流的影响，不管发生什么情况，$r_{1,t+1}^e$ 都维持在 9%，那么当 1 年期债券利率为 $r_{1,t}=12\%$，2 年期债券利率为 $r_{2,t}=10.5\%$ 时，两种投资方式的收益一致，就不存在套利机会：$(1+r_{1,t})(1+r_{1,t+1}^e)=1.12\times1.09=(1+r_{2,t})^2=(1.105)^2=1.22$ 美元。

两种投资组合方式的收益差看起来很小，只有 1 或 2 美分。但是，记住这 1 或 2 美分是每一美元投资的差额。一年期国库券发行面额是 10 000 美元，这就意味着 100 美元的收益差。而银行、共同基金、保险公司这些金融市场上的大客户，往往一次交易就是几百万美元。因而，收益率上的微小差异会导致盈亏总额上的巨大差异。逐利的动因十分强大，因此有理由假设套利活动是彻底的。把上一例子中的具体数字去掉，我们把 $(1+r_{1,t})(1+r_{1,t+1}^e)=(1+r_{2,t})^2$ 这一公式代表的关系称为**非套利条件**，其含义是：当这一等式成立时，套利者无法得到可以利用的获利机会。

可以把上述两个时期扩大到 3 个时期甚至是更多时期。比如，以获取利息为目的把资金投放出去 3 年。你可以分 3 次购买 1 年期的债券，也可以一次购买 3 年期的债券。如果每种策略的实际利率和预期利率满足如下条件：$(1+r_{1,t})(1+r_{1,t+1}^e)(1+r_{1,t+2}^e)=(1+r_{3,t})^3$，那么就不存在套利机会。一般来说，1 份 m 年期债券整个期限内的实际收益率应该等于 m 个 1 年期债券的预期收益率，即：

$$(1+r_{m,t})^m=(1+r_{1,t})(1+r^e_{1,t+1})(1+r^e_{1,t+2})\cdots(1+r^e_{1,t+m-2})(1+r^e_{1,t+m-1}) \qquad (7.1)$$

解出 $r_{m,t}$：

$$r_{m,t}=\sqrt[m]{(1+r_{1,t})(1+r^e_{1,t+1})(1+r^e_{1,t+2})\cdots(1+r^e_{1,t+m-2})(1+r^e_{1,t+m-1})}-1 \qquad (7.2)$$

用语言来表述就是：某一 m 期债券的总收益率（即 $1+r_{m,t}$）就是当年的收益率与 $(m-1)$ 项预期的未来一年期债券的收益率的几何平均值。

为了便于计算，可以简化等式（7.2）。将等式（7.1）两边取对数，并回忆当 x 较小时，$\log(1+x)\approx x$（见 G.11.2 部分），等式（7.1）可写为：

$$m(r_{m,t})\approx r_{1,t}+r^e_{1,t+1}+r^e_{1,t+2}+\cdots+r^e_{1,t+m-2}+r^e_{1,t+m-1}$$

或者：

$$r_{m,t}\approx\frac{r_{1,t}+r^e_{1,t+1}+r^e_{1,t+2}+\cdots+r^e_{1,t+m-2}+r^e_{1,t+m-1}}{m} \qquad (7.3)$$

用语言来表述就是：某一 m 期债券的收益率近似等于当年及预期的未来一年期债券利率共计 m 个收益率的算数平均数。

预期和收益率曲线的形状

现在举例说明非套利条件对收益率曲线形状的影响。假设目前的债券利率和预期 1 年期债券利率分别为：

$r_{1,t}=6\%$
$r^e_{1,t+1}=7\%$
$r^e_{1,t+2}=8\%$
$r^e_{1,t+3}=9\%$

假如交易者们可以进行完美的套利活动，就可以用公式（7.3）来分别计算 1 年期到 4 年期的债券收益率：[①]

$r_{1,t}=6\%$
$r_{2,t}=(6\%+7\%)/2=6.5\%$
$r_{3,t}=(6\%+7\%+8\%)/3=7\%$
$r_{4,t}=(6\%+7\%+8\%+9\%)/4=7.5\%$

图 7—5 是按照上述计算值绘制的时刻 t 的收益率曲线。值得注意的是，当期利率和预期的 1 年期债券利率随着时间（介于 t 和 $t+3$ 之间）的推移会不断上升。这意味着 t 时刻的收益率曲线是向右上方倾斜的。如果短期利率随着时间下降的话，那么收益率曲线则会向右下方倾斜。非套利条件与任何形状的收益率曲线都是一致的。再看另外一个例子：

$r_{1,t}=8\%$
$r^e_{1,t+1}=7\%$
$r^e_{1,t+2}=9\%$
$r^e_{1,t+3}=5\%$

---

① 这些都是根据公式（7.3）计算出的严格意义上的近似值。不过把它们写成等式更方便一些。

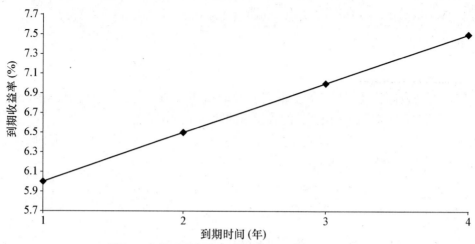

图 7—5　基于利率期限结构预期理论的收益率曲线

注：每个到期债券的收益率是当期利率和预期的 1 年期债券利率的平均数。

那么，非套利条件就意味着：

$$r_{1,t}=8\%$$
$$r_{2,t}=7.5\%$$
$$r_{3,t}=8\%$$
$$r_{4,t}=7.25\%$$

（请读者使用公式（7.3）核对这些值是否正确。）下面的图 7—6 是基于上面例子里的数据绘制出的收益率曲线。曲线先向右下方倾斜，接着向右上方倾斜，然后又向右下方倾斜。[①] 在实际的金融市场上，收益率曲线一般向上倾斜，但是向右下方倾斜的曲线、驼峰形曲线和 S 形曲线也会不时出现。

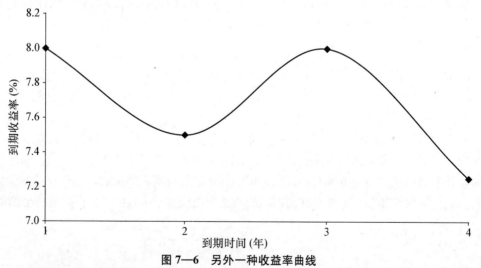

图 7—6　另外一种收益率曲线

注：并非所有的收益率曲线都向上倾斜。当人们预期短期利率上升时，收益率曲线就会向上倾斜；而当人们预期短期利率下降时，收益率曲线则会向下倾斜。

---

① Excel 中散点图选项中的平滑选项按钮可以用来在数据点中插入数值。

收益率曲线形状作为对非套利条件含义的解释被称为利率期限结构的预期理论。这是非套利条件最简单的形式，这里没有考虑到风险因素。现在，我们来考虑风险因素在期限结构中的作用。

其他投资组合策略

我们对收益率曲线形状的解释似乎支持如下普遍观点：利率期限结构的预期理论将长期利率解释成当期的收益率和预期短期收益率的平均值。但是，这其实并不准确。我们的解释并没有说，短期收益率模式是长期收益率模式的原因。我们真正想说的是，除非满足非套利条件，否则就存在套利机会，而且利用这种套利机会就使套利机会消失了。存在着许多必须同时满足的非套利条件。这自然就会使我们去看公式（7.3），并且想到用 1 年期债券利率来解释 m 年期债券的利率。但我们同样可将此公式看作是用 1 个季度（即 3 个月）的债券利率来解释 m 个季度的债券利率。因此，一个 5 年期债券的利率是 20 个 3 个月期国库券利率的平均值。

其实，情况还要更复杂一些。例如，可以用公式（7.3）来计算 t 时刻的 2 年期和 3 年期债券：

$$r_{2,t} = \frac{r_{1,t} + r^e_{1,t+1}}{2}$$

$$r_{3,t} = \frac{r_{1,t} + r^e_{1,t+1} + r^e_{1,t+2}}{3}$$

第一个表达式可改写为：$2r_{2,t} = r_{1,t} + r^e_{1,t+1}$，将其代入第二个表达式后，得到：

$$r_{3,t} = \frac{2r_{2,t} + r^e_{1,t+2}}{3}$$

用语言来表述就是，t 时刻的某一 3 年期债券的利率是 t 时刻的某一 2 年期债券的利率和 $t+2$ 时刻预期的 1 年期利率的加权平均值。学生应该检查一下，下面的关系式也是正确的：

$$r_{3,t} = \frac{r_{1,t} + 2r^e_{2,t+1}}{3}$$

即 t 时刻的某一 3 年期债券的利率是 t 时刻的某 1 年期债券的利率和 $t+1$ 时刻预期的 2 年期债券利率的加权平均值。

事实上，利率期限结构的预期理论意味着，各种债券的每一序列——无论期限如何——在某一特定时刻 t 到另一时刻 $t+m$ 之间给其所有者带来的收益一定相同。在特定时刻 t 到另一时刻 $t+m$ 之间，有多少种非套利条件，就存在多少种获得资金的组合方法。

隐含预期

预期对于分析来说至关重要，然而预期情况无法直接观察到。假设利率期限结构的预期理论（忽略风险的存在）是正确的，我们就可以计算出未来收益率的市场预期值是多少。举个简单的例子，在时刻 t，假设几种不同期限债券的收益率分别如下：

$$r_{1,t} = 2\%$$

$$r_{2,t}=3\%$$
$$r_{3,t}=5\%$$
$$r_{4,t}=7\%$$

现在，假设我们想知道市场对 1 年期债券收益率的预期值。已知当前 1 年期债券利率是 2%。根据等式（7.3），$r_{2,t}=3=\dfrac{r_{1,t}+r_{1,t+1}^e}{2}=\dfrac{2+r_{1,t+1}^e}{2}$。解此方程式可得：$r_{1,t+1}^e=2r_{2,t}-r_{1,t}=2\times3-2=4$。隐含的 1 年期债券利率的整个序列为：

$$r_{1,t}=2\%$$
$$r_{1,t+1}^e=4\%$$
$$r_{1,t+2}^e=9\%$$
$$r_{1,t+3}^e=13\%$$

（请同学们再次用公式（7.3）来验证这些数值的正确性。）根据利率期限结构的预期理论是正确的这一条件，从市场可观测到的行动中已经可以推断出市场的预期值。

□ 7.4.3 风险的作用

前面提及，从表 7—3 中我们可以清楚地看出，大多数时间里收益率曲线都向上倾斜。如果上面所提出的利率期限结构的简单预期理论是正确的，那么这应该是一个令人费解的事实。预期理论告诉我们，当预期未来短期利率会增长时，收益率曲线向上倾斜。因此，如果收益率曲线几乎一直向上倾斜，那么可以预期短期利率几乎会一直增长。快速浏览一遍图 7—1，我们会发现这样的预期是不合理的，因为图中短期利率时而上升，时而下降。如果人们以为短期利率会一直增长，那么他们经常会对自己的预期感到失望。尽管预期从不完美，人们还是相信能从自己所犯的错误中汲取教训，并且认识到利率有时确实会下跌。为什么收益率曲线总体是向上倾斜的呢？对此还有其他解释吗？

表 7—3　　　　　　　有无期限溢价两种情况下的利率期限结构的说明（%）

当前和预期短期利率		相继到期债券的当前利率		
	距离债券到期的年数	每一到期债券的期限溢价	无期限溢价时每一到期债券的隐含利率	有期限溢价时每一到期债券的隐含利率
$r_{1,t}=6.0$	1	0.00	$r_{1,t}=6.0$	6.00
$r_{1,t+1}^e=6.0$	2	0.25	$r_{2,t}=6.0$	6.25
$r_{1,t+2}^e=6.0$	3	0.50	$r_{3,t}=6.0$	6.50
$r_{1,t+3}^e=6.0$	4	0.75	$r_{4,t}=6.0$	6.75

回顾一下可以发现，到目前为止我们都忽略了风险在期限结构中的作用。在 7.3.2 节我们学过，债券的到期期限越长，价格风险就越大，因此通常情况下，市场要求更高的回报，这个回报就是期限溢价（风险溢价的一种），用以弥补较高的风险。期限溢价被表示为期限的一个函数，因为债券的期限越长，价格风险就越大。[①] 因此我们可以修

---

① 当债券的期限较长时，期限溢价是有可能变小的。一些债券持有人为了配合未来的承付款项而选择到期期限较长的债券，这样一来他们的风险就在于持有一份短期债券以及在到期时以较高的价格购买另一债券。有观点认为，大多数人倾向于选择期限较短的债券，有证据证明了这一观点。

改公式（7.3），在其中加入期限溢价，得到公式（7.4）：

$$r_{m,t} \approx \frac{r_{1,t} + r^e_{1,t+1} + r^e_{1,t+2} + \cdots + r^e_{1,t+m-2} + r^e_{1,t+m-1}}{m} + 期限溢价(m) \qquad (7.4)$$

增加期限溢价会对收益率曲线产生什么影响呢？举例说明一下，在表7—3中，现期的和预期的短期收益率保持6%不变，1年期债券的期限溢价从零开始增长，每过一年就上涨0.25个百分点。没有期限溢价时，收益率曲线将保持不变；加上期限溢价之后，收益率曲线便呈现出不断上升的趋势。图7—7显示了有和没有期限溢价时的两条收益率曲线。在任何到期日，两条曲线之间的差便是期限溢价。

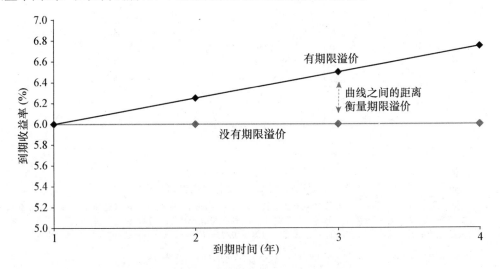

图7—7　有无期限溢价的收益率曲线

注：两条曲线之间的距离衡量的就是期限溢价。

7.5 通货膨胀和利率

□ 7.5.1 通货膨胀对债券供求的影响

本章的分析全部集中在市场利率或名义利率上。从上一章中我们了解到，市场利率可以被分解为真实利率和通货膨胀率的和。由于通货膨胀率随着时间的推移变化很大，因此了解这样的变化对利率产生的影响也是一件有趣的事。乍一看，你也许认为，知道分解式 $r_t \approx rr_t + \hat{p}^e_t$ 就可以回答这个问题了，即预期通货膨胀的增长会导致市场利率相应增长。但是这样的回答太过草率了。

只有了解通货膨胀变化如何影响真实利率，我们才能弄清通货膨胀变化如何影响名义利率。例如，如果通胀率上升时，真实利率总是以相同的绝对数量下降，那么名义利率将保持不变。要决定真正发生的事情，还需要我们仔细考虑潜在的经济行为。

关键问题在于，理性人不应该关心价格或利率的名义价值，他们应该关心的是其真实价值，即他们的钱实际将能购买什么，他们的储蓄将能够赚得什么。考虑图7—8中所示的某一特定的债券市场。按照惯例，图中纵坐标表示名义利率（r）。但如果对人们来说重要的是真实利率，就有必要知道预期通货膨胀率 $\hat{p}^e$。例如，假设预期的通货膨胀率 $\hat{p}^e = 1\%$，那么左图中的需求曲线以及中间图形中的供给曲线都是根据这一预期的通货膨胀率条件绘制而成的。名义利率 $r = 5\%$ 对应的真实利率 $rr = 5\% - 1\% = 4\%$。同样地，当名义利率 $r = 3\%$ 时，真实利率 $rr = 2\%$。通过供给曲线可以看出，当真实利率为 4% 时，供给曲线（A 点）表明借款者希望获得 B_0 的贷款量；而当真实利率 $rr = 2\%$（C 点）时，借款人则希望获得 B_1 的贷款量。

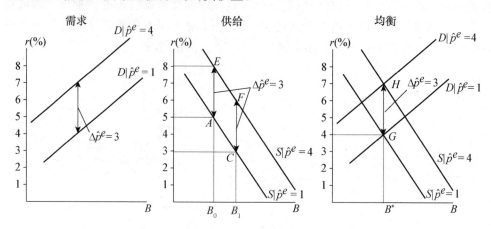

图 7—8　预期通货膨胀率的变化对债券市场的影响

注：债券以及其他形式贷款的供求都取决于真实利率。如果预期通货膨胀率增长（这里增加 3 个百分点），那么每个真实利率对应一个名义利率，这个名义利率高于真实利率的部分就等于通货膨胀率的变化值。结果，债券的供求曲线会随着预期通货膨胀率变化垂直向上移动，均衡点也会发生同样的移动，债券的发行量保持不变。

如果预期通胀率 $\hat{p}^e$ 增长到 4% 会出现什么情况？因为资金使用者十分在意真实利率，在相同的利率条件下，他们应该会愿意付出相同数量的资金。但现在每个真实利率都对应一个更高的名义利率。8% 的名义利率（$= rr + \hat{p}^e = 4\% + 4\%$）对应的真实利率为 4%；而 6% 的名义利率对应的真实利率为 2%。

这样，整个供给曲线就必须垂直上移，上移的数量与预期通胀率变化的数量（即 3 个百分点）完全相同，如此一来，供给曲线就与原来的曲线平行了。E 点的名义利率比 A 点高，但是由于真实利率没有变，所以债券的供给量仍保持在 B_0。同样地，C 点和 F 点间的债券供给量也保持不变。债券发行人愿意为同样的资金支付更高的利率，因为他们可以用由于更高的通货膨胀而快速贬值的货币来偿付这些利息。

另一个相似的观点认为，需求曲线也应该在每个点上垂直移动，移动的数量等于通胀率变化的数量。贷款人必须对同样的贷款收取更高的利率，以保证真实收益在面临货币快速贬值的情况时保持不变。

针对更高的通货膨胀率的这两种适应性调节的共同效应是：供给曲线和需求曲线都垂直移动相同的数量。这样，右图中的均衡点，本来是在 4%（G 点）处，也垂直移动到 H 点的 7%，债券的均衡数量（B^*）保持不变。

□ 7.5.2　费雪效应和费雪假说

上一节中所谈到的通货膨胀率和利率之间的关系就是费雪效应。如此命名这一关系是为了纪念美国伟大的经济学家欧文·费雪（1867—1947），他在分析利率时非常重视这一关系。区别费雪效应与费雪假说也许会对我们有所帮助。

● **费雪效应**可以定义为：在其他条件不变的情况下，预期通货膨胀率的增长会导致市场利率一对一地增加。这里"其他条件不变"很重要。费雪效应仅是一种理论阐述，由于其他条件并非总是相等的，因此在现实世界中很难观察到这一效应。

● **费雪假说**可以定义为一种经验现象，其中市场利率变化与实际的通货膨胀率的变化之间存在大致一一对应的关系。[①]

费雪效应以及费雪假说并非仅仅是对名义利率分解式的扼要重述：$r_t \approx rr_t + \hat{p}^e$。这只是个（近似）定义，像所有定义一样，它总是成立的。欧文·费雪除了给出定义外，还坚持了自己的一点主张，即真实利率和预期通货膨胀率相互独立。这样的话，通货膨胀率的增加就不会影响到真实利率，因此，通货膨胀率的增加就全部转变成名义利率的增加。为了能更加清晰地看到其中的差别，我们假设当通货膨胀率为3％、名义利率为5％时，真实利率是2％。名义利率分解式是成立的（5％＝2％＋3％）。现在设想通货膨胀率增长到4％，结果名义利率就上涨到6％。这样的话，费雪效应是正确的，名义利率的分解式依旧成立（6％＝2％＋4％）。现在我们来考虑另外一个例子，如果通货膨胀率增长到4％，但结果是真实利率下降到1％，那么名义利率保持不变。这样一来费雪效应就错了，但分解式仍然成立（5％＝1％＋4％）。

图7—9的上半部分绘出了1年期国库券利率的曲线以及相同时期的年度同比CPI通货膨胀率（实际的和预期的）。下半部分绘出上半部分图中的数据所隐含的真实利率：

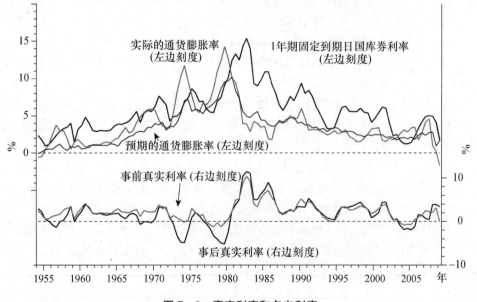

图7—9　真实利率和名义利率

注：**预期的通货膨胀率**来自美国利文斯顿调查。事前真实利率＝当前利率－随后12个月的预期通胀率；事后真实利率＝当前利率－随后12个月的实际通胀率。

资料来源：债券收益率来自联邦储备委员会；预期通胀率来自费城联邦储备银行。

[①] 这里的术语使用并不十分规范。许多经济学家讨论费雪效应或费雪假说或二者的关系或定理时，有时会把二者看成同义词，有时也会如我们一样对二者进行区分。

事前真实利率（$rr = r - \hat{p}^e$）与事后真实利率（$rr = r - \hat{p}$）。如果费雪假说是正确的，那么通货膨胀率的变化应该反映在名义利率中。如果费雪假说是正确的，那么下半部分图中真实利率的变化应该与上半部分图中通货膨胀率的变化没有相关性。（关于相关性，参见"指南"，G.13。）图7—9大致符合第一种情况，反映了通胀率先升后降的大致模式（与利率的模式很相似，但具有一个滞后）。

图7—9并不支持第二种情况：通货膨胀率在短期内的上涨或下降似乎与真实利率的同步下降或上涨相关联。也就是说，两个序列呈现出一种负相关关系。

显然，费雪假说只是大致上成立，费雪本人也深知这一点。其中一个原因是，没有什么通货膨胀的衡量标准（比如CPI）能完全代表与金融市场参与者相关的消费束。借款人和贷款人可能具有系统性差异的消费束。确实，对所有借款人或贷款人来说，相关的消费束无须相同。

第二个原因就是名义利息报酬需要缴税。高利率，即便只是为了弥补高通货膨胀率的损失，也会产生高税收负担。由于通货膨胀导致税率增长，因此债券持有者会要求额外增加名义利率，来弥补购买力损失。自1985年起，美国联邦所得税就根据通货膨胀进行了指数化，这样，扣税标准、税收等级以及其他因素就能够解释物价水平的变化。但是，不是所有的州都根据通货膨胀进行指数化调整，也并非所有的税收都根据通货膨胀进行指数化。

最后一个，也许也是最重要的一个原因就是：人们没有理由相信未来的预期通胀率完全正常或者符合过去的通货膨胀模式。实际通货膨胀率可能会出现意料之外的增长或下降，人们需要一定时间来调整预期通货膨胀率以适应实际通货膨胀率的变化。在调整期间，真实利率会受到影响，而名义利率则不会，这一点在图7—9中可以很容易看出来。图的上半部分显示的是1年期国库券市场利率的曲线。20世纪70年代，当通货膨胀加速增长时，预期的通货膨胀滞后于实际的通货膨胀，事后真实利率下降（市场利率和真实的通胀率之间的差额表示在图7—9中下半部分）。在某些点上，事后真实利率甚至为负数。相反，事前真实利率除了少数几个时期内降至零以下外，基本上都保持为正数。20世纪80年代中期以后，通货膨胀率下降，预期通货膨胀再次滞后于实际的通货膨胀，同时事后真实利率上涨。如果借款人拥有水晶球可以预测未来，他会发现20世纪70年代中期到80年代中期是借债的最佳时期：与事物的正常过程相反，贷款人向借款人支付事后真实利率去使用贷款人的钱。人们无法预见未来，因此事前真实利率和前20年的模式几乎没有什么不同。大多数借款人都错过了这次机会，因为这一切无法预料。

我们用预期通货膨胀率（根据利文斯顿调查）的估算值来计算事前真实利率。对预期通货膨胀率进行估算是件棘手的事情。专栏7.1讨论了几种备选方法。

专栏 7.1 ☞

衡量预期通货膨胀

预期数值对经济分析来说通常是极为重要的数据，但是我们无法直接观察到它们，又如何对它们进行衡量呢？对预期的价格膨胀的测算就是一个很好的例子。经济学家们已经找出三种主要的策略来测算预期通货膨胀：调查，基于模型的预期，基于市场的预期。

调查

有几个小组对预期通货膨胀进行了调查，其中最重要的两个是利文斯顿调查以及由密歇根大学调查研究中心实施的调查。

自 1946 年起，约瑟夫·利文斯顿最早对通货膨胀进行了连续调查，并对获得的数据进行了编辑。约瑟夫·利文斯顿是《费城询问者报》（*Philadelphia Inquirer*）的经济专栏作家，他定期向专业经济预测人士发起调查，询问他们对包括消费者价格指数通货膨胀在内的一系列变量的预期。1990 年费城联邦储备银行宣布负责利文斯顿调查。

利文斯顿调查询问的是专业预测人士，而密歇根大学调查研究中心实施的调查则询问普通家庭对 CPI 通货膨胀的预期，同时就消费者对经济状态的信心进行测算。

经济学家们常常对调查数据持怀疑态度，因为这些数据关注的是人们说什么，而不是他们做什么，而且数据也没有记录下人们作实际经济决策那一刻的预期。

基于模型的预期

替代调查的另一种常见方法是，经济学家们试着模拟人们到底是怎么形成预期的，或者人们应该如何形成自己的预期。其中一种基于模型的预期叫作**适应性预期**。这种预期假定人们会根据过去的错误来修正当前预期。例如，预期通货膨胀可以用模型表示为：

$$\hat{p}^e_{t+1} = \hat{p}_t + \lambda(\hat{p}_t - \hat{p}^e_t)$$

这里，$0 \leqslant \lambda \leqslant 1$。用语言来表述就是，下一时期的预期通货膨胀被估计为本期实际的通货膨胀加上本期实际的通货膨胀与本期预期的通货膨胀二者之差额的某一比例部分。因此，如果本期低估了通货膨胀率，我们将要在下一时期提高对它的预期。

适应性预期意味着当前预期是对过去实际的通货膨胀率的加权平均，这一点很容易看出（关于加权平均方法的内容参见"指南"，G.4.2）。经济学家们经常拒绝接受这个模型或相关的模型，因为它给予过去的实际通胀率一个固定权数，这不符合经济学的理性假设。例如，如果实际通胀率每个时期都增长，那么预期通货膨胀就一直滞后于实际的通货膨胀：模型中的人每一期都同样低估通胀率。通常，我们预期人们从所犯的错误中汲取教训。

因此，许多经济学家相信，在模型中假设人们持有理性预期更加合适。具备理性预期的模型（以假定他们拥有的信息为条件）假设：人们所持的预期与模型的预测相一致。那么，关键的一点就是经济学家们建模时并不将人们看成不断犯系统性错误的人。这并不意味着人们不犯错误，而是说人们所犯的错误不具有系统性，因此不容易被纠正。例如，如果人们总是不同程度地低估通胀率，但是平均而言是低估两个百分点，那么只要在运用以往的方法所作的预测上增加两个百分点就可以很容易地改进他们的预测。这么做通常有强烈的经济激励诱因。

理性预期的提倡者喜欢引用林肯总统的格言："你可以一时欺骗所有人；……但你不能永远欺骗所有人。"但是他们有时忘记了格言中间省略的句子："你也可以永远欺骗某些人。"

理性预期的一个缺点是，它假设，经济学家们为了精确地衡量预期所使用的经济模型不仅完整而且大体正确。其实我们所使用的模型只是整个经济的部分模型，或者是这个经济模型的一部分，但我们常常使用这样的模型来衡量人们的预期。

基于市场的预期

债券市场还提供了另外一种衡量价格膨胀预期的方法。除了普通的国债和债券之外，美国财政部（以及其他一些国家的政府）还发行通货膨胀指数化证券。这些债券不同于其他国库券，原因在于它们的面值会随着消费者价格指数通货膨胀的变化而进行调整。例如，将1美元用于购买一年期利率为 r_1 的通货膨胀指数化债券，一年后可获得 $(1+r_1) \times (p_{t+1}/p_t)$ 美元。因此未来一年后这些美元预期的到期收益率是 $(1+r_1) \times (p_{t+1}^e/p_t) = (1+r_1)(1+\hat{p}^e) \approx r_1 + \hat{p}^e$。如果市场能在通货膨胀指数化债券和普通债券之间进行有效套利，那么一年期非通货膨胀指数化债券的到期收益率（r）一定等于通货膨胀指数化债券的预期到期收益率。因此，$r = r_1 + \hat{p}^e$。因而有：

$$\hat{p}^e = r - r_1$$

也就是说，普通债券的收益率和通货膨胀指数化债券的预期收益率之间的差可以直接衡量预期通胀。而且，由于真实利率用公式定义为（公式（6.11″））$rr_t \approx r_t - \hat{p}_{t+1}$，$r_1$ 本身就是对预期真实利率的一种直接衡量。

调查结果可以在某种程度上测算出未来一年左右的通胀率。遗憾的是，由于美国财政部只发行长期的通货膨胀指数化债券，所以只能使用这些证券计算5~10年间的通胀率。

不同测算方法的比较

图B7—1比较了四种衡量预期通胀的方法。其中三种是对未来一年的预期，这三种方法分别是密歇根调查方法、利文斯顿调查方法和 $\lambda = 0.5$ 的适应性预期；第四种方法是基于市场的预期，这一预期建立在10年期普通债券和通货膨胀指数化国债收益率差异的基础之上。尽管使用不同方法作出的预期逐月变化相差较大，但在绝对量上大致相似。利文斯顿调查的数据在很大程度上是以专业预测人士的观点为基础的，所以在变化程度上比其他三种调查要小得多。通胀预期在这四条曲线的某处急剧下降（很快便逆转），这与2008年的金融崩溃有关，但是不同方法在通胀预期迅速下降的时间上各不相同。这四种方法之间存在两个关键差别：1）利文斯顿调查与其他三种调查不同，它的

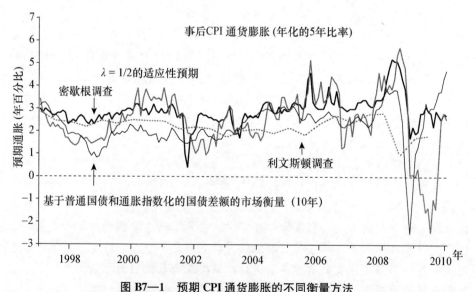

图 B7—1　预期 CPI 通货膨胀的不同衡量方法

资料来源：费城联邦储备银行的利文斯顿调查，密歇根大学美国调查研究中心的调查。

应用中级宏观经济学

数据从未出现过负数（也就是说，预测人士从未预测会出现通货紧缩）；2）在适应性预期方法中，预期通胀的急剧下降及其恢复都晚于其他三种调查（2009年初），这反映了固定权数方法向后看的特性。

7.6　真实利率水平

到目前为止，本章已尝试解释不同利率之间的关系以及不同利率与通货膨胀之间的关系。如果我们有个起始点（比如，如果我们知道某种真实利率是多少），按理我们就应该能够利用诸如期限、息票结构、风险、税率、预期通货膨胀率这些信息来推断出所有其他债券的利率。但是我们从哪里找这个起始点，即那个真实利率呢？或者换句话说，什么决定了特定金融资产的真实收益率水平？这个问题有两个答案，答案取决于我们关注的是短期利率还是长期利率。

□ 7.6.1　货币政策和短期利率

在短期市场中，货币政策和预期通货膨胀率的相互作用决定真实利率。我们将在第16章中对货币政策作详细分析，现在仅作简单介绍即可。

中央银行（在美国被称为美联储）通常在公开市场上买卖短期资产（大部分是国库券）。中央银行购买短期资产时，其支付是将资金记到商业银行设立在中央银行的账户上，创造出央行准备金（参见第6章6.1节和6.3.2节）。而央行卖出资产时，央行便从这些账户扣除资金，消除准备金。在美国，这些准备金在金融市场上被称为**联邦基金**。

商业银行必须持有与自己的存款负债成一定比例的准备金。还有一种活跃的隔夜市场，即联邦基金市场，在这个市场上，准备金富余的商业银行可以将准备金借给准备金短缺的银行。美联储购买或销售短期金融资产，以提高或降低准备金的库存，以此确定这一市场的利率，即**联邦基金利率**。现在的货币政策很大程度上包括设定联邦基金利率目标。

正式的联邦基金利率目标是一种名义利率目标。然而，美联储关心的却是真实利率。美联储会将联邦基金利率设定在其所希望的水平上，这个水平能通过收益率曲线影响长期利率，目的是影响投资支出。投资支出（我们将在第13、第14章具体研究）取决于真实利率，并与真实利率成反向变化。美联储在设定名义利率目标时，必须参照市场的预期通货膨胀率，也就是说，必须考虑真实利率的值应该是多少。

期限结构的预期理论表明，长期利率是当前利率以及预期短期利率的平均数。在收益率曲线的极短期那一端，美联储设定的联邦基金利率以某种方式影响着整条收益率曲线，这一影响方式取决于市场对美联储未来将怎么做的看法。试想一下，如果美联储将（名义）联邦基金利率提高0.5%，市场会认为美联储将一直使利率保持在这个较高的水平上。那么，每个长期利率都会上涨0.5%。而另一个极端是，假设市场认为0.5%的上升第二天便会逆转，那么长期利率几乎不会受到任何影响。事实上，市场对未来货币政策的猜测不断变化（财经媒体中充斥着大量"美联储观察员"），只要参与者们目光更长远一些，这些猜测所支撑的理念便会迅速消失。

□ 7.6.2　真实收益的套利

长期债券是公司股份的替代品。如果在考虑了风险因素后，债券的真实收益大于股票收益，那么套利者将会把资金转向债券，从而促使债券收益率下降。同样地，如果债券的真实收益小于股票收益，套利者会推动债券收益率上升。就平均值而言，股票和债券的投资收益可能大不相同，但是随着时间的推移，二者应该倾向于接近。

最终，股票的真实收益——以及通过套利的较长期债券的真实收益——由公司的盈利能力和从资本上获得的真实收益来决定。这里，有必要对有形资本收益和金融收益加以区分。（这里，有形资本收益包括组织、管理以及所谓的人力资本方面的收益，人力资本包括劳动力的教育、培训、经验和团队精神。）有时候金融收益与资本上的潜在收益存在显著差别。在这种情况下，人们期望套利能够将这些收益聚合在一起。与金融资产的套利不同，有形资本和金融工具之间的套利可能需要很长时间，特别是在套利行为涉及公司的投资和扩张时。我们将在第 14 章中更详细地考虑投资过程。目前来说，有必要先解决一个潜在矛盾，这一矛盾关系到真实利率水平的确定。

真实利率既通过货币政策，又通过对有形资本的真实收益的套利来决定，其中货币政策是通过期限结构从短期市场传导而来的。这一切是如何发生的？必须增加某个因素来解释这一过程。这个因素便是通货膨胀。

试想一下，如果通货膨胀率是 2%，美联储将短期利率设定为 5%，且打算一直保持在这个百分点上，那么金融资产的真实利率是 3%。但是假设有形资本的真实收益率是 5%，套利行为会将资金转向投资。如果经济中存在闲置资源，那么总需求和产能利用将会上升。当产能利用达到极限时，通货膨胀率将加速增长。如果美联储继续将利率保持在 5% 的水平上，那么金融资产的真实利率将会降至 3% 目标利率以下的水平。当然，随着真实利率进一步下降，投资有形资本的驱动力将增加，通货膨胀率将进一步加速。

从短期来看，美联储也许会采取使金融工具真实利率低于资本真实收益率这项政策来刺激未充分就业的经济。而从长期看，这一政策将使通货膨胀加速。只有通过提高与通货膨胀率相关的利率，从而使得金融资产的收益率与有形资本的收益率处于大致相同的水平，美联储才能阻止这一通货膨胀进程。然而由于美联储不能直接观察到有形资本的真实收益率，因此上述做法需要反复试验。（通货膨胀过程及其与货币政策的相互作用将在第 15 和第 16 章中详细讨论。）

7.7　重新讨论关于利率的五个问题

上面我们快速讨论了金融市场的很多复杂性。促使我们进行讨论的是五个问题，现在就让我们来对这五个问题的讨论作一个总结：

● 第一，为什么不同利率倾向于同步变化？
金融市场上的交易者们对其可利用的资金总是寻求最高的回报。所有的金融资产在某种程度上讲都是替代品。因此，任何一种金融资产的价格或者收益方面的任何变化都能创造出盈利机会，这些机会可以迅速被用来套利。在套利过程中，资金从低收益资产（使其收益提高）流向高收益资产（使其收益降低）。

任何一种资产收益的上下变动都容易引起其他资产的收益沿着相同的方向变动。

● 第二，为什么利率的变化并不完全一致？

尽管所有的金融资产都互为替代品，但它们并不是完全替代的。即使市场充分利用了每个盈利机会，在期限、息票结构、风险以及其他特征方面的差异通常确保不同收益率间的差异得以保持。不断变化的经济环境也许随着时间推移逐渐改变这些差异的重要性，因此收益率差异也不一定是恒定的。

● 第三，为什么较短期限的到期资产的利息率总体上低于（但不是完全）较长期限到期资产的利息率？

到期时间的不同是体现金融资产不完全替代性的一个重要例子。期限结构的预期理论假设套利是高度有效的行为。当套利是完全的时，长期利率等于短期利率的平均值加上一个溢价，这个溢价反映的是长期利率所增加的价格风险。每当短期利率预期要上升，或者每当短期利率的预期下降不足以大到抵消风险溢价时，长期利率都要高于短期利率。

● 第四，为什么每一种到期的政府债券利息率都低于私人部门的债券利息率？

政府债券是以本国货币计价的，由于政府总能够创造出所需的资金来支付利息和本金，因此没有理由拖欠债务。任何不能创造自己货币的组织，比如州政府和地方政府、代理机构、公司，或者是债务不以本国货币计价的组织，都会有某种破产的风险，其债务有一定程度的违约风险。这些组织所必须支付的更高收益率其实是一种溢价，反映了违约风险。

● 第五，是什么决定了总的利率的水平？

影响真实利率的两个最主要因素是：1）短期的货币政策；2）长期对有形资产收益率的套利。货币政策的目标通常是名义利率，但也关注通货膨胀率以及真实利率。基本上，费雪效应确定名义利率是真实利率与预期通胀率之和。

附录：*LM* 曲线

过去的 70 年里，宏观经济学家们使用 *LM* 曲线来刻画金融市场的特征，该曲线把 GDP 与利率联系在一起。虽然我们在后来认为 *LM* 曲线太过简单，不能表现出金融市场上所有对宏观经济学来说非常重要的特征。但是，*LM* 曲线的使用十分广泛，因此有必要对其进行详细解释。对 *LM* 曲线的分析不及本章及前一章的分析完整，但是并不与这两章相冲突。

□ 7. A. 1 货币供给和货币需求

真实货币供给

LM 曲线分析的重点是狭义货币工具，它是人们在进行日常交易时所使用的工

具——在美国，LM 曲线分析的重点通常是美联储的 M1（狭义货币供应量）或 M2（广义货币供应量）（参见第 6 章，表 6—3）。无论我们选择货币的哪个定义，我们都将货币的名义供应量称为 M^s。货币的真实供应量可以写成 M^s/p，这里的 p 当然指价格水平。如果其他条件不变，货币名义供应量的增长会导致真实供应量的增长（M^s/p 中的分子变大），而价格水平的上涨会导致货币实际供应量的下降（M^s/p 中的分母变大）。

货币的交易需求

狭义货币最常见的用途是作为交易媒介。经济中的交易水平越高，所需要的货币就越多。

例如，保持真正的交易量不变，如果每种商品和服务的价格翻番（名义 GDP 将增加，但真实 GDP 保持不变），那么就需要双倍的美元来交易这些商品和服务。尽管货币的名义需求量（M^p）已经增加了，但真实需求量（M^p/p）仍然保持不变，因为 M^p/p 的分子和分母以相同的比例发生变化。

另一方面，如果真实 GDP 翻番，不论物价处于什么水平，需要交易的商品和服务都会增加，这可能需要更多的真实货币单位。因此，货币的真实需求可能是真实 GDP 的增函数。

货币需求和利率

持有货币的机会成本是什么？换句话说，当你持有货币时，你还有什么其他选择？简单地说，假设你所持有的货币是通货和无息支票存款（大致为 M1），如果你以上述形式持有 1 美元，那么你就损失了 1 美元带来的利息，因为你本可以把钱用于购买政府债券或者存入共同基金。我们将这个利率称为 r。

当然，我们应当考虑的是资产的真实收益，而不是名义收益。债券的真实收益是 $rr = r - \hat{p}^e$。为了寻找持有货币的机会成本，我们就必须将债券的收益与货币本身的收益相比较。1 美元的钞票赚不到任何利息，但是发生通货膨胀时，它就会贬值，贬值的幅度大体等于通货膨胀率（比如，如果每年的通货膨胀率是 10%，则该美元的真实收益率为 −10%）。总之，货币的真实收益率是 $-\hat{p}^e$。

持有货币的机会成本就是货币本身的收益与次优选择的收益之间的差额，即：

$$持有货币的机会成本 = 债券的真实收益 - 货币本身的真实收益$$
$$= rr - (-\hat{p}^e) = (r - \hat{p}^e) - (-\hat{p}^e) = r$$

换句话说，尽管我们关心的是真实收益率，而非名义收益率，但是持有货币真正的机会成本则是由货币的替代性金融资产的名义利率计算的。

我们可以对此分析稍作修改，以考虑到生息的支票账户，或者包括了生息金融工具的更宽泛的货币概念（例如，M2）。但是，只要货币总量中这些带来利息的货币组成部分的收益率并不与替代性金融工具的收益率完全相关，类似的分析方法就是适用的（参见问题 7.16）。

货币与其他商品相似的地方在于：机会成本越高，人们就越不想持有货币。我们不妨思考一下，首先，高利率如何影响货币的**交易性需求**（为便于购买商品和服务所持有的货币）。如果持有货币的机会成本很高，那么我们持有的货币越多，损失的利息就越多，于是我们就会寻找办法减少货币持有量。例如，如果利率足够高，那么我们也许会减少我们口袋中和银行账户中的资金，更频繁地将资金从生息的共同基金中以更少的数量取出。也就是说，当利率上涨时，货币的交易性需求会下降。这种小心翼翼的管理既耗时又费力，但是机会成本越高，就越值得这样去做。

当利率发生变化时，由于货币并不受到资本损益的约束，因而你可以在投资组合中包括一定的货币，以减少投资组合风险。投资风险固然变小，但代价是收益的减少。基于这种目的而持有货币被称为**货币的投机性需求**。当利率上涨时，对持有货币的投资组合来说，其成本也会增加（机会成本的另一种表达方式），此时你可能想改变投资组合，把货币换成收益率更高的资产。也就是说，如果利率上涨，货币的投机需求会下降。

货币需求与货币供给曲线

货币供给（M^s）与货币需求（M^D）都可以用图形来表示，图的横轴表示真实货币存量（M/p），纵轴表示利率（r）。

因为货币供给量不取决于利率，因而在图7.A.1中货币供给被表示为横轴上方的一条垂直线。如果价格水平不变，名义货币供给的增加会使这条垂直线向右移动。而如果名义货币供给量不变，价格水平的上升会使这条垂直线向左移动。

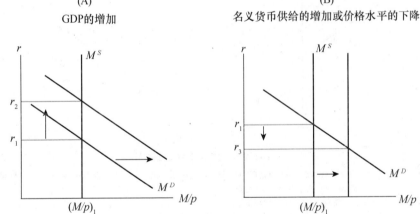

(A)
GDP的增加

(B)
名义货币供给的增加或价格水平的下降

图 7. A. 1　货币市场

注：因为货币供给量不受利率影响，因此当名义货币供给增加时，真实货币供给曲线（为一条垂直线）右移；当价格水平下降时，真实货币供给曲线右移。由于较高的利率对应的是较高的持有货币的机会成本，因此，货币需求曲线向右下方倾斜。每一条真实货币需求曲线都是根据特定的真实GDP水平绘制的。（A）图显示的是真实GDP增长所产生的影响：每一利率水平上的货币需求量比以前更多，货币需求曲线右移，利率上升。（B）图显示的是真实货币供给增加所产生的影响：货币供给曲线右移，利率下降。

因为当货币的机会成本较高时，货币需求量较低，而且因为机会成本是由名义利率来衡量的，因此，在图中，货币需求曲线被表示为向右下方倾斜的曲线（M^D）。当然，货币需求是真实GDP的增函数。因此，M^D是根据特定的真实GDP水平绘制而成的。当GDP增长时，每一利率水平上的货币需求都增加（即M^D右移）。

图7.A.1的每幅图中，利率r_1最初是由货币供给和货币需求相等的点决定的。如果真实GDP增长，那么货币需求增加（这时M^D右移），且均衡利率上升到r_2（见

（A）图）。如果名义货币供给增加（或者价格水平下降），那么真实货币供给增加（此时 M^S 右移），同时利率下降至 r_3（见（B）图）。

□ 7. A. 2　*LM* 曲线

推导 *LM* 曲线

LM 曲线将货币供求图中的信息用另一幅图呈现出来，在这一图中，横轴表示真实 GDP，纵轴表示利率。我们先从图 7. A. 2 中 GDP 为 Y_1 处开始。（符号 $M^D|Y_1$ 表示：假设真实 GDP 取值为 Y_1 时所绘制的货币需求曲线。）我们发现，（A）图中 Y_1 对应的是最低的货币需求曲线和最低的利率 r_1。在（B）图中，点（Y_1，r_1）所对应的是 *LM* 曲线上的第一个点。现在我们来考虑一下更高的 GDP 水平 Y_2。在（A）图中这一 GDP 水平对应的是中间那条货币需求曲线，对应的利率是 r_2。因此，在（B）图中，（Y_2，r_2）所对应的是 *LM* 曲线上的第二个点。

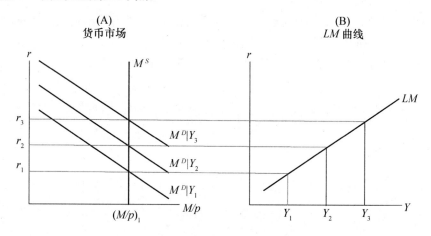

图 7. A. 2　推导 *LM* 曲线

注：当真实 GDP 增长时，货币需求曲线右移。如果真实货币供给不变，随着需求曲线的每一次移动，利率一定会上升（A 图）。*LM* 曲线将每个利率与相对应的真实 GDP 水平匹配起来（B 图）。*LM* 曲线是货币市场处于均衡状态，即真实货币供给和真实需求相等时，所有的真实 GDP（Y）及利率（r）水平的组合。

显然，我们可以观察其他水平的收入及与其相对应的货币需求曲线和利率（不仅仅是点（Y_3，r_3），而是针对每一真实 GDP 水平的组合点）。把所有这些点连起来就得到了 *LM* 曲线。**LM 曲线**可以定义为：货币市场处于均衡状态时（即货币供给和货币需求相等），所有真实 GDP 与真实利率（真实货币供给给定）组合的点的轨迹。很明显，*LM* 曲线的位置与形状由货币供求决定。

什么使 *LM* 曲线发生移动?

根据 *LM* 曲线的定义，其他条件不变时，利率或者真实 GDP 的变化所对应的是沿着 *LM* 曲线的变化。但是 *LM* 曲线本身也会发生移动。

假设名义货币供给下降，这在图 7. A. 3 的左图中显示为垂直的真实货币供给曲线向左移动。就图中三条货币需求曲线中（每一条货币需求曲线都是根据一个不同的真实 GDP 水平绘制的）的每一条来看，利率都上涨了：r_1 上涨至 r_1'，r_2 上涨至 r_2'，r_3 上涨至 r_3'，依此类推。将此转换到右边图中，我们可以看到，每一真实 GDP 水平都对应着一个更高水平的利率。也就是说，真实货币供给曲线的左移导致了 LM 曲线的上移。很明显，价格水平的上升降低了真实货币供给，具有正好相反的影响（参见问题 7.17）。

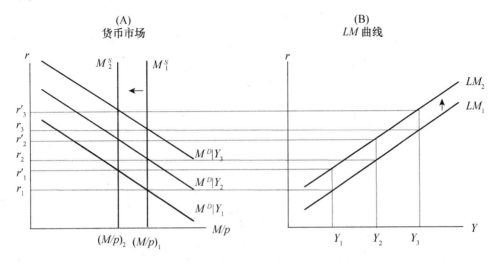

图 7. A. 3　真实货币供给的减少使 LM 曲线垂直上移

注：（A）图所显示的是三条不同的真实 GDP 水平的货币需求曲线，当真实货币供给为 M_1^S 时，这三条货币需求曲线在（A）图中所对应的利率分别是 r_1，r_2 和 r_3，而在（B）图中对应的曲线是 LM_1。当真实货币供给下降（或由于名义货币供给下降，或由于物价水平上涨）时，货币供给曲线便左移至 M_2^S，此时的每一真实 GDP 水平所对应的利率分别是 r_1'，r_2' 和 r_3'，而在（B）图中对应的曲线是 LM_2。

LM 曲线的用途

LM 曲线表示的是货币市场均衡状态下的利率（r）和真实 GDP 的无穷多种组合方式。然而它并没有告诉我们多少关于总需求实际状况的信息，除非我们能在曲线上选择一个点表示相关的总需求状况。为此，我们需要另外一种曲线——IS 曲线，我们将在第 13 章对它进行推导。但是在此之前，我们可以先简单了解一下 LM 曲线对我们来说意味着什么。

我们以图 7. A. 4 开始，开始时 LM 曲线为 LM_1，市场利率为 r^*。这样一来，总需求就由 r^* 处的 GDP 水平给出——由 Y^* 给出。现在假设利率 r^* 保持不变，同时 LM 曲线向下移动（移动（1），例如，源于价格水平的一次下降），这样一来，总需求将会上升到 Y_1。当然，这只有当经济还具有未利用的潜力时才可能发生。

现在我们来考虑另一种情况，此情形中经济已实现充分就业（位于 Y^* 处）。假设 LM 曲线下移（这次也许是因为名义货币供给量增长）。这迫使总需求增加到 Y_1，但是由于经济已处于充分就业水平，所以总需求的这种增加难以实现。此时企业会发现它们的产品供不应求，因此会提高价格。不断上升的价格水平意味着真实货币供给的不断下降，这导致 LM 曲线上移（移动（2））。只有当 LM_2 一直上移并回到 LM_1 时，这个过程才会停止，此时利率再次上升到原来的总需求水平（Y^*）上的 r^*。

这两种情况只初步表现了 LM 曲线的运作。在第 13 章和第 16 章的附录部分，我们将对 LM 曲线的其他方面进行分析。

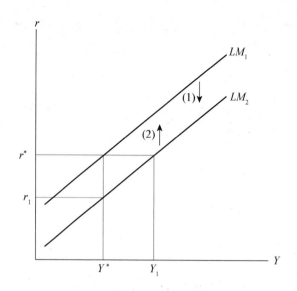

图 7. A. 4　*LM* 曲线和总需求

注：名义货币供给增加使 *LM* 曲线下移（移动（1））。如果利率保持在 r^* 不变，且经济未发挥其全部潜力，以致总供给不构成制约因素，那么总需求会从 Y^* 上升到 Y_1。但如果经济已经发挥全部潜力，以致真实总供给不能增加以满足更高的总需求，那么各企业将不得不提高价格。更高的价格水平使得真实货币供给减少，因此 *LM* 曲线上移（移动（2）），直到达到原来的均衡 Y^*。

□ 7. A. 3　*LM* 模型的局限性

由于 *LM* 曲线在宏观经济学教材中被广泛运用，因此我们在附录中对它进行了较为详细的解释。但是 *LM* 曲线内容并不是本书理论核心之所在。这里有必要简要地解释一下原因。

主要原因在于，金融市场的 *LM* 模型具有很大的局限性，因而不能解决我们感兴趣的所有问题。具体来说：

● *LM* 模型过于强调货币工具。表 6—2（以及图 6—2）表明，货币工具仅占所有金融资产的 12%，M1 的比例就更小，只占 1.2%。

● *LM* 模型只考虑单一的利率，但这个单一的利率是什么呢？中央银行通常以短期利率为目标，并希望使用这些短期目标利率来影响长期利率，而投资最有可能取决于长期利率。货币的交易性需求的相关机会成本可能是短期利率，而对于货币的投机性需求来说，其机会成本则可能是长期利率。要理解一些重要的经济问题，就有必要考虑不同期限的多重利率，这些利率由收益率曲线联系在一起。

● 在 *LM* 模型中，货币政策通常被作为货币供给的变化来分析，这就引出了两个问题：（a）中央银行并不直接控制诸如 M1 这样的货币总量，而是通过控制基础货币或者央行准备金（我们将在第 16 章，特别是在附录中再次谈到）来影响货币总量；（b）大多数中央银行大部分时间内都使用利率目标，而非货币供给目标，来引导货币政策，因此，*LM* 曲线促使我们用某种视角去看待货币政策，这一视角与看待实际货币政策的自然视角迥然不同（第 16 章附录部分我们将分析此规则的一个例外情况）。

本章小结

1. 经济中有无数的利率，但它们倾向于遵循某种一致的模式：(i) 它们大体上一起变动；(ii) 但是它们并不完全相关；(iii) 短期金融工具的利率通常（但并不总是）低于长期金融工具的利率；(iv) 在期限相同的情况下，联邦政府金融工具的利率低于公司和州及地方政府金融工具的利率；(v) 风险低的金融工具比风险高的金融工具利率低。

2. 所有的金融工具都是不同程度的替代品。套利是为了搜寻未被利用的获利机会而在相似的替代品之间进行资金转移的过程。套利行为倾向于在替代程度许可的情况下，使不同金融工具之间的收益率尽可能接近。

3. 有效市场假说认为，基于公开可获得的信息，不存在系统性的、可利用的套利机会。

4. 金融工具在风险程度、期限、收益结构上的差异解释了它们在替代程度上的差异。

5. 违约风险指的是借款人无法偿还贷款的可能性。

6. 联邦政府债务基本上没有违约风险，因为只要债务是以美元计价的，政府征税和印制货币的权力总能够使之还清债务。

7. 债券评级机构根据预期违约风险的程度对公司和借款人进行等级划分。

8. 价格风险（利率风险）是指当市场利率上下浮动时资本损益（债券价格的变化）发生的几率。债务的期限越长，价格风险就越高。

9. 利率的期限结构是利率随着债券期限变化的模式。收益率曲线是期限结构的一种图形表示，它的横轴代表到期时间，纵轴代表到期收益率。

10. 利率期限结构的预期理论认为，套利会使利率进入这样一种模式：通过持有种类不同、期限不同的金融工具可以将资金从当前转移到未来特定时间；通过期限溢价来调节不同的价格风险，这些持有方式最终都会获得大致相当的收益。

11. 根据期限结构的预期理论，短期利率被预期上涨时，收益率曲线倾向于向上倾斜；而在短期利率被预期下降时，收益率曲线倾向于向下倾斜。收益率曲线向上倾斜的频率远高于向下倾斜；造成这种偏误的原因是，期限溢价随着期限增长而上升。

12. 按道理来说，人们应当关注真实收益，而非名义收益。名义利率可以用来解释某个金融工具的供给量和需求量；它的升降与通胀率的变化之间存在一一对应关系。这一理论被称为费雪效应。费雪假说认为，费雪效应非常准确地描绘了实际金融市场的特点。很多因素会导致费雪假说失效，特别是当未来通胀预期不准确时。

13. 中央银行（美联储）的货币政策对短期利率的整体水平有很大影响。对真实利率的套利行为中，以商业投资的资本盈利最为典型，这一套利行为影响了长期利率的整体水平。

关键概念

替代品	利率期限结构	套利
期限结构的预期理论	有效市场假说	利率结构
违约风险	费雪效应	价格（或者利率）风险
费雪假说	收益率曲线	

延伸阅读建议

基本知识读本：

Stephen D. Smith and Raymond E. Spudeck, *Interest Rate：Principles and Applications*, New York：Harcourt Brace, 1993

Marcia Stigum and Anthony Crescenzi, *The Money Market*, 4th ed., New York：McGram-Hill, 2007

关于有效市场假说的讨论：

Burton G. Malkiel, *A Random Walk Down Wall Street*, 9th edition, New York：Norton, 2003

Andrew W. Lo and A. Craig MacKinlay, *A Non-Random Walk Down Wall Street*, Princeton：Princeton University Press, 2001

Robert J. Shiller, *Irrational Exuberance*, Princeton：Princeton University Press, 2001

Stephen F. LeRoy, "*Rational Exuberance*," *Journal of Economic Literature*, vol. 42, no. 3 (September 2004), pp. 783-804

George A. Akerlof and Robert J. Schiller, *Animal Spirits*, *How Human Psychology Drives the Economy*, *and Why It Matters for Global Capitalism*, Princeton：Princeton University Press, 2009

Lawrence J. White, "*Markets：The Credit Rating Agencies*," *Journal of Economic Perspectives*, vol. 24, no. 2 (Spring 2010), pp. 211-226

课后练习

练习中的相关数据都可以在本书网站（appliedmacroeconomics. com）第 7 章的链接中找到。做练习之前，学生应先复习"指南" G. 1～G. 4，G. 7，G. 10～G. 11 以及 G. 15。

问题 7.1 考虑一下 7.2.1 节的方案（特别是图 7—2）。

（a）如果高乐氏公司打算用非经常性利润购回一些自己的债券，那么这会对宝洁公司和高乐氏公司的债券收益率产生什么影响？仔细解释每个步骤。

（b）假设宝洁和高乐氏的债券最初的信用等级为 AAA，那么如果宝洁的信用等级降为 BAA，会对这两个公司的债券收益产生什么影响？仔细解释每个步骤。

问题 7.2 一电台广告宣称，美国的汽油价格每年夏天上涨、每年冬天下跌，因此，在冬天购买汽油期货到夏天卖出就可以赚钱。（期货是一种金融工具，它承诺在未来某一日期交付某种商品或者交付与市场价格等值的商品。）这一内在的推理符合有效市场假说吗？请解释。

问题 7.3 违约风险的差异应该在利率上得到体现，体现方式为风险溢价（见 7.3.1 节）。请计算二战后 10 年期固定期限美国国债收益率（作为无违约风险债券的代表）分别与穆迪 AAA 级企业债券收益率、BAA 级企业债券收益率之间的风险溢价的标准差。计算每种债券的收益率均值以及风险溢价均值。

问题 7.4 违约风险是怎样随着经济周期的变化而变化的？在问题 7.3 中已经计算过 AAA 级以及 BAA 级企业债券的风险溢价，现在根据国家经济研究局定义的衰退期将其绘制出来。并对它们的周期性加以评论。

问题 7.5 股票、短期债券以及长期债券，哪一种风险更大？哪一种收益率最高？收益与风险之间存在明显的两难选择吗？假设利息支付或红利被再次投资于同样的资产上，总收益指数可以同时用来计算不同资产的直接收益和资本利得。计算下面的金融资产在一年投资期间内每个月的事后总收益率：3 个月期的短期国库券，10 年固定期限国债，以及股票（S&P500），收益率$_t = \dfrac{\text{指数}_{t+12}}{\text{指数}_t} - 1$。要想算出真实收益率，我们就要从收益率（$\hat{p}_t = \dfrac{p_{t+12}}{p_t} - 1$）中减去事后 CPI 通胀率。基于这三个真实收益率的信息，计算出真实收益率的平均值、标准差以及变异系数，然后再将所得数据绘制成表。最后回答本题最开始提出的三个问题。

问题 7.6 假设 1 年期无风险债券的实际利率保持在 2%。同时假设人们预期年同比通胀按以下情况发展：

时间跨度	预期通胀率（百分比）
2010—2011 年	2
2011—2012 年	3
2012—2013 年	4
2013—2014 年	5
2014—2015 年	6

最后，假设持有更长期限债券的条件是按下表支付风险溢价：

期限	风险溢价（百分比）
1 年期	0.00
2 年期	0.25
3 年期	0.50
4 年期	0.75
5 年期	1.00

（a）计算 2010 年购买的每种债券的到期收益率，从 2010 年购买的 1 年期债券（于 2011 年到期）开始计算，一直计算到 2010 年购买的 5 年期债券（于 2015 年到期）的到期收益率。然后画出收益率曲线图，并标出这 5 个收益率所在的点。

（b）计算于 2012 年购买，并于 2015 年到期的 3 年期债券的预期收益。

下面四个问题是一组相关的问题。

问题 7.7 根据最近的一个经济周期，分别绘制出在 NBER 同一衰退的顶峰、低谷和（衰退前或衰退后）扩张的中间阶段这三个时间段上 1 年期、2 年期、3 年期、5 年期、7 年期、10 年期美国国债的收益率曲线。这 6 条曲线中，三分之二的曲线应该是向下倾斜的，这取决于你选择的经济周期。三分之一的曲线向上倾斜，或者向下倾斜，但相对较平缓。（Excel 使用提示：（i）在相邻的单元格中从左到右输入不同的期长：1，2，3，4，5，7，10，并突出显示；（ii）将每种债券在这些时间段中的利率输入相连的竖栏内，选择你要的日期，凸显这些单元格；（iii）在"插入"菜单中，选择"图表"按钮，插入一个图表，选择散点图选项中的平滑曲线。）

问题 7.8 要想知道收益率曲线的坡度如何随着时间而变化，就要创建一个系列：收益斜率＝10 年期国债收益率－1 年期国库券收益率。当收益斜率为正数时，收益率曲线向上倾斜（至少在 1 年期至 10 年期之间如此）；当收益斜率为负数时，收益率曲线向下倾斜。绘制出这一系列的曲线图，并用阴影部分表示 NBER 的经济衰退期。（为下一题保留所绘图形。）

问题 7.9 建立一个经济周期衡量表，首先用 73 个月的移动平均数去除周期中的工业生产趋势，用百分比来表示工业生产趋势。接下来，建立一个散点图，横轴表示去趋势的工业生产值，纵轴表示收益斜率（已在问题 7.8 中建立）。（在第 5 章 5.2.3 节中，特别是图 5—9 中，我们学到工业生产值是一个很好的同步指标。）增加一条回归线，给出方程式和 R^2 值（参见"指南"G.12.2 节关于移动平均线趋势的内容，以及 G.15 节关于回归线以及如何增加回归线的内容）。

问题 7.10 使用问题 7.7～7.9 的计算结果和信息，简要解释收益率曲线和经济周期之间的关系。（请描述你的发现并解释原因。）

问题 7.11 3 个月期国库券的价格风险应该较低（几乎没有风险）。请计算出不同期限国库券的期限溢价，从其他每种债券的时间段中减去 3 个月期债券的时间段，并计算平均值。把你的计算结果写在一张表中，并试着评价期限溢价和期限之间的关系。

问题 7.12 要检验费雪假说和数据的匹配程度，使用过去的实际 CPI 年通胀率（$\hat{p} = \frac{p_t}{p_{t-12}} - 1$），估算出预期通胀率。分别绘制 1 年期国库券和 10 年期国债收益率的曲线图，用纵轴表示收益率，用横轴表示通胀率。（利用所有可用的数据。）增加回归线，给出等式和 R^2 值（参见"指南"G.15 节关于回归线以及如何增加回归线的内容）。根据费雪假说的预测，等式中系数的值是多少？费雪假说和数据的吻合度如何？隐含的平均真实利率是多少？

问题 7.13 费雪假说的正确率是否会受时间的影响？重新计算问题 7.12 中 1 年期债券的利率。这一次，只使用过去 15 年的数据；然后使用任何一个 15 年间的数据进行计算。就费雪假说在这两个时期中的表现进行评价。

问题 7.14 知道过去的通胀情况，不一定就能估计出未来的通胀情况。重新计算问题 7.12 中过去 15 年的 1 年期债券利率，但是这一次不要使用通过 CPI 计算出的通胀率，而是使用密歇根大学消费者调研中心的预期通胀系列数据。这两个问题的结果有什么不同？请对此作出评论。费雪假说在哪一组数据中效果更好？

问题 7.15 人们常把股市看作经济周期的领先指数，事实果真如此吗？请绘制标准普尔 500 股价指数的时间序列，并且用阴影标出 NBER 衰退期（提示：请使用对数计量坐标，并思考为什么这么做）。就其周期性特征进行评论。股市中较大规模的下挫通常被视为经济衰退的预兆，请就此进行讨论。思考假阴性错误（第一类错误：经济衰退之前并没有出现股市的下挫）和假阳性错误（第二类错误：股市崩盘后并没有出现经济衰退）——参见"指南"，G.7。

问题 7.16 在附录中，我们假设货币的真实收益率是 $-\hat{p}$，从而推导出货币需求曲线。这基于这样一个假设：通货和活期存款并不生息。但是，现实中一些活期存款是生息的。现在假设所有的货币都生息（也许 ATM 卡已经代替了现金）。此时持有货币的机会成本=债券的真实收益—货币的真实收益=$(r_{债券} - \hat{p}^e) - (r_{货币} - \hat{p}^e) = r_{债券} - r_{货币}$。这一变化会对货币需求曲线的形状产生怎样的影响？曲线仍然向下方倾斜吗？曲线会变得更陡还是更平缓？考虑两种极端情况：（1）货币的收益率（$r_{货币}$）固定，不会随着 $r_{债券}$ 的变化而变化；（2）货币的收益率（$r_{货币}$）和债券的收益率（$r_{债券}$）之间的变化值一一对应，这样它们之间的差别就是恒定的。哪种情况更接近实际？

问题 7.17 请详细说明当价格水平上升时，LM 曲线如何变化。为什么会有这样的变化？

问题 7.18 我们用下列公式来表示真实货币需求量。

$$\frac{M^D}{p} = 0.05Y - 0.5r$$

名义货币供给由下式给出：

$$M^S = \overline{M}$$

（a）写出以 Y，r，$\overline{M}$ 和 p 表示的 LM 曲线的一般公式。

（b）如果 $\overline{M}=10\ 000$，$p=100$，请写出 LM 曲线的具体公式，并绘制 LM 曲线。

（c）使用上述公式，如果 $r=5\%$，Y 为多少？（公式中默认 r 为百分数，所以将 $r=5\%$ 代入公式时使用 5，而不要使用 0.05。）

（d）如果货币供给增加到 $\overline{M}=10\ 050$，p 和 r 的值不变，总需求（Y）会发生怎样的变化？将这一变化用曲线绘制出来，并与问题（b）中的曲线进行比较。

（e）如果货币供给量增至 $\overline{M}=10\,050$，p 和 Y 保持不变，利率 r 会发生怎样的变化？将这一变化用曲线绘制出来，并与问题（b）中的曲线进行比较。

（f）如果货币供给量增至 $\overline{M}=10\,050$，Y 和 r 保持不变，价格水平 p 会发生怎样的变化？将这一变化用曲线绘制出来，并与问题（b）中的曲线进行比较。

第 8 章

国际金融体系与收支账户

无论是好是坏，如今世界各国在经济上都是彼此依赖的，相互之间的联系愈加紧密。金融体系将世界上某个地方的资金调配到最具获利性的某个其他地方的能力日渐增强。然而，2008 年始于美国房贷市场的金融危机很快便蔓延到其他国家：经济体之间的相互依赖会导致新的风险。商品和服务方面蓬勃发展的外贸行业与经济力量相联系，推动了许多穷国的快速发展。然而，贸易上的相互依赖使得一国的经济衰退可以导致他国需求减少，失业率增加。虽然这些内部联系已经在第 2 章的国民账户和第 6 章的金融体系中有所介绍，但是这些联系非常复杂，我们有必要在本章进行深入分析。在许多方面，世界经济就是扩大版的国家经济。但是世界经济更加复杂，因为国际贸易中存在诸多壁垒，尤其在真实生产要素方面，如劳动力等；此外，因为不同国家货币的存在，也相应增加了金融市场的诸多复杂性。

8.1　全球经济

在 GDP 的构成要素中，没有什么比**净出口的程度**更能激发一国的政治热情——即便政府支出及其相关税收也做不到这一点。近年来，**全球化**的支持者和反对者常常占据头版头条新闻。"全球化"一般指的是：商品、服务、劳动力和资金的跨国界流动越来越自由，不断增加的国际金融一体化，以及跨国公司的兴起。全球化总是激发着人们的热情。

贸易早在史前时期就已经存在，包括远距离的贸易（在距离海洋几千英里的非洲考古遗址上，发现了人类曾经用作原始钱币的贝壳；在北美维京人居住地遗址的废墟中也曾发现过中国铜铃）。早期贸易仅局限于容易运输和昂贵的商品，例如，金子和香料。

应用中级宏观经济学

随着经济活动变得愈加复杂，贸易也不断发展。但是在 17 世纪 和 18 世纪的欧洲，**重商主义**政策牢牢控制着贸易，征收关税，实行配额。各国都想要保护本国工业，从邻国获取货币利益。在重商主义者看来，一个国家的收益就等同于其他国家的损失。

现代经济学的开创性著作亚当·斯密的《国富论》(1776)，在很大程度上对各国内部和国家间自由贸易进行了广泛讨论。亚当·斯密（1723—1790）认为劳动分工的进一步细化提高了效率，进而导致国家财富的增长和人民收入的增加。他还认为，劳动分工被市场规模所限制，而对外贸易拓展了市场，增加了各方的财富和收入。在斯密看来，贸易各方均从贸易中获利。

大卫·李嘉图（1772—1823）则指出，如果各国专注于生产自己相对擅长的产品（即便有些国家在所有商品的生产效率上都领先其他国家），全球生产就可以达到最大化。比如，无论在飞机制造还是纺织品生产上，美国都比马来西亚更高效。尽管如此，如果美国飞机制造的效率高于纺织品生产，而马来西亚纺织品生产的效率高于飞机制造，那么美国就应该制造飞机，而马来西亚则应该生产纺织品。因为美国和马来西亚都需要飞机和纺织品，因此它们之间的贸易就必不可少。这个策略被称为**比较优势原理**。

重商主义者（在不同时期有不同的称呼）和自由贸易主义者（在 19 世纪被称为自由主义者）之间的争论从未真正停止过。纵观 19 世纪，商品和生产要素间的自由贸易以及金融一体化（即金融资产的自由贸易）在第一次全球化浪潮中进一步发展。截至 20 世纪初，整个世界已处于高度的经济一体化之中。

但是第一次世界大战（1914—1918 年）使这一切戛然而止。面对 20 世纪 30 年代的大萧条，很多国家争相采取以邻为壑的关税政策，并对金融资本流动进行管制，这进一步加剧了全球经济的分化。第二次世界大战使全球经济进一步瓦解。战后，获胜的西方盟国（特别是美、英、法三国）致力于构建一个更加和谐的全球秩序，这种秩序以自由贸易和合作性的国际经济组织（比如国际货币基金组织和世界银行）为基础。1947—1995 年间，为了降低世界各国间的关税和其他贸易壁垒，关贸总协定（GATT）的缔约国进行了一系列谈判（所谓的"回合"）。在关贸总协定的乌拉圭回合谈判中，缔约国最终决定在 1995 年成立世界贸易组织（WTO）。世界贸易组织致力于规范自由贸易协定，解决贸易规则争端，并以此前关贸总协定协商的方式来促进更加自由的贸易。

各种区域性的自由贸易协议也开始谈判。其中最著名的是欧洲联盟（EU）。EU 的前身是法国、德国、意大利、比利时、荷兰和卢森堡 6 国于 1951 年签署的欧洲煤钢共同体。截至 2008 年，欧盟的成员已增至 27 国，人口达到 5 亿，仅 2000 年 GDP 总值就达到了近 150 000 亿美元，略高于美国当年的 GDP。相比欧盟，成立于 1994 年的北美自由贸易协定（NAFTA）政治一体性较弱，但其 GDP 总值却更胜一筹。2008 年 NAFTA 的 GDP 总额达到 170 000 亿美元。

或许因为欧盟不仅是一个经济联盟，而且是一个政治联盟，所以欧盟并未像其他贸易协定那样在内部存在广泛的争端。相反，WTO 和 NAFTA 在 20 世纪 90 年代末和 21 世纪初均成为反全球化抗议者暴力示威运动的攻击对象。抗议者们将诸多问题归咎于自由贸易，包括环境破坏、日益加剧的不平等现象和违反工人权益等。全球化的支持者则反驳，自由贸易在消除世界贫困、提升人民生活水平上作出了巨大贡献。从经济角度看，全球化的支持者似乎在这场争论中占了上风，因为连那些最贫困的国家也开始对贸易壁垒怨声载道。不过，到了 2011 年，要求加强贸易规范——至少是减缓贸易混乱——的呼吁在发达国家取得了政治支持。呼吁者们打出了"要自由贸易，也要公正贸易"的口号，全球化支持者在政治上处于困境。

即便如此，不可否认的是，我们生活的世界在经济上正日益紧密地联系在一起。图 8—1 显示的是以进出口总额占 GDP 的百分比来衡量的美国贸易的增长情况。在这种计算方式下，如果一国将其生产的所有物品用于出口，而所消费的所有物品都来自进口（对于一个生产特定原材料的国家来说，几乎就是如此），其贸易额将是其 GDP 总额的 200%。美国贸易的惊人之处在于其稳定的增长。1957 年，美国的贸易额仅占 GDP 的 10%。由于这一比例很低，以至于美国初级经济学教科书有时甚至把美国视为封闭经济，与世界其他国家隔绝。在 2007—2009 年的萧条期，美国贸易额大幅下跌。尽管如此，2008 年顶峰时期的美国贸易总额仍占 GDP 的 32%，是 1957 年的 3 倍多。这一增长的稳定性让人十分惊讶，这一数据倾向于回到一个每年 2.4% 的指数式趋势增长率。

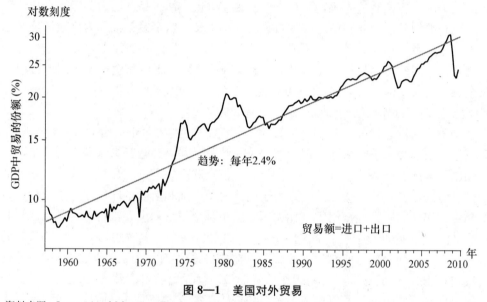

图 8—1　美国对外贸易

资料来源：International Monetary Fund，*International Financial Statistics*.

虽然贸易在美国经济中的作用稳定增加，不过在其他经济体中贸易在 GDP 中所占的份额要大得多。尽管如此，美国仍然是世界上最大的贸易国，其进出口额共占世界贸易总额的 20%。表 8—1 列出了 7 国集团（G-7）和其他一些国家和地区的贸易数据，每个组内的国家和地区按其贸易额占世界贸易总额比重的大小排序。一般来说，一个国家和地区（或贸易集团）越大，其贸易额占世界贸易总额的比重越大，其贸易额占本国和地区 GDP 的比例就越小。比如，作为一个中等大小的国家，英国的贸易额只占世界贸易总额的 7%，却占本国 GDP 的 38%。而美中两国的贸易额虽然在世界贸易总额中的比重分别是英国的 2～3 倍，但是却只占本国 GDP 的 17% 和 24%。①欧盟的贸易（表

---

① 细心的读者会发现，美国贸易额占本国 GDP 的比重值在表 8—1 中和图 8—1 中的末期不一致。前者要低于后者。这是由于美国经济分析局（图 8—1）和国际货币基金组织（表 8—1）的数据来源不同，两个组织对于贸易的定义也不尽相同。

8—1 并没有给出欧盟的贸易数据，因为撰写本书时只能够找到陈旧的数据）也呈现出相似的模式：2007 年欧盟贸易额占世界贸易总额的 30%，却只占欧盟 GDP 的 25%。

表 8—1

2009 年世界贸易

	贸易额（2009 年购买力平价，10 亿美元）			贸易总额	
	出口额	进口额	总额[a]	占世界贸易的百分比[d]	占 GDP 的百分比
G-7					
美国	995	1 445	2 440	20	17
德国	1 121	931	2 052	17	73
日本	516	491	1 007	8	24
法国	457	532	989	8	47
英国	351	474	825	7	38
意大利	369	359	728	6	41
加拿大	298	305	603	5	47
其他国家和地区					
中国内地	1 194	922	2 116	17	24
韩国	355	313	668	6	49
俄罗斯	296	197	493	4	23
新加坡	269	245	514	4	218
中国香港	317	345	662	5	219
墨西哥	230	232	462	4	31
印度	165	254	419	3	12
巴西	159	136	295	2	15
土耳其	102	141	243	2	28
泰国	151	132	283	2	53
沙特阿拉伯	180	87	267	2	46
南非	68	70	138	1	28
卢森堡	14	19	33	<0.05%	87
埃塞俄比亚	2	7	9	<0.05%	12
布隆迪	79[b]	318[b]	397[b]	<0.001%	34
世界	12 020	12 092	12 056[c]	100	17

a. 贸易额＝进口额＋出口额。
b. 单位：百万美元。
c. 世界贸易额＝（出口额＋进口额）/2。
d. 所有国家的贸易份额相加后达到 200%，这是因为一国的出口都是他国的进口，因此在全部计算中每一笔交易额都出现了两次。
资料来源：Central Intelligence Agency, *The World Factbook 2009*.

当然也有例外：在欧盟内部，德国为出口大国（其出口额仅次于中国，贸易总额仅排在美中两国之后），它的贸易额占全球贸易总额的 17%，占本国 GDP 的 73%。埃塞俄比亚和布隆迪都是极度贫困的国家，经济规模很小。两国的贸易额占世界贸易总额的比重几乎可以忽略不计，和本国 GDP 相比也微乎其微。

表中一些数据值得注意：其中中国香港的贸易额占其 GDP 的比重为 219%，新加坡的贸易额占其 GDP 的比重为 218%。它们都是所谓的转口经济，其进口的目的主要是为了再出口。尽管从事转口贸易的经纪人、航运公司和其他商业公司对两个经济体的GDP 值作出了巨大的贡献，但再出口商品却不计入 GDP 总额（从定义来看，再出口对于进出口额的贡献为零）。

虽然贸易的成本和收益是非常重要的经济话题，不过本章的主要目的并不在此——这些问题最好还是留给专业化的国际贸易的微观经济学课程来解答。本章的目的在于分析国际宏观经济学（有时也被称为国际金融）。通过对第 2 章 2.2.2 节的学习，我们已经知道对外贸易产生了收入循环流中的另外一个循环流。和国内经济活动一样，对外贸易中实物商品的流动（出口和进口）也对应着反向的货币流和金融资产流。我们想知道的是，这些国家间的流动如何融入更大的经济框架之中：GDP、价格、利率如何影响贸易？贸易又如何影响上述这些方面以及这些方面如何影响诸如失业这类其他因素？

8.2　国际收支账户基础知识

和经济中的其他部分一样，只有先对贸易做充分的描述，才能对其进行合理的分析。我们必须了解贸易是如何计算的：贸易数据如何整理？数据如何关联？数据表达什么意义？好在本书已经对相关内容作了介绍。本书的第 2 章（2.2.2 节和 2.3 节）讨论了国外部门和国外部门赤字在收入和产出循环流中的地位，而第 3 章（3.7.3 节）则介绍了**国际收支的经常账户**。国际收支账户由两个相互关联的复式账户构成：**经常账户**追踪记录国与国之间的实物商品流、服务流以及收入流；而**资本账户**则追踪记录资产的流动。首先，让我们来简单地回顾一下经常账户。

□ 8.2.1　经常账户

在国民账户的生产—支出恒等式中（等式（2.1″）），净出口被定义为出口减去进口，即 $NX \equiv EX - IM$。进出口均包含了商品和服务。净出口也同时被看作本国的**贸易余额**和国外部门的赤字。要是我们对国内生产和国内收入的产生感兴趣，就应该了解净出口。然而，通过本书的第 3 章（3.7.3 节）我们知道，如果我们对可支配收入、国民生产总值或是国民收入感兴趣，我们也必须考虑本国居民在该国以外获取的收入。**国际收支平衡表的经常账户**不仅追踪记录国内生产导致的贸易，也记录国与国之间的收入流。国外部门赤字（见等式（3.3））这一更广义的概念一般被称为**经常账户余额**（CA），并可用下列恒等式表示：

$$CA \equiv EX + NIA - IM - NTRA \tag{8.1}$$

式中，EX、IM 分别表示出口和进口；NIA 表示来自国外的净收入流，包括从本国驻外公司流入本国的利润、利息收入、股息收入、其他要素收入及工资和薪金收入；$NTRA$ 表示来自国外的净转移支付，即不以实物交换为条件的收入支付（见第 3 章 3.1.1节）。NIA 和 $NTRA$ 中的字母 N 表示"净"，意指从国外流入的支付中抵消了向国外流出的支付。

通过表3—10（第3章）可以了解国际收支经常账户的情况。净收入流和净转移支付流被分解为各个组成部分，经常账户余额显示在支付方（属于负债那一方），和净资产通常是一样的（见第6章6.1.2节）。虽然经常账户余额被记录为支付，不过它应当被视为对国内经济本身的支付，就好比它是自己的债权人一样。把经常账户余额作为负债来处理，这和把净资产放在资产负债表中的负债方这种处理方式的道理是一样的（见第6章6.1.2节）。就像所有T形账户一样，经常账户的两端总是相等的，账户中任何一项记录的变化都与其他至少一个或多个记录的变化相对应。

□ 8.2.2 资本账户

从图2—5的循环流量图中，我们可以看出：美国每进行一笔出口就会导致一笔款项流到美国；而美国每进行一笔进口则会导致一笔款项流入他国。当进出口额相等（且不存在其他收入流）时，货币流也就只是资金上的来来往往。但是，比如说美国从中国的进口超出对中国的出口时，会产生一个双边的经常账户赤字，这会发生什么情况？此时，中国人获得美元——主要以银行账户上美元余额的形式出现。中国人有可能会继续持有这些美元余额，不过一般来说，他们使用这些美元购买美国实物资产或者金融资产往往会带来更好的收益。中国人通常用其经常账户上的盈余——也就是美国经常账户上的赤字——来购买美国短期国库券和长期国债。不过，近期他们也已经在用这些盈余购买美国公司股票了。我们可以用下面的等式来表示国际收支平衡表中的资本账户的余额，或简单地说，资本账户余额（KA）可表示成一个恒等式：

$$KA \equiv KR - KP \tag{8.2}$$

其中，KR表示国外政府或居民持有本国资产的资本收入，而KP表示本国经济用于获得国外资产的资本支付。

有时，学生们可能会觉得资本账户余额有违常理。因为金融财富在国内资产组合中的增加额是作为负的余额出现的。对此，我们还是用美中贸易的例子来说明。资本账户余额和经常账户余额是平行的。在两个账户中，出口产生收入，进口产生支付。唯一的不同是，资本账户记录的是金融资产的进出口。所以当美国从中国进口的商品和服务超过其对中国的出口时，中国获得的货币实际上就是美国的一种金融资产的出口。这样一来，出口（商品和服务加金融资产）总是等于进口（商品和服务加金融资产），而且支付（经常账户和资本账户）总是处于平衡状态。为了保持账户两端相等，美国的经常账户赤字必须总是可以和美国资本账户盈余相抵消。其中，盈余表示国外政府或个人获得的美国资产。

详细的资本账户跟踪记录国与国之间的资产流动，并可以被精确细分为各种资产类别。其中一些类别已经在第6章（特别是表6—1）的资金流账户中讨论过。表8—2列出了美国资本账户的详细摘要，这些数据由美国经济分析局（BEA）提供。表中一些条目的进一步解释有助于说明美国和其他国家的金融关系。根据国际货币基金组织制定的国际收支会计准则，美国经济分析局把资本账户划分为两块：**资本交易账户**和**金融账户**。

表 8—2　　　　　　　　　　国际收支平衡表的资本账户，2009 年　　　　　　　　单位：10 亿美元

行数	收入（＋表示外国持有的美国资产）		行数	支出（＋表示美国持有的外国资产）	
1	净资本账户交易	−2	7	美国持有的国外资产	−237
2	外国持有的美国资产，不包括金融衍生品	435	8	美国官方储备资产	−52
3	在美国的外国官方资产	448	9	美国政府持有的其他资产	542
4	在美国的其他外国资产	−12	10	美国私人财产	−727
5	净金融衍生品	N/A	11	资本资产差额	670
6	来自其他国家的资本收入	433	12	支付给其他国家的资本支付（包括资本账户余额）	433

注：由于四舍五入，各条目相加的总和可能与总数不符。

资料来源：U. S. Bureau of Economic Analysis, International Economic Accounts，table 1.

　　资本交易账户指的是"对非生产性、非金融性资产的获取和处理……，比如自然资源的所有权，以及无形资产的买卖，例如，专利、著作权、商标、特许权和租约等。"[1]在表 8—2 中，资本账户交易由收入这一边中的"净资本账户交易"条目（第 1 行）来表示。美国经济分析局本可以分别记录收支情况，但在实际中却只记录了收支的净值。在表 8—2 中，净资本账户交易值只有 −20 亿美元。比起超过 4 000 亿美元的总支付或总收入来说，这个数字很小。

　　表中余下部分代表的则是金融账户。外国持有的美国资产（第 2 行）和美国持有的国外资产（第 7 行）都被划分成官方资产和非官方资产（第 4 行："在美国的其他外国资产"；第 10 行："美国私人财产"）两类。其中，官方资产是指由包括央行在内的政府机构所获得的资产。美国官方资产还可以进一步细分为"美国官方储备资产"（第 8 行）和"美国政府持有的其他资产"（第 9 行）。官方储备资产包括政府持有的黄金、特别提款权、政府在国际货币经济组织（IMF）的准备金（可以把 IMF 看作是各国央行的央行）和外币。央行和政府可以使用这些资产对外汇市场进行直接干预。其他的政府所拥有的资产可能包括政府获得的各种国外金融资产，不过它们通常是外国政府债券。

　　通过表 8—2 可以看出，美国的官方资本交易账户额远远小于私人交易额。而与美国政府相比，国外政府的资本交易账户则更加活跃，至少在近期如此。

　　在对资本账户更加详细的描绘中，私人资本的获取还可以被进一步划分为外国直接投资、间接投资以及其他投资。最经典的外国直接投资（通常简称为 FDI）方式是在国外新建工厂。如今，这个术语的涵盖面更广：通过购买国外公司股份而进行的长期投资也被看作 FDI 的一种。当某公司在国外一家公司持有股份超过 10% 时，联合国便将获得的这些股份计作直接投资。原因是，如此大的股份极有可能使外国投资者对被持股公司的决策产生直接影响。间接投资则指买卖国外非股权金融资产（比如债券）和低于总额 10% 的股份。一般认为，这种投资主要是为了获取被动性的金融收益，而不是为了干预被持股公司的运营。其他金融资产包括对银行存款、货币和其他非收入性资产的外国持有。

---

　　[1]　Federal Reserve Bank of New York, "Fedpoint：Balance of Payments," www. newyorkfed. org/about-thefed/fedpoint/fed40. html，June 2004，downloaded 19 June 2008.

在众多的私人金融资产中，美国经济分析局把**净金融衍生品**单独列为一类。净金融衍生品是指外国部门对一系列金融资产的净持有，这些金融资产包括：各种商品或金融资产的期货合约以及更复杂的金融衍生品，例如，各种不同的风险互换品等。这些金融资产占资本账户的比重也相对较小。

关于资本账户的介绍似乎表明，该账户中所有的变化都是由经常账户中的盈余和赤字而引发的。实际上，即使经常账户余额没有发生变化，政府、企业和个人还是可以通过与国外部门进行金融资产交易来改变自己的资产组合。比如，你在国内市场上以10 000美元出售一笔短期美国国库券，并转而用这笔钱购买了日本松下公司的股票。第一笔交易会在现金流账户中得以体现（见第6章6.1.2节），但是不会出现在美国资本账户中；第二笔交易则表现为美国私人持有的国外资产的增加（表8—2第10行）。完全相同的10 000美元支付以日本人持有的美元增加表现出来（第4行）。从整体上讲，账户两端的数值都增加了（第6行和第12行中的数值出现了增加），但不改变资本账户的平衡。在国际金融贸易中，这种资产组合的调整占很大比重。

□ 8.2.3　国际收支恒等式

对任一国家而言，每一笔进出口都对应着一笔资金流，这一资金流或表现为货币形式，或转化为其他资产形式。如此一来，一国经常账户上的盈余就必然对应着资本账户上的赤字，反之亦然。

经常账户和资本账户间的关系可总结在如下恒等式中：

$$CA \equiv EX + NIA - IM - NTRA \equiv -(KR - KP) \equiv -KA \qquad (8.3)$$

第3章中的表3—10显示，美国在2008年经常账户余额为−7 070亿美元；表8—1则显示，同时期资本账户的余额为5 060美元。而恒等式（8.3）却表明这两个余额应当数值相等、符号相反。这是因为恒等式（8.3）表示的是正规的记账方式。美国的国民收入会计人员把这个经常账户余额和资本账户的负的余额之间的差额（2 010亿美元）记作统计误差，误差出现的原因在于，一些国际交易被记录在其中一个账户上，但在相对应的其他账户上却被遗漏了。

两国间的贸易无须平衡。例如，日本国内没有石油，沙特除了石油外几乎不出口其他商品，但日本并不生产沙特希望进口的所有东西。如此一来，日本在对沙特的贸易中就会出现永久性的经常账户赤字；沙特利用来自日本的收入进口自己所需的商品和服务，比如新西兰的羊羔；新西兰使用出口这些产品获得的收入购买日本汽车。因此，日本在对新西兰的贸易中会出现经常账户盈余，而这一盈余将部分弥补对沙特贸易中的赤字。关键在于，因为一国的进口必定对应着他国的出口，所以全球的总进口额和总出口额必然是相等的，即各国的经常账户之和为零：

$$\sum_{\text{所有国家}} CA_i \equiv 0 \qquad (8.4)$$

又由于经常账户和资本账户数值相等、符号相反，所以各国资本账户之和也肯定为零：

$$\sum_{\text{所有国家}} KA_i \equiv 0 \qquad (8.5)$$

恒等式（8.4）意味着，如果一国的经常账户出现盈余，必定会有对应的一国或几个国家的经常账户出现等额的赤字。恒等式（8.5）则表明，资本账户存在同样的情况。所以，假如一位欧洲国家的财政部部长声称"我期待着有一天所有国家的经常账户都能实现盈余"，我们只能说他的友善超过了他的经济学常识。

8.3　汇率基础知识

□ 8.3.1　作为货币相对价格的汇率

用另一种货币表示的一种货币的价格

各国都会用本国货币来记录自己的国际收支账户：美国用美元，英国用英镑，德国用欧元，日本用日元。然而，国家间的贸易并不都是用本国货币来进行的。一般来说，进口必须用出口国货币来支付。比如，一个美国进口商要购买中国生产的笔记本电脑，就必须用人民币支付。[①]（在有些情况下，进口商也可以使用本国或第三国的货币进行支付。比如，对于石油和一些基本商品来说，不论产地在哪里，一般都用美元定价。）国际收支账户中进口商品的价值必须换算成美元。之所以可以换算，是因为各国货币可以在国际金融市场上进行常规买卖，形成一个相对价格。汇率是以另一种货币表示的一种货币的价格。

国际货币并非在高度集中的市场中进行交易，它与公司股权交易不同，例如，公司股权一般在纽约证券交易所交易。而国际货币一般通过一个全然不同的网络进行交易，这个网络包括银行、经纪人和外汇交易商，统称为**外汇市场**。

对曾经出国旅行的人来说，对汇率并不陌生。银行和分布在国际机场、火车站和大多数城市的外汇兑换处都提供各种货币的买卖。旧金山国际机场内的一个兑换处可能会以 1.959 美元的价格出售 1 英镑。一个苏格兰游客可能购买价值 200 英镑的美元：$200 \times 1.959 = 391.80$ 美元。而一个刚抵达伦敦希思罗机场的美国游客或许想用 400 美元去购买英镑。如果该机场外汇兑换处 1 美元的价格为 0.510 英镑，那么这位美国游客就可以得到 $400 \times 0.510 = 204.19$ 英镑。

上面两种汇率其实是一致的，只是表达的角度不同：第一种是用美元来衡量英镑，而第二种则是用英镑来衡量美元。第二种汇率颠倒过来就等于第一种汇率，即 $0.510 = 1/1.959$。这与每个柠檬 20 美分或 1 美元 5 个柠檬是一回事。但是在处理汇率时，还是要注意不能把兑换的方向弄错。一般来说，价值相对较高的货币用作分母。

因此，由于 1 英镑的价值高于 1 美元，所以无论是在旧金山还是在伦敦，都用每一英镑多少美元来表示汇率（即 $\$1.959/£$，而不用 $£0.510/\$$）。而由于日元的价值低于美元，两种货币间的汇率大部分时候都用每一美元多少日元来表示（$¥106.157/\$$，而不用 $\$0.009\,42/¥$）。

在某些时期，有些货币（例如，加拿大元、美元和欧元）的价值大致相当，哪种货币价

[①]　中国的货币被称为人民币，意为人民的货币。人民币的缩写为 RMB，人民币的单位元用 ¥ 表示。¥ 也可用来表示日元。

格更高因时间变化而不同。1999 年欧元初次发行时，欧元与美元的汇率为 $1.18/€，到 2000 年迅速跌至 $0.82/€，而在 2010 年初又升至 $1.43/€。由于欧元发行时的价值高于美元，人们一般用每一欧元多少美元来表示两种货币的汇率。在处理价值接近的货币时，尤其要注意不要将分母弄错。

升值和贬值

在上面的例子中，我们假设同一天里不同机场的汇率相同。但是通常情况下，银行和交易商购入外币的价格低于它们将要出售的价格。比如希思罗机场内的兑换处购入美元的价格是 1.96 $/£，而售出美元的价格为 1.94 $/£。一位准备前往美国的英国游客在这里售出 1 000 英镑，可以兑换到 1 940 美元（＝£1 000.00×1.94 $/£）。如果此时一位英国游客从美国返回伦敦，身上正好也带了 1 940 美元，他可以在同一兑换处购入 989.80 英镑（＝ $1940/1.96 $/£）。买进价和卖出价之间的差额为 10.20 英镑（＝£1 000.00－£989.80）——这个差值占最初购买价的 1% 还多——这便是交易商的收益。除了通过低价买入、高价卖出获取差价外，交易商还可以收取交易佣金。

渐渐地，游客们不再前往机场内的零售交易商和外国城市的银行进行货币兑换。他们开始用借记卡或信用卡在外国的自动柜员机上进行货币兑换。此时，货币的兑换实际上是由国外银行和游客的本国银行来完成的。一般来说，这种兑换方式下的汇率要优于零售交易中的汇率。

大部分外汇交易并不涉及旅游者，而主要在银行和从事外贸的非金融公司间进行。本章的 8.4 节将深入讨论关于外汇市场的内容。

当一种货币的价值相对于另外一种货币的价值提升时，我们称该货币**升值**，反之则称其**贬值**。当美元对英镑汇率从 1.96 $/£ 降至 1.94 $/£ 时，美元大约升值 1%；而当日元对美元汇率从 106¥/$ 升至 122¥/$ 时，美元则大约升值 15%。

因为人们会自然地把升值与货币价值的提高联系在一起，且本书内容主要围绕美国经济展开，所以本书今后在提到汇率时一般都指的是每一美元值多少外币。如此一来，当英镑/美元汇率上升，比如说从 0.510£/$（＝1/$1.96£）升至 0.515£/$（＝1$/1.94/£）时，美元大约升值 1%。

□ 8.3.2 真实汇率

国外商品的真实价格

假设一台苹果 iPod 在柏林售价 303 欧元，而在华盛顿售价 400 美元。哪国居民购买 iPod 更便宜？是德国居民还是美国居民？便宜多少？

为了进行公正的比较，我们需要把两地的价格放在同一种货币下进行比较——或把德国的价格换算成美元，或把美国的价格换算成欧元。如果汇率为 1 美元兑换 0.64 欧元，那么华盛顿出售的 iPod 的欧元价格就为 256.00 欧元（＝ $400×0.64 €/$），柏林出售 iPod 的美元价格则为 473.44 美元（＝€ 303/0.64 €/$）。无论用哪种方式计算，iPod 在德国的售价都要高出美国的售价 18%。显然，1 美元在美国买到的东西比价值 1 美元的欧元在德国买到的东西更多。德国人觉得美国物价低，而美国人则觉得德国物价高。

还可以从另外一个角度来看待这个问题，即美德两国购买力水平的比较。iPod 在美国的售价为 400 美元，而在德国 400 美元价值 256 欧元。所以在美国购买一个 iPod 只相当于在德国购买 0.84 个 iPod。美德两国间的 iPod 汇率为 0.84iPod$_{德国}$/1.00iPod$_{美国}$。

如果各国货币的购买力都是一致的，那么一个 iPod 的汇率应当为 1.00。由于美元在德国的购买力较低，所以美元的价值被低估了约 16%，而欧元的价值则被高估了。我们把一个 iPod$_{美国}$值 0.84iPod$_{德国}$这一汇率称作**真实汇率**，真实汇率可以定义为反映各国货币有效购买力的汇率。

当然，真实 iPod 汇率和真实梅赛德斯奔驰汽车汇率或是真实圣保利女孩啤酒汇率都不相同。可以通过上面计算 iPod 价格的例子推导出计算真实汇率的一般规则：

$$RXR = XR \frac{P_{国内}}{P_{国外}} \tag{8.6}$$

式中，XR 表示汇率，而 RXR 表示真实汇率。当国内外价格比正好为汇率的相反数时，$RXR = 1$。此时，用本国货币购买某一商品所需的资金在兑换成外币后可以在国外购买到等量的该种商品。

购买力和价格指数

在比较各国购买力时，一家企业感兴趣的一般是某些特定商品的真实汇率。而游客和政府政策制定者们更感兴趣的则是不同商品组合的篮子。这只不过扩大到涉及两种货币的一般价格水平问题。要计算反映货币整体购买力的真实汇率，一个直接的方法是把公式（8.6）中 iPod、梅赛德斯奔驰汽车或啤酒的特定价格替换成价格指数。

这种方法也存在缺陷。因为各国的价格指数可能是参照不同的一篮子商品计算的，且计算的时间也不尽相同。所以，就算美德两国的生产者价格指数（PPI）相同，也并不一定意味着两国的真实价格水平相同，其结果就是，真实汇率为 1 也并不意味着相同的购买力水平。不过，如果我们主要关注的是真实汇率的变化，那就不存在问题，因为真实汇率的上升仍然意味着本国货币的升值。

有时候，我们不仅关注真实汇率的相对变化，可能还要关注它的绝对水平。如果我们能够找到这样一段时期，在这个时期内有独立的证据表明购买力水平保持不变，那就可以近似估计出真实汇率的绝对水平。这样，就可以用这一时期的相同数值来重新计算基期价格指数。在现实中，关于购买力存在各种各样的证据，不过关于这些计算的具体内容已经超出了本书的范围。（但是请注意，在表 8—1 中用以表示各国 GDP 的数据已经根据"购买力平价"作了修改。也就是说，统计学家们已经进行了此类调整。）

有时，不同的政府和私人机构会计算一些特别的指数，以比较各国之间在相同篮子的商品上花费的生活成本。比如，美国总务署会比较美国公务人员在国内外大量城市因公出差时相同的一篮子的出差津贴补助。这一篮子补助涵盖了一系列内容，包括伙食、酒店住宿及相关服务。2008 年 6 月，美国公务人员去柏林和华盛顿出差的津贴补助费用分别为 491 美元和 265 美元，这意味着美德间的实际汇率为 0.54。[1]

自 1986 年起，英国刊物《经济学家》（*Economist*）开始发布巨无霸指数，该指数通过比较市场汇率和著名的麦当劳汉堡相对价格来估算各国货币对美元的真实汇率，以此来确定这些货币是否被高估或被低估。巨无霸汉堡在不同国家并不一样。比如在印

---

[1] $RXR = XR/(€/篮子_{柏林}) \times \$/篮子_{华盛顿} = 篮子_{柏林}/\$ \times \$/篮子_{华盛顿} = 1/(\$491 每篮子_{柏林}) \times \$265 每篮子_{华盛顿} = 0.54$。

度，巨无霸汉堡又被称为王公汉堡，现在是用鸡肉做成的。虽然巨无霸指数的计算本来近乎戏谑，但其衡量真实汇率的效果却出奇地好。首先，这一指数中包含了各种有形投入和服务投入，因此不应该被看成一件商品，而是一组商品。其次，虽然巨无霸汉堡在不同国家存在小的差异，但大体相同。因此通过对比巨无霸汉堡的价格可以对各国购买力进行直接对比。两国的生产者价格指数相等，并不意味着两国的价格水平就一样——用来计算指数的商品束不同且基年选取比较主观。只有当两国的巨无霸汉堡价格一致时，两国的价格水平才真正一致。

□ 8.3.3 有效汇率

就像价格一样，汇率表达的是一种商品（此处为一单位货币）用本国货币计算时的价格。有时候，我们并不想了解某种特定商品的价格，而是想了解整体价格水平；同样，我们有时候也想了解各国货币相对于本国货币的一般价格。要度量一般价格水平，就需要一种价格指数，例如，消费者价格指数（CPI）或 GDP 平减指数。这些指数反映了一篮子商品的价格水平。汇率也一样。在价格指数中使用开支比例作为衡量一篮子商品中单个商品价格的权重（见第 4 章 4.1 节以及"指南"，G.8.2），而**有效汇率指数**（有时也被称为**贸易加权汇率指数**）将每个国家在某国对外贸易中的比重作为每个双边汇率的权重。有效汇率也可以是名义汇率（市场汇率）或真实汇率。已知名义有效汇率（即 XR）和以国外单个国家价格水平的加权平均数（使用同样的贸易加权）作为外国价格水平的给定值（即 $P_{外国}$），通过汇率等式（8.6）就可以求出真实有效汇率。真实有效汇率通常取某一参考期的值为 100 而将其指数化。

由于各国所选的一篮子参考货币不同，加权数也不同，所以实际中每个国家都存在很多有效汇率指数。在美国，美联储负责计算发布各种指数。图 8—2 所示的是美联储发布的名义和真实广义有效汇率指数。这些指数所选取的国家包括美国的主要贸易伙伴。

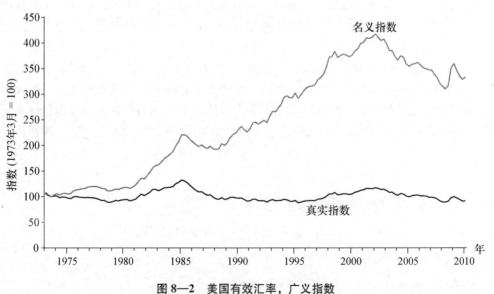

图 8—2　美国有效汇率，广义指数

资料来源：Board of Governors of the Federal Reserve System，Release H. 10 Foreign Exchange Rates.

美国最大的贸易伙伴分别是欧洲国家、加拿大、中国、日本和墨西哥——与这些国家的贸易占美国外贸额的 50%。这些国家与另外 21 个最大贸易伙伴国一起，在广义指数中涉及超过 90% 的美国外贸货币。

指数中部分国家的货币被视为主要货币——在金融市场中广泛交易的货币，其中包括欧元、加拿大元、日元、英镑、瑞士法郎、澳元、瑞典克朗。与指数中的国家相比，主要货币指数中的国家都是具有复杂金融市场的发达国家。虽然并非所有这些国家都是美国的主要贸易国，但是总体上它们对美国的贸易总和超过美国外贸总量的 50%。图 8—3 显示的是主要货币的名义和真实有效汇率指数。

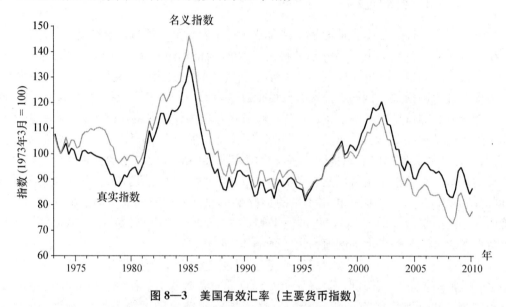

图 8—3　美国有效汇率（主要货币指数）

资料来源：Board of Governors of the Federal Reserve System，Release H. 10 Foreign Exchange Rates.

对比这两幅图可以发现重要的差异。其中最显著的差异是美元的名义广义指数的强劲升值（见图 8—2），而真实广义指数的波动较缓慢，常常回归到数值约为 100 的趋势水平上。两个数据的差别表明，美国的通胀率低于其主要贸易国，且美元的升值与这些国家的通胀差异在很大程度上一致，从而阻止汇率在上下两个方向上偏离趋势时间过长。（关于汇率与通胀的关系见 8.4.2 节。）相比之下，真实和名义主要货币指数显示出非常相似的变化趋势——不仅这两者之间非常接近，而且它们与真实指数也很接近。这说明主要货币指数国家的通胀历史大体上相似，同时说明汇率大体上能够反映每种货币的真实购买力。

8.4　外汇市场和金融市场

□ 8.4.1　外汇市场

外汇与实物贸易

外汇市场的零售终端（如机场兑换处、国外自助取款机）对游客来说非常熟悉，但是大部分国际交易在各种金融和非金融公司之间进行。外汇市场对于这些公司来说是什么样子的呢？

假设一个美国优质巧克力经销商想进口一批价值100万瑞士法郎（CHF）① 的瑞士巧克力，他向瑞士生产商下一个订单，瑞士生产商可能会将产品运给他，并寄给他一张以瑞士法郎计价的账单。为了支付账单，这个经销商可能通过银行购买瑞士法郎，银行会向外汇经纪人下一个购买订单，并指定某个可接受的最小汇率（瑞士法郎/美元）。以提取佣金方式工作的经纪人将尽力寻找和该订单相匹配的卖家（该方可能指定可接受的最大汇率）。使经纪人能够找到足够卖家的汇率就是这笔交易的汇率，比如说是CHF1.02/＄。公开发布的汇率就来自这些个体交易。一旦买卖双方相互匹配上，经销商的银行就会收到通知，将980 392美元（通常为电子形式）打到瑞士法郎售卖人指定的美元账户里。然后瑞士法郎售卖人也会收到通知，将相应数额的瑞士法郎打到经销商指定的法郎账户里——很可能是巧克力生产商的银行。这样一笔交易就完成了。

外汇和金融贸易

虽然说没有实物商品或服务的贸易就不会有外汇交易，但是外汇交易还是让实物贸易相形见绌。2007年，每日外汇交易量达到32 100亿美元，换算成年外汇交易总量（按照每年261个工作日计算）为8 378 000亿美元，是世界贸易价值的60多倍，世界GDP（见表8—1）的12倍多。为什么和实物商品或服务的贸易相比，外汇交易量会如此庞大？

在回答问题之前，有必要回顾一下前面关于购买瑞士巧克力的例子。经销商付款以后，瑞士公司满意了——它已经收到了瑞士法郎的全额支付。这笔销售增加了瑞士的出口，使得瑞士的经常账户有可能出现盈余；同时这笔交易也增加了美国的进口，使美国的经常账户趋向于出现赤字。同样，瑞士法郎的销售者（假设他们为瑞士人）现在拥有的是美元，此时，他们资本账户的减少额等于经常账户的增加额，那么他们应该怎么处理这笔美元？

通常，银行账户的利息收益很少，或几乎没有利息。因此，瑞士的美元持有者可能希望用这笔美元去购买美国金融资产。比如说，他们可能会购买价值50万美元的美国农业综合企业股份，然后用剩下的美元购买美国国债。除了巧克力贸易引发的变化外，上述交易不会改变瑞士和美国的资本账户总额。但是这些交易确实改变了资本账户内不同项目之间的比例。

但是，这种投资组合的变化不一定和经常账户的特定变化之间存在联系，也就是说，和特定的进出口并没有必然联系。即使没有交易，瑞士公司也可能决定购买价值50万美元的美国农业综合企业股份。那么，他们就和那个美国巧克力经销商处于相似的境地。这家瑞士公司就必须用瑞士法郎购买美元外汇，然后用美元来购买美国股票市场上的股票。这项交易和巧克力交易之间的唯一区别就在于它不涉及商品和服务交易上的变化，从而使经常账户不发生变化。

所有的变化都在资本账户内进行。限制金融交易的是，各方进行债务工具交易的意愿或者进行真实资产索取权交易的意愿。金融交易和潜在的实物交易之间至多存在一种

---

① CHF表示瑞士法郎，源于瑞士的拉丁名字 Confeoderatio Helvetica。

松散的联系。外汇交易只是金融交易的一种类型而已，因此，外汇交易远远超过国际贸易是可能的。事实也确实如此。

直接和间接交易

几乎所有货币都通过外汇市场交易，但是不同货币的交易频率不同。表 8—3 列出了八种货币的外汇交易百分比，这八种货币包括在美联储用来计算主要货币有效汇率的一篮子货币中（见 8.3.3 节和图 8—3）。由于每一项外汇交易都涉及两种货币，因此所有单笔交易记录（如果将所有世界货币都包括进去的话）相加等于 200%。如表 8—3 所示，这八种货币已经占到所有外汇交易的 175%。美元处于遥遥领先地位，占到了交易量的 86%，仅略低于其他七种货币的百分比总量（89%）。自 1997 年 * 起，欧元已经成为仅次于美元的一种重要国际货币，但是其所占比重只是美元的一半左右。欧元所取代的两个最重要的货币是德国马克和法国法郎。与 1997 年德国马克和法国法郎的比例总和相比，欧元的比重只高了 2 个百分点。

表 8—3   **2007 年外汇市场的货币分布**

货币	外汇交易额比例（4 月份平均日 交易额的百分比）
美元	86.3
欧元	37.0
日元	16.5
英镑	15.0
瑞士法郎	6.8
澳元	6.7
加拿大元	4.2
瑞典克朗	2.8

注：因为每一笔交易都涉及两种货币，故所有货币（包括未在此表中出现的货币）的比例相加等于 200%。

资料来源：Bank of International Settlements, Triennial Central Bank Survey of Foreign Exchange and Derivatives Market Activity in April 2007: preliminary Global Results, table 3, September 2007, downloaded from www. bis. org/pub1/rpfx07. pdf, 22 July 2008.

美元处于统治地位的一个原因在于，它是世界主要储备货币。全世界的政府和央行通过持有外汇（官方储备）来稳定本国货币的价值。美元是各国选择的货币，2007 年，美元占所有国家外汇储备的 63%。欧元也越来越成为各国的储备货币，占到总储备量的 26%。欧元比重的增加一部分是因为占了美元的份额，还有一部分是因为占了其他主要货币的份额。

众多外汇交易使用美元的另一个原因是，不是每一种货币都可以轻易地兑换成别的币种。对小国或者金融市场不发达的国家来说，其货币的市场很小。极少有人想把大量的老挝基普换成玻利维亚比索。通常，这种兑换需要通过第三种货币来进行：先把比索换成美元，然后拿美元换基普。

美元是最常用的中介货币。表 8—4 列出了每一项双边货币外汇交易在外汇总交易量中所占的比例。到目前为止最常见的是美元/欧元兑换（占到 27%），然后是美元/日元和美元/英镑，两者大约各占到前者的一半水平。

---

* 此处疑应为 1999 年，因为欧元诞生于 1999 年 1 月。——译者注

表 8—4　　　　　　　　　　　　　外汇市场中双边货币的成交量

双边货币	外汇交易额比例（4月份每日平均交易额的百分比）
美元/欧元	27
美元/日元	13
美元/英镑	12
美元/澳元	6
美元/瑞士法郎	5
美元/加拿大元	4
美元/瑞典克朗	2
美元/其他货币	19
欧元/英镑	2
欧元/日元	2
欧元/瑞士法郎	2
欧元/其他货币	4

注：所有货币总份额（包括未在此表中显示的货币）之和为100％。

资料来源：Bank of International Settlements，*Triennial Central Bank Survey of Foreign Exchange and Derivatives Market Activity in April* 2007；*preliminary Global Results*，table 4，September 2007，downloaded from www.bis.org/publ/rpfx07.pdf，22 July 2008.

美元与篮子中剩下的主要货币的兑换占了 17％；美元和（表中未显示的）所有其他货币的兑换占了 19％。欧元与除美元以外的其他所有货币的兑换仅占 10％。其余货币之间的兑换只占 4％。

□ 8.4.2　汇率与相对价格

汇率由外汇市场上的供求来决定。当更多的人想用美元兑换欧元，而不是用欧元兑换美元时，欧元相对于美元的价格就会上涨，也就是说，欧元/美元的汇率下降，美元贬值。这种贬值还会继续，直到汇率达到一个水平，在这个水平上，用美元兑换欧元的欲望和用欧元兑换美元的欲望处于平衡状态。外汇市场由供求关系决定，但是更有意思的问题是，什么决定了货币的供求？又是什么决定了让交易者愿意接受的汇率？

有两个主要因素：一个国家相对于另一国家的价格水平，以及一个国家相对于另一国家的金融回报率。我们首先考虑相对价格。

一价定律

在自由市场上，一旦考虑到交易成本，两种相同的商品就不能在同一时间以不同的价格进行出售。比如，如果一桶石油在纽约的售价为 102 美元，而在洛杉矶的售价为 115 美元，那么将石油从纽约运到洛杉矶就有利可图。这会导致纽约当地的石油供应量下降，价格上涨，而洛杉矶的石油供应量上升，价格下降。石油运输会一直持续到两地油价相同为止。

这两地的油价会完全相同吗？或许不会。因为横跨整个国家运输石油需要一定的成本，因此两地石油的价差至少与每桶油的运费一样，这样石油运输才有利可图。没有一个高于每桶油运输费的两地价差会一直持续下去。一般来说，石油从一个地区运输到另一个地区所涉及的所有成本，比如保险和运输，被称为**交易成本**，交易成本会反映到价格差异上。

同样，如果美国加州对石油征税，税收就会体现在价格上，甚至也体现在均衡价格上。这是因为，由于较高税收而提高的石油价格并不会增加卖方的收益，因此也不会使他们产生运输石油的动力。在考虑了交易成本、税收和其他不可避免的差异成本之后，石油价格在各地应该都是相同的。金融市场上为人熟知的套利，此处也可算作一例：竞争将使任何确定的盈利机会消失。商品套利的这一结果被称为**一价定律**。

　　和在金融市场中一样，对商品来说通常没有必要进行实际运输。交易者知道价格需要在所有市场上保持一致，因此会直接给产品定适当的价格。如果他们没有这么做，就失去了一次机会。知道洛杉矶油价比纽约高得多，为什么还要将纽约实际售价定为每桶102美元？相反，卖方立刻就能看出纽约油价太低，因此要求油价不低于洛杉矶。当然，洛杉矶的买方也会注意到当地油价太高，因此不同意以高于纽约的价格购买。实际价格会迅速处于这两者之间。在运作良好的有序市场上，像每桶102美元与每桶115美元这样大的价差是不允许出现的。

　　我们知道，国际油价以美元计算，这样国际套利与国内套利之间没有什么真正差别。但是假设涉及的是美国和澳大利亚的小麦。如果澳大利亚小麦以澳元定价，美国小麦以美元定价，我们就需要考虑新的因素。要找到一价定律中的"一价"，我们必须换算为相同货币：$P_{澳大利亚}/XR_{澳元/美元}=P_{美国}$，因此，在套利的作用下，国际贸易的一价定律形式为：

$$XR=\frac{P_{国外}}{P_{国内}} \tag{8.7}$$

　　套利没有告诉我们这一关系的三个变量中哪一个必须调整。如果交易的仅仅是一种商品，那么汇率将负责所有的调整。但是因为交易的是多种商品，这个一价定律就要适用于多种商品，那么调整工作将由价格和汇率一起承担。

　　小麦的案例不合乎现实，因为美国和澳大利亚之间几乎没有小麦贸易。两国的小麦产量完全可以满足国内需求，并大量出口到第三国。但是这并不违背一价定律。任何一个小麦进口国都不会选择两国中更贵的那一方作卖主。假如小麦的进口国是荷兰，澳大利亚的小麦以澳元计价，美国的小麦以美元计价，荷兰买家要支付多少钱，就取决于汇率：

$$P_{澳大利亚}\times XR_{欧元/澳元}=P_{美国}XR_{欧元/美元} \tag{8.8}$$

套利同样在外汇市场起作用。如果某人先用欧元兑换美元，再用美元兑换澳元，以此获得的澳元超过直接用欧元兑换的澳元，那么他就发现了一个确定无疑的盈利机会，货币交易商会迅速参与到其中进行竞争。因此，欧元与澳元之间的直接汇率（$XR_{欧元/澳元}$）必须等于经由美元的交叉汇率（$\frac{XR_{欧元/美元}}{XR_{澳元/美元}}$）。这样，$XR_{欧元/澳元}=\frac{XR_{欧元/美元}}{XR_{澳元/美元}}$，这一等式可以重新排列，得到：$XR_{澳元/美元}=\frac{XR_{欧元/美元}}{XR_{欧元/澳元}}$。使用这一关系式，等式（8.8）就意味着：

$$XR_{澳元/美元}=\frac{P_{澳大利亚}}{P_{美国}} \tag{8.9}$$

虽然这一贸易涉及第三个国家，但是出现在这里的还是一价定律。

购买力平价

一价定律适用于那些特征和性质几乎相同、在接近完全竞争的市场上容易交易的商品，但很多商品——如果不是绝大多数商品的话——并非如此。同一类型的商品可能有很多差异：雷克萨斯和福特福克斯都是汽车，但差别很大，因此没有理由认为它们的价格应该相同。但是，由于这两种汽车确实满足相同的需要（至少部分如此），雷克萨斯相对于福特在价格上的上升将导致人们对雷克萨斯的一部分需求转移到福特上，结果会对雷克萨斯的价格产生适度调节作用，同时也给福特的价格带来一定的压力。这两种产品互为替代品，但不是完全替代品（参见第 7 章 7.2.1 节）。

一些商品根本不能进行交易。你不可能从印度进口理发，因此理发在印度的价格和在美国凤凰城有很大差别。不可交易商品也许可以看作一种特殊的可交易商品，其交易成本太高，因此无利可图。传统意义上，很多服务被看作是不可交易的，但事物也在发生变化。例如，互联网的出现和通信手段的改善意味着在美国的一些服务可以由印度工人提供，例如，记账或客户服务。

考虑到汇率与价格的关系，比起某个特定商品的价格，人们更关注的是总的价格。一价定律的例外情况，包括差别化的产品、缺乏完全竞争以及不可交易的商品等，意味着一价定律并不适用于每种商品。但是它可能适用于商品总体。我们不需要比较特定商品的价格，但可以对两国一般价格水平进行比较。如果地球上只有两个国家，没有其他因素影响汇率，那么当两国的价格水平和汇率使得两国之间的贸易能够保持平衡时，一价定律就适用于商品总体。

考虑到产品差异，以及缺乏完全竞争，没有一个国家对另一个国家具有全面的价格优势。在现实中，由于地球上远不止两个国家，有可能一个国家只从另一个国家进口，而对其他国家只是出口。这取决于该国需要什么、生产什么。因此，国与国之间的双边贸易可能并不平衡，即使当汇率相对于所有的贸易伙伴都能够反映价格时，也不存在平衡。真正的考验不是双边贸易平衡，而是一国与世界其他国家之间的总体贸易平衡。

一价定律的一般化就被称为**购买力平价**。购买力平价成立的条件为：汇率与两国总体价格水平（而不是个别商品的价格）接近一价定律（等式（8.7）），可以表述为：

$$XR \approx \gamma \frac{P_{国外}}{P_{国内}} \tag{8.10}$$

新的常数 γ 的作用是进行调整，以考虑这样一个事实（已在 8.3.2 节中解释）：反映每个国家价格水平的一篮子商品在国与国之间并不相同，这样即使 P 在每个国家都取相同值，我们也不能认为这两国之间的购买力一定相等。

将等式（8.10）代入真实汇率定义（等式（8.6））中，就可以看出购买力平价的第一个重要含义：

$$RXR = XR \frac{P_{国内}}{P_{国外}} \approx \gamma \frac{P_{国内}}{P_{国内}} \frac{P_{国内}}{P_{国外}} \approx \gamma \tag{8.11}$$

用语言表述就是：当购买力平价成立时，真实汇率就是常数。

将等式（8.10）转化成增长率，我们就可以看出购买力平价的第二个含义：

$$\hat{XR} \approx \hat{\gamma} + \hat{P}_{国外} - \hat{P}_{国内} = \hat{P}_{国外} - \hat{P}_{国内} \tag{8.12}$$

等式中最右边的项省略了 $\hat{\gamma}$，因为常数的增长率为 0。等式（8.12）表明，汇率变化的百分比（即升值率）约等于两个国家之间通胀率的差异。外国通胀使本国货币升值，而国内通胀使本国货币贬值。

价格与汇率的相互调节

像一价定律一样，购买力平价是一种套利关系，但是通过这种关系所建立的套利机制却不那么直接。很多商品通过类似于股票交易的固定交易方式进行交易。例如，小麦、玉米、大豆通过芝加哥商品交易所出售；石油、黄金、铜在纽约商品交易所交易；可可、橡胶、羊毛在伦敦商品交易所交易。我们在前面已经提及，对无差别的商品来说，在如此高效和高度竞争性的市场上，套利行动非常迅速，对一价定律的偏离稍纵即逝。但当这些理想的市场条件不存在时，购买力平价是如何运作的？

我们可以以家庭影院系列为例。这些产品，如丹麦品牌 B&O 和日本品牌索尼，彼此相似但并不完全相同。假设汇率是 ￥23/DKK，且购买力平价绝对成立（例如，以巨无霸汉堡的标准），并且假设丹麦和日本的净出口接近 0（DKK 代表丹麦克朗）。现在我们假设丹麦的通胀加速上升，导致生产 B&O 系统的成本（以克朗计算）比生产索尼（以日元计算）的成本增长得快。如果汇率保持不变，那么 B&O 系统在日本的价格就会相对昂贵。由此，它在日本的销售量将减少，这就减少了丹麦的出口和净出口。

在丹麦，如果源自丹麦的这种价格膨胀在原来的汇率水平上也扩散到了丹麦的工资和薪酬领域，丹麦人就会发现他们对日货的购买力增强。那么丹麦人会进口更多的索尼产品，从而导致丹麦的进口增加、日本的出口增加。随着丹麦的进口增加和出口减少，丹麦的净出口也会下降。与此相反，日本的净出口会增加。

这一有利于日本的需求变化带来了两个影响。直接的影响是，日本人需要较少的克朗，而丹麦人需要较多的日元。两种货币的汇率（￥/DKK）将会下降，也就是说，克朗将会贬值。

间接影响是，随着净出口的下降，丹麦的总需求将下降，从而使一般价格水平面临下行压力（即减轻通胀）。相反，随着净出口的增长，日本的总需求增长，从而使一般物价水平面临上升的压力。

总体说来，对于丹麦的通货膨胀率的初始增长存在三次调整。首先，汇率贬值（直接影响）；其次，丹麦的净出口下降，从而降低总需求，导致丹麦通胀率在最初的上升后某种程度上朝着原来的水平回复（间接影响第一部分）；最后，日本净出口的增长一定程度上提高了日本的通胀率，实质上是在输出丹麦一部分通货膨胀（间接影响第二部分）。每一种影响都使得价格和汇率向购买力平价的方向变化。

当然，相对于丹麦和日本的整个经济来说，家庭影院系统的贸易微不足道。但是，同样的情形发生在整个经济中：相对于日本商品，丹麦商品一个接一个地处于劣势，对价格和汇率进行调节的基础增大，直到购买力平价得以恢复。同样，丹麦较高的通货膨胀可能使克朗不仅相对于日元发生贬值，而且相对于任何一种通胀率低于丹麦的货币都是如此。在均衡状态下，净出口将再次为零。

尽管通胀率发生变化后购买力平价的重建可能慢于一价定律，但是原则上它可以相当迅速地起作用。外汇市场类似于高度有组织的商品市场，是一个高效的金融市场。在上面的例子中，一旦通胀差异表现明显，任何持有克朗或者以克朗计价的金融资产的人，都想将它们变卖为日元，这一行为本身将使日元/克朗的汇率贬值。

作为一种套利条件，购买力平价只是表明汇率必须与相对价格成一定比例，否则就存在未被利用的获利机会。但购买力平价本身并未说明谁是因、谁是果。是相对价格变化导致汇率变化？还是汇率变化导致相对价格变化？很明显，两者都是。相对价格变化导致贸易流量发生改变，贸易流量的变化改变货币需求余额，最终导致该货币与其他货币之间的汇率发生变化。但同样地，汇率相对于购买力发生的变化会改变国内的外国商品和国外的本国商品的相对价格，导致净出口变化，净出口变化进而通过总需求影响价格。因此，汇率既是因也是果。

购买力平价在实践中作用如何？

要回答这个问题，我们先看看图 8—4，该图将英镑与美元的汇率和英美两国的相对价格水平进行比较。等式（8.10）表明，汇率与相对价格应该成一定比例，这个比例用一个比例因子 γ 表示。图 8—4 显示了汇率与相对价格 $\left(\dfrac{P_{\text{国外}}}{P_{\text{国内}}}\right)$ 的时间序列。价格用各国的生产者价格指数（或批发物价指数）衡量，生产者价格指数比消费者价格指数更适合用来测算购买力平价，因为生产者价格指数排除了大部分不可交易商品。汇率与相对价格这两组数据的单位不同，为了使它们易于比较，将 1973 年 3 月的值取为 100，每个序列都被换算成指数。

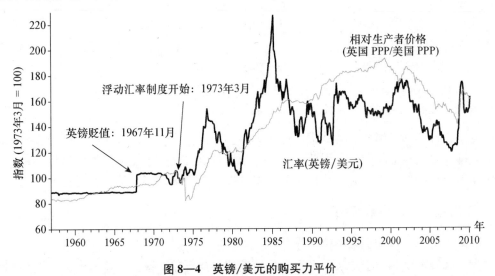

图 8—4　英镑/美元的购买力平价

资料来源：International Monetary Fund, *International Financial Statistics*.

1973 年 3 月这一日期意义重大，因为它标志着所谓的固定汇率的"布雷顿森林体系"结束。自此之后，除了少数例外情况外，汇率都根据外汇市场的供求指示自由变化。

如果这两组数据之间存在一定的比例关系，那么它们应该随着时间的推移一起变化。但事实上它们的变化非常随意。汇率与相对价格相比更具易变性。对于严格的比例关系来说，这两组数据之间要么相差太多、要么相差太少。但是，两组数据变化的总体走向非常相似。长期来看，购买力平价似乎大体成立，但短期来看，购买力平价根本就不成立。

再来看看另一对国家——日本和美国之间的购买力平价。我们本来可以绘出一个类似于图8—4的图（见问题8.9），但是在图8—5中，我们基于公式（8.11）采取了一种不同的方法。公式（8.11）认为真实汇率应该保持不变，我们就使用这一公式进行测算。图8—5绘出了真实汇率以及实施浮动汇率期间的真实汇率均值，真实汇率的计算公式为 $XR_{日元/美元} = \dfrac{P_{美国}}{P_{日本}}$。当然，真实汇率并非保持不变，但也没有表现出远离平均值的趋势。真实汇率相对于其均值的大幅偏离意味着购买力平价在短期内并不成立，但真实汇率总是回归到均值上，这表明购买力平价在长期内大体上是成立的。

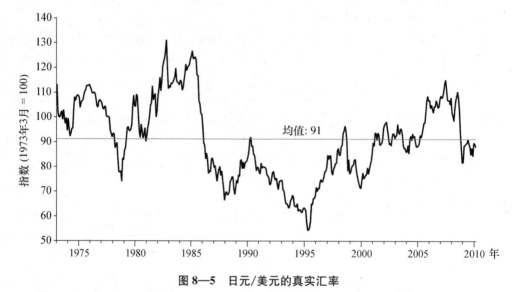

图8—5　日元/美元的真实汇率

资料来源：International Monetary Fund，*International Financial Statistics*.

　　英国、日本和美国并非特殊案例。对大多数任何一对国家来说，我们都可以得出相似的数据，绘出相似的图形。因此，购买力平价看上去是一个比较好的长期近似值，但是短期内对它的偏离很显著，我们必须寻找其他原因来解释汇率的短期变化。

□ 8.4.3　汇率和利率

汇率、资本流量和利率平价

　　为了解释汇率相对于购买力平价的更短期的偏离现象，我们必须考虑资本账户和经常账户。任何偏离购买力平价的现象都为可获利贸易创造了机会。例如，如果美元相对于日元被高估，日本人可能会发现出口笔记本电脑到美国有利可图，这个交易使日本的经常账户有可能出现盈余，从而使美国的经常账户趋向于出现赤字。当然，这时日本人手中持有美元或以美元计价的资产。如果他们愿意以原来的价格将日元兑换成美元，或心甘情愿拥有美元计价的资产，那么笔记本电脑交易就根本不会导致汇率发生变化。日本经常账户上增加的盈余被它们资本账户上增加的赤字（即它们所持有的以美元计价的资产增加）抵消了。日本经常账户的盈余增加与资本账户的赤字增加相匹配[1]（如持有

----

① 同样地，日本资本账户上赤字的减少可以反映出，美国持有的日元计价资产转移回了日本。

的美元面额的金融资产增加）。只有当日本人对新的金融投资组合结构不满意时，汇率才会发生变化。

如果日本人觉得他们持有的美元计价资产在其投资组合中比重过大，他们就会卖掉美元，购买以日元计价或以其他币种计价的资产，例如，欧元或韩元。这将导致美元相对于日元或上述这些其他币种发生贬值。只有当汇率降低到日本人认为不该再继续出售美元计价的资产时，汇率才会稳定下来。

再次重申，要使投资组合重新平衡，不需要改变经常账户或资本账户的余额。任何时候，只要金融资产持有人决定他们想要以净值持有以不同货币计价的资产，汇率就必须作出调整，直到每一种资产都在投资组合中适得其所。

从这些关系到投资组合的决定是否是纯粹的异想天开呢？当然不是。国内外金融市场所考虑的重要问题都是一样的。在第 7 章（7.2 节～7.3 节）我们看到，一旦我们考虑到收益的风险和时间模式，金融资产通常可被视作完美替代品。套利行为可以确保不同金融资产经过风险调整后获得的收益等同。国际市场不同于国内市场的唯一之处就是，各种资产是用不同的货币来计价的。

想要知道这一区别会造成什么差异，我们来看一个美国债券交易商的例子。比如，他可以购买收益率为 5% 的 1 年期美国国库券或者收益率为 6% 的 1 年期加拿大国库券。哪一种选择更好？显然，如果汇率在现在和将来都持续不变，他将选择收益更高的加拿大国库券。需求变化将降低美国债券的价格（提高它的收益），提高加拿大债券的价格（降低它的收益）。当两种债券在 5%～6% 之间找到一个收益率使两者的收益相等时，套利机会就随之消失。

但是如果汇率出现变化，会发生什么情况？美国交易商必须对美国国库券收益率和用美元计算的加拿大国库券收益率进行比较。要购买加拿大债券，他必须将美元转换成加元。假设汇率是 C$0.97/US$，即 US$1＝0.97C$，那么一年后 1 美元的收益将为 $1.06 \times 0.97 = $ C$1.028\,2$。现在，必须再将加元兑换成美元。

购买加拿大国库券的决定必须在今天作出，因此一年后的实际汇率如何并不重要，重要的是这个交易商对一年后实际利率的预期，也就是说预期利率才是重要的。假如美国交易商认为美元在未来的一年里将升值，汇率可能升至 C$0.99/US$，那么今天 1 美元加拿大债券将得到 US$1.038\,6$（＝$1.028\,2/0.99$）（或者 3.86%）的收益。由于美国国库券收益率为 5%，所以尽管美国债券的名义收益率较低，这个交易商最好还是购买美国债券。加元的预期贬值减少了加拿大国库券收益的美元价值。

当然，套利行为会抬高美元价格、压低加元价格，直到套利机会消失。例如，如果美国债券的收益率为 4.8%，加拿大债券的收益率是 6.2%，当前汇率是 C$0.98/US$，一年后预期汇率为 0.993\,1，那么以美元表示的加拿大债券收益率将为 4.8%：1 美元兑换为 0.98 加元，一年后将赚到 1.040\,8 加元（＝1.062×0.98），再将其兑换成美元就获得 1.048\,0 美元或 4.8% 的收益率。这实际上与美国债券收益率正好相等，所以不存在套利机会。此时，尽管加拿大债券收益率更高，交易商面对这两国债券也会淡然处之。

无抛补利率平价

无套利机会的一般规则是指：不同资产被转换为相同货币后，资产的收益相等。可以用如下公式表示：

$$1+r_{国内}=\frac{XR_t(1+r_{外国})}{XR_{t+m}^e} \tag{8.13}$$

式中，m 为资产到期时间（如上例中的 1 年期国库券），上标 e 为未来预期汇率的取值（数值不确定）。将该公式应用到上例中：

$$1+r_{美国}=1.048=\frac{0.98\times1.062}{0.993\,1}=\frac{XR_t(1+r_{加拿大})}{XR_{t+1}^e}$$

我们可以将公式（8.13）进行简化，得到：

$$\frac{XR_{t+m}^e}{XR_t}=\frac{1+r_{国外}}{1+r_{国内}} \tag{8.13$'$}$$

这一公式又可以表达为：

$$1+\widehat{XR}_t^e=\frac{1+r_{国外}}{1+r_{国内}} \tag{8.13$''$}$$

其中，$\widehat{XR}_t^e$ 表示债券到期后汇率的预期升值（增长）率。两边取对数，由于 x 值很小，使用近似值 $\log(1+x)\approx x$，得出：

$$\begin{aligned}
\log(1+\widehat{XR}_t^e)\approx\widehat{XR}_t^e&=\log\left(\frac{1+r_{国外}}{1+r_{国内}}\right)\\
&=\log(1+r_{国外})-\log(1+r_{国内})\\
&\approx r_{国外}-r_{国内}
\end{aligned} \tag{8.13$'''$}$$

（关于增长率和对数，参见"指南"，G.10.4 和 G.11.2。）

因此，无套利情况可以被简单描述为：

$$\widehat{XR}_t^e\approx r_{国外}-r_{国内} \tag{8.14}$$

等式（8.13）及其近似等式（8.14）之间的关系被称为**无抛补利率平价条件**。它指的是，当预期的汇率升值大约等于国外资产收益与国内资产收益的差值时，不存在套利机会。[①]

汇率风险

只有当两种资产具有相似的期限和风险特征时，无抛补利率平价条件才成立。两种利率之间的必要的差距可能会扩大或者缩小，这取决于资产的相对风险。汇率也会产生另一种风险。正如利率风险或价格风险（见第 7 章 7.3.2 节）是未预期到的市场收益率的变化而导致的资本损失风险一样，**汇率风险**是未预期到的汇率升值导致的资本损失（以国内货币衡量）的风险。

---

① 这种关系之所以被称为无抛补利率平价是因为交易者只是对汇率的升值作出预期。资产到期时，实际升值情况也许也与他们的预期不同。他们通过购买远期合同获得按某一协定的汇率将来购买国内货币的权利，就可以弥补损失。（人们愿意出售这种合同是因为他们与买家对汇率变动的看法不一致，因此希望通过揣摩对方的心思来获利。）。在这个例子中，远期汇率（FXR_{t+m}）可以替代公式（8.13）中的预期汇率，提供无抛补利率平价条件：$1+r_{国内}=\frac{XR_t(1+r_{国外})}{FXR_{t+m}}$。由于远期汇率合同的交易发生在有组织且存在高效套利的市场中，同时所有相关价格都是已知的，因此无抛补利率平价（类似于一价定律，一价定律适用于在有序市场上进行交易的同类商品）十分适用。

在推导出公式（8.13）的例子中，交易商预期到一个 1.34%（＝0.993 1/0.98－1）的汇率升值。这一升值使加拿大国库券的有效收益率降低到与美国国库券的有效收益率相等。但是如果这个美国交易商已经购买了加拿大国库券，并且一年后汇率增长高于预期增值，比如说增加到 C\$1/US\$，会发生什么情况？等式（8.13）表明：

$$1+r_{美国} = 1.048 > 1.041 = \frac{0.98 \times 1.062}{1.000} = \frac{XR_t(1+r_{加拿大})}{XR_{t+1}^e}$$

虽然两种资产的事前预期收益相等，但以美元表示的加拿大国库券事后收益率比美国国库券收益率低近一个百分点（4.1%与4.8%）。

正如交易商可能会要求获得额外收益来弥补国内市场上的价格风险一样，交易商可能会要求获得汇率风险溢价以吸引他们持有外国资产。正如风险的其他致因一样，两种利率之间必要的差距会扩大或者缩小，这取决于两个经济体对汇率风险的相对厌恶程度。即使无抛补利率平价不能完全成立，但预期的升值和利率差异应该相互关联。

利率差异和对购买力平价的短期偏离

利率平价像一价定律或者购买力平价一样，是一种无套利条件，它本身没有说明将等式内各项联系起来的因果机制。一个实际困难就是，人们无法直接观察到汇率上升的市场预期值。我们在8.4.2节中看到，购买力平价在长期内似乎成立，因此当真实汇率高于平均水平时，市场将会预期在未来某一时间汇率下降，这并非毫无道理。当然，汇率什么时候、以多快速度下降则难以确定。

尽管这种关系存在不确定性，但我们还是可以利用无抛补利率平价条件来分析国内货币政策如何影响汇率。在没有精确时期的情况下，我们可以将汇率的升值根据实际的汇率与购买力平价之间的关系来预测：$\frac{XR^e}{XR_t} \approx \frac{XR_t^{PPP}}{XR_t}$，上标 PPP 表明此汇率是购买力平价条件得以成立时的汇率。由此，我们可以从利率平价推导出：

$$\frac{XR_t^{PPP}}{XR_t} \text{ 与 } r_{国外} - r_{国内} \text{ 之间存在正相关关系} \tag{8.15}$$

用语言表述就是，对购买力平价的偏离应该与国内外利率差存在关系。

如果把美国看作一个国内经济，考虑一个使美国利率上升的紧缩货币政策，这样，在其他条件保持不变的情况下，关系式（8.14）和（8.15）右边的差值将变小。关系式（8.15）意味着，左边项也必须降低。由于假设汇率的购买力平价水平保持不变，利率的增加必然导致当期汇率值升高（XR_t）。这自然与常识相符，即利率越高，国外对美国资产的需求就越高。外国资本流入的结果是增加了对美元的需求，并迫使汇率上升。现期汇率上升预示着一个较小的未来升值，甚至有可能是贬值，因为它提高了衡量汇率升值的计算起点（现期汇率），而终点汇率（预期未来汇率）维持不变。这一点没有常识那么显而易见，但却真实存在。

就真实汇率而言同样如此。真实汇率高于它的购买力平价水平（$RXR > \gamma$）意味着预期的汇率贬值。因此，

$$RXR \text{ 与 } r_{国外} - r_{国内} \text{ 之间存在负相关关系} \tag{8.16}$$

现在，在其他条件不变的情况下，如果美国利率提高且利率差变小，那么真实汇率必定下降。在价格不变的情况下，真实汇率下降要求名义汇率也下降。真实汇率较低意味着一个更小的向未来名义汇率的调整，以确保购买力平价（也就是说，RXR 和 γ 之间的差距变小），这样一来，未来汇率的预期升值就更少（或者贬值更多）。

实践中的利率平价

基于关系式（8.16），我们可以对无抛补利率平价进行简单检验，这一关系式预测，真实汇率和利率差之间存在负相关关系。在图 8—6 中，离散图上的回归线证实从 20 世纪 80 年代初到 2007 年，英镑/美元的真实汇率成负相关关系。（市场可能需要一段时间来适应从固定汇率制度向浮动汇率制度的转变，考虑到这一事实，起始时间定为 1973 年。）

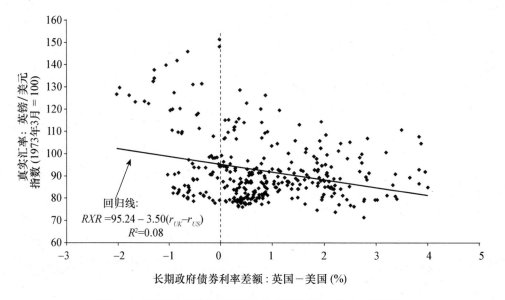

图 8—6　英国与美国的真实汇率和利率差额，1980—2007 年

资料来源：International Monetary Fund，*International Financial Statistics.*

和图 8—6 一样，图 8—7 中的黑色回归线证实，自 20 世纪 80 年代初到 1992 年，日元/美元的真实汇率之间存在负相关关系。但是不要急于下结论，认为关系式（8.16）已经得到证实。注意，那条灰色回归线显示自 1992 年以后，这种关系实际上在消失，甚至出现了微弱的正相关。20 世纪 90 年代日本经济开始出现长期的轻微衰退，价格实际上下降了，图中数据与此相对应分隔为两个时期。

加拿大提供了一个区别更为明显的反例。加元对美元自 20 世纪 50 年代早期就开始采用浮动汇率。图 8—8 显示的是日本和英国 1957—2007 年之间相同类型的离散图。与关系式（8.16）截然相反的是，真实汇率和利率差额之间的关系斜线向右上方倾斜。事实表明，这一期间内的大多数时期都是如此。

图 8—8 中的数据似乎表明，利率平价是决定汇率的真正力量，不过数据也表明对此观点要持谨慎态度。因为影响汇率的因素众多，简单的绘图不足以将所有因素同时包括在内。此外，这三幅图所分析的关系与利率平价之间最多存在一种大体关联。毕竟在关系式（8.15）中，最重要的是特定债券的有效期内汇率的预期升值

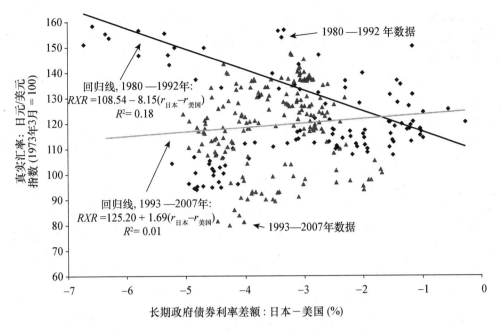

图 8—7　日本与美国的真实汇率和利率差额，1980—2007 年

资料来源：International Monetary Fund，*International Financial Statistics*.

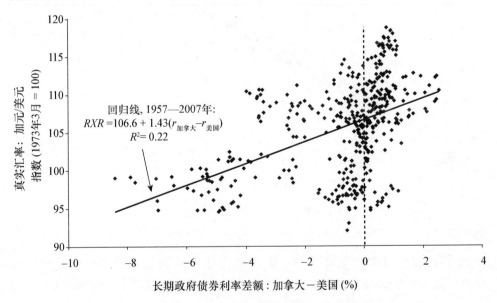

图 8—8　加拿大对美国的真实汇率和利率差额

资料来源：International Monetary Fund，*International Financial Statistics*.

率或预期贬值率。关系式（8.15）和（8.16）基于这样一个假设：在某一时间内汇率会接近购买力平价，但具体时间不能确定。如果一种汇率被高估了，市场完全有可能预期该汇率在未来 5 年的某段时间内下降，但又在此后的 6 个月内上升。

短期汇率模型的局限性

利率平价条件测试存在一个根本性问题：预期是不可观测的。预期的不可观测性以及金融市场预期取决于为数众多、各种各样的因素，并且可能瞬息万变。这两个原因可以解释为什么经济学家，即便使用极其复杂的统计手段，也难以构建一个模型以成功预测汇率的短期变化。

1983 年，加州大学伯克利分校的理查德·米斯和现任教于哈佛大学的凯尼斯·罗格夫发表了一篇著名论文。这篇论文指出，汇率的短期行为理论模型并不优于简单的统计模型——随机游走理论。随机游走理论认为，要预测明天的汇率，最佳方法是看今天的汇率如何变化。这等于是说，汇率在今天的水平上上升或下降的可能性是相等的。（关于经济周期是一种随机游走的讨论，见第 5 章 5.3.1 节。）

我们来举例说明。图 8—9 绘制出英镑/美元的每月汇率与前一个月汇率的对比。根据随机游走模型的预测，这一关系的斜率将会是过原点的 45°线的斜率。回归线及其等式（斜率为 0.96，非常接近 1）与随机游走模型一致。R^2 的值很高（仅略低于 1），说明数据在回归线附近高度密集。

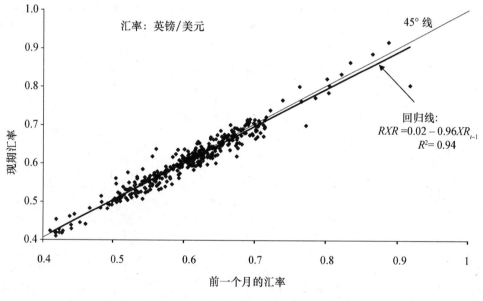

图 8—9 汇率的随机游走

资料来源：International Monetary Fund，*International Financial Statistics*.

虽然随机游走模型非常适用——其 R^2 值高于本章其他汇率曲线散点图中的 R^2 值——但它对于短期汇率行为未能提供真正的解释。它仅仅表明：任何碰巧决定昨天汇率的因素也会决定今天的汇率。经济理性告诉我们，一旦察觉到获利机会，汇率就应该迅速作出调整。从长期来看，汇率显然由购买力平价支配。从短期来看，支配汇率的是相对回报率和相对风险厌恶，这也合乎逻辑。但是，由于经济决策都是向前看的，因此真正重要的是市场对回报与风险的事前感知，而非事后真正出现的结果。等式（8.13）中的预期汇率和等式（8.14）中的预期升值率体现了事前感知的重要性。这种感知极不稳定，可能会被情感或交易商试图揣摩同行心思的努力所影响，而不是受到可观察到的经济事实的影响。因此，即便我们已经隔离了一些重要因素（在其他条件不变的情况下），如利率平价等，汇率的短期变化在本质上也是无法精确预测的。

本章小结

1. 国际贸易通过比较优势原理促进世界生产：每个国家都应该生产其相对擅长生产的产品，进口自己相对不擅长生产的产品。

2. 二战以后，国际贸易稳步增长。经过关贸总协定（GATT）连续多轮协商，以及随着欧盟（EU）和北美自由贸易区（NAFTA）等自由贸易区的建立，国际贸易壁垒大大减少。

3. 国际收支账户追踪记录商品、服务、收入（经常账户）、货币和金融资产（资本账户）在国家间的流动。

4. 贸易余额用来衡量一国商品和服务进出口之间的差额，但经常账户余额还包括其他收入流。

5. 资本账户余额用来衡量流入国内的金融资产净流量：流出扣除流入。

6. 对每一个别国家而言，经常账户余额加上资本账户余额必须等于零。世界范围内各国的经常账户余额总和必须为零，资本账户余额也必须为零。

7. 各国货币在外汇市场上进行交易。一种货币相对于另一种货币的价格叫作汇率。当一国货币相对于另一国货币价值更高时，该国货币升值；反之，则贬值。

8. 真实汇率是经由不同国家的货币购买力调整后的汇率。这些调整或者是针对具体商品的，或者是使用物价指数针对一般商品作出调整。

9. 有效汇率指数是对一个国家的汇率相对于一组其他国家汇率是升值还是贬值进行衡量的指标。这组国家或者是主要贸易伙伴，或者是从更大（或更小）范围内挑选的国家。计算有效汇率指数的根据可以是市场（名义）汇率或真实汇率。

10. 外汇交易市场既支持实物商品和服务的交易，又支持金融资产的交易。大部分货币只是频繁地与少数几种货币交易（美元、欧元、日元和英镑是最常见的主要被交易货币）。次要货币间的交易通常分为两步：先用一种次要货币兑换一种主要货币，再用主要货币兑换另一种次要货币。

11. 一价定律认为，对任何交易频繁且基本同质的商品，套利应该确保不同货币之间的价格差不能高于商品在国家间运输的成本，运输成本包括运输、税务、关税、保险等。购买力平价原则将一价定律推而广之，使其适用于各种商品，不论这些商品是否同质、是否被频繁交易。当一国货币的购买力无论在国内还是在国外（转换成另一种货币）都相同时，购买力平价就成立。同样地，当真实汇率因物价指数的基期差异而进行了调整并等于 1 时，购买力平价同样成立。

12. 购买力平价意味着两国的汇率变化与相对物价指数变化成一定比例。同样，购买力平价也意味着真实汇率应该保持不变。偏离购买力平价为套利创造了机会，市场上商品和服务的套利行为倾向于使一国的汇率和价格水平向平价的方向变化。但在实践中，购买力平价只在长期适用。

13. 无抛补利率平价认为，国家之间的利率经过预期的汇率变化调整后应该相同。未能达到无抛补利率平价可能是汇率风险的反映——汇率的意外变化所导致的资本盈利或损失的风险。偏离经过风险调整后的无抛补利率平价在金融市场上为套利创造了机会，套利行为倾向于将金融资产的需求转向那些收益非常高的金融资产，进而将汇率和利率推向平价。

14. 在实践中，购买力平价仅在长期内大体适用，而无抛补利率平价所涉及的汇率升值或贬值预期又难以观察到，因此预测短期汇率极其困难。很少有短期汇率经济模型的预测比随机游走模型更加准确：对明天（或明年）汇率的最佳预测是看今天（或今年）的汇率。

关键概念

净出口   资本账户   比较优势原理

贸易余额   国际收支   汇率

经常账户   （汇率）升值   （汇率）贬值

购买力平价   真实汇率   无抛补利率平价

有效汇率指数   汇率风险   一价定律

延伸阅读建议

基本知识读本：

Norman S. Fieleke, "What Is the Balance of Payments?" pamphlet, Federal Reserve Bank of Boston, 1995：http://www. bos. frb. org/ economics/special/ balofpay. pdf

Owen F. Humpage, "A Hitchhiker's Guide to Exchange Rates," *Economic Commentary*, 1 January 1998：http://www. clevelandfed. org/ reserch/commentary /1998/0101. pdf

关于汇率的高级读本：

Peter Isard, *Exchange Rate Economics*, Cambridge：Cambridge University Press, 1995

Lucio Sarno and Mark P. Tayler, *The Economics of Exchange Rates*, Cambridge：Cambridge University Press, 2002

课后练习

练习中的相关数据都可以在本书网站（appliedmacroeconomics. com）第 8 章的链接中找到。做练习之前，学生应先复习"指南"中的相关部分，包括 G. 1～G. 4。

问题 8.1 参考表 8—2，请指出：其他条件不变，资本账户中的哪些条目会变化？在下列条件下，会变化多少？（就像所有的 T 形账户一样，资本账户的两边也必须保持平衡。）

（a）美国进口增加 150 亿美元，国外收款人用这些钱购买美国公司的债券。

（b）外国公司用 10 亿美元购买了一家美国工厂。

（c）一家美国公司出售一个德国工厂，得到 30 亿欧元，并用此收益购买德国政府债券（假设汇率为 \$1.5/€）。

（d）一家美国公司出售一个外国工厂，得到 30 亿欧元，并将此收益兑换成美元，存放在国内银行账户内。

（e）中国人民银行（中国央行）用美元现金购买了 200 亿美元的美国国库券。

（f）一家中国公司出售电脑给美国，用该收益购买了 200 亿美元的美国国库券。

问题 8.2 此处有法国 2008 年的部分数据：出口额＝7 700 亿美元；净进口额＝360 亿美元；来自国外的净转移支付＝－350 亿美元；对外国人的资本支付＝3 730 亿美元；资本账户余额＝640 亿美元。运用你在收支平衡方面的知识，计算出法国进口值和来自外国人的资本收入值。

问题 8.3 一家美国银行以 30 卢布/美元的价格购买俄罗斯卢布，再以 28 卢布/美元的价格出售。

应用中级宏观经济学

如果该银行用 100 美元购买卢布，然后将这些卢布出售以换取美元，它获利多少（用初始投资的百分比表示）？

问题 8.4 一家美国银行以 1.64 美元/英镑的价格购买英镑，再以 1.68 美元/英镑的价格出售。如果该银行用 100 美元购买英镑，然后将这些英镑出售以换取美元，它获利多少（用初始投资的百分比表示）？

问题 8.5 如果南非货币兰特与美元的汇率是 7.39 兰特/美元，墨西哥比索与美元的汇率是 12.66 比索/美元，你认为比索/兰特的汇率应该是多少？请解释，为什么要以这两种货币对美元的汇率为基础来计算它们之间的汇率（也就是说，是什么市场力量使你的这种汇率计算结果精确无误）？

问题 8.6

（a）如果 1 卢比可以买到 0.015 欧元，那么卢比对欧元的汇率是多少？

（b）以上题中的卢比对欧元汇率为起点，如果卢比相对于欧元升值 20%，那么卢比对欧元的汇率会是多少？

（c）以问题（a）中的卢比/欧元汇率为参照，如果卢比/美元汇率为 45.64 卢比/美元，那么美元/欧元的汇率是多少？

（d）以问题（c）中的各种汇率为起点，如果美元相对于欧元贬值 5%，那么美元/欧元的汇率是多少？

（e）以问题（c）中的各种汇率为起点，如果卢比相对于欧元升值 10%，相对于美元贬值 5%，那么卢比/欧元、卢比/美元，以及美元/欧元的汇率分别是多少？

问题 8.7 同样的平装本畅销小说在多伦多机场的价格为 19.99 加元，在劳德代尔堡*机场的价格为 15.99 美元。那么加元/美元的真实汇率是多少？

问题 8.8 思考下面的数据：

	汇率（新元/美元）	消费者价格指数（2005＝100）	
		新加坡	美国
2005 年	1.66	100.0	100.0
2008 年	1.39	109.8	107.4

假设购买力平价在 2005 年成立，要使其继续成立，汇率在 2008 年应该为多少？如果一开始的假设（即购买力平价在 2005 年成立）是正确的，它在 2008 年还成立吗？要使我们相信最初这一假设是正确的，需要什么证据？

问题 8.9 图 8—4 是关于美国和英国的购买力平价。使用美国和日本的数据，绘制一幅类似的图来检验购买力平价。图 8—5 是关于美国/日本的真实汇率，你的图与图 8—5 的结论是否相同？请详细解释。

问题 8.10 图 8—5 是关于美国/日本的真实汇率，使用美国和英国的数据，绘制一幅类似的图，描述美国/英国的真实汇率。图 8—4 是关于美国和英国购买力平价的检验，你的图与图 8—4 的结论是否相同？请详细解释。

问题 8.11 就下列几对国家，使用季度数据绘制出几幅图来检验购买力平价（类似于图 8—4）：

（a）美国与加拿大；

（b）美国与澳大利亚；

（c）澳大利亚与加拿大。

在每种情形下，就购买力平价假说的成功或失败进行评论。

---

* 美国佛罗里达州东南沿海城市。——译者注

问题 8.12　欧元诞生于 1999 年。思考一下欧盟内部的这几对成员：

(a) 德国（1999 年以前的德国马克，1999 年以后的欧元）与意大利（1999 年以前的里拉，1999 年以后的欧元）；

(b) 德国（1999 年以前的德国马克，1999 年以后的欧元）与英国（1999 年以前和以后的英镑）；

就每对国家，在一幅图上绘制出市场（名义）汇率图与真实汇率图，包括 1999 年欧元诞生以前和以后的数据。注意：应该将 1999 年以前的数据转换为一个指数，1998：12＝100；将 1999 年以后的数据也转换成一个指数，1999：01＝100。对这两对国家来说，真实汇率与市场汇率行为之间存在什么差别？请对这一差别进行解释。

问题 8.13　假设雷克萨斯汽车在美国的售价为 45 000 美元，在日本的售价为 4 914 000 日元。汇率为 91 日元/美元。基于这一商品，日元相对于美元估价是过高还是过低了？高估（或低估）了多少（用百分比表示）？

问题 8.14　假设美国/英国的汇率是 1.64 美元/英镑，一瓶可口可乐在英国售价为 50 便士（即 0.50 英镑），在美国售价为 75 美分。就这一商品来说，英镑相对于美元估价过高还是过低？高估（或低估）了多少（用百分比表示）？

问题 8.15　就总体偏离购买力平价的状况来说，问题 8.13 中的雷克萨斯汽车或问题 8.14 中的可口可乐作为判断标准是否合适？单个商品能够提供合理的标准吗？

问题 8.16　使用互联网，找出美国有效汇率方面的数据（注意标明数据来源）。根据这些数据回答：在过去一年中美元是升值还是贬值了？在过去 5 年、10 年呢？

问题 8.17　使用互联网，找出美国、加拿大、德国、日本和英国 1 年期政府债券利率方面的数据（短期国库券利率或其他官方债券利率），这些债券期限相同，购买时间为 1 年前的本月；同时找出今天和 1 年前的本月其他三国货币对美元的汇率。（如果找不到 1 年期债券利率，可以使用期限更短的利率，如 3 个月利率。）根据无抛补利率平价条件，你预期这三个汇率将如何变化？它们实际是如何变化的？哪些因素可以解释这一差异？

问题 8.18　假设无抛补利率平价成立，以及欧元/美元汇率预期在一年内增长 10%。如果美国 1 年期国库券利率为 4%，德国 1 年期国库券的利率是多少？

问题 8.19　假设无抛补利率平价成立，以及美国 5 年期国库券的利率是 6%，丹麦 5 年期国库券的利率是 7%。如果当前汇率是 6 丹麦克朗/美元，5 年后的预期汇率是多少？

第五篇

总供给

第9章

总 量 生 产

本章回到解释实体经济的问题上来。我们从总供给开始。企业部门想要生产多少？GDP 是由什么因素决定的呢？经济体利用劳动和物质投入进行生产的效率大小由什么决定？经济周期如何影响投入的利用——尤其是对就业水平的影响？了解总供给为第 10 章作了铺垫，在第 10 章中我们探讨长期经济增长，在第 11 和第 12 章中我们研究劳动力市场。

在第 2~5 章，我们了解了何谓 GDP，GDP 的组成部分有哪些，它们通常是如何表现的，以及它们与通货膨胀、就业、工业生产和其他变量之间有何关联。现在我们从描述转向解释。我们想要回答的问题包括：

- 为什么美国 2010 年的 GDP 要比 1960 年或者 1910 年的 GDP 高很多？
- 为什么美国的 GDP 要比世界上任何其他国家的 GDP 更高？

或者，更具体地说：

如果放松移民规则并且超过 5％的移民工人加入美国的劳动力队伍，将对 GDP 产生什么影响？

我们应该预期就业在衰退时下降多少或者在繁荣时上升多少？

为了回答这类问题，从对第 2 章 2.7 节的回顾中可知，GDP 可以从生产者（企业）这个视角将其看作总供给，或从购买者（消费者、投资者、政府、外国人）这个视角将其看作总需求。国民收入会计恒等式保证了事后总供给等于事后总需求。但是总供给和总需求是不同的，它们事前未必就相等。在支出者的收入一定时，支出者的选择决定总需求。当可资利用的生产性资源给定时，总供给则取决于所有企业的选择。最终，正是这些生产性资源决定了 GDP 的最大值。总需求可能不足，GDP 也可能少于其能够达到的值。但是不管总需求增加多少，GDP 不可能超过工厂、办公室和其他工作场所工人的生产能力。在这一章和接下来的 3 章中，我们将研究总供给。

我们从对收入和产出的循环流动的讨论（见第2章2.2节）中获知，企业部门购买生产要素，并把它们转化为最终商品和服务。这是总供给的核心所在。影响生产过程的决策并不是作为一个整体的企业部门制定的，相反，这些决策是由一个个企业所作出的。因此，尽管最后我们关注的基本上是总的产出（GDP），但从单个企业的角度来看待生产问题对于本章的主要内容也是一个有价值的前奏。它将会帮助我们建立直觉并强化我们脑海中的基本术语。

9.1 厂商的生产决策

□ 9.1.1 生产可能性

技术

考虑某一特定产品，比如说一桶汽油。一家炼油厂用原油、能源、各种化学品和不同类型的劳动力及其他一些投入来生产其产出——汽油。炼油厂的设计及其工作惯例体现了生产汽油的特定工艺。工艺就像蛋糕的配方。各种投入就是所使用的一系列原料清单，产出（或者可能的产出）就是蛋糕，配方就是制作蛋糕的一系列操作指南。与配方一样，工艺不是机器或者任何有形（物质形态）投入，而是如何制造某种机器或者如何组织生产的知识。工艺知识指导着机器的制造、厂房的布局、公司的组织和车间实践。然而，工艺并非这些有形的东西。工艺是知识本身。

生产汽油的过程以图解的形式描绘在图9—1中。需要注意的是，这一过程并没有被完全列出。一些投入已经被列出。它们被分成不同的类别：原料投入、能源、服务

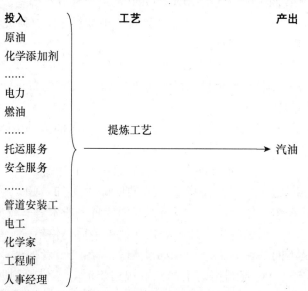

图9—1 生产过程示意图

注：像汽油这种单一商品的生产需要使用某一特定工艺，该工艺来自把（经常是大量的）投入转变为产出的现有技术。

和劳动。在每一类别内部，不同种类的投入被列了出来，但是炼制汽油的方法是非常复杂的，这些只不过是炼制汽油过程的一个简单描述，你随处都可见到这一炼制过程的记录，也可能见不到，即便是在石油公司的办公室里。当然，实际所需要的投入数量并未列出。

工艺通常并不是唯一的。同样的汽油可能是由不同的投入品制造出来的。二战期间，当德国的原油供给被切断时，德国开发了一种把煤变成汽油和石化产品的技术。种族隔离制度废除前的 20 年里，南非采用类似技术对付国际社会对南非的反种族隔离禁运。在 20 世纪 70 年代和 80 年代早期的石油危机期间，美国研究出从西部的页岩中提炼石油产品的技术。技术是现有工艺的集合。

生产函数

企业选择哪一种工艺取决于投入的成本、工艺本身的生产率和产出的销售价格。用煤或者页岩生产汽油的工艺通常并不划算。这些工艺只在成本和原油投入受抑制的特殊情况下才被采用。但原油本身并非单一产品；它存在具备不同特性的各种各样的等级；它要使用某种不同的配方将每个等级转化为汽油。购买何种原油以及使用何种配方对石油公司而言是关键的商业决策，其中价格和原油的可得性发挥着重要作用。比如，加利福尼亚炼油厂既专门从事特定类型原油（来自阿拉斯加北坡油田的原油）的加工，也专门从事特定类型汽油（应对加利福尼亚空气污染限制的一种特殊配方）的生产。

生产者自己必须对现有的技术有详细的了解，但是对于经济学家来说，大多数情况下这太过复杂。通常，经济学家用生产过程的简化图来工作。他们把各种各样的投入概括成少数具有代表性的类别——生产要素。例如，所有投入生产中的异质的工作类型由单一的类别——劳动来代表，而所有的物质形态投入由另一类别——资本服务来代表。对资本服务和劳动转变为产出起支配作用的工艺的集合（技术）由数学上的生产函数来表示。例如，炼油过程可以被表示为：

$$汽油 = f(劳动, 资本服务)$$

我们甚至可以更抽象地考虑生产。除汽油之外，考虑任意一种产出——称之为 y。之所以选变量 y 重新表示 GDP(Y) 这一变量，是因为 GDP 只不过是经济中所有最终产品的真实美元价值的总和。我们采用变量名书写的惯例，选用小写字母来代表企业的投入和产出（微观经济数量），而将类似的宏观经济数量的变量名用大写字母表示。同样地，不考虑专门类型的劳动和资本，而是考虑劳动和资本的一般形式，称之为 l 和 k。生产函数的一般形式可以写成：

$$y = f(l, k) \tag{9.1}$$

生产函数上的每一点都表示某一特定的工艺：资本和劳动的某一特定组合是如何被转化成特定数量的产出的。并不是每个工艺都能被表示出来。如果有两种工艺，每一种都使用同样数量的投入，但是生产出不同数量的产出，具有更高产出量的工艺主导着较低产出量的工艺。理性的企业不会选择被主导的工艺。生产函数表示主导的工艺的集合。

度量问题

原则上，生产函数 $f(\cdot)$ 是可以被量化的。但是，衡量带来了一些棘手的问题。汽油这一变量可用加仑来衡量，但是对于劳动或资本这种变量来说，合适的单位是什么呢？对于任何一种劳动，自然是使用工人数或工时数作为单位。但是，一些劳动力比其他劳动力效率更高，还有一些劳动力在其他方面有所不同。定性地说，电工的工作与卡车司机的工作各有不同。

同样地，对于大量不同的物质投入——电、石油、管道、建筑物、道路、纸夹、电脑、烤箱等等来说，什么衡量单位合适呢？我们遇到了在把最终商品和服务加起来衡量真实 GDP 时同样的问题（见第 2、第 3 章）。解决方案是找到一个共同点——货币。同样的解决方案适用于资本服务，资本服务通常以真实（或不变的）美元来衡量。

在资本服务的例子中有另外一个困难。某一生产过程的产出（比如，汽油）是流量（单位时间内多少加仑），投入也应该是流量。对于劳动来说，问题解决起来相对容易：可以用每年的工人数或每周的工时数来衡量。一些物质投入可以容易地以流量来衡量。例如，电可以用周千瓦时来衡量。对于机器或建筑物或其他使用寿命较长的资本商品的服务流量的衡量就比较难处理。当存在一个租赁市场时，它可能容易一些——办公室占地面积的租金衡量的是一家会计师事务所的财产服务流量，飞机的租赁价格衡量的是航空公司的航空服务流量。但是，准确评估炼油厂的机器或水电站坝作为生产汽油或电力的投入的准确的服务流量则要困难得多。

为避免衡量资本服务时所碰到的难题，经济学家经常走捷径。他们并不是将物质资本的投入贡献作为一种流量（资本服务）登记下来，而是将其作为资本存量。资本通常以无时间维度的美元数来衡量。如果资本服务的流量与资本存量大致成正比，那么这种捷径提供了一个好的近似方法。

像"投资"一样，"资本"是经济学中较难处理的词之一。在日常生活中而且常常是在商业方面，"资本"意味着与某一企业或某一财产相联系的一定数量的货币。然而，在宏观经济学中，"资本"主要指的不是货币，而是物质生产手段。尽管需要用货币购买生产汽油的投入，一个人也不可能在生产过程中使用货币去提炼出汽油。在这点上我们很容易感到困惑，因为我们一般以货币形式来衡量资本的数量。在对生产过程的简化描述中，我们所指的是物质投入的全部真实货币成本。但是，我们不能忘记，正是非劳动投入（不是我们用以衡量它们的货币）在起作用。

生产函数的基本性质

生产函数（方程（9.1））不能在二维坐标图中绘制出来。相反，在图 9—2 中我们使用两个有关联的图来表示。首先看图（A）。它所表示的是，假定资本投入（k）被固定在常数值 k_0，产出（y）和不断变化的劳动投入（l）之间的关系。也就是说，它表明在其他条件不变时，产出和劳动之间的关系。图（A）中的资本投入的不变性由资本投入变量上方的横杠来表示（$\bar{k}_0$）。（B）图从不同的角度表示了同一生产函数。在其他条件不变的情况下（l 保持在 $\bar{l}_0$ 处不变），产出（y）被表示为资本投入量（k）的增函数。（为了方便起见，我们将可变劳动投入和不变资本投入的生产函数称作劳动生产函数，把可变资本投入和不变劳动投入的生产函数称作资本生产函数。）

为什么生产函数用这种方式来描绘？这主要是对有关生产的某些常识性观点的一种

应用中级宏观经济学

反映，可将其概括为生产函数的三个基本性质：

性质1：如果投入为0，产出为0——生产函数经过原点（"天下没有免费的午餐"）。

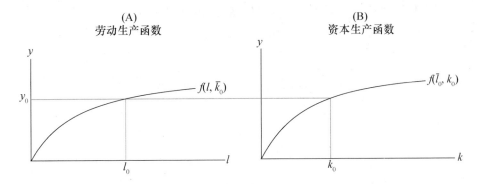

(A)
劳动生产函数

(B)
资本生产函数

图9—2　生产函数

注：产出和资本与劳动这两种投入相关的生产函数可以用两个图来表示。在（A）图中，曲线表明了当资本投入固定在 $\bar{k}_0$ 时，产出是如何随着劳动投入的变化而变化的。k_0 上方的横线是提醒大家该曲线假定资本固定在 k_0 这个水平。在（B）图中，曲线表明当劳动投入固定在 $\bar{l}_0$ 时，产出是如何随着资本投入的变化而变化的。

　　性质2：生产函数随着每一种投入的增加而增加——它向上倾斜。对于某一给定数量的物质投入而言，使用更多的劳动就可以得到更多的产出。对于给定数量的劳动投入而言，通过追加资本，也将生产更多的产出。

　　性质3：生产函数显示出生产要素的报酬递减——在其他要素投入保持不变时，任一生产要素的每一次增加均会提高产出，但产出增长比例低于前一次投入增加所带来的产出增长比例。生产函数被描绘成向水平轴弯曲（或凹向水平轴）来反映递减的报酬。

　　农场是对这些性质的一个经典说明。考虑一个拥有固定的土地、拖拉机、肥料、种子和其他物质投入的农场主。如果他、他的家庭或者任何雇工不工作，那么就没有谷类作物（生产函数过原点）。他们做的工作越多，作物收成将越大。起初，投入的回报是巨大的。每额外工作一个小时意味着种植更多的作物、施更多的肥和给予更多的照料，这个过程至少要持续到所有的种子和土地均被用完为止（生产函数向上倾斜）。但即便在此之后，在阻止杂草生长，更加仔细地监测水、肥料和杀虫剂等方面投入额外的工作，还是会生产出一些额外的农作物。但是，随着照料工作投入得越来越多，增加的照料工作对于收成的增加越来越不重要（生产函数呈现出递减的报酬）。

　　对资本而言，情况也完全一样。再考虑农场这个例子，但这次我们设想家庭的每个成员工作一整天。如果他们不使用土地、拖拉机、种子、肥料等等，他们就一无所获。他们翻地、栽种得越多（他们使用更多的拖拉机、犁和种子），他们生产的农作物就越多，至少在整个农场全被耕种完之前是这样。一旦农场全被耕种了，使用额外的水、肥料、杀虫剂、耕种机具等还是可以增加最终的农作物产量的。但是，随着生产过程中越来越多的需要得以满足，剩余的需要就变得越来越不重要了。

　　再看一下图9—2。需要注意的是，在投入的值为（l_0，k_0）处，两个图中的曲线均取值 y_0。两条曲线是从不同的角度表示方程（9.1）所代表的生产函数的。

　　当某一生产要素发生变化时，两条曲线将会发生什么变化？例如，在图9—3中，l_0 增加到 l_1。由于资本投入量固定在 k_0，劳动的这一增加就是图（A）中沿着生产函数曲线本身的变化，以产出增加到 y_1 来表示。需要注意的是，在图（B）中，（k_0，y_1）

总量生产

点并不是原来生产函数曲线上的一点。这是因为原来的生产函数是在劳动投入固定在 l_0 这一条件下绘制出来的，但是现在的劳动投入比以前增加了。一般而言，不管资本投入是多少，同样数量的资本与更多劳动的投入结合起来会生产出更多的产量，因此，曲线一定上移。事实上，在 k_0 处，生产函数曲线一定通过 y_1，因为这是生产函数（方程（9.1））在在指定值 (l_1, k_0) 处的产量，(l_1, k_0) 在图（A）中标示得很清楚。图（A）中沿着一条曲线本身的移动与图（B）中移动到另一条曲线相对应。

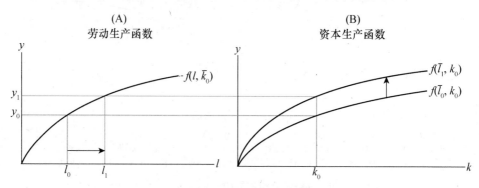

图 9—3　投入增加的影响

注：保持资本投入不变，劳动投入增加（图（A））是沿着劳动生产函数曲线本身的移动。劳动从 l_0 增加到 l_1 使得产出从 y_0 增加到 y_1。由于劳动投入已经增加，在假定劳动投入为 l_0 时所绘制的原资本生产函数曲线（图（B））一定会向上移动，因而它与不变资本投入水平上的新产出水平直接相交。

需要注意的是，图（B）中新的生产函数曲线更陡峭，但是基本上还是和原来的曲线具有相同的形状——尤其是，该曲线仍然要过原点。要求学生画出保持劳动投入不变时资本投入变化后图形变化的情况（见本章最后的问题 9.1 和问题 9.2）。

规模报酬

某一生产要素的报酬递减背后的思维实验在一种投入不变而增加其他要素投入时才成立。如果允许两种投入都改变，那么会发生什么呢？根据产出对要素投入增加相同比例的反应程度不同可对生产函数进行分类。这里有三种可能的分类：当所有的投入按相同比例增长时，生产表现出：

规模报酬不变：如果产出和投入按相同比例增加；

规模报酬递增：如果产出增加的比例大于投入增加的比例；

规模报酬递减：如果产出增加的比例小于投入增加的比例。

图 9—4 说明的是规模报酬不变的情况。生产函数经过初始的投入—产出组合——(l_0, y_0) 和 (k_0, y_0)。劳动的平均产量（缩写为 apl）被定义为每单位劳动的产出单位数（即 y/l）。需要注意的是，从原点穿过点 (l_0, y_0) 的射线的斜率是 y_0/l_0。换句话说，从原点到生产函数上的某一点的射线的斜率就是劳动的平均产量。同样，资本的平均产量（缩写为 apk）被定义为每单位资本的产出单位数（即 y/k）。在资本生产函数曲线上它被表示为从原点到生产点的射线的斜率。

当生产函数表现为规模报酬不变时，随着投入按照同一比例增加，平均产量保持不变。在图 9—4 中，劳动和资本都增加了 20%（$l_1 = 1.2l_0$，$k_1 = 1.2k_0$）。劳动投入的增加如果给定，资本生产函数一定向上移动；资本投入的增加如果给定，劳动生产函数也一定向上移动。但是它们分别向上移动多少呢？产出增加 20% 在图中就是从原点出发

应用中级宏观经济学

的射线与每一条从 l_1 和 k_1 出发向上的垂直线的交点，所以 $y_1 = 1.2y_0$。

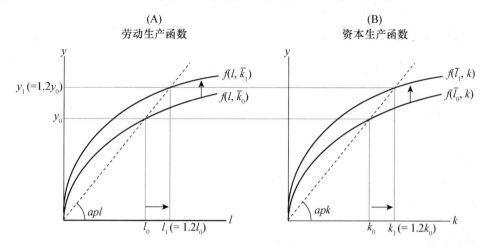

(A)
劳动生产函数

(B)
资本生产函数

图9—4 规模报酬不变

注：当所有生产要素同比例增加导致产出同比例增加时，生产函数就表现为规模报酬不变。在这种情况下，劳动和资本投入都增长20%，产出也增长20%。劳动的平均产量（$apl = y/l$）和资本的平均产量（$apk = y/k$）由原点到生产函数上的点的射线的斜率来表示。规模报酬不变表明，当生产扩张时，apl 和 apk 保持不变；较高的生产点和较低的生产点一样，位于从原点出发的同一射线上。

图9—5表示的是规模报酬递增。同样，每一种投入增加20%，但由于产出的增加超过20%，每条曲线一定向上移动，因此生产点（l_1，y_1）和（k_1，y_1）位于从原点出发的原射线的上方。从原点出发到新的生产点的射线比原射线更陡峭：递增的规模报酬使得每种投入的平均产量提高。学生应该用类似的图形分析规模报酬递减的情况（见本章最后的问题9.3）。

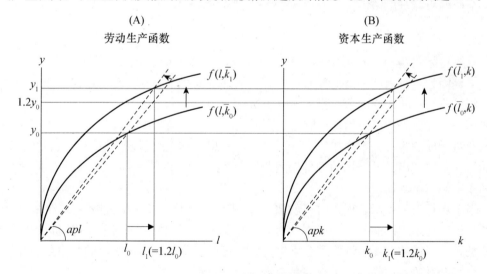

(A)
劳动生产函数

(B)
资本生产函数

图9—5 规模报酬递增

注：当所有生产要素同比例增加引起产出以更大的比例增加时，规模报酬递增就出现了。在这种情况下，劳动和资本都增加20%，产出增加超过20%。因为产出比劳动或资本增加更快，每个图形中，从原点出发到新的生产函数曲线上的点的射线的斜率比从原点出发到原来生产函数曲线上的点的射线的斜率要陡峭一些。这表明，随着投入同比例增加，劳动的平均产量（$apl = y/l$）和资本的平均产量（$apk = y/k$）增加。

在每一种生产要素的报酬背后的思维实验中，每次只允许一种要素变化，然而在规模报酬背后的思维实验中，则允许所有要素同时同比例变化，记住这一点很重要。

图9—4和图9—5中的生产函数都表明劳动和资本的报酬递减，而图9—4表示的是规模报酬不变，图9—5则表示的是规模报酬递增。

□ 9.1.2 最优生产

生产函数表示的是对企业开放的技术可能性。企业如何就使用哪种工艺作出选择？企业当然希望获得利润，因此，问题简化为：企业如何选择产出水平和产生最大利润的劳动和资本的组合？

利润最大化

利润被定义为：

利润＝收益－成本

如果企业生产的产出越来越多会怎么样？更多的产出意味着销售的商品更多，因此，收益增加。然而，更多的产出也需要更多的投入，所以成本也增加。因而，问题一定就是：哪一个增加得更快？

为了更仔细地分析企业的利润最大化问题，考虑一家以固定资本存量从事生产的企业。如果企业生产更多单位的产出会怎么样？劳动的额外成本（或任何一单位额外投入的成本）被称为边际成本。对于经济学家来说，"边际"一词意味着与一个微小的额外增量有关，因此：

边际成本（MC）指由于产出增加一单位所引起的生产要素成本的微量增加

企业将边际产出销售：

边际收益（MR）指增加的一单位产出的销售所带来的收益的微量增加

只要边际收益超过边际成本（MR>MC），增加生产过程中的劳动投入就是值得的，这是因为：每当这种情况真的发生时，额外投入对企业而言就意味着额外的利润。

假设我们从非常低的劳动投入水平开始（比如，前面关于农场的例子）。生产和销售的每一单位额外产出在增加了收益的同时也增加了劳动成本。通常，生产出来的第一单位产量增加的收益大于增加的成本。但是，回想一下生产要素的报酬递减规律。额外增加每一单位产出需要增加的额外劳动投入逐渐变大，也就是说，随着产出水平上升，边际成本倾向于增加。

当市场相对于生产者很大时（就像小麦市场相对于一家小麦农场），单个农场决定生产与否对它出售产品的价格将不会有明显的影响。这样一种企业被称为价格接受者。由这类企业组成的市场表现为完全竞争。因为每一单位额外产出赚取的是市场价格，所以一个完全竞争者面临的边际收益是常数。

当企业相对于其产品市场较大时，它们的产出决策就会影响市场价格。（为了销售更多的产品，企业通常降低其产品价格。）这类企业被称为价格制定者。由这类企业所组成的市场表现为不完全竞争。（完全垄断、双头垄断和寡头垄断是微观经济学家研究的不完全竞争的形式。）通常，在不完全竞争情况下，每一单位额外产出的销售所得少于前一单位产出的销售所得，因而企业所得到的边际收益将下降。

在完全竞争或者不完全竞争的情况下，随着产出增加，边际收益和边际成本之间的差距缩小，直至最终两者相等为止。在边际收益和边际成本相等这一点上，利润最大化的企业应该停止扩大产出，并停止使用额外的投入，因为继续追加生产将使边际成本超过边际收益，并开始减少利润。因而，利润最大化规则就是：

> 在其他条件不变的情况下，当企业增加任何一种生产要素的使用，直到边际收益等于边际成本 $MR = MC$ 这一点时，企业实现利润最大化。

同样的利润最大化规则适用于所有形式的竞争。为了扩展这种分析，我们不得不更具体地涉及关于市场组织的问题。因为完全竞争比不完全竞争更容易分析，并且在多数情况下，它为宏观经济学提供了一个很好的近似，我们集中讨论完全竞争企业的利润最大化问题。

首先，考虑边际收益。产出的微量增加可以表示为 Δy。因为企业是个完全竞争者，所以它将其产出的市场价格（p）视作给定的，并且不由其控制。那么，边际收益为 $MR = p\Delta y$。

其次，考虑边际成本。如果资本投入保持不变，那么生产额外单位产出（Δy）所需要的劳动投入的微量增加可以表示为 Δl。如果企业把工资率看作不由其控制的给定值，比如说 w，那么边际成本就是 $MC = w\Delta l$。利润最大化规则现在可以重新用公式表示为：

> 在其他条件不变的情况下，企业增加劳动的使用到 $MR = p\Delta y = w\Delta l = MC$ 这一点时，企业的利润达到最大化。

边际产品和要素价格

看一下最大化规则表达式中的中间两项。将这两项同时除以 p 和 Δl，得到：

$$\Delta y/\Delta l = w/p \tag{9.2}$$

这个等式有一个很好的解释。左边的表达式，$\Delta y/\Delta l$，是劳动的边际产量（MPL），它被定义为在其他条件不变的情况下，额外增加一单位劳动所导致的额外产出量。右边的表达式是真实工资率（w/p）。在此情况下，它是以名义工资将会购买到的产出表示的工资率的价值。（如果高尔夫球制造厂的工人的每小时工资是 12 美元，每个高尔夫球卖 50 美分，那么 $w/p = 24$ 个高尔夫球。）当然，我们对将其他名义量换算为真实量（见第 2 章 2.4 节）很熟悉。当我们用诸如 CPI 或 GDP 平减指数一类的价格指数来进行这种换算时，我们隐含地将一定数量的美元表示成这些美元所能够购买的商品束的单位数。（在企业的利润最大化问题中，重要的不是一束商品，而是由劳动所生产的单一商品。）

表达利润最大化规则的另一种方法就是：

> 在其他条件不变的情况下，企业增加劳动的使用直到劳动的边际产品等于真实工资率这一点时，企业最大化其利润。即：

$$mpl = \Delta y/\Delta l = w/p \tag{9.3}$$

我们可以用假设的高尔夫球制造商的数据来阐明这一规则（见表 9—1）。表 9—1 表明，每额外增加一个工人，总产量都在增加，但以递减的速度增加。最后两栏表示的是不同数量工人的边际产品和边际成本。假设企业开始有 99 个工人。增加一个工人（第 100 个）时，其边际产品为每小时 28 个高尔夫球，这高于每小时 24 个高尔夫球的真实工资。雇佣这个工人使利润增加。同样，雇佣第 101 个工人也使利润增加。然而，需要注意的是，对于第 101 个工人而言，边际产品（每小时 24 个高尔夫球）等于真实工资。雇佣第 102 个工人并不是一个好主意：边际产品是每小时 16 个高尔夫球，这比真实工资率少，因此，企业的利润将会下降。企业的最优化决策就是雇佣 101 个工人，每小时生产 5 050 个高尔夫球。第三、第四和第五栏证实了这个选择。每增加一个工人，收益也随之增加——事实上，甚至到了 102 个工人，收益还在增加。但是，直到 101 个工人，收入比成本增加得快；101 个工人之后，收入没有成本上升得快。利润在 101 个工人时达到最大值。

表 9—1　　　　　　　　　　　高尔夫球制造商的利润最大化决策

工人数	产量（每小时高尔夫球数）	收益 $p \times$ 产量（美元/小时）	成本 $w \times$ 工人数（每小时美元）	利润（美元）	边际产品 $\Delta y/\Delta l$（每小时高尔夫球数）	边际成本 w/p（每小时高尔夫球数）
99	4 996	2 498	1 188	1 310	—	—
100	5 024	2 512	1 200	1 312	28	24
101	5 050	2 525	1 212	1 313	24	24
102	5 066	2 533	1 224	1 309	16	24

注：这里的计算假设企业可以每小时 12 美元雇佣到工人，以单价 50 美分销售高尔夫球。

我们可以把最大化规则和生产函数的图形联系起来。在图 9—6 中，劳动的微量增加由 Δl 表示，由此产生的产出的增加用 Δy 表示。注意穿过生产函数曲线上 A 点和 B 点的那条直线。

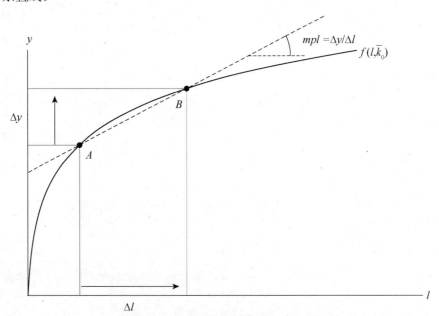

图 9—6　离散变化的劳动的边际产品

注：劳动的边际产品就是，在保持生产中的其他投入不变时，由劳动的微量增加（Δl）所引起的产出的微量增加 Δy。该图只表示了劳动生产函数。连接劳动增加前后的两个生产点的那条线（即连接 A 点和 B 点的线）的斜率衡量的是劳动的边际产量（$mpl = \Delta y/\Delta l$）。

应用中级宏观经济学

它的斜率就是垂直增量（Δy）除以水平增量（Δl），或（$\Delta y/\Delta l$），这就是劳动的边际产品。

正如经济学家经常所做的那样，以微积分来考虑时，我们设想 Δl 变得越来越小，直到无穷小。当 Δl 变得更小时，很容易在图形中看到，经过 A 点和 B 点的直线随着 Δl 变得越来越小而变得更加陡峭，位于该线上方的生产函数曲线会越来越少，直到它在 A 点处与生产函数曲线正好相切。在微积分中，我们用 Δ 表示离散变化，用 d 表示无穷小变化。图 9—7 表示的是让 Δl 变成无穷小的结果。现在，该直线与生产函数曲线相切于 A 点，劳动的边际产量现在被表示为生产函数在 A 点处的一阶导数：dy/dl。

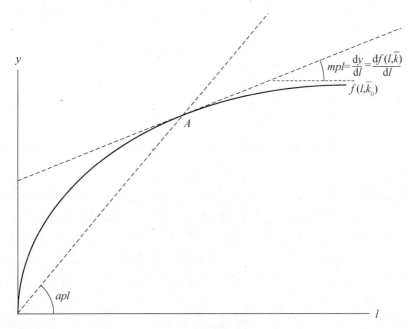

图 9—7 无穷小变化的劳动的边际产品

注：如果我们设想图 9—6 中的劳动的离散变化无限地变得越来越小，那么连接 A 点和 B 点的直线将最终变成与生产函数曲线相切于 A 点的一条线。切线的斜率是生产函数在 A 点的一阶导数，劳动的边际产品就是 $mpl=dy/dl$。生产函数上任一点处的切线的斜率总是小于从原点到该切点的射线的斜率，这表明总是存在着 $mpl<apl$。这一性质反映了生产要素的报酬递减。

这是有用的结果：如果我们知道生产函数的数学形式，就可以通过求一阶导数计算出劳动的边际产品。劳动的边际报酬递减原理也可以通过数学表示为这样一种性质：随着劳动投入变得越来越大（l 增加），劳动的边际产品变得越来越小（dy/dl 下降）。利润最大化原则可以重新表述为：

● 在其他条件不变的情况下，当企业增加劳动的使用一直到劳动的边际产品等于真实工资时，亦即直到如下等式所表示的那一点时，企业达到利润最大化：

$$mpl=dy/dl=df(l,\bar{k})/dl=w/p \tag{9.4}$$

需要注意的是，利润最大化生产点处的 mpl 总是小于此处的劳动的平均产量（$mpl<apl$），由此可知，报酬递减的另一个含义就是：多增加一单位劳动投入会增加产出，但是产出的增加量少于以前所有劳动投入单位的平均产量。

当保持劳动投入不变时，通过适当的修正，同样的原理也适用于资本。我们必须把资本服务看作某种具有市场价格的东西，即使企业拥有自己的资本。如果一个建筑公司为一个项目租用了一台起重机，那么租金率测量的就是资本服务的价格。相反，如果这台起重机是公司自己拥有的，它仍然应该把这台起重机在市场上出租所获得的价格（其隐含的租金率）看作这台起重机提供的资本服务的价格。因为不论在哪种情况下，起重机提供的服务都是相同的。我们用希腊字母 ν（nu）来表示资本的真实（隐含）租金率。企业的利润最大化法则就是：

● 在其他条件不变的情况下，当企业不断增加资本服务的使用直到资本的边际产量（mpk）等于真实（隐含）租金率这一点时，企业实现利润最大化。用数学语言来描述，企业利润最大化的那一点发生在：

$$mpk = \Delta y / \Delta k = \nu / p \qquad\qquad (9.5)$$

或者，对于无穷小变化而言，利润最大化发生在：

$$mpk = \mathrm{d}y / \mathrm{d}l = \mathrm{d}f(\bar{l}, k) = \nu / p \qquad\qquad (9.6)$$

与劳动的情形类似，由于资本的报酬递减，资本的边际产量总是小于资本的平均产量（$mpk < apk$）。

选择投入水平

企业应该如何运用利润最大化法则来选择资本和劳动的最佳组合呢？首先，企业必须计算出真实工资和资本服务的真实（隐含）租金率。接着，它必须找到资本和劳动的组合，该组合同时使得劳动的边际产量等于真实工资率以及资本的边际产量等于真实（隐含）租金率。如果我们有生产函数的数学表达式，这一点很容易做到。用图形来描述则稍微有些困难，因为这将包括大量的反复试验和误差。尽管如此，图9—8还是表明了最终结果，即在工资率（w_0）、（隐含）租金率（ν_0）和企业面临的产品价格（p_0）给定的情况下，企业选择出了劳动和资本的最佳组合（l_0，k_0）。

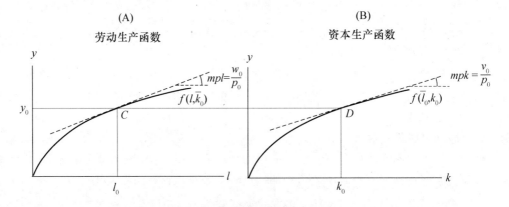

图9—8　随着生产要素价格而调整的最优产出

注：企业通过增加雇佣工人直到劳动的边际产品等于每种生产要素的真实价格这一点时，就实现了利润最大化。图（A）表明的是在生产点 $C(l_0，y_0)$ 处，劳动的边际产品（生产函数上 C 点处切线的斜率）恰好等于真实工资（$mpl = w_0/p_0$）。图（B）表明的是在生产点 $D(k_0，y_0)$ 处，资本的边际产量（生产函数上 D 点处切线的斜率）恰好等于真实（隐含）租金率（$mpk = \nu_0/p_0$）。

由于生产要素价格的变化，资本和劳动的最适组合也在变化。假设愿意工作的人数增加了，这或许是 20 年前人口的自然生育高峰的缘故，或者是移民增加的缘故，或者是青少年或妇女的劳动力参与率上升的缘故，因而工资率下降了。在这种情况下，劳动力对企业来说将变得更便宜，企业将会雇佣更多的劳动力。这在图 9—9 中容易看出来。给定工资率为 w_0，企业最初雇佣的劳动力为 l_0。真实工资（w_0/p_0）等于劳动的边际产量（mpl_0），劳动的边际产量由生产函数上 A 点处切线的斜率来表示。当名义工资下降到 w_1 时，真实工资也下降到 w_1/p_0。更低的真实工资必须令其等于某一更低的劳动的边际产品。由于劳动的报酬递减，更低的劳动的边际产品必须对应一个更高的劳动力的总使用量，这表现为生产函数上 A 点右边的某一点 B。这由图中 B 点处一条更平坦的切线来表示，在此点处 $w_1/p_0 = mpl_1$，企业雇佣的劳动数量为 l_1。

劳动生产函数

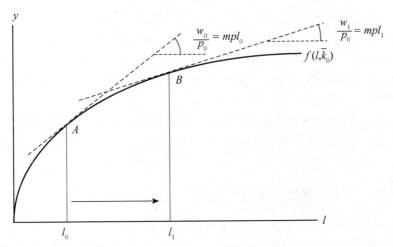

图 9—9　某生产要素的真实价格变化的结果

注：当面临的真实工资率为（w_0/p_0）时，企业将在 A 点处生产，此处劳动的边际产量等于工资率（$mpl_0 = w_0/p_0$）。如果工作率降到 w_1/p_0，而且劳动变得更便宜，那么最优生产点将对应一个更低的劳动的边际产量。由于劳动的报酬递减，更低的 mpl 位于生产函数曲线右上方的 B 点处，此处 $mpl = w_1/p_0$。为达到这一点，企业必须雇佣更多的劳动力，将劳动力的需求从 l_0 增加到 l_1。

9.2　总供给

□ 9.2.1　总量生产函数

单个企业并不是宏观经济学关注的主要对象。我们想要解释总量真实 GDP，而不是汽油、谷物或高尔夫球之类的特定产品。然而，前一节的微观经济学的前奏提供了有价值的见解。如果在单个的投入和产出之间存在某种关系，那么在总投入（总资本和总劳动）和总产出（真实 GDP）之间也存在某种关系。在总量生产行为和更易理解的企业行为之间，或许我们能够利用这种重要的类比。

通过类比微观经济学的生产函数，我们将宏观经济层面的生产函数或总量生产函数写成：

$$Y = F(L, K) \tag{9.7}$$

大写字母通常表示总量，小写字母表示微观层次的数量。微观数量 y、l 和 k，是我们想要分析的任何企业的特定产出、劳动和资本的占位符。它们是可以用来替代特殊实例的一般代数变量。例如，产出变量 y 可以代表汽车，或香蕉，或牛仔裤。然而，一旦我们加总整个经济层面，就不再正确了。Y 不是一个可以不同方式替代的占位符了，它是真实 GDP。同样地，L 和 K 不是特定企业的劳动和资本投入，而是整个经济的劳动和资本投入。

微观经济的生产函数的大多数性质源于对生产过程和企业行为的常识性理解。其中许多性质明显可推广到总量生产函数。总量生产函数一定经过原点，因为没有投入就没有 GDP 可被生产出来，并且总量生产函数应该向上倾斜，因为更多的投入产生更多的产出。但是，存在总量方面的报酬递减吗？通过加总微观生产函数而推导出的整个经济的总量生产函数的性质会产生一条具有其他可预测性质和形状的曲线吗？

事实证明这是非常困难的。它们属于被称为总量理论的一个经济学领域，并且它们远远超出了本书的范围。与试图从基本原理角度去概括总量生产函数的性质相反，我们的策略将从一个猜测开始，该经济可由某一特定的生产函数来描述，这个生产函数和微观生产函数具有相同的重要性质。然后，我们将从经验方面检验我们的猜想。如果它看起来很好地描述了数据，那么我们将为它提供了一个很有用的近似而感到满意。

□ 9.2.2　柯布-道格拉斯生产函数

许多数学函数有着我们期望生产函数所具有的性质。一个特别有用的函数就是柯布-道格拉斯生产函数。它由保罗·道格拉斯（1982—1976）（一个劳动经济学家，后来成为一名杰出的美国参议员）和查尔斯·柯布（数学家）及 20 世纪 20 年代阿默斯特学院道格拉斯的同事等人推广到经济学中。我们将首先描述柯布-道格拉斯生产函数，以及该函数的一些性质，然后解释为什么它对于初级宏观经济学分析是一个很好的函数。

柯布-道格拉斯生产函数可以写成：

$$Y = F(L, K) = AL^{\alpha}K^{1-\alpha} \tag{9.8}$$

A 是正的常数，可以被解释为技术状况指数。它通常被认为是对全要素（或多要素）生产率（TFP）的一种衡量：对于同样的劳动和资本投入，较高的 A 意味着较高的 GDP。指数 α 是大于 0 小于 1 的常数（$0 < \alpha < 1$）。我们立即会看到，它可以被解释为 GDP 中劳动的收入份额，它的值取决于经济中劳动收入份额的实际值。

在图中，柯布-道格拉斯生产函数和图 9—2 中的微观生产函数具有相同的形状。（见"指南"，G.16，关于柯布-道格拉斯生产函数一些有用性质的数学细节和一个数值例子。）柯布-道格拉斯生产函数具有 9.1.1 节提到的生产函数的所有三个性质：

性质 1：等式（9.8）清楚地表明，如果 K 和 L 都为 0，那么 Y 也为 0——天下没有免费的午餐。

性质2：同样，如果 K 或 L 增加，很明显，Y 也增加。

性质3：为理解柯布-道格拉斯生产函数显示出生产要素的报酬递减，我们必须着眼于边际产量。每一种边际产量至少可以写成两个等价形式（见"指南"，G.16.2，关于一阶导数）：

$$mpL = \alpha A\left(\frac{\overline{K}}{L}\right)^{1-\alpha} = \frac{\alpha Y}{L} \tag{9.9}$$

$$mpK = (1-\alpha)A\left(\frac{\overline{L}}{K}\right)^{\alpha} = \frac{(1-\alpha)Y}{K} \tag{9.10}$$

（需要注意的是，我们用大写字母 L 和 K 来代表边际产量，这提醒我们是在分析总量。）

观察等式（9.9）的中间项，可以清楚地看出，随着劳动投入的增加，劳动的边际产量变小。等式（9.10）同样表明，随着 K 的增大，资本的边际产量变小。

除此之外，柯布-道格拉斯生产函数还有其他三个重要性质：

性质4：一种生产要素的增加提高了另一种生产要素的边际产量。例如，式（9.9）的中间项 $\overline{K}$ 增加使得 mpL 增加。同样地，式（9.10）的中间项 $\overline{L}$ 增加使得 mpK 增加。从图形上看，当柯布-道格拉斯生产函数向上移动时——尽管总是经过原点——移动后曲线上每一点的斜率一定高于垂直方向上低于此点的原生产函数曲线上点的斜率。

性质5：全要素生产率水平（A）提高使得两种生产要素的边际产量都增加。A 的增加在不改变劳动或资本投入的情况下使得 Y 增加，从等式（9.9）和（9.10）的中间项可以看出，mpL 和 mpK 一定增加。

性质6：柯布-道格拉斯生产函数呈现出规模报酬不变。（见"指南"，G.16.1，关于数值例子和验证。）

□ 9.2.3 柯布-道格拉斯生产函数提供的是一个好的总供给模型吗？

柯布-道格拉斯生产函数描述美国经济的证据是什么？任何接受经验检验的生产函数很明显要满足性质1和性质2。虽然性质3～6与我们从思考单个企业的生产函数中所获得的直觉相吻合，但它们是否适用于总体经济还是不确定的。为提供一些证据表明柯布-道格拉斯生产函数是对总体经济的一个很好的描述，我们将对其进行一个实验。我们从柯布-道格拉斯生产函数和假设企业遵循完全竞争利润最大化规则（见9.1.2节）联合推导出一个重要含义。该实验分两步进行：首先，我们表明，我们的假设隐含着GDP中劳动和资本的收入份额是常数；其次，我们表明，要使柯布-道格拉斯生产函数成为一个好的近似，这些收入份额事实上就是常数。

柯布-道格拉斯生产函数预测不变要素收入份额

真实劳动收入（Y_L）就是真实工资率乘以总工时数：

$$Y_L \equiv (w/p)L$$

真实GDP中劳动的收入份额被定义为：

$$L\text{-}share \equiv Y_L/Y \equiv (w/p)\frac{L}{Y} \tag{9.11}$$

同样地，资本收入份额被定义为：

$$K\text{-}share \equiv Y_K/Y \equiv (v/p)\frac{K}{Y} \tag{9.12}$$

为进一步阐释这些定义，我们利用经济接近完全竞争这一假设。这使得我们可以利用等式（9.3）和（9.5）的利润最大化法则，将小写字母 y、l 和 k 用其相对应的宏观经济总量（大写字母 Y、L 和 K）代替。利润最大化法则表明每一真实要素价格等于其相对应的边际产量。将等式（9.11）和（9.12）中的要素价格用边际产量代替后得到：

$$L\text{-}share = Y_L/Y = (mpL)\frac{L}{Y} \tag{9.13}$$

以及

$$K\text{-}share = Y_K/Y = (mpK)\frac{K}{Y} \tag{9.14}$$

根据 GDP 由柯布-道格拉斯生产函数所生产这一假设，我们可以把等式（9.9）中 mpL 的具体形式代入等式（9.13）中，并把等式（9.10）中 mpK 的具体形式代入等式（9.14）中，得到：

$$L\text{-}share = Y_L/Y = (\frac{\alpha L}{L})\frac{Y}{Y} = \alpha \tag{9.15}$$

$$K\text{-}share = Y_K/Y = \left[\frac{(1-\alpha)K}{K}\right]\frac{Y}{Y} = 1-\alpha \tag{9.16}$$

因为 α 是一个常数，这些等式表明劳动和资本的收入份额是常数，并且等于生产函数中 L 和 K 上的指数。（此后，我们把 α 称作柯布-道格拉斯生产函数的劳动份额，将 $1-\alpha$ 称作资本份额。）

等式（9.15）和（9.16）证明了一个关键的预测：如果经济接近完全竞争，如果柯布-道格拉斯生产函数近似描述了总量生产的特性，那么真实 GDP 中的劳动和资本份额应该接近常数。真是这样吗？

要素份额是不变的吗？

我们的柯布-道格拉斯模型假设：GDP 只是劳动所有者和资本所有者的报酬。实际的国民收入账户提供了一个更为复杂的要素收入分配情景（见第 3 章 3.7 节）。表 3—7 和图 3—5 把收入分成很多类别。在主要的类别中，把利润、租金和利息归为资本的报酬，这是合理的。

同样地，雇员报酬是对劳动的支付。国民收入本身不同于 GDP，因为包括固定资本消耗在内的一些与企业相关的项目归属于资本是比较合理的。

有两个项目很难确定归属：所有者收入和对生产征收的税（有时被称为"企业间接税"）。回忆一下，所有者收入由同时提供资本和劳动的小型企业所有者获得。同样地，对生产征收的一部分税收，其对象是利润，一部分税收以降低工资的形式传递到工人身上。为了将这两种情况中的报酬区分开来，我们假设，劳动所得到的收入份额与其他情形中所得到的收入份额是一样的（关于精确公式见"指南"，G.16.3）。

图 9—10 描绘的是二战后美国的资本和劳动收入份额值。[1] 非常醒目的是，尽管两种收入份额有波动，但这种波动不大，且不存在趋势。劳动收入份额的近似不变性证实了我们模型的预测，并且提供了将柯布-道格拉斯生产函数作为美国经济总供给的合理近似的合适理由。

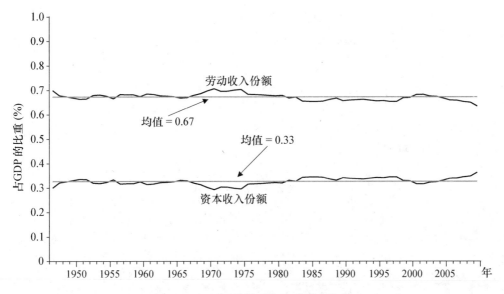

图 9—10　美国的劳动和资本收入份额

注：GDP 的劳动收入份额是指由劳动直接或间接挣得的收入占 GDP 的比例，剩下来的则是资本的收入份额。两个收入份额围绕一个近似常数的均值逐年波动。劳动收入份额的均值用于 α 的估计，α 是柯布-道格拉斯生产函数的一个关键参数。

资料来源：美国经济分析局。

二战后，劳动的平均收入份额是 $\alpha=0.67$。本书中我们将使用这一劳动收入份额值作为柯布-道格拉斯生产函数的关键参数。

□ 9.2.4　美国的柯布-道格拉斯生产函数

对于任何一个季度或任何一年来说，令劳动收入份额等于其平均值，利用容易获取的劳动和资本的数据，我们可以将美国的柯布-道格拉斯生产函数用公式表示出来。未知的是全要素生产率（A）的值，它不能直接观察到。估计 A 的一种方法是：不管它取何值都会使柯布-道格拉斯生产函数的两边相等。利用等式（9.8）：

$$A=\frac{Y}{L^{\alpha}K^{1-\alpha}} \qquad (9.17)$$

对于 2008 年的美国经济而言，将数据代入等式（9.17），可得到：

$$A=\frac{133\,120\ \text{亿}}{(26\,301\,100\ \text{万工时}/\text{年})^{0.67}\times(401\,730\ \text{亿})^{0.33}}=9.63 \qquad (9.17)$$

---

[1]　做过问题 3.3 的学生将看出，在这一期间，GDP 中雇员的报酬所占份额没有表现出明显的趋势，但是雇员报酬并没有涵盖劳动的所有报酬。

因此，等式（9.8）可以写成：

$$Y = 9.63 L^{0.67} K^{0.33} \tag{9.18}$$

等式（9.18）可用于回答类似于本章导言中提出的问题：如果美国允许移民从而使劳动力增加 5％，但不追加投资，那么 2008 年美国的 GDP 将会是多少？

答案：如果新增加的工人和现有工人工作相同的劳动小时数，那么劳动投入将增加5％，达到每年 27 616 200 万工时。那么，GDP 将是：

$$Y = 9.63 \times (27\ 616\ 200\ \text{万})^{0.67} \times (401\ 730\ \text{亿})^{0.33} = 137\ 560\ \text{亿美元}$$

GDP 增加了 3.3％。在本章接下来的部分以及后面的几章中，我们将使用柯布-道格拉斯生产函数的这种量化形式来回答关于美国经济的许多其他问题。

▎9.3　生产率

另一个使用柯布-道格拉斯生产函数的思维实验就是强调技术对总供给的重要性。如果技术进步使全要素生产率提高 5％，那么 GDP 将会是多少？

答案：全要素生产率增加 5％也就是 A 乘以 1.05。回到等式（9.8），很明显，这将使得 Y 也增加到 1.05 倍。例如，使用 2008 年的 GDP 数据，提高 5％将使 GDP 从131 120亿美元增加到 137 680 亿美元。

需要注意的是，5％劳动的增加只带来了 GDP 3.3％的增加，相比较而言，全要素生产率的增加对提高 GDP 的作用比劳动的增加更有效。虽然数值很大，但是以 A 表示的全要素生产率几乎没有揭示出技术进步的机制。生产率的其他衡量方法在经济和政治讨论中更为常见。有人认为：相较于紧接二战后的时期，20 世纪 70 年代生产率显著放缓；也有人认为生产率在 20 世纪 90 年代后期显著增长。这些观点通常得到了与劳动生产率有关的数据的支持，而非全要素生产率方面的数据的支持。这一节，我们将更详细地探讨生产率以及多种衡量方法之间的关系。

□ 9.3.1　可供选择的生产率的衡量方法

三种衡量方法

生产率衡量试图回答某一特定水平的投入产生多少产出这一问题。所有衡量方法都采用生产率＝产出/投入这种形式。有两种衡量方法与两种主要的生产要素相对应，第三种可以被看作是前两种方法的结合：

● 劳动生产率是每单位劳动的 GDP 量。它是劳动的平均产量在宏观经济方面的对应物。我们用希腊字母"theta"表示：$\theta = Y/L = apL$。

● 资本生产率是每单位资本的 GDP 量。它是资本的平均产量在宏观经济方面的对应物。我们用希腊字母"phi"表示：$\phi = Y/K = apK$。

● 全要素生产率，正如我们已经在等式（9.17）中看到的，是资本和劳动的每一个组合的 GDP 量：$A = \dfrac{Y}{L^{\alpha} K^{1-\alpha}}$。这个表达式中的分母＊可以被看作劳动和资本的加权平均

＊ 原书是分子，疑有误。——译者注

数（见"指南"，G. 4. 2）。

资本生产率的单位简单明了：每美元资本的 GDP 美元数。劳动生产率的单位依赖于劳动是如何衡量的。如果劳动是以工时数来衡量的，那么劳动生产率就用每小时的 GDP 美元数来衡量。如果劳动是以工人数来衡量的，那么劳动生产率用每个工人的 GDP 美元数来衡量。如果每个工人的平均工作小时数发生了变化（例如，如果超时工作增加），那么，即使每小时的生产率保持不变，每个工人的劳动生产率也可能提高。全要素生产率的单位并不是很直观，它取决于用来计算全要素生产率的变量的衡量单位——尤其取决于劳动是按工时数还是按工人数来衡量。

虽然我们可以很容易地用每单位投入的真实 GDP 美元数来计算劳动生产率，但是美国劳工统计局（BLS）的官方生产率数据是以指数形式出现的（见"指南"，G. 8. 1）。劳工统计局并不像我们那样去计算总的生产率数据，相反，它计算出经济的各个不同部门的生产率指数：工商企业部门、制造业部门（总体的、耐用品制造部门和非耐用品制造部门）、非金融公司、非农企业部门、私营企业部门、私营非农企业部门以及少数特定行业。这些不同类别部门的覆盖面不完全，而且相互有重叠。近年来，生产率数据已经改善了其覆盖面以包括许多曾经更重要的服务部门。

生产率数据是不完全的，这主要是因为它们涉及棘手的衡量问题。对任何行业来说，产出衡量的关键是该行业对最终商品和服务的贡献。劳工统计局要对产业间贸易数据进行调整，以考虑作为投入去生产其他产品的那部分产出。但这处理起来比较困难。测量出整个行业的真实产出通常也很困难。在第 3 章（3. 5. 2 节）中，我们看到，政府的产出通常是根据投入（支付的工资和购买的产品）而不是根据它生产出的价值来衡量的。其中的原因，如前所述，就在于政府的最终服务通常没有市场价格。另一个重要的原因在于很难衡量无形的服务，服务不能导致可储藏、易于计数的物质产品。同样的问题也适用于行业内的许多服务产出。一些经济学家已经怀疑，生产率测量所表明的 20 世纪 60 年代末和 70 年代初生产率放缓的原因是经济变得越来越受到难以测量的服务行业的主导。很可能根本就不存在真正的生产率增长放缓，而是糟糕的衡量方法导致的结果。

国际比较

哪些国家生产最具效率？因为资本存量数据一般来说生成的质量不高，绝大多数跨国比较依赖劳动生产率而不是资本生产率或全要素生产率。2008 年 7 国集团（G-7）和部分其他国家和地区的劳动生产率的比较以图 9—11 表示，劳动生产率同时以每个工人的产出（GDP）和每工时的产出（GDP）来衡量。国家和地区之间排序的根据是人均工时产出的不断增加。在这两种衡量方法中，美国是生产率的领先者，这里的数据均为美国劳动生产率的百分比。对于欠发达国家而言，每个工人的产出倾向于超过每工时产出。相比较而言，7 国集团（G-7）和其他高度发达的国家的情况刚好相反。两种衡量方法之间的差异对于挪威、德国和荷兰这些国家而言尤为显著。这一差异反映的是这样一个事实：尽管这几个发达国家的工人处于实际工作状态时其生产效率接近美国，但它们的工人每周工作的时间少于美国工人，它们的工人享受的节日和假期比美国工人更多、更长，因此，总体来说，每个工人生产的产出就少了很多。

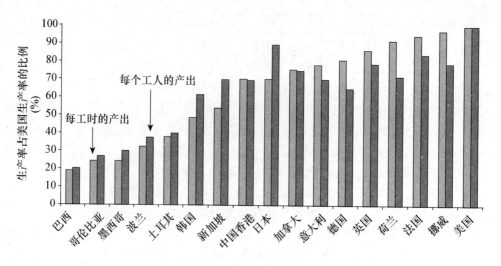

图 9—11　2008 年部分国家和地区的生产率

资料来源：经济合作与发展组织。

生产率的三种测量方法是如何联系在一起的？

很容易看到三种衡量方法之间的关系。需要注意的是，$Y=Y^{\alpha}Y^{1-\alpha}$，α 为任意值。将此式代入等式（9.17），重新整理并运用 θ 和 ϕ 的定义后得到：

$$A=\frac{Y^{\alpha}Y^{1-\alpha}}{L^{\alpha}K^{1-\alpha}}=\left(\frac{Y}{L}\right)^{\alpha}\left(\frac{Y}{K}\right)^{1-\alpha}=\theta^{\alpha}\phi^{1-\alpha} \tag{9.19}$$

用文字表述为：全要素生产率是劳动生产率和资本生产率的加权几何平均数，其中权重是劳动和资本在 GDP 中的收入份额。劳动或资本生产率中至少一个发生改变时，全要素生产率就会改变。然而，资本或劳动这两种生产要素的生产率中，其中任何一个均可能在全要素生产率不改变的情况下发生改变，只要另一种生产要素的生产率按照相反方向发生抵消性变化。

图形可以清楚地阐释这一点。图 9—12 是用图形表示的等式（9.8）中的生产函数。让我们重新回顾一下在其他条件不变的情况下劳动增加 5％ 的思维实验（见 9.2.4 节）。最初，经济利用 L_0 和 K_0 的投入来生产 Y_0。劳动生产率（θ_0）由从原点到点（L_0，Y_0）的射线的斜率表示。同样地，资本生产率（ϕ_0）由从原点到点（K_0，Y_0）的射线的斜率表示。劳动增加到 L_1，使得 GDP 增加到 Y_1——由于递减的劳动报酬，GDP 增加的比例小于劳动增加的比例。资本的生产率会如何呢？资本生产曲线必须向上移动，这是因为它是在假设劳动为 L_0 的情况下画出来的，但是，现在劳动投入比以前增加了。由于资本没有改变，为与劳动生产函数保持一致，曲线必定穿过（K_0，Y_1）。在这一点上，资本生产率上升到了 ϕ_1。

思维实验说明了一个一般法则：

在其他条件不变的情况下，若一种生产要素使用得越多，那么该生产要素本身的生产率下降，另一种生产要素的生产率则上升。

同样需要注意的是，由于资本生产函数曲线变得更为陡峭，资本的边际产量也增加了——见性质 4（9.2.2 节和"指南"，G.16）。

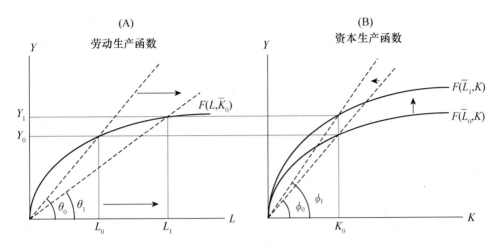

图 9—12　当一种要素生产率增加时，另一种要素生产率按相反方向变化

注：最初生产发生在 $(Y_0，L_0，K_0)$ 点，此点的劳动生产率给定为 θ_0，资本生产率给定为 ϕ_0——每种生产率都是从原点到生产点的射线的斜率。劳动增加到 L_1，使得 GDP 提高到 Y_1，这是由于生产点沿着劳动生产函数曲线移动了 $(L_1，Y_1)$。递减的劳动报酬意味着劳动生产率下降到 θ_1。因为资本存量是不变的，所以资本生产函数必须向上移动并与新的生产点 $(K_0，Y_1)$ 相交。从原点出发穿过这个新的生产点的射线变得更为陡峭（$\phi_1>\phi_0$），这表明资本的生产率现在更高了。

全要素生产率会发生什么变化？什么也不会改变。图 9—12 显示了等式（9.8），而且思维实验假定其他条件相同，包括 A 不变。这意味着资本生产率的上升恰好被劳动生产率的下降所抵消，从而使得 A 保持不变。

通过对 9.3 节开头的思维实验的一个图形分析，我们可以将技术变化和生产要素的变化区分开来：技术提高 5% 对 GDP 的影响。在图 9—13 中，经济最初使用投入 L_0 和 K_0 来生产 Y_0。劳动生产率是 θ_0，资本生产率为 ϕ_0。技术进步意味着同样的投入可以

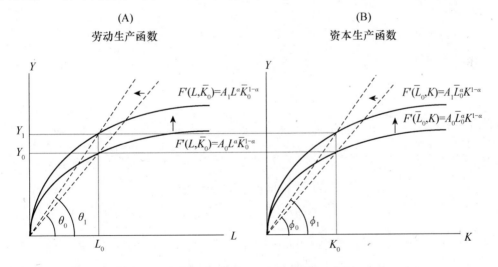

图 9—13　当全要素生产率上升时，所有要素的生产率均上升

注：最初，生产发生在 $(Y_0，L_0，K_0)$，这时生产函数为 $F(L_0，K_0)=AL_0^\alpha K_0^{1-\alpha}$。初始的劳动生产率假定以 θ_0 表示，资本生产率以 ϕ_0 表示——每种要素的生产率都是从原点到生产点的射线的斜率。在资本和劳动的初始投入水平上，全要素生产率增加到 A_1 使得 GDP 提高到 Y_1。生产函数必须向上移动与新的生产点 $(Y_1，L_0，K_0)$ 相交。结果，从原点到生产点的射线变陡峭了，这表明劳动生产率上升到 θ_1，资本生产率上升到 ϕ_1。

生产出更多的 GDP(Y_1)。因此，劳动生产函数曲线必须向上移动以穿过 (L_0, Y_1)。劳动生产率提高到 θ_1。同样地，资本生产函数曲线向上移动，穿过 (K_0, Y_1)，资本生产率提高到 ϕ_1。

思维实验再次说明了一个一般法则：

> 在其他条件不变的情况下，当技术进步时，全要素生产率上升。

还需要注意的是，由于劳动和资本生产函数曲线都变陡峭了，所以两种生产要素的边际产量也都上升了（见性质 5，9.2.2 节和"指南"，G.16）。

□ 9.3.2 技术进步

随时间变化的要素生产率

从上一节中得出的经验就是，改变劳动和资本的相对使用将会使得要素的生产率改变，甚至当技术保持不变时要素生产率也会改变。因为劳动和资本的相对使用随着经济周期而发生波动，所以我们应该作出要素生产率发生周期性波动的预期，图 9—14 表明的确如此。在 20 世纪 90 年代末，克林顿政府和美联储的政策制定者没完没了地争论：生产率的急剧上升是永久性的长期变化，还是过于集中使用劳动和资本的不可持续的结果？前者有理由去庆祝；后者将可能成为实施限制性财政和货币政策的合理依据。我们如何辨别两者的差异呢？

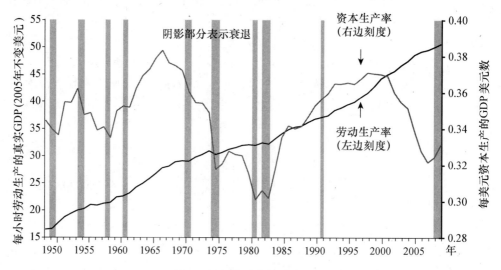

图 9—14 劳动和资本生产率

资料来源：资本生产率，美国经济分析局和作者的计算；劳动生产率，美国经济分析局、美国劳工统计局以及作者的计算。

上一节中的思维实验可能会提出一种测试：全要素生产率的提高归因于技术（见图 9—13），而其他变化则归因于周期性因素（见图 9—12）。但这并不管用。除非发生劳动和资本的相对使用的变化导致劳动和资本生产率的变化正好抵消这种情形，否则等式（9.19）表明要素生产率的任何变化同样会改变全要素生产率。图 9—13 表明，在其他条件不变的情况下，A 的增加一定会提高 θ 和 ϕ。但是我们不能证明其逆命题：只要 θ 和 ϕ 增加，A 就会增加——有时其他条件不可能相同。

图 9—14 确实表明劳动生产率是原来的 3 倍多（从 1948 年的每工时 16 美元到 2008 年的每工时 51 美元）。劳动生产率的趋势是每年增加 1.5%，这导致其不到 36 年就翻一番。相比之下，资本生产率几乎没有呈现出增长迹象。虽然两个序列都呈现出波动，但当考虑到持久的技术变化时，如果我们把资本生产率视作恒定不变的，把劳动生产率看作具有强劲增长的趋势，我们将不会错得离谱。

要素增强型技术进步

根据公式（9.19），全要素生产率必须增加以反映劳动生产率的增加。但是，根据图 9—13 分析的思维实验，我们如何使 A 的增加和 ϕ 的长期恒定不变相一致？与思维实验中的假设不同的是，美国的资本并不是保持不变的，实际上是按照某一比率增长的。在此过程中，递减的报酬恰好抵消了技术改进所增加的资本生产率。数据表明，技术进步对生产要素的影响并不相同。

让我们分析得稍微深入一些。当技术进步对 GDP 的影响与更多的要素投入对 GDP 的影响恰好相同时，该技术被称为要素增强型的。例如，保持 L 不变时，劳动生产率提高 2% 对 GDP 的影响与保持 θ 不变时劳动投入增加 2% 对 GDP 的影响是完全一样的。说得更具体一些就是：

> 当技术增加和劳动投入的某一比例增加对 GDP 的影响完全相同时，技术被称作劳动增强型的。

> 当技术增加和资本投入的某一比例增加对 GDP 的影响完全相同时，技术被称作资本增强型的。

假设所有技术都是要素增强型的。那么，我们可以将柯布-道格拉斯生产函数重新写成：

$$Y = (A_L L)^{\alpha} (A_K K)^{1-\alpha} \tag{9.20}$$

这里的 A_L 衡量的是劳动增强型技术进步，A_K 衡量的是资本增强型技术进步。重新整理式（9.20），我们得到：

$$Y = (A_L^{\alpha} A_K^{1-\alpha}) L^{\alpha} K^{1-\alpha} \tag{9.20'}$$

式（9.20'）和式（9.8）比较，显而易见：

$$A = A_L^{\alpha} A_K^{1-\alpha} \tag{9.21}$$

用文字来描述就是，全要素生产率是劳动增强型和资本增强型技术进步的几何加权平均数。

如何把式（9.21）和式（9.19）联系起来呢？由于生产要素相对用途的变化，式（9.19）中的劳动和资本生产率可能会改变（就如图 9—12 中那样），A_L 和 A_K 仅仅作为技术变化的一种结果在变化。在长期中，当周期性波动相互抵消时，劳动生产率的平均增长率应该等于平均的劳动增强型技术进步率（$\bar{\theta} \approx \bar{A}_L$）。与此相对应，资本生产率的平均增长率应该等于平均的资本增强型技术进步率（$\bar{\phi} \approx \bar{A}_K$）。美国的数据表明，资本生产率的平均增长率为 0，因此 $\bar{A}_k \approx \bar{\phi} \approx 0$。

9.4 短期和长期总供给

□ 9.4.1 弹性的和非弹性的生产函数

生产函数上的每一点代表的是不同的工艺，它使用的是劳动和资本的不同组合。直到现在，我们一直隐含假定企业在既定的真实要素价格（w/p 和 v/p）下能够选择最大化其利润的工艺和产出水平。我们假定对单个企业产品的需求总能达到企业觉得有利可图的产出水平，总需求总是足以达到计划的或者事前的总供给（见第 2 章 2.7 节）。现在，我们考虑如果计划购买的（$C+I+G+NX$）低于计划生产的，将会发生什么情况？

事实上，不断下降的总需求很可能和不断变化的相对价格有关——既包括商品的相对价格，也包括生产要素的相对价格。例如，20 世纪 70 年代和 80 年代的石油冲击后来再次出现，石油价格从 2003 年上涨到 2008 年的顶峰才结束；油价上涨增加了进口的价值，从而降低了净出口和总需求。企业必须作出调整以适应更低的销售量和更高的石油产品价格。图 9—15 表示的是劳动生产函数。一开始，经济最有效地使用全部的劳动力（LF）（和资本，图中没有表示出来）生产出 Y_0。现在假设，油价上涨将总需求减少到 Y_1。对企业来说，维持原来的生产水平显然不明智，这样会使得未售产品不断堆积。有效的应对方式将是沿着生产函数从 A 点下移到 B 点。除此之外，企业将要减少对石油的使用，并用目前相对价格比较便宜的其他能源投入（比如煤或天然气）以及资本和劳动来替代石油。这代表着生产工艺的变化。如果技术是完全富有弹性的，那么这个过程将会很快而且很容易。

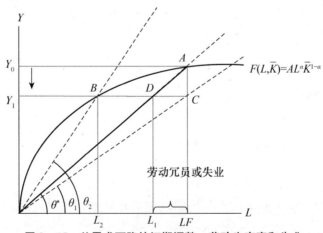

图 9—15 总需求下降的短期调整：劳动生产率和失业

注：一开始，生产位于 A 点，此点处全部的劳动力（LF）用于生产 Y_0。总需求下降到 Y_1，如果企业能够将生产缩减到长期生产函数上较低的 B 点，企业的生产将最有效率。但如果短期内技术不发生变更，那么企业将继续采用与 A 点相同的工艺生产，A 点的劳动生产率是给定的，为 θ^*。从原点到 A 点的射线的实线部分代表短期生产函数：工艺相同，但使用不同的劳动投入水平。如果企业不愿解雇多余的工人，那么实际的生产点将是 C 点，并且实际的生产率将降到 θ_1。这将会造成劳动冗员。如果企业使用的是在原先的工艺水平上生产 Y_1 所必需的最少劳动力，企业将在 D 点生产。这将导致 $LF-L_1$ 的失业产生。如果技术更具弹性，企业采纳 B 点的新工艺来生产，这使得劳动生产率提高到 θ_2。这将产生更多的失业。

有些资本——就好比儿童的乐高积木一样——是可以灵活变通的。一个机械钻，一把螺丝刀，一辆皮卡，一台个人电脑很容易从一项任务转向另一项任务。但是，另一些资本是很不容易变通的——比如，水电站大坝。其他资本可能介于两者之间——比如，一个燃油电厂利用一些时间，经过一些努力可转换为使用煤发电。同样地，劳动投入也不可能是灵活的：一家配备有 3 名机组人员的班机将很难由两名机组人员来操作，如果工资率相对较高的话；而当机组人员的工资率相对较低时，由 4 名机组人员来操作这架班机同样也不会带来好处。面临较高工资支付额的航空公司，当它增加或替换现有机群时可能对配备较少机组人员的飞机有需求，但这同样需要花费时间。

于是就产生了如下基本观点：技术或生产组织的存在并非取决于货币多少。当需求下降或相对价格变化时，不可能沿着生产函数迅速地移动到新的最优生产点。生产函数应被看作经济的长期生产可能性。这里的长期指的是计划期限——未来足够长的一段时间，以致在此期间内企业能够将工艺选择视作可资利用的机会，并且不受以往关于资本和组织决策的束缚。长期就像地平线一样，当我们靠近它的时候它总是向后退。面对更高的石油价格，一家货物运输公司可能断定更省油的车队是最佳的。在短期，这家公司立刻开始报废最旧的卡车，并且确保新卡车是节能型的。如果不发生什么别的变化，货物运输公司最终将选择这种新卡车组成的车队。但是，在这一时刻来临之前，其他条件当然有可能发生变化。在短期，它总是要作出旨在长期的决策。然而，长期却是一个不断移动的靶子。

□ 9.4.2 生产率和短期资源利用

如果技术在短期内是缺乏弹性的，那么它对总供给的影响有何不同呢？考虑一个极端的例子，在这个例子中，生产工艺是绝对固定而且根本不可能作出调整的。在图 9—15 中，经济将不得不保持完全相同的劳动生产率（用斜率为 θ^* 的射线表示）水平下完全相同的工艺水平。它可能会在一个较低的水平下使这一工艺起作用，但它不能选择另一劳动生产率下的另一种工艺水平。实际上，从原点到 A 点的这一段生产率射线（由实线表示）将变成短期生产函数。

如果总需求降到 Y_1，那么将会发生什么？在极短期内，企业可能只是继续使用原来的劳动力并且在较低的水平上生产——在 C 点处生产，这一点既不在短期生产函数上，也不在长期生产函数上。这被称为劳动冗员。如果需求的下降被预期到是短暂的，而且如果解雇、重新雇佣以及培训员工的成本高昂，那么这种情况有可能发生。实际的劳动生产率将从 θ^* 下降到 θ_1。生产率的下降不是因为企业没有采用新的工艺，而是因为一些工人处于闲置状态。劳动冗员的程度由 $LF-L_1$ 来衡量，这里的 L_1 是利用现有工艺来生产 Y_1 所真正需要的劳动力数量。

如果总需求下降被预期到并非短暂的，那么企业将通过解雇多余的工人来减少成本。这样企业将在 D 点处生产。此处劳动生产率仍保持在 θ^*，但是一些工人失业了。如果劳动力是由工人数量来衡量的，那么 $LF-L_1$ 现在代表的是失业，因为 L_1 现在是实际上被雇佣的劳动力数量。

事实上，经济将不可能位于类似 D 这样的点上。如果需求很快恢复，经济可能很快移回到生产函数上充分就业的 A 点处。如果需求仍很低，企业将开始进行调整，以适应新环境。例如，需求处于 Y_1 水平时，生产函数曲线上的 B 点（该点劳动力的使用量为 L_2）代表的是有效工艺。B 点的劳动生产率较高（θ_2）。但是 B 点仍然代表的是企业的供给计划和总需求之间的不匹配。比较理想的情况是，面对新的要素价格，企业将在生产函数上找到最大化其利润的新生产点。

就资本而言，面对总需求的一次相同的下降，情况稍有不同。图 9—16 表示的是资本生产函数。一开始，经济体使用资本 $\overline{K}$（和劳动）最有效地生产出 Y_0。同样，如果工艺在短期是固定的，那么我们可以把代表资本生产率 ϕ^* 的从原点到 A 点的射线的实线部分看作短期生产函数。

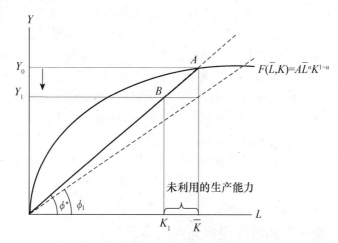

图 9—16　总需求一次下降的短期调整：资本生产率和生产能力利用

注：一开始生产位于 A 点，在此点处，全部的资本存量（$\overline{K}$）均被用来生产 Y_0。如果总需求下降到 Y_1，但是技术是缺乏弹性的，企业将继续使用相同的工艺，从原点到 B 点的射线的实线部分描绘的将是短期生产函数。在 B 点生产的企业将仍然拥有生产更高产出水平的能力，实际被使用的资本部分（K_1）将在原来的生产率水平（ϕ^*）上生产。实际的资本生产率（已使用的资本和未被使用的资本部分均计算）将下降到 ϕ_1，$\overline{K}-K_1$ 将是未被使用的生产能力。当需求恢复到一个更高的水平时，未被使用的生产能力的存在允许实际的资本生产率迅速增长。

资本不像劳动力——企业拥有资本或从其他企业租得资本。劳动力可以被解雇——由此导致的失业对工人来说是个难题，但对企业却不是。资本不可能被作为整体的企业所解雇。资本可能被废弃，但是在绝大多数情况下那不是经济上的合理反应，因为将来还需要它。当总需求发生短暂下降时，只有生产率最低的资本才有可能被永久废弃。相反，不需要的资本将处于闲置状态。（2001 年"9·11"之后航空旅行急剧下降，航空公司和租赁机构在加州和亚利桑那州的沙漠中封存了成百上千的飞机。当需求再次恢复时，闲置飞机被再次投入航空服务。）在图 9—16 中，生产出 Y_1 只需要 K_1 单位的资本。但是由于实际上可资利用的资本量是 $\overline{K}$ 单位，据此所衡量的资本生产率下降到 ϕ_1。未被使用的（或过剩的）生产能力由 $\overline{K}-K_1$ 表示。

正如劳动力一样，这种极短期现象不会持续很长时间。如果需求没有恢复，那么企业开始调整它们的资本以适应新的最优工艺。随着时间的推移，通过购买新的机器设备和折旧，资本存量重新得到调整，经济移回到生产函数上新的最优生产点。

□ 9.4.3　资源利用的度量

劳动力利用

经济学家已经提出生产要素闲置程度的衡量方法。首先从劳动力开始。劳动力（LF）是希望获得有偿报酬的就业的人数。如果 L 是实际的受雇佣人数，那么：

- 就业率（EMP）=L/LF 是受雇佣劳动力的比例
- 失业率（U）=$\dfrac{LF-L}{LF}$=$1-EMP$ 是未被雇佣的劳动力比例

就业和失业会在第 11 和第 12 章中作更为详细的解释。

资本利用

失业对于劳动力而言，就是未被使用、空闲或产能过剩，这些对资本也一样。在美国，美联储从计算生产能力利用率中收集数据，产能利用率就是失业率的代名词。

从企业层面考虑生产能力。设想资本和劳动都按照长期生产函数得到最优使用。这个生产函数上的最优点衡量的是企业资本理论上的产能。实际中，企业有关最优生产的决策是一个复杂的过程。为了收集数据，美联储要求单个工厂的经理估计可持续的最大产出——在考虑到正常的停工时间并假设可获得足够的投入以使资本有条不紊地运行之后，某一工厂在现实的工作进度表框架内能够保持的最大产出水平。[①]

为进行更细致具体的工业归类，单个工厂的数据被综合到大量指数之中。这些指数依次又被综合到各种不同指数中以进行更大的工业归类并进而得到总的工业生产能力指数。美联储也收集关于这些相同工业的实际生产数据，并把它们综合到行业生产指数和各种不同的行业分类指数中。

产能指数虽然并不涵盖经济中所有的生产，但主要集中于制造业、采矿业以及电力和天然气等公用事业的有形产出。经济中其他部门的实际的和潜在的产出更难衡量，尤其是日益重要的服务部门。即便如此，正如我们在第 5 章中所见到的（见图 5—9），工业生产指数是经济最好的同步指标，它和真实 GDP 亦步亦趋。

产能利用率（CU）被定义为：

$$CU=\frac{工业生产指数}{产能指数}$$

即产能利用率将产出水平表示成经济意义上的最优产出水平的某一比例，该最优产出指的是经济中有形厂房和设备的产出。

图 9—17 描绘的是制造业相对于经济周期的产能利用率图形。

正如失业率即使在最好时期也不能降至 0 一样，产能利用率也绝不会达到 100%。正如失业率的谷底在 20 世纪 50 年代到 90 年代初之间逐渐上升那样，产能利用率的顶峰从 20 世纪 50 年代约 92% 的高位下降到上一个周期结束时的 85%。充分有效的产能利用很可能接近于最近的峰值。

---

① Board of Governors of the Federal Reserve System, "Industrial Production and Capacity Utilization: Capacity Utilization Explanatory Notes," *Federal Reserve Statistical Release G. 17*, www. federalreserve. gov/releases/g17/cap_notes. htm.

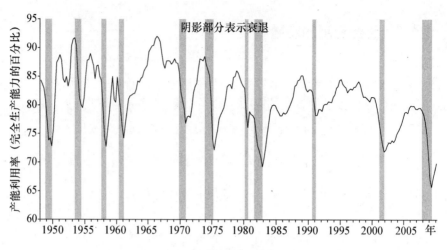

图 9—17　产能利用率和经济周期

注：产能利用能力是工业生产指数对工业产能指数的比例。它是经济周期顶峰时期的先行指标，经济谷底时期的同步指标。

资料来源：联邦储备委员会。

失业和产能利用的平均水平在不同国家之间可能大不相同。自 20 世纪 80 年代中期以来，在大多数年份中，像德国和法国，其平均失业率水平比美国高很多。这些差异反映的是不同国家劳动政策、产业政策、税收政策和社会福利政策的不同。

9.5　潜在产出

□ 9.5.1　经济潜力的概念

失业率大于 0 和产能利用率低于 100％这一事实表明经济产出比其原本能够生产的要少。潜在产出的一种自然见解就是回答如下这个问题：如果全部劳动力和全部资本存量从经济方面看在其最优水平上得到充分利用，将会生产出多少真实 GDP？柯布-道格拉斯生产函数提供了回答这一问题的简易方式。用全部劳动力（LF）来代替方程（9.8）中的劳动（L），并假设资本得到充分利用，则得到：

$$Y^{pot} = A(LF)^\alpha K^{1-\alpha} \tag{9.22}$$

式中，Y^{pot} 是潜在 GDP。

先前，我们已经假定资本总是得到充分利用。但是如果方程（9.22）定义的是潜在 GDP，那么调整资本存量以考虑到未使用的产能就会更有意义：实际使用的资本是 $CU \times K$。真实 GDP 产量可用如下形式的柯布-道格拉斯生产函数表示为：

$$Y = AL^\alpha(CU \times K)^{1-\alpha} \tag{9.23}$$

实际上，这个等式和等式（9.8）的主要区别在于，产能利用的变异性先前隐藏在 A 的变异性之中，而现在它直接由其与资本存量的相互作用来表示。

□ 9.5.2 调整后产出

基于劳动力和资本的充分就业对潜在产出进行的衡量具有很好的解释性。从真实GDP作为潜在产出的某一比例开始，计算式为：

$$\widetilde{Y}=\frac{Y}{Y^{pot}} \tag{9.24}$$

我们称$\widetilde{Y}$为经由潜在产出调整后的产出，或简称调整后产出。[1] 调整后产出是产能利用的一种笼统的衡量方式，它同时考虑了劳动使用率和资本使用率。通过将等式（9.22）和（9.23）代入调整后产出的定义式中，调整后产出可以表示成柯布-道格拉斯生产函数形式：

$$\widetilde{Y}=Y/Y^{pot}=\frac{AL^{\alpha}(CU\times K)^{1-\alpha}}{A(LF)^{\alpha}K^{1-\alpha}}=\left(\frac{L}{LF}\right)^{\alpha}CU^{1-\alpha} \tag{9.25}$$

为了使标记简化，定义$\widetilde{L}=L/LF$和$\widetilde{K}=CU$。（我们把$\widetilde{L}$称作调整后的劳动，$\widetilde{K}$为调整后的资本。）$\widetilde{L}$当然是就业率EMP的另一种称谓，而$\widetilde{K}$是产能利用率CU的另一种称谓。两个新的称谓并非必不可少，但它们有助于将这里所必需的要素利用的更笼统的概念与实际数据区分开来，实际数据从不与经济理论的理想概念准确对应。

等式（9.25）可以重写成：

$$\widetilde{Y}=\widetilde{L}^{\alpha}\widetilde{K}^{1-\alpha} \tag{9.26}$$

等式（9.26）与没有技术进步（全要素生产率）的柯布-道格拉斯生产函数具有相同形式，技术进步水平通常用A表示。技术进步没有被忽略。相反，它在计算$\widetilde{Y}$时被整合到潜在产出中去了。

图9—18表示的是潜在产出、真实产出和调整后产出与经济周期的对照。调整后产出的

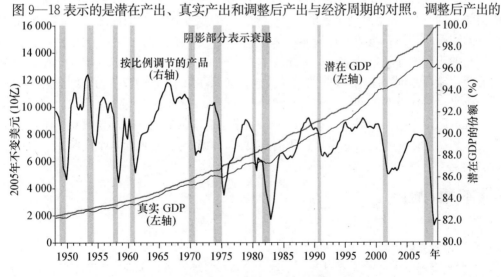

图9—18 真实产出、潜在产出和调整后产出

注：调整后产出是真实GDP与潜在GDP的比率。调整后产出在顶峰时是经济周期的先行指标，在谷底时是经济周期的同步指标。

资料来源：美国经济分析局和作者的计算。

---

[1] 被称为波浪字符，变量可以被读成"Y波浪号"。

有用之处在图中已经很明显。真实的和潜在的产出随着经济的增长呈现上升趋势。同样地，随着时间的推移，劳动和资本也呈现上升趋势，而且技术（以全要素生产率 A 衡量）也发生进步了。但是调整后产出的计算使用的是以可资利用的投入的比例来表示的要素投入，比例的值绝不会超过 100%。结果，调整后产出并不存在趋势。因为经济的增长被纳入到调整后产出的计算中，评价不同时期经济的状况就变得很容易了，尽管现在的经济体比过去大很多。

调整后产出的波动与经济周期的波动如影随形。调整后产出是经济周期顶峰的先行指标，而且清晰地显示出是经济周期谷底的同步指标。

虽然调整后产出基于自然的潜在产出的概念，但它并不是唯一可能的概念——参见第 16 章专栏 16.2，该专栏分析了一些替代概念。

9.6　总供给：所回答的问题，所提出的问题

在本章开始，我们提出了一些问题——被归入总供给这个总标题下的三个实例性问题。本章分析表明，这类性质的问题可以利用总量生产函数和假设企业追求利润最大化加以回答。虽然现实经济中这些假设未必就真的成立，但我们确实看到，柯布-道格拉斯生产函数提供了一个很好的近似。它使我们相当准确地回答最为具体的问题："如果放松移民规则，导致 5% 的额外工人加入到美国劳动力队伍中，那么 GDP 将怎么样？"在其他条件不变的情况下，GDP 将上升 3.3%（见 9.2.4 节）。

像"为什么美国 2010 年的 GDP 远高于 1960 年或 1910 年的 GDP？"以及"为什么美国的 GDP 比世界上其他国家的 GDP 高？"等这类更为一般的问题，我们只能得到一个不太明确的答案：当劳动或资本投入更高或当技术更好时，GDP 就会更高。我们的分析有助于我们计算出劳动、资本或技术发生多大变化时才足以解释 GDP 在一定时间内的变化或者不同国家间 GDP 的差异。这些问题在第 10 章中有更为详细的解释。我们的分析提出了如下新的问题：如果要素投入有助于决定产出，那么是什么决定了要素投入？这个问题在第 11 和第 12 章中讨论。如果总需求的周期性波动导致总供给低于潜在产出，那么是什么决定了总需求？我们在第 13 和第 14 章中探讨这个问题。

本章小结

1. 总供给是单个企业生产决策的综合效应。

2. 生产是利用特定的工艺把投入（生产要素）概略地分为劳动和资本（非劳动投入），转化为产出。技术就是一组可资利用的工艺。

3. 生产函数代表的是生产每一个可能的产出水平的最佳可利用工艺的集合。可被接受的生产函数表明：当投入为零时产出为零；产出随着投入的增加而增加；而且每一生产要素呈现出递减的报酬（即在其他条件不变的情况下随着要素投入增加，产出以递减的比率增加）。

4. 当所有生产要素按照相同比例增加时，如果产出按同一比例增加，那么生产函数呈现出规模报酬不变；如果产出按较小的比例增加，那么生产函数呈现出规模报酬递减；如果产出按较大的比例

增加，那么生产函数呈现出规模报酬递增。

5. 当企业把生产安排在边际成本等于边际收益（$MC=MR$）的产出水平上时，企业实现利润最大化。当企业是完全竞争的企业时，这个规则可以表示成：当企业使用劳动到劳动的边际产量等于真实工资（$mpl=w/p$）以及资本的边际产量等于资本的真实（隐含）租赁价格（$mpk=v/p$）这一点时，企业实现利润最大化。

6. 总量生产函数是企业生产函数在宏观层面的代名词，其中，GDP（Y）取代了某一特定产品的产出，而且总劳动和总资本取代了单个企业的生产要素。

7. 柯布-道格拉斯生产函数（$Y=AL^{\alpha}K^{1-\alpha}$）是总供给的一个有用的代表。其性质类似于微观经济层面的生产函数的性质。此外，它还显示了其他一些有用的性质：规模报酬不变；某一生产要素增加使得该生产要素的生产率下降，但却提高了其他生产要素的生产率；技术进步提高了所有生产要素的生产率。

8. 在假设企业是接近完全竞争的企业以及柯布-道格拉斯生产函数相当不错地描述了经济时，该生产函数作出了资本和劳动在 GDP 中收入份额是不变的这一预测。该预测对于长期中美国经济的事实是一个很好的近似。

9. 生产率是以每单位投入的产出单位数来衡量的。最常用的衡量指标是劳动生产率、资本生产率和全要素生产率，全要素生产率是前两者的加权几何平均数。

10. 当技术进步等价于增加更多的生产要素时，所发生的技术进步就是要素加强型的。因为美国的劳动生产率呈现出很强的趋势，而资本生产率几乎不存在趋势，美国的技术进步可以被描述成劳动加强型的。

11. 在短期内，不可能调整工艺以适应需求水平或要素价格水平的变化——技术是不可变通的。但随着时间的推移，如果变化是持久的，工艺就作出适当调整。技术的短期不可变通性导致了生产要素的未充分利用（劳动冗员或失业以及产能过剩）。

12. 失业率衡量的是作为劳动力一定百分比的工人的未充分利用。产能利用率衡量的是资本的利用率，它以工业生产占工业生产能力的百分比衡量，因此，产能利用率小于 100% 就表示未充分利用。

13. 潜在产出是在具备最佳工艺的情况下，资本和劳动均得以充分利用时将会生产出来的 GDP 数量。真实 GDP 相对于潜在 GDP 的比率（调整后产出）衡量的是经济在以多大强度提供 GDP。调整后产出的波动与经济周期高度吻合。

关键概念

投入	产出	工艺
技术	生产要素	劳动
生产函数	资本	生产要素报酬递减
规模报酬不变	完全竞争	劳动的边际产品（mpl）
真实工资率（w/p）	隐含租金率（v/p）	资本的边际产品（mpk）
总量生产函数	柯布-道格拉斯生产函数	全要素（或多要素）生产率（TFP）
劳动生产率	资本生产率	要素加强型技术进步
长期	短期	劳动冗员
失业	未使用，闲置，或产能过剩	潜在产出
调整后产出		

课后练习

这个练习的数据可以在教材网站（http://appliedmacroeconomics.com）第9章的链接中找到。在开始做这些习题前，同学们应该回顾一下"指南"的相关部分，包括 G.1～G.5，G.10～G.14 和 G.16。

问题9.1 想象佛罗里达是一个独立的地区，一系列飓风毁掉了它 10%的资本存量（但是奇迹般地没有伤害任何人）。运用生产函数图来表明这个灾难对下列情形意味着什么：（Ⅰ）GDP 水平；（Ⅱ）劳动生产率；（Ⅲ）资本生产率。假设劳动力固定，并且处于充分就业状态。

问题9.2 利用美国的柯布-道格拉斯生产函数，校准 2008 年的值（见方程（9.17′）的数据），来预测在其他条件不变的情况下，资本存量 10%的下降对以下情形的数量效应：（Ⅰ）GDP 水平；（Ⅱ）劳动生产率；（Ⅲ）资本生产率。

问题9.3 利用与图 9—4 或图 9—5 相似的图来分析，当生产服从规模报酬递减时，资本和劳动都增加 20%的影响。尤其注意对劳动和资本生产率的影响。

问题9.4 考虑一个像柯布-道格拉斯生产函数的函数，除了生产要素指数不需要加起来为 1 外：

$$Y = AL^\alpha K^\beta$$

（需要注意的是，如果 $\alpha+\beta=1$，这恰好和柯布-道格拉斯生产函数相同。）如果 $\alpha+\beta>1$，这个方程显示了规模报酬递增（即产出增加的比例大于要素投入增加的比例）。而且，如果 $\alpha+\beta<1$，它显示了规模报酬递减。想出一些经济形势，其中每种情况看起来都很自然。

问题9.5 运用美国适当的年度数据来计算下列因素的时间序列（1948—2009 年）：全要素生产率，劳动生产率和资本生产率。（假定劳动份额恒定在 $\alpha=0.67$。）计算每个因素的平均增长率（复合年利率）。关于生产率增长的源泉，你的计算结果表明了什么？

问题9.6 (a) 利用问题 9.5 中相同的数据和计算结果，计算 1948 年、1978 年和 2008 年的隐含真实工资。

(b) 计算 1948—2008 年、1948—1978 年和 1978—2008 年期间 (a) 中真实工资的平均增长率。

(c) 比较 1948—2008 年的结果与问题 9.5 计算出的劳动生产率增长率。解释你的结论。

(d) 在 2007—2009 年的衰退之前，与欧洲经济相比，美国经济经常被正面地刻画为"工作创造机器"。(a) 和 (b) 中的数据对这一成功提供了什么线索？（注意使你的结论与具体数据有关。）

问题9.7 将美国 1948 到现在的劳动生产率的季度数据进行去趋势计算。（运用劳工统计局生产率指数；见"指南"，G.12，关于去趋势数据。解释去趋势方法的选择。）

(a) 在尝试任何数据分析之前，运用本章中的模型考虑经济周期。解释你如何预期劳动生产率随着经济周期改变。（举例来说，你期望生产率是一个先行、滞后还是同步指示器？是顺周期还是反周期的？）认真阐明你的推理。

(b) 绘制去趋势的劳动生产率，运用阴影标出美国经济研究局指明的衰退日期。

(c) 创建一个显示劳动生产率典型周期性行为的图形。首先，对过去 7 个经济周期顶峰中的每一个顶峰出现之前的 8 个季度和之后的 16 个季度的数据进行划分（如果最近一次的顶峰没有足够数据，可以不将它包括在内）。把每个部分转变为一个指数，在经济周期峰值时采用值 100。对所有 7 个周期进行平均。在垂直轴上绘制出与 -8，-7，…，0，1，2，…，16（水平轴）相对应的计算结果序列——与顶峰后的季度数目相对应。（你的图形应该与图 5—8 和图 5—9 相似。）

(d) 基于你的图形，生产率序列有没有一个清晰的周期模式呢？评价该模式的性质。这些模式与你在 (a) 中所假设的那些模式是否高度一致？什么可能对你的预期和数据之间的区别作出解释？

问题 9.8 利用美国 1948 到现在的季度数据来计算资本生产率。利用这个序列来重复问题 9.7 中的步骤（a）～（d），在适当的地方用资本生产率来替代劳动生产率。（因为资本生产率没有显著的趋势，也就不需要利用（b）中的去趋势序列。）

问题 9.9 假设经济在 1990 年第 3 季度的经济周期繁荣期内处于充分就业和有效运行状态。

（a）写出与图 9—15 中原点到 A 点的射线部分相对应的短期劳动生产函数方程。

（b）需要注意的是真实 GDP 在 1991：1 处实际上从繁荣落到低谷多远，利用（a）中的函数来计算生产 1991：1 产出水平所需的劳动数量（即与图 9—15 中 B 点相对应的劳动数量）。假定资本已经固定在 1990：3 的水平，与产出水平相对应的资本生产率的水平是多少？

（c）1991：1 时期内劳动、劳动生产率和资本生产率的真实水平是多少？把这些数据和（b）中的计算结果相比较，短期生产函数（图 9—15 和图 9—16）如何很好地描述 1990—1991 年的衰退？什么可能对预测与真实结果之间的区别作出解释？

问题 9.10 运用真实 GDP 的季度数据和工人工时数来计算劳动生产率 Y/L。在同样的图形中，绘制出你的序列和（运用单独的标尺）劳动生产率的政府指数。计算每个序列的复合季度增长率（为了移除趋势），然后计算两个序列的相关系数。评价两个生产率的估计值是如何紧密联系的。什么可能解释它们之间的区别？

第 10 章

经济增长

在 21 世纪，经济出现普遍增长，但在过去并非一直如此。上一章我们研究了总供给问题：是什么决定了 GDP 水平？本章我们就上一章的分析提出这一问题：是什么使得 GDP 在一定时间内出现增长？我们的分析有助于回答以下问题：导致经济增长的是更多的要素投入，还是更好地使用要素投入（技术进步）？经济在长期内能够增长多快？经济增长对个人收入将产生什么影响？什么要素促进或阻碍经济增长？为什么有些经济体经历了快速增长而其他经济体则经历了停滞？

10.1 增长为什么重要？

看一看图 10—1，该图显示了美国 1789—2009 年的人均真实 GDP。其中有两个明显特征：经济具有明显的周期性；经济发展呈现长期趋势。这反映了美国经济在长达两个世纪的时间内一直处于强劲增长态势。经济周期中的上升与下降无疑至关重要。繁荣增进人类福利，萧条则是人类苦难的真正源泉。经济增长无疑是决定我们所生活的这个世界面貌的最重要力量。

两个世纪的经济增长对美国来说意义有多大？想要对此有一个粗略的了解，我们可以思考一下：美国 1789 年的人均 GNP 大约是 638 美元（2008 年不变美元），处于布隆迪（400 美元）和埃塞俄比亚（800 美元）两个国家 2008 年人均 GNP 水平的中间位置——这是地球上两个最贫穷的国家（见表 2—3）。2008 年，美国个人的贫困线稍高于 10 400美元——大约是巴西的人均收入水平。巴西虽不像大多数现代国家那样富裕，但也不是穷国。它拥有相对先进的技术（例如，它是飞机的出口国之一），是一个中等收入国家。当人均收入水平低于巴西就被定义为贫困时，那么美国一定发生了经济上的某些

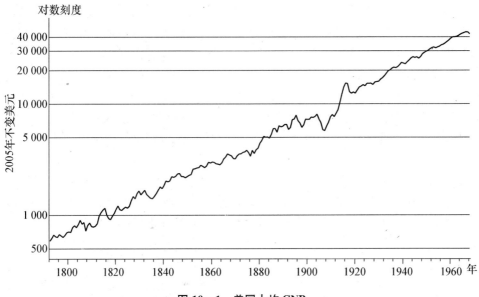

图 10—1　美国人均 GNP

注：美国经济呈绝对上升趋势，围绕这一趋势经济出现周期性变化，人均收入也随之波动。

资料来源：Bureau of Economic Analysis, Census Bureau, and Kevin D. Hoover and Mark V. Siegler, "Taxing and Spending in the Long View: The Causal Structure of U. S. Fiscal Policy After 1791," *Oxford Economic Papers*, vol. 52, no. 4, December 2000.

重大事件。大多数穷人拥有了冰箱、彩色电视机以及洗衣机，经济增长已经改变了贫困的面貌（见表 10—1）。在富裕国家，与绝对的物质匮乏相比，贫困更多地意味着相对低下的经济和社会地位（见表 10—1）。对于宏观经济学而言，一个核心的问题就是：

表 10—1 **2003 年耐用品的拥有和贫困状况**

耐用品	以下不同人群所拥有的商品的百分比		
	非贫困人群	贫困人群	总计
洗衣机			92
干衣机			89
洗碗机			62
冰箱			99
冰柜			37
电视机			99
空调			85
炉灶			99
微波炉	97	89	96
VCR	92	75	90
个人电脑	67	36	63
电话			
固定电话	95	87	94
手机	67	35	63
全套家用电器[b]	60	27	56

a. 2003 年，美国有 1.112 亿户家庭，包括 1 390 万户贫困家庭（12.5%）和 9 730 万户非贫困家庭（87.5%）。

b. 全套家用电器被定义为：洗衣机、干衣机、冰箱、洗碗机以及固定电话。

资料来源：Annette L. Rogers and Camille L. Ryan, "Extended Measures of Well Being: Living Conditions in the United States, 2003." *Household Economic Studies*. U. S. Census Bureau. P70—110, April 2007.

我们如何解释经济增长？

我们认为经济增长是理所当然的事，但纵观人类绝大部分历史，经济出现增长的时期非常稀少。虽然存在一些技术上的差距，但是古希腊人和罗马人可能与 1500 年后在美国开拓殖民地的欧洲人一样拥有大量经济资源。18 世纪末期的一个欧洲农民或农场工人平均而言并不比中世纪，即 500～800 年前的一个农民富裕多少。1750 年后的某个时期里，世界发生了改变。我们现在所称谓的工业革命加快了技术进步的速度，拓展了有组织的生产和市场的范围，从而使今天的那些发达国家踏上了持续 250 年的经济快速增长之路。

当然，这种经济增长在全世界并非步履一致的（见图 10—2）。英国最先实现工业化，美国紧随其后。西欧和日本在 19 世纪末期增长迅速，而所谓的新兴工业化国家或地区（例如，中国台湾，韩国，马来西亚，巴西）只是在第二次世界大战后才开始快速增长。

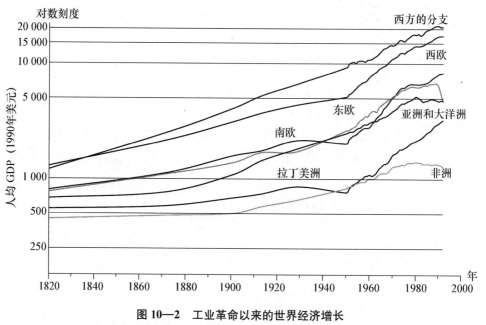

图 10—2　工业革命以来的世界经济增长

注：非洲（56 个国家）；亚洲和大洋洲（56 个国家）；东欧（9 个国家）；拉丁美洲（44 个国家）；南欧（7 个国家）；西欧（23 个国家）；部分西方国家（澳大利亚、加拿大、新西兰和美国）。

资料来源：Angus Maddison, *Monitoring the World Economy*, 1820－1992, Paris：OECD, Table G-3.

一些国家或地区，例如，新加坡和中国香港，已经赶上了美国和欧洲的人均收入水平。其他国家虽然增长迅速但远远落在后面。还有一些国家——其中大部分在撒哈拉以南非洲（黑非洲）——仍然处于极度贫困之中。经济学家们想要获得的最重要的知识可能就是理解经济增长的进程，以及为什么一个国家能够成功地完成工业化，而另一个国家却停滞不前。

虽然多达两个多世纪的时间内美国毫无疑问一直是经济增长的领头羊，但增长的重要性却是通过其过去的状况表露出来的。1790 年（第一次人口普查的年份）之后的 100 年期间，人均收入的年平均增长率为 1.79%。在接下来的 100 年期间，年平均增长率略高（2.2%）。差距看起来不大。然而，如果考虑（如表 10—2 中的最后一栏所示）这两个增长率中的每一个都持续稳定地增长了整整 200 年的话，那么按照每年 2.2% 的速度增长的人均收入水平将会是按照每年 1.79% 的速度增长的人均收入水平的大约 2.2 倍。不到 0.5 个百分点的微小差异导致了最终结果的巨大差异——这是复利威力的最好阐释。以较低的假想增长率增长的人均收入水平大约是实际收入水平的 2/3。以较高的假想增长率增长的人均收入水平是实际收入水平的大约 3/2。

表 10—2　　　　　　　　　　　　人均收入增长率的重要性

年份	人均 GNP		如果左边一栏的增长率持续不变地增长了 200 年的话，1990 年的人均 GNP 水平
	人均 GNP 水平（2000 年不变美元）	之前 100 年的增长率（复合年率）	
1790	622		
1890	3 665	1.79	21 618
1990	32 397	2.20	48 302

资料来源：Kevin D. Hoover and Mark V. Siegler，"Two Centuries of Taxing and Spending：A Causal Investigation of the Federal Budget Process，1791—1913," Oxford Economic Papers，October 2000；updated by author.

如果我们考虑 1940—1970 年间的人均收入增长率的话，我们会看到甚至更为显著的差异——这 30 年里美国经济处于较快增长状态。假如这个 30 年期间的增长率（2.91%）从 1790 年一直持续到 1990 年，那么 1790 年的 622 美元将会增长到 192 888 美元。GDP 的这种巨大增加（将近 10 倍于实际的增加）源自 200 年期间的平均增长率水平高于实际平均增长率水平（2.00）不到一个百分点的结果。如果经济政策能够促使平均可持续增长率提高即使 0.25 或 0.5 个百分点，经过几十年后，它也将大大提高人们的物质福利。

无论是对于穷人还是富人，经济增长都已经改变了我们的物质世界的面貌。作为经济学家，我们需要更好地理解这一进程。在宏观经济学中，我们可以将此进程视为在一定时间内总供给理论的应用。在大多数情况下，我们将假定总需求相对于企业的生产计划而言总是足够的。这一假设相当于忽略了永远存在的经济周期，将经济运行看作好像是从一个顶峰增长到另一个顶峰，生产潜能总是能够得到充分发挥，不存在衰退的干扰。

10.2　对增长进行核算

□ 10.2.1　某一时点的生产和某一时期的生产

为了理解经济增长背后的因素，有必要分析一下在一定时期内的总量生产函数。在第 9 章，我们运用了总量生产函数对某一时点上的经济进行了简单分析。例如，方程式（9.18）描述了 2008 年的总供给。复述如下：

$$Y = 9.63 L^{0.67} K^{0.33} \tag{10.1}$$

图 10—3 代表的是这个方程式。图中只是劳动和资本的一种组合，即方程（10.1）的图形上的一点——此点上劳动和资本取其 2008 年的测量值——描述的是该年的实际经济。其他各点表示不同的生产要素的值所对应的产出的值。

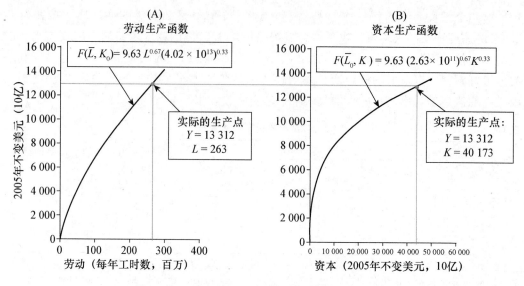

图 10—3　美国 2008 年的柯布-道格拉斯生产函数

资料来源：美国经济分析局和作者的计算。

当劳动或资本投入增加或者技术进步时，就出现了增长。如果生产要素投入的增长本身就能够解释 GDP 的增长，那么，只需要方程式（10.1）就足够了。仅仅通过在该方程式中代入更高的 L 和 K 的值，增长就将在模型中出现。但是实际上，生活并非如此简单，因为技术也在变化。例如，我们可以使用方程式（9.17）将 1948 年的全要素生产率计算为：$A=4.40$。换句话说，技术在 60 年内提高了 109%。1948 年的生产函数可以写成：

$$Y=4.60L^{0.67}K^{0.33}$$

(10.2)

不仅生产要素在一定时间内会发生改变，而且生产函数本身也发生了移动。方程（10.1）描述了 2008 年的总供给，同样，方程（10.2）也提供了 1948 年总供给的快照。正如电影一样，一系列快照构建了一定时期内经济增长过程的图像。

那么，这样一幅动态图像是如何构建的？图 10—4 显示了 GDP、劳动与资本三个时间序列之间的关系及其生产函数的快照。图（A）显示了这三个变量的时间序列。我们可以看一看 1948 年和 2008 年这两个特定年份在垂直方向上的时间序列。这两个年份的时间序列的合适值通过灰色线与快照联系起来。关于 1948 年的系数 A 的值根据第一个垂直分量计算得到，由此所导致的生产函数被表示为图（B）和图（C）中的位置相对较低的曲线。同样，图（D）和图（E）表示的是 2008 年的生产函数。（图（D）和图（E）与图 10—3 等同。）图 10—4 说明，用从某一生产函数上的一点跳跃到另一不同生产函数上的另一点来描述 GDP 在一定时间内的历史变化，要优于用沿着相同生产函数的向上运动来描述 GDP 的历史变化。

□ 10.2.2　分解经济增长

GDP 从 1948 年到 2008 年间的增长，有多少可归因于每种生产要素的贡献，有多少可归因于技术？一些思维实验有助于我们回答这个问题。GDP 的全部变化可以分解成三部分。

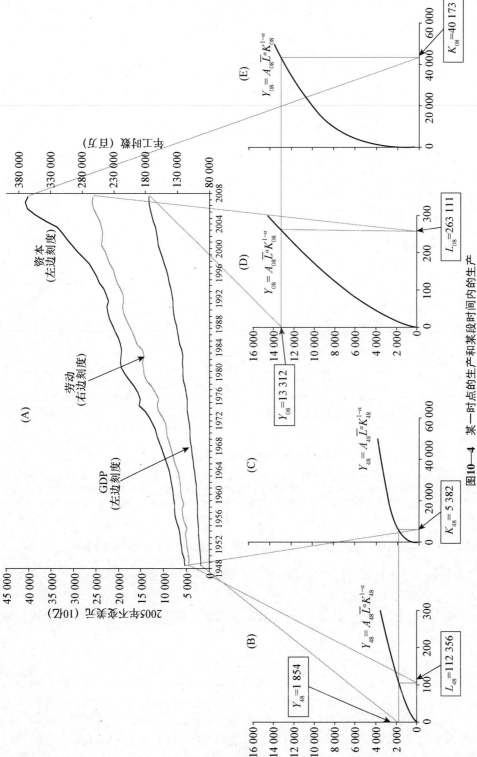

图10—4 某一时点的生产和某段时间内的生产

注：任何时间的生产函数都显示的是生产要素的不同组合可以生产出来的GDP水平。只有生产点才表明实际上GDP水平上GDP水平是多少，所有其他点表明的是可能的GDP水平。由于技术进步，生产函数在一定时间内发生移动，以致2008年的可能可能GDP水平远比1948年的水平大得多。

资料来源：关于资本和GDP的数据来自美国经济分析局；关于劳动的数据来自劳工统计局。

表10—3给出了基本数据。1948年的总量生产函数被表示成图10—5的两个图形中位置较低（黑色）的曲线。（它们与图10—4中的图（B）和图（C）相对应。）实际的投入/产出点被标作 A 点。

表 10—3 　　　　　　　　　　　增长核算数据

变量	1948 年	2008 年	增长率：1948—2008 年
Y（10 亿 2005 年不变美元/年）	1 854	13 312	3.34%
A	4.60	9.63	1.24%
L（百万工作小时数/年）	112 356	263 011	1.43%
K（10 亿 2005 年不变美元）	5 382	40 173	3.41%
α			0.67

注：增长率被计算为平均连续复合年率（参见"指南"，G.10.1）。
资料来源：美国经济分析局和作者的计算。

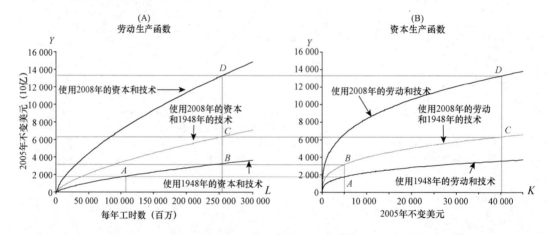

图 10—5　经济增长的源泉

注：GDP 增长多大程度上归因于生产要素的增长，多大程度上归因于技术的变化？较低位置的曲线代表 1948 年的实际生产函数；较高位置的曲线代表 2008 年的实际生产函数。图（A）和图（B）中中间的两条曲线是在 1948 年的技术水平下画出来的。从 A 点到 B 点的运动表明 GDP 的增加在多大程度源于劳动的增加；从 B 点到 C 点的运动表明 GDP 的增加在多大程度源于资本的增加。C 点和 D 点之间的距离表明，一旦劳动和资本的变化得到了解释，技术在多大程度上使 GDP 增加。

资料来源：关于劳动的数据来自美国劳工统计局；关于资本和 GDP 的数据来自美国经济分析局。

● **思维实验 1**　在其他条件不变的情况下，如果 1948 年能够获得 2008 年的劳动投入，那么其 GDP 将会是多少？

为了回答这个问题，我们将 2008 年的劳动投入值与所有其他变量 1948 年的数值一起代入方程（10.2）中：

$$Y_{48}^{\tau}=A_{48}L_{08}^{0.67}K_{48}^{0.33}$$
$$=4.60(263\ 011\ \text{百万工作小时})^{0.67}(53\ 820\ \text{亿美元})^{0.33} \qquad (10.3)$$
$$=32\ 760\ \text{亿美元}$$

Y 的上角标 τ 表明它不是实际的 GDP，而是虚构的 GDP——也就是说，假设某些因素（在这个例子中指劳动投入）发生了变化，GDP 将会是多少。我们可以这样说，假设在 1948 年的生产过程中能够获得 2008 年的劳动投入的话，那么 1948 年的 GDP 将会比原来高出 14 220 亿美元（77%）。

在图 10—5 中，第一个思维实验被描述为图（A）中沿着最初的劳动生产函数从 A 点到 B 点的运动，它使 GDP 提高到 32 760 美元。当然，图（B）中的资本生产函数必须上移，这样生产就发生在初始资本水平和新的 GDP 水平上（图（B）的中间那条灰色曲线上的 B 点）。

类似的思维实验很容易展开：

● **思维实验 2**　在其他条件不变的情况下，如果 1948 年能够获得 2008 年的资本投入，那么其 GDP 将会是多少？

我们把这个思维实验的答案留给问题 10.2。相反，让我们转向另一个不同的思维实验。

● **思维实验 3**　在其他条件不变的情况下，如果 1948 年能够获得 2008 年的劳动和资本投入，那么其 GDP 将会是多少？

使用来自表 10—3 中的相应数值：

$$\begin{aligned} Y^{\tau}_{48} &= A_{48} L_{08}^{0.67} K_{08}^{0.33} \\ &= 4.60(263\,011\text{ 百万工作小时})^{0.67}(401\,730\text{ 亿美元})^{0.33} \\ &= 63\,600\text{ 亿美元} \end{aligned} \qquad (10.4)$$

同时使用 2008 年的资本和劳动投入时，1948 年 GDP 将可能比该年的实际值高出 45 060 亿美元（243%）。

在图 10—5 中，资本增加被表示成图（B）中沿着资本生产函数从 B 点到 C 点的运动。资本增加使得图（A）中的劳动生产函数向上移动，使得产量出现于 2008 年劳动水平和新的 GDP 水平上（C 点）。

即便两种投入都取值 2008 年的投入水平，1948 年的 GDP 仍将大大少于 2008 年的真实 GDP 值。2008 年的真实 GDP 与第三个思维实验的虚构 GDP（69 520 亿美元或 52%）之间的差异可以用来衡量技术进步对经济增长的贡献。图 10—5 中位置较高的（黑色的）曲线代表的是 2008 年的总量生产函数（方程（10.2））。图 10—5 的两个图形中 C 点和 D 点之间的垂直距离代表技术变化对经济增长的贡献。

□ 10.2.3　对增长率进行解释

劳动、资本和技术这三种要素对经济增长的贡献有多大？这三个思维实验有助于解释这一问题。但是上面的分析稍显烦琐，可以被高度简化。1957 年，因为经济增长方面的著作后来获得诺贝尔经济学奖的罗伯特·索洛提供了对这个问题的经典分析。索洛的方法使用柯布-道格拉斯生产函数很容易实施。[①]

首先介绍生产函数：

$$Y = AL^{\alpha}K^{1-\alpha}$$

通过使用增长率的代数学以及在某一变量上方用"^（帽子）"记号表明其增长率（参见"指南"，G.10.4），生产函数可以重新写成：

---

① 任意具有规模报酬不变性质的生产函数都应该得出相同结果。

$$\hat{Y} = \hat{A} + \alpha\hat{L} + (1-\alpha)\hat{K} \tag{10.5}$$

该等式显示，产出增长率可以分解为三个部分的加权平均：技术变化率（$\hat{A}$，以权重 1 进入等式），劳动增长率（$\hat{L}$，以等于 GDP 中劳动的收入份额 α 的权重进入等式），以及资本增长率（$\hat{K}$，以等于 GDP 中资本的收入份额（$1-\alpha$）的权重进入等式）。

我们可以计算出方程式（10.5）右边的每一个项目，以了解每一种生产要素对 GDP 的全部增长率贡献多少个百分点。同理，我们可以将等式两边都除以 $\hat{Y}$，得到：

$$1 = \frac{\hat{A}}{\hat{Y}} + \alpha\frac{\hat{L}}{\hat{Y}} + (1-\alpha)\frac{\hat{K}}{\hat{Y}} \tag{10.6}$$

现在右边的每一项代表着生产函数每一组成部分变化对总变化贡献的比例。

为了阐明每一组成部分对 1948—2008 年期间经济增长的重要性，使用表 10—3 中的数据计算每一要素和 GDP 的平均增长率。然后将计算出来的这些增长率数字代入方程（10.6）。结果显示在表 10—4 中。虽然二战后产出的增长中相当大的比例可以归结为增加投入的直接效应，但是，贡献最大的单个要素是技术；总体来看，用来将增加的投入转化为产出的技术使产出提高了将近 40%。

表 10—4   真实 GDP 增长率的解释，1948—2008 年

贡献因素	对 GDP 增长的贡献	
	百分比	占总增长率的比例（百分比）
技术变化	1.24	37
劳动投入的增长	0.96	29
资本投入的增长	1.12	34
总计	3.34[a]	100

a. 由于四舍五入，各栏相加不等于总计。
资料来源：表 10—3 和作者的计算。

10.3   经济增长的源泉

将 GDP 增长率分解为劳动、资本和技术三个部分回答了这个问题：是什么导致了经济增长？下一步我们考虑经济增长背后的每一个主要决定因素如何以及为什么会促进经济增长。我们依次考虑技术进步、劳动和资本投入的增长。

□ 10.3.1   生产率和技术进步

对经济增长的第一个决定因素，技术变化，我们所知甚少。毫无疑问，技术变化正在发生。我们在前面的章节已经看到，技术进步的效应是可以衡量的。但是对技术进步影响经济增长的确切机制，人们并不清楚，因而对此进行了广泛的讨论。

产品的创新

技术变化显而易见。20 世纪初期，工厂的运行依赖蒸汽和水，铁路和轮船支配了长距离运输，电报是通信的首要模式。汽车、飞机和无线电尚处于初期阶段。电力和电话还处于发展阶段。关于核动力、电视和电子计算机，人们甚至连做梦都没想过。一个生命周期内，技术局面已经发生了翻天覆地的变化。

然而，尽管变化巨大，技术发展的影响一直是稳定而且递增的，而不是革命性的。经济史学家声称新发明的引入通常经过了很多年，以致新技术和明显过时的技术几十年相互纠缠在一起共同发生作用。电动机与蒸汽驱动、水力驱动和轮带驱动的工具共存，铁路与运河并存。自 20 世纪早期即可获得的拖拉机直到第二次世界大战后才在美国农场完全替代了马匹。

激光，20 世纪 60 年代早期一种十分重大的发现，现在用于条形码阅读器、光导纤维通信系统、医疗仪器以及 CD 驱动器中。然而，它从来没有获取专利，因为 30 年来它似乎并没有经济上的应用。

所有这一切中最令人费解之处就是计算机本身。显然，它导致现代生活发生了质的变化，并在数据加工、通信、设计、教育以及其他领域开创了巨大的可能性。然而，直到现在，经济学家们一直在努力寻找一种方法，来衡量经济中可直接归因于计算机的生产能力的增加。虽然肯定存在着这样一种生产能力的增加，但证实它并不容易。（问题 10.6 要求学生在增长核算框架中使用来自某一经济研究的数据分析这个问题。）

劳动、资本和全要素生产率（参见第 9 章 9.3 节）三者均旨在量化经济的一个共同特征：技术进步使得"四两拨千斤"成为可能。不管我们怎么去衡量它，技术进步是以向上移动生产函数曲线显现出来的。一般来说，我们将技术进步看作不同种类机器和不同种类物质资本的反映。

一方面，一系列新机器被发明出来，这些机器或者进行崭新的工作（例如，无线电），或者使得过去的工作完成得更好（汽车代替了四轮马车或四轮运货马车）。另一方面，每一种技术均已获得改进——常常提高了许多个数量级。稳定提高的一个著名的例子就是摩尔定律：计算机芯片的容量每 18～24 个月翻一番。2008 年英特尔的 4004 芯片可容纳 20 亿个晶体管。（这些数据的平均翻番时间是 22 个月多一点。）

生产流程的创新

将技术创新仅仅想象为新机器的发明限制了我们的思维。事实上，生产流程的创新也很重要。19 世纪初，轧棉机的发明者伊莱·惠特尼是互换部件（通用件）概念的发明者，至少是早期使用者。早先，枪机、枪托、枪管等都由军械工人制造，而且仅仅适用于某一特定型号的滑膛枪。惠特尼的想法就是使每一个部件都成为完全相同的产品，使任何部件都适用于任何型号的滑膛枪。他和美国军方签订了一个合约，要在两年内制造 10 000 支滑膛枪，而这一改进使得他履行合约的速度超过了那个时代的枪匠的想象。

20 世纪初，亨利·福特将通用件想法与流水线想法结合在一起生产福特 T-型车，这是世界上第一款廉价到足以让普通工人都买得起的汽车。惠特尼和福特均没有依靠机器方面的激进式创新，相反，他们只不过是改变了使用机器的方式而已。

同样，19 世纪末 20 世纪初，美国效率专家弗雷德里克·温斯洛·泰勒对包含在生产过程中的最小任务进行观察、测量以及时间测定，然后尝试设计出让工人完成每个任务的"捷径"。在许多现代企业中泰勒主义依然存在——例如，麦当劳和联合包裹运输服务公司。在某些情形中，泰勒主义在生产率和质量控制方面产生可观的收益。然而，人们常常认为这一方式使工人沦为机器的附庸，因此不够人道。它是查理·卓别林的著名无声电影《摩登时代》讽刺的对象。

20 世纪 80 年代，美国企业开始对日本的生产模式感兴趣，该模式几乎和泰勒主义模式相反，在此模式中，工人对整个生产过程承担着更多的责任。这反映在诸如"质量循环"和"全面质量管理"这些思想中。在这一模式中，工人们通常不是很专业化，指导流程进展的是工人们自己的现场工作经验，而不是流程之外某一专家制定的各种规则。同样，"即时存货管理"，以及对企业和供应商之间进行重新安排，都旨在获得生产效率的提升。

所有技术变化的净效应就是我们做得多，而得到的少。一个有趣的现象既可以解释大量的技术变化，同时又指明技术变化的部分原因：现在的 GDP 仅仅比 1900 年的 GDP 水平高出一点——如果以产出的重量进行衡量的话。从经济学的角度看，显然我们不会按这种方式衡量 GDP。那么，我们今天的庞大 GDP 怎么可能比 100 年前的 GDP 重量几乎大不了多少呢？一个因素是原料得到了更加有效的使用。根据摩尔定律，轻巧的计算机芯片取代了笨重的技术产品，且技术得到了成倍提高。同样，由于改进生产流程而导致的生产率提高是没有重量的。但是最重要的因素或许是，GDP 的组成成分从商品向服务转移。汽车、食品和衣服具有重量，但是金融、医疗和教育服务（最终产品，而不是生产它们所需的投入）都没有重量。

研发（R&D）

某些技术进步的发生近乎偶然，例如，纯科学领域的某项发现或者某个偶然的观察结果后来却具有重要的经济用途。前者如前面提到的激光，后者如发明青霉素（盘尼西林）的一种霉的灭菌能力。经济学家们将类似的例子称作外生技术进步：独立于经济因素之外而产生的一种新技术。然而，更为重要的是内生技术进步：对经济激励作出反应而形成的一种新技术。1926 年，苏格兰内科医生亚历山大·弗莱明偶然发现了盘尼西林霉。二战期间，为研制一种抗细菌药剂，牛津大学的研究者霍华德·W·弗洛恩和厄恩斯特·B·钱恩合成了医用青霉素。（弗莱明、弗洛恩和钱恩因这一发现共同分享了诺贝尔奖。）这是出于无意识的决定。而二战后抗生素类药品的研制很大程度上是有目的的大规模研发的结果——部分由大学和非营利研究机构研制，但大部分由逐利的制药公司研制。

用各种方法研制的抗生素是内生技术进步的典型。虽然大多数新知识并不能直接导致有用结果，但必须以某种方式创造出来。虽然研发创造出的新知识不会带来直接经济回报（如贝尔实验室对激光的研究），但研发常常借用来自其他领域的知识，并对其加以开发，使其最终能产生经济利益。无疑，这一模式古而有之。但是在现代，研发本身已经成为一种商业。

托马斯·爱迪生在新泽西州门洛帕克的著名实验室是早期（虽然不是最早）基于获利目的进行系统研发的例子。在该实验室中，爱迪生发明了电灯泡、留声机、股市的股票行情自动收录器、炭精棒送话器以及许多其他通用产品。一些工商企业——例如，生物技术或计算机技术企业——根据爱迪生的模式运作，开发出专利技术或者将开发出的技术卖给生产商。另一些工商企业则在其生产性企业内设立研发分支机构。无论哪种方法，关键都在于在现代经济中，大多数创新都是对于获利机会的有目的或集中的反应，是对于相对价格变化的一种反应，而不是出于单纯的好运——也就是说，技术变化是内生而不是外生的。

□ 10.3.2　劳动的增长

经济增长的第二个决定因素是投入生产的劳动的增长。

劳动力的动态变化法则

劳动力增长的速度取决于人口增长的速度，以及在实际就业中潜在工人的参与率变化的速度。我们将在第 11 章（11.2.2 节）了解到，美国的劳动力参与率自 20 世纪 60 年代中期以来已经发生了显著变化，但它不可能长时间维持较高的变化率，因为参与率绝不可能超过 100%。

增长经济学的先驱、英国经济学家罗伊·哈罗德爵士（1900—1978），将源自人口增长而不是源自劳动参与率暂时变化的劳动力长期增长率称为自然增长率，用一个常数 n 表示。动态变化法则描述的是某一未知量在一定时期内的发展变化。按照自然增长率，劳动力的动态变化法则可以写成：

$$L_t = (1+n)L_{t-1} \tag{10.7}$$

每期劳动力的存量比前一期高 n 个百分点。如果我们选取一个起始点，称其为时期 0，此时的劳动力存量取一个已知的数值，L_0，那么动态变化法则也可以写成：

$$L_t = L_0(1+n)^t \tag{10.8}$$

这里的 t 衡量的是时期 0 之后所经历的时期数。[1] 方程表明劳动力以速率 n 指数化增长（参见"指南"，G. 11.3）。

宏观经济分析的许多情形中我们关注的是时间跨度，在此跨度内我们可以将人口增长率（以及潜在劳动力的增长率）看作不受经济影响的因素。虽然这样一种假设经常看起来很合理，但如果我们想要解释长期增长，或解释为什么不同国家以不同速度增长，事实证明这一假设可能并不合理。

马尔萨斯主义

劳动力的增长率或人口增长率曾经是经济分析的核心内容，就现代社会对环境和发展中国家贫困问题的关注来说，许多早期讨论现在依然能在大众讨论和政策争论中引起共鸣。18 世纪末 19 世纪初，像大卫·李嘉图（1772—1823）和罗伯特·马尔萨斯（1766—1834）这样的经济学家认为人口增长率是真实工资的函数。

他们认为，当真实工资高时，工人们获得充足的营养，并且能够供养更大的家庭。他们可能会选择生育更多的孩子，但是不管怎样，他们所生的孩子更有可能存活并长大成人。工人人数的增加也提高了工作的竞争度，并驱使真实工资降回原来的水平。如此一来，工人们发现自己没有足够的收入来源，他们及其家人可能会营养不良，并因此

---

[1]　从数学角度看，当时期 0 的劳动力数值给定为 L_0 时，方程（10.8）是差分方程（10.7）的解。

患病和早逝。他们可能会推迟结婚，或者减少生育孩子的数量，如此导致人口下降。当真实工资刚好达到足以使工人数和生产性资源处于平衡时就会形成一种均衡。保持这样一种均衡的工资被称为生存工资。综合各种可能性，该工资是一种贫困工资。马尔萨斯和李嘉图关于经济的悲观看法常被称作工资铁律。①

马尔萨斯是有史以来两三位最著名的经济学家之一，工资铁律就来自他赖以成名的《人口原理》。马尔萨斯认为，如果不加抑制，人口倾向于以几何级数增长，而食品与其他资源至多以算术级数增长。结果，人口总是受到超过资源的威胁。但是实际上它当然不能超过资源，因此，无论如何必须抑制人口增长。

与现代马尔萨斯主义的批评者和支持者（通常为环境主义者）相反，马尔萨斯本人并不对未来灾难进行预测，而是试图解释当前的痛苦，表明某种乌托邦式的思想并不可行。关键词是"不加抑制"。马尔萨斯认为，抑制人口增长分为两种类型。积极抑制是资源不足的结果，包括营养不良、疾病和由此导致的早逝。另一种是谨慎抑制（即道德抑制）：人们希望将生活保持在一定水平，因此采取措施防止家庭因规模过大而无法维持。②

只有当某些非同寻常的环境导致这些抑制条件放松时，人口才可能快速增长。例如，欧洲人的美洲探险，使得人口快速增长成为可能。按照马尔萨斯的观点，考虑到土著居民的食物采集情况和农耕技术，他们已经达到人口增长极限。但是欧洲人带来了新的农耕技术，促进了生产水平的提高，因此使人口达到更高水平。从最初的低人口过渡到新的更高均衡水平的过程中，人口可能会快速增长。

经济发展和人口稳定

许多现代评论者认为，过去 200 多年真实 GDP 和人口引人注目的增长证明了马尔萨斯的观点并不正确。但是，他们误解了马尔萨斯的分析。确实，过去两个世纪的技术进步，尤其是农业方面的技术进步，可能会使马尔萨斯感到意外——其实这一直以来都令很多人感到意外。但是由于这种技术进步使积极抑制得以取消，因此人口增长也在马尔萨斯的意料之中。伴随增长产生的物质繁荣（真实工资和人均收入的增加）同样会使马尔萨斯感到吃惊，但这可能是一个惊喜，因为马尔萨斯一直希望工人们能用道德抑制（为了提高生活水平而减小家庭规模）取代积极抑制所带来的痛苦。

经济发展领域内一个常见的说法是：繁荣是最佳节育措施。富裕的国家倾向于拥有较低的人口增长率。例如，印度人口（2008 年年人均收入为 2 900 美元）每年增长 1.6%，而意大利人口（年人均收入为 31 300 美元）每年增长 −0.05%。图 10—6 显示出 2000 年人均 GDP 和 1960—2000 年期间平均人口增长率之间存在强劲的负相关关系（相关系数 $R = -0.73$）。这可能会使人们注意到马尔萨斯乐观的一面。

---

① 卡莱尔将经济学描述为"忧郁的科学"，许多经济学家以及其他一些人认为，这一著名的描述指的就是工资铁律。实际上，对反对卡莱尔种族偏见的经济学家们来说，这是一种诋毁（特别是约翰·斯图亚特）。See David M. Levy, *How the Dismal Science Got Its Name: Classical Economics and the Ur-text of Racial Politics*, Ann Arbor: University of Michigan Press, 2001.

② 大量证据表明，即使在马尔萨斯的年代，早在实行生育控制之前，人们为了控制家庭规模可能采取了很多方法——推迟结婚、节育，以及我们现在所说的"自然计划生育"。1800 年，美国生育率是每 1 000 名年龄在 15～44 岁的妇女生育 275 个孩子。1960 年，避孕药首次在市场上销售。到这一年，美国的生育率已经下降了 57%，达到 118 个孩子的水平；到 2007 年，又下降了 41%，达到 69 个孩子。

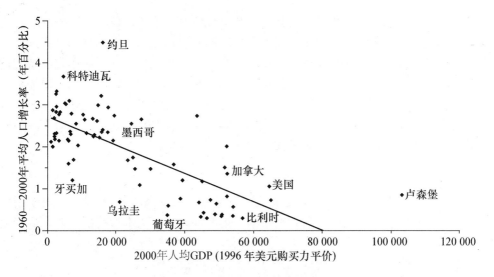

图10—6　繁荣是最佳节育方式吗?

注:图中每一点代表一个国家。具有较高人均 GDP 的国家倾向于具有较低的人口增长率。回归线的斜率表明，人均 GDP 每增加 10 000 美元，平均人口增长率下降 0.3 个百分点。($R^2 = 0.53$。)

资料来源：Penn World Tables, Version 6.1.

但是，马尔萨斯认为不管人均收入水平较高还是较低，人口必须稳定，在这一点上他终究是正确的。我们已经看到这正在发生。当世界变得越来越富裕时，总的人口增长率一直在下降。2008 年世界人口增长率为 1.19%，许多人口经济学家预测人口增长率到 2050 年将下降到年增长率不到 0.5% 的水平。无论如何，各种抑制手段必须发挥作用，使人口增长停止。理由非常简单：不受抑制的人口增长最终一定会耗尽地球的资源。按照目前的人口增长率，大约 2 400 年后人类的全部质量将超过地球本身的质量。[①]但是早在这一时刻到来之前，其他人口抑制方法将发挥作用。这并不意味着厄运即将来临。降低人口增长既有良方（如日本与欧洲的低人口出生率），也有劣法（如艾滋病的蔓延以及中部非洲的种族灭绝战争）。

□ 10.3.3　资本的增长

虽然劳动力（人口）的增长显得相当缓慢，且只是在长期内对经济力量作出反应，但是支配资本增长的因素却是更加直接的宏观经济决策的结果。回顾第 2 章（2.2.2 节）我们可以知道，对于经济学家来说，"投资"就是新的物质生产工具的添置。像 GDP 一样，投资是以每季度或每年商品的美元价值的流量来衡量的。投资增加资本存量。投资与资本存量的关系也可以用简单的动态法则表示如下：

$$K_t = K_{t-1} + I_{t-1} - D_{t-1} \qquad (10.9)$$

---

① 该结论基于以下计算：地球的质量是 $1.322\,8 \times 10^{24}$ 磅。如果平均每个人重 100 磅，则地球的质量相当于 $1.317\,6 \times 10^{22}$ 个人。2008 年，地球上的人口为 67 亿，并且人口以每年 1.19% 的速度增长。根据标准的增长方程，我们得到这个等式：$1.322\,8 \times 10^{22} = (6.7 \times 10^9)(1.011\,9)^t$。为了解出 t，首先除以 6.7×10^9，然后取对数（参见"指南"，G.11）得到 $\log[1.322\,8 \times 10^{22}/(6.7 \times 10^9)] = t\log(1.011\,9)$。解得 $t = \log[1.322\,8 \times 10^{22}/(6.7 \times 10^9)]t/\log(1.011\,9) = 2\,393$ 年。

今天的资本是昨天的资本加上总投资，扣除现有资本磨损（D_{t-1}）后的余额。

我们应该把资本存量看成在每一时期开始时的测量值，而投资和折旧是在该时期内发生的。变量 I 有时被称作**总投资**（参见第 3 章 3.4 节），它是 GDP 中用来维持和增加资本存量的部分。**折旧**是生产过程中损耗的资本的数量，是在国民收入和产出账户中被称为"资本消耗"的项目。等式（10.9）中的最后两项被称为**净投资**（等于 $I_{t-1} - D_{t-1}$），被定义为扣除折旧的投资数量，使资本存量增加的投资数量。将等式两边减去 K_{t-1} 就将投资和资本存量的变化联系起来：

$$\Delta K_t = K_t - K_{t-1} = I_{t-1} - D_{t-1} = \text{净投资 } I_{t-1} \tag{10.10}$$

这样一来，资本增长速度就是关于投资数量的经济决策和技术事实共同作用的结果，这一技术事实就是：资本存量存在折旧，折旧或者表现为有形磨损方式，或者表现为经济磨损方式。

资本的增长率是什么？将等式（10.10）的两边除以 K_{t-1}：

$$\hat{K}_t = \Delta K_t / K_{t-1} = \text{净投资 } I_{t-1} / K_{t-1} \tag{10.11}$$

将等式（10.11）的右边乘以 Y_{t-1}/Y_{t-1}，得到：

$$\hat{K}_t = \left(\frac{\text{净投资 } I_{t-1}}{K_{t-1}} \right) \left(\frac{Y_{t-1}}{Y_{t-1}} \right) = \left(\frac{\text{净投资 } I_{t-1}}{Y_{t-1}} \right) \left(\frac{Y_{t-1}}{K_{t-1}} \right) \tag{10.11'}$$

右边第一项是净投资在 GDP 中所占份额，右边第二项是资本生产率（ϕ）。因此，我们可以将等式（10.11'）重新写成：

$$\hat{K}_t = \left(\frac{\text{净投资 } I_{t-1}}{Y_{t-1}} \right) \left(\frac{Y_{t-1}}{K_{t-1}} \right) = \phi_{t-1} \text{净投资份额}_{t-1} \tag{10.11''}$$

写成这种形式时，等式表明的是资本增长率取决于可利用的技术（资本生产率系数 ϕ）和投资数量。在其他条件不变的情况下，资本生产率的增加或投资率的增加促使资本增长率上升；而折旧率的增加降低净投资并因而降低资本增长率。

然而有证据表明，在现实中所有因素不可能一视同仁。计算机技术的生产性能越高，其经济磨损率就越快。在这一情形下，生产率的增长导致资本增加，而从资本增加中获得的收益将部分地被折旧率上升导致的净投资下降抵消。关键的经济变量是投资率（I）。我们将在第 13 和第 14 章中分析决定投资的经济因素。

10.4 新古典增长模型

分析了技术、劳动力和资本增长的支配因素之后，现在我们可以问：它们之间如何相互作用以决定 GDP 的增长？要回答这一问题，一个好的起点是新古典增长模型。这一术语描绘了一族模型，其中总供给由规模报酬不变的生产函数描述（例如，柯布-道格拉斯生产函数），而且在该族模型中生产要素的使用可以随着要素相对价格的变化快速灵活地调整，使得任何时候资源都能得到充分利用（即不存在失业或劳动力闲置，且产能利用率总是 100%）。很明显，这样一个模型不能描述经济周期，但它能够描述潜在 GDP 的增长——经济从顶峰到顶峰的路径。在第一小部分，我们利用新古典增长模型的某些一般属性探讨经济增长过程。紧随其后，我们将建立新古典增长模型的一个特定版本——索洛-斯旺增长模型，该模型可用于更细致的分析。

□ 10.4.1　增长的过程

无技术进步的平衡增长

我们在开始分析的时候，先假设技术不发生变化，这就使事情简单了很多。由于使用规模报酬不变的生产函数能够很好地描述总量生产，因此经济增长的一种可能路径就是平滑地扩张，这样一来，2010 年的经济就只是在 1910 年经济的基础上按比例增加：劳动、资本和产出全部按照相同比例扩大。这种平滑或平衡增长的思想显示在图 10—7 中。位于较高位置的生产函数所代表的经济要比处于较低位置的生产函数所代表的经济大 λ％。

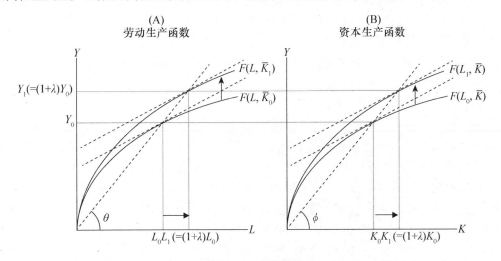

图 10—7　平衡增长

注：在平衡增长路径上，生产要素（L 和 K）和 GDP（Y）均以相同速率增长（图中被表示为 λ）。所有的要素生产率（θ 和 φ）保持不变，如图所示，位于较高 GDP 水平和较低 GDP 水平的生产函数曲线上的生产点处于从原点出发的同一条射线上。所有的边际产量（因而所有要素价格）保持不变，如图所示，较高生产点处的切线与较低生产点处的切线是平行线。

规模报酬在不变以及生产要素按相同比例增加的假设下，劳动和资本的生产率保持不变——也就是说，处于较高位置和较低位置的生产函数上的生产点位于从原点出发的同一条射线上（参见第 9 章 9.1.1 节）。注意，资本—劳动比（人均资本数量）为 $\kappa = K/L = \theta/\phi$。因为劳动生产率（θ）和资本生产率（φ）均为常数，故资本—劳动比也是常数。当经济增长时，虽然资本增加，但它要在更多的工人之间分摊。这被称作资本广化。

还需要注意，在图 10—7 中，位置较高的曲线上生产点处的切线斜率与位置较低的曲线上生产点处的切线斜率相同（两条切线平行）。这意味着当经济增长后，劳动和资本的边际产品保持不变。由于利润最大化规则（参见第 9 章 9.1.2 节）表明企业应该将生产要素一直使用到每一种生产要素的边际产量等于各自的真实价格为止，因此，真实工资（w/p）和真实租金（v/p）也必须是常数。

综合在一起，这些特性定义了平衡增长：

当所有的真实总量以相同的常数增长率增长（即它们的增长率为常数），并且当生产要素的边际产品以及要素价格为常数时，某一经济显现出没有技术进步的平衡增长。

存在技术进步的平衡增长

正如我们在第 9 章（9.3.2 节）中所看到的，要素生产率可以发生变化，这一变化或者来自使用相同技术改变相对要素密集度，或者来自长期的技术改进。要素密集度的变化是经济周期的结果之一，该变化在一定时期内具有相互抵消的倾向。因此，从最终结果来看，生产率随着技术发展而变化。平均来看，劳动生产率与劳动加强型技术进步以相同速率增长（$\hat{\theta}=\bar{A}_L$），资本生产率与资本加强型技术进步以相同速率增长（$\hat{\phi}=\bar{A}_K$）。要素加强型技术进步对 GDP 的影响效应与要素本身增加相同比例对 GDP 的影响效应完全相同。例如，如果劳动力以 n 增长，源于劳动加强型技术进步的劳动生产率的提高率为 $\hat{\theta}=\bar{A}_L$，那么，GDP 的增长就如同劳动力以 $n+\bar{\theta}$ 的速度增长条件下 GDP 的增长。同样，如果资本生产率的增长源于资本加强型技术进步，GDP 的增长就如同资本存量以 $\hat{K}+\bar{\phi}$ 速度增长条件下 GDP 的增长。现在的平衡增长不是要求 GDP 按照与劳动和资本相同的速率增长，而是要求 GDP 按照由于技术诱致的生产率提高而调整过的劳动与资本的相同速率增长。

值得注意的是，只要资本和劳动生产率的增长率相同，资本—劳动比（K/L）现在就是不变的。正如我们在图 9—14 中看到的，美国的资本生产率几乎没有显示出长久增长的迹象，而劳动力生产率却存在不断上升的趋势。在此情形下，平衡增长要求资本存量快速增长以赶上劳动力和劳动生产率的增长——因而资本—劳动比必须以大约等于 $\bar{\theta}$ 的趋势增长率上升。（问题 10.8 要求学生对此提供证明。）

同样，一旦存在技术进步，边际产品和要素价格不再维持不变。回想一下，根据等式（9.9），对于柯布-道格拉斯生产函数而言，劳动的边际产品可以写成：

$$mpL=\alpha A\left(\frac{\bar{K}}{L}\right)^{1-\alpha}=\frac{\alpha Y}{L}=\alpha\theta \tag{10.12}$$

这里我们使用 θ 的定义消除 Y/L 以得到最后一项。劳动的边际产量的增长率可以写成：

$$\widehat{mpL}=\hat{\alpha}+\hat{\theta}=\hat{\theta} \tag{10.13}$$

最后一项隐含了 α 是常数的假设，因此，$\hat{\alpha}=0$。等式（10.13）表明劳动的边际产品一定和劳动生产率按相同比率增长。

因为在完全竞争的条件下真实工资和劳动的边际产品相同，所以真实工资应该也按照这个相同比率增长：

$$\left(\widehat{\frac{w}{p}}\right)=\widehat{mpL}=\hat{\theta} \tag{10.14}$$

与此并行不悖的观点就是资本的边际产品和真实租金率应该与资本生产率按照相同比率增长。

根据图 9—14 中所使用的数据，从 1948 年一直到 2008 年，劳动生产率按照平均每年 1.9% 的速度增长，并且资本生产率几乎没有显示出增长迹象。因此，我们应该可以预期到真实工资会显著增长，以及利润率（类似于真实租金率）几乎没有发生变化。

将本部分内容综合起来考虑，我们可以对上面平衡增长的定义作如下修改：

当真实 GDP 与经过要素加强型技术进步调整后的劳动和资本按照相同的固定速率增长，从而使得生产要素的价格和边际产品以固定（但也可能不同）的比率增长，且该固定比率满足如下关系式：$n + \bar{\theta} = \hat{K} + \bar{\phi}$ 时，某一经济就表现出有技术进步时的平衡增长。

非平衡增长

如果增长不平衡会发生什么？为简化起见，我们再次假定没有技术进步。

考虑劳动比资本增长快的情形。图 10—8 中，劳动受劳动力的动态变化规则支配（等式（10.7）），因此 t 时期的劳动力为 L_t，紧随其后的时期内劳动力 $L_{t+1} = (1+n)L_t$。资本虽然也出现增长以使 $K_{t+1} = (1+\hat{K})K_t$，但资本增长率小于劳动增长率：$\hat{K} < n$。GDP 的增加要比两种要素均以较低的速率 $\hat{K}$ 增长时大得多，GDP 的增加要比两种要素均以较快的速率 n 增长时小得多。（GDP 的增长率是这两个速率的平均。[1]）

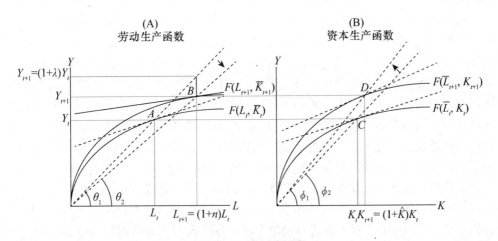

图 10—8 非平衡增长

注：该图表明的是众多非平衡增长路径中的一个：此处的劳动力增长比资本增长快。产出上升的比例比资本增长比例大，而比劳动力增长比例小。劳动生产函数上移是因为资本的增加，但不足以抵消劳动报酬的递减。资本生产函数上移是因为劳动力的增加，且在抵消资本的报酬递减后尚有多余。结果就是，劳动生产率（θ）下降而资本生产率（ϕ）上升。劳动的边际产出与真实工资下降，这在图 10—8 中显示为：与位置较低的劳动生产函数曲线相比，位置较高的劳动生产函数曲线的切线的斜率下降，相反，资本的边际产出以及真实（隐含的）租金比率上升。

在时期 $t+1$，劳动力变得相对更充足。如果企业未能调整生产工艺以应对正在变化的条件，那么多余的劳动力将直接处于未被雇佣状态——这受制于如下事实：在使用当前工艺的情况下，没有足够的资本配备给新工人。但是当企业在长期内能够进行调整，正如我们假定的那样，它们就会对不断变化的价格作出反应。

当某种东西的供给上升时，其相对价格（此处是真实工资）下降。t 时期生产函

---

① 证明：$1 + \hat{Y}_t = \dfrac{Y_{t+1}}{Y_t} = \dfrac{A\left[(1+n)L_t\right]^{\alpha}\left[(1+\hat{K})K_t\right]^{1-\alpha}}{Y_t} = \dfrac{(1+n)^{\alpha}(1+\hat{K})^{1-\alpha}AL_t^{\alpha}K_t^{1-\alpha}}{Y_t} = \dfrac{(1+n)^{\alpha}(1+\hat{K}_t)^{1-\alpha}Y_t}{Y_t} =$

$(1+n)^{\alpha}(1+\hat{K}_t)^{1-\alpha}$。最右边两个因子的乘积就是 $(1+n)$ 和 $(1+\hat{K}_t)$ 的加权平均数，并且必须介于两者之间。

数上的 A 点代表初始的劳动的平均产出（θ_1）以及初始的劳动的边际产出。因为真实工资已经下降，在较低的劳动的边际产出上，企业想要雇佣更多的劳动力。企业对变化中的相对价格的反应使得生产点沿着劳动生产函数曲线移动；而资本存量的增加使得生产函数曲线上移。两者共同作用的结果是，生产从 A 点移到 $t+1$ 时期的生产函数曲线上的 B 点。在 B 点处，不仅劳动的边际产出较低，而且劳动的平均产出也下降到了 θ_2。

相比之下，资本变得相对稀缺，以致真实租金率上升。企业不再维持位于 C 点的资本原来的边际产出和资本原来的平均产出 ϕ_1，而是转向有效利用现在相对更为昂贵的资本，使生产点移动到 $t+1$ 时期生产函数曲线上更陡峭部分的 D 点，在这一点上，资本的边际产出较高，以便与较高的真实租金率相匹配。结果，资本的平均产出上升到 ϕ_2。

这个例子中，正是因为市场在对要素价格的变化作出反应时，选择了一种更适合新的相关要素供给的工艺，因此不存在失业或生产能力过剩的现象。需要注意的是，当我们从 t 期变化到 $t+1$ 期时，资本—劳动比 κ（$=K/L=\theta/\phi$）下降，因为 θ 下降而 ϕ 上升。[①]

我们同样可以考虑资本比劳动力增长更快一些的情形。虽然这方面的具体细节留作练习（参见问题 10.9），但在此情形中资本—劳动比将上升，而不是之前的例子中所表明的下降，这一点从直觉上看很明显。资本—劳动比提供了资本密集度的一种衡量方法，**资本密集度**被定义为每单位劳动的资本量。沿着平衡增长路径，经济经历的是资本广化，但资本密集度保持不变。沿着非平衡增长路径增长，企业对相应的要素供给的变化作出反应，因而资本密集度变化。当资本比劳动力增长快时，资本密集度增加，这就是所谓的**资本深化**：每个工人可使用更多的资本量。我们已经看到，当劳动加强型技术进步率超过资本加强型技术进步率时，将会产生资本深化。

对于价格变化作出反应的不仅是资本和劳动力这类宽泛类别的组合，生产过程中所有投入的各种具体组合以及对这些组合提供支持的必要技术也对价格变化作出反应，就像我们在第 9 章（9.1.2 节）中所看到的那样。各种投入组合针对供给变化进行调整的过程对于保持经济平滑式增长是必不可少的条件。

向平衡增长的趋同

迄今为止，我们只考虑了当要素以非平衡方式增长一个或两个时期时会发生什么情况，那么，长期内会发生什么情况呢？

专栏 10.1 ☞

增长过程中的相对价格

市场经济的高明之处在于，各种价格传递出的信息极其微妙，即便是最全面的规划师配上最庞大的计算机也无法加以处理。当计算机芯片的供给短缺时，其价格上升，将配给给那些最愿意支付高价的人，并且向制造商发送获利机会的信号，该信号

[①] θ 和 ϕ 的这些变化与我们之前所假定的技术不变并不矛盾，因为它们必须以保持全要素生产率不变的方式发生变化。这些平均产出的变化与所选择的不同工艺相匹配，这些工艺来自由生产函数所代表的可利用的集合，而不是一种新的技术，新的技术将提供新的工艺和新的生产函数。

传递两层意思："如果可能的话，加速生产"，以及"如果必要的话，增加生产能力"。当石油充沛时，石油的价格低，这就向石油生产商发送了如下信号：降低油泵抽油速度，减少对原油的提炼，削减生产能力，以及延缓对新油田的开发。价格在传递有关促进经济增长的技术信息方面起着核心作用，其提供的信号引导着生产者在生产要素之间作出替代性选择。新古典增长模型作出的假设就是价格体系快速而且平滑地起作用。

1972 年，作为一个国际性的智囊团，罗马俱乐部发表了一篇著名的报告，题为《经济增长的极限》（*The Limits to Growth*）。他们预言许多关键商品投入会发生短缺——例如，石油、天然气、工业金属以及食物——同时预测了由经济增长导致的世界范围内日益增加的失业。40 年过去了，他们的预言并未实现。了解其中的原因对我们非常有益。

虽然他们的预言基于一个非常复杂的模型，但其核心是一个增长模型，该模型中要素之间不允许相互替代：这一模型所基于的生产函数与第 9 章中的短期、无弹性的生产函数相似（9.4.1 节）。我们已经看到，当某一经济出现这样一种生产函数时，有可能劳动力和其他资源没有获得利用。事实上，如果生产工艺不能随要素价格的变化进行调整，那么接下来的每个时期将会使得这样一个经济更加远离平衡增长路径，导致越来越多的失业，或导致非可再生资源的枯竭。当然，生产工艺只是在短期缺乏弹性。在与罗马俱乐部模型相似的任何模型中，生产的无弹性都是永久性的，因此灾难的预言必定发生。

罗马俱乐部的预言与生产要素可能相互替代的新古典增长模型的预言相反。在新古典增长模型中，由于失业的产生及真实工资的下降，企业用劳动来代替资本，以减少失业。当钛或者铜或者橡胶供给短缺时，真实价格上升，企业就会改变技术，以节省使用昂贵的资源。尽管平衡增长路径可能永远都不会达到，但在价格信号的引导下，经济会向平衡增长的方向不断进行调整。

1980 年，大名鼎鼎的生物学家和环境学家保罗·埃尔利希与经济学家朱利安·西蒙进行了一次著名的赌博。在他的《人口爆炸》（*The Population Bomb*；1968 年首次出版，此后多次再版）一书中，埃尔利希警告说，如果经济和人口增长继续不受控制，就会发生环境与经济灾难。由于埃尔利希将自然资源看作有限资源，因此他预言工业金属及许多其他商品将会出现大量短缺，这与不允许要素存在替代性的生产函数相一致。他还预言它们的真实价格将会大幅上涨。而西蒙预言，价格的上升将促使使用者用其他投入来代替金属，而且促使金属生产商寻找新资源并提高开采效率和提炼技术，这与新古典生产函数相一致。他还预言金属的真实价格将不会上升——事实上，由于技术进步，其价格很有可能会下降。埃尔利希和西蒙就十年间五种金属的价格下了 10 000 美元的赌注。1990 年，埃尔利希向西蒙支付了这笔赌金。实际上，五种金属的价格不仅没有上升，还低于它们在 1980 年的价格。下表是详细情况：

金属	1980 年价格（1980 年美元）	1990 年价格（1980 年美元）	百分比变化
铜（195.56 磅）	200	163	−18.5%
铬（51.28 磅）	200	120	−40.0%

金属	1980 年价格（1980 年美元）	1990 年价格（1980 年美元）	百分比变化
镍（63.52 磅）	200	193	-3.5%
锡（229.1 磅）	200	56	-72.0%
钨（13.64 磅）	200	86	-57.0%

资料来源：Brian Carnell.

回顾一下，劳动力因为两个原因可能暂时比人口增长得快。首先，人口生育的下降与其所导致的劳动力的下降之间存在一个时滞。因而，劳动力的增长可能比人口增长得快，直到 16～20 年后，由于未出生的人口无法出现在劳动力队伍中，劳动力短缺开始显现。其次，希望工作的人口比例或许增加。因为工作人口比例不可能超过 100%——事实上，该比例在远小于 100% 时就停止增加——在劳动力参与率上升基础上出现的迅速增长一定是暂时的。在长期内，劳动力的增长一定是其自然率水平 n。

如果生产是灵活的，我们可以证明在长期内资本增长率一定和劳动力的自然增长率相适应。我们可以用资本存量动态法则的一种形式（等式（10.10））开始对此进行证明，等式（10.10）的两边除以 K_{t-1}，从而得出资本增长率的表达式：

$$\hat{K}_t = \frac{\Delta K_t}{K_{t-1}} = \frac{I_{t-1} - D_{t-1}}{K_{t-1}} \tag{10.15}$$

这里的 D 表示折旧。

为了简化问题，我们作出两个假设。首先，投资被当作真实 GDP 中的一个固定比例 ι（希腊字母"iota"的小写）部分，因此，$I = \iota Y$。其次，折旧被看作资本存量的固定比例 δ（希腊字母"delta"的小写）部分，因而，折旧 $= \delta K$。

$$\hat{K}_t = \frac{\Delta K_t}{K_{t-1}} = \frac{\iota Y_{t-1} - \delta K_{t-1}}{K_{t-1}} = \iota \phi_{t-1} - \delta \tag{10.16}$$

我们已经知道，当资本比劳动力增长快时，资本生产率（ϕ）下降；而当劳动力比资本增长快时，资本生产率上升。等式（10.16）表明：在其他条件不变的情况下，当 ϕ 下降时，资本增长变慢，而当其上升时，资本增长变快。这导致了一个重要结果：在一定时间内，经济向平衡增长路径趋同。如果资本一开始就比劳动力增长快，其增长率将会下降，而如果资本一开始就比劳动力增长慢，其增长率将会上升。

等式（10.16）意味着，如果人口增长即将停止，经济将趋同于以给定的 $\hat{\theta}$ 所表示的增长率。在趋同点处，总投资刚好足以补偿折旧。GDP 能够增长仅仅是因为投资的质量改进（或因为教育，或者因为生产组织方面的质量改进）使得劳动力更有效率。

等式（10.16）也意味着：通过增加投资率，经济在短期内可以获得一个更高的资本增长率和更高的产出增长率，在长期内它将趋同于自然增长率。但是，它会趋同于同一平衡增长路径吗？

答案是不会。投资率的增加（ι）提高了资本增长率；而且，正如我们所知道的，其结果是资本生产率 ϕ 的下降。当然，资本生产率 ϕ 的下降导致资本深化（即 $\kappa = K/L = \theta/\phi$ 上升）。给每个工人配备更多的资本，经济中生产出来的人均 GDP 就更多。在长期内，经济虽然不会增长更快，但经济却更富有成效。图 10—9 描绘了某一经济在投资率增加后的一个程式化增长路径。在投资率增加的那一点上，经济开始以远快于初始平衡增长路径的速度增长。一段时间内，增长趋同向自然率（n）趋同，产出渐进地趋向于平衡增长路径。

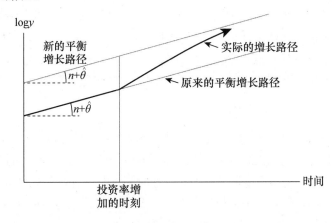

图10—9　投资率增加后的增长路径

注：投资率增加提高了每一时期的 GDP 水平，但并不改变沿着平衡增长路径的增长率。一开始，GDP 增长快于稳态增长率，以便达到新的更高的平衡增长路径。随着 GDP 渐进地趋向于新的路径，GDP 增长率向初始水平趋同。

速度极限

经济具有朝着平衡增长路径方向进行调整的倾向，这一事实意味着经济增长存在一个长期速度极限。当生产能力过剩时，经济确实可以增长得很快。但当经济达到充分就业时，它的增长速度在长期内就不能够快于劳动力增长率（在很长的时期内等于人口增长率）和劳动生产率增长率两者之和。

高资本投资率可能加快增长，但 $n+\hat{\theta}=\hat{K}+\hat{\phi}$ 这个恒等式提醒我们：除非增加的资本存量具有提高劳动生产率增长率（$\hat{\theta}$）的效应，否则从较高的投资中获得的收益必定会被资本生产率本身的低增长所抵消。主张持续的增长率远高于充分就业的增长率的人，必须面对如下事实：他们要么支持人口更快增长（提高出生率或移民），要么支持技术更快发展，因为技术进步导致劳动生产率的增长。尽管这两者在一定程度上都受到经济因素的影响，但却无法进行微妙的控制，也不能被政治随意操纵。

由于在美国经济中基本上没有出现资本生产率的长久增长，并且由于资本与劳动力相匹配，因此速度极限，即美国经济的平衡增长路径，由 $n+\hat{\theta}$ 给定，$n+\hat{\theta}$ 是人口（长期劳动力）增长率加上劳动生产率增长率。

□ 10.4.2　索洛-斯旺增长模型

在 20 世纪 50 年代，美国经济学家罗伯特·索洛（1987 年诺贝尔经济学奖获得者）和澳大利亚经济学家特里弗·斯旺分别独立提出一种特殊形式的新古典增长模型，现在被称作索洛-斯旺增长模型，在美国常被称作索洛模型。

劳动加强型技术进步的增长模型

我们将使用柯布-道格拉斯生产函数建立索洛-斯旺模型的一个版本。为简单起见，我们继续假设投资是真实 GDP 的一个固定比例（$I=\iota Y$），折旧是资本存量的一个固定比例（折旧$=\delta K$）。[1]

首先从柯布-道格拉斯生产函数开始：$Y=AL^\alpha K^{1-\alpha}$。从第 9 章中我们知道（等式 (9.21)），全要素生产率可被写成劳动加强型和资本加强型技术进步的几何加权平均：$A=A_L^\alpha A_K^{1-\alpha}$。我们也知道（见图 9—14），资本生产率在一个固定的平均数附近波动，以至于从平均意义上看没有资本加强型技术进步——也就是说，$\hat{A}_K=0$。如果我们选择适当的度量单位，使得在某一点上 $A_K=1$，那么资本生产率不增长就意味着它总是等于 1。这样一来，$A=A_L^\alpha$。[2] 将此代入柯布-道格拉斯生产函数，得到：

$$Y=A_L^\alpha L^\alpha K^{1-\alpha}=(A_L L)^\alpha K^{1-\alpha} \tag{10.17}$$

$A_L L$ 被称作有效劳动。设想当我们在时间 0 时第一次开始测量，我们选择合适的单位使得 $(A_L)_0=1$，且工人数目 $L_0=1\,000$。如果劳动力每年以 $n=2\%$ 的速度增长，并且技术进步每年以 $\hat{A}_L=3\%$ 的速度增长，那么，在时间 1 时，有效劳动将是 1 050。实际上，工人数目只增加了 20，但是 1 020 个工人中每一个工人的效率将会提高 3%，因此，这就好比共有 1 050 个工人一样。

正如我们所知，柯布-道格拉斯生产函数表明了不变的规模报酬：我们可以将 L 和 K 乘以或除以任何一个常数值，Y 将按照相同比例变化。因此，我们能够把生产函数写成：

$$\frac{Y}{A_L L}=\left(\frac{A_L L}{A_L L}\right)^\alpha\left(\frac{K}{A_L L}\right)^{1-\alpha}=(1)^\alpha\left(\frac{K}{A_L L}\right)^{1-\alpha}=\left(\frac{K}{A_L L}\right)^{1-\alpha} \tag{10.18}$$

我们将等式 (10.18) 的左边读作每单位有效劳动的 GDP。使用专用符号表示每单位有效劳动的 GDP 很方便：$\breve{Y}\equiv\dfrac{Y}{A_L L}$。我们将在后面沿用变量上方的一个"微笑"符号表示该变量被技术调整过。注意到 $\breve{Y}$ 可被写成 $\breve{Y}\equiv\dfrac{Y/L}{A_L}=\dfrac{\theta}{A_L}$，它表示经技术水平调整后的每个工人的产出（即劳动生产率（θ））。我们简称 $\breve{Y}$ 为调整后的产出。很明显，$\theta\equiv A_L\breve{Y}$。

等式 (10.18) 最右边括号中的那一项是每单位有效劳动的资本：$\breve{K}\equiv\dfrac{K}{A_L L}$。我们简称 $\breve{K}$ 为调整后的资本。注意到 $\breve{K}$ 可被写成 $\breve{K}\equiv\dfrac{K/L}{A_L}=\dfrac{\kappa}{A_L}$，它表示经技术水平调整后的资本劳动比（$\kappa$）。显然，$\kappa\equiv A_L\breve{K}$。

---

[1]　像以前一样，我们将投资写成 $I=\iota Y$。在研究增长的文献中，利用如下事实更为常见：在一个没有政府和对外部门的经济中，投资等于储蓄：$S=I$。在这些模型中将投资写成 $I=S=sY$，而不是写成 $I=\iota Y$，这里的 s 是真实 GDP 中的平均储蓄率。虽然这种替换在充分均衡（full equilibrium）的模型中是正确的，在充分均衡的模型中国民收入恒等式事前和事后均成立，但与直觉相反的是，它要求我们聚焦于储蓄行为而不是企业的投资行为。确定无疑的是，投资行为与资本增长更密切相关，尤其是当消费者和企业未能协调他们的计划时。

[2]　我们已经使用了有关美国生产率的事实证明了所有的技术进步都是劳动加强型的这一假设。资本加强型技术进步并不与平衡增长路径相吻合也是一个事实。沿着任何平衡增长路径，根据定义，资本增长率一定是固定不变的。但如果存在资本加强型技术进步（$\hat{A}_k>0$），那么，相对于资本的任何特定的水平，ϕ 随着时间推移而增加。等式 (10.16) 表明这将意味着资本增长率（$\hat{K}$）的一个持续不断的改变，与平衡增长路径的定义相冲突。

利用这些定义，我们可以将（10.18）改写为有效劳动单位的形式：

$$\breve{Y}=\breve{K}^{1-\alpha} \tag{10.19}$$

以有效劳动单位表示的生产函数被认为是一种密集形式。等式（10.19）的曲线图与柯布-道格拉斯生产函数的常见图形具有大致相同的形状，并且几乎具有与柯布-道格拉斯生产函数相同的所有特性。它的确具有一个明显的优点：它可以只用一幅图来描述。

当存在劳动加强型技术进步时，平衡增长发生在 GDP 和资本两者均与有效劳动以相同速率增长之时，因而 $\breve{Y}$ 和 $\breve{K}$ 是常数。为了找到平衡增长路径，我们重点关注资本。我们需要找到 $\breve{K}$ 不发生变化的一种情形。使用增长率的代数学，$\hat{\breve{K}}=\hat{K}-\hat{L}-\hat{A}_L$，忽略时间下标，并代入等式（10.16），以及考虑劳动力在长期内以速率 n 增长这一事实，得到：

$$\hat{\breve{K}}=\hat{K}-\hat{L}-\hat{A}_L=\frac{\iota Y-\delta K}{K}-(n+\hat{A}_L) \tag{10.20}$$

$\breve{K}$ 的绝对变化可以写成 $\Delta\breve{K}=\hat{\breve{K}}\breve{K}$，因此，等式（10.20）可被改写成：

$$\Delta\breve{K}=\hat{\breve{K}}\cdot\breve{K}=\breve{K}\left(\frac{\iota Y-\delta K}{K}\right)-(n+\hat{A}_L)\breve{K}$$

$$=\left(\frac{K}{A_L L}\right)\left(\frac{\iota Y-\delta K}{K}\right)-(n+\hat{A}_L)\breve{K}$$

$$=\iota\breve{Y}-(\delta+n+\hat{A}_L)\breve{K}=\iota\breve{K}^{1-\alpha}-(\delta+n+\hat{A}_L)\breve{K} \tag{10.21}$$

剔除中间步骤，等式（10.21）可被写为每一有效劳动单位的资本的运动法则：

$$\Delta\breve{K}=\iota\breve{K}^{1-\alpha}-(\delta+n+\hat{A}_L)\breve{K} \tag{10.22}$$

这一资本运动法则是索洛-斯旺模型的核心。

平衡增长和趋同

运动法则的稳态发生在它所影响的数量停止变化之时。等式（10.22）的稳态发生在 $\Delta\breve{K}=0$ 之时。在此点上，资本与有效劳动以相同速率增长，因此，经济处于平衡增长路径上。为了决定等式（10.22）的稳态或平衡增长路径，令该等式为零，并重新整理得到：

$$\iota\breve{K}^{1-\alpha}=(\delta+n+\hat{A}_L)\breve{K} \tag{10.23}$$

我们可以使用图 10—10 来显示平衡增长路径的条件。图中位置偏上的那条曲线正是等式（10.19）所给定的柯布-道格拉斯生产函数的密集形式。等式（10.23）的左边以图 10—10 中凹向 $\breve{K}$ 轴的下方那条曲线表示。等式（10.23）的右边以从原点出发斜率为 $\delta+n+\hat{A}_L$ 的射线表示。图 10—10 中的 A 点正好满足等式（10.22）。在此点处，每单位有效劳动的资本值为 $\breve{K}^*$，而且每单位有效劳动的 GDP 可在生产函数上的 $\breve{Y}^*$ 点处读取数值。

解释图 10—10 的一种方式就是要明白射线 $(\delta+n+\hat{A}_L)\breve{K}$ 衡量的是替换现有资本存量的折旧以及帮助新增加的人口进行资本广化所必需的资本数量。下方的那条曲线 $\iota\breve{K}^{1-\alpha}$ 衡量的是投资数量，该投资被一分为二：一方面用于资本广化和折旧，另一方面用于资本深化。

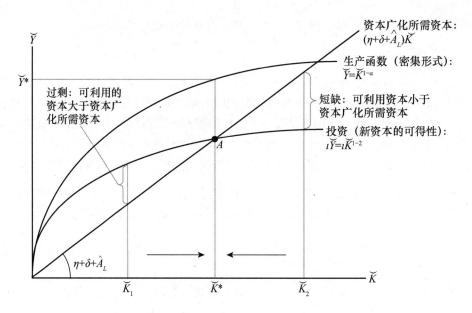

图 10—10　经济增长的索洛-斯旺模型

注：索洛-斯旺模型的稳态发生在满足人口增长、折旧和劳动加强的技术进步（资本广化）所需要的资本正好吸收可供利用的资本处（A 点）。当资本过剩时，调整过的资本存量增加（资本深化），而资本短缺时，调整过的资本存量下降，因而总是存在着一种向经济的平衡增长路径和稳态收敛的趋势。

上方与下方两条曲线之间的距离衡量的是没有用于投资的每单位有效劳动的产出量。

为简单起见，假设没有政府和对外部门，国民会计恒等式表明这就是每单位有效劳动的消费量。

当经济远离平衡增长路径时会发生什么呢？考虑图 10—10 中的 $\check{K}_1$，它比 $\check{K}^*$ 值低。此处的 $\iota\check{K}^{1-\alpha} > (\delta+n+\hat{A}_L)\check{K}$，这样等式（10.22）中的 $\Delta\check{K}$ 就是正数。可资利用的资本量超过资本广化与折旧所必需的资本量，所以资本变得更厚实，即 $\check{K}$ 上升了。同样，在高于 $\check{K}^*$ 的 $\check{K}_2$ 处，$\iota\check{K}^{1-\alpha} < (\delta+n+\hat{A}_L)\check{K}$，这样等式（10.22）中的 $\Delta\check{K}$ 就为负数。可资利用的资本量少于为进行资本广化与折旧所必需的资本量，所以资本变得稀薄，即 $\check{K}$ 下降了。上述事实证实了我们早先在探讨平衡增长路径时所发现的规律：每当 $\check{K}$ 远离 $\check{K}^*$ 时，资本—劳动比就进行调整，直到经济重新达到某一平衡增长路径为止。

向平衡增长路径趋同的过程未必很快，经济会不断地受到冲击，偏离平衡增长路径。因此，最好将平衡增长路径设想为一种"吸力器"——经济在不受干预的情况下所趋向的一条路径——但这一路径在现实中通常无法达到。

美国处于平衡增长路径上吗？

为了决定某一国家是否处于平衡增长路径上，我们有必要将其实际数据和稳态进行比较。首先，为获得经过调整的最优资本—劳动比，求解方程（10.23）：

$$\check{K}^* = \left(\frac{\delta+n+\hat{A}_L}{\iota}\right)^{(-1/\alpha)} \tag{10.24}$$

表 10—5 给出了关键参数的数据，这些数据以取自美国 1997—2007 年间国民收入和产出账户以及劳工统计局的数据的平均值为基础。根据这些关键参数数据，我们可以

应用中级宏观经济学

计算出经过调整后的美国稳态资本值：

$$\check{K}^* = \left(\frac{\delta+n+\hat{A}_L}{\iota}\right)^{(-1/\alpha)} = \left(\frac{4.2+1.0+2.8}{16.7}\right)^{(-1/0.67)} = 3.00 \qquad (10.25)$$

表 10—5　　　　　　　　　用于计算美国稳态资本存量的参数

参数（1997—2007 年的平均值）	数值	单位
人口增长率（n）	1.0	每年百分比
劳动生产率增长率（$\bar{\hat{\theta}} = \bar{A}_L$）	2.8	每年百分比
折旧率（δ）	4.2	资本存量的百分比
投资率（ι）	16.7	GDP 的百分比

资料来源：作者基于国民经济研究局、劳工统计局、人口普查局的数据计算得到。

为了理解等式（10.25）的含义，我们需要找出 A_L。求解等式（10.17）并使用 2008 年的数据，我们得到：

$$A_L = \frac{\left(\dfrac{Y}{K^{1-\alpha}}\right)^{(1/\alpha)}}{L} = \frac{\left(\dfrac{13\ 312\times10^9}{(40\ 173\times10^9)^{(1-0.67)}}\right)^{(1/0.67)}}{136\ 777\ 000} = 56\ 489 \text{ 美元/工人}[1] \qquad (10.26)$$

因为根据定义 $\check{K} \equiv \dfrac{K}{A_L L} \equiv \dfrac{\kappa}{A_L}$，稳态的资本—劳动比是 $\kappa^* = A_L \check{K} = 56\ 489 \times 3.00 = 169\ 467$ 美元/工人。实际的资本—劳动比是 $\kappa = 401\ 730$ 亿/1.367 77 亿$= 293\ 732$ 美元/工人。如此一来，美国经济具有一个高于稳态的资本—劳动比，并没有处于平衡增长路径上。根据图 10—10 和等式（10.22），这意味着调整后的资本，以及随之一起进行调整的 GDP 一定会出现下降。如果技术进步足够快，虽然每个工人的真实 GDP（$\theta = Y/L = A_L \check{Y}$）可能不会下降，但它必定要比在稳态时增长慢，以便重新回到平衡增长路径上。

稳态如何移动？

在分析经济行为变化或政策变化如何影响经济的长期趋势方面，索洛-斯旺增长模型非常有用。在许多可能发生的情形中，我们考虑两种情况。

情形 1：设想一下，由于经济政策或者企业预期的改变，经济中的投资份额上升了（即 ι 变大了）。这对经济会有什么影响？

这种情形展示在图 10—11 中。刚开始，经济沿着平衡增长路径以速率 $n+\hat{A}_L$ 增长，调整过的资本位于 $\check{K}_0$ 处。当投资率从 ι_0 上升到 ι_1 时，新的平衡增长路径的资本—劳动比为 $\check{K}_1$。为从旧的平衡增长路径达到新的平衡增长路径，需要资本比劳动增长得快。在 $\check{K}_0$ 处，$\iota\check{K}^{1-\alpha} > (\delta+n+\hat{A}_L)\check{K}$，这样，$\Delta\check{K}$ 就是正数（$\check{K}$ 上升）并且一直为正数，直到新的平衡增长路径达到为止。这同样是资本深化过程。虽然经济在新旧两个平衡增长路径之间转换时，增长快于 $n+\hat{A}_L$——如图 10—9 所示——但经济沿着每一个平衡增长路径增长时增长率却是相同的（$n+\hat{A}_L$）。长期内追加投资的收益并非一个较快的增长

---

① 这些数据与等式（9.17′）中所使用数据的不同之处就在于，我们考察劳动生产率的另一种衡量方法时使用的是工人的数量，而不是工作小时的数量。

率（即便短期内增长较快），而是一个较高水平的经调整的 GDP（GDP 从 $\breve{Y}_0$ 增加到 $\breve{Y}_1$）以及与此相伴随的较高的人均收入和真实工资。

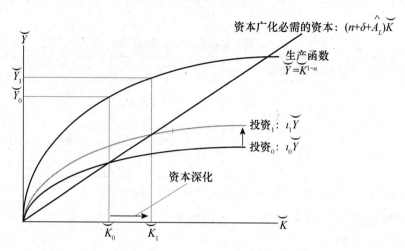

图 10—11 投资率上升的影响

注：投资率的一次上升将初始稳态上可资利用的资本提高到高于资本广化所需要的水平，这允许资本被用于增加每个工人的资本（资本深化），直到经济向新的稳态趋同为止，在新的稳态上，经济具有更多的调整后的劳均资本和更高的调整后的劳均 GDP。

情形 2：长期内人口和劳动力增长率的增加如何影响整个经济？

该情形被展示在图 10—12 中，显示了 $\breve{K}_0$ 处的初始平衡增长路径，此处劳动力增长率为 n_0。劳动力增长率的上升用更陡峭的射线表示，该射线从较低的斜率 $\delta+n_0+\hat{A}_L$，变为较高的斜率 $\delta+n_1+\hat{A}_L$。新的平衡增长路径位于 $\breve{K}_1$ 处，此处的劳动力增长率为 n_1。经

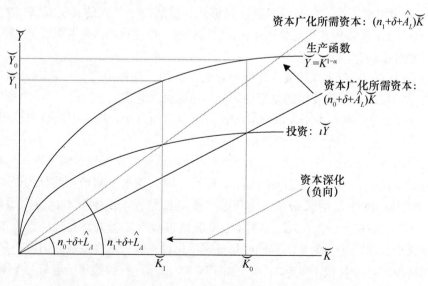

图 10—12 人口增长率增加的影响

注：人口增长率的上升提高了为新工人所需配备的资本数量（资本深化），从而导致了相对于原来的稳态水平上的投资而言资本短缺的发生。因此，劳均资本开始下降（负向的资本深化），一直到经济收敛于新的稳态为止，在新稳态上，经调整的劳均资本和劳均 GDP 都比以前少了。

济可能直接运动到这一新的平衡增长路径，但弃置资本显然没有意义。从经济角度看，所要做的事情就是继续使用目前的资本，但是投资比例降低，以便足够多的资本被折旧和资本广化（现在以更快的速度进行，因为劳动力在以更快的速度增长）所吸收，这个过程一直持续到资本—劳动比下降到合意的 $\check{K}_1$ 为止。人口增长率上升以后，在 $\check{K}_0$ 处，$\iota \check{K}_0^{1-\alpha} < (\delta + n_1 + \hat{A}_L)\check{K}_0^*$，因此，$\Delta \check{K}$ 是负数（$\check{K}$ 下降）而且将继续为负数，直到达到新的平衡增长路径时为止。图 10—13 表示的是向新的平衡增长路径的转换。沿着新的平衡增长路径，经调整的资本比以前要低（其反面就是资本深化），经调整的 GDP 也是如此，同时人均收入和真实工资率也低于以前。

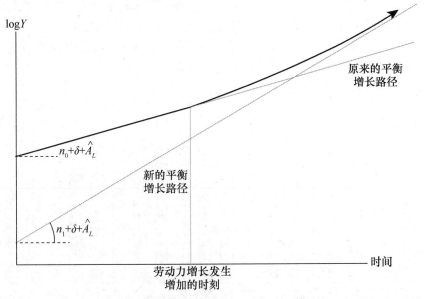

图 10—13　人口增长率上升后的增长路径

注：人口增长率的上升提高了经过调整的任一时期的 GDP 增长率和 GDP 水平。起先，由于投资被转向资本广化，GDP 增长要比沿着其新的平衡增长路径的较快增长慢很多。随着 GDP 渐进地向新稳态和新平衡增长路径趋同，其增长不断加速。

我们可以使用索洛-斯旺模型分析其他各种情形，以引导我们思考关于经济的长期增长路径问题。（其他一些情形出现在问题 10.12～10.14 中。）

10.5　什么因素导致国别增长差异？

□ 10.5.1　追赶

技术的重要性

为什么整个世界并不富裕？我们在表 2—3 中看到，美国的人均 GDP 是布隆迪的 72 倍多，卢森堡的人均 GDP 是布隆迪的 97 倍多。

---

* 这是译者所添加，此处原书似乎有误，原书为 $f + n + \hat{A}_L$。——译者注）

根据索洛-斯旺模型，国家之间劳均 GDP（与人均 GDP 紧密相关）的差异直接可由三个因素加以解释：

- 反映在生产函数中的技术，包括技术发展水平（A_L）、技术的增长率（$\hat{A}_L$）以及折旧率（δ）；
- 经济中的总投资率（ι）；
- 劳动力（人口）的长期增长率。

显而易见，技术是这三个因素中最重要的一个。图 10—14 将不同国家和地区的稳态劳均 GDP 进行了比较，这些国家与表 2—3 所列国家和地区相同，这里所做的假设是这些国家和地区与美国具有完全相同的技术进步率和技术发展水平，唯一的差异就是人口增长率和投资率的不同。该图同时比较了这些国家和地区实际的劳均 GDP。每一比较均表示成该国和地区数值相对于美国数值的比率。如果至关重要的因素只是人口增长率和投资份额，那么图中的两个比率将会完全相同。

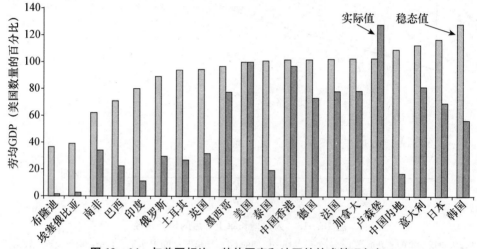

图 10—14　与美国相比，其他国家和地区的技术情况如何？

注：对每个国家和地区来说，计算劳均 GDP 的稳态值所依据的假设是，该国和地区与美国具有相同的技术，但却具有不同的人口增长率和投资率（数据为 1997—2007 年的平均值）。劳均 GDP 的稳态值被拿来与实际值相比较。稳态值和实际值之间的差异表明每个国家和地区的技术超过或落后于美国的程度。根据稳态值将数据从低到高排序。由于它们的投资份额高于美国，或人口增长率低于美国，许多国家的稳态值比美国高，但只有卢森堡具有比其他国家和地区更高的实际值。

资料来源：Penn World Tables, version 6.3 以及作者的计算。

除了美国（根据图 10—14 的创建依据，美国的这两个比率是相同的）以外，没有哪个国家或地区显示出这两个比率相同的迹象。两种比率的巨大悬殊证实了技术是区分不同国家和地区之间生活水准的决定因素。许多国家具有高于美国的稳态值。举例来说，假使美国具有日本那样的高投资份额和低人口增长率，美国就将具有更高的劳均 GDP 值。只有一个国家，卢森堡，具有更高的实际劳均 GDP 值。这说明从本质上看只有卢森堡经济的生产力更高。

趋同速度

假想有两个国家——一个国家的技术水平低，一个国家的技术水平高，但两个国家均具有相同的投资率和人口增长率。按照等式（10.24），这两个国家将具有相同的经调整后的稳态资本值。但是，高技术水平的国家将具有更高水平的实际的稳态资本—劳动比（$\kappa^* = A_L \check{K}^*$），因为该国的 A_L 要高得多。

现在假设，穷国一夜之间获得了富国的技术。（显然，在现实世界中这样的事情绝不会发生，但 1989 年被比较富裕的联邦德国统一的民主德国与这一情形接近。）现在穷国处于远低于其稳态的水平上，因为 $\check{K}^* = \dfrac{K}{A_L L}$，而且 A_L 显著上升而 K 与 L 没有发生变化。该国所处的境况就是图 10—10 中 $\check{K}_1$ 的情形。处在这种情形中的国家增长得应该比平衡增长率更快，并最终向稳态趋同。

一个国家离稳态越远，趋同得越快。表 10—6 基于等式（10.22）、使用表 10—5 的数值来表明一个像美国一样但低于稳态的国家会以多快的速度趋同。

表 10—6 向稳态趋同的速度

占稳态时经调整的美国资本存量的比例（$\check{K}/\check{K}^*$）（％）	经调整的资本存量增长率（％/年）	经调整的资本存量翻番时间（年数）	追赶上美国稳态所需的时间	
			达到美国的 90％（年数）	达到美国的 99％（年数）
100	0.0			
75	1.5	46.8	20	68
50	4.1	16.8	36	84
25	10.7	6.4	46	95
10	26.1	2.6	52	100

资料来源：基于等式（10.19）和等式（10.23）的计算，数据来自本章的表 10—5。

例如，表中第 3 行表明，如果该国经调整的资本—劳动比是美国的一半，其资本的初始增长速度是每年 4.1％。为显示这个增长速度有多快，第 3 列表明按此速率增长资本存量翻一番所需的时间是接近 6.5 年*（参见"指南"，G.11.3）。不幸的是，这一趋同速率不可能维持下去，因为该国的资本—劳动比越是接近稳态，它增长得就越慢（将第 3 行与第 2 行对比）。最后两列解释的是这种增长的下降。它们表明，任一初始的资本—劳动比在达到其稳态的资本—劳动比这一进程中，如果分别达到其进程的 90％ 和 99％ 所需要的年数。趋同过程很慢。对于从稳态的一半处开始的国家而言，达到其进程的 90％ 所需要的时间是 36 年，而达到其进程的 99％ 所需要的时间是 84 年。即使一个国家资本存量水平已经达到了其稳态的 75％，该国也尚需花 20 年时间才能达到其进程的 90％，68 年达到其进程的 99％。

不同国家的增长趋同吗？

除此之外，通信条件的改善和国家之间日益增加的联系（所谓的全球化）使技术得以扩散。从前，将每个国家视作具有独立技术的国家是合情合理的，这样每一个国家都将达到其自己的稳态——一些国家稳态增长率高，一些国家低。解释增长率差异的一种方法就是将穷国视作有机会获取先进技术的国家。这绝不会像表 10—6 中数据所假设的那样会彻底或迅速地发生。然而，对距离技术最先进国家的稳态最远的国家来说，技术的推广应该会促使其更快速地增长。索洛-斯旺模型预测了趋同。

1868 年明治维新后的日本（见图 10—15）开始向美国的增长路径趋同——二战后

---

* 应该是 16.8 年。——译者注

尤其迅速——到 20 世纪 90 年代初期，人均 GDP 几乎与美国相同。图 10—16 描绘的是经济合作与发展组织（OECD）每一成员国在 1960—2000 年期间的平均增长率，以其 1960 年的劳均 GDP 作为对照。图中显示了很强的负相关关系（相关系数 $R=-0.76$），这种关系表明，1960 年越是贫穷的国家，在接下来的 40 年当中增长越快。OECD 中的穷国似乎快速地追赶上了富国。

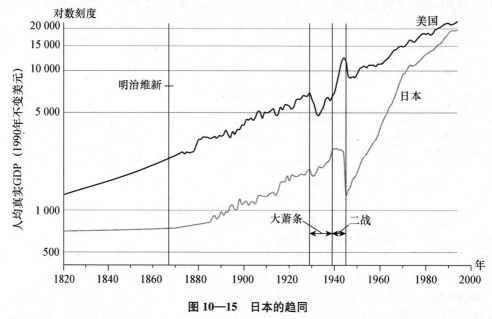

图 10—15　日本的趋同

资料来源：*Angus Maddison*，*Monitoring the World Economy*，*1820—1992*，Paris：OECD，Table D-la.

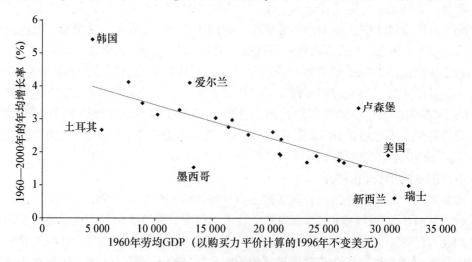

图 10—16　OECD 国家的趋同

注：每一点代表经济合作与发展组织 25 个成员国之一，该组织为一富裕国家俱乐部。OECD 国家显示出强烈的趋同。1960 年劳均 GDP 高的国家在随后的 40 年中果然显示出比 1960 年劳均 GDP 低的国家更慢的增长率。回归线表明，平均来看，如果两个国家劳均 GDP 相差 10 000 美元，比较贫穷的国家在随后的 40 年中增长率快一个百分点。1960 年的劳动生产率和平均增长率之间的相关系数 $R=-0.76$。

资料来源：Penn World Tables, version 6.1.

在 21 世纪最初几年中，中国，而非日本，常被视作经济巨头。根据人均 GDP 来判

应用中级宏观经济学

断，中国比美国穷很多：前者人均 6 000 美元，而后者人均 46 900 美元（见表 2—3）。但是，中国正在快速增长：2006—2008 年的 3 年间，中国的人均 GDP 以每年 10.5％的平均速度增长。如果这样一个增长速度能够持续，中国将在大约 21 年后赶上美国 2008 年的人均 GDP。当然，美国在此期间可能继续以接近平衡增长率的速度增长——确切地说，大约每年 1.5％——图 10—14 中美国的矩形条向上伸展。这样，中国赶上更高水平的美国将要花大约 25 年时间。上述这些计算假设中国的增长率能够持续维持在那样一个高水平上。但是，新古典增长模型表明中国的增长率将要降下来。中国可能会赶上美国，但可能要花比 25 年多得多的时间。中国甚至可能会超过美国，但只有当它夺得技术领先地位时才有可能。

很遗憾，与 OECD 国家不同的是，许多非 OECD 国家——它们当中有世界上最贫穷的国家——显然不会向发达国家的人均收入趋同。图 10—17 提供了一些非 OECD 国家和地区的相同数据。该图表明并不存在强负相关关系（相关系数 $R = -0.11$）。对于许多国家而言，几乎不存在追赶的证据。

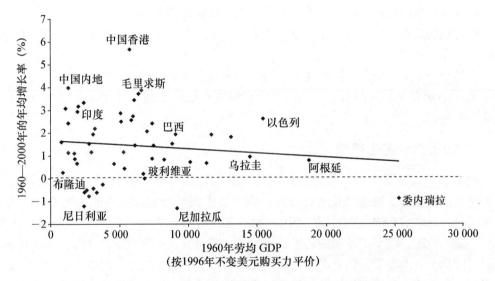

图 10—17　非 OECD 国家和地区几乎不显示趋同迹象

注：图中每一个点均代表非 OECD 国家和地区。这些国家和地区几乎不显示趋同迹象。1960 年处于贫穷的一些国家和地区，在接下来的 40 年中显示出快速的增长，而其他穷国和地区则实际上落后了。1960 年相对富裕的一些国家和地区后来继续快速增长，而其他富裕国家和地区则出现退步。尽管回归线表明，平均而言，如果两个国家和地区 1960 年劳均 GDP 相差 10 000 美元，比较贫穷的国家和地区在 1960 年后的 40 年中增长率要快 0.4 个百分点，但是与图 10—16 中 OECD 国家的情形不同，数据并非聚集在回归线周围。1960 年的劳动生产率和平均增长率之间的相关系数 $R = -0.12$——一个较低的比例。这些数据充其量证明只是弱趋同，而且证据并不充分。

资料来源：Penn World Tables, version 6.1。

10.5.2　哪些因素促进经济增长？

如何解释实现快速增长并赶上富国的国家和没有做到这些的国家之间的差异？广义而言，这归结为三个因素：技术、投资率和人口增长率。高水平的技术增长提升了稳态水平。高投资率不仅提升稳态水平，而且可以使趋同速度加快（见等式（10.22））。高人口增长率提高了稳态 GDP 增长率，却降低了稳态劳均 GDP 水平。

经济学家们探讨了导致国家之间相关差异的大量因素。文化差异可能很重要。社会学家马克斯·韦伯（1864—1920）引入"新教伦理"来解释为什么北欧国家要比信仰罗马天主教的南欧国家富裕。虽然这些差异在很大程度上似乎已经消失，但有证据显示存在着"儒家伦理"现象：儒家思想信奉者（主要为华裔）比例较高的国家倾向于具有较高的增长率。

为什么应该是这些因素至关重要？举例来说，特定的宗教信仰可能促进高投资率，或者可能推动增进信任与商业合作的社会组织，或者促使人们更乐于接纳外部技术或商业惯例。（回忆一下这一点很重要：技术不仅是资本的技术进步水平，而且是生产场所和团体的社会安排。）其他经常被视为促进增长的因素有：

- 对外贸易的开放度，这一因素可能增加接触先进技术的机会；
- 健全的社会和法律制度，诸如正直的警察和公正的法院，对公民自由的高度尊重，以及高水平的政府官员和少量的商业腐败；
- 和平的环境，较少出现战争和内乱、种族分裂以及语言或宗教分歧；
- 小学及以上阶段的高水平教育，包括妇女教育；
- 发达的金融机构，这有助于培养具有企业家精神的企业；
- 有利的地理环境（一些经济学家认为，非洲的落后源于非洲大部分地区为热带疾病提供了完美环境）。

虽然经济学家们仍在探讨上述这些以及许多其他因素，但是，导致不同国家在人均GDP水平或增长率方面存在差异的因素中，哪些是最重要的？对此经济学家们尚没有达成普遍共识。

□ 10.5.3 内生增长

如图10—15所示，日本快速趋同到美国的增长路径上。20世纪80年代后期，许多评论家们依据这一快速增长进行推断，预测日本很快会拥有更高的人均GDP，或许不久以后，日本的GDP就会高于美国，原因在于日本拥有较好的制造业技术，例如，世界一流的汽车、电子产品和照相机。但是这一预言并没有实现。20世纪90年代的大部分时间里，日本处于长期衰退中，而且在21世纪前10年里它一直没有完全复苏。部分来看，这是普通的周期性波动。然而，更为重要的是，这种衰退暴露了非制造业部门和日本企业组织方面的制度劣势——尤其是在金融机构及其与政府的关系方面。从更广的角度来看，或许日本技术根本就不先进。

在20世纪80年代，人们曾经对日本给予的关注现在投向中国，大众媒体担心中国将在经济上很快超过美国。考虑到其庞大的人口规模及快速增长的经济，从GDP水平来看，中国在不久的将来有可能超过美国——中国已经是世界第二大经济体（见表2—2）。[①] 然而，正如我们已经看到的，对于中国而言，达到美国的人均GDP水平可能要花费更长的时间。上一节的讨论表明，这一趋同路径需要根本性的经济和政治改革，这对于一个执政党大量干预经济的国家而言可能不是那么容易的事情。引人注目的是，2008年世界上每一个人均GDP高于20 000美元的国家或者是民主国家，或者其高收入几乎全部依赖于石油开采。一党执政与达到最发达国家经济绩效水平这两者可能不能同

---

① 将欧盟排除在外，因为它不是单一的国家。

时兼得。

一些经济学家提出另一种因素，该因素也许可以解释为什么一个快速趋同的经济（例如，日本经济）很难超过领先国家，而且为什么一些国家虽然有增长但却压根就没有趋同。他们的思想就是众所周知的**内生增长理论**：快速增长产生快速增长。

新古典增长模型并没有显示内生增长。该模型的基本模式是一种向稳态的趋同。在上一节中，我们看到一系列社会和经济因素会促进投资和技术发展或者技术的整合。但我们并不是说投资或资本存量或 GDP 水平会改变面向经济的技术可能性。当经济增长本身使技术可能性得到拓展时，增长就是内生的。

经济学家们提出了许多可能导致内生增长的机制。一个机制就是众所周知的**干中学**。飞机制造商的研究表明，一家制造商组装的飞机越多，劳动生产率就越高，即便工厂和机器基本不变。如果干中学遍及整个经济的话，那么，GDP 生产得越多，GDP 生产的效率就越高。技术进步在生产最多的国家中也将最快，并使它们保持领先地位。然而，尚不清楚制造业的某一特定经验是否可以轻易地推广到整个经济中（记住日本的经验）。

经济学家们提出的另一种机制关注的是知识的生产，这些知识构成技术进步的支柱。知识的产生取决于人口、人口数量及人口所受的教育。知识是一点一点累积起来的，不会被耗尽。知识可以很容易被分享。一个规模庞大、获得成功的经济可能拥有更多的知识。

为了理解这一观念的意义，考虑一下新古典增长模型。该模型显示的是不变的规模报酬。某一经济体可能和美国具有相同的技术但只有美国一半的资本和劳动力。该经济体将生产美国产出的一半，但却具有与美国相同的人均收入——平均而言，其人民与美国人民一样富裕。从单个人的角度来看，该经济增加资本和劳动力使其绝对规模和美国相同并不会带来任何优势。

如果经济方面重要的知识得到广泛传播并得以普遍实施，某一经济体内越来越多的人处于合适的教育和商业环境中，那么经济规模的扩展就会使技术发生变化，这与新古典增长模型所描述的不同。随着 GDP 的增加，知识将增长，技术将获得进步。这会出现递增的规模报酬：资本和劳动力翻一番不仅导致 GDP 增长翻一番，而且导致知识的增加，这样内生技术就会提高。

内生增长模型是经济研究的最前沿。新古典增长模型对经济增长过程提供了非常深刻的见解，内生增长模型是否加深了这些见解，这仍然处于公开讨论中。

10.6 经济增长：成就与前景

在过去的 250 年中，经济增长是世界历史的显著事实。它已经彻底改变了富人和穷人的生活。日益增加的人口、资本（投资）和技术是经济增长的主要动力。其中最重要的因素是技术进步——这体现在两个方面：一方面，实际增长的绝大部分都归因于技术进步；另一方面，使经济持续永久增长的唯一希望在于技术进步。技术必须在大范围内孕育开发。它不仅涉及机器设备的惊人发展，而且涉及工厂和更大的团体的组织和实践。本章探讨的增长模型显示出某一经济具有向平衡增长路径趋同的强烈倾向，而且不同经济体在其技术开发限度之内也具有向平衡增长路径趋同的强烈倾向。一部分国家没有跟上发展步伐，甚至在经济方面落后，主要原因是最先进的技术（包括经济和政治自由）没能在全世界得到广泛而均匀的传播。改革是可能的，了解这一点，即使最落后的经济体也能够看到经济增长的希望。

本章分析假设价格体系的平稳运行使生产要素得到持续充分的利用。下一章，我们将深入探讨如何获得生产要素，特别是劳动力。在第12章中，我们将考虑如果平稳运行这一假设不成立，会发生什么情况。在那一章中我们面对的不是生产要素获得持续充分利用的经济增长，而是存在经济周期和失业问题的现实世界。

本章小结

1. 快速的经济增长在人类历史上很少见，但在过去的250年中却改变了世界的面貌。按照复利计算的增长率方面的细微差异经过较长一段时间后就会产生人均收入的巨大差异。

2. 最佳的增长建模方法是将其表示为一段时期内随着技术的不断变化而移动的生产函数。这一生产函数将增长分解成三大源泉：技术进步、人口增加和资本投资的增加。虽然所有这三方面都对美国经济增长作出了贡献，但技术进步是最重要的。

3. 技术不仅包含特定工具和产品的创新，而且包含企业和行业的生产组织，在某种程度上，甚至还涵盖更普遍意义上的社会和政治组织。技术所获得的发展既是偶然的（外生的），也是研发的直接结果（内生的）。

4. 在长期内，劳动力的增长大约等于人口增长。经济力量有助于决定人口的增长——积极的一面是：更多资源可能促进生育和子孙后代的存活（马尔萨斯主义）；消极的一面是：为了确保生活水平提高，家庭的规模将变小（最富裕国家人口增长率最低）。

5. 资本增长率取决于资本生产率和投资率。

6. 新古典增长模型假设一个平稳运作的价格体系引导生产要素到其最有利的用途上，在任何时候均保持充分就业。

7. 平衡增长路径发生在真实GDP与劳动力、资本以相同的不变速率增长之时，每一个变量均因要素加强型技术进步而作出了调整。沿着平衡增长路径，投资完全用于折旧以及为新工人配备所必需的资本，以保持当前的资本密集度不变（资本广化）。沿着平衡增长路径的增长率取决于人口增长率和技术进步率。劳均产出率也取决于投资率。

8. 沿着非平衡增长路径，劳动力和资本的相对价格的变化引致工艺选择的改变。投资率的增加导致更大的资本密集度（资本深化）和暂时性的更快的增长率。在其他条件不变的情况下，资本生产率的变化最终将经济推回到平衡增长路径。

9. 索洛-斯旺模型是新古典增长模型的实用版本。这一模型允许我们计算稳态的资本—劳动比以及稳态劳均GDP。当经济已经趋同到其平衡增长路径时，这些值将可得到。该模型可用于决定隐藏条件（例如，人口增长率的变化或影响投资的政策发生变化）的不同变化的影响。

10. 索洛-斯旺模型表明，一个经济离稳态越远，它趋向平衡增长路径的速度就越快。因而，该模型预测，一个穷国获得富国的先进技术后起初应该会快速向平衡增长路径趋同，然后以缓慢的速度趋向相同的劳均GDP和人均收入。

11. 在实践中，二战后一些国家实际上表现出向最富裕国家的快速趋同，但许多其他国家并没有表现出趋同。根据模型的假设，主要原因就在于这些国家没有分享到富裕国家的技术，这里所指的技

应用中级宏观经济学

术在广义上也包括社会与政治组织。

12. 索洛-斯旺模型预测最富裕的国家倾向于以最慢的速度增长，但并非总是如此。一个可能的解释就是技术进步不是外生的，但在富裕国家技术本身进步得更快，原因是干中学或技术知识的规模报酬递增。内生增长一直是经济研究中一个开放的领域。

关键概念

经济增长	资本深化	研发（R&D）
平衡增长	自然增长率	趋同
运动法则	索洛-斯旺增长模型	新古典增长模型
稳态	资本广化	内生增长

延伸阅读建议

Charles Jones, *Introduction to Economic Growth*, 2nd edition, New York：Norton, 2001

N. Gregory Mankiw, "The Growth of Nations," *Brookings Papers on Economic Activity*, no. 1, 1995，pp. 275－310

William J. Baumol, Sue Ann Batey Blackman, and Edward N. Wolff, *Productivity and American Leadership：The Long View*, Cambridge, MA：MIT Press, 1989

Robert J. Barro, The *Determinants of Economic Growth：A Cross-country Empirical Study*, Cambridge, MA：MIT press, 1998

Kevin D. Hoover and Stephen J. Perez, "Truth and Robustness in Cross－country Growth Regressions," *Oxford Bulletin of Economics and Statistics*, 2004

第 10 章

经济增长

课后练习

请登录本教材网站（appliedmacroeconomics.com）第 10 章的链接获取该练习所需的数据。在做练习之前，请复习"指南"中包括 G.1~G.5、G.10~G.11、G.13 和 G.16 的相关内容。

问题 10.1 （a）利用表 2—3 计算：如果布隆迪、埃塞俄比亚和俄罗斯（10.1 节导言中提到的国家）希望在 100 年或 200 年内赶上美国 2008 年的人均 GDP 水平，这些国家的真实 GDP 分别需要保持怎样的增速？

（b）分别计算出这些国家当前的真实人均 GDP 增长率。若这种增长是可持续的，那么这些国家需要多久才能追上美国 2008 年的人均 GDP 水平？（在回答本问题之前，复习对数知识将会有所帮助。参见"指南"，G.1.1。）

问题 10.2 在 10.2.2 节中，我们根据 2008 年的资本价值、劳动价值和 1948 年的生产函数计算了 1948 年的技术水平下 2008 年的产值，并将计算结果同 2008 年的实际产出值进行了对比，以此来衡量技术变革对经济产出的影响。反向的练习同样具有启发意义。用 2008 年的生产函数（通过等式（9.17）可得出 $A=9.63$）计算，在 2008 年的技术水平下，1948 年的 GDP 将会如何。把 1948 年 GDP

的估计值和 1948 年 GDP 的实际值作对比。

问题 10.3 你的一生经历了多少场技术变革？把问题 10.2 和 10.2.2 节中的 1948 年更换成你出生的年份，重新进行计算。

问题 10.4 1992 年，阿尔文·扬进行了一个著名的研究。他试图利用一个类似于 10.2.3 节中出现的增长核算法来解释中国香港和新加坡的高速经济增长。下表给出了扬研究数据中的一小部分（注：表中百分比变化并非按年来计算的）。

国家/地区	1970—1990 年的百分比变化			劳动平均份额
	产出	劳动	资本	
中国香港	147.2	54.9	159.9	0.616
新加坡	154.5	82.5	240.2	0.533

资料来源：Alywn Young (1992), "A Tale of Two Cities," *NBER Macroeconomics Annual* 1992, Cambridge, MA：MIT Press, pp. 13—53；Table 5, 35.

根据表中的信息，计算劳动、资本、技术变革对上述两个经济体产出增长率所做的贡献，结果用百分比表示。上述两个地区经济增长的原动力有何不同？结果是否令你感到意外？为什么？对两个地区长期经济增长的持续性作出评价。

问题 10.5 资本生产率的定义为单位资本的产出，即 $\phi = \dfrac{Y}{K}$。已知 Y 的年增速为 5.2%，K 的年增速为 4.8%，利用增长率的代数法计算资本生产率增长率。

问题 10.6 联邦储备委员会的史蒂芬·奥利内尔和丹尼尔·斯切尔两位经济学家最近进行了一项研究，他们通过扩展增长核算法的框架，评估电脑技术在经济增长中的重要性。他们把资本存量分成四部分：计算机硬件、软件、通信设备（例如，调制解调器和路由器）和其他设备。由此得出一个扩展后的柯布-道格拉斯函数：$Y = AL^\alpha K_H^{\beta H} K_S^{\beta S} K_C^{\beta C} K_O^{\beta O}$，其中，下标 H，S，C 和 O 分别代表硬件、软件、通信设备和其他资本；上标 βH，βS，βC，βO 则分别代表各类资本在非农业产出中对收入的贡献份额（相较于真实 GDP，这里的收入是一个较为狭隘的概念）。下表列出了奥利内尔和斯切尔论文中的一些数据。

	时期		
	1974—1990 年	1991—1995 年	1996—1999 年
产出增长率（每年百分比）			
收入份额	3.06	2.75	4.82
硬件（βH）	0.010	0.014	0.018
软件（βS）	0.008	0.020	0.025
通信设备（βC）	0.015	0.019	0.020
投入增长率（百分比）[a]			
硬件	31.3	17.5	35.9
软件	13.2	13.1	13.0
通信设备	7.7	3.6	7.2

a. 对数平方差×100。

资料来源：Stephen D. Oliner and Daniel E. Sichel, "The Resurgence of Growth in the Late 1990s：Is Information Technology the Story？" *Journal of Economic Perspectives*，14(4)，Fall 2000, pp. 3—22.

根据等式（10.6）和表 10—4，运用类似的算法分别计算各个时期由每一类计算机技术而引发的产出增长率，以及所有计算机技术引发的产出增长率。计算机技术在经济增长过程（尤其是 90 年代后期的高速增长）中扮演了怎样重要的角色？这些结论是否令你感到惊讶？

问题10.7　截至目前，真实 GDP 增长一致被作为核算经济增长的焦点。不过，在衡量人们的生活水平时，人均真实 GDP 却是更好的指标。现在，我们将把焦点转移到人均真实 GDP 上。首先，将柯布-道格拉斯生产函数两边同除以 L，得到 $\dfrac{Y}{L}=AL^{\alpha-1}K^{1-\alpha}$。注意：等式的左半部分表示劳动生产率 $\theta=\dfrac{Y}{L}$，即一小时所产出的 GDP（或每个工人所产出的 GDP）。劳动生产率虽然与人均 GDP 的概念不同，但二者的关系却十分紧密。利用算术增长率模拟出一个类似于等式（10.6）的等式，将劳动生产率的增长分解为分别可归因于技术、劳动和资本的部分。最后，运用表 10—3 中的数据量化每种因素的贡献。（请特别注意要素的符号。）解释你所得结果与 10—4 表中数据不同的原因。

问题10.8　假定劳动生产率以恒定速率 $\hat{\theta}$ 增长，资本生产率在某一均值上保持不变（$\overline{\hat{\varphi}}=0$）。证明资本—劳动比（$k$）的增长率一定是 $\overline{\hat{\theta}}$。

问题10.9　10.4.1 节讨论了一种不平衡的经济增长模式，在该模式下劳动的增速快于资本的增速。现在运用类似于图 10—8 的图形来分析资本增速快于劳动增速的情况。请注意劳动生产率、资本生产率和资本密集度（资本—劳动比）发生了哪些变化。在不平衡增长的情况下，资本存量的增长率会发生什么变化？如果放任自流，经济是否会维持不平衡增长？给出你的理由。

问题10.10　我们在 10.4.1 节中看到，经济的平衡增长路径是一种长期的"速度极限"。思考一下，这种速度极限最近是否发生了变化。经济处于经济周期的顶峰时，是最有可能接近平衡增长路径的时候。确定最近的三个经济周期顶峰（见表 5—1）。使用顶峰到顶峰的劳动生产率的平均增长率，计算出劳动增强型技术进步增长率（$\hat{A}_L$）的近似值。使用劳动的增长率计算出相关人口增长率的近似值（n）。然后，就上面三个经济周期顶峰界定的两个时期，分别计算出沿着平衡增长路径的增长率（$n+\hat{A}_L$）。制作一个表，该表包括相关数据、平衡增长路径以及每个时期真实 GDP 的实际增长率。"速度极限"发生变化了吗？实际增长率与平衡增长路径两者之间有什么差别？

问题10.11　使用人口增长率代替劳动力增长率作为 n 的值重新计算上题。为什么结果会不同？在估测均衡增长路径时，什么情况下使用人口增长率比使用劳动增长率来衡量更有意义？

问题10.12　假设技术进步不存在。使用新古典增长模型（索洛-斯旺模型）说明下面两种情况将会对工人人均 GDP、工人人均资本以及 GDP 增长率分别产生怎样的短期和长期影响？

（1）投资率降低；

（2）人口增长率降低。

问题10.13　一些经济学家认为，计算机技术的发展提高了资本折旧率。假设技术进步不存在（除折旧率变化之外）。使用新古典增长模型（索洛-斯旺模型）说明，资本折旧率的提高将对均衡增长率、工人人均资本量及工人人均真实 GDP 产生哪些影响？请详细说明。

问题10.14　使用新古典增长模型（索洛-斯旺模型）说明，劳动增强型技术进步率的提高（$\hat{A}_L$）将对调整后的产出（经技术进步调整的产出或 $\check{Y}$）、调整后的资本（$\check{K}$）以及均衡增长率 $\hat{A}_L$ 产生怎样的影响？这种提高对工人来说是好事还是坏事？请详细说明。（请思考，用自然单位和用经技术进步调整后的单位衡量计算的结果有什么不同。）

问题10.15　（a）你认为投资率和人均 GDP 平均增长率有什么关系？请解释说明。

（b）分别计算 OECD 国家和非 OECD 国家 10 年来的 GDP 平均增长率和平均投资份额。在计算中，请使用所能取得的最新数据。根据计算结果绘制散点图，并计算这些数据的相关系数。

（c）你的计算结果与你在（a）题中的设想是否相符？

第 11 章

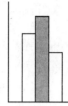

理想的劳动力市场

　　劳动是最重要的生产要素。我们中的大多数人是劳动者，依靠劳动获得主要收入来源。本章我们研究运作良好的劳动力市场。本章所要考虑的问题如下：厂商想要雇佣多少劳动力？多少人想要工作，他们想要工作多长时间？税收、技术进步和移民如何影响真实工资？我们在下一章考虑失业问题。

　　我们在前面两章考察了决定总供给的因素。关键问题是，如果从厂商的角度来看待经济，是什么决定了 GDP 的数量？简单的回答是技术和要素投入。实际上上述回答仅仅答对了问题的一部分，因为这会立即引出下面的问题：什么决定了技术和要素投入？虽然我们在前面的章节中提及过这个问题，但是我们的回答，尤其是关于要素投入的回答，是有局限性的。我们对这个回答持有兴趣是因为，普通人提供劳动投入，它形成了经济中绝大多数收入的基础。本章我们要问的是，在理想的环境（也就是经济运行平稳并且所有市场处于均衡的状态）中，可用于生产的劳动力数量是什么因素决定的？这个分析思路经过适当修改也可以用于分析资本投入。我们关注劳动力投入是因为它对于具有典型性的个人而言至关重要。

　　对于所有经济问题的一个几乎千篇一律的回答就是供给和需求。我们希望知道，为什么一定数量的劳动力能够得到并运用于生产过程，一个好的出发点就是要注意到，厂商需要劳动力，而工人们提供劳动力。因此，我们的分析包括三个部分：（1）什么因素决定厂商雇佣劳动力的决策？（2）什么因素支配工人提供劳动力的意愿？（3）厂商和工人的决策如何交互作用从而决定了用于生产的劳动量？

11.1　劳动需求

□ 11.1.1　厂商的劳动需求

推导厂商的劳动需求曲线

　　正如我们在第 9 章（9.1.2 节）中所了解的，厂商决定雇佣多少劳动力（它们的**劳**

动需求）是根据利润最大化条件而来的。这里我们采取简单的步骤将更早的分析转变为我们在分析劳动力市场时方便使用的一种形式。

劳动需求曲线表明在其他条件不变时，厂商在每一个真实工资率上最优雇佣劳动的数量。我们已经知道真实工资率和劳动需求之间的一般关系。回忆一下利润最大化法则：一家厂商雇佣劳动直至每一单位劳动的边际产量等于真实工资（$mpl=w/p$）为止。因为一种生产要素的边际报酬递减，真实工资率和劳动需求的关系是相反的，一家厂商雇佣更多的劳动如果能够获利，它会继续雇佣工人直到真实工资率下降到足以与劳动的边际产出相等为止。

为了更精准地确定真实工资和厂商劳动需求之间的关系，我们必须将利润最大化原则运用到生产函数中，以便推导出一条劳动需求曲线（见图 11—1）。劳动生产函数可表示为图 11—1 中上方的图形。我们要在下方的图形中推导出真实工资和劳动之间的关系。

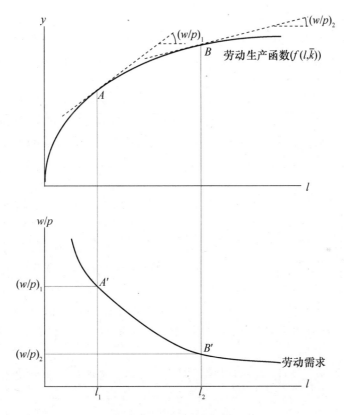

图 11—1　推导劳动需求曲线

注：为了推导出劳动需求曲线（下方的图形），我们从某一真实工资水平开始；与利润最大化原则相一致，在生产函数上（上方的图形）找到与该真实工资水平相一致的劳动水平，以形成劳动曲线上的一点；在不同的真实工资水平上重复上述步骤以找出曲线上的其他各点。因为生产函数显示出劳动的报酬递减，由于劳动增加，边际产出不断下降，转化为一条向下倾斜的劳动需求曲线。

设想拥有某一给定资本存量的厂商（或许就是第 9 章 9.1.2 节中的高尔夫球生产商）面临某一真实工资 $(w/p)_1$。最优生产点在边际产出以图中生产函数上 A 点的切线的斜率表示取值 $(w/p)_1$ 的地方被找到。这一点和劳动的某一特定水平相一致——称其

为 l_1。组合 $(l_1，(w/p)_1)$ 在图 11—1 下方的图形中形成 A' 点，同时也是劳动需求曲线上的一点。如果厂商在 A 点生产时支付给工人的工资超过 $(w/p)_1$ 的水平，它将会减少厂商的利润，因为边际工人生产的仅仅只是 $(w/p)_1$。

但是如果厂商面临的是一个较低的工资水平，比如说 $(w/p)_2$，它将怎么做呢？现在在一个较低的边际产出的点上生产，厂商能够支付得起工资。随着厂商增加工人，劳动边际产出下降，并且沿着生产函数向右移动，新的最优生产点将会在类似 B 这样的点上。此处的边际产品比 A 点的低，并且与现在较低的真实工资相一致。在 B 点处，厂商使用更高数量的劳动 l_2。图 11—1 下方图形中的标明为 B' 点的组合 $(l_2，(w/p)_2)$ 是厂商劳动需求曲线上的另一个点。

真实工资和劳动投入的其他组合点可按照相同方法得到。劳动需求曲线就是将 A'，B' 以及其他利润最大化的点连接起来形成的。因为劳动的报酬是递减的，所以它是向右下方倾斜的。

移动劳动需求曲线的因素

劳动需求曲线显示的是其他条件不变时，真实工资的上升（沿着曲线的运动）减少了厂商对劳动的需求量。每当两个变量通过一个数学函数或"曲线"相联系时，我们应该总是怀有疑问，我们不仅要问，是什么因素使我们沿着曲线移动？而且要问，当其他条件不相同时会发生什么？什么因素使曲线发生移动？劳动需求函数并非与生产函数彼此相互独立。事实上，它只是将生产函数从两轴分别代表劳动和产出的图形转换为两轴分别代表劳动和真实工资率的图形。结果是，任何使生产函数移动的因素通常都将引起劳动需求曲线的移动。而且，除非生产函数也发生移动，否则劳动需求曲线是不能移动的。

我们已经从第 9 章（9.3.2 节）中知道技术进步或者资本存量的增加使得生产函数向上移动。考虑一下资本存量的增加。它是怎样移动劳动需求曲线的呢？

我们已经知道，资本增加使每一劳动水平下劳动的边际产出提高（以图 11—2 中生产函数曲线的向上移动表示，上方的生产函数曲线上的每一点的切线都比垂直方向上该点下方的生产函数曲线上点的切线更陡峭）。更高的边际产出意味着利润最大化的厂商在每一劳动水平上能够支付更高的真实工资。这意味着在图 11—2 下方的图形中，每一劳动水平是和更高的真实工资相联系的，以至劳动的需求曲线垂直向上移动。

当增加的资本提高了工人的边际产出时，为什么厂商愿意为某一特定水平的劳动支付给工人更多的工资？为什么厂商不直接将这笔意外之财装入自己的口袋？答案就是：竞争。当边际产出增加时，每个厂商试图雇佣更多的工人，因为增加的工人将会在现行工资率下增加厂商的利润。但是因为我们已经假设所有市场处于均衡状态，所有可利用的工人都已被雇佣，所以厂商只有通过支付更高的工资才能吸引他们。厂商愿意一直这么做，直到真实工资率上升到和边际产出相等为止。超过这一点后真实工资的上升将会降低厂商的利润。

□ 11.1.2 劳动总需求

在宏观经济分析中，相比于个别厂商对劳动需求的关注，我们当然更关注劳动的总

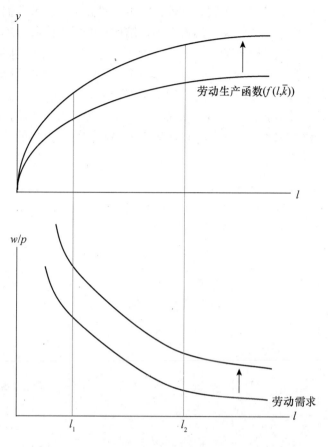

图 11—2　生产函数的移动使劳动需求曲线发生移动

需求——就是说，经济中的全部劳动力如何与工资相联系。如果所有的厂商生产相同的产品，并且如果所有工人都是相同的，那么从厂商到整个经济的加总将很容易。我们将依次审视一下每一真实工资率，并询问一下每家厂商在此工资率下将雇佣多少劳动力，然后将每家厂商进行加总以得到劳动的总需求（见图 11—3）。然而，事情并非如此简单。

　　第一个问题就是，所有厂商并不是在生产同样的产品。回忆一下高尔夫球生产商的例子（第 9 章 9.1.2 节），从单个厂商的观点来看，真实工资是以该厂商自己的全部产出单位来衡量的（在那个例子中，最佳产量点的真实工资是每小时 24 个高尔夫球，折算成货币就等于每小时 12 美元）。当不同的厂商生产不同的产品时，我们必须找到一个共同的衡量单位。正如 GDP 那样，我们可以用一个价格指数来取代一单位产出的价格。合适的指数可能是 PPI 或者 GDP 平减指数（见第 4 章 4.2 节）。这个问题将在 11.3.1 节中进一步讨论。

　　第二个问题就是，并非所有工人都是相同的，存在许许多多接受过各种不同培训以及具有不同技能的工人。大多数工人可以轻松完成不止一种工作，但没有人能做每一件工作。不同种类的工人可能面临不同的工资率——很多工人都能完成的工作一般工资较低，因为竞争是激烈的——因此，他们的最佳边际产出也不同。在任何时候，都有一个工资结构，比如，临时工获得低工资，脑外科医生获得高工资。就我们的目的而言，工资结构可被概括为一个平均工资率。当整个工资结构上升或下降时，工资率也跟着上升或下降。这提供了工资结构运动的一个不完美指数。之所以不完美是因为平均工资率会发生变化，而平均工资率发生变化不仅仅因为整个工资结构上升和下降，而且因为，即使当每个人的工资率保持不变时，支付不同工资率的各职位上的工人数量也可能发生改变。这种不完美只不过是我们已经在第4章（4.1.3节）中所指出的另一个例证而已：任何时候某个单一数字都囊括很多信息，而丢失另一些信息。这里的总量真实工资率丢失的是工资结构本身的详细信息。

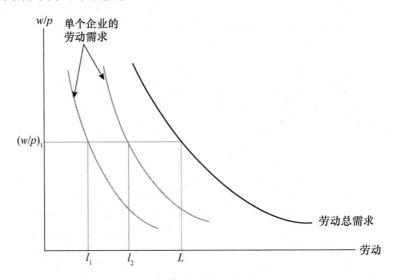

图 11—3　劳动总需求曲线

注：如果所有厂商生产一种同质的产出，那么劳动的总需求曲线将是在每一真实工资下所有单个厂商的劳动需求曲线的水平加总。这里只有两家厂商，在$(w/p)_1$时，劳动的总需求是$L=l_1+l_2$。劳动的总需求曲线上的每一点都可以用同样的方法推导。在实际经济当中，数以亿计的单个厂商的劳动需求形成总的劳动需求。

我们在第9章（9.2.3节）中看到，柯布-道格拉斯生产函数提供了经济中总供给的一个良好近似。我们将在这里继续使用它，从而可以用图11—1中推导个别厂商劳动需求曲线的方法推导出总劳动需求曲线。为了从单个厂商推导出总量，我们在图11—1的上方图形中用真实GDP(Y)替代y，用总劳动（L）替代l，而且我们不用产出的单位来衡量真实工资（w/p），而是以某一基年的美元数所衡量的平均真实工资来衡量真实工资。这里，价格（p）是用某一价格指数来衡量的，该指数适当地反映了全体厂商的产出构成。在整个经济的最佳生产点上，我们将总生产函数的边际产出看作与平均真实工资相等。

11.2　劳动供给

厂商需要劳动，工人供给劳动。我们现在转向劳动供给背后的因素。虽然我们主要关注的是劳动的总供给，但首先研究单个劳动者的供给决策不无裨益。在第9章中我们

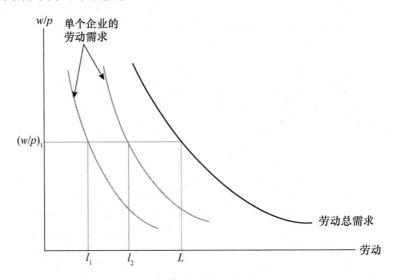

应用中级宏观经济学

看到，劳动或者可以用工作小时数来衡量，或者可以用工人数量来衡量。就不同目的而言，每种衡量方法都是有用的。这两种衡量方法反映了工人劳动供给决策的两个方面：(1) 参与度——也就是说，是工作还是不工作；(2) 强度——工作多少小时。如果我们首先考虑强度，这是最容易的：在已决定要工作的条件下，什么因素支配工人选择工作的小时数？

□ 11.2.1 工人：选择工作小时数

闲暇的价格

人们因为各种各样的原因工作。最显著的原因是赚取收入以购买生活用品，支付租金，买车，以及购买所有其他的生活必需品或奢侈品。很多人——虽然并非全部——发现他们的工作很有意思，并带给他们成就感。然而，如果没有收入上的损失，即使对这部分人来说，他们宁愿享受一个小时的休闲也不愿做一个小时的工作。因此，假定闲暇是一种商品具有合理性。正如我们可以消费一块面包，在旅馆住上一晚，乘坐一次汽车，穿一天牛仔裤和 T 恤，度一次假，或者消费其他商品或服务，我们也可以消费一小时的闲暇。

商品通常有价格。但是对于闲暇，还没有类似于汽车或餐馆这样商品的市场。（这不是说没有一个市场经营休闲活动，比如，棒球比赛、滑雪或参观美术馆。）即使闲暇没有明确的价格，但是有一个隐形的价格或者机会成本。回顾一下第 6 章的 6.2.1 节，任何选择的**机会成本**是指因该选择放弃的最佳替代选择的价值。闲暇的隐形价格就是它的机会成本。如果你花费一小时用于闲暇，你就放弃了工作一小时的机会。你失去的是一小时的工资。货币本身是没有价值的。你真正失去的是可以用一小时的货币工资来购买的消费品，用真实工资（w/p）衡量。这里，价格水平（p）衡量了你有钱时会购买的一篮子消费品的价格。举例来说，如果你是一个典型的美国城市消费者，这个价格水平或许会以城市消费者价格指数 CPI-U（参见第 4 章 4.2.1 节）来衡量。

劳动—闲暇选择

一旦我们将闲暇视为商品并将真实工资率视为其价格，就更易于理解工人们面临的选择。一周有 168 个小时。如果一个工人选择根本就不工作，他享受的是 168 个小时的闲暇，但是放弃了购买其他商品所需要的收入。相反，如果工人用于闲暇的小时数较少，他提供较多的劳动小时数 $l = 168 -$ 闲暇小时数，同时获得了购买价值为 $w/p \times l$ 商品的能力。对于工人来说，问题就在于：选择这样一种劳动小时数，从边际上来讲，再多减少一点点闲暇（也就是劳动时间的少量增加）的精神收入正好等于从用增加的少量劳动收入将会购买到的少许消费品中得到的精神收入。

具体来说，假设工资率是每小时 15 美元，在平衡了消费和闲暇的边际收益之后，你决定每周提供 20 小时的劳动（消费 148 小时的闲暇）。当工资率上升，比如说上升到每小时 16 美元时，会发生什么？你提供的劳动是更多还是更少了？工资率上升包含两个方面：第一，如果你继续每周工作 20 小时，它使你的收入从每周 300 美元上升到每周 320 美元；第二，它增加了闲暇的机会成本。虽然这些都是工资率同一变化的两个方面，但我们可以通过两个思维实验分别对它们进行分析。

● **思维实验 1** 如果你能够得到工资率上升带来的收入，而无须面对闲暇机会成本上的变化，你的劳动供给将怎样改变？

为了使这个思维实验有意义，设想工资率继续处于每小时 15 美元的水平上，但是你继承了一小笔遗产，无论你工作与否，都会支付给你每周 20 美元。你用于工作的时间是更多还是更少了？

一般来说，收入上升在其他条件不变时会增加对所有商品的需求。① 额外的每周 20 美元允许你购买更多的商品，包括额外的 1 小时 15 分钟的闲暇，而不会使你减少购买其他商品。通常你将会购买额外的商品和额外的闲暇，即你的劳动供给会小幅减少。由于收入上升带来的劳动供给减少，称为**收入效应**。

● **思维实验 2** 如果你面临的是一个更高的工资率，而不是收入的变化，你的劳动供给将会怎样改变？

为了使这个思维实验有意义，设想工资率上升到每小时 16 美元，不过政府征收每周 20 美元的一次性税收（也就是说，这是不管收入多少每个人都必须支付的税）。现在，你每周工作 20 小时，你的周收入仍然是 300 美元，但是你的工资率更高了。你会工作更长时间还是更短时间？

一般来说，当其他条件不变时，无论何种东西的价格相对于其替代物的价格上升，其需求均会下降。当草莓果酱的价格相对于柑橘酱的价格上升时，人们通常会买更多的柑橘酱。此处闲暇的价格（其机会成本）相对于其他商品价格发生了上升，包括草莓酱和柑橘酱。通常你会购买更多的草莓酱、柑橘酱和其他商品，而购买较少的闲暇，也就是说，你的劳动供给会上升。工资率的变化鼓励你用现在更便宜的商品去替代现在更昂贵的闲暇。由于闲暇价格（或机会成本）的上升所带来的劳动供给的增加，称为**替代效应**。

虽然我们可以从概念上区分它们，但实际上，真实工资率的任何变化总是既具有收入效应，它鼓励我们减少劳动供给，也具有替代效应，它鼓励我们增加劳动供给。工资变化导致劳动供给发生何种变化取决于哪一种效应更强。

劳动供给曲线

我们怎样才能以类似于表示企业的劳动需求曲线的方式在图形中描绘个人的劳动供给呢？

图 11—4 表示的是工人的劳动供给决策。首先看图（A）。假设在真实工资为 $(w/p)_1$ 的 A 点，工人决定提供 l 工作小时，可使得多一点消费与多一点闲暇相对比在边际上的收益是平衡的。现在考虑当真实工资上升到 $(w/p)_2$ 时会发生什么。指向右边的箭头表示的是替代效应，它鼓励工人供给更多的劳动。替代效应的大小以箭头的长度来衡量。

同时也存在用指向左边的箭头表示的收入效应，它鼓励工人供给较少的劳动。

净效应由 B 点所示的替代效应和收入效应的差额来衡量。如图 11—4 所示，替代效

---

① 已经学过微观经济学的学生当然会认识到这只适用于所谓的"正常"商品。收入的上升可能会减少对"劣等品"的需求。

应比收入效应强一些，所以工资率的上升使工人的劳动供给增加到 l_1 右边的 l_2。如果替代效应一直强于收入效应，则劳动供给曲线向右上方倾斜。

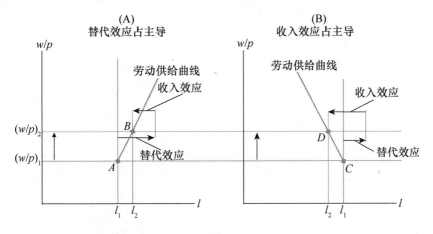

图 11—4　劳动供给曲线的斜率

注：当真实工资率上升时，替代效应鼓励人们提供更多的劳动，因为闲暇的机会成本上升了，同时收入效应鼓励人们提供更少的劳动，因为他们现在能够购买到更多的闲暇。如果替代效应更强，劳动供给曲线向右上方倾斜。如果收入效应更强，劳动供给曲线向右下方倾斜。

通过考虑不同的真实工资率以及寻找替代效应和收入效应加总的净效应，可用上述方式构建出一条完整的劳动供给曲线。

替代效应未必就比收入效应更强。图（B）显示的是劳动供给曲线的构建，该线从 C 点开始，此时收入效应强于替代效应。当真实工资率从 $(w/p)_1$ 上升到 $(w/p)_2$ 时，占支配地位的收入效应超过了替代效应，而且劳动供给（C 点）从 l_1 下降到 l_2。对于所有高于 $(w/p)_1$ 的工资率而言，如果收入效应均强于替代效应的话，则劳动供给曲线将向右下方的 C 点倾斜：较高的真实工资率降低了劳动供给。

虽然劳动供给曲线可向右下方类似 C 点的某点倾斜，但并没有理由认为对每一个可能的工资率而言劳动供给曲线都会向右下方倾斜。果真如此将会怎样？当真实工资率从 $(w/p)_1$ 下降至 0 时，工人将提供越来越多的劳动，因而，在真实工资率为零时，他提供的劳动就将多于任何大于零的真实工资率水平上所提供的劳动。但这不合情理。除非是慈善行为，工人通常不会从事无报酬的工作。

相反，在很低的工资率下，由于收入很低，作出如下假设更为合理：工人对于食物、衣服、住所及其他"必需"商品的需要是如此得强烈，以致收入效应弱、替代效应强。因此，我们应该预期到工资率低时劳动供给曲线向右上方倾斜。

另一方面，同样不太可能的是，当工资率变得更高时，工人在边际上继续重视商品而忽视闲暇，从而供给越来越多的劳动小时数。在某一点上，闲暇时间的边际价值将必然超过放弃的消费增量。紧接着收入效应将开始抵消替代效应，使劳动供给曲线沿着曲线本身折向后方。图 11—5 显示了一条向后弯曲的劳动供给曲线，在这条曲线上，当工资低时收入效应弱，而当工资高时收入效应变强。

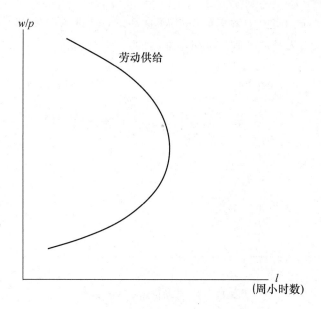

图 11—5　向后弯曲的劳动供给曲线

注：在低真实工资率下，替代效应可能比收入效应强一些，因而劳动供给曲线向右上方倾斜。当真实工资率上升时，收入效应可能变得相对较强，导致一条更为陡峭的甚至向后弯曲的曲线。

更贴近现实：税收

劳动供给曲线的推导省略了很多可能影响实际工人行为的经济特征。但是，很容易对此分析方法作出修改以考虑某些被忽视的特征。我们将详细研究两个省略的东西——税收和标准工作周。

对任何获得第一张薪水支票的年轻人来说，非常大的一种失望就是发现政府会以所得税和社会保险捐助的形式征收工人薪水中相当大的部分。

美国的税法很复杂。所以，为了分析税收对劳动供给的影响，我们必须使事情简化。工人的决策——就像大多数经济决策一样——是在边际上作出的。重要的问题是，工作多一点或少一点的得或失是什么？关于税收的问题则是，税法是如何影响从多一点工作或少一点工作中所得到的收入的？为了回答这个问题我们必须知道边际税率。**边际税率被定义为额外一美元收入中作为税收支付的比例**。为使事情简单，假定所有收入以相同的单一税率征税——称之为 τ（希腊字母"tau"）。在此情形下，边际税率一定也是 τ，τ 的取值在 0 和 1 之间。如果一个工人工作一小时获得真实工资（w/p），政府拿走 $\tau(w/p)$ 作为税收，留给工人（$1-\tau$）（w/p）作为**税后真实工资**。

因为工人实际获得的是税后真实工资，这个税后真实工资——而非企业付给工人的工资——才是闲暇真正的机会成本。边际税率的任何增加代表的是闲暇机会成本的下降。如果替代效应较收入效应更强，则边际税率的任何增加使得如图 11—6 所示的劳动供给减少。

不包含税收的劳动供给曲线显示在图中最右边。在真实工资（w/p）$_1$ 处，工人提供劳动 l_1。如果征税 τ_1，劳动供给会发生什么变化？税后真实工资水平为（$1-\tau_1$）（w/p）$_1$。工人对这一真实工资水平的反应应该全然就像他没有缴税但却遭受了工资率的一次削减那样。这被表示为沿着右边的那条劳动供给曲线从 A 点移到 B 点，劳动供

给从 A 点的 l_1 下降到 B 点的 l_2。但工资率显然并未真正地下降；雇主仍然支付的是 $(w/p)_1$。这意味着组合 $(l_2, (w/p)_1)$ 就是劳动供给（C 点）。因为对于任何真实工资率而言，上面的论证都适用，因此，原始曲线上的每一点都向左移动。因为这个税率是比例税率，它的绝对效应更强，劳动供给曲线的移动也更大，在高工资率时，曲线变陡。新的劳动供给曲线是基于税率为 τ_1 这一假定画出来的。税率进一步上升到，比如说 τ_2 时，将使得劳动供给曲线进一步向左移动。（在问题 11.5 中，要求学生计算出税率上升对向后弯曲的劳动供给曲线的影响。）

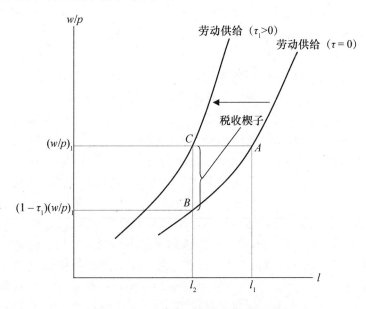

图 11—6　税收增加对劳动供给的影响

注：如果替代效应超过收入效应，边际税率的增加使得劳动供给曲线向左移动。因为税收是按比例征收的，税收在高真实工资率水平上对劳动供给的影响大于低真实工资率下的影响，这使得劳动供给曲线左移时变得陡峭。

　　图 11—6 中线段 BC 部分的长度衡量的是雇主支付的真实工资率和工人得到的税后真实工资率之间的**税收楔子**。税收楔子越大，劳动供给曲线左移的距离越大，在任何真实工资率下劳动供给量减少得也越多。

　　我们已经假定唯一相关的税收是所得税，但是税收楔子也包含如下这个差额：在厂商支付的边际产品价值与工人实际选择花费的开销（这一开销随着工人供给小时数不同而变化）之间所存在的差额。

　　例如，某种间接税的增加，比如消费税，与所得税税率的增加起着相同的作用。如果工人们将其全部的收入花费在应纳税消费品上，消费税增加一个百分点将使其有效购买力降低 1%，从而降低闲暇的机会成本。当然，确切的效应因如下这一事实而复杂起来：消费税很少适用于所有商品（例如，一些州豁免食品的消费税），而且如果工人们选择储蓄而不是花费其所挣收入也可以避免消费税。即使是所得税，它也比我们已经表明的更加复杂，因为有各种各样的避税方法（例如，401 条款以及其他延迟纳税的储蓄账户）。虽然税收楔子的具体大小是变化的并且难以衡量，但是这种定性的影响却是清楚的。

税收增加降低劳动供给，反过来税收降低增加劳动供给，这种观念是流行于 20 世纪 80 年代早期所谓的**供给面经济学**的主要信条。罗纳德·里根总统和他的顾问们使用它来证明削减边际税率将刺激人们更加努力工作并赚取更多收入。可以想象，收入的增加可能大到足以抵消低税率的影响，以致总的税收收入实际上将会增加。实际上这种情况是否发生取决于替代效应是否足够强大，强大到不仅超过收入效应，而且使劳动供给提高的比例超过税收下降的比例。

证据似乎证实了里根总统第一个任期内作出的减税决策的某些供给面效应，然而，在这个事件中，其供给面效应并未大到增加税收收入的程度。虽然对劳动力市场或者减税的自我融资可能施加较少压力，乔治·W·布什总统在他的第一任期内恢复了供给经济学派的政策。

更贴近现实：一个标准工作周

使劳动供给的简单分析显得不现实的另一方面是，许多工人不能选择他们的工作小时数。虽然人们做兼职或超时加班，但这两种情形要么是自愿的，要么是强制的。对于超时劳动而言，要求厂商支付给工资劳动者（相对于领薪水的监工或职业雇员）"相当于原工资标准一倍半的加班费"的联邦法律为厂商允许超时提供了一种负向激励。

让我们朝着现实迈一小步，这就是假定不允许工人一周工作超过 40 小时——虽然他们可能工作得少一些。图 11—7 与图 11—5 中向后弯曲的劳动供给曲线除一处之外是相同的，这就是图 11—7 包含一个在 40 小时处以垂直线表示的约束。如果允许工人自由选择，那么劳动供给曲线就是连接点 A，B，C，D 和 E 的曲线。在点 A，D，E 处，工人想要提供少于 40 个小时的劳动，所以该约束起不到约束作用。但是约束线右边的该曲线的灰色部分表示不被允许的点。在 B 点处，工人想要提供超过 40 小时的劳动，但是只被允许提供 40 小时劳动，所以约束使得 B 点向左移至 F 点。同样地，C 点意愿的劳动供给太高，它左移至工人仅仅只提供 40 小时劳动的 G 点。总的效应就是将劳动供给曲线重新描绘成具有一段垂直地穿过点 A，F，G，D 和 E 的黑色曲线。任何位于垂直线部分的工人都是受约束的。

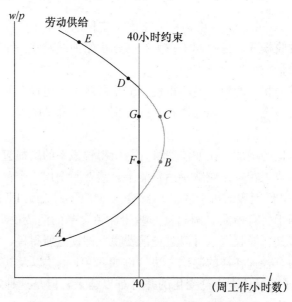

图 11—7 具有法定工作周的劳动供给曲线

实际的个人劳动供给曲线

实际上，个人劳动供给曲线看起来是什么样的呢？这样一个问题是很难回答的，因为实际上我们只能观察到某一特定时间内某个工人的劳动曲线上的唯一一个点（劳动小时数和真实工资率的一种组合）。所有其他各点都是对工人如果面临各种不同的工资率将会提供多少劳动的推测。如果我们设想，平均而言工人们在绝大多数方面是相同的，我们仍然可能获得个别劳动供给曲线看起来可能是何形状的一些见解。

国家青年长期追踪调查项目已经编录了自年轻时开始的大样本的个人工作历史。图11—8 描绘的是某个时期的来自本调查项目的大约 10 000 个男性工人的真实工资率以及平均周工作小时数。穿过这些点的拟合最佳的那条弯曲的线是使用 Excel 中的电子制表软件包中的"添加趋势线"选项拟合而成的。这就是所谓的"非线性回归线"。（见"指南"，G.15，对于作为一种统计性工具的回归的介绍。）该回归线就被当作对这些工人的劳动供给曲线的经验估计。

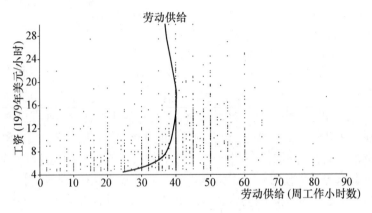

图 11—8　一条经验的劳动供给曲线

注：10 036 个点中的每一个点均代表了一个（男性）工人提供的周工作小时数以及小时工资率。该劳动供给曲线是拟合最佳的非线性回归线。

资料来源：Bureau of Labor Statistics, *National Longitudinal Survey of Youth 1979*.

注意该图与图11—7 之间的相似性。该回归线勾画出来的形状非常像具有 40 小时约束的向后弯曲的劳动供给曲线。在 40 小时之处看起来像一条垂直线的并非真的就是一条实实在在的线，而是反映出这样一个事实：在该样本的 10 000 个工人中大约 7 500 个工人在各种不同的工资率下每周提供 40 小时的劳动。劳动供给曲线描绘了与 40 小时约束相对应的那一段曲线。

在 40 小时的右边有点存在。这是合理的，因为在现实世界中工人的确是在超时工作——要么因为他们是监督者（管理员），或者职业者，要么因为雇主提供给他们法律规定的原工资标准一倍半的加班工资。

回归线的拟合远非完美；许多点位于该线的两侧。我们应当将其解释成一个代表性工人行为的大致描述。但是，很明显，代表性工人并非任何特别的实际的工人。

□ 11.2.2　**工人：选择参与**

到目前为止，我们仅仅探讨了工人劳动供给决策的一个方面：对于某一给定的真实工资，工人工作多少小时。现在我们开始讨论第二个方面：参与，也就是说，是工作还是完全不工作。

劳动供给曲线从原点出发并至少就其长度的某一部分而言是向右上方倾斜的，这表明即使工资很低——比如说，每小时 1 美分——工人也将工作一小会。这明显不切实际：根本就没有人会为了每小时 1 美分而工作。工资必须达到多高才能诱使工人加入到劳动力队伍中，这是由什么因素决定的呢？

劳动力参与决策再度是个机会成本问题。无所事事自有其吸引力之所在。在任何人加入劳动力队伍之前，工资率必须高到足以压倒这种吸引力。工作所具有的成本并不取决于一个人工作时间的多少。一个工人或许需要特殊的衣服、一辆小汽车或其他交通工具，或者儿童或老人需要看护，而这些仅仅是为了能够获得哪怕一分钟的工作而已。参与劳动力队伍的机会成本是以下三者的总和：

- 工人对完全空闲赋予的隐含价值；
- 相比于不工作来说工作的外显成本（比如衣服、交通、儿童看护）；以及
- 来自工作的显性损失（例如，未从事的家务劳动）。

机会成本因而部分是心理方面的，部分是物质方面的。

如果人们彼此之间完全相互独立，并且从来没有任何其他人的支持，那么工人可能对参与的机会成本赋予一个较低的值。如此一来，选择实际上可能就在工作与挨饿之间。但绝大部分人不是完全独立的。对于许多人来说（例如，住在家中的青少年或有提供第二份收入的配偶），参加劳动力队伍与否可能是一个名副其实的选择并且将取决于真实工资。

保留工资被定义为与不工作相比较，工作的机会成本，也就是这样一种真实工资水平，该真实工资高到足以使得一个工人觉得参与到劳动力队伍中是值得的。

考虑到参与的机会成本影响的是图 11—9 所示的劳动供给曲线的形状。只要真实工

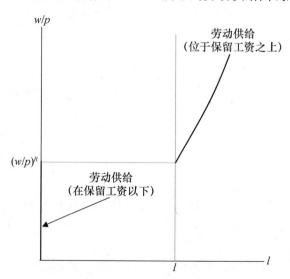

图 11—9　参与决策对劳动供给的影响

注：每个工人都有一个保留工资——超过开始工作的显性成本和机会成本的最低工资率。在低于保留工资的工资率水平上，没有劳动被提供，由此产生出劳动供给曲线的不连续性。

资低于保留工资$(w/p)^R$，工人根本就不会提供劳动。这由纵轴上的黑色部分表示。在保留工资之上，存在着一条正常的劳动供给曲线。

图11—9体现的是劳动供给决策的两个阶段：第一个阶段，在低工资水平下，工人根本不提供任何劳动，工资的小幅上涨没有任何效应。但是，第二个阶段，一旦工资上升到足以让工人咬咬牙加入到劳动力队伍中来，最低的劳动供给量将远大于零，而且工人将会决定在此最低劳动供给量之上提供多少小时劳动，该决定是通过这样一个常规过程实现的：在闲暇的机会成本与对消费品的渴望之间加以平衡。

□ 11.2.3 劳动总供给

劳动总供给曲线

我们怎样才能够从劳动供给的微观经济学转移到宏观经济分析中便于使用的一种总量关系？如果工人基本上是相同的，问题将会很容易解决。

正如我们所看到的，劳动供给曲线具有两个维度：劳动力是否参与和劳动小时数的选择。通过把注意力放在每一个维度上，我们可以推导出劳动总供给曲线。

首先看参与决策。如果除了保留工资之外，所有工人都是相同的，那么我们可以将他们按照保留工资从最低到最高排序。因而我们可以询问：如果真实工资起始于零并开始上升，会发生什么？结果如图11—10所示。在零工资率处，没有劳动力参与，劳动供给为零。随着工资率上升，它达到并超过了越来越多人的保留工资，以致越来越多的人参与到劳动力队伍中来。劳动总供给（参与）曲线仅限于向右上方倾斜。

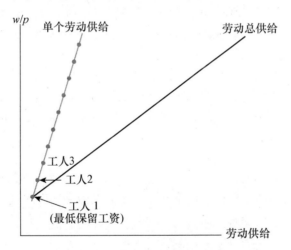

图11—10 劳动总供给曲线的推导

注：如果每个劳动者除了保留工资外都是相同的，那么每一个劳动者对于保留工资以上的各点都有相同的劳动供给曲线。个别劳动供给曲线上的每一个黑圆点标记的是一个更高一些的保留工资。劳动总供给曲线起始于工资达到最低保留工资之时。随着工资上升，当越来越多的工人依次加入到劳动力队伍中时，他们的劳动供给就形成了劳动总供给。

当然，这过于简单。正如我们推导劳动总需求曲线所观察到的，并非所有工人都是相同的，而是在知识、技能、爱好和机会成本方面各不相同。他们面临不同的真实工资率并具有不同的保留工资。我们必须再次将图11—10中的纵轴解释为对平均真实工资的衡量，这种平均真实工资至多为工资结构提供了一种指数。单个工人可能具有一个大大低于现行平均真实工资的保留工资，然而实际上他所得到的仅仅是低于其保留工资的某一工资。该工人将不会加入到劳动力队伍中。

当我们转向工作小时数的选择时仍然存在着相同的问题。所有的工人都各不相同并且面临某种工资结构。就每一个工人个体而言，从提供零小时劳动到提供某一正值的劳动小时数之间有一个跳跃，这一正值的劳动小时数出现于这个工人自己的工资率超过其保留工资之时。但在加总中我们是不可能看到这样一个跳跃的。任何时候不仅存在各不相同的工资待遇，而且保留工资也迥然各异。因此，在任一平均工资率下总有一些工人在提供劳动。当工资结构向上移动时，平均真实工资上升，单个工人沿着他们的劳动供给曲线向上移动。单个工人可能会在他们的个别劳动供给曲线上存在向后弯曲的部分，但是在工人之间，导致劳动供给曲线开始向后弯曲的工资水平各不相同。看起来似乎可能的是，如果在任何平均真实工资水平下绝大多数工人发现他们正处于其劳动供给曲线的向上倾斜部分或垂直部分，则平均真实工资的增加将和劳动供给增加联系在一起。这样劳动总供给（小时数）曲线将会和参与曲线（图11—10）一样向右上方倾斜。

如同图11—10的曲线可以被用来表明的要么是参与决策，要么是劳动小时数决策，但不可能同时是两者。本书中总量劳动力市场图形中的水平轴用大写字母 L 来标记。就许多目的而言，作为对劳动供给的衡量，用工人数或转换成劳动小时数，两种衡量都可以。这两者的含义并不是完全独立的：根据定义，工人数 = $\dfrac{\text{总工时}}{\text{每个工人平均工作小时数}}$。当不存在歧义时，我们将用 L 代表工作小时数（正如它在第9、第10章通常所做的那样）或工人数（正如它将要在第12、第15章经常这样做的一样，也包括本章之后的部分）。然而，当用实际的数据进行计算时，在表达我们的意思时必须更加小心。

参与率和平均工时

对于劳动总供给曲线的形状，经验证据和劳动供给的微观经济学分析告诉我们的是什么呢？劳动总供给曲线是许许多多单个决策的结果。影响到劳动供给总量的因素对于单个工人来说是重要影响因素；不过，正如宏观经济学中惯常的那样，它们的影响方式未必就是简单的或直接的。

工人劳动供给决策的两个关键方面——是否参与劳动力队伍和参与条件，以及工作多长时间——同样适用于劳动总供给。因为工人的爱好、技能、机会成本和保留工资各不相同，工人面临不同的工资率，而且每个人都有不同的劳动供给曲线。图11—8中的回归线充其量反映的是所调查的工人——所有已选择参与的人群——的代表性行为，但是再一次重申，代表性工人绝不是指某一特定的工人。

让我们首先看看总量参与决策。已经决定参与到劳动力队伍中的劳动者的总数量被称为**劳动力**。2009年，美国16岁以上民用的劳动力是154 369 600个劳动者。这一数字不包括部队服役人员以及少量16岁以下的劳动者。劳动力当然是伴随着人口上升而上升的。**参与率（PR）**将劳动力作为相关人口的一个比例来衡量：参与率 = 劳动力/相关人口。2009年，16岁以上的民用非机构性人口是235 801 000人（"非机构性"不包括这些人口，比如说，在监狱服刑或因年老待在家的人口）。因此，PR = 154 369 600/235 801 000 = 65%——仅仅比民用劳动力中三分之二的潜在可获得人口稍低一点点。

总工时并不像参与率和单个工人的选择相联系那么简单。如果每个工人都有相同的劳动供给曲线（比如说图 11—7），我们将不得不获悉提供给每个工人的工资以便计算出总劳动供给小时数。事实上，工人并非完全相同的。根据其性别、年龄、种族、教育、经历或其他社会或经济特征的不同，劳动供给曲线可能存在着系统性差异。而且在任一团体内部，个人劳动供给曲线都有可能存在差异。

实际上，如果我们对工资的典型分布具有良好的统计判断（相关团体是什么，每一团体中接纳每一可能的工资水平的工人的比例有多大），我们就可以据此进行合理的计算。但劳工统计局（BLS）的统计学家并不是试图以这种方式来计算劳动供给，相反，他们通过计算工人们实际工作的小时数，以及他们获得的平均工资和薪酬。对总数据而言，与往常一样，工人之间许多有趣的差异在进行上述计算时被丢失了。劳工统计局计算不同职业、不同经济部门、不同行业、不同性别，以及不同种族和民族的平均工时和平均工资时，其中的有些差异又失而复得。

美国 2009 年的总劳动工时是 25 128 500 万。使用早先已引用的劳动力估计值，平均工时是 25 188 500 万/154 369 600＝1 632 小时/年＝32.6 小时/周（假定每年 50 周）。这个数字比全日制的 40 小时/周低了大约五分之一，之所以如此是因为它对全日制、兼职和加班的工时数进行了平均。

表 11—1 将美国数据置于国际比较的背景之中。相对较多的美国人在工作：参与率在美国比在其他大多数国家更高一些（有时高很多）——大大超过 OECD 的平均值和欧洲的 OECD 国家的平均值。然而，加拿大、荷兰和英国的参与率都比美国要更高一些。美国人也比大多数国家的人工作更长时间，尽管他们不是工作时间最长的：美国的年平均工作小时数和日本、意大利相似，低于韩国、土耳其、波兰和墨西哥，大大超过法国、德国和荷兰。

表 11—1   **2008 年的劳动供给**

	参与率 （15～64 岁者的百分比）	平均年工作小时数 （每一实际被雇佣者）
G—7		
加拿大	78.6	1 727
法国	69.7	1 542
德国	75.9	1 432
意大利	63.0	1 802
日本	73.8	1 772
英国	76.8	1 653
美国	75.3	1 792
其他国家		
澳大利亚	76.5	1 721
比利时	66.3	1 568
爱尔兰	71.9	1 601
卢森堡	67.8	1 555
墨西哥	62.2	1 893
荷兰	78.4	1 389

续前表

	参与率 （15~64 岁者的百分比）	平均年工作小时数 （每一实际被雇佣者）
波兰	63.8	1 969
韩国	66.0	2 316[a]
西班牙	73.7	1 627
土耳其	50.6	1 918[b]
欧洲经济与合作组织	69.0	N/A
全部经济与合作组织	70.8	N/A

a. 2007 年数据；
b. 2004 年数据。
资料来源：Organization of Economic Cooperation and Development, *Employment Outlook*, 2004.

随着时间变化劳动供给是稳定的吗?

有关参与率或者某一特定月份或年份的平均工时的统计数字是劳动力市场的大致反映。每一个工人的劳动供给曲线上只有一点被观察到。我们应该如何随时间的变化来看待劳动供给？在美国的历史中真实工资已上升了好几个数量级。在工人的劳动供给曲线保持基本稳定的假定下，我们能分析真实工资如此大的增加对劳动力市场的影响吗？

如果代表性工人的劳动供给曲线是稳定的并且基本类似于图 11—9 中的形状，劳动参与率应该会随着时间流逝而上升。不同的人无疑有不同的爱好和不同的保留工资，但是随着平均真实工资上升，它应该超过越来越多人的保留工资，从而鼓励他们加入到劳动力队伍中。

美国的劳动参与率数据似乎支持了这个推测；图 11—11 表明总的民用劳动参与率自 20 世纪 60 年代初就呈现出向上的趋势（虽然自从 2001 年衰退之后有所下降）。

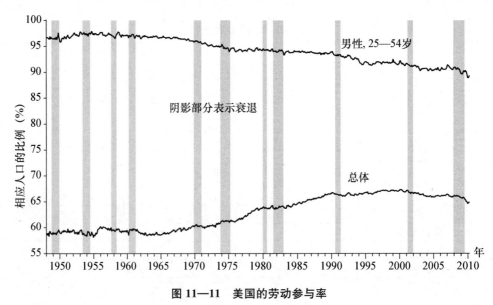

图 11—11 美国的劳动参与率

资料来源：劳工统计局。

遗憾的是，劳动参与率可能并没有反映出真实工资率上升对稳定的劳动供给曲线的影响。人们的爱好和保留工资（机会成本）很有可能取决于年龄、性别以及其他可能因

应用中级宏观经济学

素。总体劳动参与率部分地反映了这些不同因素的平均效应，部分地反映了不断变化的真实工资率的效应。总体劳动参与率可能很难理解，因为它将男女、老少、熟练和非熟练劳动力混在一起。为了单独考虑真实工资的效应，审视一下更多的同类型的群体可能会更好一些。图11—11也展示了这样一个群体的劳动参与率：**青壮年男性**——处于工作鼎盛期的男性，25～54岁。他们的劳动参与率从20世纪50年代初期的大约98％很缓慢地下降到21世纪初期的大约91％。2007—2009年的衰退之后他们的劳动参与率稍微有些明显地下降到略低于90％。（对于劳动参与率性别差异方面的更详细的分析将留在问题11.9和问题11.10中。）

解释青壮年男性劳动参与率下降的是什么呢？多年以来，经济学家和政治学家曾经争论过真实工资——准确地计算过的——从20世纪70年代初到20世纪90年代中期到底是上升了还是下降了。青壮年男性劳动参与率的下降是与常数分布的保留工资和不断下跌的真实工资保持一致的。但是保留工资未必就是常数。劳动力参与率的下降也和不断上升的保留工资是一致的，保留工资的不断上升可能源自不断变化的人口统计学关系和社会关系（例如，家庭的平均子女数，劳动力中已婚妇女的比例）。

1970年之前和1990年之后的这两个相对稳定的时期也对劳动供给曲线是稳定的这种观念构成挑战。在这两个时期中真实工资都上升了，这应该意味着上升的参与率。这或许为保留工资随时间改变提供了进一步的证据，或许是因为工人们关于闲暇对消费的相对偏好已随着工人变得习惯了的消费水平进行了相应的调整。举例来说，1970年，每小时8美元的一个真实工资水平就足以诱使一个工人进入劳动力队伍，而到了2012年，真实工资早已上升，比如说上升到了每小时24美元，那么，对于现在已经习惯了更高工资的工人来说，如果真实工资降到每小时21美元，他们可能就停止加入劳动力队伍。一个年轻但其他方面类似的工人可能并不想进入劳动力队伍，除非真实工资大于每小时24美元。这种不断改变的嗜好和相对偏好也是与贫困是一种相对的而不是绝对的物质缺乏问题这一看法相一致的。（见第10章10.1节，特别是表10—1。）

当转向分析劳动工时的选择时，从我们的分析中得到一个确切的预测更难。如果我们设想图11—8和图11—9描述的是典型工人的劳动供给曲线，那么任何单个工人要在这条线上找到其本人所处的位置则取决于企业提供的工资率的分布情况。如果平均真实工资随着时间推移而上升，我们将预期整个工资结构向上移动。处于工资系列中低工资那一端的工人可能提供更多的工时数，在中间工资率水平上的工人将提供相同数量的工时数（法定每周40小时），处于工资系列中较高工资那一端的工人发现他们处于劳动供给曲线向后弯曲的部分，将提供更少的工时数。但是这些变化是如何影响所提供的总工时数的？这取决于典型劳动供给曲线上的每一部分有多少工人。如果很多工人都处在较低的向右上方倾斜的那一部分，那么平均真实工资率的上升应该增加供给的平均小时数。从图11—8背后的数据来看似有可能，许多工人发现他们被每周提供40小时劳动所限，那么平均工时数将不会对工资率的变化过于敏感。只有当许多工人处于劳动供给曲线的向后弯曲部分时才使我们可能预期平均工时数将下降。实际上发生的是什么情况？

在20世纪60年代中期到20世纪90年代初期之间，对于私有工业中的所有人来说，周平均工作小时数稳定地在下降，自那之后开始变得有些平坦（见图 11—12）。但是，就像民用劳动参与率的数据那样，这些数据混杂了劳动者的大量差异性。图 11—12 也显示了单个部门中的平均工时数，在此部门中工人们可能更具同质性，这就是制造业。直到 20 世纪 80 年代中期，这些工时数都是围绕着大约每周 40 小时这一稳定的均值呈现出较大的波动。

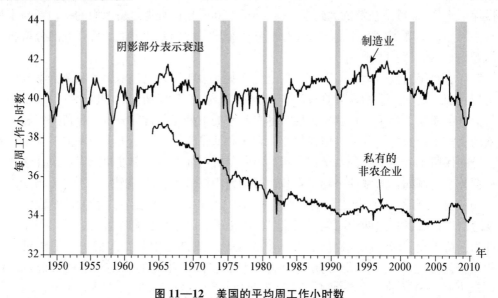

图 11—12　美国的平均周工作小时数

资料来源：劳工统计局。

　　稳定的平均工时数可能有多种解释。第一种可能性解释就是收入效应恰好抵消了替代效应。第二种可能性解释就是工人们通常希望工作更多小时，但被雇主约束在只工作标准的每周 40 小时。第一种解释似乎不可能。收入效应和替代效应正好相互抵消将使得图 11—9 中的劳动供给曲线在保留工资水平以上变为垂直的，但不改变保留工资水平上的劳动供给曲线的非连续性。所以，虽然供给小时数平均而言将保持稳定，但随着时间的推移，不断上升的工资将伴随着不断上升的劳动参与率。但是，正如我们所看到的，劳动参与率趋向于保持不变或下降。

　　给定法定的周工作时间 40 小时，自 20 世纪 80 年代中期以来制造业中平均工时数不断上升的趋势一定是超时加班的结果。工人方面偏好的改变不可能解释超时加班的增加。毫无疑问，每周工作 40 小时的工人中有很多人愿意工作更长时间，如果雇主愿意让他们工作的话。但是对于超时加班而言，相当于原工资一倍半的加班费这一规定意味着在每周 40 小时这一水平上边际成本有一个巨大的跳跃。只有当支付给某些工人超时加班的费用比在规定工时内雇佣更多工人更便宜时，企业才会允许在连续工作的基础上超时加班。要对日趋上升的超时加班作出解释，肯定要到厂商劳动成本结构的某些改变中去寻找，而不是到工人们偏好的改变中去寻找答案。

　　平均工时的解释是复杂的。为了得到总量数据背后隐藏的东西，经济学家需要将注意力放在人口统计学、社会组织、工人技能的分布以及其他因素上。这些是专业化领域的范畴，即劳动经济学，而且超出了宏观经济学的范围。尽管如此，证据指向的是关于劳动总供给的某些一般性结论。许多工人被约束为每周工作 40 小时，而且经验观察表明，尽管真实工资大幅度增加，但劳动参与率并不发生多大变化（见图 11—11），两者合在一起表明劳动总供给曲线很有可能是相对陡峭的——平均真实工资的较大变化只导致劳动参与率和平均工时较小的变化。

11.3　劳动力市场均衡

□ 11.3.1　市场出清

既然我们同时有了劳动供给曲线和劳动需求曲线，我们可以使用它们描述一个平稳的发挥作用的理想劳动力市场。当两条曲线被画在同一图中时，两条曲线的交点定义的是均衡真实工资率和均衡的受雇佣的劳动力水平。

这里有一个复杂之处。从厂商和工人的角度来看，真实工资看起来有所不同。对于厂商来说，相应的真实工资是产品真实工资，它被定义为货币工资将要购买的企业商品的单位数$\left(= \dfrac{\text{工资 } w}{\text{产品的价格}} \right)$。对于工人而言，相应的真实工资是**消费真实工资**，它被定义为货币工资将要购买的代表性消费篮子的数量$\left(= \dfrac{\text{工资 } w}{\text{消费篮子的价格}} \right)$。就总量分析来说，我们可能使用 PPI 或 GDP 平减指数作为对产品价格的近似，用 CPI 作为对消费者价格的近似。

因为多重目的的原因，产品真实工资和消费真实工资之间的区分可不考虑。在这些情形中，我们将只是简单地谈及真实工资，而不去量化它。但显而易见的是，这可能至关重要。假定在图 11—13 中，产品真实工资和消费真实工资一开始是相同的，位于市场出清的 A 点处，其值为$\left(\dfrac{w}{p} \right)^{*}$。现在假设日本小汽车在代表性工人消费篮子中所占的比例很大，并且在其他条件不变的情况下日本小汽车的价格急剧上涨。这意味着从消费者的角度来看，真实工资下降到劳动供给曲线上 B 点的$(w/p_{cpi})_1$，所以工人将只想提供更少的劳动(L_1)。

但故事到此尚未结束。从企业的角度来看是怎样的呢？日本小汽车价格的上升对其产品没有影响。然而，他们看到的是在原来的市场出清工资下的劳动供给的减少，这就好比是劳动供给曲线已左移到了 L^s，移动后的劳动供给曲线穿过 C 点的$\left(L_1, \left(\dfrac{w}{p} \right)^{*} \right)$。在原来的工资率水平上，劳动需求超过劳动供给，因此所有企业均努力提高工资以吸引工人，直到他们在 D 点实现新的市场出清工资水平，此处他们对 L^{**} 的劳动支付$\left(\dfrac{w}{p_{ppi}} \right)^{**}$的真实工资。日本小汽车价格的上升具有不断提高企业必须支付的工资的效应以及不断减少所雇佣的劳动的效应。更高的工资部分是为了补偿工人们更高的消费成本，但是，只有当企业使用更少的劳动导致边际产品上升时，企业才能够支付得起那么高的工资。工资率的上升并不足以完全补偿工人，所以均衡时消费真实工资是

在 E 点的 $\left(\dfrac{w}{p_{cpi}}\right)^{**}$。

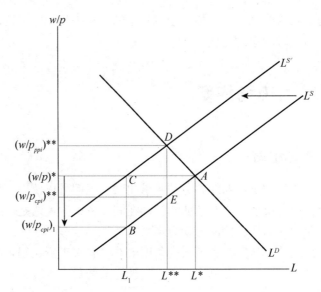

图 11—13　消费品价格相对于产出价格的上升

注：假定市场在 A 点出清，此处消费品和产出的价格是相同的。如果消费品价格上升（例如，由于进口商品的价格上升），消费真实工资在其他条件不变时下降到 $(w/p_{cpi})_1$——沿着劳动供给曲线移动到 B 点。通过产品真实工资来看待劳动力市场，这在企业看来，就好比是劳动供给曲线移动至 $L^{S'}$，移动后的劳动供给曲线穿过 C 点（与 B 点具有相同的劳动供给（L_1），但产品真实工资不变）。B 点并非一种均衡。厂商愿意将工资增加到 $\left(\dfrac{w}{p_{ppi}}\right)^{**}$，以便在 D 点实现新的均衡。均衡的劳动减少到 L^{**}，并且增加的工资率不足以对工人生活成本的上升给予完全补偿，因为均衡的消费真实工资 $\left(\dfrac{w}{p_{cpi}}\right)^{**}$（$E$ 点）仍低于原来的真实工资 $\left(\dfrac{w}{p}\right)^{*}$ 水平。

　　思维敏捷的学生将注意到，日本小汽车价格上升所引致的劳动供给曲线的移动与税率上升所引起的劳动供给曲线的移动具有相同逻辑（见图 11—6）。我们可以将进口价格看作对消费者征收的一种税，并将进口价格的上升看作税收楔子的扩大。

　　除非我们想要分析的问题取决于产品真实工资和消费真实工资之间的差异（例如，下一章的问题 12.6），否则我们将把劳动需求和劳动供给两个方面的真实工资作为同一种真实工资来对待。

□ 11.3.2　对理想的劳动力市场进行分析

　　劳动总需求/劳动总供给图形给我们提供了一个强有力的工具。为阐明这种新工具的使用，我们现在分析三个重要的宏观经济问题：（1）减税对就业的影响；（2）技术进步对工人福利的影响；以及（3）移民对当前工人的影响。我们仍保持在理想的劳动力市场框架之内，在此框架之中，总需求总是足以使经济保持在其潜在水平，且劳动力保持充分就业。

问题 1：减税

边际所得税率的削减对于经济中的就业和 GDP 水平有何影响？

回忆一下 11.2.1 节，一个较低的边际所得税率增加了每一真实工资水平上的劳动

应用中级宏观经济学

供给（劳动供给曲线向右移动）。在图 11—14 的下图中，劳动力市场的均衡从 A 点移至 B 点。注意到企业可利用的劳动数量增加，因此企业生产从图 11—14 的上图中劳动生产函数上的 A' 点移至 B' 点，真实 GDP 上升。同时注意到真实工资从 $(w/p)_1$ 下降至 $(w/p)_2$。

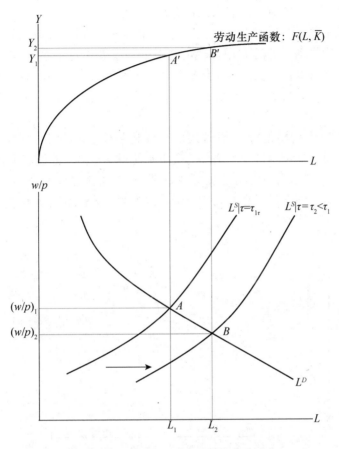

图 11—14　问题 1：削减边际税率的影响

我们必须小心翼翼地解释真实工资的下降。纵轴衡量的是税前真实工资。因为减税增加了在每一工资水平下愿意工作的工人数，如果工资率不下降，劳动力市场将存在超额供给。较低的真实工资正是激励企业雇佣更多工人并生产更多产品所需要的。但是工人们更关心他们的实得工资，即关心他们的税后真实工资。而且税后真实工资一定是已经上升了，否则这些工人就不会想要工作更长时间，而且从一开始就不会产生超额劳动供给，税前工资也不会下降。这一点也不矛盾：新的税后真实工资 $(1-\tau_2)(w/p)_2$，可能大于原先的税后真实工资 $(1-\tau_1)(w/p)_1$，只要实际所得份额 $(1-\tau)$ 增加的比例高于税前真实工资 (w/p) 下降的比例即可。

这种分析取决于替代效应和收入效应中替代效应占主导地位，如果不是对每个工人都如此的话，则他们在总的效应上可能是这样。因此，里根任职期间的供给学派经济学家实际上是正确的。产出将会增加多少取决于替代效应有多大。如果大多数人一周工作标准的 40 小时，替代效应将会很小，并且产出的增加实际上也可能是很小的。

问题 2: 技术进步和工人福利

技术进步以及不断增加机器和其他资本的使用对工人们是有利的吗?

许多人直观上认为技术进步或大量机械化对工人们有害。这种观点似乎很显而易见:如果机器或者新技术允许企业使用较少的工人就生产出相同数量的产出,那么它激励企业解雇某些工人,这对工人们来说肯定是件坏事。

这种观点几乎总是在说服大多数人。19 世纪早期,英格兰北部戴面罩的手摇纺织机的织布工人发生暴动,并且利用夜色的笼罩摧毁了新引进的蒸汽动力和水动力纺织厂,他们害怕这些将取代他们。据说他们曾被金·勒德或内德·勒德所领导,虽然他可能是个神话中的人物。自那以后,强烈反对技术变化或资本积累的人就被称为"勒德分子"。

为了弄明白为什么勒德分子是错误的——至少对于出清劳动力市场而言是错误的——让我们回想一下技术进步和增加的资本都使得劳动需求曲线向上移动的情形(见图 11—2)。图 11—15 的下图表示的是增加的劳动需求的影响,该影响是增加总就业量和真实工资。厂商能够支付更高的真实工资,因为额外的资本或技术进步增加了劳动的边际产出。

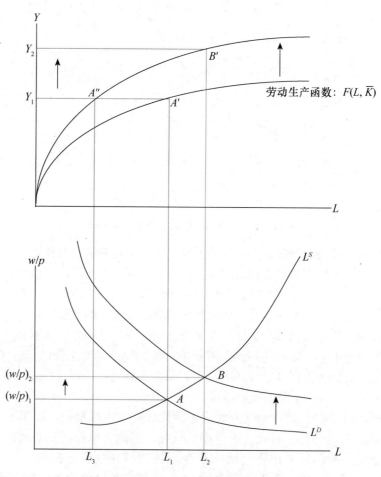

图 11—15 问题 2: 技术进步的影响

勒德分子的错误在图 11—15 的上半部分最容易理解。勒德论假设更少的工人将生产出同样的总产出。生产起始点 A' 处使用 L_1 的工人生产 Y_1。在生产函数向上移动后，A'' 点上同样的产出使用较少的劳动（L_3）就能够生产出来。但问题是 A'' 点不是一个均衡点。在 A'' 点上，劳动的边际产出高于原来的真实工资，所以，一个追求利润最大化的企业将要扩大生产。为此，他们必须雇佣比 L_3 更多的劳动；而且，他们确实发现雇佣的劳动多于原来的 L_1 是有利可图的。实际上增加劳动的唯一途径就是将真实工资提高到原来的真实工资水平之上。因而，技术进步通过增加就业和工资惠及工人。

勒德分子的错误被称为"劳动力总和谬误"。他们假定某一固定数目的工人有某一固定数量的工作要做。如果企业发现了某种更有效地完成这一固定数量工作的方法，那么对于企业而言，其唯一选择就是使这一固定数量工人中的某些失业。实际上，可得到的工作取决于企业发现什么是有利可图的，而技术进步使得更多工作有利可图。可获得的劳动力取决于真实工资率。技术进步不仅使得企业支付更高工资成为可能，因为边际产出现在更高了，而且工人数量本身也并非固定不变的，而是随着工资率的增加而增加。所有的消费者，包括工人，都从增加的商品供给和更高的真实工资中获益。

在 19 世纪早期，手工织的布料非常昂贵，一个工人有衣在身，并且有另外一套用于星期日的教堂礼拜，那是很幸运的。纺织业是从工业革命中获益的第一批产业之一，所以到了 19 世纪末期，机器制造的布料和大批量生产使得穿着得体的衣服数量巨大，较发达国家中的大多数人口都可以轻易获得这些衣服。大多数的生产形式也已经取得相似的进步：农业生产，在 20 世纪之交的时候吸纳了一半的劳动力，现在虽然吸纳的劳动力低于 3%，但却生产出比以往更多更便宜的食物。汽车，这种一百年前尚属过分奢侈的商品，现在却是生活必需品；1960—2002 年之间美国机动车产量大致翻番，然而只多雇佣了大约 20% 的生产性工人。[1]

我们必须小心的是不要将勒德分子看作完全愚蠢的而置之不理。虽然新技术，特别是经过几十年后，已被证明对工人们来说总体上具有净收益，但就他们的生活方式受到威胁这一点来看，勒德分子实际上是正确的。孤立的一个个纺织工人变成了工厂之手；非熟练工人、日益增多的女工而且常常是童工，取代了熟练的技工；而且工厂工作经常涉及在残酷环境中的延时工作。包罗万象的社会得益于技术变化，而一个有限的群体有时却不成比例地负担着技术变化的成本。我们的分析也假设市场总体上是出清的。这其中隐含的假设就是被取代的工人转到新的工作中了，可能是在其他生产形式上。市场可能有一种在长期内出清的趋势，然而工人们仍可能发现他们自己在短期内被取代了，比如说，在某一经济周期的过程中。我们将在第 12 章中进一步讨论这个问题。

问题 3：移民、工作和真实工资

通过移民或者自然的人口增长方式增加的劳动力如何影响劳动和 GDP？

与美国移民政策相关的一个令人情绪激动的问题——特别是对待从墨西哥来的低工

---

① U. S. Census Bureau, *Statistical Abstract of the United States 1963 and 2003*, Washington: Government Printing Office.

资的工人——就是：移民是否夺走了本土工人的工作？我们可能冒险将这种担忧看作另一个劳动力总和谬误的例子而置之不理。然而在这个论点背后却存在一种敏感的直觉。劳动力的增加——或源于移民，或源于更高的人口增长率——可由图 11—16 所示的劳动总供给曲线的向外移动表示。就业增加了，真实工资却下降了。这样一来，那就不是移民从本土工人手中夺走了他们的工作吗？相反，他们是在为工作而展开竞争的，从而对真实工资施加了向下的压力。

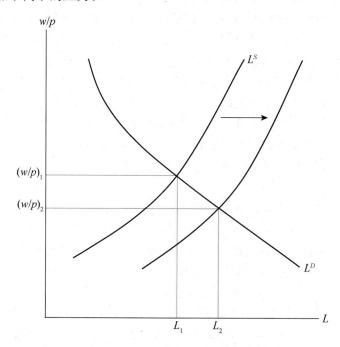

图 11—16　问题 3：移民的影响

注：移民增加或自然人口增长使得劳动供给曲线向右移动，增加劳动力雇佣，同时降低了真实工资。

再次地，我们在阐释这一分析时必须锻炼我们的细心程度。图中假设劳动者是同质的，并且得到相同的工资。但要记住的是，劳动总供给和平均工资率隐藏了劳动过程的许多细节。新来移民的收入创造出对新产品（正是他们使新产品变为可能）的需求。实际上，工人们提供各种各样的技能并得到各自不同的工资，而且移民工人（至少是那些——不管是合法还是非法的——已经成为大多数激烈政治争论焦点的移民工人）可能比当地人拥有较少的技能。由移民产生的对商品和服务的需求增加的净效应可能就是增加了对熟练工人（而且大部分是当地人）的需求，这是相对于移民中熟练工人的供给而言的，并因此增加了熟练工人的真实工资。熟练程度低的移民可能降低农场工人的真实工资；但如果可能的话，它将提高计算机程序员的真实工资。

□ 11.3.3　实际的劳动力市场

劳动供给/劳动需求图表存在如下风险：使得劳动力市场看起来运作得太过平稳以至于不可信。对移民的分析为以下两方面提供了一个很好的解释：为什么没有机械地使用我们的分析工具是很重要的，为什么它经常有助于使人想起隐藏在劳动力市场总量和平均值中的具体市场细节。

劳动供给和劳动需求曲线都是在完全竞争的法则下推导出来的。单个供给者和需求者都被认为小到不足以影响市场价格：工人和厂商都被塑造成价格接受者（见第 9 章 9.1.2 节）。在同质商品被拍卖的市场中完全竞争法则最为接近。纽约商品交易所的天然气或芝加哥交易所的大豆是以每一潜在卖方或买方能观察到的市场价格这样一种方式销售的。劳动力市场与拍卖市场迥然不同。

正如我们已经观察到的，劳动是极其异质的。一些非技能的工作几乎可以由任何人来完成——搬运砖块、提供汉堡服务、收集垃圾。其他工作则需要专业技能——优秀的泥瓦匠、高级烹饪厨师、环境工程师。非技能工人供给的增加很有可能降低所有类型非技能工人的工资。环境工程师供给的增加则不大可能影响到厨师的工资。需要技能的工作界定了彼此独立的市场，而不需要特殊技能的工作在某种程度上则形成了一个单一的市场。另外一种表达方式是，不需要特殊技能的工作彼此之间存在着高的替代性，而需要技能的工作彼此之间存在着低的替代性。

即使是在需要技能的工作之中，替代性也有一个程度问题，它可能在长期比在短期要高一些。许多技能是职业特有的，但是一个具有较强综合背景的人，经过一些培训，可能比较容易地从老师变成新闻工作者，或从公司人事经理变成社会工作者，不过，从电气工程师变成一个脑外科医生却是近乎不可能的，除非从启蒙式教育开始。当前的工人在其现在的工作中具有较多的既定兴趣，而新加入者（例如，学生们选择最初的职业道路）可能更具有弹性而且显示出更大的替代性。针对熟练劳动力的各种不同市场在某种程度上彼此重叠。在一个市场上影响超额供给或需求的因素影响到其他市场上的超额供给或超额需求，影响的程度和产生影响的时间是由重叠的数量决定的。

需要技能的劳动力市场也向不需要技能的劳动力市场带来一种非对称关系。隶属于某一职业——如果不是隶属于某一特定的工作——通常具有长期性，而隶属于不需要技能的工作可能松散得多。一个临时被解雇的工人或许能够，如果需要这样的话，轻松地去从事不需要技能的工作，而一个无特殊技能的工人则根本不可能去从事一项需要技能的工作。

有时需要在**一级劳动力市场**和**二级劳动力市场**之间进行区分，前者是由那些经过专门培训的人愿意去做的需要技能的工作所构成的；后者是由任何人都能做的不需要特殊技能的工作所构成的。一级劳动力市场中的超额供给可能影响二级劳动力市场的工资，但是二级劳动力市场中的超额劳动供给对一级劳动力市场影响甚微或没有影响。

完全竞争市场给人的印象就是，每个企业必须对相同的工作支付相同的工资，否则所有工人都将离开支付低工资的企业，转而转移到支付高工资的企业。由于知道这一点，企业将绝不会使其工资有别于市场。虽然这一印象反映了市场会阻止相关职业的工资不一致这样一种真正的趋势，但它高估了市场起作用的效率。有区别的劳动力市场意味着存在各种各样的工资率，这些工资不可能让每个人都知道。企业不可能直接观察到"市场工资率"，但企业必须经常将资源投资在顾问们身上或将其他信息资源投资在发现合适的工资结构上——既不会付给工人太多工资（即大于其边际劳动增加的企业利润），也不会支付太少的工资（也就是工资不足以阻止工人们跳槽至该企业的竞争者那里）。

完全竞争模型的主要信息指明了正确方向。这就是为什么它们为宏观经济学构建了分析框架的支柱。然而，有时它们忽略了细节而且表明这个世界比其实际上运行得更为平稳一些。读完第 12 和第 15 章，我们就会明白，为理解宏观经济学中的某些问题，关键是要具有这些细节的相关知识，以及妨碍真实世界像完全竞争模型一样平稳运转的"摩擦力"的相关知识。

■ 本章小结

1. 理想劳动力市场是这样一种市场：存在完全竞争和平滑的工资和价格调整以使得市场保持在持续均衡状态。

2. 企业根据利润最大化规则确定对劳动的需求：企业雇佣劳动一直到劳动的边际产出与真实工资率相等为止。劳动需求曲线描绘的是在每一真实工资水平上，企业或经济对劳动的需求。因为劳动的报酬递减，劳动需求曲线向下倾斜。使生产函数移动和边际产出改变的任何因素都使得劳动需求曲线发生移动。

3. 工人们在劳动时要作出两方面选择：是否加入劳动力队伍，并且，如果加入的话，提供多少工作小时数。在每一种情况下，工人都必须对闲暇的收益与闲暇的机会成本（真实工资以及它将购买到的东西）作出权衡。

4. 当真实工资率上升时，作为对较高闲暇的机会成本的反映，替代效应增加劳动供给，而收入效应降低劳动供给，因为工人现在能买得起更多的闲暇。劳动供给的实际变化可能为正，也可能为负，这取决于替代效应和收入效应谁占支配地位。

5. 劳动供给曲线描绘的是劳动供给与真实工资的相对应关系。当替代效应占支配地位时，它向上倾斜。当收入效应占主导地位时，它向下倾斜。个人的劳动供给曲线开始时可能向上倾斜，在较高工资水平下向后弯曲。

6. 收入所得税的增加一般来说减少了劳动供给，因为工人的税后真实工资下降了，导致闲暇的机会成本不断下降。

7. 法律和制度约束可能会阻碍工人在某一给定的工资水平下愿意提供的劳动数量。举例来说，许多工人宁愿工作更长时间，但却被约束为每周工作 40 小时。这一约束使劳动供给曲线增加一个垂直部分——在理论和实践中都是如此。

8. 保留工资是指克服工作的负向激励并诱使工人加入劳动力队伍的最低工资。

9. 劳动总供给曲线描绘了总劳动（或者用工人数衡量，或者用工时数衡量）与平均真实工资率之间的对应关系。

10. 在均衡状态下，减税增加就业、产出和税后真实工资。

11. 在均衡状态下，技术进步增加就业、产出和真实工资。

12. 在均衡状态下，移民增加就业和产出，但使真实工资降低。

■ 关键概念

劳动需求	收入效应	税收楔子
机会成本	替代效应	保留工资

劳动力总和谬误　　　　　　一级劳动力市场　　　　　　二级劳动力市场

延伸阅读建议

Mark Killingsworth，*Labor Supply*，Cambridge University Press，1983
Daniel Hammermesh，*Labor Demand*，Cambridge University Press，1996

课后练习

练习中的数据可以从教材网站（appliedmacroeconomics.com）第 11 章的链接中获得。在练习开始之前，学生应当适当回顾"指南"中的相关部分，G.1～G.4 和 G.16。

问题 11.1 运用生产函数和利润最大化原则以图形方式推导出劳动需求曲线。在其他条件不变的情况下，资本存量的增加对劳动需求有何影响？真实工资率的减少对劳动需求有何影响？

问题 11.2 汽车制造商 2010 年生产了单一款式的汽车，售价 12 900 美元。每年支付工资 42 500 美元。2010 年 CPI 为 217（1982－1984＝100）。产品真实工资和消费真实工资是多少？（注意准确地说明单位。）何时每种真实工资的衡量方式是相关的？

问题 11.3 美国税法假定每个纳税人只在已经获得特定最低收入（标准扣除）之后才开始缴税。运用本章中的劳动供给分析推测，标准扣除提高 1 000 美元对年缴税 10 000 美元的相对高收入的纳税人的劳动供给有何影响？当纳税人在税改前有义务纳税但在税改后无须纳税时，你的答案会怎样改变？（提示：你的答案应该考虑到不同收入水平者的收入效应、替代效应和可能行为。）

问题 11.4 推测边际税率的增加对问题 11.3 中两类纳税人的劳动供给的影响。

问题 11.5 假定劳动供给曲线为图 11—5 中的向后弯曲的曲线。以图形方式展示边际税率增加对该劳动供给曲线的影响。

问题 11.6 推测工人赢得 100 万美元的博彩将会怎样影响他的劳动供给？

问题 11.7 低收入工人们获得了一份 10％ 的工资奖金作为低收入津贴，推测其劳动供给有何变化？

问题 11.8 被解雇工人得到固定数量的失业补偿金。

（a）假定（这在美国通常不是真的）那些声称正在找工作的工人们在领取失业补偿金上没有时间限制。推测失业补偿金的增加将怎样影响参与率和失业率？

（b）在美国失业补偿金通常可领 13 周。在最近的衰退中，国会已将覆盖期延长到 26 周或更长。推测这样的延长可能怎样影响参与率和失业率？

问题 11.9 如图 11—11 所示，在 20 世纪 50 年代到 21 世纪初期，所有工人的参与率稳定上升，虽然成熟男性工人稳定下降。在开始任何分析之前，推测造成这一差别的原因可能是什么。然后描述出男性、女性和青年人（16～19 岁，男性和女性）劳动参与率的时间序列，并且用阴影部分表示国民经济研究局的萧条期。数据是否支持了你的推测？如果支持，是如何支持的？如果不支持，修正你的推测并解释数据如何支持你的新观点。

问题 11.10 参考问题 11.9 中的数据，描述参与率长期的和周期的行为。因年龄和性别有何不同？什么社会和经济因素可能解释这些差别？

问题 11.11 描绘男性、女性和青年人（16～19 岁，男性和女性）的平均周工作小时数，并且用阴影表示国民经济研究局的萧条期。描述和比较这三个群体长期的和周期性的行为。什么社会和经济因素可能解释了他们共同的特征和他们的不同？

问题 11.12　运用第 9 章的数据以及（柯布-道格拉斯）方程的函数形式（9.17′）和（9.18），并且假定经济一直处于充分就业状态。

（a）计算与真实就业小时数相一致的真实工资。

（b）真实工资必须改变多少以符合全部就业小时数 1% 的上升？

（c）如果真实工资上升 1%，劳动小时数将改变多少？

（d）小时数不变，如果全部要素生产率上升 1%，真实工资将改变多少？

（e）真实工资不变，如果全部要素生产率上升 1%，小时数将改变多少？

问题 11.13　问题 11.12（以及第 9 和第 10 章）中涉及的生产函数用工作小时数来计算劳动。有时用工人数量来计算劳动也很方便。在 2008 年，美国的全部就业量是 137 588 000 名工人。用工人数量代替工作小时数，再计算 2008 年的柯布-道格拉斯生产函数，类似于第 9 章中 2008 年的方程（9.18），或运用方程（9.17′）的数据。

问题 11.14　重复问题 11.12（a），运用问题 11.13 中的信息，在需要的地方用工人数量代替劳动小时数。运用新信息时，问题 11.12（b）～（e）的答案会是一样的还是有所不同？请解释。

问题 11.15　在伊拉克占领科威特期间（1990—1991 年），科威特资本存量的大部分被摧毁。假定经济一直保持充分就业，运用劳动供给或劳动需求分析来推测这一破坏对就业和真实工资的影响。

问题 11.16　中世纪时，"黑死病"夺去了欧洲三分之一人口的生命。假定经济一直保持充分就业，运用劳动供给或劳动需求分析来推测这对就业和真实工资有何影响。

问题 11.17　阿拉斯加州政府给予其每位公民一份来自石油收入的年度石油退税——与收入和个人因素无关的一定量的美元（2008 年大约为 3 300 美元）。假定阿拉斯加州被视为独立于美国其他州的经济体。假定经济一直保持充分就业，运用劳动供给或劳动需求分析来推测这样的退税对就业和真实工资有何影响。（例如，比较有退税和无退税这两种情况。）

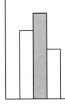

第 12 章

失业与劳动力市场过程

典型的萧条如果仅仅是真实 GDP 下降 $2\%\sim 3\%$，大部分人可能会对之不屑一顾，视其为小麻烦。但是如果萧条通常与失业率激增紧密联系在一起，那么人口中的一小部分就必须承担这一痛苦的代价。经济为什么会出现周期性失业是宏观经济学的主要困惑之一。本章我们探索失业的概念和起因，为制定能够减少失业的宏观经济政策奠定基础。

12.1　就业和失业的概念

上一章我们描述了劳动力市场的完全竞争模型，这一模型的含义是，在市场工资下，每个想要工作的人都能够在该工资水平下找到工作。换句话说，没有非自愿失业。然而，每个月政府都宣布劳动力中相当一部分处于失业状态。因此，一个重要问题是：为什么存在失业？

在我们尝试回答该问题前，有必要首先理解失业意味着什么。本节我们将劳动力市场看作处于非均衡状态。我们的目标是定义某些重要概念。下一节我们将回到为什么劳动力市场为非均衡这一问题。

图 12—1 中劳动供给曲线和劳动需求曲线的交点决定了就业的市场出清水平（L^*）和真实工资率 $(w/p)^*$。由于在这里我们感兴趣的问题是人们是否有工作，因此最好将 L 看作工人数量而不是总工作小时数。

思考一下，如果在 $(w/p)_1$ 处市场工资率高于市场出清率会发生什么情况？在该工资率下，劳动供给（L^S）超过了劳动需求（L^D）。因为不能强迫厂商在边际产出低于工资时雇佣工人，因此真实就业的数量由劳动需求决定（$L=L^D$）。市场工资率和劳动需

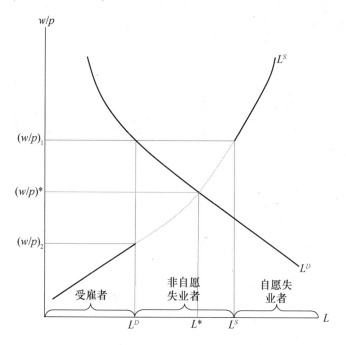

图 12—1 失业的分类

注：在 $(w/p)_1$ 处，工资超过市场出清水平，劳动供给和劳动需求的区别是非自愿失业（由劳动供给曲线的灰色部分表示）。自愿失业由 $(w/p)_1$ 时不愿意工作的人们组成（黑色的上半部分）。就业与在 $(w/p)_1$ 时的劳动需求相一致（黑色的下半部分）。真实工资 $(w/p)_2$ 表示最低真实工资，工人们会接受这一工资水平并且仍提供 $(w/p)_1$ 所要求的劳动需求。它衡量了厂商在 $(w/p)_1$ 时超额支付给工人的数量。当真实工资为 $(w/p)^*$ 时，劳动需求和劳动供给相等，不存在非自愿失业。

求将劳动供给曲线分为三个部分：就业人数包含了 L^D 左边的所有工人。剩下的工人是失业人群。工资率 $(w/p)_1$ 将失业人群分为两类：**自愿失业**包含那些保留工资超过 $(w/p)_1$ 的工人（例如，那些在 L^S 右边的工人）；**非自愿失业**包含那些保留工资低于 $(w/p)_1$ 的失业工人（例如，那些在 L^D 和 L^S 之间的工人，由劳动供给曲线的灰色部分表示）。对于自愿失业者来说，真实工资没有高到能超过工作的机会成本。他们不是劳动力的一部分，但是如果工资增加，他们可能重新评估现状并选择加入劳动力队伍。非自愿失业者想在市场工资下获得工作（几乎所有的边际工人都愿意工作，即使工资低于市场工资），但是厂商不会雇佣他们，因为市场真实工资超过了他们的边际产出。

注意，当市场出清且劳动供给等于劳动需求时，非自愿失业消失。就业的市场出清水平被称为**充分就业**，即在现行工资下每个想要工作的工人都有一份工作。这并不意味着每个能够工作的工人会被雇佣，也不对就业总人数设立上限。即使在充分就业情况下，也会出现自愿失业；如果真实工资提高，一些人将从自愿失业转为加入劳动力队伍。

我们很容易将"自愿"与"好"、"非自愿"与"坏"联系在一起。一些人可能认为，自愿失业不会引起政策问题：自愿失业者自己选择不工作，但是如果他们想要工作，可以将保留工资降低到厂商愿意雇佣他们的水平。这一观点是错误的。一个选择也许出于自愿，但却并非出于本意。小偷拿枪指着你的头说"不给钱就要你的命"，于是你给了他钱。这是一个自愿选择，因为它是对这两种选择思考和权衡的结果，而不仅仅是本能性动作。你自己并不想作出这种选择，公共政策（法律与警察）也试图保护你不

应用中级宏观经济学

让你面对这种选择。与此类似，如果一个财务经理发现只能从工作中获得他所期待的薪水的一半，他可能自愿选择不工作。这也许是他在该环境下的最佳选择，但是这并不是他所想要的选择。经济政策可能想以某种方式合法地引导经济，阻止他作出这样一种选择。虽然政策可能在减少自愿失业方面起到一定作用，即增加真实工资率和参与率，但是影响自愿失业和非自愿失业的政策各种各样。这将在后面的章节中进行讨论。

12.2 劳动力市场的衡量： 理论和实践

□ 12.2.1 劳动力市场数据

美国劳工统计局进行了两项调查，在此基础上形成了主要的劳动力市场数据。第一项是所谓的**家庭调查**，家庭调查每月进行，是当期人口调查的一部分。调查雇佣经过培训的调查员与 60 000 个家庭取得联系，以生成就业和失业的数据——包括总体形势和按照年龄、性别、种族、婚姻状况、职业、工业和其他特征分类的数据。调查还针对不属于劳动力的人群的过去工作经历生成数据。大多数广泛公布的衡量美国失业率的数据来源于家庭调查。

第二项调查是**机构调查**。这是定期电子问卷调查（当期就业统计）的一部分，在调查中雇主提供下列信息：非农工资、有薪职业、平均每周工作小时数、平均时薪、平均周薪，既包括全国范围，也包括较小地理区域。该调查联系了近 160 000 个企业和政府机关，传递了近 440 000 个生产场所的信息。进行调查的样本包含了大约三分之一的全部非农工资劳动者。

这两项调查可以互补。只有家庭调查能够用于生成失业率，但是二者都提供了对总体就业形势的估计。因为机构调查样本更大一些，普遍认为它对就业率的估计更可靠，虽然近年来人们对它的调查结果也产生怀疑（见专栏 12.1）。

专栏 12.1 ☞

无工作的复苏？

美国劳工统计局的报告中使用了两种衡量总体就业形势的广泛指标：家庭调查中的平民就业和机构调查中的非农就业。总体来看，这两个系列非常吻合。但是关于 2001 年经济萧条的复苏，二者显示的信息存在很大差别（见图 B12—1）。2004 年美国总统选举中，每位候选人利用对自己的选举前景最有利的信息。因为非农就业从未恢复到萧条前的高峰水平，约翰·克里指责乔治·W·布什是继赫伯特·胡佛之后首位在任期内出现就业率下降的总统。从平民就业来看，就业至 2003 年 10 月出现恢复，在接下来的一年中（即选举年），工作岗位增加超过两百万个，而这一切被归功于布什总统。

谁说得对？这仍然是个难题。一般认为家庭调查误差较大——在图中表现为锯齿状的平民就业时间序列。机构调查运用了更大的样本，通常被认为更加精确——在图中表现为更加平滑的非农就业时间序列。然而，萧条期之后两个系列之间的区别并不在于各月之间存在波动，而在于两者之间存在长久的分歧。家庭调查的支持者们认为，自

2001年起许多工作机会要么来自自我雇佣，要么来自新公司（且通常规模较小）。家庭调查将这类工作机会包括在内，而在机构调查中，新公司的增加很缓慢，因此可能漏掉了新公司和自我雇佣。

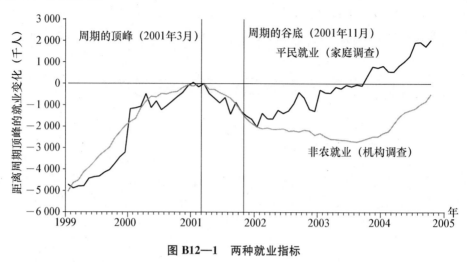

图 B12—1　两种就业指标

资料来源：劳工统计局数据。

□ 12.2.2　失业率

理论上，失业率可以定义为 $U=\dfrac{L^S-L^D}{L^S}$。分子是非自愿失业者的数量，分母是保留工资等于或低于市场工资率的工人的数量。我们有理由假设，在经济周期高峰期附近经济接近充分就业。图12—2描绘了美国的官方失业率（阴影部分为衰退期）。出人意料的是，该数据显示，美国过去60余年的最低失业率不是0而是2.5%（1952年5月和6月）。但是经济周期高峰期附近的失业率远远高于这个数字（1979年5月为5.7%）。为什么会出现如此高的失业率，甚至是在经济接近高峰期处于"最佳运行状态"时？

这里有3项补充解释。

错配的界定

为估计失业率，劳工统计局对抽样调查的家庭提出以下两个问题："你目前在工作吗？"得到否定回答后，再接着询问："你是否在积极寻找工作？"[①] 第一个问题中回答"是"的人被计为就业者，并属于劳动力（无全职就业和非全职就业之分）。对第二个问题回答"是"的人将被计为失业者，并归为劳动力。其他人不被计算到劳动力中。在这些数据基础之上，劳工统计局将失业率计算为：

$$U=\dfrac{劳动力-就业人数}{劳动力}$$

---

① 更为精确的表述是，劳工统计局提问：（1）"你是否曾作为有酬劳的雇员从事某一工作——工商业主或农民，或在家族企业中工作15小时以上？或者说，你是否由于疾病、恶劣天气、假期、劳动纠纷或类似个人原因而暂时离岗？"（2）"如果（1）的答案是'不是'，调查周内你是否能够工作，并且在过去四周时间里你是否曾采取特定行动联系潜在雇主？或者在过去六个月你是否在等待被召回到曾被解雇的工作岗位？"

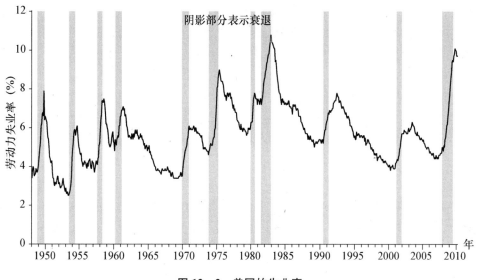

图 12—2　美国的失业率

注：失业率是反周期的。过去它们是经济高峰的同步指标，经济谷底时稍微滞后的指标。在过去的三次衰退期中，失业率滞后谷底的时间延长了。
资料来源：劳工统计局。

参与率计算为：

$$PR = \frac{劳动力}{16\ 岁以上人口数}$$

根据宏观经济理论，这些调查问题并不理想。经济学家倾向于将劳工统计局的第二个问题替换为："就你现在正在积极寻找并可以胜任的工作来说，你是否愿意在现行工资水平下工作?"在劳工统计局的第二个问题中回答"是"的人，可能在这个问题中回答"否"。

经济学家可能不会将那些保留工资高于现行市场工资水平的人计算为非自愿失业，而劳工统计局相反。类似地，经济学家不会将那些寻找自己无法胜任的工作的人视为失业，而劳工统计局相反。若加州大学戴维斯医学中心不雇佣我为外科医生，或华盛顿红人队不雇佣我为橄榄球四分卫，我就不应该被计入失业。

一些工人之所以失业是因为他们的保留工资偏高或者对自己的资格评价过高，根据劳工统计局的定义，他们被计为"失业"。事实上，根据经济学上的理想定义，他们应该被计为"退出劳动力"。甚至在经济周期的高峰期，对失业的一些衡量也不正确。

劳工统计局不使用经济学家的理想定义有其现实原因。因为构成劳动力的人群千差万别，支付的工资也各不相同，没有非常详细的厂商信息，我们很难决定"现行工资"是多少。

同样，工人在技能和偏好上也存在差异。一名工人可能胜任工资不同的多种工作，但是他只愿意做其中一小部分工作。在某种意义上，就某些工作而言这名工人是非自愿失业，而就其他工作而言是自愿失业。

最后，就是工人是否具备从事特定工作的资格问题，这一判断有很大的主观性。这不是一个可以通过调查轻易确定的事实。只有当工人真正被雇佣时，工人和雇主才会对工人资格达成一致看法。即便那时候，雇佣可能也只是一种试用，以证实判断是否正确。需要什么资格和厂商在多大程度上愿意训练工人不仅因公司而异，而且因时而异，它取决于劳动力市场是否紧缺。即使每个问题都能迅速找到答案，但是任何实际调查都无法回答这些微妙的问题。劳工统计局的调查具有较强的实用性。

转换性失业

关于经济高峰期出现的失业现象，第二个解释是就业的异质性。因为企业发展的速度不同，技术提高率不同，总是有一些企业在缩减劳动力规模，而另一些企业在扩大劳动力规模。**转换性失业**指的是寻找工作不可避免需要花费时间：时机好的时候花费时间少，时机不好则花费时间多。部分劳动力一直处于寻找工作的状态中。

在大多数情况下，被解雇并寻找其他工作的人可能是非自愿失业。即使有些情况下人们自愿辞职，他们也可能是非自愿失业，因为他们想在现行工资水平下从事其他工作。在某些情况下，积极寻找工作的工人是非自愿失业，因为他们的保留工资高于现行工资水平。一般来说，随着时间推移，如果寻找工作无果，工人们会降低保留工资，加入非自愿失业者的行列。

不论是自愿或非自愿失业，关键之处在于，即使在一个增长的成功经济中，转换性失业都是正常的，并且被统计在失业数据中。失业率不能降至 0 并不奇怪，如果失业率降到 0，那才是奇迹。

最低真实工资

关于经济高峰期出现的失业现象，第三个解释是**最低真实工资**的存在。最低真实工资被定义为真实工资能够下降的下限。如果由于某种原因，某一工作的真实工资高于市场出清真实工资，厂商将会比市场出清时雇佣更少的工人。

例如，**最低工资法**要求厂商支付给工人不低于某一既定工资率的工资。（2009 年美国最低工资是 7.25 美元/小时。）[①] 厂商雇佣工人时，如果工人的边际产品价值低于最低工资，厂商的利润就将减少。一些生产力低的工人可能只在工资低于最低工资时可以被雇佣。即使是在经济周期高峰期，厂商都不会雇佣他们。（12.3.1 节将对最低工资法进行充分讨论。）

另一个关于最低真实工资的例子是，厂商发现，将工资率设置过低时自己的利润受到损失。**真实效率工资假说**认为，工人们获得超过市场出清水平的真实工资时，会比那些获得市场出清工资率的工人们效率更高。

首先，超过市场出清工资率的真实工资意味着这是一份好工作。工人们获得他们所认为的好工作后会更加努力——或是由于良好的心理效果，或是由于失去这一工作并找到另一不太满意工作的机会成本上升。

厂商可能会在乎工人是否对自己的工作感到满意，因为工人在如何服务企业方面有很大的决定权。"变相罢工"策略就是一个例子。许多工作（尤其是加入工会的工作）受制于用工合同。通常，如果工人们严格遵守用工合同，拒绝违反合同以灵活调整其服务，厂商就无法有效生产出产品。即便如此，厂商也没有合法的理由抱怨。

例如，2000 年的春夏，美国联合航空公司的飞行员，在就新合同进行谈判时，决

[①] 允许低于 20 岁的工人在就业的第一个 90 天内领取"次最低工资"（有时称为"实习工资"），为每小时 4.25 美元。

定严格遵守现行合同中的超时规定。由于航线依赖于飞行员在合同不允许情形下的超时工作，因此飞行员的这一决定使飞行时间表出现严重混乱——乘客滞留，航班取消。美联航不仅被迫接受飞行员们的条件，而且必须公开道歉，并给予老顾客额外的航空积分以重建信誉。

厂商可能愿意支付高于市场出清水平的工资的第二个原因是他们在雇佣工人时需要花费固定成本，所以高工资减少了其他工作对工人的吸引力并降低了劳动力流动成本，因此可能真正增加厂商的收益。厂商有强烈的激励要减少劳动力流动。替代和重新培训一名新工人一般要花费一年半的工资，这些成本在某些职业中不算重要。正如最低工资可能影响次级劳动力市场中的非技术工作，效率工资更可能支付给一级劳动力市场中的高技术工作。

即使厂商理性地希望支付较高工资，他们在雇佣工人时仍然不应当支付高于其边际产出的工资。因此，效率工资意味着厂商在较高边际产出时将雇佣较少工人。在高工资率下，愿意工作的人增多，但被雇佣的人减少。

无论其来源是什么，最低真实工资意味着即使市场工资高于其保留工资，一些工人仍将不会被雇佣，即存在非自愿失业。

摩擦性失业

失业率从未跌至 0。无论是什么原因（错配的界定、转换性失业或不同的最低真实工资等），我们都可以用**摩擦性失业**来总结这一现象，摩擦性失业被定义为经济周期高峰期时仍然出现的失业。正如润滑剂能够使车轮平稳运转，但不能完全消除摩擦一样，好的经济形势能够减少失业但不能减少摩擦性失业。

□ 12.2.3　失业的其他方面

失业率是衡量闲置劳动力资源的方法，使用最为广泛。就像其他总量衡量方法一样，它只能描述部分失业现象。除了促使劳工统计局建构失业率的问题之外，劳工统计局还提出了其他各种问题，提供了关于失业的更丰富的内容。

兼职就业

官方失业率中，工人要么工作，要么失业，而没有考虑到参与程度。

自 20 世纪 50 年代中期开始，兼职就业占劳动力的 11%～20%。一些兼职就业者按照自己的需要工作一定的小时数。他们被视为部分参与者，其非工作状态是自愿的。而另一些兼职者想全职工作，他们应该被视为部分失业者。图 12—3 显示了非自愿的兼职就业在全部兼职就业中的比率在衰退期急剧上升，在复苏期稳步下降。

超时就业

工资劳动者工作超过每工作周法定 40 小时时一般会获得平时 1.5 倍的工资。一些工会合同要求双倍工资或更多。这些规定在 20 世纪 30 年代制定，以促使雇主遵守标准工作周，雇佣更多工人而不是增加工人的工作强度。即使存在这种超时工作的抑制因素，从 20 世纪 50 年代中期一直到 20 世纪 80 年代早期，制造业工人依然平均每周超时工作 3 小时。平均超时在 20 世纪 80 年代一直处于上升状态，自 20 世纪 90 年代起稳定在每周差不多 4.5 小时。经济中其他部门的超时显著低于制造业，因为所有工人的平均每周工作时间只有 35 小时。

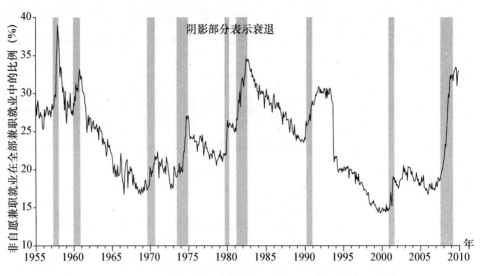

图 12—3　美国非自愿兼职就业在全部兼职就业中的比率

注：兼职中的非自愿部分在衰退期急剧上升。
资料来源：劳工统计局。

厂商雇佣超时工人的机会成本下降也许可以部分解释平均超时在 20 世纪 80 年代的上升。那时，工人补偿的部分越来越多地转成免税福利，例如，健康保险和抚恤金，而不是直接工资。由于超时工资相当于原工资 1.5 倍这一规定只适用于显性工资，超时工资率低于包括福利在内的 1.5 倍工资。因此，福利相对于显性工资份额越大，超时工资就相应地越少。一些厂商发现增加现有工人的工作小时数比招收新工人收益更大，例如，他们无须支付训练新雇员的固定成本和健康保险。

类似于兼职就业，超时可能是自愿或非自愿的。正如我们在第 11 章 11.2.1 节中看到的，工人们想工作的时间可能超过了标准工作周的 40 小时，但是被雇主限制在 40 小时内。在那种情况下，允许超时可能会受欢迎。在某些情况下，工人不愿意超时工作（至少不愿意超时所要求的小时数），那么，自愿超时的意义是：工人面对要么接受强制超时要么离职两种选择。即使他接受强制超时，工人在边际上可能也无法调整劳动供给（例如，多一小时或少一小时）。那种情况下，工人可能会同意超时，而这一超时可能部分非自愿。

松散型就业工人

兼职和超时显示了不同程度的就业状况，同样，也有不同程度的失业。假设出现失业率为 0 这一不可能发生的情况，那是不是对额外劳动供给的一个绝对限制？可能未必。额外劳动供给从哪里来？首先，现有工人被要求超时工作。其次，非自愿兼职工作者可能全职工作。最后，在缺乏劳动力的情况下，真实工资可能上升，吸引新的参与者加入到劳动力队伍中（包括一些自愿兼职工人转向全职工作）。在这三类劳动之外，现行衡量方法可能将处于劳动力队伍中的工人排除在失业工人行列之外。

自 20 世纪 90 年代中期开始，劳工统计局记录推托就业工人和丧志工人。**推托就业工人**指那些想要工作并准备去工作、最近一直在寻找工作，但是现在没有工作，或没有积极寻找工作的人。**丧志工人**是推托就业工人的一个子集，他们以与就业市场有关的借口为由不去寻找工作，例如，认为现在就业前景不好，找工作也是徒劳。

　　劳工统计局现在定义了劳动力利用不足的六种衡量标准，称为 U-1 至 U-6（见表 12—1）。U-3 是指通常的失业率，其他的 Us 衡量了失业的其他方面。图 12—4 显示了自 1994 年开始这些数据之间的历史关系。

表 12—1　　　　　　　　　　　　　　　未充分利用劳动力的概念

概念	定义
U-1	失业 15 周或更长时间的人，作为民用劳动力的一部分
U-2	赋闲者及完成暂时性工作的人，作为民用劳动力的一部分
U-3	全部失业的人，作为民用劳动力的一部分（例如，官方失业率）
U-4	全部失业的人，加上丧志工人，作为民用劳动力和丧志工人的一部分
U-5	全部失业的人，加上丧志工人，加上所有其他准待业工人，作为民用劳动力和全部准待业工人的一部分
U-6	全部失业的人，加上所有准待业工人，加上经济动因产生的全部被雇佣工人（例如，自愿兼职工人），作为民用劳动力和全部准待业工人的一部分

资料来源：Bureau of Labor Statistics. "The Employment Situation," table A. 7.

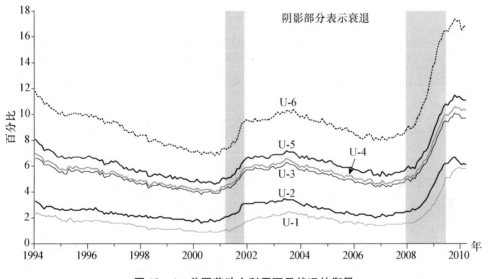

图 12—4　美国劳动力利用不足状况的衡量

注：衡量范围较广的劳动力利用不足明显高于范围较小的衡量方法，但是所有衡量方法趋向于一起变动。
资料来源：劳工统计局。

　　范围最窄的指标（U-1）基本上衡量的是那些一直认定自己属于劳动力的人的长期失业状况，它不到官方失业率（U-3）的三分之一。比较之下，范围最广的衡量方法（U-6）得出的数据几乎是官方失业率的两倍。

　　不同指标的比率非常稳定。2001 年衰退期之后，U-1、U-2 和官方失业率之间的距离变小，但是 U-4、U-5 和 U-6 之间的距离几乎保持不变。总体上，六种衡量方式变化的一致性很高，即使官方失业率没有完全展示出劳动力利用不足的状况，但它能够显示出这一就业形势是否正在好转或恶化。

就业不足

劳动力利用不足的另一方面更难以衡量：固定工作者的技能和工作所需要的技能之间的错配。在一级就业部门，厂商为了使两者匹配起来会支付额外费用。职工流失对企业来说代价很高。厂商显然不希望在一个不合格的工人身上浪费培训，而资历过高的工人不太可能在经济较好时待在原岗位。对次级就业部门来说这一问题就不那么重要，因为训练成本低且人员频繁流动是常态。

当工人从一级部门岗位上被解雇之后，从事低于其能力和潜在价值的工作，尤其是次级部门的工作时，就出现了**就业不足**。一名失业工程师可能成为一名出租车司机；一名失业会计也许会在麦当劳工作。当经济步入复苏时，不仅失业者获得工作，而且大材小用者会转到那些更好匹配其能力的工作岗位。他们的生产力上升。就业不足的存在有助于解释，为什么即使在低失业水平下，产出增长仍快于就业。人们不是工作做得更多，而是工作做得更好。

劳动力利用不足的跨国比较

与其他国家相比，美国的劳动力市场状况如何？表 12—2 展示了 2008 年部分国家的失业率和兼职就业率（按性别区分），这一年美国经历了长期经济衰退之后的第一个阶段（2007 年 11 月到 2009 年 6 月）。虽然失业率高于一两年之前，但远低于后来衰退期中的 10%。此时，7 国集团之中只有日本和英国的失业率低于美国的 5.8%。其他欧洲大国（法国、德国和意大利）报道的失业率高 1~2 个百分点。美国的失业率远低于欧洲国家平均水平，稍低于经济合作与发展组织 6% 的平均水平。

表 12—2　　　　　　　　　2008 年部分国家劳动力利用不足状况

	失业率 （占劳动力的百分比）	兼职就业 （占就业的百分比）	
		男性	女性
G-7			
加拿大	6.1	11.3	26.4
法国	7.8	5.2	22.7
德国	7.3	8.2	38.6
意大利	6.8	6.6	31.0
日本	4.0	9.9	33.2
英国	5.6	10.2	33.7
美国	5.8	7.5	17.0
其他国家			
澳大利亚	4.2	12.3	37.7
比利时	7.0	5.9	33.8
爱尔兰	6.3	8.2	36.0
卢森堡	4.9	1.8	27.3
墨西哥	4.0	N/A	N/A
荷兰	2.8	16.2	59.9
波兰	7.2	5.3	14.1
韩国	3.2	6.5	13.2

応用中级宏观经济学

续前表

	失业率 （占劳动力的百分比）	兼职就业 （占就业的百分比）	
		男性	女性
西班牙	11.4	3.8	21.1
土耳其	9.4	4.6	19.2
OECD 中的欧洲国家	7.9	6.8	28.5
OECD 中的全部国家	6.0	7.7	25.3

资料来源：Organization of Economic Cooperation and Development，*Employment Outlook*，2009.

表 12—2 显示，在兼职就业方面国与国之间差异很大。兼职就业有时反映了劳动力的非自愿失业，有时反映了劳动力市场令人满意的灵活性。美国男性的兼职就业（7.5%）稍低于欧洲平均水平，高于经济合作与发展组织的平均水平。比较之下，美国的女性兼职就业率最低（17.0%），是经济合作与发展组织国家平均水平的 2/3。

12.3 劳动力市场变化过程

让我们回到上一节中推迟讨论的问题：劳动力市场如何保持在非均衡状态？失业为什么会持续？失业从根本上讲是劳动供给和劳动需求之间的错配。问题是，为什么劳动力市场没有迅速调整以使劳动供给和需求相一致？

到目前为止我们一直假设总需求总是与总供给水平相一致。本节我们不作这种假设。总需求决定了厂商的销售数量，从而影响了它们对劳动力的需求。因此，我们必须将总需求和总供给之间错配的可能性考虑在内。

□ 12.3.1 为什么工资不降低？

失业之谜

对于经济学家来说，失业是一个令人困惑的经济现象。面对一批失业工人，为什么厂商不威胁要解雇工人并代之以失业工人，以此降低支付给工人的工资？

再看一下图 12—1。回顾一下，当工资 $(w/p)_1$ 高于市场出清工资 $(w/p)^*$ 时，就出现了非自愿失业。在该工资下愿意工作的工人数量超过了厂商愿意雇佣的工人数量。在图 12—1 中，每名被雇佣的工人都愿意在 $(w/p)_2$ 或更低的工资下工作。这样，为什么厂商不遵循利润最大化原则，在增加它们的劳动需求至 L^* 的同时降低工资至 $(w/p)^*$？或者，如果它们认为无法卖出额外的产出，那么它们为什么不降低现有工人的工资到 $(w/p)_2$？

注意，问题在于降低真实工资。真实工资的下降不一定意味着名义工资的下降。因为 $\widehat{(w/p)} = \hat{w} - \hat{p}$，当工资膨胀小于价格膨胀时，真实工资将下降，即使两者都在增加。真实工资的下降与名义工资和价格的升降是同时存在的。

同时注意，问题并不是真实工资面临失业时是否会下降。真实工资经常下降，但这里的问题是为什么它们下降得不够多或不够快，以确保每名想要工作的工人找到工作，不用长时间处于失业状态？失业的持续，以及工资不能进行适当调整以适应劳动力市场出清，这也许是过去 80 多年里宏观经济学最棘手的一个问题。人们提供了许多解释，一些解释包含了答案的一部分，但是没有一个解释能够被普遍接受。这一问题仍然是前沿研究的一个中心。

没有人怀疑，如果上帝或者魔术师能够选择经济中的每个价格和工资率，他就能够保证劳动力市场和其他市场出清。经济学中有一条被称为"萨伊定律"的法则，以法国经济学家让·巴蒂斯特·萨伊（1767—1832）命名。这条定律认为，供给创造自己的需求。在这一情形下，萨伊定律意味着厂商可以削减真实工资，扩大生产力，来自就业水平提高和更高收益的额外收入足以购买新生产出来的商品。换句话说，充分就业不存在障碍。当然，萨伊定律的支持者们并不盲目。他们也看到衡量到的失业率很高。他们中大多数人会认为，高失业率是由一些阻止市场平稳运转的"非自然"障碍造成的。有些人更进一步认为，所衡量出的失业率实际上主要为自愿失业，这样一来，一个看起来就业不足的经济其实是充分就业的。

一个更为合理的方法强调产出和劳动的复杂性和异质性。劳动总供给和劳动总需求图形这种简单分析可能具有误导性。存在一个**分解谬误**（合成谬误的反面）：对整体来说是正确的，对部分来说不一定正确。在这里指的是，对总量来说是正确的，但对个别厂商来说并不正确。是的，如果上帝或魔术师能够安排的话，经济将始终实现充分就业。但是想象一下，在图 12—1 中，单个厂商支付 $(w/p)_1$ 的工资，雇佣 L_1 的工人时，情况会是怎样的（在你的脑海中，将总量的大写字母 L 转变为具体厂商的小写字母 l）。

假定厂商所生产的产品全部卖光，但是其产品并没有供不应求。如果增加就业至 L^*，谁来购买额外的产出？当然我们关于国民收入和产出账户（第 2 章）的知识告诉我们：总产出和总收入相等。在这种情况下，如果工人从他们生产的产品中拿走一部分作为工资，问题自然迎刃而解。（同样，厂商的原料供应商必须接受支付实物。）① 但是大多数厂商从事专业化生产，它们很少生产个人想要消费的产品。炼钢工人的边际产出是以每小时钢的数量来计算的，但是炼钢工人并不想接受冷轧薄钢板作为工资支付。他想要的不是直接的边际产出，而是代表边际产出价值的货币。

厂商的问题在于，只有当它能够卖出产品并实现其价值时，才能支付货币给工人。如果不能够卖出产品，生产的产品就加入到厂商的库存中，并被计为产品所有者的收入，就好像厂商将商品卖给了自己。国民账户仍保持平衡，但是这一"收入"的形式不会刺激厂商生产更多，也不能用作厂商必须支付给工人的货币工资。如果每一个厂商能够同时扩大其就业和产出，这将有可能使经济达到充分就业。然而，现实世界中没有上帝或魔术师自愿承担经济协调员的工作。既然如此，每个厂商就必须在其能够扩大产出和就业之前等待，直到需求增加。

仅仅指出**需求失灵问题**并不能解决难题，只是使问题换了一种形式而已。再看图 12—1。在就业水平为 L_1 时的劳动边际产出与劳动需求曲线上 $(w/p)_1$ 的工资率相等，此时根据厂商劳动供给曲线所衡量的边际劳动成本较低，为 $(w/p)_2$。每名当前被雇佣

---

① 在苏联时期以及苏联解体后俄罗斯的初始阶段，由于缺乏结构合理的市场和金融体系，许多厂商试图通过物物交换来进行交易。事实证明这是一种效率极其低下、手续烦琐的系统——这是导致苏联解体的原因之一，也是阻碍俄罗斯经济增长和发展的一个因素。

的工人将愿意在真实工资为 $(w/p)_2$ 或更低时工作。$(w/p)_1$ 和 $(w/p)_2$ 两者之差就是纯利润。即使需求不足致使生产不能提高，为什么厂商不降低它们支付的工资？较低工资和较高利润的好处是，厂商能够降低产品价格来刺激需求。如果厂商能成功地把产品价格降下来，经济就将趋向于充分就业。但是实际上厂商似乎并不这么做。

关于失业之谜可以重述如下：为什么工人有时是非自愿失业，但是真实工资并没有表现出大幅下降或迅速下降的趋势以使市场出清，消除失业？厂商似乎错过了收益机会。关于未被利用的盈利机会的经济分析，极少能让经济学家们满意。工资为什么不能进行调整？下面我们将从三个方面进行解释：效率工资，工会和政府行为。

削减工资或提高物价

为降低真实工资，厂商可以削减名义工资或允许上升相对较快的通胀抵消名义工资的真实价值，也就是说，厂商可能集体提高产品价格，提价的速度超过名义工资的上升速度。

因为产品真实工资（＝名义工资/厂商自己产品的价格）对劳动需求很重要，因此，人们可能认为厂商能够不顾其他厂商的行为自己提价来实现同等的效果。同样，这里存在分解谬误。如果其他厂商没有一起行动提高价格的话，厂商自己提高价格会导致对其产品需求的下降，特别是相对于其直接竞争者来说。这将不利于增加就业。如果所有价格同时上升，相对价格就不受影响。如果导致一般物价水平上升的原因是名义总需求的增加大于价格的增加（存在未利用资源时，可能出现这种情况），真实总需求将上升，使经济朝着充分就业的方向发展。

厂商关注的是单一价格（或至多少数几种价格），相比之下，工人们关心的是他们通常消费的一篮子商品的平均价格水平。减少真实工资的一般物价水平上升同样降低了劳动力的规模，经济使得劳动供给曲线下移。失业率下降，既因为厂商雇佣了更多的工人，也因为想要工作的人相对较少。

严格通过价格膨胀来调整真实工资（例如，在名义工资固定时）通常是一个缓慢的过程。比如说，如果真实工资高于市场出清水平 10%，且通胀率是每年 5%，它将需要两年时间来消除 10% 的差距。一般物价水平不由个别厂商控制，但个别厂商的名义工资率在其控制范围内。因此，为什么厂商不降低名义工资率使其处于一个更加有利可图的水平？同样，对采取协同行动的所有厂商来说有利的措施，对任何单个厂商可能并无益处。

效率工资

在前面的 12.2.2 节中，我们将效率工资视为真实工资下降的底线。事实是，真实效率工资假说并不能解决当前的问题。真实工资需要下降以使市场出清，而真实效率工资假说认为真实工资不会下降。真实工资不会下降就在于名义工资不会削减。但如果工人经历的是全面的价格膨胀，厂商将不得不增加名义工资，以使真实工资在效率水平上维持不变。

然而效率工资假说的另一个版本可能会有帮助。重要之处在于工人的生产能力受工资率的影响。乔治·阿克洛夫（2001 年诺贝尔经济学奖获得者）和珍妮特·耶伦（旧金山前任美联储主席）以及其他同行一直强调：生产能力与工人是否感觉得到公平对待有关。[1] 而名义工资可能是这种感觉的一项重要的衡量手段。工人可能会对照各种基准对公平进行衡量。

---

[1] George A. Akelof and Janet L. Yellen, *Efficiency Wage Models of the Labor Market*, Cambridge: Cambridge University Press, 1986.

● 第一，除了关心由其真实工资决定的购买力外，工人们可能还会关心其相对社会地位，并且将自己的社会地位与其他企业中类似工人的社会地位进行比较。比如说，美国联合航空公司和美国航空公司之间的相对真实工资是 $(w_{美联航}/p)/(w_{美国航}/p)=w_{美联航}/w_{美国航}$。因为价格水平这一项被抵消了，相对真实地位和相对名义地位完全等同。每个航空公司都不愿意第一个削减名义工资率，因为这将使相对工资向不利于其雇员的方向转变，从而降低他们的效率。当然，每家航空公司都不得不结算余额。名义工资减少导致的直接成本减少有时超过了效率损失的价值。在那种情况下，航空公司将削减名义工资率。工人效率取决于名义工资的情况被称为**名义工资假说**。**相对效率工资假说**是名义工资假说的一个例子，也是阿克洛夫和耶伦公平工资假说的一个例子。

● 第二，工人可能将自己的地位与其所在企业中其他工人的地位进行比较。20 世纪 90 年代衰退期间，耶鲁大学的经济学家杜鲁门·比利和雇主、工会官员、工作安置人员进行了广泛接触。[①] 他认为，工人和厂商对其他企业的偿付和工作环境所知甚少，他们是基于自己所在企业的条件形成其关于公平的判断的。

在比利的研究之前，有一个关于伦敦报纸印刷业工会的实例。工会使《伦敦时报》工人自 1978 年 11 月开始罢工 10 个半月。[②] 罢工的起因之一是其员工和门卫之间相对工资差别的缩小。削减门卫工资与提高员工工资都将会使工会满意。

学术劳动力市场提供了另一个例子。新来的助教在雇佣当年所获得的是竞争性工资。一旦被雇佣，他们的工资上升通常慢于市场工资的提升，所以最后雇佣的助教其工资经常是最低的。系主任和院长常常听到高级助教抱怨"这不公平"。

● 第三，工人们可能将现在的工资与其以前的工资进行比较。比利的调查表明，工人们一般认为名义工资的任何削减都是不公平的，即使他们不知道其他工人的工资。经济心理学家丹尼尔·卡尼曼（2002 年诺贝尔经济学奖获得者）和同事研究了工人对工资削减的反应。[③] 一般来说，当通胀率为 0 时工人认为名义工资 5％的削减是不公平的，但是当通胀率为 12％时他们并不反对名义工资 7％的上升。虽然这两种情况都意味着真实购买力 5％的削减。经济学家认为这是非理性行为。他们认为工人们出现了**货币幻觉**，即没有明白这两种情况其实等同。当然，工人有时会出现货币幻觉，因为即使相对简单的经济推理也不是与生俱来的。但是，对名义工资削减的关注多于对价格水平上升的关注，这不一定是非理性的。

工人们也许会在乎老板如何评价他们的表现，可能对于好评感到高兴，对于差评感到痛苦。空谈是廉价的。在传达老板的感受方面，关于工资的决策比言语更有说服力。

如果工人意识到个别厂商对诸如 CPI 之类的因素几乎不能控制，他们就会从名义工资率中获取信息。而且，工人们可能根本就不会密切关注 CPI，所以他们薪水的变动比

① Truman F. Bewley, *Why Wages Don't Fall in a Recession*, Cambridge, MA: Harvard University Press, 1999.

② *Wall Street Journal*, 22 October 1979, p. 23.

③ Daniel Kahneman, Jack L., and Richard Thaler, "Fairness as a Constraint on Profit Seeking: Entitlements in Market," *American Economic Review*, vol. 76, no. 4, 1986, pp. 728-741.

应用中级宏观经济学

真实工资改变更能提供直接的信号。

价格一般处于不断变化之中，而名义工资很少发生改变——经常只是一年一变。因此真实工资不断在发生变化。对工人们来说，每天都密切关注真实工资并相应地调整自己的行为既不方便，代价也太高。专注于名义工资的离散变化更实际可行。

认知心理学在这里起了作用。据说青蛙落入热水中会立刻跳出来，但是如果落入冷水中，然后逐渐将水加热，它就会被煮熟。从某种程度上说，人也是这样。与通胀对购买力的逐渐侵蚀相比，我们更容易注意到名义工资削减导致的真实购买力的不连续的相对大幅下降。

不论工人对名义工资的关注是理性还是非理性的，比利的调查证实，雇主们并不愿意削减工资。即使另一个选择是削减每个人的工资（或者工时）而保持就业水平，厂商一般还是宁愿维持工资（和工时）不变，而解雇多余的工人。工人人数虽然下降，但由于较高工资而导致的自觉努力，通常也就抵消了降低工资可能带来的成本节约。

工会

工厂面对失业不降低工资的第二个原因是工会活动。工会会员一般在合同下工作。合同有效期内，降低工资率必须征得工会同意。如果工会同意的是名义工资，通胀可能还是会侵蚀真实工资，并推动经济走向市场出清。通常，特别是在通胀率高且多变的时期（例如，20 世纪 70 年代），工会将生活费调整（COLA）纳入到合同中。COLA 将名义工资和价格指数联系在一起，比如 CPI。有 COLA 的合同实际上是一个包含确定真实工资的合同。

为什么厂商愿意签这样的合同？很大程度上，厂商与工会打交道是出于法律的要求。但是，效率工资所考虑的因素对合同来说同样重要。与没有签订合同的工人相比，签订了合同、在已知工资情况下工作的工人更可靠、生产力更高。

有人或许认为工会对于增加就业有兴趣，但实际情形或许比这更复杂。一般来说，只有被雇佣的工人、暂时被解雇的工人或罢工的工人才是工会成员。工会成员或工会内部人员可能更倾向于自己拥有高工资，即使这意味着失业者和非工会会员仍然处于失业状态。**失业的内部人—外部人模型**经常被用来解释欧洲相对于美国在过去四分之一世纪中较高的失业率。这一情形本来可以轻易地发生在美国，但是与欧洲相比，美国劳动力中只有很小的部分加入工会，而且人数越来越少。

工会成员在大萧条之后显著增加，在 20 世纪 50 年代到达顶峰，近四分之一的劳动力属于工会，自那时起稳定下降（见图 12—5）。2009 年，工会成员只占工资和薪金就业人口的 12%。而且，公务员占工会成员的比例较以往更高，剩下一小部分私营部门的工人集中在少数几个领域内。工会在一定程度上（虽然不是在很大程度上）可能导致了工资调整的失败。

比较之下，欧洲大多数国家的工会化比率小至美国的一半，大到几乎为美国的 6 倍（见表 12—3）。法国的工会化程度为 8%，实际上低于美国，而瑞典工会化程度非常高，达 71%。大多数欧洲国家具有社会和劳工立法，它们给予工人（工会或者非工会成员）在解雇、解雇费、产假等方面广泛的权利。许多经济学家和国内批评者认为，这些项目的许多设计降低了劳动力市场的灵活性，实际上导致了失业率的上升，因为厂商不愿意因雇佣工人而招致将来无法解雇工人的风险。

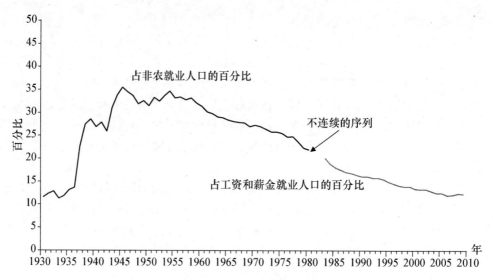

图 12—5　美国的劳动工会

注：美国工会成员在劳动力中的比例在二战结束时达到顶峰，自那以后开始下降。
资料来源：劳工统计局。

表 12—3　　　　　　　　　　　部分国家的工会率，2007 年

	工会成员 （所有雇员中的百分比）		工会成员 （所有雇员中的百分比）
G-7		奥地利	32ᵃ
加拿大	29	比利时	53
法国	8	丹麦	69
德国	20	芬兰	70
意大利	33	爱尔兰	32
日本	18	荷兰	20
英国	18	新西兰	22ᵃ
美国	12	挪威	54
其他国家		瑞典	71
澳大利亚	18	瑞士	19ᵃ

a. 2006 年值。
资料来源：经济合作与发展组织；法国，爱尔兰和意大利的数据来自欧洲工业关系观察台。

在欧洲，那些劳动力市场最为灵活的国家，例如英国和荷兰，也拥有相对较低的失业率——尽管与美国相比它们的失业率依然较高。德国的工会化水平和这些国家类似，但是拥有广泛的劳动保护法，因此近几年的失业率持续处于较高水平。

政府行为

工资无法调整的第三个原因是政府行为。从某种意义上说，工会的力量是政府行为的结果。没有《国家劳工关系法案》，雇主就不需要实现代表工人的工会的权利。[1] 除了为工会提供法律基础外，政府更直接地介入工资设定。

---

[1] 《国家劳工关系法案》也被称为《瓦格纳法案》，该法案于 1935 年通过，1947 年和 1959 年分别根据《塔夫特-哈特莱法》和《兰德拉姆-格里芬法》进行修改。

最好的例子是最低工资法。最低工资意味着当工人的边际产出低于最低工资时，厂商雇佣工人就无利可图。当工资可自由设定时，市场在 $(w/p)^*$ 处出清。但是当政府规定一个超过市场出清率的最低工资率 $(w/p)_1^{min}$ 时，劳动供给超过了劳动需求，失业工人数为 $L^S - L^D$。厂商本来愿意雇佣更多工人，工人们本来也愿意接受较低的工资，但是法律不允许工资低于最低工资。

最低工资率以名义工资率的形式设定并且很少更新，随着时间的推移，通胀可能侵蚀了最低工资的真实价值，所以最低工资朝着市场出清的真实工资的方向下降，甚至低于市场出清的真实工资。图 12—6 中的真实工资 $(w/p)_2^{min}$ 就是无约束力的最低工资率的例子。当最低工资率无约束力时，厂商将提供较高的工资（这种情况下即为市场出清工资率 $(w/p)^*$）。图 12—7 显示了美国最低工资的真实价值和名义价值，以及实际获得最低工资（或低于最低工资）的工人的百分比。

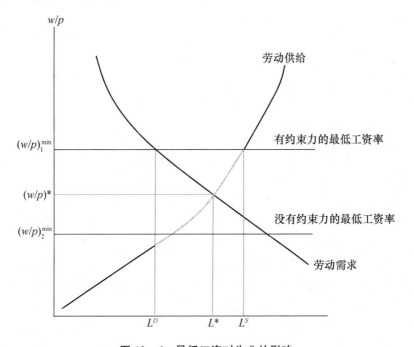

图 12—6 最低工资对失业的影响

注：有约束力的最低工资率（例如，在 $(w/p)_1^{min}$）将真实工资设定在超过市场出清工资 $(w/p)^*$ 的水平之上，在这一水平上劳动供给超过劳动需求，导致非自愿失业（劳动供给曲线的灰色部分）$L^S - L^D$。当最低工资率被设定在低于市场出清工资（例如，在 $(w/p)_2^{min}$）水平时，它对于失业没有影响，因为厂商愿意支付市场出清工资。

美国的真实最低工资没有向平均真实工资那样呈现出上升趋势，受制于最低工资的厂商数量呈现出下降趋势，这两个事实说明，对于大多数工作而言，最低工资并没有约束力。

经济理论预测，除非最低工资法不具有约束力，否则这一法令将增加失业率。保持受雇佣状态的任何一个工人都从工资率上升中获利，但是由于存在有约束力的最低工资，这些好处在一定程度上被那些被解雇工人或从未被雇佣工人的收入损失抵消了。有必要记住，工人和工作都存在多样性。最低工资（至少是在过去 50 年盛行的工资率）仅仅与最不熟练的工人相关。如果支付最低工资岗位的劳动需求曲线非常陡峭，那么即使最低工资率出现大幅变化，对失业的影响也微乎其微。

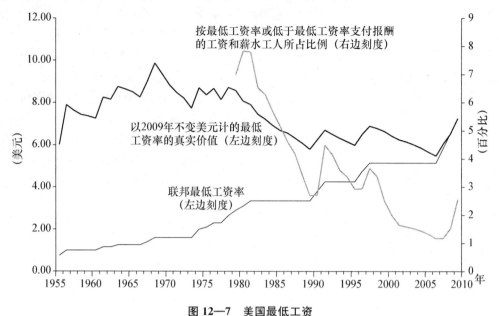

图 12—7　美国最低工资

　　注：虽然最低工资随着时间推移上升了，它的真实价值自 20 世纪 60 年代以来却大体上一直处于下降中，获得最低工资或低于最低工资的工人事实上越来越少。

　　资料来源：劳工统计局。

　　20 世纪 90 年代，经济学家大卫·卡特（来自加州大学伯克利分校）和艾伦·克鲁格（来自普林斯顿大学）进行了一项研究，引发了关于最低工资的热烈讨论，这一研究指出，新泽西最低工资率的上升确实增加了就业。[1] 经济学家认为这是一个人咬狗的故事，并且卡特和克鲁格的方法和证据很快受到其他经济学家的挑战。[2]

　　虽然争论在持续，但是形势已经明朗，几乎没有证据证明如果削减最低工资，或者适当提高最低工资，总体就业会大幅上升。正负两方面的影响可能会集中于特定人群，例如，十几岁的青少年。

　　政府对工资率设定规制的另一个例子是 1931 年首次被采纳的《戴维斯-培根法案》。这一法案要求在联邦建设项目中厂商支付给工人在那些地区的那些贸易内普遍享有的工会工资率，无论工人是否属于工会。该法案将工会在阻止工资削减方面的影响扩展到一个更广泛的工人群体中。

　　经常出现大量的关于建立**可比价值法案**的提议，这一法案根据某些标准将工作进行归类，而不是根据特定类型工人的供给和需求进行工作分类。该项法案的支持者认为，特定类型的工作被视为"女性工作"，所获得的报酬少于那些在一定意义上具有同等价值的工作。例如，与水管工相比，护士可能需要更多的教育，并且面临着生死的责任，

　　[1]　David Card and Alan B. Krueger, *Myth and Measurement：The New Economics of the Minimum Wage*, Princeton, NJ：Princeton Press, 1995.

　　[2]　众多相反研究中的一个是 Richard V. Burkhauser, Kenneth A. Couch, and David Writtenburg, "Who Gets from Minimum Wage Hikes：A Replication and Re-estimation of Card and Krueger," *Industrial and Labor Relations Review*, vol. 49, no. 3, April 1996, pp. 547-552.

但获得的报酬较少。因此，可比价值法案可能会判断护士的报酬应当多于水管工。水管工工资每上升一次（比如说，由对水管工的需求增加所致），护士的工资将相应增加以保持可比价值，即使这种增加使工资上升到超出市场出清水平，从而减少了对护士的需求，增加了其失业。

到目前为止，美国的可比价值法案只在少数州实行，并且仅运用于该州内的雇主和当地雇主。将其全面延伸至私人部门在政治上（几乎没有政治家会支持中央计划）和经济上（工资率能够传递对经济效率来说重要的信息，脱离供需来设定工资率会妨碍传递信息的这种能力）似乎都不可能。

□ 12.3.2　劳动力供给过程

工作的寻找

失业是存量变量，类似于其他存量变量，如资本和财富。我们可以将存量变量比作一座湖或者是一个水池，一些相关变量流入（如资本投资和财富积累），而另一些相关变量流出（如折旧和储蓄减少）。失业也可以被形象地比喻成一个水池，被解雇的和新加入的工人是流入的溪流，新雇佣或离开劳动力的工人是流出的溪流。或许这样一个比喻含义更丰富：经济是一座有很多房间（企业或车间）和走廊的大厦，那些退出劳动力市场的人位于房子外面。失业者在走廊间穿梭，寻找合适的房间。厂商决定一个房间可以容纳多少名工人，就像抢椅子游戏那样，厂商决定椅子的数量。这座房子是个非常忙碌的场所。

显然，在衰退期，走廊上挤满了寻找有空椅子房间的工人，椅子的数量少于可使用的工人的数量，但还是有一些工人找到了椅子。在经济周期扩张阶段的后期，走廊变得不那么拥挤，但即使在这个时期走廊上仍然有大量工人。不同的厂商以不同的速率成长。技术进步可能减少了特定厂商对于工人们的需求，而不断增加的需求导致其他厂商对工人的需求上升。即使形势普遍较好，一些厂商也会破产关门。如果工人们相信寻找另一份工作较为轻松，他们就更容易自愿离职。

并不是所有的房间都相互毗邻。为了找到合适的工作，工人可能瞄准较高楼层（高工资的工作）。如果一直没有找到，同一工人可能不得不勉强接受较低楼层。下调保留工资的意愿可能取决于走廊（失业率）有多拥挤。如果走廊非常拥挤，工人们可能有什么就接受什么，即使这意味着径直到地下室。

寻找就业不完全像抢椅子游戏，因为有的工人并不适合某些椅子。工人们寻找与他们的能力相匹配的岗位。一些工作岗位出现空缺，但由于岗位所需技能与工人具备的技能不匹配，依然有一部分工人处于失业状态，这种失业称为**结构性失业**。结构性失业不是一个关于自愿和非自愿失业的非此即彼的类别。相反，这是一种极端摩擦性失业形式，其摩擦的原因在其名称中得到了凸显。当特定区域面临主导产业的大规模变化时，结构性失业水平可能较高。美国东部一些州煤矿深部开采减少，失业矿工的技能或者单一或者过时，这时他们就被视为结构性失业，即使国内存在其他空缺工作岗位。

就业状况和职业流动

统计学家能够计算出每一就业状况中的人数：退出劳动力的人数、失业人数、就业人数。这样的统计结果未能表现出这一事实：劳动力市场从来就不是静止的。人们不停地改变他们的就业状况。不同就业状况的变化是两两不同就业状况流入和流出的净结果。图 12—8 显示了一个具有代表性的繁荣月份（2006 年 5 月）。

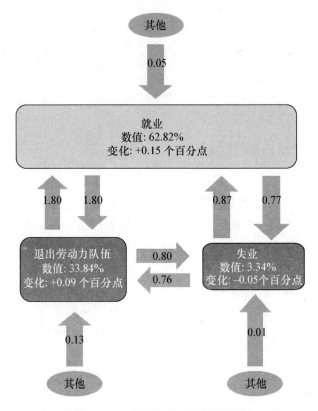

图 12—8　繁荣期典型的就业流动

注：工人在不同就业状态间持续移动。就任一就业状况来说，流入和流出的工人数量之间的差别通常很小。繁荣和萧条之间的差别一般表现为：每个月份中失业者被雇佣的数量稍多于被解雇者的人数，天平稍稍向就业的方向倾斜。将很多月份相加后，就业率上升而失业率下降。这个月（2006 年 5 月），在退出劳动力和就业这两个方向上移动的工人数量相等；从劳动力中退出进入失业状态（即寻找工作）的工人数量稍多。数字表示就业人口在 16 岁以上的民用人口中所占的比例；变化用百分点表示。

资料来源：劳工统计局，家庭调查。

在该月，工作年龄人口的就业上升了 0.15 个百分点。上升的一部分归因于找到工作的工人比失业的工人多 0.10 个百分点。剩余的归因于"其他"类，主要是新进入工作年龄人口的人——达到 16 岁的年轻人或移民。"其他"类的人口中，一部分直接参加工作；一小部分加入失业队伍；更多的人没有寻找工作，被计为退出劳动力队伍。不同就业状况之间的转移从不停止，总的流动经常比净效果高一个数量级。举例来说，2006 年 5 月，放弃或失去工作但尚未寻找工作的（即加入到退出劳动力队伍而不是失业队伍的）人数相对较大，为 1.80 个百分点。但是，直接从退出劳动力状态进入到新就业状态的人数与向相反方向移动的人数相等，所以净效果是 0。

图 12—9 表示在萧条期典型月份内（2001 年 5 月）就业流动的简单情况。同样，不同的就业状况之间存在相对较大的转换和相对较小的净效果。事实上，将流动量的大小与图 12—8 中的流动量比较之后可以发现，繁荣和萧条之间的差别其实并不显著。但是天平稍稍向较大的就业状态流出量和失业状态流入量倾斜，因此较小的净效果是萧条

的典型表现：总就业下降；总失业上升。

图 12—8 和图 12—9 表示了劳动力市场的简单情况。为了从历史的角度看待就业，图 12—10 描绘了经济周期中净工作流动的时间序列。净流动是每个就业状况在流出和流入之间的差别。该图证实，劳动力市场处于持续的积极状态。在经济周期的每个阶段，就业状况之间都存在显著的净流动。经济处于扩张期时，净流动移向就业。失业和就业之间的净流动在扩张早期倾向于达到顶峰，而退出劳动力和就业之间的净流动在扩张后期趋向于达到最高峰。在衰退期二者均突然转为负值。相反，退出劳动力和失业之间的净流动在衰退期趋向于急剧上升，在后续扩张的中期才变为负值。

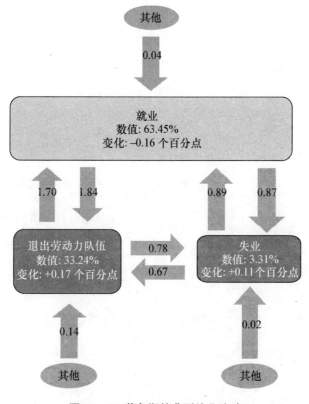

图 12—9　萧条期的典型就业流动

注：工人在不同就业状态间持续移动。就任一就业状况来说，流入和流出的工人数量之间的差别通常很小。萧条和繁荣之间的差别一般表现为：每个月中失业者被雇佣的数量稍少于被解雇者的人数，天平稍稍向失业的方向倾斜。在这个月（2001 年 5 月），就业出现缩减，离开劳动力的人数超过进入失业状态的人数；失业率上升更多是因为先前退出劳动力的工人们开始寻找工作。将很多月份相加后，就业率下降而失业率上升。数值表示在 16 岁以上的民用人口中所占的比例；变化以百分点表示。

资料来源：劳工统计局，家庭调查。

注意，劳动力在退出劳动力与失业之间和在退出劳动力与就业之间的流动影响了参与率。在一个典型的衰退期，从退出劳动力到失业的流动上升，在其他条件不变的情况下，这一流动导致参与率上升；而从就业到退出劳动力的流动也会上升，在其他条件不变的情况下，这一流动降低了参与率。两个方向的净效果皆有可能，所以很难预测参与率的周期性行为。回顾图 11—11 可以发现，他们在不同的衰退期内行为并不一致。

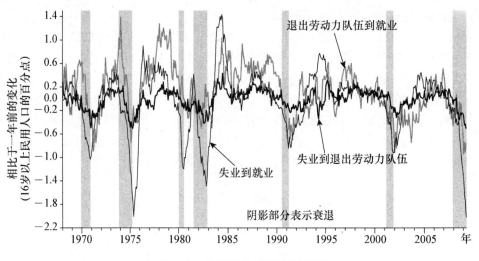

图 12—10　美国就业状况间的净流动

资料来源：劳工统计局、家庭调查和作者的计算。

图 12—11　美国失业的持续时间

注：持续时间的平均值超过中值，意味着很多人短期失业，较少的人长期失业。持续时间是反周期的。
资料来源：劳工统计局。

　　参与率的变化与劳动力规模的变化相一致。劳动力规模并非固定不变的，这一事实在关于劳动力市场的普遍讨论中经常被忽视；但是图 12—8 和图 12—9 表明，流入和流出劳动力的数量使就业和失业之间的流动数量相形见绌。这也解释了一个并非罕见的现象：就业率和失业率均出现下降。回顾一下，失业率是指失业人口占劳动力的比率。如果大量失业者——或许因为他们对于找到工作的前景感到沮丧——离开劳动力，那么失业人口的规模比劳动力规模缩小更快，从而降低了失业率。[①]

　　[①] 举例来说，假定工作年龄人口是 100，其中 54 人就业，6 人失业，还有 40 人退出劳动力。失业率为 10%＝6/(54+6)。如果就业下降 2 人，同时 2 名失业者离开劳动力队伍，则失业率下降到 7.1%＝4/(52+4)。

失业持续时间

回到将劳动力市场比作大厦这个隐喻。失业率告诉我们走廊有多拥挤，但是它没有告诉我们流入和流出有多快，也没有告诉我们走廊上的逗留者们流动得有多快。同时，即使失业率相对较高，与典型失业工人的长期失业相比，处于短期失业时，失业对该典型失业者而言并不是什么大问题。无论是哪种情况，经济中都存在未利用的资源。但当失业时间较短时，失业的部分代价平摊到更多工人身上，所以每个人遭受的痛苦较少。高流转率可能表明，失业很大程度上是摩擦性的，因此几乎无法消除。

图 12—11 显示了经济周期中失业持续时间的平均值和中值（以周计算）。平均值均高于中值，这意味着很多人短期失业而少数人失业时间较长（即持续时间是正的偏态分布，见"指南"，G.4.2）。失业持续时间是衰退的领先或同步指标，在达到或接近经济周期高峰时处于最低水平，它也是经济复苏的滞后指标，在经济周期的低谷时达到高峰。

滞后易于解释。在复苏期，最先被雇佣的通常是那些失业时间相对较短的工人——暂时解雇的正式雇员和拥有最新技能的工人。这使得剩下的失业工人转向长期失业，当这些工人等待经济进一步复苏时，他们自己也延长了个人失业期，使偏态分布更加倾斜。

20 世纪 80 年代早期的双谷衰退中，失业超过 15 周的工人数量高达劳动力的 4%。20 世纪 50 年代，这一比例有时低于 0.5%，但是在 20 世纪最后 30 年显著上升。即使是在 20 世纪末的强劲恢复期，它仍然接近 1%。长期失业的工人面临失去技能和越来越不适应雇佣的巨大风险。他们代表了经济政策方面的一个问题，与短期失业者的问题在一定程度上不同。

与美国相比，欧洲劳动力市场缺乏弹性，这种不灵活性可以通过长期失业发生率（见表 12—4）进行衡量。2008 年，美国只有大约 1/5 的失业者失业超过 6 个月，相比之下，经济合作与发展组织为 40%，欧洲超过 50%。同样，美国有 11% 的失业者失业超过 1 年，相比之下，经济合作与发展组织为 26%，欧洲为 37%。德国和意大利长期失业发生率最高。

表 12—4　　　　　　　　　　**2008 年部分国家的长期失业**

	长期失业的发生率（就业中的百分比）	
	6 个月或更长	12 个月或更长
G-7		
加拿大	14.7	7.1
法国	55.6	37.9
德国	68.9	53.4
意大利	62.3	47.5
日本	46.9	33.3
英国	43.0	25.5
美国	19.7	10.6
其他国家		
澳大利亚	26.7	14.9

	长期失业的发生率 （就业中的百分比）	
	6 个月或更长	12 个月或更长
比利时	68.3	52.6
爱尔兰	48.2	29.4
卢森堡	63.3	38.6
墨西哥	4.2	1.7
荷兰	52.5	36.3
波兰	46.7	29.0
韩国	9.7	2.7
西班牙	40.2	23.8
土耳其	42.6	26.9
OECD 中的欧洲国家	53.2	36.8
OECD 中的全部国家	38.9	25.9

资料来源：Organization of Economic Cooperation and Development，*Employment Outlook 2009*。

一个可能的解释是，与美国相比，欧洲的失业救济相对丰厚，这使得欧洲人工作的机会成本高，鼓励工人维持较高的保留工资。

□ 12.3.3 劳动力需求过程

岗位创造和岗位破坏

上一节描述的不同就业状态之间的净流动从工人的视角对劳动力市场过程进行了量化。我们再次利用那个将劳动力市场比作大厦的隐喻，这一次我们使用不同的视角。我们不再追踪人们从房间到走廊再到门外的活动，而是追踪不同房间（厂商）中椅子（即工作）的安置。任何时候厂商为一名工人增加一个位置（在房间中增加一把椅子），就创造了一个岗位。任何时候减少一个位置（移走一把椅子），就是破坏了一个岗位。**岗位创造（增加）和岗位破坏（减少）**可能是渐进的（这里增加一份工作，那里减少一份工作）或大规模的（开设一个新工厂，关闭一个旧工厂）。岗位创造和破坏的绝对量决定了劳动力市场的活跃程度（大厦的走廊是拥挤还是空无一人的）。岗位创造和破坏之间的净额决定了就业是上升还是下降了（以及在很大程度上，决定走廊上的气氛是乐观还是沮丧的）。

美国人口调查局近期开始公布 1990 年以来美国岗位增加和减少的数据。1990 年以前的数据虽然能够获得，但只是制造业方面的数据（见图 12—12）。有几个事实比较显著。首先，在经济周期的所有阶段，岗位的创造和毁灭数量都很高。岗位创造的平均值不到就业的 5%，而岗位破坏的平均值略高于 5%。其次，岗位创造没有岗位破坏的变化性大。岗位创造从最低值 3% 到最高值 6%，而岗位破坏从 3% 到 10%。最后，岗位破坏明显是反周期的，其在衰退期急剧上升，在扩张期急剧下降。相比之下，岗位创造或许最好被描述为非周期的。它在某些衰退期下降，在其他衰退期上升，并且在扩张期几乎没有表现出明显的模式。

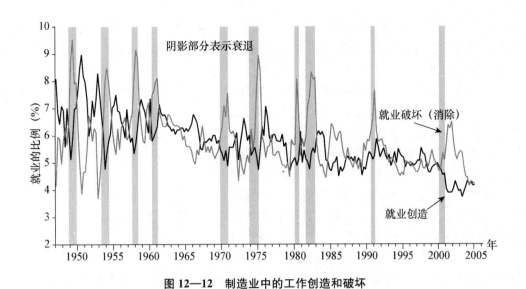

阴影部分表示衰退

就业破坏（消除）

就业创造

图 12—12　制造业中的工作创造和破坏

资料来源：Steven J. Davis，R. Jason Faberman and John Haltiwanger，"The Flow Approach to Labor Markets：New Data Sources and Micro-Macro Links，"*Journal of Economic Perspective*，vol. 20，No. 3（Summer，2006），pp. 3-26.

　　这些数据将制造业的经济周期描绘成这样一幅图：在相对更稳定的岗位创造这一背景下，出现了一波一波的岗位破坏。平均岗位破坏率超过了平均岗位创造率，这一事实意味着制造业岗位作为全体就业的一部分处于长期下降区间，但必须要强调的是，这并不意味着制造业产出的下降。

　　除了一个重要例外情况外，制造业部门的状况基本反映在全部经济的数据中。与制造业不同，整体经济中的岗位创造通常超过了岗位破坏。虽然我们没有足够的数据，但是岗位创造的非周期性可能是制造业特有的现象。制造业的特殊性来自其相对高的技术进步率，这与它在总体产出中的相对下降有关。这一问题值得我们进一步思考。

　　技术进步和劳动力重新配置

　　在使用宏观经济学的常用分析工具时，容易以一种过于简单划一的方式看待经济。劳动总供给和劳动总需求图表促使我们对劳动力市场进行思考，使用单一方法衡量生产力进步的生产函数促使我们思考由一种技术生产的单一产品。但是我们知道，劳动和产出都是丰富多样的，在不同的生产部门技术进步差异很大。大厦隐喻的目的就是强调劳动力市场的多样性。

　　不同行业间不同的技术进步率导致了高岗位破坏率。这可以用一个简单的例子阐明。假定一个经济中有两种商品：按摩和电子游戏。所有工人都是相同的。一开始每位工人能提供 20 次按摩或 20 个电子游戏。工人，同时也是消费者，一直希望能够消费同等数量的按摩和电子游戏。从 1 000 名工人开始，500 名工人致力于提供按摩，500 名工人生产电子游戏。经济的真实 GDP 是 10 000 次按摩和 10 000 个电子游戏。每个工人的消费组合是 10 次按摩和 10 个电子游戏。

　　按摩不受技术进步的影响，因为每次按摩需要女按摩师工作一定数量的时间。相反，就像所有电子产品一样，电子游戏的生产方式越来越先进、高效。假设电子游戏产业存在技术进步，这样一来，每名工人现在能够生产 30 个电子游戏而不是 20 个（生产能力提升 50%）。因为工人想要消费的电子游戏和按摩数量仍然不变，500 名工人现在生产出的电子游戏多于需求。部分工人必须从电子游戏生产转移到按摩中。转移背后的经济机制是什么？

电子游戏制造业生产能力的上升提高了该部门中工人的边际产出，也增加了他们的工资和收入。制造电子游戏的工人们并不希望自己购买全部的潜在产出。一些新的需求溢出到按摩部门中，增加了按摩部门的工资率。新需求未能跟上生产导致电子游戏厂商解雇部分工人。（为增加销售，它们可能降低电子游戏的价格，这增加了产品的真实工资，这样厂商必须削减产量，以获得与更高水平真实工资相匹配的劳动边际产出。）

按摩厂商提高工资以吸引更多的工人，满足更高的需求。即使按摩部门工人的边际产品没有上升，消费真实工资也有可能增加，因为按摩厂商在面临需求增加时提高了价格。如果名义工资没有上升，按摩价格的提高将使产品真实工资下降到低于劳动边际产出的水平。产品真实工资当然会下降，但这一事实正是厂商扩大按摩生产和雇佣更多按摩师所需要的信号。面临需求增加，按摩价格上升，同时电子游戏更为便宜（反映了这一生产中生产力的上升）。最终，这两个产业中的工人都拥有了相同的真实工资。

所有的调整完成后，600 名工人将生产 12 000 次按摩，400 名工人生产出 12 000 个电子游戏。每名工人的消费组合将是 12 个电子游戏和 12 次按摩。在这一情况下，技术进步破坏了电子游戏产业中的 100 个工作，创造了按摩产业中的 100 个工作。

这一虚构的例子表达出的中心信息有助于理解经济发展。总体上，工作必须从生产力发展较快的部门流出，例如，制造业，流入生产力发展较慢的部门。不同部门的生产力发展不可能完全均衡。比如说，在育儿产业中生产力如何发展？生产力的全面发展意味着每名儿童照管员可以照顾更多的儿童。但是我们会将这视为一种质量上的退步而不是效率上的提高。

需求模式不可能在一定时间内保持不变。现代经济学之父亚当·斯密（1723—1790）在其著作《国富论》中表达了这一观点。

> 人的胃容量有限，所以每个人对食物的欲望也有限；但是人们对于便利的生活和建筑装饰、服装、装备和家具的欲望似乎没有限制或界限。[1]

当人们越来越富裕时，他们在食物上的开支在收入中的比例越来越小。[2] 虽然总体上没有对商品的限制，但是一个人只能使用一定数量的汽车、音响和鞋子。经济在发展中必须不停地将生产力从一个产品转移到另一个产品，以反映需求模式的变化。

很多人对这一事实感到困惑：在经济形势最好的时期，失业率很低，但电视、收音机和报纸却频频报道大规模裁员的消息。有些人将此作为经济存在隐藏弱点的证据，并认为一切并不像失业统计数据显示的那样好。但是，正如我们已经看到的，人均收入上升带来需求模式的改变，这种岗位破坏正是更具生产力的经济适应需求模式变化的一个基本部分。

---

① Adam Smith，*The Nature and Cause of the Wealth of Nations*，book Ⅰ，chapter，part Ⅱ.
② 这一规则是由普鲁士经济学家恩斯特·恩格尔（1821—1896）明确表达出来的，被经济学家称为恩格尔定律。

岗位破坏通常是突发性的，具有新闻价值。经济形势好的时候，岗位破坏更可能表现为：一座没有生产力的废旧工厂被整体关闭，或经营不善的企业破产。在一个正经历繁荣的经济中，岗位创造表现为：现有工厂或企业以渐进方式增加就业岗位，并不时增添新设施。因为生意兴隆，添置新设施导致的就业增加通常从一个适度数值开始，随着商业的繁荣缓慢上升。岗位破坏就如同飞机失事：一般以极其不愉快的方式在短时期内影响大批人。岗位创造通常类似于航空安全的渐进式改进：当时难以察觉，但它的累积效应是就业稳定增加，就如同大型客机逐渐变得安全。关于空难的新闻报道倾向于使人们相信飞行远比实际情况危险。关于劳动力市场的报道也倾向于使人们相信，劳动力市场违背工人利益的程度远远超过实际情况。

回顾第 10 章（方程 (10.14)），真实工资（一般是真实收入）的增长取决于劳动生产率的提高。在高生产率部门岗位破坏超过了岗位创造，这一事实很容易使人们想要终止这一过程（记住勒德分子的历史）。同时，人们经常抱怨真实工资停滞不变。一个人不能同时兼而有之。真实工资的增长和岗位破坏与创造是同一增长过程的两个方面。

生产力进步带来的工资增长不是在所有就业中同步出现的。工资率取决于教育、职业技能、对特定类型劳动力的相对供给和需求、不同职业涉及的风险，以及其他因素。尽管如此，一个部门的生产力上升一般对所有部门中的工人都有益。

电子游戏和按摩的比喻总体上适用于真实经济。制造出来的商品的价格在一定时间内趋向于迅速下降。1960 年的电视或 1980 年的电脑可能和今天同等电视或电脑的名义价格相同，甚至更高（因此真实价格也更高）。但是，扣除物价因素，现在的医生、律师或者育儿师的服务可能比 20 或 40 年之前的价格更高。这些相对价格的调整为了的是将需求与生产能力的不均衡增长相匹配，以及在整个经济中散播生产能力提升带来的益处。经济增长的征途中一直都伴随着岗位破坏和岗位创造。

就业政策

一旦了解了劳动力市场的运作方式，我们就能知道什么样的政策可以成功地改善经济产出。试图对岗位破坏进行规制的政策似乎对生产率起反作用，因为在不同部门之间转移工人对经济增长来说是必需的。当出现周期性的非自愿失业时，增加总需求的宏观经济政策可能会有帮助。尽管失业率低时有人请求政府采取扩张性货币政策和财政政策，但是这样的政策不能够减少自愿失业，而且对真正的结构性失业可能几乎没有效果。

减少结构性失业的关键是改善工人和雇主之间的匹配——通过训练来培养最需要的技能，就如何找到工人和工作加强宣传，也可能通过税收或其他形式鼓励厂商在失业率相对较高的区域设立工厂。

即便自愿失业有时也可能成为政策关注的焦点。自愿失业者中包括退休人员和照顾孩子的妇女（以及越来越多的男性）。自愿失业者的一个理由是：作为一个社会人我们工作得过多，应该消费更多的闲暇、更少的商品。正如结构性失业一样，减少自愿失业并不能通过增加总需求来解决。相反，这需要改变个人的动机和机遇——比宏观经济手段更微观。

本章小结

1. 当真实工资低于工人的保留工资时工人自愿失业，这样他们就选择不参与到劳动力队伍中。当真实工资等于或低于保留工资时工人非自愿失业，工人愿意工作但尚没有工作。

2. 理论上说，失业率是指非自愿失业者占劳动力的比率。事实上，即使在经济周期高峰期，失业率也从未降至 0，原因包括衡量方法上的问题，工人不可避免地在工作之间进行转换，以及最低真实工资的原因（例如，由于最低工资法，或者因为厂商发现支付工人超过市场出清的工资会提高他们的工作效率）。

3. 失业率不能够衡量出就业的所有维度。工人们可能兼职工作或超时工作。他们可能是松散型就业的，或者对就业不抱有希望（也就是说，不计为失业者，但是当需求增加时很容易进入到劳动力队伍中），或是就业不足（即在一个低于其潜在生产力的岗位上工作）。

4. 失业的主要难题是：为什么真实工资不大幅下降或不迅速下降以消除失业？

5. 通过观察发现，工人效率可能取决于名义工资（或者因为他们将名义工资误认为真实工资（货币幻觉），或者因为他们将名义工资削减视为其雇主不满意的信号，或者因为他们关心相对经济位置而不仅是购买力），名义效率工资假说以此解释工资为什么不能大幅下降。厂商明白削减工资将降低工作效率，因此可能不情愿首先削减名义工资以降低真实工资。

6. 工会可能阻止工资调整。相比于使厂商雇佣失业者（外部人）的刺激措施，工会内部成员更关心收入对雇员（内部成员）的影响。

7. 政府规制——最低工资和现行工资或可比价值法——可能阻止工资调整。

8. 工人和工作都是多种多样的，因此劳动力市场一直在将工人与合适的工作相匹配，工人们也一直在不同的工作和劳动力市场状态之间转换：退出劳动力、就业和失业。在衰退期，净流入的方向是从其他两种状态流入失业状态。在扩张期，净流入的方向是就业状态。衰退时期，失业者寻找工作的时间通常比扩张期长，即使失业率相同。

9. 厂商转移生产以适应需求变化和不同产业之间生产率的不同，在这一过程中他们创造和破坏工作。在衰退期，岗位破坏相对多于岗位创造。即使在扩张期，岗位破坏也可能很高，但是岗位创造相对更高。

10. 工人们必须不断地从拥有高技术进步率的产业转移到技术进步率相对较低的产业。当低生产率产业中需求的增加与工人的劳动不成比例时，这个过程就将生产力增长的益处平摊给所有的工人。

11. 宏观经济（货币或财政）政策可能帮助减少非自愿失业，但是不能够消除自愿失业。干预岗位创造和岗位破坏过程的政策可能适得其反，因为增长需要不断对劳动力进行重新配置。

关键概念

自愿失业	真实效率工资假说	失业的内部人—外部人模型
非自愿失业	摩擦性失业	岗位创造（增加工作）
充分就业	需求失灵	岗位破坏（减少工作）
失业率	名义效率工资假说	就业不足

应用中级宏观经济学

Bureau of Labor Statistics，*BLS Handbook of Methods*；Chapter 1，Labor Force Data Derived from the Current Population Survey and Chapter 2，Employment，Hours and earnings from the Establishment Survey（www. bls. gov/opub/hom/）

Truman F. Barley，*Why Wages Don't Fall in a Recession*，Cambridge，MA：Harvard University Press，1999

George A. Akerlof and Janet L. Yellen，*Efficiency Wage Models of the Labor Market*，Cambridge：Cambridge University Press，1986

Steven J. Davis，John C. Haltiwanger，and Scott Schuh，*Job Creation an Destruction*，Cambridge，MA：MIT Press，1996

课后练习

请登录本教材网站（appliedmacroeconomics. com）第 12 章链接获取该练习题所需要的数据。在做练习之前，请复习"指南"中 G. 1~G. 4、G. 8~G. 9 以及 G. 16 的相关内容。

问题 12.1 下表给出的是澳大利亚经济的相关数据。

年份	劳动力（千人）	就业（千人）	人口（百万人）
1998	9 343	8 618	18.73
1999	9 470	8 785	18.95
2008	11 186	10 712	21.07

（a）计算 2008 年的失业率和 1998 年的劳动参与率。

（b）现把就业率转换为就业指数，设 1998 年的就业指数为 100，1999 年的指数值应当为多少？

问题 12.2 使用劳动—供给/劳动—需求图来表现如下过程：由于采取高于市场出清水平的最低工资，一个原本充分就业的经济体是如何产生失业的？请讨论，随着劳动—供给/劳动—需求曲线斜率的变化，最低工资水平所造成的影响会发生怎样的变化？不同斜率的曲线分别和厂商及工人什么样的经济特征相对应？当最低工资水平上升时，该分析将会出现什么纰漏？

问题 12.3 计算最低工资和小时平均工资的比值，根据计算结果绘制曲线图。讨论两项数据在一定时间内的关系。是否有证据表明，最低工资水平对失业率的影响会随着时间而变化？

问题 12.4 图 12—3 显示了非自愿兼职就业在全部兼职就业中的比例。分别绘制非自愿兼职就业和自愿兼职就业曲线，并用阴影标注美国经济调查局发布的经济衰退期，在此基础上详细分析就业。对比并讨论这两种曲线的周期性和长期性行为。

问题 12.5 绘制平均加班时间曲线（仅针对制造业），用阴影标注美国经济分析局发布的经济衰退期。讨论超时工作的周期性和长期性的行为表现。

问题 12.6 近期，有观点认为，工人们的待遇很差，且实际工资自 20 世纪 70 年代以来就未出现过大幅增长。该观点尤其认为，工人并没有从劳动生产率的大规模提升中获利。请使用季度数据进行计算来考证这一观点。首先，通过下面两种不同的方法把总工资量（包括福利和工资、薪水）转化为实际总工资量：

(a) 通过 CPI 推算消费真实工资；

(b) 通过 PPI 推算产品真实工资。

接着，使用 1950 年第一季度作为基期（即对每个序列来说，1950：1＝100），把以上每种真实工资的时间序列和劳动生产力（每小时产出）的时间序列转变为指数，并在一幅图表中绘制该三种时间序列的曲线图。复习第 10 章 10.4.1 节（特别是公式（10.14））和第 11 章 11.3.1 节的内容，重温收益最大化、实际工资和生产率之间的关系。在生产率提高的情况下，如果企业按比例上调工资水平，每单元产出的劳动力的成本并不会相应增加。不过这种观点建立在产品实际工资之上，而工人实际关心的却是消费实际工资。请思考，在你所绘的两种关于真实工资，与劳动生产率关系的图中，工人的待遇自 20 世纪 70 年代以来是好还是差了？从工人和公司两种角度考虑问题是否会得出不同的结论？如果是，请说明这种差异。

问题 12.7 以下是三种情况下的年度工资增长和通胀率：

(1) 通胀率为 0，工资下降 5％；

(2) 通胀率为 5％，工资保持不变；

(3) 通胀率为 10％，工资上升 5％。

(a) 在进行计算之前，说明你更倾向于喜欢哪种情况。说明你的理由。

(b) 对你的三位朋友提同样的问题。

(c) 计算每种情况下真实工资的改变。根据你的计算，对（a）和（b）两题的结果作出评价。

问题 12.8 根据持续时间长短的不同绘制失业数据曲线（例如，失业少于 5 周，失业持续 5～14 周、15～26 周和超过 27 周，数据均以其占全体失业的百分比表示），并用阴影标出美国经济分析局发布的经济衰退期。

(a) 失业量和商业周期之间有何联系？

(b) 失业的性质是否会随时间而改变？

问题 12.9 扩散指数将实业公司数量的增长与就业量的减少进行了比较。更准确地说，这个指数是由工业增长就业率加上 50％的不变失业率得到的。当指数值为 50 时，意味着增长和下跌的量完全均等。在不同的时期衡量就业率的变化，指数也会发生变化。请就制造业公司 12 个月的就业变化绘制出扩散指数图，并用阴影标出美国国家经济研究局（NBER）发布的经济衰退期。请对扩散指数的周期行为作出评价。把扩散指数与图 12—12 中的就业创造和就业消减指数进行对比，这两种变量是否反映了相同的就业周期和商业周期？

问题 12.10 使用所有非农厂商的扩散指数重新计算问题 12.9。注意观察两题结果中的显著差异。

问题 12.11 12.3.3 节讨论了就业与生产力和相对商品价格之间的关系。请绘制下列三种图表：

(a) 绘制非农产业（代表服务业的生产力）、耐用品制造业和非耐用品制造业的生产率指数曲线。

(b) 绘制出全部商品、耐用品、非耐用品和服务的 CPI 曲线。

(c) 分别计算耐用品产业、非耐用品产业和服务业的就业量占非农产业就业量的百分比，并根据数据绘制曲线。这些数据在多大程度上符合 12.3.3 节的分析？

第六篇

总需求

第 13 章

总需求导论

宏观经济学的中心问题是：什么决定了 GDP 增长率和水平？第五篇我们是从总供给这一面来研究经济的。生产者如何决定生产多少？他们如何决定生产过程中使用多少工人和资本？当然，只有当他们能够销售掉自己的产出时，才能获利。因此，在本章及接下来的三章中，我们从总需求这一方面来看待经济。人们是怎样对支出多少进行决策的呢？

▊ 13.1 总需求的一个简单模型

在本章中，我们的目标就在于理解决定总需求的一般原理。国民收入和产出账户（参见第 2 和第 3 章）提供了一个很好的起点。国民账户必须总是平衡的；在事后或在会计人员看来四个国民收入核算恒等式（等式 (2.1)～(2.4)）一定总是成立的。当这些恒等式在事前也成立时，宏观经济就处于均衡状态，每个人的计划同时得以实现。

让我们的思绪回到第 2 章。生产——支出恒等式 (2.1″) 被重写于此：

$$Y \equiv C + I + G + NX \tag{13.1}$$

我们可以将等式中的 Y 设想为总需求水平。我们所关注的将是解释等式右边的不同组成部分。本章，我们作一概览：如何使不同家庭、企业、政府以及国外部门的支出计划变得协调起来？也就是说，经济是如何达到均衡的——如果事实上经济的确达到了均衡状态，什么决定了均衡状态中 GDP 和其他总量的实际值？当远离均衡时，经济如何表现？为了从整体上把握，这一章关注的是总需求的不同组成部分如何相互作用以决定总的需求量。在后面的章节中，将更加详细地考察总需求的每一个不同组成部分。

☐ 13.1.1　消费行为

消费是总支出中最大的组成部分（见图 2—6 和问题 2.1）。我们可以将理解消费作为理解总需求的开端。

消费函数

很多因素决定了人们消费多少。（我们将在第 14 章中详细分析消费。）有一个因素超乎所有其他因素：通常情况下，人们收入越多，消费越多。在《就业、利息和货币通论》中，约翰·梅纳德·凯恩斯作出了如下著名解释：[1]

> 存在一条基本心理规律：一般来说，根据对人性的了解和详细的经验性事实的先验知识，我们有资格以极大的信心得出，当人们的收入增加时，他们愿意增加消费，但是消费增加量不会像收入增加量那么多。

这意味着如果你获得额外一美元收入，你将会增加你的支出，但增加的支出少于一美元。你所增加的支出的数量被称作边际消费倾向（或 MPC），并且被定义为当（可支配）收入以一个小的增量增加时，消费以多大比率增加。

消费和决定消费的因素之间的数学关系被称作消费函数。可以用一个简单的线性消费函数概括凯恩斯的观点：

$$C = c_0 + cYD \tag{13.2}$$

C，理所当然就是消费；YD 为可支配收入；c 和 c_0 为必须由数据决定的参数。图 13—1 描绘了这一消费函数。它的斜率表示消费的边际倾向：$\Delta C / \Delta Y = c$（或使用导数：$dC/dY = c$）。凯恩斯的基本心理规律可以被重新表述为：$0 < c < 1$——边际消费倾向介于 0 和 1 之间。

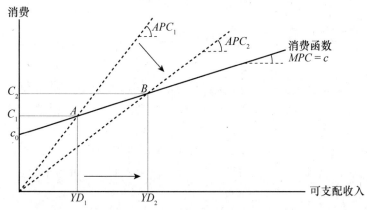

图 13—1　消费函数

注：消费函数表示可支配收入和消费之间的关系。消费函数的斜率即为边际消费倾向（MPC）——可支配收入的少量增加所导致的额外消费的数量。平均消费倾向（APC）是总消费与总可支配收入的比率，用从原点到消费点的射线的斜率来表示。当可支配收入从 YD_1 增加到 YD_2 时，消费从 C_1 上升到 C_2。MPC 保持不变，但是 APC 从 APC_1 下降到 APC_2。

———————

[1]　凯恩斯（1883—1946）被大多数人认为是 20 世纪最有影响的经济学家。（他的姓与"trains"押韵而不是与"beans"押韵。）

消费函数的形状

边际消费倾向告诉我们，获得的最后一美元中有多少用于消费。但是它并没有告诉我们从平均意义上看消费了多少。当边际消费倾向以 $\Delta C/\Delta YD$ 或 dC/dYD 形式给定时，平均消费倾向由 C/YD 给定。图 13—1 表示了消费函数上 A 点处某一可支配收入 YD_1 所导致的消费 C_1。从原点到 A 点的射线具有斜率 C_1/YD_1。换句话说，从原点出发的射线的斜率衡量的是 APC。

从原点到 A 点的射线比消费函数曲线本身要陡峭得多。这反映了一个一般属性：

平均消费倾向大于或等于边际消费倾向（$APC \geqslant MPC$）。

当消费函数是线性的时（如图 13—1 所示），边际消费倾向为常数，因为消费函数的斜率为一常数。但是平均消费倾向并非常数。为了说明这一点，看一下可支配收入增加到 YD_2 时会发生什么。B 点的边际消费倾向还是和 A 点的边际消费倾向相同；但是平均消费倾向已经从 APC_1 下降到 APC_2 了。

随着收入上升，平均消费倾向就一定下降吗？未必。当 $c_0 = 0$ 时，图 13—1 中的消费函数曲线穿过原点。因为每一条过原点的射线都和消费函数曲线本身重合，所以 APC 将是常数，并且与 MPC 的值相同。在等式（13.2）中，如果 $c_0 = 0$，那么 $APC = C/YD = c$，也就是说，$APC = MPC$，显然，在简单线性消费函数中，MPC 为常数。

事实证明，平均消费倾向为常数并非对现实的一个糟糕近似。实际上，图 13—2 表明，美国的平均消费倾向一直下降直到 1980 年左右，自此之后开始上升（伴随着一些起伏）。但是，没有持续的、长期下降的趋势存在。因此，对于美国的数据而言，我们可以将消费函数近似表示为：

$$C = 0.90YD \qquad (13.3)$$

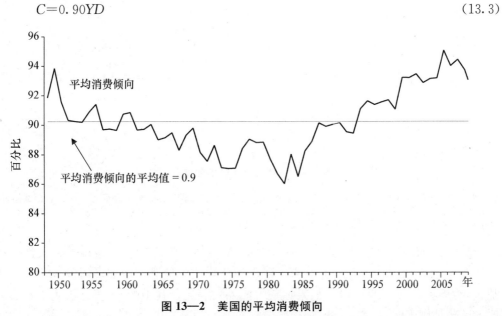

图 13—2　美国的平均消费倾向

注：平均消费倾向（APC）在样本中的第一个 40 年期间发生了某种程度的下降，随后 APC 上升，但是并没有像边际消费倾向（MPC）小于 APC 的线性消费函数所预测的那样，存在一个清晰的下降趋势。因此，具有经验意义的线性消费函数的一种合理的一阶近似就可能是具有 MPC＝APC 性质的消费函数，这里近似值取平均值 90%。

这是一个粗略的近似。实际的平均消费倾向行为很难具体细致地符合简单线性消费函数。我们将对更为复杂的函数的讨论推延到第 14 章。

储蓄函数

有时，根据没有被消费的，即储蓄（S），而不是根据被消费掉的（C）来进行思考是大有裨益的。这两种表述通过可支配收入恒等式（等式（2.2））连接起来——这里重新写为：

$$YD \equiv Y - T + TR \equiv C + S \tag{13.4}$$

上式表明，可支配收入被划分为消费和储蓄。将等式（13.2）代入等式（13.4），重新整理后得到储蓄函数：

$$S \equiv YD - (c_0 + cYD) = -c_0 + (1-c)YD \tag{13.5}$$

储蓄函数和消费函数是从不同视角来描述完全相同的行为。

两个函数的图形画在图 13—3 中。二者都是直线。消费函数的斜率为 $MPC = c$。储蓄函数的斜率为 $1-c$，该斜率衡量的是边际储蓄倾向（MPS），它被定义为当可支配收入增加一个极小的量时，储蓄增量与收入增量的比率。

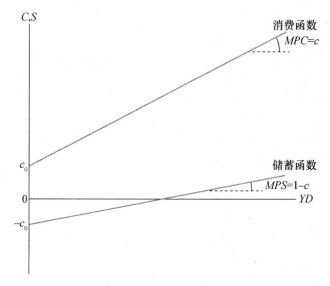

图 13—3　线性消费函数和储蓄函数

注：消费函数和储蓄函数是包含相同信息的不同方式。如果简单消费函数被写为 $C = c_0 + cYD$，那么储蓄函数可以被写为 $S = YD - C = -c_0 + (1-c)YD$。边际消费倾向（$MPC = c$）是消费曲线的斜率，而边际储蓄倾向（$MPS = 1-c$）是储蓄曲线的斜率；并且 $MPC + MPS = 1$。

注意到 $MPS = (1 - MPC)$，与此等价，$MPC + MPC = 1$。这说明，如果你获得额外一美元，其中一部分被用于消费，剩余部分被用于储蓄。例如，假设 $MPC = 0.92$，那么 $MPS = 1 - 0.92 = 0.08$。如果你获得额外一美元，其中的 92 美分被用于消费，同时 8 美分被用于储蓄。

如果等式（13.3）是美国消费函数的良好一阶近似，那么，令等式（13.5）中的 $c_0 = 0$ 和 $c = 0.90$，美国的储蓄函数也可以近似为：

$$S = 0.10YD \quad (13.6)$$

☐ 13.1.2　税收行为

净税收

消费和储蓄取决于可支配收入；可支配收入取决于 GDP、税收和转移支付。可支配收入恒等式（等式（13.4））可被重新整理为：

$$T - TR \equiv Y - C - S \quad (13.7)$$

将转移支付作为负税收对待并且去掉 TR 这一显性变量会更方便，因此等式（13.7）可以重新改写为：

$$T \equiv Y - C - S \quad (13.7')$$

税收（T）包含了各级政府——联邦、州和地方政府——来自 GDP 的每一种扣除（显性税收）或者捐助（转移支付）。变量 T 不仅代表个人税收，而且代表任何一种税收——任一流向政府的资金流净值，该净值表明 GDP、收入的最终来源，以及消费和储蓄之间的缺口。（这里的储蓄不仅包括个人储蓄，同时包括企业储蓄和政府储蓄，见第 3 章 3.7 节。）

政府并非仅仅通过开出税单并将其送到市民手中来征税。费尔南德斯先生并没有收到一张美国国税局的写着"请支付 1 500 美元"的税单，钟女士也没有收到一张写着"请支付 8 980 美元"的税单，该税单与他们自己所采取的任何行动没有任何关系。相反，税收取决于我们的经济选择——我们挣到的钱的数量（所得税），我们的一般性支出的数量（销售税），我们在某些特定商品上的开支数量，例如，石油或者香烟（特种商品消费税），或我们在经济财富上的支出数量（遗产税）。

政府制定税率，而不是制定产生这些税收收入的实际数字。2009 年联邦所得税的最高税率曾经达到，比如说，35%。该税率产生多少税收收入取决于人们挣到的应纳税所得额是多少。

转移支付也在某种程度上取决于人们的收入。大约四分之三的联邦政府预算被用于转移支付：联邦养老金、社会保障、医疗保险、公共医疗补助、各种福利项目以及联邦债务利息。州和地方政府也支出相当数量的转移支付。这些转移支付中的某些部分仅仅取决于接受者不可改变的事实——例如，已经从联邦政府退休。其他部分取决于经济状况，当经济景气并且 GDP 相对较高时，福利支付降低。因而，转移支付似乎与经济形势呈反方向变化。

然而，并非所有的转移支付都采取相同方式。利息支付就要复杂得多。经济景气时，利率趋于上升，这将增加政府的利息支付。另一方面，经济景气时，政府倾向于累积更少的预算赤字，甚至出现预算盈余，这被用于偿付部分债务，利息支付不断降低。

综合起来考虑，转移支付可能是反经济周期的——经济不景气时上升，经济景气时下降——用于弥补显性税收，使得净税收比率较低。

税收函数

联邦税法极其复杂，包括针对公司和个人处于不同所得水平上的许多不同的税率，针对不同家庭结构、各种不同的免税以及许多不同的间接税的诸多不同的税率。当然，每个州和地方政府也都增加了各自复杂的税收法典。在一个模型中想要囊括我们能够轻松掌握的各种细节将是不可能的。

幸运的是，就我们的目的而言，一个简单的线性税收函数将是一个足够好的近似：

$$T = \tau_0 + \tau Y \tag{13.8}$$

这里，τ 为边际税率——一个位于 0 和 1 之间的数，表示额外一美元收入中被用于税收的比例。截距 τ_0 可能为负，因为所得税一般只在达到某一门槛收入水平之后开始计征，而且某些形式的转移支付当收入最低时达到最高值。图 13—4 是该函数的图形。只有 Y 轴上方的部分才有意义，因为税收不可能是负的。该函数包含的一个重要信息是：当经济增长时，税收水平上升。

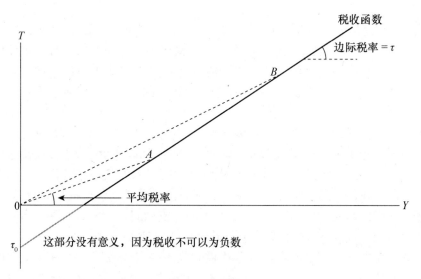

图 13—4 税收函数

注：线性税收函数具有不变的斜率（边际税率），如果低收入人群不被征税，税收函数可能会与原点下方的纵轴相交。平均税率由一条连接原点到税收函数上的点的射线的斜率给出。平均税率随着收入的上升而上升，除非税收函数起始于原点，在这种情形下边际税率和平均税率相同。

通过与 APC 和消费函数类比，我们也注意到，从原点出发的射线的斜率衡量的是平均税率（T/Y）。这个特定的函数阐明了税收函数的两个一般特征。因为截距 τ_0 是负的，所以从原点到税收函数上任一点的射线的斜率都比税收函数曲线本身的斜率要小：

● 平均税率一般说来低于边际税率。

同时也注意到，从原点到 B 点的射线比从原点到 A 点的射线更陡峭。

● 平均税率一般随着收入增加而上升。

税收函数的形状

像消费函数一样，我们可以使用数据为税收函数确定一个足够好的近似。图 13—5 绘制了美国的平均税率，图中考虑了美国的各级政府——联邦、州和地方政府。逐年来看，平均税率变化较大，并且存在一个清晰但缓慢上升的趋势，2000 年后趋势突然逆转。我们可以再一次粗略地将平均税率看作常数。就像消费函数一样，这种情况只有当平均税率和边际税率相同，即税收函数穿过原点时才有意义。

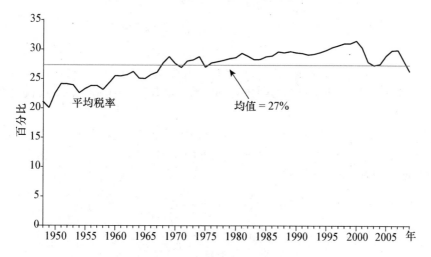

图 13—5 美国的平均税率

注：平均税率显示出一种清晰但小幅上升的趋势，一直持续到 2000 年左右，自此之后出现明显的下降。因此，虽然边际税率和平均税率相等的线性税收函数并不严格正确，却是一个合理的一阶近似。

资料来源：美国经济分析局。

图 13—5 中，平均税率的均值为 27%。因此，令 $\tau_0=0$ 和 $\tau=0.27$，等式 (13.8) 就变成：

$$T=0.27Y \tag{13.9}$$

自二战结束后，税率和转移支付比率当然既非单一的，也不是不变的，但等式 (13.9) 作为一个合理近似的成功却说明，根据各种各样的税法和转移项目所进行的复杂且不断的调整，已经具有一个简单的净效应：多年来，净税收总额维持在 GDP 的大约 27% 的水平上。

□ 13.1.3 什么决定了总需求水平?

模型

为回答什么决定了总需求水平这个问题，我们把根据消费和税收函数所得到的经济行为与国民收入会计恒等式结合起来，建立一个简单的总需求模型。当两个函数所代表的人们的选择使得恒等式在事前与事后均成立时，就达到了宏观经济均衡。

流入—流出恒等式（等式 (2.4)，也称注入—漏出恒等式）在此重写为：

$$I+G+EX\equiv S+(T-TR)+IM \tag{13.10}$$

如果从等式两边同时减去 IM（进口），并将 TR 看作负税收纳入到 T 中，我们可以将上式改写为：

$$I+G+NX\equiv S+T \tag{13.11}$$

这里有 $NX\equiv EX-IM$。接着，我们再将储蓄函数 (13.5) 和税收函数 (13.8) 代入上式，得到：

$$I+G+NX=(1-c)YD+\tau Y \tag{13.12}$$

此处为简化起见，我们令 c_0 和 τ_0 等于零，这样既合乎实际，又不会改变任何重要的结论（问题13.1涉及这一点）。注意，当我们将储蓄函数和税收函数代入国民收入会计恒等式（13.11）时，我们也将三横的恒等式符号替换成两横的等号。等式（13.12）虽不再是个恒等式，现在却反映的是经济行为：消费者事前的计划，而不仅仅是事后的国民账户。

将等式（13.11）左边的变量看作一个类别大有裨益，我们可以称之为自发支出：$Au \equiv I+G+NX$。将此定义以及可支配收入的定义（$YD \equiv Y-T$）和税收函数代入（13.11），即可得到：

$$Au=(1-c)(Y-\tau Y)+\tau Y=[1-c(1-\tau)]Y \tag{13.13}$$

重新整理各项得到一个简单的总需求模型：

$$Y=\frac{1}{1-c(1-\tau)}Au \tag{13.14}$$

为了理解这个模型，回忆第1章中所定义的某一内生变量（在经济的某一特定系统或在代表该系统的某一模型内部被决定的变量）和某一外生变量（在上述那个系统或模型外部被决定的变量）之间的区别是很有帮助的。在这个模型中，自发性变量（Au 和它的组成部分 I、G 和 NX）是外生的，参数 c（边际消费倾向）和 τ（边际税率）也是外生的。在等式（13.14）中，虽然只有 Y 是内生的，但是这个模型也包含消费、储蓄和税收函数，因此 C、S 和 T 以及 YD 也都是内生的。

均衡和向均衡的收敛

理解任何经济模型都有两个自然步骤。第一步，求出模型的均衡值；第二步，研究当外生变量改变时，这些均衡值如何变化。对于第一步，我们采用图解法。

图13—6是以等式（13.12）为基础的。我们可以认为等式左边代表向国内私人部门的注入，而等式右边代表漏出——在每种情形下这些解释自然遵循注入—漏出恒等式（等式（2.4）和（13.10），等式（13.12）最终是以该恒等式为基础的。因为在这个模型中，注入是外生的（因而不受收入影响），等式左边被表示为支出水平为 Au 的水平注入曲线。等式右边用向上倾斜的漏出曲线来描绘。其斜率为 $1-c(1-\tau)$，它是等式（13.12）中关于 Y 的系数。模型的均衡产量由两条线的交点给出：Y^*。

总需求水平 Y^* 是一个均衡，因为在这个收入水平上，计划的储蓄和经济产生的税收（计划的漏出）正好足以与计划投资、政府支出和净出口（计划注入）保持平衡。因此，Y^* 是使消费者的计划与经济中其他部门的计划相一致的总需求水平。

当总需求位于其他水平时，情况如何？设想总需求位于比 Y^* 更高的 Y_1 水平。储蓄（因为税收而作出了调整）将会大于投资（因为政府支出和净出口作出了调整），或者换句话说，在这个收入水平上，就均衡而言，消费者想要消费的太少了。（这就是我们已经在第2章2.7节中研究过的情形。）企业将会发现它们自己拥有日益增多的未售商品存量，并且将会降低价格以提升需求，同时缩减生产以减少其产品的过度供给。为简

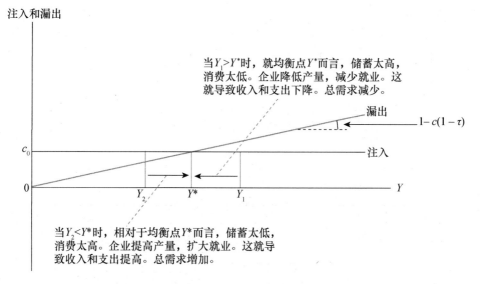

图 13—6　总需求的决定

化起见，我们针对该模型已经假定所有企业并不调整价格，从而所有调整一定采取减少产量的方式。削减了的产量当然也就只需要更少的工人，这就造成收入降低，更低的收入既减少了储蓄，也降低了消费。总需求随着支出的下降而下降。只要收入大于 Y^*，经济中的自然调整就会推动总需求向下一直趋向于 Y^*。

当总需求位于均衡以下，比如处于 Y_2 时，会发生与上述类似的调整过程。这时，投资大于储蓄，或者换句话说，消费者想要花费的大于企业计划供给的。在这种情形下，企业会发现存货存量下降。假如它们能够提高价格抑制需求，它们将会这样做。它们将会增加产量，因而增加就业，使得产出和收入同时提升。增加的收入既增加了储蓄，也增加了消费支出。额外的支出增加了总需求。只要收入低于 Y^*，经济中的自然调整就会推动总需求向上一直趋向于 Y^*。

自发支出变化对总需求的影响

第二步是询问当自发支出变化时，情况如何。例如，如果企业增加 10 亿美元的投资会发生什么？图 13—7 将自发支出的增加描绘成注入曲线从 Au_0 向 Au_1 的上移。交点沿着漏出曲线向上移动，使均衡总需求由 Y_0 提高到 Y_1。一般而言，政府支出或净出口增加相同数量，对总需求将会产生完全相同的效应，因为每一种情况都使得自发支出增加相同数量。同时，自发支出的缩减将会减少总需求。

□ 13.1.4　乘数

静态乘数

当自发支出增加 10 亿美元（甚至只增加 1 美元）时，总需求增加多少呢？为了回答这个问题，我们需要知道 GDP 增加（图 13—7 中用水平箭头表示）与导致其增加的自发支出（图 13—7 中用垂直箭头表示）增加二者的比值。这个比值（$\Delta Y / \Delta Au$）被称为消费乘数（通常简称为乘数），并且用 μ（希腊字母"mu"）表示。如果 $\mu \equiv \Delta Y / \Delta Au$，那么 $\Delta Y = \mu \Delta Au$。回答本节开始时所提问题的诀窍就在于获悉 μ 取何值。

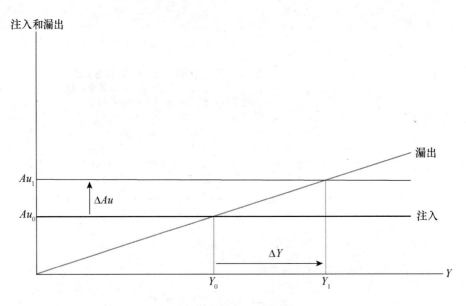

图 13—7 自发支出上升增加总需求

在现实世界中，求出 μ 的数值可能需要复杂的分析。在这个简单模型中，仅需要用到一些代数（知识），这在等式（13.14）中已经介绍过了。我们可以将这个等式以变化量的形式改写为：

$$\Delta Y = \frac{1}{1-c(1-\tau)}\Delta Au \tag{13.15}$$

因而乘数为：

$$\mu = \frac{\Delta Y}{\Delta Au} = \frac{1}{1-c(1-\tau)} \tag{13.16}$$

（对于无穷小变化而言，我们将会得到相同结果，只要将乘数定义为 $\mu \equiv \mathrm{d}Y/\mathrm{d}Au$，并且对等式（13.14）求导数即可。）

一个数值例子

通过数值例子可以使上述乘数模型和乘数公式清晰明了。利用 13.1.1 节和 13.1.2 节中所估计的边际消费倾向的平均值（$c=0.90$）和边际税率的平均值（$\tau=0.27$），求得乘数为：

$$\mu = \frac{1}{1-0.90\times(1-0.27)} = 2.9 \tag{13.17}$$

这样一来，自发支出增加 10 亿美元，将使总需求增加 29 亿美元。

乘数的大小

什么决定了乘数的大小？注意到等式（13.16）中乘数的分母就是图 13—7 中漏出曲线的斜率。

漏出曲线越陡峭，对于自发支出的某一特定增加（ΔAu）而言，GDP 增加（ΔY）越小。乘数公式中的分母越大，漏出曲线将会越陡峭。当边际消费倾向（c）较小，或者当边际税率（τ）较大时，乘数公式的分母变得较大。

考虑某些极端情形：

如果 $\tau=0$，那么 $\mu=\dfrac{1}{1-c}$。就我们数值例子中的乘数值而言，$\mu=\dfrac{1}{1-0.90}=10$，也就是说，它是 $\tau=0.27$ 时的乘数值的 3 倍多。

如果 $\tau=1$（它表明任意增加的美元收入全部被税收所吸纳），那么 $\mu=1$，也就是说，自发支出增加的唯一效应就是直接效应。政府支出增加 100 万美元，总需求增加 100 万美元，但没有乘数效应。

如果 $c=0$，那么再次得到 $\mu=1$，并且只有直接效应而没有乘数效应。

如果 $c=1$，则 $\mu=\dfrac{1}{\tau}$。在我们所给的数值例子中，μ 的值为 $\mu=\dfrac{1}{0.27}=3.70$，即比 $c=0.90$ 时的乘数值约大三分之一。

这些极端的情形阐明了如下规则：

> 边际消费倾向越高，乘数越大；
>
> 边际税率越高，乘数越小。

乘数的作用过程

乘数看起来具有魔力。每当政府增加支出，或者每当企业向海外销售更多产品或购买投资品时，经济中的总需求增加都远大于初始支出。但是，乘数真的有魔力吗？

事实上并不完全如此。乘数背后的作用过程基于一个古老的经济学思想：屠户所购之物成为面包师的收入，而面包师所购之物成为烛台制造者的收入，依此类推，绕了一圈之后这笔收入又回到屠夫手中。

在 20 世纪 30 年代的大萧条中，许多人建议政府应该在道路、学校、医院和其他公共事业上增加支出，以产生乘数效应。政府增加少量道路方面的支出，不仅会使修路工获得收入，而且会使地主、杂货商、服装店老板获得收入，而这些人的支出又会使其他许多人得到收入。

英国经济学家 A. C. 庇古(1877—1959)并没有被这种共识性的思想所左右，提出了归谬法观点来加以反驳。庇古认为，假如乘数过程起作用，那么一便士的额外支出最终会通过级联效应使得收入越来越大，直至所有的收入大到足以购买整个经济的全部产出。但是，庇古确信这种结果非常荒谬，所以收入能够以这种方式被扩大的说法一定是错误的。

另一个英国经济学家理查德·卡恩（1905—1989）在其 1931 年发表的一篇文章中对庇古作出了回应。卡恩构造了一个类似等式（13.16）的乘数公式，并非要表明乘数的作用过程多么强大，而是为了说明乘数的作用不会大到庇古所提及的那种荒唐的程度，因为乘数的作用是有限制的。

为了理解乘数是如何起作用的，以及为何这种作用并非具有魔力，将乘数的作用视作一个过程大有裨益。假设波音飞机公司从某一专业供应商处购买了 1 000 美元的飞机用具。让我们来追踪这 1 000 美元增加总需求的过程。

假定因为波音飞机公司支出而获得收入的每一个人都面临相同的税率（27%）和相同的边际消费倾向（90%）。（括号中）这些数值反映了乘数公式（13.17）中使用的税率和边际消费倾向的平均估值。这样，任何获得收入的人只能够自由支配其中的73%（=100%−27%），所以最终只有66%（=0.73×0.90）的收入被用于消费。基于这些假定，波音公司1 000美元的购买对总需求的效应是多少呢?

波音公司最初的购买是一种投资，所以直接增加总需求1 000美元。专业供应商利用波音公司支付的钱购买投入品，支付工资与薪金、利润和租金。每一个收入获得者将花费其税后收入的66%。因此，初始的1 000美元也导致了要素收入获得者间接的、第二轮的660美元支出。现在，第二轮的这些支出有可能支付给杂货商，或者支付租金，或者用于支付抵押贷款，或者购买衣服，或从事任何其他活动。最终，它们也形成人们的收入。这些人会进行第三轮0.66×660=435.60美元的支出。这一过程进行到第四轮时，消费支出为0.66×435.60=287.50美元，这个过程如此一轮轮地不断持续下去。每一轮中，增加的消费支出变得越来越小。当可用于支出的收入不足一便士时，这一过程停止起作用。

让我们对总需求的总效应进行加总，得到：

$$\Delta Y = \underbrace{1\,000.00}_{\text{直接效应}} + \underbrace{660.00 + 435.60 + 287.50 + \cdots}_{\text{间接效应}}$$

假如我们对上述式子中不同项之间的关系加以明确，分析起来将会更容易一些。每一项都是0.66乘以前面一项得到的，因此：

$$\begin{aligned}\Delta Y &= \underbrace{1\,000}_{\text{直接效应}} + \underbrace{0.66\times 1\,000 + (0.66)^2\times 1\,000 + (0.66)^3\times 1\,000 + \cdots}_{\text{间接效应}} \\ &= 1\,000\times(1+0.66+(0.66)^2+(0.66)^3+\cdots)\end{aligned} \tag{13.18}$$

为了求解上式，将两边同时乘以0.66，得到：

$$0.66\Delta Y = 1\,000\times(0.66+\cdots+(0.66)^2+(0.66)^3+(0.66)^4\cdots) \tag{13.19}$$

将等式（13.18）减去等式（13.19）后，我们得到：

$$(1-0.66)\Delta Y = 1\,000 \tag{13.20}$$

等式（13.18）右边括号内除首项“1”之外的每一项都被等式（13.19）右边的一个项目所抵消，一直抵消到无穷大。我们可以解（13.20）得到：

$$\Delta Y = \frac{1\,000}{1-0.66} = 2\,941 \tag{13.21}$$

波音公司最初的购买导致总需求增加为最初购买的将近3倍。除了计算中的四舍五入之外，这与等式（13.17）中的乘数是一样的。而且事实上，对于c、τ和ΔAu而言，无论它们取何值，购买转变成收入，收入转变为购买，然后再转变为收入的一连串过程总是产生出由乘数公式（13.16）给出的总效应。（问题13.2要求对此命题给出一般证明。）

将乘数视作一连串的购买产生收入的结果，使我们想起收入与支出循环流动模型的重要性（见第2章2.2.2节和第3章3.1.2节，尤其是图3.1）。这也清楚地说明乘数效应并非瞬时发生的，而是在一段时间内逐渐展现出来的。计算乘数时假定支出是一轮一轮的。每一轮时间的长短取决于所得收入以多快速度支出。尽管个人是在不同的时间段内获得报酬的——有些按日支付,更多是按周支付,而且大多数很可能是两周支付一次或一个月支付一次——但他们却是持续地进行支出的。在现实中,乘数描绘的是平均效应。每一轮支出平均而言可能短则一天,或者更合乎常理一些,是一周或更长时间。乘数过程并不快。如果每一轮支出是前一轮支出的66%,那么,支出降到1美元以下要花费18轮的时间,支出降到1美分以下则要花费29轮的时间。如果每一轮需要花费一天时间,这就等于说需要两周半多一点时间达到1美元,四周多时间达到1美分。如果每一轮花费一周时间,则分别需要四个半月和七个月。

尽管完全调整需要花费许多轮时间,但是大多数变化发生在最初的几轮。到第三轮,最终效应的一半已发生,到第四轮,已发生四分之三,而到第六轮,最终效应的90%已发生。

13.2 财政政策

在第12章中我们看到,在某些情形下,总需求不足以保证劳动力的充分就业或不足以保持经济在其充分的经济潜力上运行。为减轻失业,政府可能试图通过货币政策或财政政策提高总需求水平。(我们将在第15章中看到,政府为了减轻通货膨胀也想要减少总需求。)我们把货币政策的主要讨论放到后面的第16章,但是本章中所建立的简单总需求模型为我们提供了初步讨论财政政策的基础(详细的阐述在第17章)。

财政政策(参见第1章)是一组行动,这些行动决定了政府支出和税收水平,这二者在一起又决定了政府的预算赤字规模。财政政策可以是相机抉择(也就是审慎地作出选择以达到某一特定结果)或者自动发生的(也就是说,它们成为税法和支出项目设计的一部分)。我们首先考虑相机抉择的财政政策。

□ 13.2.1 相机抉择的财政政策

选择政府支出水平

如果政府发现总需求水平过低,它可以通过增加政府支出来提高总需求。作为图13—7所描绘情景的一种特殊形式,这一点显而易见。政府支出(G)增加仅仅是众多增加自发支出方式中的一种,并且每一种都对总需求具有乘数效应。但准确地说,政府支出应该增加多少呢?

为了指导其财政行动,政策制定者已经构造了详细的经济模型。看起来似乎令人惊讶的是,这些复杂的模型(常常包括成百上千的公式)大多是根据本章中已经指导了我们的那些原理建立起来的。因此,尽管没有成百上千个公式,这个简单模型和静态乘数也为我们提供了大量有关经济学家和政策制定者实际上是如何设计财政政策的洞见。

用作说明的模型:基准模型。让我们从一个简单的、人为的例子开始。设想一个没有外贸,存在税收,但没有转移支付的经济。消费者的行为用消费函数可描述为:

$$C = 0.8(Y - T) \qquad (13.22)$$

政府课税采用简单的"统一税率":

$$T=(1/6)Y \tag{13.23}$$

刚开始,政府支出 $G=500$,投资 $I=500$。

第一个问题就是,总需求的均衡水平是多少?为了求出这个均衡水平,从注入—漏出恒等式(2.4)或(13.11)开始,令 EX、IM 和 TR 为零:

$$I+G=S+T \tag{13.24}$$

从等式(13.5)和(13.22)中,我们得知储蓄 $S=(1-0.8)(Y-T)$。将此式与等式(13.23)代入(13.24),同时代入 I 和 G 的数值,我们得到:

$$500+500=1\,000=(1-0.8)(Y-(1/6)Y)+(1/6)Y=(1/3)Y \tag{13.25}$$

或

$$Y=3\,000$$

(你可以使用此值和税收与消费函数来验证国民收入会计恒等式是否成立。)

政府预算赤字是 $G+TR-T$。在这里,赤字 $=500+0-(1/6)\times3\,000=0$。用文字表达,预算是平衡的。

用作说明的模型:情形1。现在,设想政府认为——也许因为存在着失业——总需求水平太低。政府认为,如果它能够将总需求提高到3 600,就能消除失业,那么政府需要增加多少 G?

找出 G 的一种方法是回到简单模型(例如,等式(13.25)),用变量 G 替代表示政府支出的数值500,并且用数值3 600替代变量 Y,然后求出 G。另外一种方法是,用例子中给出的 $c=0.8$ 和 $\tau=1/6$ 的值从乘数公式(13.16)入手:

$$\mu=\frac{\Delta Y}{\Delta Au}=\frac{1}{1-c(1-\tau)}=\frac{1}{1-0.8\times(1-(1/6))}=3 \tag{13.26}$$

因为政府想要将 Y 从3 000提高到3 600,$\Delta Y=600$,而且 $\Delta Au=\Delta Y/\mu=600/3=200$。任何一种自发支出变化200都将使总需求提高到所需要的数量。政府可以通过增加支出使得 $\Delta Au=\Delta G=200$,从而达到其目标。

我们对政府财政计划问题的解决办法与实际政府如何评价财政政策的方法极其相似,尽管它们的模型实际上更加详细。

设定税率

政府也许更愿意通过削减税收而不是通过增加政府支出来刺激总需求。正如我们在13.1.2节中所提到的,政府不是以任意的数量征税;相反,它们设定税率,并准许其与收入水平或其他经济活动合在一起共同决定税收总额。税收因而是内生的;税率则是外生的。因而,政府不得不回答的问题是:需要什么样的税率才能使总需求提高到恰好合适的水平?

原理相当直截了当:降低税率以乘数效应来提高可支配收入。图13—8表明,税率下降使漏出曲线变得平坦,使总需求从 Y_0 增加到 Y_1。问题再次出现,政府如何才能找到实现其总需求目标的那个特定的税率?

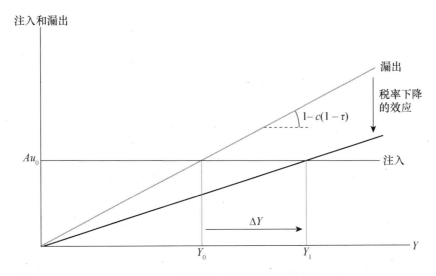

图 13—8　削减边际税率会增加总需求

用作说明的模型：情形 2。 一种方法就是回到简单模型，用变量 τ 替换 1/6 这个税率，用目标 GDP 水平（3 600）替换变量 Y，然后求出 τ。这样计算出来的结果与我们使用等式（13.14）所给出的简单模型的解决方法所得到的结果是相同的，将 $Y=3\,600$，$c=0.8$，且 $Au=G+I=500+500=1\,000$ 代入式（13.14），得到：

$$3\,600=\frac{1}{1-0.8(1-\tau)}\times 1\,000 \tag{13.27}$$

这可以求解出实现意愿的总需求水平的那个税率：

$$\tau=9.72\%$$

目标税收水平。 一个政治家或许相信市民被过度征税了，而且当其就职时或许承诺减少某一特定数量的税收——在这个模型中，比如说 100。为了达到这一税收水平，政府将必须选择多高的税率？现在的问题是，目标税收水平是固定的，然而必须调整税率才能达到这一水平。现在，税收水平（T）是外生的，而税率（τ）则是内生的。该模型（等式（13.14））以前的解决方法和乘数公式（13.16）所作的假设正好相反，因而它们不再适用了。相反，我们必须在新的假定下再次对模型求解。

我们从注入—漏出恒等式（13.8）或（2.4）开始，令自发支出 $Au\equiv I+G+NX$。我们将其代入储蓄函数（13.5），为简化起见，令 $c_0=0$，同时代入可支配收入的定义式，$YD\equiv Y-T$（这里，像以前一样，我们将转移支付作为负税收对待），得到：

$$Au=(1-c)(Y-T)+T=(1-c)Y+cT \tag{13.28}$$

或

$$Y=\frac{1}{1-c}Au-\frac{c}{1-c}T \tag{13.28'}$$

现在存在两个乘数（用下标区分）：

税收乘数是其他条件不变时（这里保持 Au 不变），总需求因税收变化而变化的倍数：

$$\mu_T \equiv \frac{\Delta Y}{\Delta T} = -\frac{c}{1-c} \qquad (13.29)$$

自发支出乘数是其他条件不变时（这里保持 T 不变），总需求因自发支出变化而变化的倍数：

$$\mu_{Au} \equiv \frac{\Delta Y}{\Delta Au} = \frac{1}{1-c} \qquad (13.30)$$

税收乘数显然是负数，因为税收是从国内私人部门漏出的。但是注意到税收乘数的绝对值小于自发支出乘数。就拿我们的这个数值例子来说，如果令 $c=0.8$，那么 $\mu_T = -4$，$\mu_{Au} = 5$。要明白为什么是这样的，一种容易的方法就是记住：尽管 Au 的每一个组成部分都是 GDP 的一个直接贡献因子，而且具有间接乘数效应，但税收和转移支付却并不直接对 GDP 做贡献；不过，因为税收改变了可支配收入，它们仍然具有乘数效应。因此，如果我们再次回顾等式（13.18）中的乘数过程，并且设想刺激措施不是 1 000 美元的额外投资支出，而是 1 000 美元的减税或 1 000 美元转移支付的增加，那么，我们将不得不舍弃第一项（初始的 1 000 美元所代表的直接效应），并且从 $0.66 \times 1\,000$ 这一项开始，这当然就是 $c\Delta Y$。接下来，每一项经由因子 c 变小；从而税收乘数本身的绝对值也经由因子 c 变小。

我们也注意到，对于所有正的税率，自发支出乘数均大于早些时候的消费乘数：$\mu_{Au} = \frac{1}{1-c} > \frac{1}{1-c(1-\tau)} = \mu$。实际上，$\mu_{Au}$ 恰好是 $\tau = 0$ 时的 μ。这里的道理很明显：当政府以某一具体税收数值（T）为目标时，就使得该税收数额与边际税率无关，这就好像边际税率已被设定为零了。

用作说明的模型：情形 3。现在回到我们的问题上来。如果政府缩减税收，从而 $\Delta T = -100$ 时，在我们的这个说明模型中发生了何种变化？运用税收乘数来解释：

$$\mu_T = \frac{\Delta Y}{\Delta T} = \frac{\Delta Y}{-100} = -\frac{c}{1-c} = -\frac{0.8}{1-0.8} = -4$$

解出总需求的变化量：

$$\Delta Y = (-4) \times (-100) = 400$$

尽管本例中，政府使用固定的税收目标，但政府仍然必须通过选择某一税率来落实这一目标。政府应该选择什么税率呢？可以用税收函数（13.8）求出边际税率（令截距 $\tau_0 = 0$）：

$$\tau = T/Y \qquad (13.31)$$

起初，在我们的说明模型中，税收是 500，但是现在它已经下降到 400。而且一开始 GDP 是 3 000，现在却上升到 3 400。因此，过去一直为 $1/6(=16.67\%)$ 的税率，现在降到：

$$\tau = T/Y = 400/3\,400 = 11.76\%$$

平衡预算乘数

在解释模型的基准形式中，预算是平衡的。在情形 1 中，政府支出从 200 增加到 700，这反过来又对总需求产生了一种乘数效应，使总需求从 3 000 增加到 6 000。赤字发生了什么变化？税收增加使得 $T=\tau Y=(1/6)\times 3\ 600=600$，从而赤字就变为：

赤字 $=G-T=700-600=100$

如果政府发现赤字不能接受怎么办？它会用增加支出和税收这样一种方式来保持预算平衡并增加总需求吗？

这又是税收水平（T）为外生的这样一种情形：为保持预算平衡，一定是 $T=G$，而不论政府支出水平是多少。因此，税率（τ）必须被内生地作出调整以得到合适的税收水平。

我们再次回到注入—漏出恒等式，像在等式（13.28）中的做法一样，在恒等式中代入储蓄函数。但是，这一次我们利用 $T=G$ 的事实消除 T。有必要写出 Au 的组成部分：

$$I+G+NX=Au=(1-c)(Y-G)+G=(1-c)Y+cG \tag{13.32}$$

或

$$Y=\frac{1}{1-c}(I+NX)+G \tag{13.32'}$$

税收乘数不再存在，因为税收不是一个决定性变量，但总是被固定在和政府支出相同的水平上。当税收是外生给定的时候，对于投资乘数和净出口乘数来说，仍然与自发支出乘数相同。非常奇怪的事情是，政府支出增加导致总需求增加，但正好等于政府支出本身的增加量。平衡预算乘数（即当调整税收以保持预算平衡时，总需求因政府支出增加而增加的数量）是 1：

$$\mu_G^{BB}=\frac{\Delta Y}{\Delta G}=1 \tag{13.33}$$

有人也许会认为，为保持预算平衡而增加的税收将会引发一个负向的乘数过程，该过程将抵消由政府支出增加所启动的正向的乘数过程，因此平衡预算乘数是零。但是，这种看法是错误的。

存在两个过程，每个过程均有各自的乘数。因为税收增加是固定的量（恰好等于政府支出的增加），税收是外生的，因而等式（13.29）和（13.30）给出了适当的乘数。净效应是两个个别效应之和：

$$\mu_G^{BB}=\mu_{Au}+\mu_T=\frac{1}{1-c}+(\frac{-c}{1-c})=\frac{1-c}{1-c}=1 \tag{13.34}$$

抵消并不完全，因而平衡预算乘数并非零，因为正如我们早先所看到的，税收乘数的绝对值小于自发支出乘数。税收乘数过程抵消了政府支出增加的间接乘数效应，而留下完好无损的直接效应。

用作说明的模型：情形 4。 像在情形 1 中一样，假定政府想要增加 600 单位的总需求，使之达到 3 600，但想要使预算处于平衡。平衡预算乘数为 1 的事实意味着，政府为了达到这一目的，必须使得政府支出增加的数量正好等于其想要增加的总需求的数量，即增加 600。

税收也必须增加 600，达到 1 100。税率必须设定为多少才能实现平衡预算？

$$\tau = T/Y = 1\,100/3\,600 = 30.56\%$$

这一急剧上升真是非同寻常。

□ 13.2.2　自动稳定器

脱离生产的资金流（而不是储蓄）有时被称作自动稳定器，因为它们使总需求的波动减弱。考虑等式（13.17）中的乘数：如果 $c=0.90$，且 $\tau=0.27$，则 $\mu=2.9$。然而，当税收的自动稳定器被移除时（即 $\tau=0$），则 $\mu=10$。比如说企业增加 100 亿美元的投资。在第一种情形中，总需求将增加 290 亿美元，在第二种情形中，总需求增加 1 000 亿美元。与此相似，比如说人们购买更多的外国商品以致进口增加 50 亿美元（净出口下降）。那么，在第一种情形中，总需求将下降 145 亿美元，而在第二种情形中，总需求将下降 500 亿美元。没有了自动稳定器，波动更加剧烈，并且可能引起对于抵消经济波动的政策行动的更为迫切的需要。当经济出现下降趋势时，失业增加将比较多；当经济出现上升趋势时，通货膨胀的上升将会比较大。无论如何，GDP 将会更加反复无常。

要了解为什么税收作为一种自动稳定器起作用，看一看图 13—9。一开始，在较低的注入曲线和黑色的漏出曲线（该线的斜率为 $1-c(1-\tau)$）相交的 B 点处，经济处于均衡状态。总需求为 Y_0。现在假定出口增加，这是自发支出的增加，使注入曲线上移，并将均衡点移动到点 C，此处的总需求为 Y_1。（总需求变化量与自发支出增量的比率就是乘数。）

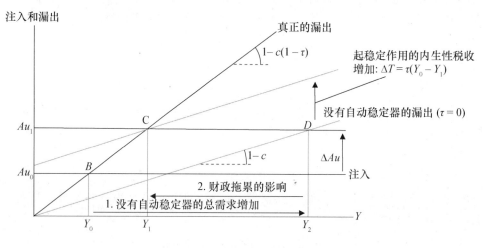

图 13—9　自动稳定器的作用

注：自发支出增加的效应可以分解为：（1）总需求的成倍增加。像诸如税收这样的漏出并不随收入增加，而自动增加，这一效应将会出现。（2）财政拖累（或自动稳定器）由税收的内生增加造成。

总需求的增加可以看作是由两部分组成的。第一部分是在没有自动稳定器的乘数的作用下总需求的增加。这一增加由颜色较浅的灰色漏出曲线（斜率为 $1-c$，因为没有稳定器，意味着 $\tau=0$）表示。如果这条漏出曲线就是那条漏出曲线，那么均衡将在 D 点处，且总需求将在 Y_2 处。然而情况并非如此。额外的总需求产生了税收。就每一个总需求水平而言，这些税收可被看作是不断增加的漏出，并使位置较低的灰色漏出曲线垂直上移，直到上移的量等于所产生的新税收量为止（$\Delta T=\tau\times(Y_1-Y_0)$），因而这条上移的漏出曲线与实际的注入曲线交于 C 点，C 点具有 Y_1 的总需求。

这种税收增加所引致的负的乘数有时被称为财政拖累。税收体系如同风筝的尾巴那样起作用，减缓了它的移动速度，但也稳定了它的波动。

很容易明白自动稳定器如何得名。当经济进入衰退时，政府通常采取行动扩大总需求，可能是增加政府支出或转移支付，削减税收，或者采取措施刺激投资。同样，当一个经济正变得不断繁荣，而且政府担心过多的总需求可能助长通货膨胀时，它可能就会采取相反的行动来减少总需求。自动稳定器按照与此完全相同的方式起作用。当经济陷入衰退时，税收和转移支付上升；当经济走向繁荣时，税收和转移支付下降。这就仿佛是政策制定者已经采取了审慎的行动来对付衰退（即稳定经济）。尽管审慎的财政政策必须被提出并讨论，而且一旦实施，缓慢地对经济起作用，但是自动稳定器可以在没有任何政治或官僚拖延的情况下立即起作用。

13.3　投资和总需求

到目前为止，我们已经探讨了家庭的消费和储蓄决策以及政府的财政政策在决定总需求方面的作用。接下来，我们转向企业的投资决策。

☐ 13.3.1　决定投资水平的是什么？

投资的机会成本

投资是新资本品的购买——有形生产工具（物质生产手段）。企业投资是为了生产、销售并赚取利润。投资是前瞻性的。成本即刻发生，利润只有在某一时期之后才产生。从这个意义上说，资本品的购买类似于债券或其他金融资产的购买（见第 6 章 6.2.1 节）。而且正如拥有一种金融资产那样，当使用投资品所产生的报酬高于其他任何可供替代的资金使用可能会获得的报酬时，投资就是一项好的选择。

投资的机会成本可以根据某种替代金融资产（例如，债券）的真实报酬与投资的报酬之间的差额来衡量。我们可以用变量 ρ——希腊字母 "rho"——来概括有关投资的真实报酬率。（我们在第 14 章中将详细讨论变量 ρ 的衡量。）那么，投资的机会成本就是：

$$投资的机会成本＝债券的真实报酬－投资的真实报酬$$
$$＝rr-\rho$$

当投资的机会成本为正时，购买债券（或其他金融资产）比购买投资品或从事一项投资项目更有利可图。投资的机会成本为负，真实投资越有吸引力；机会成本为正，真实投资越缺乏吸引力。不同的投资当然将会有不同的报酬率，因而也就具有不同的机会成本。将经济看作整体，给定报酬率，真实利率越高，被证明比购买债券更有利可图的投资项目就越少，投资水平就会越低。因而，投资支出与真实利率应该是负相关的。

图 13—10 将投资函数表示成真实利率（rr）和真实投资（I）之间向右下方倾斜的曲线。因为投资也取决于投资的真实报酬，所以该曲线一定是在 ρ 的某一特定水平下画出来的。位置较低的曲线是根据 ρ_0 水平画出的，它表明当真实利率是 rr_0 时，投资水平为 I_0。如果投资的报酬上升到 ρ_1，则就每一个真实利率水平而言，投资的机会成本降低了，因此投资水平一定更高，并且投资曲线一定向上移动。现在，在真实利率为 rr_0 处，投资位于更高水平的 I_1。

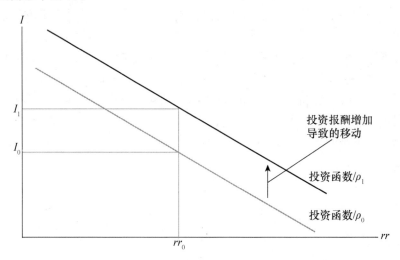

图 13—10　投资函数

注：投资函数是某一给定的真实报酬水平下投资和真实利率之间向右下方倾斜的关系。真实报酬的增加使函数上移并导致每一真实利率水平下投资的增加。

投资和风险

投资也取决于所涉及的风险。比较两个项目：一个具有确定的每年 14％ 的报酬；另一个具有 50％ 的机会每年赚取 7％ 的报酬、有 50％ 的机会每年赚取 21％ 的报酬，其期望报酬也是 14％（0.5×7％＋0.5×21％＝14％），但是更具风险——企业可能获得更大成功，也可能仅取得较小收益。一般而言，风险较低的项目与风险较高的项目相比，似乎在更低的真实利率下就值得投资。如果投资对企业来说具有吸引力，则对于相同机会成本而言，高风险项目必须比低风险项目得到更高的报酬。投资因而与风险成反方向关系。风险越高，每一真实利率水平下的投资越低。风险增加使投资函数向下移动。

投资与金融（以及其他因素）

当企业（或公众）在市场利率下可以随意借款时，资本市场就是完全的。当资本市场是完全的时候，投资应该完全由其机会成本与风险来决定。然而，实际上，并非所有企业都可以不受限制地获得贷款。即使企业愿意支付更高的利率以便获取更多借款，银行也会通过限制其贷款的数量来减少自身的风险。信用评级较低的企业通过出售债券来代替有限的银行贷款这种方式筹集资金的能力可能很有限。因此，企业投资多少可能取决于信用的可获得性。如果货币政策使银行更愿意放贷，从而可以满足更多被压抑的贷款需求，企业就会投资更多。融资的可获得性增大使每一个真实利率上的投资曲线上移。

应用中级宏观经济学

在 2007—2009 年衰退期间——尤其是 2008 年秋所发生的金融危机之后——利率非常低，然而银行还是不愿意大量地贷款，因为它们囤积资金用来防范来自借款人方面的可能的违约。许多工商企业——大型或小型的——发现自己失去了通常的资金来源，而且投资计划被急剧缩减，尽管利率很低。美联储向银行注入大量的资金，既让银行更加安全，同时希望这些资金最终会激励银行更大量地贷款，支持投资，并因而引发将会提振总需求的乘数过程，拉动经济走出衰退。

实质上，除了机会成本、风险和融资渠道以外，应该再也没有其他因素对投资有重大影响了。但是也要注意到，因为任何投资项目的所有行为都发生在将来，收益和风险无法直接观察到。企业和经济学家均没有可预测未来的水晶球，他们都必须对未来作出猜测。因此，投资也将与任何有助于预测未来收益或风险的因素相关。现期 GDP，或现期资本存量水平，或现期利润，或对经济活动的其他衡量，或经济处于经济周期哪一个阶段的指标，都可能有助于预测未来的收益和风险。

□ 13.3.2 实践中的投资函数

图 13—11 绘制的是美国的真实投资和真实利率的时间序列。这两个时间序列之间存在显著的差异。真实利率序列大致平稳；在狭窄的范围内变化，没有呈现出长期趋势。相反，真实投资序列是非平稳的；它在趋势上稳定增长。（见"指南"，G. 5.2 和 G. 14，关于平稳和非平稳数据以及两者之间的关系。）数据的这些特性意味着投资不能用形如 $I = f(rr)$ 这种简单函数形式代表。真实利率往往回到相似水平。这样一个函数将意味着投资也应该回到相应的水平。但实际上，在图中所示例子的后期，某一特定的真实利率水平与一个更高的投资水平相联系，该投资水平高于本例中早些时候的投资水平。

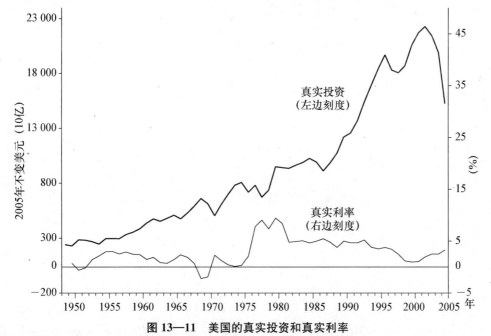

图 13—11　美国的真实投资和真实利率

注：真实利率是 10 年期国债利率减去基于 GDP 隐含价格平减指数的年通货膨胀率。
资料来源：真实投资，美国经济分析局；利率，联邦储备委员会；以及作者的计算。

处理这两个序列之间关系的一个合理方式就是要认识到投资的重要性取决于经济规模。在小型经济体中很大的某一真实投资水平在大型经济体中将是很小的。通过将投资表示成潜在产出的一个份额，也就是作为比例化投资 $\tilde{I}$，我们可以很容易地掌握这种差异。（见第 9 章 9.5.2 节，有效变量的构建。）因为比例化变量一定是在 0～100％ 之间的，它们不可能在趋势上增长。投资函数因而可以表示成 $\tilde{I} = f(rr)$：真实利率越高，比例化投资越低。

□ 13.3.3 *IS* 曲线

为将投资行为整合到我们的简单总需求模型中，我们将注入—漏出图形（例如，图 13—6）转化为一个总需求在横轴、真实利率在纵轴的图形。与上一节中的结论保持一致，我们将总需求表示成潜在 GDP 的某一份额（比例化产出 $\tilde{Y}$）。

推导 *IS* 曲线

图 13—12 的上半部分基本上与图 13—7 相同。然而，现在我们不将投资看作外生的自发支出的一个组成部分，而是看作真实利率的减函数。图 13—12 的下半部分用纵轴表

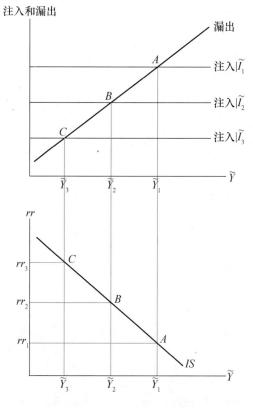

图 13—12 *IS* 曲线的推导

注：较高的真实利率（rr）对应着较低的投资水平，相对应的就是上半部分图形中依次较低的注入曲线。给定漏出曲线，较低的每一条注入曲线依次产生一个较低的均衡总需求水平（$\tilde{Y}$）。*IS* 曲线（下半部分图形）就是与这些均衡相对应的真实利率和总需求每一个组合的轨迹。

示真实利率（rr），横轴表示总需求（$\tilde{Y}$）。依次从下向上考虑三个真实利率：$rr_1 < rr_2 < rr_3$。假定真实利率处于最低水平（rr_1）时，投资为 $\tilde{I}_1$。该投资对国内私人部门的注入作出了贡献，后者由上半部分图中位置较高的水平线表示。（标记为注入 $\mid rr_1$ 的直线表示的是这样一种注入水平：真实利率取值 rr_1 与比例化投资取值（$\tilde{I}_1$）相一致时所产生的注入水平。）均衡位于总需求为 $\tilde{Y}_1$ 的 A 点。rr_1 与 $\tilde{Y}_1$ 的组合表示在下半部分图形中——表示成 A 点。

当真实利率上升至 rr_2 时，投资下降至 $\tilde{I}_2$。如果政府支出和出口保持不变，投资的下降使注入曲线下降到中间的那条直线。均衡移动到 B 点，B 点位于减少了的总需求 $\tilde{Y}_2$ 上。rr_2 与 $\tilde{Y}_2$ 的组合对应的就是下半部分图形中的点 $B(\tilde{Y}_2, rr_2)$。真实利率进一步上升到 rr_3 导致投资进一步下降至 $\tilde{I}_3$，使得注入曲线进一步下移，并且使得上下两个图形中的均衡也进一步移动到点 C。

很明显，真实利率的任何增加都会导致较低的投资和较低的均衡总需求。图 13—12 中上半部分图形中每一个均衡都可以在下半部分图形中找到一一对应的点。下半部分图形中连接所有这些点的直线被称为 IS 曲线。（IS 曲线显然是从投资和储蓄的首字母而得名，最初的 IS 曲线归功于约翰·希克斯（1903—1989）爵士，1972 年的诺贝尔经济学奖获得者。）IS 曲线可以被定义为所有真实利率和总需求两者组合的轨迹，它使得所有流向国内私人部门的其他资金流（政府支出、转移支付和出口）给定情况下的计划投资，与从国内私人部门流出的其他资金流（税收和进口）给定情况下的计划储蓄保持一致。

自发支出增加使 *IS* 曲线向右移动

图 13—12 中的 IS 曲线是在给定自发支出水平和给定边际消费倾向与边际税率的情况下画出来的。这些给定的数值中的任何一个发生变化会对 IS 曲线产生何种影响？首先考虑自发支出的增加（例如，政府支出增加或出口上升）。

图 13—13 表明了自发支出增加对 IS 曲线推导的影响。黑色直线对应的是图 13—12 中的相应直线，图 13—12 中的每一条水平线代表的是自发支出的不同水平，自发支出水平之所以不同，源于投资水平随着真实利率的变化而改变。如果自发支出上升，比如说上升了 ΔAu，那么每一条水平线将会向上移动到图 13—13 所示的相应的灰色水平线的位置。例如，图 13—13 上半部分图形中最上面的两条水平线代表的分别是真实利率为 rr_1 时自发支出增加前后的注入水平。图 13—13 的上下两个图形中的均衡从点 B 移动到点 B'（使总需求从 $\tilde{Y}_1$ 提高到 $\tilde{Y}_1'$）。

完全相同的情况也会发生在与其他利率相对应的注入线上：均衡点 C 移动到 C'，D 移到 D'。一条新的 IS 曲线（以灰色线表示）连接的是图 13—13 的下半图形中所有这些均衡点。它位于原来 IS 曲线的右侧。自发支出增加导致 IS 曲线右移，而自发支出减少导致 IS 曲线左移。

投资报酬率增加使 *IS* 曲线向右移动

图 13—12 基于投资报酬 ρ 是常数这一假设画出，因而，相对于其他机会而言，真实利率的变化是投资意愿性变化的唯一源泉。

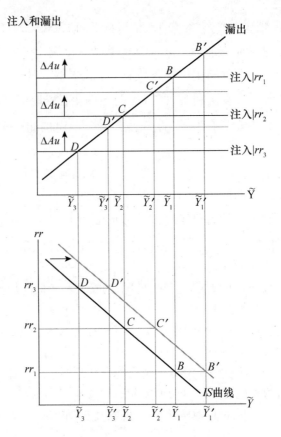

图 13—13 自发支出增加使 IS 曲线右移

保持 rr 不变，ρ 的任何增加导致的是投资的增加。在固定的真实利率水平下，投资的这一增加导致图 13—13 中的注入曲线的垂直上移与政府支出或净出口增加导致注入曲线的垂直上移是一回事。它对 IS 曲线具有相同的影响，使 IS 曲线右移。

边际税率增加使 IS 曲线向下方旋转

图 13—14 表示的是边际税率增加的影响。黑色直线再次与图 13—12 中的那些线相对应。从图 13—8 中我们得知 τ 增加使漏出曲线变得陡峭。黑色漏出曲线对应的是较低的税率，而灰色线对应的是较高的税率。当真实利率为 rr_1 时，在较低的税率下，注入曲线和漏出曲线在 B 点相交。

当税率上升时，均衡移动到 B' 点，完全相同的情况也发生在均衡点 C 上，C 点移动到 C' 点。（将 D 点作为旋转点对待使得图形更容易读懂。）

就相同的真实利率而言，每一个新的均衡点对应的是一个较低的总需求水平。图 13—14 下半部分图形中的那条新的 IS 曲线（灰色线）连接了所有这些新的均衡点。它位于原来的 IS 曲线左侧，并且比原来的 IS 曲线更陡峭。边际税率增加使 IS 曲线左移，边际税率下降使 IS 曲线右移。

边际储蓄倾向的增加

不仅税率提高时漏出曲线更为陡峭，而且边际储蓄倾向上升时漏出曲线同样如此，因此边际储蓄倾向的增加（即边际消费倾向的降低）将导致 IS 曲线左移并变得陡峭。边际储蓄倾向的下降将导致 IS 曲线右移并变得平缓。

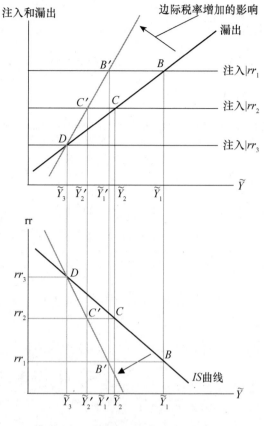

图 13—14　税率增加使 *IS* 曲线变陡峭

注：边际税率增加使漏出曲线和 *IS* 曲线变陡峭。

IS 曲线与乘数

在任何给定的真实利率水平下，*IS* 曲线的水平移动正好对应的是由各种不同的乘数所导致的总需求的变化。沿着 *IS* 曲线的移动对应的是真实利率的变化，这刚好等于利率变化导致的投资变化乘以投资乘数。使用 *IS* 曲线时遇到的主要困难是：为了知道经济在 *IS* 曲线上的位置，我们必须知道真实利率水平。早在第 7 章（7.6 节）我们就已表明真实利率取决于货币政策、金融市场、真实资本投资的获利性以及通货膨胀之间的相互作用。（第 16 章将再次回到这些问题中某些涉及货币政策的问题。）

数字例子

通过前面章节中所讨论过的解释模型的拓展易于理解 *IS* 曲线。我们首先从 13.2.1 节中的基准模型开始。但是现在我们假设潜在 GDP 是 $Y^{pot}=4\,000$，并将所有数值重新表示为比例化产出的百分比份额（例如，如果 $G=500$，那么 $\widetilde{G}=500/4\,000=12.5\%$）。

用作说明的模型：情形 5。现在我们用一个线性方程来描述投资行为，方程中的 ρ 假设为 3%：

$$\widetilde{I}=i_0-i(rr-\rho)=8.75-1.25(rr-3) \tag{13.35}$$

（注意：真实利率和 ρ 是用百分点衡量的，因此 3% 写成 "3"，而不是 "0.03"。）

如果我们用投资函数（13.35）替代等式（13.25）中两个 500 中的一个，另一个 500 用变量 G 替换，则得到：

$$8.75-1.25(rr-3)+\tilde{G}=(1-0.8)(\tilde{Y}-(1/6)\tilde{Y})+(1/6)\tilde{Y}=1/3\tilde{Y}$$

解出 $\tilde{Y}$，得到 IS 曲线：

$$\tilde{Y}=26.25+3\tilde{G}-3.75(rr-3) \qquad (13.36)$$

（与数学中的一般惯例相反，IS 曲线通常将总需求（$\tilde{Y}$）画在水平轴上，即便像这里那样，总需求（$\tilde{Y}$）在方程中被写成因变量。）

为理解 IS 曲线如何起作用，让我们从一个简单情形开始，此情形中 $\tilde{G}=12.5\%$，$rr=0$。根据方程（13.35），投资 $\tilde{I}=12.5\%$，同时根据 IS 曲线有总需求 $\tilde{Y}=75\%$，这与 13.2.1 节中的情形 1 紧密相关：当投资与情形 1 处于相同水平时，总需求也与情形 1 中的相同（因为 4 000 的 75% 是 3 000）。

用作说明的模型：情形 6。 如果真实利率增加，比如说增加到 5%，会发生何种变化？如果那样的话，根据方程（13.35），投资降到了 $\tilde{I}=6.25\%$，同时，根据 IS 曲线，总需求下降到 $\tilde{Y}=56.25\%$。总需求的减少对应的是沿着 IS 曲线的移动。注意，消费乘数是 $\mu=\dfrac{1}{1-c(1-\tau)}=\dfrac{1}{1-0.8\times[1-(1/6)]}=3$。利率增加导致 $\Delta\tilde{I}=-6.25\%$，而 $\Delta\tilde{Y}=56.25\%-75\%=-18.75\%$。恰如乘数所预测的那样。

用作说明的模型：情形 7。 另一种情形：使真实利率保持在 5%，但让政府支出增加 100（即 2.5%），因而 $\tilde{G}=15\%$。总需求增加 7.5% 达到 $\tilde{Y}=63.75\%$。因为对于投资和政府支出来说，消费乘数都相同（$\mu=3$），这恰好再次为乘数所预测。政府支出增加所对应的是每一个真实利率水平上 IS 曲线的右移。（在问题 13.11 中，要求你证明边际（净）税率（τ）的增加导致 IS 曲线左移。）

13.4 总需求与经常账户

□ 13.4.1 一些常见错误

实际上，在净出口被包含在自发支出中这层意义上，国际贸易已经在我们对总需求的分析中作出了说明。然而，我们应该更仔细地考虑一下经常账户的作用，因为它的主要组成部分表现迥异。经常账户本质上是以下两者的差额：与出口和投资国外获得的收入相联系的资金的流入；以及与进口和国内投资支付给外商的收入相联系的资金的流出。作为复合物，它的变动必然很复杂。在解释时试图走捷径就会造成两个常见错误。

第一个常见错误是经常账户中涉及国民会计部门的赤字恒等式（第 2 章等式（2.3））的肤浅解释，这一解释试图证明政府预算赤字导致经常账户赤字。所谓的"双赤字"问题说的是政府预算赤字加上私人部门赤字等于国外部门赤字（即经常账户赤字）。因此，流传着这样一个故事：当政府产生了预算赤字时，经济一定也有必要产生一个经常账户赤字。

在假设国民会计恒等式一定成立的情况下，这种观点是正确的，这使得三个赤字必须相互进行调整。但是恒等式中存在三种赤字。这种观点忽略了私人部门赤字，而且它假设调整一定是从政府预算赤字向经常账户赤字方向进行，此时这种影响也可能正好是按照相反方式进行的。一般而言，这种解释将经常账户涂上过多的被动色彩：经常账户仅仅是为了平衡其他赤字。三种赤字之间的调整是相互的。一如既往，国民会计恒等式必须成立，但是进一步的解释必须识别出确保恒等式成立的机制。

第二个常见错误几乎与上述精神的实质相反，给经常账户涂上过多的主动色彩而非过多的被动色彩。资本账户有时被看作仅仅是经常账户的平衡项目。然而，正如我们已经看到的那样，当贸易商在相互融合的国际金融市场上追求最高的报酬率时，资本账户有其自身的有效期。资本账户中所记录的各种金融流量可以直接影响汇率和利率，并间接影响相对价格。这些依次可以影响总需求和贸易流量。因此，资本账户失衡创建了金融市场必须对此作出调整的金融流量；但是同样地，资本账户失衡创建了实体经济必须对此作出调整的商品和服务流量。在 8.2.2 节中我们曾考虑过资本账户的某些细节。我们现在转向经常账户，探讨它的主要组成部分——进口和出口。

□ 13.4.2　进口和出口行为

从供求定律我们知道，生产和支出的主要决定因素——在国际以及国内——为收入和相对价格。当收入上升时，消费者购买更多商品，包括国外商品，而且进口应该伴随其他购买一起上升。出口也应该取决于收入，即便是国外收入，而不是国内收入。

数据证实了国内收入的作用。进口和出口均呈现强劲的上升趋势，因此图 13—15 描绘的是去趋势的美国进口和美国国家经济研究局经济周期日期的对照。进口是强顺周期的。在衰退开始时，它们随收入下降而急剧下降，通常在周期谷底之后的某个时刻到达最低点，然后随着收入复苏快速朝着经济周期顶峰上升。

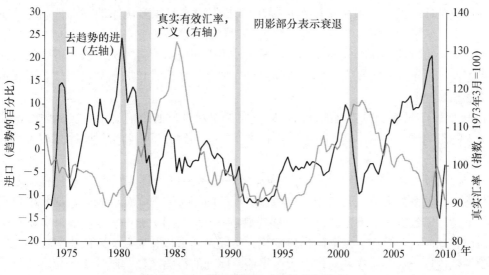

图 13—15　美国的进口、总需求和汇率

资料来源：进口，美国经济分析局；汇率，国际货币基金组织的《国际金融统计》。

相反，图 13—16 表明美国的出口和国内经济周期没有明确的关系。在某些衰退时期出口上升，而在其他时期则下降。可以预料到出口不存在明确的周期性，因为需求依赖于国外收入而非国内收入。

正如我们在 8.3.2 节中所看到的，因为需要将国内和国外价格转变为一种相同的货币，相对价格比较复杂。真实汇率既解释了相对价格水平，又解释了名义汇率。

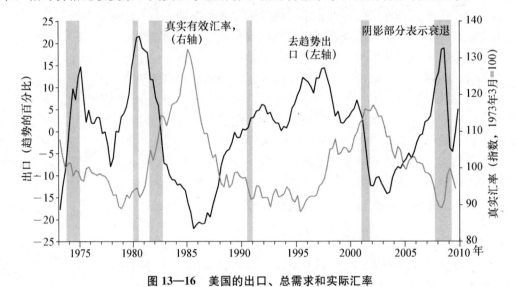

图 13—16　美国的出口、总需求和实际汇率

资料来源：出口，美国经济分析局；汇率，国际货币基金组织的《国际金融统计》。

因为高真实汇率意味着国内商品相对于国外商品更昂贵，当真实汇率上升时，我们应该预期到进口上升、出口下降。然而，存在着一些复杂状况。其中一个重要的复杂情形是，在美国和一些发达国家内生产的商品使用进口材料，这些进口材料可能无法轻易地被替代，至少在短期内如此。不仅发达国家进口大量的原材料，而且复杂产品的生产也许涉及全球的供应链。新波音 787 "梦想飞机"由来自很多国家的零部件制成：机翼来自日本，水平稳定器来自意大利，副翼和襟翼来自澳大利亚，等等。低真实汇率水平提高了波音飞机这些零部件的成本，而对于外国人来说，获得购买飞机所需要的美元变得更容易。由于较低的真实汇率导致的出口增加可能要求进口的互补性增加，以制造首先用于出口的商品。

图 13—15 证实了对美国的推测，即真实汇率对进口的影响比第一次考虑时可能显现出来的影响要小一些。真实汇率与进口之间没有一致关系。两个时间序列相关系数几乎为 0：0.02。

与此相反，图 13—16，正如预测的那样，表明出口和真实汇率之间具有清晰的反向关系。相关系数为负，且大于进口与真实汇率的相关系数，为 −0.42。通常出口订单提前下达，以致真实汇率的改变极可能起滞后作用。图 13—16 显示，如果真实汇率曲线向前移动一年，它将更加紧随出口变化。实际上，出口和滞后一年的真实汇率之间的相关系数接近 −0.76，在绝对值上大于无滞后序列的相关系数，既证实了相对价格的重要性，也证实了真实汇率变化产生的最大影响的延迟同样重要。

13.5　对总需求管理的限制

从对总需求的理解中我们可以汲取到什么经验教训？乍看之下，可能像是乘数或 IS 曲线给了我们壮大经济的秘诀。（引用前总统克林顿不太贴切的说法。）任何政府支出的增加显然使总需求增加，那么为什么不只是保持支出持续增加，直到 GDP 达到我们想要的规模呢？

不妨回忆一下，边际消费倾向的增加会使得乘数变得更大。因此，为什么不鼓励人们更多地消费、更少地储蓄来增加总需求呢？当经济处于深度萧条时，经常会听到这些建议，例如，就像日本经济处在 20 世纪 90 年代的大多数年份以及进入到 21 世纪那样。在 2007—2009 年美国严重衰退期间，也有人表达了同样的看法。

☐ 13.5.1　节俭的悖论

考虑一个不同的说明性模型。（我们再次使用真实变量的实际数值来说明，而非它们的比例化数量。）

用作说明的模型：情形 8。起初，令消费函数为 $C=0.9YD$，投资为 $I=500$，政府支出为 $G=500$（净出口和转移支付均为 0）。为简单起见，令税率 $\tau=0$。消费乘数（见等式（13.16））是 $\mu=\dfrac{1}{1-c(1-\tau)}=\dfrac{1}{1-0.9\times(1-0)}=10$，均衡总需求为 $Y=10\,000$，储蓄为 $S=(1-c)Y=1\,000$。

现在假设政府考虑为投资增加可获得的资源。因为 $Y=C+I+G$，政府作出如下推理：通过削减消费，并因此提高储蓄率，就可以为额外投资筹集到资金。因此，政府倡导人们减少边际消费倾向。假定边际消费倾向从 $C=0.9$ 降到 $C=0.8$，乘数从 $\mu=10$ 降到 $\mu=5$，而总需求从 $Y=10\,000$ 降到 $Y=5\,000$。储蓄发生何种变化？答案为：什么变化也没有发生！以前储蓄为 $S=(1-0.9)\times10\,000=1\,000$，现在储蓄为 $S=(1-0.8)\times5\,000=1\,000$。

这种情况被称为节俭的悖论：较高的储蓄率减少了总需求，即便消费减少了，也并没有增加可用于投资的资源。这个悖论的轻率之处就在于，边际消费倾向的增加（比如说增加到 $c=0.95$）似乎在没有损失可用于投资的资源的情况下促进了 GDP 的增长。

这简直太美好了，令人难以置信。

☐ 13.5.2　资源约束

记住，GDP 由总需求和总供给相互作用决定。在这一章中，我们大体上忽略了总供给。我们的所有模型都假定总供给并不是一种约束，即任何数量的需求都将得到任意数量的供给来满足，而不会使价格上升。（在第 16 章中我们将详细地讨论当这种情形不成立时所发生的状况。）当经济中存在闲置资源时这种假设是合理的。比如说在某次衰退中，就存在大量失业工人、闲置工厂和设备。

更多的需求可以很容易被供给满足。额外的政府支出或者刺激额外投资的利率的削减可以对总需求产生乘数影响，随着未被使用的资源投入生产过程，供给增加。

但如果经济在其生产能力充分发挥的情况下运行——失业率低，工厂和设备开足马力运转——当经济可能处于经济周期顶峰附近时情况如何？在这种情形下，更多的资源——尤其是更多的物质资本——必须被补充到经济中，否则供给无法增加以满足需求。政府支出的膨胀或者利率的削减在这样一种关键时刻能够刺激需求，但 GDP 不会上升。增加的总需求将流向何处？其中一部分将被企业计划与消费者计划之间的不匹配所吸收。企业将会发现自己在减少存货（非计划地削减投资）。这不可能令人满意，因此企业也将寻找扩张生产的途径，也就是投资途径。当然，面对高需求，企业可以提高价格，这种提价本身将会减少一部分需求。同时一部分需求可能溢出到进口中，因而外商供给需求上的这部分增加。

节俭的悖论——如同所有真正的悖论一样——只是看起来自相矛盾。投资和经济增长需要额外的资源，如果将投入使用的话，这些资源必须被储蓄起来。然而，消费者这边提供这些资源的尝试导致更低的需求和不变的储蓄。

悖论的解决把我们带回到第 2 章 2.7 节中的观察：经济中不同主体的计划未必是相互协调的。当储蓄者提高储蓄率时，虽然这使企业可获得更多的资源，但企业得选择利用这些资源并进行投资。在我们的例子中，如果企业在家庭增加其储蓄的同时提高了投资水平，总需求就有可能增加。即使家庭维持一个不变的边际消费倾向，任何时候投资增加，储蓄也增加，因为在更高的总需求中一个相同的比例份额要求更高的储蓄水平。更高的投资水平为经济提供商品和服务的生产能力的增长奠定了基础。

总需求扩张永远不可能超越资源可获得性所设定的界限；但总需求却可低于这一界限。任何对总需求的负向冲击都可以启动一个乘数过程，该过程将经济拉到其生产能力之下。与此类似，当经济已经处于生产能力以下时，任何对总需求的正向冲击都可以启动一个乘数过程，该过程推动经济回到其充分的生产能力上。将经济推向超越可获得资源的任何努力只会导致价格不断上升、存货不断下降和贸易赤字不断扩大。一旦资源被充分利用，真实 GDP 的进一步增加需要的是额外的资源，而不是刺激总需求增长的因素。

附录： IS—LM 模型

可将 IS 曲线与 LM 曲线结合到一个图形中以提供一个完全的总需求模型。

□ 13. A. 1 LM 曲线与预期的通货膨胀

我们已经将 IS 曲线画成真实利率的函数，而将 LM 曲线画成市场（名义）利率的函数。将这两条曲线放入同一个图中时，其中一条或两条必须重新表示。就我们的目的而言，将 LM 曲线重新表示为真实利率的函数较为容易一些。图 13—A—1 中最上端的那条线表示的是预期通货膨胀率为零（$\hat{p}^e=0$）时的 LM 曲线。这种情形下，真实利率与名义利率一致：$r=rr+\hat{p}^e=rr+0=rr$。

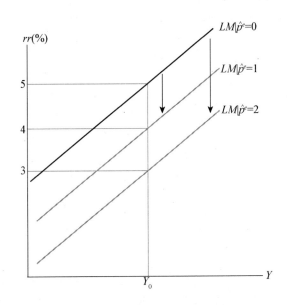

图 13—A—1　*LM* 曲线与预期的通货膨胀

注：尽管名义利率很自然地画在纵轴上，但 *LM* 曲线可以转化到用真实利率替代名义利率的图形中。一个特定的总需求水平（比如说 Y_0）与某一特定的名义利率相对应。黑色曲线表示当预期的通货膨胀率为零时，名义利率与真实利率相一致，且 Y_0 对应的利率为 5％（名义利率和真实利率）。当预期的通货膨胀率上升为 1％时，5％的名义利率对应的是 4％的真实利率，且 *LM* 曲线向下移动一个百分点。类似地，当预期的通货膨胀率上升为 2％时，5％的名义利率对应 3％的真实利率，*LM* 曲线向下移动两个百分点。

考虑当预期的通货膨胀上升时，比如说每年上升 1％，会出现什么情况。沿着 *LM* 曲线上的每一个点，某一特定的总需求水平对应的是某一特定的名义利率。例如，Y_0 对应 $r=5\%$。如果预期的通货膨胀上升一个百分点，那么 $r=5\%$ 对应的真实利率为 4％（$=r-\hat{p}^e=5\%-1\%$）。因此，当预期的通货膨胀上升一个百分点时，整条 *LM* 曲线（根据纵轴上的真实利率画出）必须下移一个百分点，如图中中间的 *LM* 曲线所示。类似地，如果预期通货膨胀上升两个百分点，*LM* 曲线将会向下移动两个百分点，如图中最下面的 *LM* 曲线所示。①

□ 13. A. 2　*IS—LM* 模型的使用

图 13—A—2 将 *IS* 和 *LM* 曲线表示在同一个图中。（为讲解方便，我们写的是 Y，而非 $\tilde{Y}$。如果我们转回到 $\tilde{Y}$，在这种分析中，除计量单位外，没有什么重要东西受到影响。）交点决定了总需求和真实利率水平。

使两条曲线中任意一条发生移动的任何因素都会改变这些变量的均衡水平。考虑几种用来说明的情形。（额外的情形在问题 13.13～问题 13.15 中考虑。）

政府支出增加

正如我们从 13.3.2 节中所知，自发支出的任何增加（包括 G 的增加）都会使

---

① 与将 *LM* 曲线绘制于真实利率作为纵轴的图中不同，我们可能将 *IS* 曲线绘制在名义利率作为纵轴的图中。在那种情况下，*IS* 曲线将伴随着预期的通货膨胀逐一地垂直向上移动。

图 13—A—2 所示的 IS 曲线向右移动。我们可以立刻看到总需求上升（从 Y_0 上升到 Y_1），这一点正如我们所预期的那样。IS—LM 模型也表明真实利率将会上升（从 rr_0 上升到 rr_1）。传导机制就在于增加了的总需求增加了对货币的交易需求，但由于货币供给被假定为固定的，名义利率必须上升以使货币供给和需求保持在均衡状态。对于某一给定的预期通货膨胀水平而言，名义利率的上升等同于真实利率的上升。较高的真实利率减少了投资，由此带来的负向的乘数效应部分抵消了政府支出增加的正向的乘数效应。

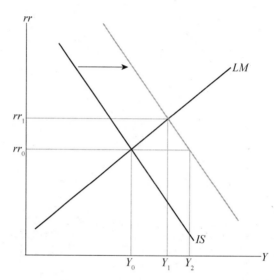

图 13—A—2　IS—LM 模型：政府支出增加

注：政府支出增加使 IS 曲线向右移动，提高了总需求和真实利率。标准的乘数效应以真实利率固定在 rr_0 时总需求从 Y_0 增加到 Y_2 来表示。但是利率的内生性上升使投资减少，产生了一种抵消性乘数效应，该效应使总需求在一定程度上减少到 Y_1。

我们可以将 IS—LM 模型与 13.3.3 节中对 IS 曲线的分析联系起来。在那一节中，当我们考虑政府支出的增加时，我们假设真实利率维持在 rr_0 水平不变，因此总需求将上升到 Y_2。总需求的增加量（$Y_2 - Y_0$）为 ΔG 的完全乘数效应。然而，在 IS—LM 模型中，真实利率并非保持不变，而是内生的。总需求的增加量（$Y_1 - Y_0$）为 ΔG 的乘数效应减去投资下降的抵消性乘数效应，投资下降是政府支出增加所引起的真实利率上升的结果。

货币供给增加

从第 7 章 7.A.2 节中我们知道，名义货币供给增加在其他条件不变的情况下增加了真实货币供给，并使 LM 曲线向右移动。正如图 13—A—3 所示，总需求上升（从 Y_0 上升到 Y_1），而真实利率下降（从 rr_0 下降到 rr_1）。伴随着较高的货币存量，货币供给将超过货币需求。为使货币市场恢复均衡，名义利率必须下降，直到货币需求等于货币供给为止。在一个固定的预期通货膨胀下，名义利率的这种下降转变为真实利率的下降，真实利率的下降反过来刺激了投资。额外增加的投资对总需求产生了乘数效应。

应用中级宏观经济学

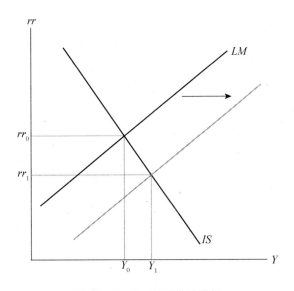

图 13—A—3　货币供给增加

注：货币供给增加使 LM 曲线向右移动，从而提高了总需求，并降低了真实利率。

通货膨胀率增加

正如我们在 13.A.1 节中所看到的，通货膨胀率的上升使 LM 曲线一比一地下移。图 13—A—4 表明这种一比一的下移导致总需求增加（从 Y_0 增加到 Y_1），以及真实利率的下降（从 rr_0 下降到 rr_1）。尽管 LM 曲线移动了，但这并非在货币市场中的行为（LM 曲线的这种移动仅仅是一种核算结果，其根源就在于我们是用真实利率而非更自然一些的名义利率将 LM 曲线画在一个图中）。

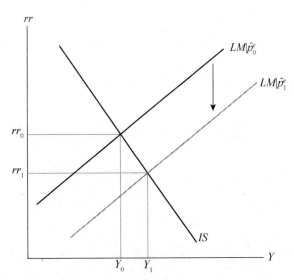

图 13—A—4　通货膨胀率的上升

注：预期通货膨胀率的增加（$\hat{p}_0^e > \hat{p}_1^e$）使 LM 曲线向下移动，提高了总需求，并降低了真实利率。

对于某一固定的名义利率而言，通货膨胀率的上升使真实利率一比一地减少。较低的真实利率刺激了投资,这对总需求产生了乘数效应。较高的预期通货膨胀率刺激总需求这一令人惊讶的结果有时被称作**蒙代尔-托宾效应**,该效应是以哥伦比亚大学的罗伯特·蒙代尔(1999 年诺贝尔经济学奖得主)和已故的耶鲁大学的詹姆士·托宾(1918—2002,1981 年诺贝尔经济学奖得主)的名字命名的。

□ 13.A.3 充分就业水平下的 *IS—LM* 模型

最后一节中所考虑的每一种情形都假定总供给不是总需求的约束,也就是经济处于充分就业水平之下。当经济已经处于充分就业状态时,总需求增加发生什么变化?仅举一例,再次考虑政府支出的增加。图 13—A—5 表明初始均衡位于 A 点 (Y_0,rr_0)。穿过 A 点的垂直线表示总供给的充分就业水平,也就是潜在产出水平。

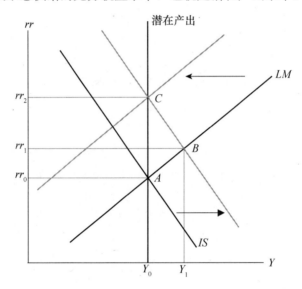

图 13—A—5 充分就业条件下政府支出增加

注:当经济已经处于充分就业状态时,政府支出的增加使 *IS* 曲线向右移动,通常会使均衡点从 A 点移动到 B 点,此时具有较高的总需求 $(Y_1 > Y_0)$ 以及较高的真实利率 $(rr_1 > rr_0)$。这种状况不会持久,因为总需求终将超过总供给 (Y_0)。充分就业均衡需要更高的价格,这会减少真实货币供给,使 *LM* 曲线向左移动,一直到它与 *IS* 曲线交于潜在产出水平 $(C$ 点)为止。在该点上,所有市场处于均衡状态;经济在其充分就业的潜在产出水平上生产;并且较高的真实利率减少了投资,从而空出资源为政府增加支出水平提供了条件。

总结

政府支出增加使 *IS* 曲线右移。如果总供给不构成约束,均衡点将会移动到 B 点 (Y_1,rr_1)。但是 B 点不切实际,因为在该点上总需求超过总供给。在这种情形下,企业提高价格(见 13.4 节)。价格水平上升减少了真实货币供给,使 *LM* 曲线向左移动(见第 7 章 7.A.2 节)。为了使均衡恢复,价格水平的增加必须足够大,以使得 *LM* 曲线与新的 *IS* 曲线的交点移回到 C 点。此处,又恢复到原先的总需求水平 Y_0,而真实利率位于更高的 rr_2 水平上。

在新的均衡状态下,经济体并不比此前更大,但是产出的分配迥然不同。因为蛋糕的大小不变,政府支出增加一定是以其他一些部门支出减少为代价的。这里的真实利率增加减少了投资水平,投资减少的数量恰好为政府支出额外增加的数量。这种现象有时指的是政府支出增加导致的私人支出减少的挤出效应。挤出效应将在第 17 章中详细讨论。

本章小结

1. GDP 由总需求和总供给的相互作用决定。总需求的组成由生产—支出恒等式的右边给出：$Y \equiv C + I + G + NX$。总需求理论解释了每个组成部分背后的经济行为。当所有经济主体的计划达成一致时，均衡得以产生。

2. 消费取决于很多因素。消费函数将消费与其最重要的决定因素——可支配收入联系起来。边际消费倾向（MPC）被定义为由（可支配）收入的少量增加带来的消费的增加，而且是消费函数的斜率。MPC 大于 0，小于 1。理论上，MPC 小于或等于平均消费倾向（APC）。

3. 美国的数据表明消费行为的一个良好近似就是使 MPC 等于 APC，使得消费函数穿过原点。

4. 税收通常是收入的函数。边际税率倾向大于 0，小于 1。美国的数据表明，税收函数的一个良好的近似就是将边际税率设定为等于平均税率的一个常数。

5. 简单的总需求模型就是将消费函数和税收函数代入国民收入会计恒等式。在这个模型中，有关投资、政府购买和转移支付或净出口方面的自发支出增加使 GDP 增加一个乘数的数量。初始支出或注入变为消费者的收入，消费者接着将此收入消费一部分、储蓄一部分，为其他消费者创造收入。这种模式重复进行，直到初始支出被增加的储蓄或其他漏出所吸收。消费乘数衡量的是 GDP 的增加与初始自发支出增加的比例。

6. 边际消费倾向越大，消费乘数越大。边际税率（或其他漏出的比率）越大，消费乘数越小。

7. 总需求模型可以用来指导财政政策，也就是关于支出和税收的政府政策。支出上升增加总需求的数量由自发支出乘数给出；税收增加减少总需求的数量由税收乘数给出。

8. 自发支出乘数大于税收乘数。自发支出增加具有直接效应，因为它是 GDP 本身的一个组成部分，同时具有间接效应或乘数效应。税收增加只有间接效应，因为税收和转移支付不是 GDP 的组成部分。因此，平衡预算增加使 GDP 增加的数量正好是自发支出增加的数量，平衡预算增加是自发支出和税收以完全相同的数量增加。

9. 政府通常设定税率水平而不是税收水平。因此，对增加 GDP 的总需求的任何刺激产生额外的税收收入，这种刺激本身使一个负向的乘数过程得以开始，部分抵消了初始的刺激。源于税收的抵消效应或其他内生的漏出被称为自动稳定器，因为它们减缓了 GDP 的波动。

10. 投资率是由真实利率和投资回报（报酬）之间的差额决定的，这种差额衡量的是投资的机会成本、投资所涉及的风险以及企业受制于现金约束时所借资金的可获得性。真实利率和风险越高，借贷工具越少，投资率越低。

11. IS 曲线是所有真实利率和总需求两者组合的轨迹，它使得所有流向国内私人部门的其他资金流（政府支出、转移支付和出口）给定情况下的计划投资，与从国内私人部门流出的其他资金流（税收和进口）给定情况下的计划储蓄保持一致。IS 曲线描述了给定真实利率水平下的总需求状况。

12. 在真实利率为纵轴、真实 GDP 为横轴的图中，IS 曲线是向右下方倾斜的。自发支出增加使 IS 曲线右移，在利率固定的条件下使 GDP 不断增加。税率上升使 IS 曲线向下及向左旋转，在利率固定的条件下使 GDP 不断减少。

13. 只有当经济处于其潜在的充分就业水平之下时，乘数过程才能增加 GDP。在潜在的充分就业水平上，总需求的任何增加一定会被更高的价格或来自需求的更高的漏出所吸收——例如，更高的进口或负向的存货投资。

关键概念

边际消费倾向	平均消费倾向	消费乘数
自动的财政政策	自动稳定器	IS 曲线
消费函数	储蓄函数	相机抉择的财政政策
平衡预算乘数	投资函数	

延伸阅读建议

John R. Hicks，"Mr. Keynes and the Classics，"in *Critical Eassays in Monetary Theory*，Oxford：Clarendon Press，1967

Robert A. Mundell，*Monetary Theory*，*Inflation*，*and Growth in the World Economy*，Pacific Palisades，CA：Goodyear Publishing Co.，1971

Michel De Vroey and Kevin D. Hoover，editors，*The IS-LM Model*：*Its Rise*，*Fall*，*and Strange Persistence*，Durham，NC：Duke University Press，2005

课后练习

请登录本书网站（appliedmacroeconomics.com）获取第 13 章练习所需的数据。在做练习之前，请复习"指南"中 G. 1～G. 5、G. 12 以及 G. 15 部分的相关内容。

问题 13.1 假设消费函数经过原点，即截距项 c_0 为 0，可推导出（13.17）乘数公式。假设 $c_0 \neq 0$，按照课本中相同的推导步骤，推导出类似于（13.14）、（13.15）和（13.16）的相应等式。注意已知等式和所推导的等式有何相同之处和不同之处。从中是否可以看出乘数、消费函数，以及边际消费倾向之间的关系？

问题 13.2 在 13.1.4 节"乘数的作用过程"部分，我们通过如下过程来描述"乘数过程"，即消费转化为收入，收入又转化为消费，消费再转化为收入的过程，直到得到与等式（3.16）中静态乘数相同的乘数。请证明上述结论在一般情况下是正确的。现在重新考虑波音公司的例子，以自发支出的任意增加（ΔAu）替代波音公司 1 000 美元的投资支出，以边际消费倾向 $MPC=c$ 替代 $MPC=0.75$；以边际税率 τ 替代 0.27 的税率，推导出类似（13.21）的等式，并计算相应的乘数。

问题 13.3 在整个二战期间，美国的平均消费倾向并未整体呈现出下降趋势；进入 80 年代后，美国的平均消费倾向开始下降，并在此后突然上升。使用去趋势数据有助于更好地估算边际消费倾向。请对实际消费和实际可支配收入数据进行去趋势处理（解释你的方法和选择该方法的原因）。根据去趋势的消费数据和可支配收入数据的比值绘制散点图。增加回归曲线，并得到回归方程。回归曲线的斜率可近似代表边际消费倾向。把你的结果同正文中的数据作对比。设 $\tau=0.27$，利用你的估计值计算出乘数。说明你的结果和正文中的数据有何不同。

问题 13.4 边际消费倾向和乘数是否在一定时间内保持稳定？参照图 13—2，选取一个特定日期将样本分为两个部分：一部分的平均消费倾向呈下降趋势，另一部分则呈上升趋势。用 13.3 题的步骤（或仅使用该题的计算结果）画出每部分的散点图，并求出回归曲线和曲线方程。说明边际消费倾向在这两个时期之内是如何变化的？设边际税率 $\tau=0.27$，使用你的推测数据计算每一时期的乘数

应用中级宏观经济学

（利用等式（13.16））。对计算结果进行评价。

问题 13.5 假设一个经济体没有对外贸易和转移支付，其消费函数为：

$$C=100+0.9(Y-T)$$

（a）初始假设 $G=800$、$T=800$、$I=300$，产出水平 Y 为多少？假设税收遵循简单的等式 $T=\tau Y$，求 τ。

（b）假设 τ 保持不变，政府支出 G 增加 100 个单位，即增至 900。这会对 Y 造成何种影响？

（c）在其他条件不变的情况下，税收 T 减少 100 个单位，这会对 Y 造成何种影响？政府需要设定怎样的 τ 值才可保证减税效果？

（d）请解释（b）、（c）中的不同条件为何会对产出造成不同的影响。

（e）假设政府想要平衡预算，并让政府支出 G 和税收 T 同时增加 100 个单位。这会对产出水平 Y 造成什么影响？要想达到预算平衡，应如何设定 τ 值？

问题 13.6 假设一经济体没有对外贸易，其消费函数为：

$$C=c(Y+TR-T)$$

税收函数为：

$$T=\tau Y$$

转移支付函数为：

$$TR=tr_0-trY$$

其中，tr_0 和 tr 为正值常数。

假设各变量的初始值分别为：$c=0.9$，$\tau=0.2$，$tr_0=500.00$，$tr=0.05$，$I=500$，$G=1\,000$。

（注意：一些结果值非常敏感，在计算中对数值取整可能会造成等式的两边不等。）

（a）请求出转移支付函数。转移支付是顺周期的还是逆周期的？

（b）推导出自发支出乘数的一般公式，并用该公式对本题进行计算。（注意：此乘数由于包含内生转移支付，所以与公式（13.16）不同。）

（c）请证明，在初始条件下，政府收支均衡。如果税率 τ 从 0.2 降为 0.15，总需求 Y 会发生何种变化？减税后，政府财政是盈余还是赤字？并计算盈余或赤字值。

（d）假设预算依照初始条件保持平衡，现在政府希望继续保持预算平衡。比较下列政策，哪些政策相对其他政策更能提高"福利"（即社会福利）？请重点说明以下政策对消费、GDP 及政府预算赤字会产生哪些影响：

（i）税收 T 保持不变，转移支付减少 100 单位，政府支出增加 100 单位。计算变化后的 tr 值（假定 tr_0 保持不变）、τ 值及 Y 的变化值。

（ii）转移支付（TR）保持不变，税收增加 100 单位，政府支出增加 100 单位。计算变化后的 τ 值、tr 值（假定 tr_0 保持不变）和 Y 的变化值。

（iii）转移支付减少 100 单位，税收减少 100 单位。计算变化后的 tr 值（假定 tr_0 保持不变）、τ 值和 Y 的变化值。

问题 13.7 假设一经济体的总需求可由下列等式表示：

$$C=200+0.9(Y+TR-T)$$
$$I=200-25rr$$
$$T=\tau Y$$

（注意：真实利率（rr）以百分数表示，而不是以小数表示。）

假设各变量的初始值分别为：$G=400$，$TR=100$，市场利率 $r=6\%$，预期通货膨胀率 $\hat{p}^e=2\%$。

(a) 假定预算平衡,总需求 Y 和税率分别为多少?

(b) 现假定各变量的初始值保持不变,税率采用 (a) 的计算结果。其他条件不变,转移支付增加 50 个单位会对总需求和政府赤字产生怎样的影响?

(c) 在 (b) 小题的条件下,调整税率以保证预算平衡,增加 50 单位的转移支付会对总需求产生怎样的影响? 如何调整税率才能保持预算平衡?

(d) 现假定各变量的初始值保持不变,税率采用 (a) 的计算结果。其他条件保持不变,市场利率提高一个百分点将对总需求产生怎样的影响?

(e) 现假定各变量的初始值保持不变,税率采用 (a) 的计算结果。其他条件保持不变,预期通胀率提高一个百分点会对总需求产生怎样的影响?

问题 13.8 现有一经济体,其总需求可由下列等式表示:

$$C=100+0.9(Y+TR-T)$$
$$I=300-20rr$$
$$G=400$$
$$TR=200$$
$$T=\tau Y$$
$$NEX=100$$

(注意:真实利率 rr 是以百分比而不是小数表示的。)

(a) 假设各变量的初始值分别为:$rr=6\%$,$\tau=0.14285$ (即 14.285%),求产出 Y 的值。如果计算正确,预算就处于平衡状态。

(b) 根据 (a) 题中的条件和计算结果,增加 100 个单位的转移支付会对产出 Y 产生什么影响? 政府预算赤字又会受到何种影响?

(c) 根据 (a) 题中的条件和计算结果,在保持政府预算平衡的条件下,减少 100 个单位的政府支出 G 会对产出 Y 造成怎样的影响? 为达到预算平衡的目的,政府应当设立怎样的税率 τ?

问题 13.9 就同一经济体,根据 13.8 题中的条件完成下列练习:

(a) 给出 IS 曲线的等式,并绘制曲线。

(b) 根据 13.8 题 (a) 小题中的条件和计算结果解释:这一 IS 曲线说明 Y 就是你在 13.8 题 (a) 小题中所求出的值。

(c) 如果该国的货币发行管理机构把真实利率下调 1%,会对产出 Y 及预算赤字产生怎样的影响?

(d) 根据 13.8 题 (a) 小题中的条件和计算结果,把税率 τ 下调至 0.12 会造成怎样的影响? 请计算 Y 和预算赤字的值,并在 IS 曲线中描绘出这一变化。

问题 13.10 在经济繁荣期,本国私人部门的资金外流量会增加;而在经济萧条期,私人部门的资金外流量则会下降。这种资金流动的变化可能对经济起到自动稳定器的作用。除了税收外,转移支付、进口和存货投资都有可能具有类似的作用。

(a) 为了确定上述因素中的哪几种具有自动稳定器的功效,首先计算这些因素各自占 GDP 的比例。这种做法可以去除数据的周期性,而且因为潜在产出是非周期性的,这种做法本身不会导致周期性。分别绘制这些因素的曲线图,并用阴影标注美国国家经济研究局发布的经济萧条期,以确定数据的周期性。这些数据是否能够呈现出正确的周期性,因而具有自动稳定器的作用?

(b) 根据你的调查结果评价这些自动稳定器的作用。

问题 13.11 根据正文 (13.3.3 节,例 5) 中的图例,分别用数据和图标举例证明边际税率的增加会导致 IS 曲线向左移动。

问题 13.12 下列各种情况分别会对 IS 曲线造成怎样的影响?

(a) 出口减少;

（b）进口减少；

（c）边际进口倾向上升（如进口量随着 GDP 的增长而提升）；

（d）投资风险增加；

（e）储蓄率增加；

（f）预期投资回报率下降；

（g）政府债务回报率上升。

问题 13.13 假设经济没有达到充分就业状态，使用 *IS—LM* 模型确定问题 13.12 中的各种情况会对总供给和真实利率各产生怎样的影响？

问题 13.14 假设经济没有达到充分就业状态，使用 *IS—LM* 模型确定下列各种情况会对总供给和真实利率各产生怎样的影响？

（a）货币供给量减少；

（b）投机性货币需求量增加；

（c）用银行卡代替现金和支票交易。

问题 13.15 假设经济达到充分就业状态，用 *IS—LM* 模型确定货币供给量上升 10％会对价格水平和真实利率产生怎样的影响？请具体量化影响的程度。

第 14 章

消费和投资：进一步研究

消费与投资是 GDP 和总需求的两个最大组成部分。在上一章中，我们简略介绍了影响它们的因素，这里我们将作深入分析。事实上，消费者与投资者的选择与金融市场上的投资组合选择非常相近。在这一章中，我们将深入讨论这种相似性，思考使情况复杂化的因素，并探讨在总消费、投资和总需求中，个人选择分别起什么作用。

国内私人部门大约占美国 GDP 的 85%：消费大约占 GDP 的 70%，投资大约占 GDP 的 15%（见图 2—6）。在第 13 章中，我们主要通过消费与投资决定的简单模型来解释总需求的决定。但是由于这两个组成部分非常重要，因此有必要再对其中的每个组成部分作详细分析。

A. 消费

14.1 简单消费函数与现实世界

第 13 章介绍了消费函数，用方程式（13.1）表示，我们在这里重复如下（下标表示时间）：

$$C_t = c_0 + cYD_t \tag{14.1}$$

在这个公式中，真实消费（C）是可支配收入（$YD = Y - (T - TR)$）的简单线性函数。简单消费函数就像一个粗略勾画的地图。这种地图也有一定用处，但是如果按照字面意义来理解这个比喻，它给我们的方向指示是刻板、粗略的。如果我们盲目地遵循它，就很容易迷路。不迷失方向是很重要的。正如我们已经看到的，财政政策在短期内对

应用中级宏观经济学

GDP 的影响相当大程度上取决于消费行为（见第 13 章 13.1 节）。如果错误理解了消费行为，我们将错误判断政策行动的效果。

从简单消费函数中我们可以作一些简单的预测，这些预测关心的是可支配收入的平均消费倾向（$APC = C/YD$）。将等式（14.1）两边同时除以可支配收入（YD），就得到：

$$APC_1 \equiv \frac{C_t}{YD_t} = \frac{c_0}{YD_t} + c \tag{14.2}$$

这个公式预测：当可支配收入增加时，$\frac{c_0}{YD}$，因而，APC 本身变小。在图 13—1 中，我们已经看到用图形表示的这一预测。此外，等式（14.1）还预测，可支配收入变化与消费变化之间的相关性应该很大。确实，如果等式（14.1）有很高的拟合度，且 c_0 等于零——在第 13 章中已经有证据表明，这个数很小——那么这个相关度应该是 +1。（见"指南"中关于相关性的 G. 13。）

这些粗略的预测同样适用于可支配收入的短期和长期变化。我们知道，沿着一个强劲增长的趋势，可支配收入的增长有相当大的波动。因此，如果等式（14.1）确实与经济拟合，我们应该预期平均消费倾向会：

1. 在短期内与可支配收入成相反方向变化（也就是说，在繁荣期时下降，在萧条期时上升）；以及

2. 从长期来看，与可支配收入成相反方向变化（也就是说，当可支配收入增长时，平均消费倾向呈现下降趋势）。

此外，消费与可支配收入之间的相关性应该是：

3. 短期来看比较强；以及

4. 长期来看也比较强。

这些预测有数据支持吗？

图 13—2 表明，平均消费倾向并不是不变的，但是它看上去没有偏离平均数很远，而且不存在趋势方面的持续下降倾向——证据不支持第二条预测。

让我们更直接地看待这些预测。图 14—1 中的平均消费倾向曲线标出了美国经济研究局（NBER）定义的衰退。尽管并非在每一种情形中都如此，但在大多数衰退中，APC 在衰退的某个重要阶段上升。总体上，APC 的反周期运动的证据显得模棱两可。

长期来看，会有其他复杂情况出现。如果每个人都由类似于等式（14.1）的个人消费函数所支配，那么，如果代表性消费者的可支配收入提高，我们可以预期总平均消费倾向将下降。另一方面，如果人口增加没有伴随收入分配的改变，那么总可支配收入将上升，因为将有更多的获取收入者；但是代表性消费者的平均消费倾向不会变化。因此，导致总可支配收入增加有两个原因：人口数量的增加和消费者个人比以前富裕，我们必须将这两个原因区分开来。一个简单的区分方法是将总消费函数表示成人均形式，用一个与等式（14.1）类似的等式来表示，其中主要的变量都根据人口（POP）比例化了：

$$\frac{C_t}{POP_t} = c_0 + c \frac{YD_t}{POP_t} \tag{14.2}$$

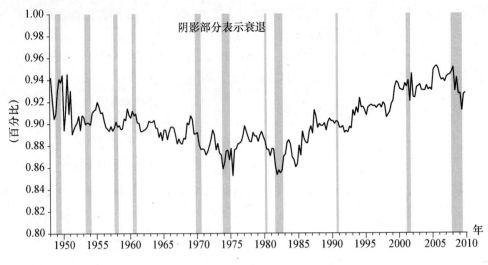

图 14—1 平均消费倾向与经济周期

资料来源：美国经济分析局和作者的计算。

图 14—2 展示的是长期人均消费函数的估计值，该估计值通过绘制 C/POP 与 YD/POP 1947—2009 年间的季度数据以及通过拟合回归线而得到。回归得到的方程式为：

$$\frac{C_t}{POP_t} = -726 + 0.94\frac{YD_t}{POP_t} \tag{14.3}$$

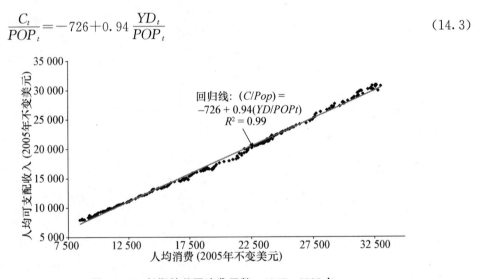

图 14—2 长期的美国消费函数，1947—2009 年

资料来源：美国经济分析局。

负的截距项（$c_0 = -726$）将这一关系与图 13—1 所绘的消费函数曲线区分开来，并且暗示，当可支配收入上升时，平均消费倾向也上升，这与我们的预测相反。我们也许对这一结果不应该过度阐释，因为相对于可支配收入和消费的规模，这个截距不算太大，而且截距实际上有可能为零，除非数据的变化不是随机的。

消费与可支配收入之间的关系非常紧密。它们的相关性很高：$R = \sqrt{R^2} = \sqrt{0.99} \approx 1$。当然，这两个上升趋势强劲的变量之间明显的紧密联系可能是谬误相关（见"指南"，G. 14.1 节）的一个例子。但这是不可能的，有两个原因：第一，根据日常经验，我们有足够理由相信，消费与可支配收入应该是紧密相连的——我们消费时必须付钱；第二，虽然分子和分母的相关趋势明显，但消费与可支配收入的比率并没表现出强劲的趋势，这个事实说明消费与可支配收入之间真的是有关系的（同样参见"指南"，G.14.2）。

因此，所有的证据都支持隐含在等式（14.1）中的这个假设：长期来看，消费与可支配收入之间有很高的相关性。但是这些证据与以下假设相矛盾：平均消费倾向存在下降趋势。

我们再看看短期情况。如果使等式（14.2）滞后一期，并将它从原来的等式中减去，我们就得到以变化量形式表示的消费函数：

$$\Delta\left(\frac{C_t}{POP_t}\right)=\frac{C_t}{POP_t}-\frac{C_{t-1}}{POP_{t-1}}=c\left(\frac{YD_t}{POP_t}-\frac{YD_{t-1}}{POP_{t-1}}\right)=c\Delta\left(\frac{YD_t}{POP_t}\right) \tag{14.4}$$

等式（14.4）预测的是人均消费的变化与人均可支配收入的变化之间的强相关性。因此这又增加了第五个预测：

5. 边际消费倾向（c）应该与等式（14.2）中的边际消费倾向相同，而截距应该为零。[1]

图14—3绘制出了上述这两个系列以及拟合出来的一条回归线。它的方程式是：

$$\Delta\left(\frac{C_t}{POP_t}\right)=66+0.24\Delta\frac{YD_t}{POP_t} \tag{14.5}$$

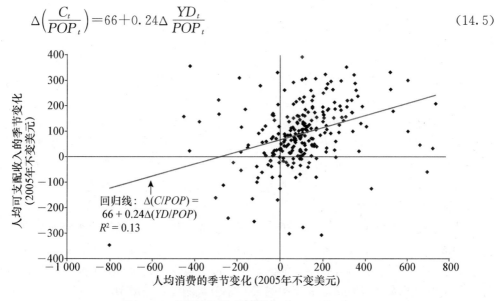

图14—3　短期美国消费函数，1947—2009年

资料来源：美国经济分析局。

等式（14.5）中的边际消费倾向低于等式（14.3）中的边际消费倾向（$c=0.24$ 与 $c=0.95$），而且截距不为零（但是同样，关于最后一点我们也许不应该过度阐释）。也许更重要的是，人均消费的变化与人均可支配收入的变化之间的相关性比人均消费水平与人均收入水平之间的相关性要弱一些（$R=\sqrt{0.13}=0.36$ 与 $R\approx1$），这表明，在短期内，人均消费的变化与人均可支配收入的变化之间的关系充其量是一个脆弱的关系。

---

[1]　因为c_0不变，当我们将等式（14.2）取一阶差分后得到等式（14.4）时，c_0就消失了。

对简单函数理论的五个预测再次进行回顾后，我们发现：

1. 对平均消费倾向的反周期运动来说，它的短期证据是不明朗的。

2. 与预测相反，长期来看，APC 并不与可支配收入反方向变化；相反，它大致维持不变。

3. 与预测相反，短期内，消费与可支配收入之间的相关性比较小。

4. 和预测的一样，长期内，消费与可支配收入之间的相关性强。

5. 与预测的相反，短期方程式（14.5）中的边际消费倾向和长期方程式（14.3）中的边际消费倾向并不一样。

综上我们可以得出这个结论：同一个消费函数不可能同时描述短期和长期经济状况。我们关于消费行为的简图对经济布局的描绘是不精确的，很多次要区域没有标出。我们需要一幅更好的地图。

14.2 永久收入/生命周期假说

□ 14.2.1 平滑消费

要着手构建一幅更好的地图，需要考虑一下我们是否真的应该预期消费随着收入的每一次变化而变化——就像简单消费函数所暗示的那样。一些思维实验将说明这些问题：

思维实验一。这是一个极端程式化的实验。想象一下，你在奇数年的年收入为 50 000 美元，在偶数年的年收入为 100 000 美元。你会不会在奇数年的消费加倍，而在偶数年的消费减半？那似乎不可能。大多数人可能会在偶数年的花费低于收入，而在奇数年的花费高于收入，以此来平滑消费，使自己的消费水平并不与现期收入成比例，而是与 75 000 美元的平均收入成比例。

尽管这是一个极端程式化的例子，但真实世界也许有接近的案例。例如，教师常常每年只发 9 个月的薪水。一般情况下，我们认为他们会将每月收入的大约四分之一储蓄起来，这样他们就能够以大致相同的消费水平度过夏季的几个月。同样，那些工作收入为佣金或小费的人都很清楚，一年中的某些季节（例如，圣诞节之于销售人员，或暑假之于度假小镇上的女服务员）可能获利更多，因此他们可能会在这些时期将收入的一部分储蓄起来，以提升淡季的消费。

思维实验二。你的年收入为 50 000 美元。你在州际彩票中赢得 500 000 美元，你要一次性花完吗？比如说花在一次豪华派对上？大多数人大概不会那么做。如果你取出这 500 000 美元，用它来买生息金融资产（比如，将钱存放在共同基金中），你可以在余生只花利息，而不动本金。假设市场利率是 5%，那么你的彩票奖金每年将产生 25 000 美元利息，这样你的年收入将永久性地提高到 75 000 美元。任何意外之财都可用同样的方法处理。

思维实验三。虽然你 20 岁时依然身无分文，但你的祖父留给你一笔 200 万美元的遗产。他爱你，但因为你年轻、缺乏阅历，他并不信任你，所以他规定，你年满 35 岁才可以实际接受这笔钱。你必须等待 15 年才能花这笔遗产吗？不，一些金融中介机构会贷款给你，你的遗产到期后再偿还贷款。如果我们假设，市场利率为 5%，那么你的遗产的现值为 962 034 美元（＝$2 \times 10^6 / (1.05)^{15}$）。如果你真的就像你祖父担心的那样不成器，你在 35 岁以前就能花光这笔钱（这是维多利亚时代小说中的经典主题）；但如果你像他所期望的那样明智，那么，就像利用思维实验二中的彩票奖金一样，你可以购买一份生息金融资产。在同样的市场利率下，你的遗产将永久性地每年带来 48 102 美元（＝$0.05 \times 962 034$ 美元）。如同在思维实验二中一样，购买一份金融财产使得你可以将一大笔钱转化为一个稳定的收入，这一收入将稳定你的消费。

关于收入在人生漫长时期内的转移，遗产只是一个例子。那些利用学生贷款来支付大学费用，希望在赚钱的顶峰时期偿还的人，或者那些在中年时积累财产供退休后花费的人，都在做同样的收入转移。在每种情形中，目的都是为了使消费模式比消费完全受现期收入影响的消费模式更加平滑一些。

在这些思维实验中，有一个前提是，人们希望自己的消费流比收入流更平滑。第一个思维实验表明，根据平均收入来调节消费，收入中可预测的短期波动可以变得平滑——收入高时储蓄，收入低时负储蓄。第二个思维实验表明，通过储蓄（使财富不断增加）以及仅仅消费来自那笔财富的所得，收入的不可预测的、暂时性的波动得以平滑。这两个实验是永久收入假说的基础。这一假说由美国经济学家米尔顿·弗里德曼（1912—2006，1976 年诺贝尔经济学奖获得者）首次提出。第三个思维实验表明，收入的长期变化可以用同样的方法来变得平滑。它形成了生命周期假说的基础，这一假说与意大利裔美国经济学家佛朗哥·莫迪利亚尼（1918—2003，1985 年诺贝尔经济学奖获得者）紧密联系在一起。

□ 14.2.2 消费、收入与财富

乍一看，这两个假说似乎解释不同的现象：永久收入假说关注的是消费对收入的短期或暂时性波动的反应；生命周期假说关注的是一生的计划消费。但是事实上，对这两个假说的内在分析在本质上是相同的，现代经济学将它们看作是对消费行为共同模式的不同阐释。为了方便解释，我们将永久收入/生命周期假说简称为永久收入假说。

回顾一下，任何金融资产的现值都是该资产所产生的收益流根据市场利率（经过风险调整的）的贴现（见第 6 章 6.2 节）。真实资产可用同样的方法计算。一座房子的价值是它所产生的一系列收入（实际的或隐含的租金）贴现到现在的价值。永久收入假说将我们每个人看作与某种真实资产相类似。我们一生中都具备一定的赚钱潜力，我们的人力财富就是我们预期的未来收入往回折现到现在的价值。

生命周期财富可以定义为所有的人力财富、真实资产和金融财富的现值。如果我们将某一时期 t 的人力财富中所预期的收入（即未来收入，或者和我们目前的财富——真实资产或金融财富——不相关的其他来源的收入）标为 y_t^e，那么我们今天（时期 0）的生命周期财富（lcw）可以定义为：

$$lcw_0 = \sum_{t=0}^{\infty} \frac{y_t^e}{(1+rr)^t} + 现期财富。 \tag{14.6}$$

需要注意的是，贴现使用的是真实利率（被看作一个常数），因为收入和现期财富本身使用真实美元衡量。还需要注意的是，从现期到无穷大的求和运算。我们这样做不是假设人可以永生不死，而只是因为不能确定他们去世的具体时间。一个人死后任一时期的 y_t^e 值都为零，因此对生命周期财富无任何贡献。

永久收入可以定义为由生命周期内财富所产生的收入流，或者为：在不减少生命周期内财富的存量价值的条件下，来自生命周期内财富的最大收入流。正式来说，永久收入是来自生命周期内财富的利息收入：

$$y_0^P = rr \times lcw_0 \tag{14.7}$$

我们在第 6 章（6.1 节）讨论金融资产的时候，使用了水流方面的比喻。我们可以将收入比作变化的水流。简单消费函数好比将一个三通阀放在收入这个管道内，将一部分收入流向消费，剩余的收入流向储蓄。当进来的收入流发生变化时，消费流一定会发生几乎同样的变化。相反，永久收入假说好比将收入流导入一个存储器，额外收入按照储水箱的高度（等同于利率）流进来。水箱底部的一个管道使得水可以流出。如果阀放置得正确，水流就很平稳——这与多变的收入流不同——储存器里水的高度可能会有一定的波动，但不会允许一直下降。储存器里的水当然就是生命周期财富，而流出的水就是现在平滑以后的消费流。

一个充满变化的收入是如何转变成平滑的永久收入和消费的？这种变化在什么地方终止？答案隐含在平滑过程中。当前收入高于永久水平时，就出现了净储蓄（水箱内的水位上升）；当前收入低于永久水平时，就出现了净"储蓄支出"（水箱内的水位下降）。储蓄缓冲或吸收了当前收入的波动，使得永久收入平稳地流动。储蓄以相反的方向变化，使永久收入和消费更平滑。

我们假设人们利用来自金融资产的储蓄和负储蓄来平滑消费，很容易就解释了永久收入假说，尽管如此，财富可以是金融财产，也可以是真实财富。思维实验二中的彩票中奖者也可能买一所房子，而不是金融资产。如果他把房子出租了，租金将提供永久收入。即使他决定自己住这所房子，房子所提供的居住服务——他事实上既是房客也是房东——也可以被视为收入流。

正如我们在第 3 章（3.5.2 节）中所看到的，适用于真实资产（例如，房子）的，也适用于任何耐用消费品。耐用消费品是财富的一种形式，它的获得不是消费，而是储蓄或投资。耐用消费品的消费不是在被购买的时候，而是在被用完的时候。耐用品与非耐用品之间的区别对精确地陈述永久收入假说至关重要，因为，就如同其他形式的储蓄一样，耐用消费品的购买抵消了一部分当前收入的多变性。一个工人在工作中获得了奖金，他可以通过购买洗衣机、电视或汽车的方式储蓄这笔奖金。因此，永久收入假说意味着，非耐用品的消费相对平滑，而耐用品的购买相对多变。

□ 14.2.3 总量永久收入假说

从个人到经济总体

到目前为止，我们从个体消费者的角度分析了永久收入假说。在宏观经济学中，我们自然地从个体关系类比到总量关系。总量生命周期财富的定义可以用公式（14.6）来类推：

$$LCW_0 = \sum_{t=0}^{\infty} \frac{Y_t^e}{(1+rr)^t} + 现期财富。 \tag{14.8}$$

式中，LCW_0 是今天的总量生命周期财富，Y_t^e 是在时间 t 内的预期 GDP。同样，总量永久收入的定义也可以用公式（14.7）来类推：

$$Y_0^P = rrLCW_0 \tag{14.9}$$

当前 GDP 与永久收入的差是暂时性收入（Y^T），因此：

$$Y \equiv Y^P + Y^T \tag{14.10}$$

永久收入假说还可以用另一种方式表述：暂时性收入被储蓄起来；消费由永久收入支配。

永久收入假说的一些版本假定所有的永久收入都被消费：非耐用品消费＝Y^P。这意味着生命周期财富的增加只能通过暂时性的意外之财或通过对未来收入流进行重新评估。在个人水平上，每个消费者留给后代的遗产等于他整个生命周期财富的全部价值。在永久收入假说最初的版本中，弗里德曼假定存在一个简单消费函数，$C = cY^P$，这里，边际消费倾向具备一般属性：$0 < c < 1$。弗里德曼的假说暗示，永久收入可以产生储蓄，这样生命周期财富会随着时间推移而增加。在个人水平上，每个消费者都已为下一代积攒了财富。

莫迪利亚尼最初的生命周期假说假定消费者形成了一个稳定的消费计划，在这个计划中，人们将其一生所有的财富花光。他们不仅消费永久收入，也消费自己的财产。后来的版本假设消费者会留给后代某种合意的遗产，遗产价值介于零和终生财富最大值之间。因为中年人积累财富，而年轻人和老年人消耗财富，所以生命周期假说意味着人口的年龄分布对总量储蓄（和消费）很重要。这些不同的假设都是同一个永久收入原理的变体，它们（或者其他假设）中的任何一个是否正确则是一个实证性问题。

永久收入这个概念存在一个问题：它取决于未来收入。正如我们在前面几章经常感到遗憾的那样，消费者和经济学家都没有能够预知未来的水晶球。消费者所能做的，最多就是对未来收入进行预测或根据经验推测。而经济学家则不得不想方设法对消费者的典型预期进行估计。有时他们依靠消费者如何进行消费的各种模型，或者依赖消费者实际上应该是如何预期的模型。但是，不管我们是否能够对消费者的预期进行有效估计，永久收入假说都具有深远的意义。

考虑一下对 GDP 的短暂性冲击——比如出口意外增长了 1 亿美元。根据简单消费函数，对消费的第一个推动将是边际消费倾向乘以冲击量。如果边际消费倾向是 0.9，出口冲击起初对消费的推进为 9 000 万美元。相反，考虑一下永久收入假说的这一个版本：人们花光其一生的永久收入。GDP 的短暂提升属于那些以此种或彼种方式储蓄的人。永久收入——以及因此而来的消费——增加的幅度为真实利率乘以出口增加量。如果真实利率为 5%，那么消费初次增加只有 500 万美元。其他 9 500 万美元将被储蓄所吸收——除了金融资产、真实财富之外，还包括耐用消费品。因此，我们应该预期储蓄的波动比非耐用品消费的波动更显著。在我们的例子中，前者的波动是后者的19倍。[1]

GDP永久增长的影响与暂时性冲击的影响差别很大。想象一下，一种新能源被发现后，可以永久性地每年提供价值1亿美元的额外电力。因为GDP这一年不增长，但在无限的未来，每年该发现的现值实际为1亿美元/rr；事实上，这一额外增长所产生的永久收入使生命周期财富价值为每年1亿美元。（证明放在练习题中，见问题14.4。）因此，非耐用品消费增长了1亿美元。额外储蓄并不必然发生，因为这一年的额外消费导致的生命周期财富的损失被这一年的额外收入抵消了。以后的每一年都会重复这个过程。

永久收入不需要一成不变。GDP的任何意料之外的增减都会改变永久收入。暂时性损失，例如，临时性寒流在短期内限制建造业和其他工业，使永久收入减少，减少的部分大约为真实利率乘以损失。这些意外损失（或获利）可能频繁或不频繁地发生。虽然永久收入假说预测消费会变得平滑，作为对收入临时波动的反应，它还预测，收入发生永久变化时，消费将按照比例发生相应的改变。例如，墨西哥湾一个大油田的发现使永久收入增加了油田的几乎全部年产值。

永久收入假说如何解释数据

最后我们来看看，永久收入假说如何解释14.1节的实证发现。

我们看长期数据时，数据的短期波动平均起来为零。这具有定义性作用。在公式（14.10）中，当前收入分解为永久部分和暂时部分，其意义也在于此。因此，所衡量的GDP的长期趋势本质上是对永久收入的长期趋势的估计。永久收入假说预测，消费会随着永久收入进行相应变化。这与图14—2所表现的关系非常吻合。

因为GDP的趋势增长率变化缓慢，获得GDP的一阶差分基本上是一种消除趋势的方法。一阶差分数据可以视为对暂时收入的估计。由于永久收入假说预测支配消费的是永久收入而不是暂时收入，它同时预测了消费变化与暂时收入之间的相关性应该很小。这基本上就是图14—3所表达的信息。R^2的数值低表明相关性弱。

对永久收入假说来说，数据所带来的对简单线性消费函数的困惑完全不存在。相反，真正的困惑是，如果永久收入假说是真的，我们应该预期到什么？

□ 14.2.4　永久收入假说与财政政策

人们认为，政府能够通过改变支出或税收政策（也就是财政政策）来推动或减缓总需求。这个看法取决于消费行为。例如，在第13章中，政府支出增加对GDP的影响由自发支出乘数（公式（13.16））决定。公式（13.16）重述如下：

$$\mu_{Au}=\frac{\Delta Y}{\Delta Au}=\frac{1}{1-c(1-\tau)} \tag{14.11}$$

为了分析支出的增加，我们设定 $\Delta Au=\Delta G$；自然地，我们可以写成 μ_G，因为这里的政府支出是自发支出的特定形式。但是，永久收入假说表明，我们的分析是不完整的。

回顾一下，我们可以将乘数看作一个过程，在这个过程中一个人的支出变成了另一个人的收入；然后，这个收入的一部分被花掉，一部分被储蓄起来。如果永久收入假说

---

[1] $=95/5=(1-rr)/rr=(1-0.05)/0.05$。

是真的，那么我们必须区分永久收入和暂时收入，因为每一种收入意味着不同的支出模式，并导致后来不同的收入模式。

如果一项财政政策行为是政府支出的永久增长，那么它所产生的全部初始收入也将被接受者看作永久性的。这笔开支的全额将成为他们的永久收入的增加额，他们的个人边际消费倾向将支配他们的消费/储蓄决策。在这种情况下，我们可以将常见的乘数公式运用到公式（14.11）中，来计算出政府开支对GDP的影响。

但是如果这笔开支是暂时性的，将会怎么样？例如，奥巴马总统和民主党在2009年初实施了一项刺激计划，并明确宣布它是暂时性的。当然，公众必须自己决定是否真的相信这一开支是暂时性的，还是永久性的（即使官方持反对意见）。如果人们相信这项开支是暂时性的，那么他们最初的反应会把它存起来，然后根据储蓄收入相应地提高消费。实质上，收入的增加不是 $\Delta Au = \Delta G$，而是 $\Delta Au = rr\Delta G$。这在多大程度上降低了财政政策的效果？我们可以用下面的例子来说明。

根据国会预算处的数字，2009年的刺激大约为8620亿美元。假设这笔政府开支的增加被视为永久性的，并假设初期开支都用于购买商品和服务。我们将边际消费倾向设为 $c=0.94$，这是图14—2中的值；将税率设为 $t=30\%$，这是对平均边际税率的最粗略的估计（不要将其与平均税率混淆，平均税率更低）；将真实利率设为 $rr=5\%$。根据公式（14.11），乘数为：

$$\mu_{Au} = \frac{\Delta Y}{\Delta Au} = \frac{1}{1-c(1-\tau)} = \frac{1}{1-0.94 \times (1-0.30)} = 2.92 \qquad (14.12)$$

那么8620亿美元的刺激所增加的总需求为：

$$\Delta Y = \mu \Delta Au = 2.92 \times 8\,620 = 25\,170 (美元) \qquad (14.13)$$

这大约是2009年美国GDP的20%——确实是一项非常有效的刺激政策。

我们将这个案例与另一个刺激完全为暂时性的案例作一对比。为了更清晰地显示两者的不同之处，我们有必要再看看政府开支永久性增加的例子，并考虑一下乘数过程，在这一过程中我们区分了自发支出的直接和间接效应（见公式（13.18））。初始支出是直接效应，它形成了经济中的最初收入，因此在第一轮 $\Delta Au = \Delta G = 8\,620$ 亿美元。这些收入一部分成为税收，一部分被储蓄起来，这样直接支出的接受者们自己支出了 $(1-\tau)c\Delta G$，这在乘数过程的第二轮形成了收入 ΔAu。

间接效应是第二轮支出与乘数的积。根据这个逻辑，我们可以将公式（14.13）的计算重写为：

$$\Delta Y = \Delta G + \mu Au(1-\tau)c\Delta G = 8\,620 + 2.92 \times (1-0.3) \times 0.94 \times 8\,620$$
$$= 25\,180 (美元) \qquad (14.14)$$

（式（14.13）与式（14.14）在最后数字上的差异为四舍五入的结果。）

现在我们考虑，如果政府支出是暂时性的，会发生什么情况。同样，这里有直接效应：所有的初始支出都用于购买商品和服务，因此直接在总需求上加上这一数字。这样，在第一轮 $\Delta Au = \Delta G$。同样存在间接效应，但是此次只有第一轮收入中的永久性部分被花费。像上面一样，这些永久性收入一部分成为税收，一部分变成储蓄，但只有

$rr\Delta G$ 被视为永久性收入，因此在第二轮，$\Delta Au = (1-\tau)c(rr\Delta G)$。所以在这一案例中，乘数过程的效应是：

$$\begin{aligned}\Delta Y &= \Delta Au + \mu_A(1-\tau)c(rr\Delta G)\\ &= 8\,620 + 2.92 \times (1-0.3) \times 0.95 \times (0.05 \times 8\,620)\\ &= 9\,450(美元)\end{aligned}$$
(14.15)

与 GDP 增长为永久性的情况相比，上面这一效果大约是它的三分之一多一点。确实，如果我们将政府支出乘数计为 $\mu_G = \Delta Y/\Delta G$，代入数字后，乘数将为：

$$\mu_G = \frac{\Delta Y}{\Delta G} = \frac{945}{862} = 1.10$$
(14.16)

公式（14.12）暗示财政政策具有强大的作用，但是上面这个结果表明它的作用大大降低。

如果永久收入假说是正确的，那么临时性减税措施的效果也比较小。例如，不改变税率而只是直接补偿纳税人的一项出口退税措施完全没有第一轮效应，因为税收和转移支付不属于 GDP，但它具有第二轮效应，其乘数和公式（14.14）中第二轮的乘数相同。永久收入消费者将几乎所有临时性削减的税收储蓄起来，通过购买真实资产来增加财富，包括购买耐用消费品、金融资产，或还债。8 620 亿美元的出口退税将只导致 830 亿美元的收入；税收乘数仅为 $\mu_T = \dfrac{83}{-862} = -0.1$。

对奥巴马经济刺激政策的分析完全是推测性的——在撰写本章时，要得出一个客观的看法尚需时日。但是经济学家已经分析了一个更早的经济刺激政策，由小布什总统推出。它既可以用来验证永久收入假说，也可以作为例子来说明这一假说在财政政策中的应用（见专栏 14.1）。

14.3 借贷约束、拇指法则与消费

一个遵从永久收入假说的消费者必须能够调整他的真实资产或金融资产投资组合。一个相对富裕的人可以以一个几乎固定的机会成本轻而易举地做到这一点。例如，一个持有大量共同基金的人发现，很容易就能使用基金增加意外之财，以及使用基金弥补亏空，以保持消费流的平稳。

对穷人来说，情形可能就截然不同了。一般来说，穷人要面对借入和借出利率之间的巨大差异这个问题。工资日贷款发放*人索取高息。银行通常对信用卡收取高额息，而穷人每月还清债务的可能性比富人小得多。另一方面，即使穷人能够有所积蓄，他们也不大可能有足够的钱满足共同基金的最低存款额要求，更不可能购买股票和债券，因此可能仅限于使用银行的低息存款形式。穷人面临一种不对称性：一方面，借贷的成本很高。事实上，他们可能会发现，除了从房地美这个高利贷者处借钱外，借贷几

---

* 工资日贷款为一种小额高息短期贷款，用于提供贷款人下一次发薪之前临时急用所需资金。——译者注

乎是不可能的。另一方面，储蓄的回报很低，因此支出的机会成本也很低，这对消费有利而对储蓄不利。一个无法借入和借出的穷人很容易面对所谓的流动性约束或借贷约束问题。与一段时间内消费平滑的生活方式相比，借贷约束更有利于收入仅敷支出的生活方式。一个受到借贷约束的消费者不遵从永久收入假说。

当然，有时更穷的消费者会被债务缠身。那么，由于他们所面对的高利率，将意外之财储蓄起来，即偿还部分债务，会有高回报。如果借款人愿意基于成本收益差额获得更多贷款，他们事实上就可以平滑消费，尽管在面临的条件上与富人相比大为不利。但是事实上，对一个债务累累的人，贷款方并不愿意继续贷款，但是愿意接受来自意外之财的还款。因此，我们不必期望那些负债者能像资产富足者那样平滑消费。

专栏 14.1 ☞

永久收入假说的验证：一个自然实验

经济震荡对消费者来说也许是坏消息，但是它们也可以产生"自然实验"，通过这种实验，我们可以验证经济学理论。临时性刺激计划就为永久收入假说提供了这样的测试机会。

为了应对 2007 年 12 月开始的"大衰退"，奥巴马政府通过了一项史无前例的庞大的经济刺激计划——政府额外支出与减税共同使用，根据国会预算处的数字，这一计划最终达到 8 620 亿美元。总统经济顾问委员会主席克里斯蒂娜·罗默估计乘数大约为 1.6，如此一来，最终这一刺激计划将为 GDP 增加 1.4 万亿美元。此时判断她是否正确尚为时过早，但是历史提供了另一个刺激计划让我们进行分析。

2008 年初，小布什政府预测到经济发展正在放缓，就提出了一个 1 520 亿美元的刺激计划。这一计划中超过 2/3 的部分为给 1.3 亿户美国家庭的直接支付（退税）。大多数家庭获得的退税在 300～1 200 美元之间，对比较富裕的家庭，退税逐渐减少。几乎所有的退税都在 2008 年 5—7 月这一期间发放。这种刺激政策为消费理论提供了验证案例。对现有收入来说，它是一个意料之外的临时性增长。永久收入/生命周期假说认为，此类增长的大部分应该被储蓄起来。

在一份调查中，一些家庭被问及（收到退税前和收到退税过程中）他们计划如何使用这些钱。[1] 马修·夏皮罗和乔尔·斯拉姆罗德这两位经济学家（均来自密歇根大学）分析了这份报告。结果见表 B14—1。

表 B14—1   关于 2008 年退税反应的调查报告

退税处置方式	在收到退税的调查对象中所占百分比
大部分用于支出	19.9
大部分用于储蓄	31.8
大部分用于还债	48.2
总计	100.0

注：由于四舍五入，数据加起来不等于100。
资料来源：Shapiro 和 Slemrod（2009）。

---

[1] Shapiro, Matthew D. and Joel Slemrod, "Did the 2008 Tax Rebates Stimulate Spending?" *American Economic Review*, 99 (2), May 2009, pp. 374-379.

对那些参与调查且收到退税的人来说，只有大约 1/5 的人计划将大部分钱用于支出。剩下的人或者计划将钱储蓄起来，或者用于还债（这本身也是一种储蓄）。当然，根据永久收入假说，任何用于购买耐用品的支出也算作储蓄（以及投资）。因此，这份调查与永久收入假说大略一致。

永久收入/生命周期假说还表明，年龄大一些的消费者将越来越多地支出他们年轻时的储蓄。该调查证实了支出计划随着年龄而增加（见表 B14—2）。

表 B14—2　　　　　　　　　　　2008 年的退税处理与年龄

年龄组	计划将退税的"大部分用于支出"的人群在调查对象中所占百分比
小于或等于 29 岁	11.7
30～39 岁	14.2
40～49 岁	16.9
50～64 岁	19.9
小于或等于 64 岁	17.0
大于或等于 65 岁	28.4

资料来源：Sharpiro 和 Slemrod（2009）。

看着总量数据，马修·夏皮罗和乔尔·斯拉姆罗德观察到，个人储蓄率在刺激政策实施前几乎为零，在退税发放后显著增长，然后再次下降。储蓄增长仅仅略小于退税的规模。永久收入假说预测消费者将退税的大部分用于储蓄，这一模式与预测是一致的。

夏皮罗和斯拉姆罗德估计，总体上，来自刺激的总边际消费倾向大约为 1/3。假设边际税率为 30%，使用公式（14.11），自主支出乘数将为：

$$\mu Au = \frac{\Delta Y}{\Delta Au} = \frac{1}{1 - c(1 - \tau)} = \frac{1}{1 - 0.33 \times (1 - 0.30)} = 1.30$$

这个值低于奥巴马政府的估计，但是它表明这一刺激对 GDP 的推动不同寻常。当然，布什政府的刺激计划维持时间不长。2008 年初夏后，政府支出下降到原来的模式——本身就是补偿性的负刺激。正如我们现在已经知道的，虽然采取了刺激措施，经济还是滑入二战以来最深的衰退中。

尽管永久收入假说基于一个简单的理论，但实际上遵从这一假说既需要理性规划的洞察力，也需要有能力对未来收入作出至少有根据的预测。对很多人来说，这在心理上是不可能的。他们不把消费视为一个面向未来的规划问题，而只是遵守一个曾经起过作用的拇指法则：比如将收入的 10% 储蓄起来，然后放在一边。第 13 章（13.1 节）中的简单消费函数（被理解为对个人行为的描述）就属于此类拇指法则。

不管是因为借贷约束，还是因为拇指法则，一些消费者几乎肯定不会遵从永久收入假说。问题在于，有多少人不会遵从？在一个非常有名的研究中，经济学家约翰·坎贝尔和格里高利·曼昆（当前均在哈佛大学任教）估计，大约一半消费者遵从永久收入假说，而另一半按照简单函数的方式，根据当前收入进行消费。[1] 那么，总消费函数大约应该

---

[1] John Y. Campbell and N. Gregory Mankiw, "Permanent Income, Current Income, and Consumption," *Journal of Business Economics and Statistics*, vol. 8, no. 3, July 1990, pp. 265-279.

是公式（14.12）和（14.16）中乘数的平均数，也就是说，$\mu_G = 0.5 \times (2.92 + 1.10) = 2.01$，这个乘数变小了，但并非无足轻重。

虽然我们例子中所使用的数据并非毫无根据的，但都是粗略数据，而不是认真估算并经过实践证明的数据。由于几个原因，我们的计算结果可能暗示乘数比实际中的更强大。也许，假设的边际消费倾向可能过高，真实利率可能也是如此。如果事实上这两个或其中一个更低，乘数就更小。以进口的形式从国内私营部门流出的收入，其表现类似于税收，因此也会降低乘数。对乘数更可靠的估算只能通过更多、更仔细的经济研究来完成；从逻辑上我们可以看到，从遵从永久收入假说的消费者的数量比例来看，乘数弱化了。

B. 投资

14.4 基于资产视角的资本和投资

永久收入假说实质上从两个角度看待人——我们每个人既是消费者，同时又是劳动者。劳动者可以被视作未来能够产生收入流的资产；而消费者可以被视为该资产的拥有者，能够决定如何处理它的现值。

这样看来，我们关于金融资产的很多知识就解释了消费。我们分析的时候，也可以将物质资本和投资比作金融资产。在上一章我们分析投资决策与以市场利率为代表的机会成本之间的关系时，曾经提及这一点。在本章我们将作详细分析。

□ 14.4.1 投资项目的评估

投资项目的现值

就像国民账户里所说的，投资是一种流量——在单位时间内获得的有形的实物生产资料。如同我们在第 10 章（10.3.3 节）中所看到的，投资的目的是增加资本存量，并因此提高经济的生产能力。公式（10.10）重述如下：

$$\Delta K_t = K_t - K_{t-1} = I_{t-1} - 折旧_{t-1} = 净投资\ I_{t-1} \tag{14.17}$$

这一公式表明，资本存量的变化由净投资决定。但这只是会计学上的事实。我们真正需要理解的是，如何解释特定水平的投资？在开始部分我们可以从企业的角度问：为什么企业寻求特定水平的资本？

在定义上，资本是有形的生产资料。它可以是长期的，也可以是短期的，但是它一定不能在当前时期的生产过程中被用完。由于资本在一段时间后发挥作用，我们就像在评估金融资产或永久收入时那样，面对着价值评估的问题，而基于一个共同基础的价值在不同时期会产生变化：资本项目的评估是一个现值问题。

企业增加资本的目的是为了收获利润。利润（Π）可以简单定义为：

$$\Pi_t = 收益_t - 成本_t \tag{14.18}$$

例如，一个租车公司需要决定是否购买一辆福特福克斯汽车来扩大自己的车队——

它的资本存量。假设这辆车价值为15 000美元，租车公司打算使用两年，然后以12 000美元的价格在旧车市场上出售。最后的销售价格通常被称为残值——对租车公司而言是"报废品"，而对旧车买主而言则不是。考虑到该车每年被租出的天数及其维护费用，租车公司估计该车在两年的服务期限内，每年能净赚3 000美元。为了使问题更简单，我们假设公司在每年年底一次性收到3 000美元。对企业来说该车价值多少？这个问题的真实含义是：考虑到适当的机会成本，该车的现值是多少？假设企业购买了12 000美元的额外金融资产，能够赚5%，那么车的现值是：

$$PV = \frac{3\,000}{1.05} + \frac{3\,000}{(1.05)^2} + \frac{12\,000}{(1.05)^2} = 16\,463(美元) \tag{14.19}$$

这表明存在1 433美元的现值（=16 433美元-15 000美元）的净回报。因此，该车的回报超过了它的成本，这个投资很合算。

我们可以将这个例子推广到一般情形：今天（时期t）任何资本的现值是：

$$PV_t = \sum_{m=1}^{M} \frac{\Pi_{t+m}^e}{(1+rr)^m} + \frac{残值^e}{(1+rr)^M} \tag{14.20}$$

这里M是资本报废前经历的周期数。我们使用了真实利率（rr）来衡量机会成本，这意味着我们已经计算了真实现值，因此需要以不变美元来衡量PV、Π和残值。

（自然，我们也可以用市场利率和其他变量的名义价值来计算名义现值。）当然，现值是一个前瞻性概念，因此我们加上上标e，表明我们不能确切地知道未来的收入流，但必须对收入流构成成分的价值进行预期或猜测。

一般的法则是：

● 当一个资本项目的现值超过购买成本时，企业应该投资。

有时，投资问题相当于净现值问题，也就是说，可以这样计算：$NPV \equiv PV -$初始成本。那么公式（14.20）就变成：

$$NPV_t = PV_t - 初始成本 = \sum_{m=1}^{M} \frac{\Pi_{t+m}^e}{(1+rr)^m} + \frac{残值^e}{(1+rr)^M} - 初始成本 \tag{14.20'}$$

这样一来，一般法则就变成：

● 当一个资本项目的净现值大于零时，企业应该投资。

内部报酬率

一般来说，企业有很多潜在的投资项目，涉及不同的初始投资和利润流。企业可能需要对这些项目在共同基础上进行排名，以决定特定资本项目产生收益的效率是多少。为此，他们可以用不同方式看待现值问题。考虑一下以债券形式与某个项目联系在一起的资本。它的市场价格（15 000美元）就是购买成本。它在其生命周期内支付一系列票息（在这里是每年3 000美元的利润，尽管在其他情况下，利润增长可能不那么有规律）。它具有面值（汽车的残值为12 000美元）。基于这些事实，我们可以将数字填入债券定价公式（公式（6.13'）），用估算债券到期收益率的方法估算出购买汽车的到期收益率：

$$15\,000=\frac{3\,000}{1+\rho}+\frac{3\,000}{(1+\rho)^2}+\frac{12\,000}{(1+\rho)^2} \tag{14.21}$$

这里，我们将机会成本写为贴现率 ρ。在现值问题中，未知数是 PV，我们将其与购买成本进行比较。这里，购买成本写在公式的左边，等价于到期收益率的 ρ 则是未知数。这和我们在第 13 章（13.3.1 节）中简单讨论过的投资收益相同。（14.2）的解答是 $\rho=10.5\%$。（用 1.105 替换式（14.20）中的 $1+\rho$，并核对一下右边是否等于 15 000 美元，就可以很容易地得到证实。就像到期收益率一样，手工计算贴现率一般来说不容易，但是任何电子制表程序或商业计算器都包含计算这些算式的功能。）

贴现率（ρ）被称作内部报酬率，它可以被定义为：使某个资本项目产生的未来收入流正好等于其购买成本的贴现率。内部报酬率用公式表达为：

$$购买成本_t=\sum_{m=1}^{M}\frac{\Pi_{t+m}^{e}}{(1+\rho)^m}+\frac{残值^e}{(1+\rho)^M} \tag{14.22}$$

ρ 的值越高，资本项目的内部报酬率就越高，对企业来说就越有吸引力。当然，企业是否投资一个项目取决于机会成本（rr）。一般法则是：

当一个资本项目的内部报酬率超过机会成本（$\rho > rr$）时，企业就应该投资。

对租车公司来说，$\rho=10.5\%>5\%=rr$。因此，企业应该投资；它购买该车所获得的内部报酬率高于它购买债券的内部报酬率。

公式（14.20）的现值计算和与此相关的投资规则，以及（14.22）的内部报酬率计算和与此相关的投资规则使用相同的信息，但使用不同的形式将这些信息整合在一起。它们之间的差别正如同金融资产所面对的债券价格计算和到期收益率之间的差别。如果我们想将一个资本项目与以市场利率或到期收益率表示的机会成本进行比较，我们更偏爱内部报酬率，因为这两个值使用相同的单位，因此容易进行有效比较。

投资与风险

在上一章中我们已经看到，两个投资项目可能有相同的预期平均回报率，但呈现出不同的风险水平（见第 13 章 13.3.1 节）。我们如何在资本项目的正式评估中将风险考虑进来？

我们关注的风险包括两个方面：价格风险和违约风险。在金融资产方面，价格风险是市场利率变化可能隐藏的资本损失所导致的风险。我们发现，在考虑利率的期限结构时，价格风险问题尤其突出——债券的到期日越长，风险一般会增加。市场使得风险溢价成为长期债券的市场收益的一部分，以作为对价格风险的补偿。

在实物投资情况下，应对价格风险的一个明显方法是选择一个适当期限的机会成本。在租车公司案例中，一只两年期债券与该投资期限一致。一个时间更长的项目的回报可以比作一只在相同时期内到期的债券的回报。比如说，如果一个建筑企业将要考虑投资自动倾卸卡车，该卡车的预期服务时间为 10 年，一只 10 年期债券将能够恰当地衡量它的机会成本。

一些资本项目产生回报的时间很长——比如一个水电站水坝、一条运河或者一条路。如果比作债券，其期限比市场上已有债券的期限要长。但是这不可能成为问题，因为正如我们前面所看到的，一般情况下，30 年后才能收到的钱的现值小到几乎可以忽略。按照 5% 的贴现率 30 年后的 1 美元的现值是 23 美分，100 年后的 1 美元的现值是 1 美分。如果每年收到 1 美元，持续 30 年，那么这一现值为 15.37 美元；每年收到 1 美元，持续 100 年，其现值为 19.84 美元；每年收到 1 美元，直到永远，其现值为 20 美元。

考虑到遥远的未来对现值的贡献太小，同时考虑到对漫长而有限的到期日的现值与无限长期限的现值高度接近，我们使用可获得的最长期限债券的收益作为适当的机会成本不会有多大差异。

那么违约风险呢？我们在第 7 章中看到，债券根据违约风险进行评级，较高风险的债券必须以高于低风险债券收益的形式支付溢价。（见 7.3.1 节，特别是表 7—1。）对特定有形投资来说，它的违约风险就是未能得到回报，或未能得到预期的回报。

回到租车公司的例子上。假设该车在报废前的两年里未能赚到 3 000 美元的利润，有一半的可能它每年只赚 2 500 美元。如果这些较低的回报确定，那么内部报酬率将变成 7%。将这两种可能性考虑在内的预期回报率为 8.75%（=(10.5%+7.0%)/2）。这个回报率高于我们前面假设的 5% 的机会成本，机会成本的估算可能会非常低，如果它不包括风险溢价的话。如果这一投资的真实回报率被判断为和诸如两年期 BB 级别债券的风险一样大，而该债券的收益为 11%，那么 $\rho=8.75\%<11\%<rr$。该企业不投资该车而购买债券，就能以同样的风险获得更好的回报。

实际风险评估比这个简单例子里的风险评估要复杂得多。理想化的情况是，投资者应该找到一种金融资产，该资产与投资具有相同的风险特征，以便用它来衡量机会成本。在实践中，找到一个绝对相同的金融资产通常是不可能的。因此，企业在实践中可能会作一个粗略的判断，基于它们最好的预期对 ρ 进行估计，就像在公式（14.21）中那样，但在投入一个新资本项目前要求有一个主观评估的风险溢价。实践中，它们的规则是：

> 如果 $\rho>rr+$风险溢价，那么就可以投资。

不论这一规则如何形成，显然，投资的风险越大，内部报酬率就越大，以证明该投资的合理性。如果风险评估因为经济环境变化而增加，就只有更少的资本项目能够产生足以证明该项目合理性的报酬率。因此，如果其他条件不变，投资向着风险的相反方向变化。

□ 14.4.2 投资率

一个反应敏捷的学生可能会对上面的讨论不以为然，认为我们所回答的问题与该部分应该回答的问题不一样：

> 我们分析了什么因素决定合意的存量资本，而不是什么因素决定了合意的投资流量。换句话说，我们未能解释在现有资本存量基础上资本品增加的比率。这一反对意见是正确的，但可以很容易地补救。一个详细而正式的分析过于复杂，但是我们可以使用例子将要点表达出来。

工程师和项目经理们常常说："你可以建得便宜，你可以建得快，你可以建得好……从这三项里任选两项。"我们假设，所有的投资都是正确投资，那么根据上面的论述，我们需要在"建得快"与"建得便宜"之间作出两难取舍。如果我们在一项建设工程上有非常充裕的时间，我们可以仔细安排工作，使工人们不彼此干涉；我们购买必要的材料，寻找最优价格，即使这样做意味着等待更长时间。我们不大可能犯代价高昂的错误，因为在迈向下一步之前，每一步都经过了仔细检查。因此，一般来说，建得越慢就建得越便宜。

相反，我们进展得越慢，项目获得利润的时间将越往后推迟。我们知道，未来的回报是受到折扣的——延后的时间越长，折扣越大——因此建造慢的项目减少了该工程的现值。要决定建造的速度，建造慢的工程必须在利益与成本之间取得平衡。

一个简单的例子可以解释这一点。假设欧洲火箭发射公司阿丽亚娜公司想要决定是否投资一个用来将卫星送上轨道的火箭。为了使问题变得简单，假设该火箭只能使用一次，而一次成功发射将赚取 100 万欧元。假设阿丽亚娜公司在建造该火箭时可以有三个选择：一年时间内花费 960 000 欧元，两年时间内花费 900 000 欧元，以及三年时间内花费 875 000 欧元。再假设，尽管在建造期间这些开支平摊到每一年，但资金必须在建造一开始就支付。

公式（14.22）适用于该问题的细节，因此该项目的内部报酬率计算可以使用此公式。

$$购买成本_t = \frac{\Pi_{t+M}^e}{(1+\varphi)^M} \tag{14.23}$$

由于全部利润在该项目完成之日产生，累加符号被省略了（下标与指数 m 换成它的终值 M）；由于火箭在发射过程中被销毁，因此不存在残值。这样很容易就能算出每一种建造速度的回报。例如，如果建造花了三年时间，问题就在于找出 ρ，因此：

$$875\,000 = \frac{1\,000\,000}{(1+\rho)^3} \tag{14.24}$$

答案为：

$$\rho = \sqrt[3]{\frac{1\,000\,000}{875\,000}} - 1 = 4.5\% \tag{14.25}$$

将这个内部报酬率称为 ρ_3。建造时间为一年和两年的内部报酬率可以用类似方法计算出来：$\rho_1 = 4.2\%$，$\rho_2 = 5.4\%$。

在这几种可能的建造时间中，内部报酬率最高的是 $\rho^* = \rho_2 = 5.4\%$。如果阿丽亚娜公司决定建造该火箭，它的最佳策略是在两年之内完成。但是它应该建造这个火箭吗？当然，这取决于机会成本。比如说，相关市场利率是 3%，$\rho^* = 5.4\% > 3\% = rr$，那么火箭应该建造。投资率是每年 450 000 欧元（= 900 000 欧元/2）。

真实的案例更加复杂。但是这个简单的例子足以表明，倘若我们考虑到成本会随着实现投资所需要的时间而变化，那么，对内部报酬率的考虑和对机会成本的考虑都决定了特定资本项目的吸引力和投资率。

□ 14.4.3 投资和股票市场

到目前为止，我们使用的所有例子都假设投资相应的机会成本是参照债券市场的，但不一定非得如此。股票市场也是实物投资的一种替代选择，因此，也就提供了一种潜在的相关机会成本。

学生有时相信，股票市场对投资很重要，因为企业出售股票以筹集资金购买生产资料。有时企业确实出售新股，这被称为公开募集。企业首次"上市"，也就是说，它们首次允许自己的股票在市场上自由出售，这被称为首次公开募股或 IPO。公开募集是企业重要的融资来源——特别是当企业刚起步的时候。但是公开募集，无论是否为首次，相对于现有的股票每天买卖的巨大数量来说，都是九牛一毛，因此，事实上，对总投资率不会产生重大影响。

股票对投资的实际影响，正如债券对投资的影响一样，是通过机会成本机制来实施的。一个企业可以有两种选择：或购买实物资本，或使用同样数额的资金购买金融资产——股票和债券。决定企业是否应该进行投资的是这些选择的相对回报。

通常情况下，持有股票既是为了获得股票红利，也是为了获得资本利得，也就是说，希望股票的价格会上升。

股票没有确定的期限，但是我们可以估算出它们在特定时期内的预期收益，也就是说，它们的预期持有期收益（$r^e_{S,t}$）可以计算为：

$$r^e_{S,t} = \frac{\text{红利}_t}{P_{S,t}} + \hat{P}^e_{S,t} \tag{14.25}$$

式中，右边第一项是红利收益，第二项是从时期 t 到 $t+1$ 之间股票价格的预期增长率，也就是说，资本利得的百分比。持有期收益能够直接代替债券的到期收益，用来作为评估投资的机会成本。

还有另一种方法看待股票市场对投资决定的影响。例如，一家制药公司的专利即将到期。专利到期后，该药品将不受商标注册的保护。尽管该公司依然可以生产该药，但其他企业也可以生产，竞争可能会降低价格和利润率。预见到未来利润将会降低后，该公司面临一个选择：它可以投资研发新药，或者购买另一家专利远未到期的制药公司的股票（甚至获得控股权）。它所面对的问题是，哪种选择花费更小？

当目标公司的股价较高时，全部或部分购买该公司股份是从药品中获利的一个相对昂贵的办法。在那种情况下，第一个制药公司将发现，投资于自己的生产更有利可图。但是，如果股价较低，购买目标公司就是一桩便宜买卖，第一个制药公司就会发现，它最好放弃投资，购买目标公司的现存资产。现实世界就有这样的例子：2009 年美国辉瑞制药公司购买了另一家大制药公司——惠氏制药公司，形成了世界上最大的制药公司。这次购买使得辉瑞能够得到惠氏的药品处方，节省了在新药上的部分投资。

一般法则：

● 高股价促进实物投资；而低股价促进购买既有股份。

该法则与股票市场收益率推动投资这个理念完全一致。正如债券一样，股票价格和股票收益率成反方向变化。如同我们已经看到的，高收益率或高机会成本降低投资，而高收益率等同于低股票价格。

企业的决策标准有时可以用一个被称为托宾 q 的变量来概括。它的命名来自 1981年诺贝尔经济学奖得主詹姆斯·托宾（1918—1946），尽管类似的理念也出现在约翰·

梅纳德·凯恩斯（1993—1946）的著作《就业、利息和货币通论》（1936）里。

托宾的 q 被定义为企业股票市值（由已发行股票的价值来衡量）与资产重置成本的比值。如果 $q>1$，新建一个同等企业花费更少，而如果 $q<1$，购买一个已有的企业花费更少。因为 q 越高，股价就越高，高股价推动投资。

14.5 总投资

□ 14.5.1 决定总投资的因素

14.4 节对投资的讨论完全是从单个企业的角度出发的。总投资当然包括各种不同类型企业的个体投资决策，这些企业构成经济中的生产部门。理解个体企业行为为我们预测总投资行为提供了借鉴。回顾一下投资的一般法则：当一个资本项目的内部报酬率超过机会成本时，企业应该投资（$\rho>r$）。公式（14.22）定义了这里所说的内部报酬率。我们将该公式重复如下：

$$购买成本_t = \sum_{m=1}^{M} \frac{\Pi_{t+m}^e}{(1+\rho)^m} + \frac{残值^e}{(1+\rho)^M} \tag{14.22}$$

我们将从五个方面来考虑这一投资法则对总投资行为来说意味着什么。

1. 机会成本

无论我们是用利率还是股票（或者其他金融资产）的预期收益率来衡量实物投资的机会成本，我们都知道，投资是机会成本的反函数——关于这一事实，我们在第 13 章中已经了解了，可用图 13—10 中向下倾斜的投资曲线来表示。在第 13 章里，我们还推导出了 IS 曲线（如图 13—12 所示）——部分源自投资曲线。图 14—4 呈现的是一条投资曲线，图 14—5 是一条 IS 曲线。机会成本的变化，在这些图中由真实利率（rr）来代表，导致沿着曲线的移动。

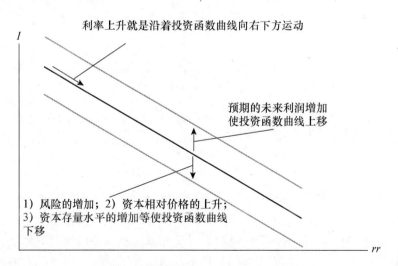

图 14—4 使投资函数曲线移动的因素

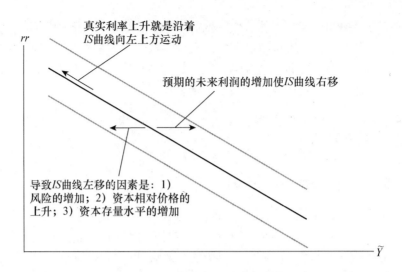

图 14—5　使 IS 曲线移动的因素

　　绘制投资曲线与 IS 曲线的前提是其他条件不变，也就是说，将其他可能影响投资的因素作为不变量。自然，现实经济数据的产生不会与其他条件不变情况下数据的产生相类似，这一点在图 14—6 中是显而易见的，该图将投资绘制成潜在 GDP（比例化投资）的百分比，与真实利率估计值和 NBER 衰退时间相比较。投资系列和利率系列之间的关系很难分清。

　　这并不令人吃惊，因为很多其他因素同时在变化。

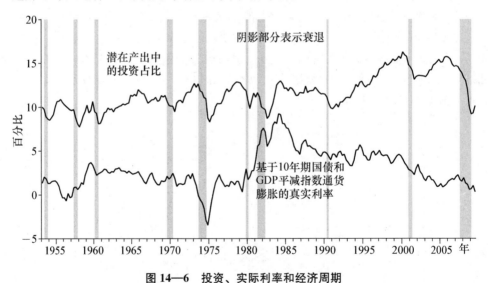

图 14—6　投资、实际利率和经济周期

资料来源：投资、GDP 和 GDP 平减指数来自美国经济分析局；利率来自美联储以及作者的计算。

　　我们举一个例子。注意到大多数衰退阶段的部分时期内，投资和真实利率一般情况下都下降，而在扩张阶段的大部分时期内，投资和真实利率一般情况下都上升（至少相对于趋势来说上升）——这刚好与其他条件不变的情况下理论上应该成立的投资与真实利率的负向变化截然相反。我们可以将每个系列的行为看作是在 GDP 驱动下的行为。例如，GDP 上升提高内部报酬率、促进投资，可能导致人们上调自己对未来利润的预

应用中级宏观经济学

期。GDP 上升也可能通过至少两种机制提高利率。首先，货币政策的决策者在经济繁荣期一般会提高短期利率，以压制通货膨胀，而在衰退期降低短期利率，以降低失业率；此外，就如我们在第 7 章（7.4 节）中讨论利率的期限结构时所看到的，预期短期利率的上升倾向于提高长期利率。其次，在经济繁荣期，企业倾向于借入更多的钱，为额外投资提供资金支持，这提高了它们对银行贷款的需求以及发行新债券的数量，从而再次推高利率。这样，在保持 GDP 不变的情况下，当利率更高时，即便投资将会减少，但当 GDP 不再保持不变时，投资和利率可能朝着相同的方向变化。这个问题带有普遍性：当两个变量都受到一个共同因素的影响时，我们必须控制共同因素，以单独考察两个变量之间的直接关系。这需要比本书所使用的统计方法更复杂的统计技巧。（但是可以参见"指南"G.13 部分关于因果关系的讨论。）

另一个考虑是，资本的建设一般耗时几个月甚至几年，企业将溢价包括在内部报酬率中以考虑利率变化的风险。因此，尽管我们的法则认为，任何时候，只要企业对内部报酬率的估算值超过相关的机会成本，它就可以投资，但是在实践中，企业在开始上马一个长期项目前，要求内部报酬率比相关机会成本高出很多。这个溢价起到缓冲的作用，使得利率的小幅升降不会让机会成本高于内部报酬率。因此，利率的短期波动不可能对投资有大的影响。

相比之下，利率的长期变化应该有更显著的影响。为了捕捉长期变化，图 14—7 比照比例化投资的移动平均数绘制了真实利率的中心移动平均数。（移动平均数的时间是 25 个季度，接近美国经济周期的典型长度——见第 5 章 5.2.3 节，以及"指南"的 G.12 部分。）这些数据表现出一个彼此之间向相反方向变化的大致（也许是不精确的）趋势——利率下降与投资上升联系在一起，而利率上升与投资下降联系在一起——这正和理论预测的一样。

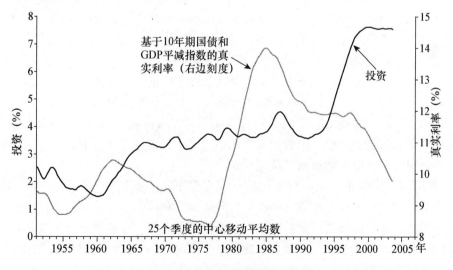

图 14—7 投资与长期真实利率

资料来源：投资、GDP 和 GDP 平减指数来自美国经济分析局；利率来自美联储以及作者的计算。

我们前面注意到利率并不是投资唯一可能的相关机会成本。图 14—8 绘制出了股票的一年持有期收益率，以比例化的投资为标准。该图最突出的特征是，几乎每一个股票报酬率为负（也就是说，股票相对于实物资本来说更便宜）的情况都与投资的急剧下降相联系，这同样与我们的投资理论完全一致。

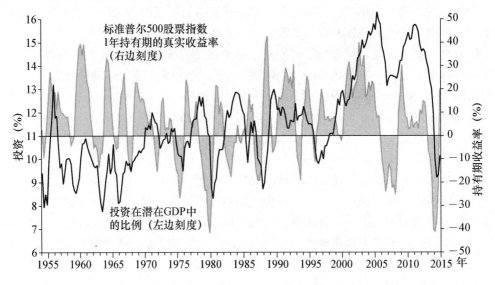

图 14—8　投资与实际股票市场收益

资料来源：投资、GDP 和 GDP 平减指数来自美国经济分析局；标准普尔 500 股票指数与分红来自标准普尔以及作者的计算。

2. 预期未来利润

对任何给定的内部报酬率（ρ），一个或多个预期利润项的增加（Π_{t+m}^e）会导致公式（14.22）右边代表的现值的增加。如果生产资料的购买成本不受影响，这个公式要求现值不增加，结果，内部报酬率必须上升。内部报酬率越高，就越有可能超过机会成本，以此推动投资。因此，如果经济中大多数企业的预期利润增加，我们可以预期总投资会增长。在图 14—4 中，在 rr 的每一个水平上，投资曲线都会向上移动。同样，图 14—5 中的 IS 曲线将向右移动。

对于未来利润的预期，投资者可能有坚实的事实根据，也可能没有。凯恩斯一个有名的观点是："和大多数积极行为一样，投资取决于自发性的乐观……"或者说是"动物本能……一种内在驱动力，驱使人们行动而不是无所作为"。根据这一观点，对未来利润的估计很容易就会改变，投资也可能比消费更不稳定。不合理的希望可能导致经济繁荣，不合理的担忧也可能导致经济衰退：

"如果动物本能暗淡无光，自发性的乐观摇摆不定，我们只能依赖数学期望的话，企业就会衰退死亡；——尽管对亏损的担忧和以前对利润的希望一样，并没有合理的根据。……因此，在估计投资前景的时候，对于投资很大程度上取决于自发性活动的那些人，我们必须考虑到其神经是否健全、情绪是否稳定，甚至他们的消化是否良好以及他们对于天气的反应如何。"[1]

凯恩斯的观点意味着，我们不应该将投资曲线和 IS 曲线看作相对稳定的，而是很

---

[1]　John Maynard Keynes, *The General Theory of Employment，Interest，and Money*, London：Macmillan，1936，ch. 12，section Ⅶ.

容易就可以上下或左右波动的。

3. 风险

相关的机会成本应该反映投资的风险性。如果经济中的风险增加，评估投资就应该使用一个更高的机会成本，或者证明一项投资合理所必需的内部报酬率有一个更大的溢价。其他条件不变，机会成本越高，意味着实际进行的投资项目越少。投资曲线应该会下移，IS 曲线就会左移。

我们如何衡量经济中的总量风险？如果 GDP 更加多变、可预测性小，经济看起来风险性就高。GDP 增长率的标准差提供了 GDP 变化性的测量方法（见"指南"，G.4.3）。因为我们想测量这种变化性在一段时期内如何变化，我们可以计算移动标准差，与移动平均数类似。

图 14—9 中较低的时间序列绘制出了 25 个季度的移动标准差。我们看到，这些标准差自然地分成三个明显的时期：1）从二战结束到艾森豪威尔政府（也就是到 1960 年）；2）从肯尼迪政府初期到 1982 年（在这段时间，前美联储主席保罗·沃尔克努力打击通货膨胀的第一阶段面临结束，他的措施在三年内引发了两次衰退）；3）1983—2007 年，终止于 2007 年 12 月开始的严重衰退。图中水平线表明 GDP 在这段时间的平均变化率，平均标准差从最早的 5.7% 一步一步下降到最近的 2.0%。这些数据因此反映出这一事实：

在过去的 25 年里，GDP 的增长比二战后不久的时期平滑得多。过去 25 年有时被称为"大缓和时期"。在此期间，投资者正确地判断出，宏观经济风险实质性地低于前面的 30 多年，当然，它也低于"大萧条时期"那些黑暗岁月。

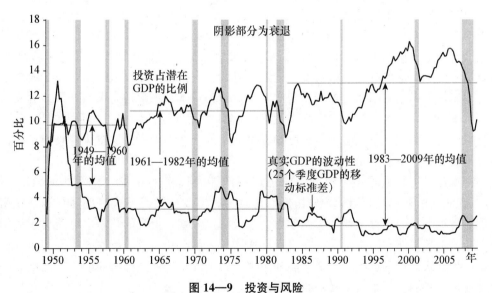

图 14—9 投资与风险

资料来源：投资、GDP 和 GDP 平减指数来自美国经济分析局以及作者的计算。

图 14—9 中较高的时间序列绘制出了 25 个季度比例化投资的移动平均数。横线表明了同样三个时期中每个时期的平均值。这些是 GDP 增长率波动性的平均值的镜像：当波动性下降时，平均投资率从第一时期的 9.9% 一步一步上升到第三时期的 12.9%。

投资与风险之间的反方向关系与我们的投资理论所作的预测是一致的。

4. 资本品的相对价格

如果购买新实物资本的成本更低，公式（14.22）左边就更小；为了保持公式的平衡，内部报酬率（ρ）必须上升。一个更高的内部报酬率当然提高了这种可能性：任何投资项目都将超过它的机会成本，所超过的幅度之大足以证明该投资的合理性。自然，这个过程同样可以发生在另一个方向，其他条件不变，实物资本的成本上升将使每一利率水平上的投资减少，使投资曲线下移，*IS* 曲线左移。

有一个投资领域，成本迅速下降——特别是相对于质量或生产率来说。这个投资领域就是信息处理，包括电脑软件和硬件两个方面。问题 10.6 的数据表明，在 20 世纪的最后 25 年里，各种类型的信息处理资本的重要性在增加——这与较低相对价格促进投资的理论是一致的。

5. 资本存量水平

企业追加资本以寻求它们所认为的盈利机会。当然，它们可能过于乐观，因为它们可能相信对自己产品的需求会高于实际情况。它们也可能未将竞争企业的行为考虑在内。例如，在拉斯韦加斯，21 世纪早期是一个繁荣时期。各个企业都建立了赌场和旅馆——每个企业都追求相同的需求。在一定时期内，所有的投资都是有用的。最终，事实证明资本过剩。尽管 2007 年 12 月发生的严重衰退加剧了需求下降，并导致了绝对需求的下降，但是这种需求下降在更早的时期就已经出现了。当时的游客人数依然很多，但企业建造的旅馆房间超过了游客的需要，于是旅馆与赌场的投资崩溃。由于资本存量代表的是投资所要达到的目标需求，所以资本存量水平的上升，减少了对投资的需求，投资曲线下移，*IS* 曲线左移。

图 14—9（图 14—6 也同样）为总量数据中的现象提供了很好的证据。在经济扩张期，投资一定会快速上升。但是注意，在每种情形下，它都在 NBER 经济周期顶峰之前的某个时间到达顶峰，也就是说，它是衰退的领先指标。在衰退期间，一个缓慢的下降会加速使衰退走向崩溃。投资的初次下降，作为资本水平超过需求的结果，为乘数过程提供了一个向下的刺激，并在很大程度上解释了衰退的开始和随之而来的投资崩溃。衰退的反复发生似乎不可避免，过度投资可能是一个关键因素，这意味着衰退是由内在动力驱动的，而不仅仅是外部力量。

资本存量与总需求不一致的影响可以用产能利用率来证明。回顾图 9—17（第 9章）。产能利用率也是衰退的领先指标，其遵循的模式与投资模式本身具有非常紧密的联系。高水平的资本存量增加生产能力。在经济繁荣期，上升的总需求可能会超过增加的产能，于是产能利用率上升。在投资迅速增长，甚至总需求维持原来水平的时候依然如此，经济获得过多资本，于是产能利用率开始下降——就在经济周期顶峰之前。一旦衰退到来，产能利用率就全面、急剧下降。

□ 14.5.2 投资加速数

前面小节中一个反复出现的主题是，投资似乎在经验上与收入之间存在复杂的联系。我们已经在第 13 章（13.1 节）中了解到，投资变化会通过乘数导致总需求（收入）变化；但是收入似乎也是投资的原因。原则上，当前 GDP 应该与当前投资没有什么关系。我们对企业投资决策的分析想表达这样一个信息：在很大程度上决定是否愿意获得新资本的是未来预期利润，而不是任何当前情况。但是，数据中当前收入的作用也不可能是偶然的。

正如我们已经知道的，在大多数国家，GDP倾向于增长——当然，围绕不同程度的长期稳定趋势，存在某种显著的波动。在任意时期内，只要该时期是一个完整的经济周期，增长就支配着周期性波动。平均来看，GDP任何季度的增长中很大一部分代表着对增长的永久性贡献，而不是很快就会被逆转的短暂繁荣。利润——我们在第9章（9.2节）中测定柯布-道格拉斯生产函数时已经看到——在经验上是GDP的一个相当恒定的部分。因此，尽管对投资来说重要的是未来利润，而不是当前GDP，但是一个处于上升水平的GDP一般来说与上升的利润相联系，并预示着更高的利润。只要有足够的资本生产更高产值，GDP的任何增长都可以永久保持。总体来说，GDP的增长意味着有利可图的投资。如果投资不足，就没有足够的资本，上升的总需求将影响进口或被不断加剧的通货膨胀中断。

决定资本生产率（ϕ）的是企业投资决策与已有生产技术之间的交互作用。为了在生产率不变的情况下提高产量，企业必须按产量增加的一定比例增加资本。回到总量上来，回顾一下，在图9—14中我们看到，资本生产率在美国没有长期趋势。GDP的任何永久性增长必须由一定比例的总量资本增长支撑。需要多少资本？回顾一下总量资本生产率的定义：$\phi = \dfrac{Y}{K}$。因此，对任何水平的GDP，$K = \dfrac{Y}{\phi}$，以及$\Delta K = \dfrac{\Delta Y}{\phi}$。当然，$\Delta K =$净投资，因此：

$$\Delta I_t = \frac{\Delta Y}{\phi} \qquad\qquad (14.26)$$

公式（14.26）被称为投资加速数。为了弄清楚公式含义，回顾一下，对美国来说ϕ平均大约为0.4，这意味着，生产每单位GDP需要大约2.5个单位的资本$\left(\dfrac{1}{\phi} = \dfrac{1}{0.4} = 2.5\right)$。因此，资本的必要性增长必须快于GDP的增长——加速增长。

投资加速数与投资乘数互相作用。假设总需求因为一些与投资无关的原因发生了增加。加速数意味着，投资增加的数量远远大于GDP本身，虽然在实践中，资本的建造需要一些时间，以致投资的增加将在某一段时间内均匀分布。当然，额外投资将流入国内私营部门，具有乘数效应，这使GDP增长更多。GDP的这一增长本身必须由更高的投资满足，形成了一个自我维持的过程。投资加速数可以增加乘数过程的有效性。当然，它也可以起到反方向作用。如果资本相对于GDP的永久水平来说过高了，GDP的每次下降必须由超过下降的减资来满足。如果GDP下降中的一部分被视为永久性的，加速数能加剧下降。

□ 14.5.3　投资和财政政策

投资具有双重效应：它通过乘数过程增加总需求，又通过资本形成来增加生产能力。为了提升其中一个或两个效应，政府往往诉诸财政政策。

政府对各种收入进行征税。例如，企业所得税可以看作对利润征税。公式（14.20）

或（14.22）中的分母（Π_i^e）最好被看作税后利润。企业所得税税率的增长实际上是降低了投资寿命期所预期的税后利润。就像任何降低内部报酬率的因素一样，企业所得税税率的增加降低了投资。同样，企业所得税税率的削减提高了内部报酬率，促进了投资。

政府有时通过更集中的措施尽力促进投资。资本的寿命是有限的。即便像桥梁或重大建筑这样寿命期长的资本，如果没有持续的投资对使用和时间造成的磨损进行维修，也无法长久存在。税务机构常常将折旧、磨损或资本维护看作一种抵消资本收益的成本，因而降低应课税利润。这样做是合乎道理的。

如果一辆原先价值 80 000 美元的大卡车具有 20 年的使用寿命，政府可以将它的购买价的 1/20（4 000 美元）作为折旧成本。为了鼓励投资，政府可能允许企业申报加速折旧，使得该汽车的使用寿命似乎只有，比如说，10 年，这样折旧成本就比以前高（比如每年 8 000 美元）。这种虚拟的计算降低了该卡车的应课税利润——而没有降低实际利润——在早期，也就是计算该投资现值最重要的时期。这个措施的作用就是提高该卡车或其他资本的内部报酬率，促进投资。

促进投资的努力甚至可以更具体。例如，政府可以通过提供税收抵免推进"绿色"能源政策，也就是说，直接减免一个企业的税收，如果该企业投资风能发电机的话。有时类似的方法也用来推进社会政策。一个企业可以通过在高失业率地区建立工厂获得税收抵免。从企业的角度来说，税收抵免提高税后利润，增加内部报酬率，因此促进了投资。当然，批评者持反对意见，认为人为地就一些本来可能并不盈利的项目促进投资，既不明智，也没有效果。但这是政治上的辩论，我们可以在其他地方进行讨论。

虽然对风力发电机实行税收减免的主要目的是调整产业结构，但是由于投资对总需求的影响，税收政策有时旨在促进投资。更多的一般性税收减免有时是作为抗衰退政策来提供的。回顾一下，购买耐用消费品或房子对消费者来说实质上是一种投资，可以使用类似于分析企业投资的方法来分析。在 2007—2009 年的衰退中，美国政府推出了"旧车换现金"计划以及首次置业者计划，为购买新车者和首次购房者提供直接抵免。这两个计划都针对特定产业，"旧车换现金"计划的另一个目标是改善环境（抵免的条件是，需要用油耗低的汽车代替油耗高的汽车）；然而，主要目的还是刺激总需求。

这两个计划都获得了成功，因为新车和房屋购买量上升了，但是它们也解释了另一点。我们看到，在消费方面，如果消费者遵循永久收入假说，短暂性刺激，例如，暂时性的所得税削减，收效甚微。而对于投资，效果正好相反。暂时性的减税（税收抵免实质上就是一种形式的减税）可能比永久性减税更能刺激投资。原因很简单：不用就作废。因为"旧车换现金"计划是暂时性的，本来打算在一年或 18 个月内购车的人找到一个强烈的动机加速购买，以从直接抵免中获益。现在一次购买的内部报酬率比一年后高得多。一次永久性的减税也会提高内部报酬率，但是不会使现在比未来具有非常大的优势。

一次暂时性税收抵免导致的投资加速其缺点就是：它是暂时性的。"旧车换现金"计划实施后，汽车销售量急剧上升，但是一旦计划取消，汽车销售量全面下跌。不管怎样，很多购车者本来就会购车——如果不是立即，也会在一两年内购买。但是提前购买后，他们以后就无须再买。一个永久性减税计划不那么引人注目，但可以在较长时期内提高总需求。

本章小结

1. 简单线性消费函数预测：当可支配收入上升时，（1）从短期来看和（2）从长期来看，平均消费倾向（APC）下降；以及（3）从短期来看和（4）从长期来看，消费与人均可支配收入之间的相关性较强；以及（5）消费函数从短期和长期来看都是相同的。数据支持（1）和（4），但不支持（2）、（3）和（5）。这意味着需要进一步考虑消费的决定因素。

2. 收入的获得常常没有规律性。它也许以可预见的方式从一个时期向另一个时期波动，而消费者在年轻时获得的收入可能较低（这是可以预见的），在职业生涯即将结束时收入达到顶峰，年老时收入减少。消费者可能会得到意外收入或损失。理论上，生命周期财富是当前和预期未来收入的现值所产生的收入流。

3. 永久收入假说与其近亲生命周期假说认为，收入（预期到的和未预期到的）的暂时性偏离会以真实资产或金融资产的形式储蓄起来，消费与永久性收入成比例，也就是说，与生命周期财富的收益成比例。根据永久收入假说，耐用消费品的支出被视为一种投资或储蓄。

4. 永久收入消费函数的许多版本假设，边际消费倾向和平均消费倾向是相同的。他们预测：（1）长期来看，消费的大多数变化是永久性的（短期变化被抵消），因此平均消费倾向保持不变；（2）短期来看，由于收入变化多为暂时性的（不被抵消），因此在暂时性收入增长的情况下，消费上升的幅度小于永久性收入增长情况下消费上升的幅度，降低了平均消费倾向；（3）收入与消费（由永久收入支配）的长期相关性比较强；（4）这两者之间的短期相关性（由暂时性收入支配，这一收入大部分被储蓄起来）较弱；（5）在短期和长期内，消费函数不变，尽管它与简单线性消费函数有很大的不同。永久收入假说比简单线性消费函数能更好地解释数据。

5. 永久收入假说预测，暂时性财政政策只改变暂时性收入，将表现出微弱的乘数效应；而永久性财政政策改变永久性收入，将表现出很强的乘数效应。

6. 永久收入假说要求，消费者能够以相同利率不受限制地借入和借出。收入低或信用低的消费者可能会遭遇流动性约束（借贷约束）。同样，永久收入假说要求消费者对未来收入形成预期。一些消费者可能只是遵守经验法则。受到流动性约束以及拇指法则约束的消费者均可能使自己消费的波动与收入紧密联系在一起，比永久收入假说所预测的更紧密。

7. 当一些消费者遭受流动性约束或遵循拇指法则时，消费乘数可能是较小的永久收入乘数与较大的标准乘数之间的平均值。

8. 投资可以通过计算它的未来收入流的现值来估价，与金融资产的估价方式相同。对一个资本项目的投资，如果它的现值超过成本，就是有利可图的。

9. 如同债券的到期收益一样，投资项目中与之类似的称为内部报酬率，我们也可以对其进行计算。它被定义为使某个资本项目产生的未来收入流等于其购买成本的贴现率。如果一个投资的内部报酬率超过了资金的机会成本（也就是债券的收益），这个投资就值得。内部报酬率越高或资金的机会成本越低，值得投资的资本项目就越多。

10. 有风险的投资应该使用一种反映相似的风险溢价的机会成本测量方法来评估。

11. 最佳投资率，即资本投资实施的速度，取决于建设速度慢的低成本与将产生利润时间后延所导致的低现值之间的平衡。

12. 对投资评估来说，企业股的收益也是一个相关的机会成本。这个决定可以被视为一种选择，是使用资金进行实物投资来增加企业的生产能力，还是使用相同资金从另一个企业的现有生产能力中获得利润？公司股票的价格越高（也就是说它的收益越低），投资的内部报酬率就越高，就越值得进行实物投资。

13. 下面的情况减少了总投资水平：（1）机会成本增加（利率上升或股价降低）；（2）风险增加（盈利能力的不确定性）；（3）生产资料的相对价格上升；（4）资本存量水平上升。投资的预期未来利润率的增加提高了总量投资的水平。

14. 其他条件不变，收入上升，资本存量的预期利润率相应上升，为投资提供驱动，使投资与 GDP 水平大致成一定比例。因为资本与 GDP 的合意的比例大于 1，因此，GDP 的趋势增长鼓励投资以超过 GDP 变化的比例增加——这个现象称为投资加速。

15. 减税或税收抵免可能通过提高投资的利润率和内部报酬率的方式来促进投资。暂时性减税或税收抵免可能会有明显但暂时性的效果，因为它使未来可能实施的投资提前到当前时期。

■ 关键概念

永久收入假说	内部报酬率	永久收入
流动性约束或借贷约束	生命周期财富	投资加速数
生命周期假说	持有期收益率	暂时性收入

■ 课后练习

本教材的网站（appliedmacroeconomics.com）第 14 章的链接中提供了以下练习的数据。在动手做这些练习之前，同学们应该先复习"指南"的相关部分，包括 G.1～G.4，以及 G.12～G.15。

问题 14.1 使用季度数据建立一个表，给出总消费（C）、个人可支配收入（YD^P）、个人储蓄（S^P）、总储蓄（S）这四个方面的平均数。将每个变量表示为潜在 GDP 的一部分。个人可支配收入中平均消费量为多少？个人储蓄与总储蓄之间的差异有多大？这两者之间为什么不一样？

问题 14.2 根据变量 C、YD^P、S^P、S 在问题 14.1 中的定义，绘制出它们的时间序列，并用阴影标出 NBER 衰退的时间。对它们的周期性行为和彼此之间的关系进行评论。

问题 14.3 使用季度数据，计算出去趋势的个人可支配收入（YD^P）、消费（C）、耐用品消费（C^D），以及非耐用品和服务消费（C^{NDS}）的变异系数。（使用真实数据，并将原有数据去趋势化，而不是像问题 14.1 和问题 14.2 那样表达为 GDP 的一部分。使用 25 个季度的中心移动平均数是去趋势的合理方法。）评价这些序列的相对变异性。在何种程度上，这些数据能支持永久收入假说？在何种程度上，这些数据能支持这一观点：一些消费者受到流动性约束或借贷约束？请解释。

问题 14.4 在 14.2.3 节，我们假设，一种新能源每年给经济带来 1 亿美元财富。它给生命周期财富增加 1 亿美元/rr，因此每年为永久收入增加 1 亿美元。使用生命周期财富的定义证明这个结果。（技巧是，使用第 13 章中的公式（13.18）～（13.21），用类似于计算乘数的方法计算出无穷级数的和。）

问题 14.5 投资包括各种各样的资本品。使用季度数据将总投资及其构成成分变量（住宅投资、商业地产、设备［包括软件］，以及耐用品）表示为潜在 GDP 的一部分。绘制出这五个序列，并用阴影标出衰退时间。对它们的周期性行为进行评论。投资的改变可能会导致 GDP 的改变，而 GDP 的改变也可能会导致投资的改变。描述出使这些关系得以实现，并使这些关系与经济周期内的典型投资行为联系起来的机制和过程。

问题 14.6 经济学理论认为，其他条件不变，投资与真实利率应该是反方向关系。使用 1 年期国库券和 10 年期国债的季度数据，以及从 GDP 平减指数（当前季度相比于前一年的同一季度）算出的通货膨胀率季度数据，计算出真实利率。然后，就问题14.5中构建的每一个投资变量（纵轴），参照最适合的真实利率，单独绘制出散点图，并加上一条衰退线。在每种情况下，这些数据与理论解释的一致程度如何？解释为什么一些变量看上去不一致。那些一致的变量与那些不一致的变量之间有什么区别？（问题14.5与图14—6中的内容可能与答案有关联。）

问题14.7 考虑一下公式（14.19）中关于现值计算的例子，在这个例子中，租车公司花费15 000美元购买了一辆车，该车在两年内每年赚3 000美元，两年后以12 000美元的价格出售。当相应市场利率为5%时，车的现值为16 463美元。这些被视为基准情形。当基准情形出现下列变化时，请计算出现值，并说明租车公司是否应该购买该车。

(a) 其他情况不变，但该车预期每年只能赚2 000美元；

(b) 其他情况不变，但该车在两年后出售的价格预期为11 000美元；

(c) 其他情况不变，但该车的初次购买价格为16 000美元。

问题14.8 使用问题14.7中的信息，证明内部报酬率为10.5%（将你的计算过程写出来。）

问题14.9 使用问题14.7中的信息，计算出基准情形的内部报酬率和（a）～（c）情况下的内部报酬率。［Excel表提示：使用函数 IRR，在一栏的第一空格中输入初次成本，作为负数，在紧接着的下面空格内输入每年的收入流（也就是说，在同一年产生的租金与残值属于同一个空格）。］如果市场利率是5%，在什么情况下租车公司会投资该车？你的答案与问题14.8的答案相比较怎么样？如果市场利率上升到8%，你的答案有什么变化？

问题14.10 基于问题14.7～问题14.9的结果，关于投资，你可以得到什么普遍性经验？

问题14.11 一家能源公司必须决定是否建立一个核反应堆。它估计核反应堆的建立需要花10年时间，每年花费成本2.5亿美元；建成后的30年里，扣除运转成本，它每年能赚取3亿美元；30年使用期满后的一年里，它需要花费1亿美元来关闭这个反应堆。当相应的市场利率为5%时，使用现值分析或内部报酬率分析来决定，该公司是否应该投资这一核反应堆？如果相应的市场利率是8%，情况又如何？哪些与投资决定相关的考虑可能被遗漏？［Excel表提示：关于使用 IRR 函数来计算内部报酬率，见问题14.9的提示。关于现值计算，使用 NPV 函数：把数据安排在一栏内，输入成本使用负数，输入收益使用正数，一年使用一个空格；利率应该使用自然数（例如，将3%输入为0.03）。］

问题14.12 如果全面运转，一个半导体工厂预期在15年内每年能获得3 000万美元的净收益。使用寿命结束时，关闭工厂不需要花费成本，也没有残值。该工厂可以在一年内建成，花费2.5亿美元；或在两年内建成，每年花费1亿美元；或在三年内建成，每年花费6 500万美元。在利率为6%时，公司应该投资建立该工厂吗？当利率为9%时，又怎么样？在每种情况下，需要多长时间建成？如果该公司需要一个高于市场利率5%的投资回报溢价以规避风险，你的答案有没有变化？［关于Excel表的提示，见问题14.9和问题14.11。］

问题14.13 运用你在总投资支配因素方面的知识，讨论下列情况对总投资和总需求的可能影响（注意，在一些情况下，有的影响为反方向的）：

(a) 在中东产油地区爆发一场战争；

(b) 在国际市场上，由于钢铁短缺，导致价格大幅上涨；

(c) 企业利润的税收降低；

(d) 在一次深度衰退中，投资持续走低；

(e) 对企业所销售产品的价格进行控制。

问题14.14 在第13章中，你看到政府支出或减税可能对总需求具有乘数效应。政府有时努力采取措施刺激经济——换句话说，使用一个微小的刺激在私营部门产生的反应大于政府支出乘数本身所导致的反应。使用你关于乘数和投资加速数方面的知识，解释刺激措施如何起作用。考虑在这一过程中"动物本能"的作用。一个与之相关的过程如何解释深度衰退？

第七篇

宏观经济的动态学

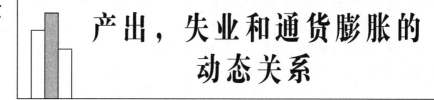

第15章

产出，失业和通货膨胀的动态关系

就如判断生活中的许多方面一样，我们对经济的判断既依据当前的形势，也依据其变化状况。我们不仅要知道 GDP、失业和通货膨胀是高还是低，而且想知道它们是上升还是下降了。在这一章中，我们将分析什么因素决定了失业、产出和通货膨胀（简称"通胀"）这些关键变量在经济周期不同阶段的上升和下降。在前面的章节中，我们分别讨论了总需求和总供给。本章我们思考它们如何共同作用来改变产出、失业和通胀。

15.1 总供给和总需求的相互作用

要将需求因素与供给因素区分开来，一种简单方法就是从有效产出的定义着手。第 9 章（9.5.2 节）给出了以潜在产出为标尺的校准产出公式：$\tilde{Y} = \frac{Y}{Y^{pot}}$。增长理论——长期总供给理论——实际上是关于潜在产出演变的理论。总需求理论是相对于潜在产出的产出理论。纯粹的总供给因素因而可被看作保持校准产出不变而改变潜在产出的因素。纯粹的总需求因素可被看作保持潜在产出不变而改变校准产出的因素。

□ 15.1.1 供给波动

工资可变时供给因素的调整

处于充分就业状态的经济（即存在一个出清的劳动力市场）未必就处于经济周期的顶峰。但是，只有当该经济能够使用更多的资本或劳动力，或者由于技术进步可以更有效地利用资本或劳动力时，增长才可以继续。这些增长来源中的任何一个都可被称作供给因素。

从充分就业开始，除了劳动以外（即资本存量增加或技术进步）的供给因素的有利变化将使生产函数和劳动需求曲线上移。图15—1表示的就是劳动需求曲线的这种移动。充分就业水平从 L^* 增加到了 L^{**}。在原来的真实工资率水平 $(w/p)^*$ 上，劳动需求 L^D 超过劳动供给。企业必须将工资提高到 $(w/p)^{**}$ 以吸引更多的工人。更多的劳动或更高的劳动生产率理所当然地转化为更高的真实GDP——这种扩张继续进行下去。

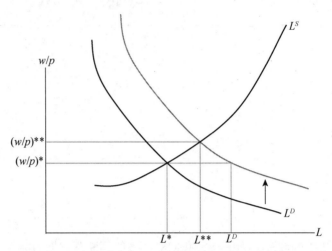

图15—1　劳动力市场上总供给的有利变化的效应

注：总供给的有利变化（劳动生产函数的上移）提高了劳动的边际产量并且使劳动需求曲线上移。在原来的真实工资率水平 $(w/p)^*$ 上，劳动需求超过劳动供给。如果工资可以升降，企业就竞相通过较高的市场工资率吸引劳动者，真实工资率提高到 $(w/p)^{**}$，此时劳动供给再次等于劳动需求，劳动的数量从 L^* 增加到了 L^{**}。

在美国不大可能发生、但在历史上并不陌生的一种情形，就是劳动供给的下降。[1]在此情形中，劳动供给曲线向内移动。相关分析出现在问题15.1中。

工资不可变时供给因素的调整

假如劳动力市场富有灵活性，而且总是出清的（正如我们在第11章11.3节中所假设的那样），那么对供给因素一个不利变化的分析将与有利变化的分析正好相反。如果名义工资不能快速下降以出清市场（参见第12章12.3.1节），那么情形就要复杂一些。

将总需求（GDP的支出面，以上标 D 标明）和总供给（GDP的生产面，以上标 S 标明）区分开来很有帮助。图15—2中 A 点所表示的充分就业处，真实工资为 $(w/p)_0^*$，就业为 L^*，总需求（Y_0^D）等于总供给（Y_0^S）。一个负向的供给冲击使生产函数和劳动需求曲线下移。为了保持充分就业，真实工资将会下降。如果真实工资仍然维持在 $(w/p)_0^*$，那么，劳动需求下降到 L_1^D，而劳动供给仍然维持在 L^*。这时企业解雇工人，失业率增加。

---

① 因为死亡和移民，爱尔兰人口在1844年土豆饥荒刚开始时大约是8 400万人，到了1851年则下降到6 600万人。移民与低出生率一直持续到20世纪，以至于在1921年脱离大不列颠独立时，其人口大约只有饥荒前人口水平的一半。同样，14世纪一种被称作"黑死病"的瘟疫的爆发，使得欧洲在1347—1352年短短5年间人口减少了大约三分之一。

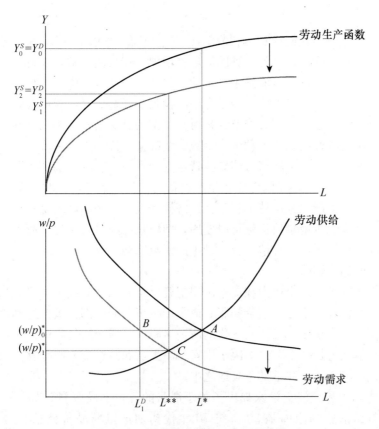

图 15—2　总供给方面的一个不利变化

注：总供给方面的一个不利变化以劳动生产函数的向下移动表示，其结果是劳动的边际产量下降以及劳动需求曲线下移。在原来的真实工资水平 $(w/p)_0^*$ 上，劳动供给超过劳动需求。如果工资可自由升降，真实工资将下降，直到在 C 点重新建立均衡。如果工资不能自由升降，那么价格必须上升（因为总需求 Y_0^D 超过总供给 Y_1^S），直到真实工资下降到 $(w/p)_1^*$ 为止，从而在 C 点再次建立均衡，此点处即为充分就业，但劳动力数量和产出均低于原来的均衡点 (A) 的水平。

　　如果名义工资不具有足够的伸缩性，那么通过价格的一个相对增加，真实工资将被降低并重新恢复均衡：价格膨胀超过工资膨胀，直到建立新的充分就业真实工资 $(w/p)_1^*$。什么因素促使价格上升呢？

　　图 15—2 的下图表明在原来的工资水平上劳动需求曲线的下降将产生 B 点所示的劳动需求 L_1^D，这一劳动需求将产生（图 15—2 中的上图）Y_1^S 的总供给。在此工资水平上，总需求超过总供给（$Y_0^D > Y_1^S$）。在这种形势下，厂商提高价格——在上述情形中，价格上涨率快于工资膨胀率——价格提高降低了真实工资水平。价格的逐渐上升和就业的下降减少了劳动收入，并因而减少了真实总需求。当总需求和总供给再次在 $Y_2^D = Y_2^S$ 处相等时，调整过程就完成了，这对应的是劳动力市场中 C 点（L^{**}）处的新的均衡。

技术进步和资本的精神磨损

　　当我们对资本或技术进行一般性思考时，很难设想会出现这样的情形：资本或技术下降导致产出下降、价格上升。但是，回顾一下，资本这个术语所包含的内容非常丰富，包括用于生产过程中的每一种非劳动投入。某一特定生产要素在相对价格上的大幅变化可能使得现有的物质资本投入组合不再适宜，并促使企业节约对资本的使用。

在前面的章节中，我们将资本和劳动视作生产中的替代品——如果两者中的一种价格上升，其需求将下降，而另外一种的需求将增加。在长期内这几乎肯定是正确的。但是，在短期内，劳动和资本可能是生产中的互补品——如果其中的一种价格上升，其需求下降，另一种的需求也将下降。当生产中的投入是互补品时，我们可以将企业在面对较高的投入价格时的紧缩开支看作要么是对其资本的有效削减，要么是其在生产率方面的削减。不管出现哪种情况，劳动生产函数曲线都会下移。

同样，技术创新或需求转移可能导致特定的资本投入过时。有声 CD 的引入基本上使得密纹立体声唱片（LPs）的专业化生产设备的价值消失殆尽。技术创新减少了有效资本存量。当物质生产工具保持不变时，经济统计数字未必准确地反映出资本的这种经济损失。如果资本经过衡量后仍然可以使用，即使它已经过时，那么所衡量出的资本生产率也会下降。不管出现哪种情况，劳动生产函数都会下移。

成本推动的通货膨胀

供给因素的变化导致企业内在成本出现上升，企业试图对成本加以调整所导致的价格膨胀有时被称作成本推动的通货膨胀。成本产生于企业外部，被传递到价格，并推动价格从低到高上升。在 20 世纪 70 年代的所谓滞胀（停滞＋通货膨胀）中，成本推动的通货膨胀通常被认为是一个关键的决定因素：高失业和高通货膨胀并存，而且经济增长缓慢，即便该经济实际上并不处于衰退之中。

宏观经济学家和经济史学家提出了关于滞胀的各种不同解释。其中一种最为流行的解释认为导致滞胀的原因是 20 世纪 70 年代初期进口商品价格意料之外的大幅上涨，以及 1973 年末以后的油价上涨，这些价格上涨导致了一系列负向的供给冲击——供给因素的不利（或非预期的）变化。这一解释可能反映了绝大部分事实。然而，我们应该认识到这里面也可能包含需求因素。美国——事实上是大多数发达国家——是石油的净进口国。油价的突然上涨也增加了进口支出，导致净出口下降——总需求下降。

☐ 15.1.2　需求波动

为将纯粹的供给因素独立出来，我们假设工资或者价格或者两者同时运动，使得总需求总是能够调整到与变化的总供给相一致，而总供给本身又总是等于潜在总产出。为将纯粹的需求因素独立出来，我们假设潜在产出是不变的，因此，总需求的变化就在支出计划和产出计划之间产生了一个差额。从这种意义上讲，总需求可能小于或大于（计划的）总供给或潜在产出。

当总需求小于总供给时

转向总需求波动时，我们必须通过图形来反向推导。我们从总需求水平开始并提出这样一个问题：技术给定时，生产所需要的产出需要多少劳动力？虽然潜在产出不受影响，但在这种情形下实际提供的总产出调整到与总需求一致。

在图 15—3 中，总需求一开始位于 Y^{D*}。在此水平上，劳动力市场在某一真实工资为 $(w/p)^*$ 的 A 点处出清，就业水平为 L^*。需求下降到，比如说，Y_1^D，对劳动力的需求减少到 L_1^D。

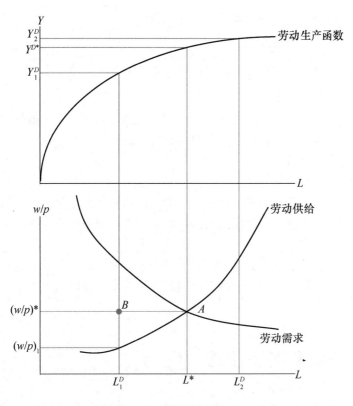

图 15—3 总需求的变化

注：总需求下降到 Y_1^D 减少了劳动需求——在现行工资水平上（B 点）产生失业。工人们将愿意在低于市场出清的工资水平（$w/p)_1$ 上提供劳动以满足劳动需求（L_1^D），但真实工资下降到这个水平将不会恢复充分就业，除非总需求也增加。总需求增加到 Y_2^D 是办不到的，因为工人们需要的工资水平超过了企业有利可图时满足劳动需求 L_2^D 所支付的工资。提供较高货币工资以吸引工人并将此传递到消费者价格上的企业最终使一般价格水平上升，并将真实总需求减少到其市场出清水平上。

如果工资不能调整，总需求的下降在 B 点处产生非自愿失业。企业远离其劳动需求曲线，工人们远离其供给曲线。使这种情形得以持续的，正是第 12 章（12.3.1 节）中讨论过的失业之谜。

在较低的总需求（Y_1^D）处，企业显然能够通过将真实工资削减到（$w/p)_1$ 来增加它们的利润。然而这样一种降低工资的行为本身并不会再次实现充分就业。只有总需求的增加才会增加就业。

当总需求超过总供给时

使总需求增加到充分就业点以上的任何尝试都是行不通的。再来看图 15—3。在较高水平的总需求 Y_2^D 处，企业希望雇佣的工人数量（L_2^D）要比在市场出清工资水平上想工作的工人数量多很多。因为奴隶制是非法的，它们只能通过竞相提高货币工资的方式来吸引额外的工人。

但是，因为工人们已经按其边际产品获得了工资支付，利润最大化的企业将不得不以对其所生产的产出索要更高价格的形式来分摊额外成本，这样才能使得**产品真实工资**保持固定不变。整个经济中的所有企业提高产品价格的最终结果将会是一般价格水平上升，从而减少了消费者的真实工资，总体上讲，也就减少了任何给定名义收入水平下的

445

购买力。真实总需求一定会回到充分就业那一点。

这是一个极其重要的结果：

> 总需求的增加不可能将经济推向超过充分就业的水平之上；相反，总需求的增加会驱使一般价格水平上涨。

总需求增加到充分就业总需求水平之上所导致的通货膨胀有时被称作需求拉动的通货膨胀：需求的力量凌驾于企业之上，驱动价格上扬。

识别通货膨胀的类型

成本推动的通货膨胀与需求拉动的通货膨胀是根本不同的。前者之所以产生是因为价格必须随着工资的上涨而上涨，以便适应潜在供给条件的变化。这种情况导致的通货膨胀是暂时性的，等价格水平变化到足以获得新的市场出清真实工资水平时，通货膨胀就会停止。

相比之下，当总需求超过潜在产出水平时，就产生了需求拉动的通货膨胀。所有的价格（包括工资率）必须上涨以便将支出削减到总需求与总供给再次保持一致的那个水平上。

15.2 失业和产出波动

到目前为止，我们已经对经济进行了简单描述，以便将纯粹的供给因素和需求因素独立出来。实际上，这些因素通常混在一起，因此我们想要了解它们是如何相互作用的。

经济增长并非平滑的过程。衰退以及伴随而来的失业增加不时打断总体上升的趋势。我们现在转而试图理解这些波动背后的过程，以构建一幅动态图像，而不是一个简单画面。我们从失业着手：什么因素决定了失业随时间发生的波动？

□ 15.2.1 是什么改变了失业率？

首先从失业率的定义开始（参见第 9 章 9.4.3 节，以及第 12 章 12.2.2 节）。将劳动力 LF 写成时间的函数，并将实际所雇佣的工人数量写作 L，在某一特定时期（t）内的失业率就是：

$$U_t = \frac{LF_t - L_t}{LF_t} = 1 - \frac{L_t}{LF_t} = 1 - EMP_t \tag{15.1}$$

等式最右边的项目是就业率，$EMP(=L/LF)$，与失业率互补（即根据定义，$U + EMP = 1$）。

失业率如何随时间发生变化？就业率的增长率是 $\widehat{EMP} = \hat{L} - \widehat{LF}$。和直觉同样明显的是，当就业比劳动力增长快时，就业率增加，因而失业率下降，反之亦然。这些关系直接来自失业的定义，但从经济上来说并未说明什么。我们有必要深入挖掘一下。

第一步就是使前面的观察更精确。将（15.1）式改写为：

$$1-U_t = \frac{L_t}{LF_t} \qquad\qquad (15.1')$$

将其表示成增长率形式，（15.1'）式就变成：

$$\widehat{(1-U)} \approx \frac{\Delta(1-U_t)}{1-U_t} = \hat{L} - \widehat{LF}$$

注意，由于分子中的 1 是常数，因此上式中间那一项可以改写为 ΔU_t。将 ΔU_t 代入上式并用 $-(1-U_t)$ 乘以中间和右边项目，得到：

$$\Delta U_t \approx (1-U_t)(\widehat{LF} - \hat{L}) \qquad\qquad (15.2)$$

上式右边第二个括号中的项目正好是劳动力增长率和就业增长率的差。它所要表达的信息我们都已经知道：当劳动力比就业增长更快时，失业率上升，当就业比劳动力增长更快时，失业率下降。就业率（$1-U_t$）充当校准因子，它是增长率运算的基础。它在整个经济周期期间是变化的，虽然这种变化通常在一个相对狭窄的范围内。（二战后美国的最大就业率是 97.5%，而最小就业率是 89.2%，虽然只是在三次衰退期间就业率下降到 92% 以下。）

□ 15.2.2 经过修正的平衡增长路径

虽然（15.2）式更为精确，但它并没有增添多少新信息。下一步就是要解释两个增长率。回顾第 9 章，劳动生产率曾被定义为 $\theta = Y/L$，因此，$\hat{\theta} = \hat{Y} - \hat{L}$ 或者 $\hat{L} = \hat{Y} - \hat{\theta}$。劳动力参与率在第 12 章（12.2.2 节）被定义为 $PR = LF/POP$，这里的 POP 是工作年龄人口，因而 $\widehat{PR} = \widehat{LF} - \widehat{POP}$，或者 $\widehat{LF} = \widehat{PR} + \widehat{POP}$。将上述事实代入等式（15.2）中得到：

$$\begin{aligned}
\Delta U_t &\approx (1-U_t)(\widehat{PR}_t + \widehat{POP}_t - \hat{Y}_t + \hat{\theta}_t) \\
&= (U_t - 1)[\hat{Y}_t - (\widehat{PR}_t + \widehat{POP}_t + \hat{\theta}_t)] \qquad (15.3)
\end{aligned}$$

通过将中间表达式重新组合，以及将中间表达式的两项均乘以 -1，从而导出最右端的表达式。

定义恒等式 $\hat{Y}^* \equiv \widehat{PR} + \widehat{POP} + \hat{\theta}$ 很有必要。这样一来，等式（15.3）可以改写为：

$$\Delta U_t \approx (U_t - 1)(\hat{Y}_t - \hat{Y}_t^*) \qquad\qquad (15.3')$$

注意到 $U_t - 1$ 这一项是个负数，因为 U_t 一定在 0 和 1 之间。

这样，等式（15.3'）就说明存在一个关键增长率：$\hat{Y}_t^*$。每当经济的增长率高于这一增长率时，失业率下降；每当经济的增长率低于这一增长率时，失业率上升。更重要的是，我们知道什么决定了这个关键比率。这就是劳动力参与率、人口和劳动生产率增长率三者之和。三者之中的任何一个增长越快，这个关键比率就越高。

回顾一下第 10 章（10.4.1 节）的内容：沿着平衡增长路径 $\hat{Y} = n + \hat{\theta}$ 增长，这里的 n 为人口增长率。人口增长率不可能无限增长，因为根据定义，它不可能超过 100%，实际上，它甚至不可能接近 100%。因此，在长期内，劳动力增长率等于人口增长率（$\widehat{LF} = POP = n$）。尽管这两者在长期内相等，但劳动力参与率可能在经济周期过程中或者更长时期内（正如过去 60 年所证实的那样）出现较大变化。关键增长率 $\hat{Y}_t^*$ 因而被视作一种经过修正的平衡增长率，也就是说，这是一个沿着平衡增长路径的可持续的增长率，平衡增长路径根据劳动力参与率的不断变化进行了修正。

经过修正的平衡增长率既带来希望，也带来挑战。假设经济处于充分就业状态——测量出的失业率较低但不为零。如果 GDP 恰好按照 $\hat{Y}_t^*$ 增长，那么，失业率将保持在充分就业率水平上不变。（即使失业率较高，如果 GDP 按照 $\hat{Y}_t^*$ 增长，失业率也保持高水平不变。）经过修正的平衡增长率对于经济而言起着限速作用。（这和我们在第 10 章 10.4.1 节中所观察到的方式相同：平衡增长路径起着限速作用。）

为了提高这种速度限制，构成 $\hat{Y}_t^*$ 的某一个因素（即劳动力参与率增长率、人口增长率和劳动生产率增长率三者之一）必须增加。希望就在于，如果这些组成部分中的某一个——特别是劳动生产率——可以增加，经济就能够维持一个较高的 GDP 增长率（以及较高的人均 GDP 增长率，正如我们在第 10 章 10.4 节中已经看到的那样）。挑战就在于，经过修正的平衡增长路径越高，标准就越高。当修正的平衡增长路径较低时，一个较低的增长率就足以使失业率保持在较低水平上。当修正的平衡增长路径较高时，同样低的增长率下，失业率就会不断上升。

□ 15.2.3 奥肯定律

等式（15.3$'$）被写成近似等式。如果我们衡量失业变化的时间间隔被缩短为某一瞬间，那么该等式将是精确的。用来将（15.2）式转化为（15.3）式的每一次替代均基于定义（而不是容易出错的估计），并且对于瞬时变化均是准确的。然而在这种情况下，真实数据不能通过即时抽样调查获得，而是通过月度、季度和年度抽样调查获取。

即便 $\widehat{PR}$、$\widehat{POP}$ 和 $\hat{\theta}$ 的平均水平是常数（它们在长时间段中并不是常数），它们的周期性变化将不会正好满足等式（15.3$'$）。例如，劳动力生产率在衰退期间趋于下降（参见第 9 章，问题 9.7）。劳动力生产率的下降（一个负的 $\hat{\theta}$）将降低 $\hat{Y}_t^*$。在其他条件相同的情况下，较低的 $\hat{Y}_t^*$ 将减少与衰退相关的失业率的上升幅度。

在一定时期内，当 $\hat{Y}_t^*$ 的三个组成部分的平均水平改变时，$\hat{Y}_t^*$ 的值也会变化。例如，20 世纪 60 年代中期以后美国的劳动力参与率一直很高，但最近似乎有所下降，这应该会对 $\hat{Y}_t^*$ 产生向下的压力。同样，劳动力生产率的增长在 20 世纪 60 年代出现下降，1995 年后大幅提升，这应该会提高 $\hat{Y}_t^*$。

利用美国的年度数据，我们可以从真实 GDP 的增长率和失业率的变化中对 $\hat{Y}^*$ 作出直接估计。（省略的时间下标表明我们估计的是平均值而不是特定时期的值。）图 15—4 是 1974—2009 年间这些数据的散点图。我们选取该时期以反映这一事实：长期 GDP 增长在 1973 年末开始的第一次石油危机之后出现大幅下降。

图 15—4 的回归线可以用一个具有一般形式的方程来描述：

$$\Delta U_t = a + b\hat{Y}_t + error_t$$

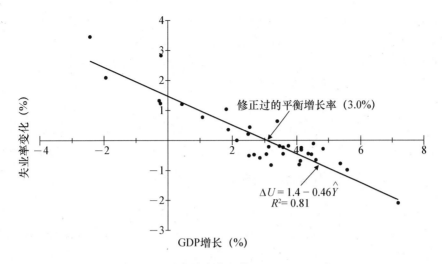

图 15—4　美国的奥肯定律，1974—2009 年

资料来源：失业数据来源于劳工统计局；GDP 数据来源于美国经济分析局；以及作者的计算。

将方程右边的前两项乘以和除以 b，得到：

$$\Delta U_t = b(\hat{Y}_t + a/b) + error_t \tag{15.4}$$

因为回归线的斜率为负，b 也为负，而 a 为正。

方程（15.4）可以改写为：

$$\Delta U_t = -\gamma(\hat{Y}_t - \hat{Y}^*) + error_t \tag{15.4'}$$

式中的 $\gamma = -b$，$\hat{Y}^* = -a/b$。这种形式的经验关系就是众所周知的奥肯定律，以阿瑟·奥肯（1928—1980）的名字命名，他在担任肯尼迪总统的经济顾问时构建了这一分析模式。当然，$\hat{Y}^*$ 衡量的是修正过的平衡增长率。参数 γ 衡量的是实际增长率和 $\hat{Y}^*$ 之间的偏离，为失业率变化。

图 15—4 中回归线的实际估计方程是 $\Delta U_t = 1.4 - 0.46\hat{Y}_t + error_t$，因此可以计算出参数 $\gamma = 0.46$ 和 $\hat{Y}^* = -\dfrac{1.4}{-0.46} = 3.0\%/$年。这样一来，1974—2009 年的奥肯定律就是：

$$\Delta U_t = (-0.46)(\hat{Y}_t - 3.0) + error_t \tag{15.5}$$

注意，当 $\hat{Y}_t = \hat{Y}^*$ 时，$\Delta U_t = 0$。因此，我们可以从图 15—4 中直接读出 $\hat{Y}^*$：它就是回归线与横轴相交的那一点。

为举例说明，设想在一次衰退中真实 GDP 的增长在一年内下降了 0.5%。根据等式（15.5）的预计，失业率将上升：$\Delta U_t = (-0.46) \times (-0.5 - 3.0) = (-0.46) \times (-3.5) = 1.6$，即在这一年中，失业率上升 1.6 个百分点。

举一个增长率为较大的正数的例子：如果经济处于扩张期的正中间，真实 GDP 以每年 4.5% 的速度增长，根据等式（15.5）的预计，失业率将下降：$\Delta U_t = (-0.46) \times (4.5 - 3.0) = (-0.46) \times (1.5) = -0.7$，失业率在一年内下降 0.7 个百分点。

奥肯定律解释了增长和衰退现象，此时经济虽然在增长，从技术方面看没有正式的衰退，但由于增长过慢，失业却出现上升。任何大于零但小于 $\hat{Y}^*$ 的 GDP 增长率，其最终结果都是失业率不断上升，即使没有发生衰退。

奥肯定律是一种经验关系，它没有解释不断变化的失业的每一个方面。这就是为什么在（15.5）式中有一个误差项。尽管如此，奥肯定律仍然是宏观经济学中最具生命力的经验关系之一。在（15.5）式中，由于 $R^2=0.81$，真实 GDP 增长率的变化解释了失业率变化的方差的 81%。这对应的是两个时间序列之间 0.90 的相关性——这个比例很高。

□ 15.2.4　资源利用的动态学

失业率是对劳动力利用程度的一种衡量。经潜在产出校准的产出（校准产出，$\tilde{Y}$）提供了经济中资源利用程度的一种更通用的衡量方法。正如分析失业那样，我们可以问：是什么决定了校准产出的变化？这一分析基于图 15—5。

图 15—5 描绘了经校准的产出的变化与真实 GDP 增长率之间的关系。与失业的情形不同（见图 15—4），图 15—5 中的回归线是向右上方倾斜的。校准产出是顺周期的，失业是反周期的。经济景气年份伴随着高校准产出和低失业。

图 15—5 中回归线的方程式转化为奥肯定律的形式就是：

$$\Delta\tilde{Y}_t=0.82(\tilde{Y}_t-3.2) \tag{15.6}$$

修正过的自然增长率 $\hat{Y}_t^*=3.2(=2.6/0.82)$，即每年增长 3.2%。对于 $\hat{Y}_t^*$ 的这种估计仅仅比使用常规方法对奥肯定律进行的估计略高一点，（15.5）式给出常规方法估计的值是年增长 3%。回归的 $R^2=0.77$，仅略低于（15.5）式的 $R^2=0.81$。就我们对经济中期增长潜力的理解来说，两种估计方法没有明显差别。

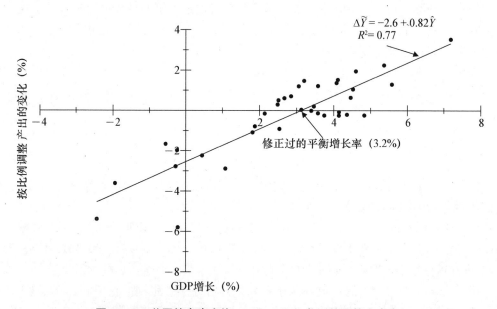

图 15—5　美国的奥肯定律，1974—2009 年（使用校准产出）

资料来源：GDP 增长来源于美国经济分析局；校准产出来源于联邦储备委员会和劳工统计局；以及作者的计算。

15.3   通货膨胀和失业

奥肯定律之所以有用是因为它在一定程度上帮助我们了解，总需求和总供给是如何交互影响以决定失业率或资源利用率的变化的。然而，关于我们可能想要知道的宏观经济总量的动态学，它并没有丝毫涉及。它关注的是变化，因此没有告诉我们什么水平的失业率是可以预期的。为此我们需要一个分析起点。如果我们知道这个水平，就能预测需求将会怎样改变它。如果总需求增长率（$\hat{Y}$）等于总供给增长率（亦即等于修改过的平衡增长路径 $\hat{Y}^*$），则失业率和资源利用率保持不变——不管它们处于什么水平上。我们也想知道是什么决定了失业率和资源利用率的水平。同样，奥肯定律关注的是真实经济。我们也想要知道什么决定了名义量，比如说通货膨胀率。对在总量层面如何确定价格这一问题的思考有助于解释失业率水平和通货膨胀率的决定因素。

□ 15.3.1   定价行为

常常会出现这种情况，单个厂商的行为可以帮助人们深入了解加总后的结果。从微观经济学（见第 9 章 9.1.2 节）中我们知道，理论上讲，一个完全竞争的利润最大化厂商将如下变量视作既定的：能够将其产品销售出去的价格、厂商必须为其投入支付的工资及其他要素价格。竞争确保厂商索要的价格正好能弥补其成本，其中包括正常利润，该价格与其竞争者索要的价格将是相同的。

从厂商产品的购买者这个角度来看，重要的不是产出的名义价格，而是其真实价格，也就是说，该商品与其他商品的相对价格。将某一特定商品 j 的价格称为 p_j。其他商品的价格可以总结为一个价格指数（称之为 p），这样，商品 j 的真实价格或者相对价格可表示为 p_j/p。如果需求和供给条件不变，那么真实价格本身也将不变。需求增加或供给减少（例如，因为原材料或其他生产要素成本的上升）将提高该商品的真实价格。

就许多目的而言，虽然完全竞争是一个良好的近似——在前面的章节中讨论劳动力市场和增长时我们曾高度依赖该假设——但是，在实际经济中却很少能发现严格意义上的完全竞争。事实上，商品不会完全相同：一辆本田轿车的价格上升不会促使每一个消费者转而购买尼桑轿车——如果市场是完全竞争的话，就应该完全相同。也不存在这样一个拍卖市场，在该市场中本田公司和尼桑公司在作出供给决策之前就能够观察到轿车的现行价格。

事实上，许多实际的市场是不完全竞争的。汽车公司——以及大多数商品的生产者——必须同时选择商品销售的价格，以及在此价格上希望提供的商品数量。这意味着厂商不能想怎么做就怎么做。厂商的定价明显受需求限制，也受到其竞争者的限制。我可能更想要一辆本田汽车，但如果本田索要的价格过高，我会转而选择尼桑，虽然我不太喜欢尼桑的特点。

不完全竞争很难分析——通常最好留给某一微观经济学课程讨论。在很多情况下完全竞争的规则有助于我们分析实际的经济，因为厂商之间的竞争非常激烈，以致其供给决策接近于完全竞争条件下的决策。尽管如此，完全竞争规则的严格应用有时具有误导性。具体而言，为了理解加总的通货膨胀，最好将厂商看作是选择各自的价格。

因此问题在于，如何制定价格？当需求和供给条件保持不变时，厂商应该制定一个不变的真实价格（p_j/p）。当然，如果存在全面的价格上涨，那么某一特定商品的价格将不得不按照通货膨胀的速度上涨以维持其真实价格不变。真实价格的增长率就是 $\hat{p}_j - \hat{p}$，当 $\hat{p}_j = \hat{p}$ 时，真实价格增长率为零。

经济学中的决策必定是具有前瞻性的。例如，某一厂商可能按月、按季甚至以年作为时间间隔来定价。为此，厂商必须对一般价格如何在月度、季度或年度内发生变化进行预测，也就是说，它必须对未来的价格形成一个预期，而且必须改变其产品的价格以便与预期通货膨胀（$\hat{p}^e$）保持一致，而不是与过去的通货膨胀保持一致。如果需求和供给条件保持不变，那么厂商应该遵循如下规则：$\hat{p}_{jt} = {}_{t-1}\hat{p}_t^e$。这一规则认为：某一厂商在上一期（$t-1$）期末形成对本期（$t$）一般价格水平的预期，并且调整自己的商品价格以便按照相同速度上升。[1]（当然，这一规则只是接近于厂商行为而已，因为大多数厂商发现持续改变价格并不方便，但它们可能实际上选择一种价格，使得平均价格在一定时期内按照适度比例增长。）

需求和供给条件不可能保持不变。如果在此期间内需求增加，某家厂商就想着要提高其真实价格。如此一来，其商品价格的上升必须比一般价格水平的膨胀速度快。同样，如果真实价格上升或者如果生产条件变得不利（例如，一场干旱会减低农业生产率），那么某家厂商也想要提高其真实价格。这意味着定价规则应该修订以将上述因素考虑在内：

$$\hat{p}_{j,t} = {}_{t-1}\hat{p}_t^e + f(需求因素) + g(供给因素) \tag{15.7}$$

$f(\cdot)$ 和 $g(\cdot)$ 这两个函数决定了需求和供给因素如何影响价格决策。就目前而言，我们让其保持不确定的一般函数形式。

□ 15.3.2　菲利普斯曲线

（15.7）式适用于单个厂商。如果我们将所有厂商加以平均，（15.7）式左边的变量将变成总的通货膨胀率 $\hat{p}_t$。对于特定厂商或产品而言，独特的需求和供给因素将趋近于平均值。剩下来的因素将是影响整个经济的因素。求平均值的公式可以写成：

$$\hat{p}_t = {}_{t-1}\hat{P}_t^e + f(总需求因素) + g(总供给因素) \tag{15.8}$$

等式（15.7）中的预期通货膨胀项是单个厂商对于总的价格膨胀的预期。在（15.8）式中它是所有厂商对于总的价格膨胀的平均预期值。根据 15.1 节的专业术语，函数 $f(\cdot)$ 代表的是需求拉动的通货膨胀，而函数 $g(\cdot)$ 则代表的是成本推动的通货膨胀。

等式（15.8）就是经济学家所熟知的附加预期的菲利普斯曲线（或仅仅简称为菲利普斯曲线）。它以新西兰经济学家 A. W. H. 菲利普斯（1914—1975）的名字命名，他于 1958 年发表了一项重要的经验研究，对英国工资膨胀与失业率之间的关系进行了分析，其他许多版本的菲利普斯曲线均来自这一研究。

为了将菲利普斯曲线运用于实际，需要对总需求和总供给因素进行准确度量以及确定 $f(\cdot)$ 和 $g(\cdot)$ 的函数形式。自 1958 年菲利普斯曲线首次提出以来，通常一直使用

---

[1]　预期同样可以被认为是在某一时期的一开始形成的，决策在这一时期支配价格变化。

失业率来衡量总需求。我们知道失业率是一个很强的反周期变量——衰退期间失业率高，此时我们预期需求将不足；在扩张期失业率低，此时我们预期需求处于高水平。我们将在下一节看到，需求的其他衡量方式同样会被很好地利用。

根据需求和失业之间存在线性关系的假设，我们可以写出：

$$f(总需求)=a+bU$$

系数 b 假定为负，因为需求和失业之间负相关。将此代入（15.8）式得到：

$$\hat{p}_t = {}_{t-1}\hat{P}_t^e + a + bU_t + g(总供给因素) \tag{15.8′}$$

□ 15.3.3　自然失业率和非加速通货膨胀的失业率　（NAIRU）

自然率概念

我们暂时假设可以不考虑总供给因素。失业率为多少时，实际的通货膨胀 $\hat{p}_t$ 等于预期的通货膨胀 ${}_{t-1}\hat{P}_t^e$？也就是说，失业率为多少时，厂商会觉得其过去的定价策略是正确的？用代数来表示，问题就是下面这个等式的值何时等于 0？

$$\hat{p}_t - {}_{t-1}\hat{P}_t^e = a + bU_t = 0$$

用 U_t^* 表示上式的解，因而有：

$$U_t^* = -\frac{a}{b}$$

U_t^* 被称为自然失业率，可以定义为：作为一个失业率，如果一直保持不变，最终将使实际的通货膨胀率等于平均的预期通货膨胀率。

只要 a 和 b 保持不变，U_t^* 本身将保持不变，而且可用不带时间下标的 U^* 表示。但 a 和 b 这两个系数并不一定是常数。函数 $f(\cdot)$ 表示的是总需求因素和厂商的相对定价决策之间的关系，后者可能取决于生产过程的复杂结构。失业率和总需求之间的关系本身可能取决于劳动力市场的组织（结构）。任何一组关系的变化可能导致 a 和 b 的变化，因而也就导致失业率的变化。我们将在后面的章节中进一步考虑自然率的变异性。就现在来说，我们假设自然率是不变的。

使用自然失业率，菲利普斯曲线〔（15.8′）式〕可以改写为：

$$\hat{p}_t - {}_{t-1}\hat{P}_t^e = -\beta(U_t - U^*) + g(总供给因素) \tag{15.9}$$

此处的 β（希腊字母"beta"的小写）$=-b$。（β 被假定为正数，负号有助于提醒我们关系是反向的。）（15.9）式说明的是，当失业率低于自然率时，通货膨胀倾向于比预期的通货膨胀上升得更快，而当失业率高于自然率时，通货膨胀倾向于比预期的通货膨胀上升得更慢。

自然失业率的一种估计

经验宏观经济学家已经对很多国家以及很多时期的菲利普斯曲线进行了估计。他们使用复杂的经济计量手段以考虑可能影响价格的需求和供给因素的多样性。比较简单的方法也有许多可取之处，与这些复杂的研究具有同样的价值。

为了估计出 β 和 U^*，我们必须拥有关于通货膨胀预期的数据。幸运的是，多种调查提供了这些数据。图 15—6 以（15.9）式为基础。纵轴衡量每年实际的通货膨胀率和专业预测人士（当然，他们为企业出谋划策）在上一年末预期的本年度通货膨胀率两者之间的差额。横轴衡量的是失业率。可得到的预测数据只能始于 1981 年。回归线的方程式为：

$$\hat{p}_t - {}_{t-1}\hat{P}_t^e = 1.4 - 0.22U_t + \varepsilon_t{}^*$$

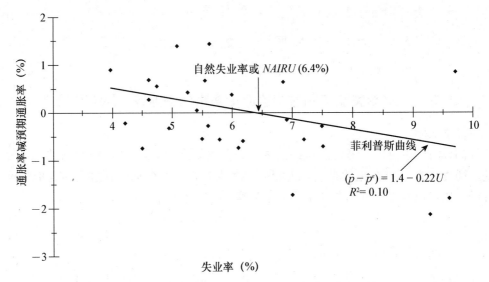

图 15—6　附加预期的菲利普斯曲线，1981—2009 年（基于预期通货膨胀调查的预期）

资料来源：通货膨胀（*CPI-U*）和失业率，劳工统计局；预期的年通货膨胀率，利文斯顿调查，费城联邦储备银行。

我们假定总供给因素可以忽略不计。就方程式而言，这等于是令 g（总供给因素）＝0。就回归而言，它意味着 g（总供给因素）对零值的任何偏离都显示为误差的一部分——基于这样一个事实：在散点图中的各点并非正好位于回归线上。

通过乘以并除以 -0.22 将上述回归方程转换成（15.9）式的形式：

$$\hat{p}_t - {}_{t-1}\hat{P}_t^e = (-0.22)\left(U_t - \frac{1.4}{0.22}\right) = (-0.22)(U_t - 6.4) \tag{15.10}$$

调整参数是 $\beta = 0.22$，自然失业率是 $U^* = 6.4\%$。与奥肯定律类似，当 $U_t = U^*$，$\hat{p}_t - {}_{t-1}\hat{P}_t^e = 0$ 时，我们可以从图 15—6 中回归线与横轴相交的那一点处直接读出自然率（U^*）。

NAIRU 和预期的形成

各种调查数据并非总是可以获得的；而且，在任何情形下，经济学家常常对调查数据心存怀疑。通常，宏观经济学家回避对预期通货膨胀的调查，转而试图对形成预期的过程进行建模。（参见专栏 7.1 关于通货膨胀预期的衡量。）

尽管存在许多方法来为通货膨胀预期建模，但最简单、或许也是最普通的方法就是假定不管上一期实际观察到的通货膨胀率是多少，该通货膨胀率均被预期在本期流行：${}_{t-1}\hat{P}_t^e = \hat{P}_{t-1}$。将此代入（15.9）式，得到：

---

*　ε_t 为误差项。——译者注

应用中级宏观经济学

$$\hat{p}_t - \hat{p}_{t-1} = \Delta \hat{p}_t = -\beta(U_t - U^*) + g(AS_t) \tag{15.11}$$

此式中失业率低于自然率时，通货膨胀率上升，而失业率高于自然率时，通货膨胀率下降。

通货膨胀率是价格水平变化的百分比，因此通货膨胀率的变化就是价格水平的加速变化。（15.11）式表明，当实际的失业率和自然失业率相等时，通货膨胀将不会加速（或者减速）。因此，从这样一个方程中估计出的自然率通常被称为非加速通货膨胀的失业率（或 NAIRU）。[①]

一些经济学家在 NAIRU 和自然失业率两者之间进行了区分。米尔顿·弗里德曼（1912—2006，1976 年诺贝尔经济学奖获得者）和埃德蒙德·费尔普斯（来自哥伦比亚大学，2006 年诺贝尔经济学奖获得者）分别在 20 世纪 60 年代后期提出了菲利普斯曲线的附加预期版本，将自然率视作充分就业的等价物。除此而外，他们认为，如果不对市场加以干涉，市场具有很强的回到充分就业的倾向。"自然率"是一个非常巧妙的新造术语，旨在让我们相信市场本身可以平稳运转，并使我们接受这一观点：如果任凭市场自我调节，市场一般情况下会出现充分就业。（coinage 有货币制度的意思，但在这里似乎对不上。）

宁愿用"NAIRU"这个术语而不是"自然失业率"这个术语的一个原因就在于 NAIRU 在概念上是一个更加中性的学科用语。虽然实际上每个经济学家都会赞同存在某一总需求水平（以及因此存在某一失业率水平），而且该水平在任何时刻都意味着一个稳定的通货膨胀率，但是关于该通货膨胀率是否在一定时间内保持稳定，以及经济是否表现出回到该稳定通货膨胀率的较强趋势，经济学家们之间依然存在很多分歧。

NAIRU 的一种估计

我们不使用预期的调查数据，而是使用（15.11）式，该式基于过去的通货膨胀形成预期。图 15—7 中纵轴衡量的是通货膨胀率的变化：

$$\Delta \hat{p}_t = (\hat{p}_t - \hat{p}_{t-1})$$

横轴衡量的是失业率。回归线的方程是：

$$\Delta \hat{p}_t = 4.0 - 0.73 U_t + \varepsilon_t$$

调整参数 $\beta = 0.73$，而 $\varepsilon_t^* = 5.5\%$。

与以前一样，这可以转换为菲利普斯曲线形式——这次转换成（15.10）式所表示的形式：

$$\Delta \hat{p}_t = (-0.73)\left(U_t - \frac{4.0}{0.73}\right) = (-0.73)(U_t - 5.5) \tag{15.12}$$

为理解估计的菲利普斯曲线意味着什么，考虑如下例子。假设通货膨胀率是 7.5%，失业率是 8%。用失业率代替（15.12）式中的 U_t，我们就得到 $\Delta \hat{p}_t = (-0.73) \times (8.0 - 5.5) = -1.8\%$/年。因此，经历了一年稳定的 8% 的失业率之后，平均来说，人们预期

---

① 恰当地说，命名为 NAIRU 并不正确，因为加速的是价格水平。虽然通货膨胀率上升或下降了，但并没有加速。话虽如此，但 NAIRU 这一术语现在在宏观经济学家之间是个牢不可破的习语。

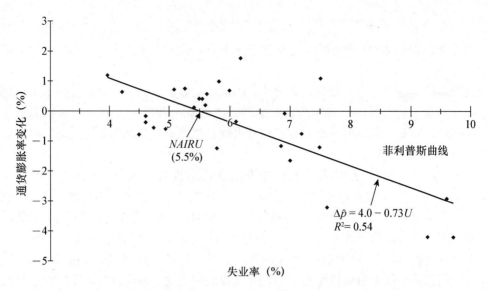

図中标注：
- 纵轴：通货膨胀率变化（%），刻度 3、2、1、0、−1、−2、−3、−4、−5
- 横轴：失业率（%），刻度 4、5、6、7、8、9、10
- NAIRU (5.5%)
- 菲利普斯曲线
- $\Delta \hat{p} = 4.0 - 0.73U$
- $R^2 = 0.54$

图 15—7　附加预期的菲利普斯曲线，1981—2009 年（基于过去通货膨胀率的预期）

资料来源：劳工统计局。

通货膨胀率将从每年 7.5％ 降到每年 5.7％。就这一预测所依据的估计来说，其拟合度较差，这一点应该提醒我们，特定的预测可能常常并不准确，极少能精确到小数点后两位数。许多其他因素也很重要，因此结果可能在平均意义上成立，而不适用于某一特定年份。

基于预期的估计和基于过去的通货膨胀率的估计都遵循菲利普斯曲线的一般模式：高失业率伴随着通货膨胀的下降（价格持续减速），低失业率伴随着通货膨胀的不断上升（价格不断加速变化）。这里有两点附加说明。首先，图 15—6 中的回归线，估计式 (15.10)，只解释了以 R^2 值衡量的价格变异的很小一部分；而图 15—7 中的回归线，估计式 (15.12)，也只解释了相对适中的比例部分。其次，NAIRU 和调整参数的估计值在上述两种不同的估计中是不同的。我们应该怎样理解这两点附加说明呢？

这些较低和中等程度的拟合表明，供给因素——或者其他没有准确地被失业率所体现的因素——是相当重要的。高需求使价格加速以及低需求使价格减速这种趋势是经济上一个确定无疑、持续存在的事实，但是，同样存在着重要的非需求因素。

估计中的这种差异在预料之中。就通货膨胀预期的估计来说，我们不能确定调查数据和过去的通货膨胀率这两者之间哪一个更加准确。关于菲利普斯曲线的更为详细的研究向我们展示了 NAIRU 的大量不同的估计。之所以存在这种不确定性，是因为需求和通货膨胀之间的真正关系可能不是回归线所表明的线性关系。

我们的经验估计也隐含地假定 NAIRU 在估计的那段时间内是不变的。这一假定总体来说并不正确，虽然就某一特定时期而言它可能近似正确。经济学家们使用了更为复杂的统计手段，已经估计了一种在一定时间内发生变化的 NAIRU。图 15—8 展示了其中这样一种估计——由国会预算办公室（CBO）提供。NAIRU 的值随时间发生缓慢变化。尽管如此，1981—2009 年间 NAIRU 的平均值为 5.5％。这一平均值不仅与图 15—8 中所示的 1948—2009 年间的平均值几近相同，而且与 1981—2009 年间基于图 15—7 所进行的估计值一模一样。

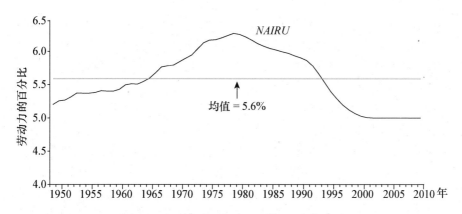

图 15—8 美国的非加速通货膨胀的失业率

资料来源：国会预算办公室。

不断变化的人口统计学解释了 *NAIRU* 的大部分变化。具体而言，劳动力中青少年比例的变动解释了 *NAIRU* 的大部分上升和下降。因为青少年失业率比壮年雇佣工人失业率显著偏高——不管是美国的哪个州——青少年的比例越大，与既定总需求水平相对应的失业率越高。

菲利普斯曲线和资源利用

在菲利普斯曲线中，失业率习惯上被用于衡量总需求因素。然而，这不一定就是最佳衡量方式，还存在另一种现成的衡量方法：通过潜在产出校准的产出（校准产出）。

图 15—9 是利用校准产出而不是失业对 1974—2009 年间的菲利普斯曲线的估计。由于校准产出是一个顺周期变量，而失业率是一个反周期变量，所以，菲利普斯曲线向上倾斜。转化为标准的菲利普斯曲线形式时，其方程为：

$$\Delta \hat{p}_t = 0.61(\tilde{Y}_t - 88.5)$$ (15.13)

菲利普斯曲线与 $\tilde{Y}$ 轴相交的那一点表明的是 *NAIRU*——但是现在我们必须将 *NAIRU* 重新定义为**资源利用的非加速通货膨胀率**，大约等于潜在 GDP 的 89%（=54.0%/0.61）。

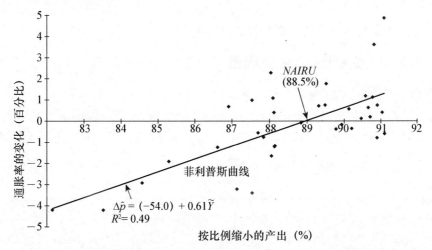

图 15—9 美国附加预期的菲利普斯曲线，1981—2009 年（使用校准产出）

资料来源：通货膨胀（CPI-U），劳工统计局；校准产出，劳工统计局，联邦储备委员会；作者的计算。

使用校准产出（$R^2=0.49$）得到的简单菲利普斯曲线和使用失业作为需求压力的衡量方法（$R^2=0.54$）所得到的菲利普斯曲线大体相同。

作为通货膨胀压力的衡量方法，校准产出比单独使用失业率更加通用。回顾一下，校准产出可被看作就业率和生产能力利用率（第9章9.5.2节，（9.25）式）的一种几何加权平均。生产能力利用率和就业率大体上倾向于同步运动。然而，在经济周期的某些点上，它们朝不同方向发展。

在繁荣的末期，生产能力利用率通常低于它们的峰值（参见第9章图9—17），而且帮助抵消紧缩的劳动力市场带来的一些通货膨胀压力。生产能力利用率通常在扩张中期达到峰值，因为厂商大幅增加投资以适应增加的需求。它们的计划与其竞争者的计划并不协调；因此，通常发生的事情就是，它们投资的数量超过了需求所需要的投资数量。由于存在超过需求的生产能力，生产能力利用率下降。较低的利用率使得获利变少，厂商同意降价以刺激需求。紧缩的劳动力市场遇上资本相对不足的使用，这就使得通货膨胀的加速变慢——甚至抵消通货膨胀的加速。

NAIRU 和充分就业

我们应该将 NAIRU 视作充分就业的等价物吗？或许不能。前面提到，劳动力市场是异质的——存在大量的迭代，在某种程度上独立（第12章12.3节）。同样，产品市场本身也是异质的。当总需求上升时，它不会均匀地平摊在所有产品的市场上。对某些行业和某些劳动力技能将出现较高的需求，而对其他行业和技能的需求则较低。随着失业率下降并趋向于充分就业水平，一些劳动力市场出现劳动力短缺的现象将早于其他劳动力市场。与需求较低、失业率较高的市场相比，这些市场将更早、更快地提高其价格。结果，在整个经济达到充分就业之前通货膨胀加速，与稳定的价格相一致的失业率可能高于与充分就业相一致的失业率水平。如果经济稳定在 NAIRU 处，那么一些人将依然处在非自愿失业状态；如果经济在真正的充分就业处稳定下来，那么一定会有某种程度的（可能上升的）通货膨胀。

我们之所以选择"NAIRU"而不是"自然率"，除了前者概念上的中性外，还有另外一个原因。"自然率"这个术语暗示了某种均衡状态，因此很容易在劳动供给等于劳动需求这一意义上错误地将其与充分就业等同起来。

□ 15.3.4　通货膨胀和供给因素

工资膨胀率和劳动生产率

一家利润最大化且具有完全竞争性的厂商在真实工资等于劳动的边际产出那一点上从事生产。如果用柯布-道格拉斯生产函数描述该厂商的行为，那么上述这个规则就表示为 $\frac{w}{p}=\alpha\theta$，这里的 α 是劳动的收入份额，θ 是劳动生产率（参见第10章10.4.1节）。因为 α 差不多是个常数，这个规则可以写成增长率的形式：$\hat{w}-\hat{p}=\hat{\theta}$ 或者 $\hat{w}=\hat{\theta}+\hat{p}$。这个关系式的启示是：只要工资的上涨不快于价格膨胀与劳动生产率增长率二者之和，厂商就可以继续按照利润最大化的比例进行生产。在此工资膨胀率上，真实工资按照劳动生产率增长的速度上涨，而且厂商能够负担得起这些真实工资的增加而不会亏损。

如果工会或者政府采取行动使工资膨胀得比 $\hat{\theta}+\hat{p}$ 更快会发生什么呢？厂商此时面临的是以每单位产出的真实工资（以及其他补偿和福利）所定义的真实单位劳动成本的增加。如果不采取任何措施，厂商的利润将下降。厂商的竞争性地位允许其制定价格，因此厂商把这些成本转嫁给消费者。即便完全（或者高度）竞争性的厂商不能成功地使价格高于其竞争对手，导致其无法直接转嫁成本，但是亏损也会导致一些厂商退出该市场，从而减少供给，抬高价格。

如果厂商成功地将增加的生产成本以高价的形式转嫁，那么真实工资不上升。曾经把工资推到一个更高水平的工会可能忍不住又想这么做，试图确立一个高于厂商认为的可持续水平的真实工资水平。厂商将再次抬高价格以作为补偿。这种竞争性通货膨胀模式被称为"工资—价格螺旋"，在 20 世纪 50 年代和 60 年代曾引起频繁讨论。在工会力量相对较弱的时期，这不大可能有什么重要意义。

供给冲击

增加的真实工资仅仅提供了总供给因素可能影响通货膨胀的一个例子。一般而言，厂商可能将任何生产要素的真实价格的变化转嫁出去。当然，理想地看，增加的成本的大部分通过要素替代而得以减轻——选择一种技术组合以更好地适应新的相对价格。这种适应性在短期不大可能发生，即便是在长期，也存在一定的限制。

真实要素价格的上升可能是永久性的，也可能是暂时性的。如果是永久性的，技术组合将会在一定时间内调整。即使真实要素价格的上升是暂时性的，其对价格的影响可能持续一段时间。这有两个原因。

首先，如果厂商对未来通货膨胀的预期包括了这一因素通货膨胀的上升，（15.7）式所代表的菲利普斯曲线也暗示厂商将会这么做，那么将存在一种棘轮效应，提高内在的通货膨胀趋势。然而，与这种向上推动价格起逆向作用的是，总供给冲击导致价格上升这一事实将减少总需求，除非名义收入按照相应比例上升。这样一来，真实产出将下降，失业将会上升。

同样，如果厂商不能够转嫁成本，面对较高的真实工资率，它们将减少雇佣。根据菲利普斯曲线，高失业率将在一定程度上使价格加速减缓。政策制定者可能采取行动，旨在提高总需求，以抵制日益上升的失业。所以，供给冲击可能具有持久效应的第二个原因就在于其激发了总需求管理政策，这一政策实际上认可了通货膨胀率的增加。

20 世纪 70 年代的一个例子或许可以解释真实价格上升如何转化成全面通货膨胀。70 年代早期商品价格不断上升；此外，随着赎罪日战争*爆发，石油价格出现上涨。这两个原因加深了美国的通货膨胀，并诱发了一次衰退。货币政策和财政政策的实施抵消了衰退，在某种程度上限制了失业上升对减轻通货膨胀的影响。

对导致 20 世纪 70—80 年代滞胀的原因，宏观经济学家和经济史学家进行了激烈争论；确实存在这样一种可能：政策制定者使通货膨胀率上升，并且通过采用需求管理防止产出下降，使对油价上升的有利调节速度放慢。日本采取了一个扩张性较弱的政策以应对石油价格冲击——虽然它比美国更加依赖外国石油——结果显示，日本通货膨胀率的上升幅度更小。

---

* 指 1973 年 10 月 6 日埃及、叙利亚和巴勒斯坦游击队反击以色列的第四次中东战争。——译者注

□ 15.3.5　滞胀和可信度

附加预期的菲利普斯曲线有助于我们理解高水平的通货膨胀是如何与高水平的失业率并存的,正如 20 世纪 70 年代和 80 年代初期所观察到的那样。整个 20 世纪 60 年代的长扩张期内,需求较高,将失业率推向 NAIRU 之下。价格加速以至企业倾向于预期一般价格膨胀处于较高水平,因而以同样高的速度使它们自己的价格膨胀。一旦这种预期融入经济中,就很难去除。这可能要在较长时间内费尽心思来减少总需求(以及提高失业率),以使通货膨胀降低到适度水平。

当然,20 世纪 70 年代初期的供给冲击以及随后的通货膨胀加强了对未来通货膨胀的预期。20 世纪 70 年代出现严重的衰退,但这些衰退并不足以使通货膨胀和固有的通货膨胀预期降低到 20 世纪 50 年代和 60 年代的水平。因此,高失业与高通货膨胀并存——这就是滞胀时期。没有一个政策制定者为了削减通货膨胀愿意承担失业增加和产出损失的真实成本。

附加预期的菲利普斯曲线将企业的预期单独挑选出来作为控制通货膨胀的一个关键因素。企业明白政策制定者不愿意削减总需求,这一事实意味着企业不可能向下修正它们的通货膨胀预期。20 世纪 80 年代通货膨胀终于降低,这一通胀降低的过程始于 1980—1981 年间的两次严重衰退。由于保罗·沃克尔和艾伦·格林斯潘这两位美联储主席的可信度,这一过程变得更加容易。在使用货币政策削减通货膨胀方面,公众普遍认为他们具有非常坚定的信心。

当企业认为政策制定者将采取行动成功地削减通货膨胀时,它们就向下修正预期,这使得政策制定者更容易获得成功,且遭受较少的产出和失业方面的损失。作为通货膨胀斗士的声誉是自我实现的。沃克尔和格林斯潘的成功就是 70 年代政策问题的反面。当没有人相信政策制定者会真正为削减通货膨胀而买单时,高通货膨胀就是一个自我实现的预言,削减它的成本就会上升。

15.4　需求管理局限的再分析

我们将在第 16 章和第 17 章研究总需求管理和宏观经济政策的细节问题。就目前来说,认识到政府(包括美联储或其他央行)可以使用货币政策和财政政策工具来影响总需求增长率和总需求水平就足够了。奥肯定律告诉我们总需求增长率的上升减少失业,因此,为什么政府不愿意利用奥肯定律来完全消除失业呢?或者,换句话说,政府的需求管理政策可能存在什么样的局限?

仔细思考一下 (15.5) 式所给出的奥肯定律的估计。设想失业率为 6%,政府想要将它降低到 2%。为了实现这一目标,政府设计了一个总需求增长率,比如说每年 4.5%。在这个增长率下,我们预期失业率以每年 0.7 个百分点的速度下降 ($=(-0.46)\times(4.5-3.0)$)。失业从 6% 降到 2% 要花费略低于 6 年的时间 ($=(6-2)/0.7$)。既然如此,为什么不这样做呢?

通过查询菲利普斯曲线很容易就看出一个问题。考虑一下 (15.12) 式,在此式中,

$NAIRU$ 被估计为 5.5%。这样，一旦失业率下降到 $NAIRU$（在政策实施的第一年后）以下，通货膨胀率就可能上升。到第五年末，我们预期通货膨胀率将每年上涨 2.6 个百分点（$=0.73\times(2.0-5.5)$）。这种政策持续很长时间后将会导致一个很高的通货膨胀率。政策制定者不想让通货膨胀率上升这么多，因此他们不可能将大幅降低失业率的尝试坚持下去。

政策制定者希望避免故意使通货膨胀率增加过多，这一愿望不是对是否运用扩张性政策的唯一限制。上述例子中 2% 的失业率低于经济上充分就业时的合理失业率。因为工人们可能选择不工作，一旦非自愿失业得以消除，失业率就不可能进一步下降。除了摩擦性失业外，衡量出来的某一远高于 2% 的失业率水平上的非自愿失业实际上为零。这样一来，奥肯定律的适应范围就受到了限制。

最后，真实总需求不可能超过真实总供给。什么因素阻止了总需求超过总供给？至少有三个重要因素。

第一，如果政策行为推动名义总需求的上升快于价格的上升，真实总需求将上升。但如果这导致价格加速上升，那么真实总需求的增加将被减弱。

第二，如果真实总需求超过产量，企业将动用已经生产出来的商品库存满足需求。这种存货负投资本身就是真实总需求的一种上升。

第三，如果需求不能从国内产品中得到满足，人们将增加进口（并减少出口）。由此导致的净出口的下降再一次减少了真实总需求。

15.5 总供给和总需求：综合讨论

□ 15.5.1 稳态

将两幅图结合在一起，我们可以概括一下本章所学的关于总供给和总需求的相互作用：图 15—10 将 IS 曲线整齐地描绘在菲利普斯曲线上方——两者都表示成校准产出的函数。点 $\hat{Y}_N$ 标示出 $NAIRU$。上方 IS 曲线图中中间黑色的 IS 曲线代表总需求的初始状态，rr_N 代表的是和 $NAIRU$ 相一致的长期利息率。这种布局代表的是一种平稳的经济——稳态：

● 资源利用率（校准产出）是常数，因为总需求和总供给均以修正过的平衡增长率 $(n+\hat{\theta}+\widehat{PR})$ 增长；

● 失业率本身是常数；并且

● 价格以固定比例膨胀。

为了维持这样一种稳态，经济必须在三个边际上实现协调：

● 第一，总需求必须等于总供给；

● 第二，金融市场和实体市场必须相一致——特别是，长期真实利率必须适宜；以及

● 第三，政府政策必须与私人部门计划相一致——财政政策不应该使 IS 曲线朝着任一方向移动；货币政策（一般通过短期利率操作）不应该推动长期利率上升或下降。

461

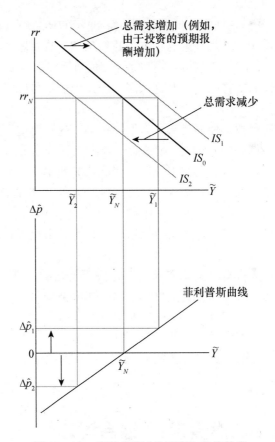

图 15—10　总需求移动的产出和价格效应

注：总需求的移动（例如，由于整个经济周期内预期的投资报酬的变化）使得 IS 曲线前后移动。当 IS 曲线为 IS_0 时，真实利率水平 rr_N 将总需求稳定在 NAIRU 处，并使通货膨胀率得以稳定。其他条件不变时，总需求的增加（IS 的右移）使资源利用率（$\tilde{Y}$）增加并使得价格加速（$\Delta\hat{p}$）。总需求的减少具有相反的效应。

□ 15.5.2　**总需求的移动**

　　总需求或总供给的移动将扰乱稳态。让我们首先来看总需求。使 IS 曲线移动的任何因素，尽管并没有扰乱潜在产出的内在增长路径，却是纯粹的总需求因素。在经济周期过程中可能比较重要的一种因素就是投资报酬率（ρ）。正如我们在第 13 章（13.3 节）中看到的那样，ρ 上升降低了投资的机会成本，并使得 IS 曲线右移。可能使经济从衰退开始复苏的一个因素就是投资回报的增加。这在图 15—10 中被表示成 IS 曲线右移。如果金融市场不受影响（并且货币政策保持不变），真实利率保持在 rr_N 处不变。校准产出上升到 $\tilde{Y}_1$，失业率将下降，并且生产能力利用率将上升 $\Delta\hat{p}_1$。同时通货膨胀率将每年上升。正如我们在前面的章节中所看到的，这些就是经济周期回升的典型模式。

　　随着复苏继续进行，最佳投资机会倾向于被用光，或者超过最优数量的资源投放到这些机会上，报酬率下降，使得进一步投资的机会成本提高。最终，IS 曲线左移，或许移到 IS_2 那么远。经济出现萧条。校准产出降到 $\tilde{Y}_2$，失业率上升，生产能力利用下降 $\Delta\hat{p}_2$。通货膨胀率每年下降。这同样成为经济周期掉转向下的典型模式。

　　投资回报率的波动仅仅是经济周期波动的一个可能的原因。任何移动 IS 曲线的因素——政府支出周期、消费周期、外贸周期，或者长期利率周期（或是金融市场特有的，或是货币政策行为的结果）等——最终均可能产生相同模式。

□ 15.5.3　总供给的移动

供给冲击影响潜在产出（Y^{POT}）。由于校准产出被定义为 $\tilde{Y}=\dfrac{Y}{Y^{POT}}$，对于相同水平的总需求而言，潜在产出的下降增加了校准产出。所有其他条件不变，在相同的利率水平上，IS 曲线一定如图 15—11 中所示的那样右移，因为相对于潜在产出总需求现在更高。潜在产出的下降使 IS 曲线移动，这一事实表明总供给的变化一般不仅有供给面效应，而且会间接引致总需求效应。

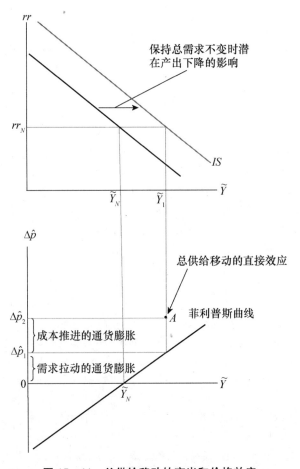

图 15—11　总供给移动的产出和价格效应

注：当潜在产出相对于没有变化的总需求下降时，总供给冲击的一个下降使得 IS 曲线右移。当总需求超过 $NAIRU$ 时，价格变化加速。还有一个短暂的直接效应（用不在菲利普斯曲线上的一个点表示）。作为对现在较低的劳动边际产品的反应，价格水平必须上升以削减真实工资。一旦这种调整完成，短暂效应就消失。

注意，尽管资源利用率水平比以前高，引发的总需求增加并非好事。在相同利率水平上，校准产出更高，但充分就业点现在对应的是更低的 GDP 水平；充分就业真实工资率必须降低，这样劳动供给和充分就业水平将下降。虽然在 $NAIRU$ 处工作的人数减少，但实际的 $NAIRU$ 失业率可能不会上升。在过去的总需求水平上，总需求大于 $NAIRU(\tilde{Y}_1>\tilde{Y}_N)$，因此，价格变化加速。

尽管由此所导致的价格上升属于成本推动的通货膨胀，但我们可以从两个方面看待价格的加速。直接效应是价格水平的额外增长，这种增长可以归因于供给冲击本身。例如，当石油价格上升时，由于石油价格是主要价格指数中的各种价格之一，因此那些指数也出现了上升。直接效应由 A 点表示，位于菲利普斯曲线的上方。还有一种间接效应：过去的总需求水平与现在的总供给的不匹配导致价格加速上升到 $\Delta \hat{p}_1$。除了它会自动耗尽这一特点外，间接效应的作用完全像需求拉动的通货膨胀那样：当价格上升时，现行的名义总需求与一个越来越低的真实总需求相对应，直到 *NAIRU* 重新恢复为止。直接效应（$\Delta \hat{p}_2 - \Delta \hat{p}_1$）非常短暂，一旦真实工资调整到与新的供给条件相适应，直接效应就会消失。

■ 本章小结

1. 保持总需求因素不变时，变动供给因素会改变潜在产出；变动需求因素会改变相对于潜在产出的总需求。

2. 即使处于充分就业水平，总供给变化一般也导致相对价格变化（尤其是相对于工资率的一般价格水平的变化）。不论价格是否存在变化，总需求的不足都会导致工人失业或资源废弃；总需求增加到潜在产出之上会导致通货膨胀。

3. 供给因素的相对价格调整所导致的一般价格水平的变化被称为成本推动的通货膨胀；源自总需求因素的一般价格水平变化被称为需求拉动的通货膨胀。成本推动的通货膨胀极其短暂。只要存在某种压力使总需求高于潜在产出，需求拉动的通货膨胀就会持续。

4. 每当劳动力增长率超过就业率增长率时，失业率就上升。每当总需求增长率低于修正的平衡增长率时，这种情形就会发生，修正的平衡增长率被定义为 $\hat{Y}^* = \widehat{PR} + \widehat{POP} + \hat{\theta}$，这是考虑到劳动力参与率变化而进行调整的平衡增长率。失业率变化和总需求增长率变化之间的关系被称为奥肯定律。

5. 一种类似于奥肯定律的关系也存在于经潜在产出校准的校准产出（$\tilde{Y}$）和总需求增长率之间。不管是基于失业率的变化还是基于校准产出的变化，对 $\hat{Y}^*$ 的经验估计均相同。

6. 定价企业选择相对于一般价格水平的最优价格。为了得到满意的相对价格，它们必须在对未来通货膨胀进行预期后制定价格。它们生产的商品的相对价格可能被修正，以考虑成本压力（供给）或需求压力。

7. （附加预期的）菲利普斯曲线将企业的定价行为加总以找出通货膨胀（相对于预期的通货膨胀）和总需求（总供给因素也可以被考虑到）之间的关系的某种衡量方法。总需求（相对于总供给）通常由失业率来衡量。菲利普斯曲线可以写成：$\hat{p}_t - {}_{t-1}\hat{p}^e_t = (-\beta)(U_t - U^*) + g(总供给因素_t)$，此处的 U^* 是自然失业率，被定义为使预期通货膨胀和实际通货膨胀保持一致的失业率。

8. 预期的衡量常常基于这样的假设：本期的通货膨胀率将和上一期的通货膨胀率相同。这样，菲利普斯曲线就可以写成：$\Delta \hat{p}_t = (-\beta)(U_t - U^*) + g(总供给因素_t)$。在这种形式的菲利普斯曲线表达式中，$U^*$ 通常指 *NAIRU*，即非加速通货膨胀的失业率。

9. 相对于总供给，总需求的其他衡量方法可被用于菲利普斯曲线中，例如，校准产出。这样一来 *NAIRU* 将被解释为非加速通货膨胀的资源利用率。

10. *NAIRU*（或自然失业率）在一定时期内并非固定不变的，而是随着真实因素的变化而有所不同，比如说人口统计学或者劳动力市场结构。

11. 菲利普斯曲线中预期的作用凸显了需求管理政策可信度的重要性：如果公众相信政策制定者确实会在削减通货膨胀方面获得成功，那么从失业或其他未使用的资源角度来说，削减通货膨胀的成本就较低。

12. 虽然奥肯定律表明，在足够长的时期内总需求的增长可以减少失业，但实际上充分就业（劳动供给等于劳动需求）设置了一个限制。任何违反充分就业水平的尝试都导致价格上升（为了某一不变的名义水平而削减真实总需求）、存货减少以及净出口减少（两者均减少真实总需求）。

◼ 关键概念

潜在产出	奥肯定律	校准产出
菲利普斯曲线	供给因素	附加预期的菲利普斯曲线
生产中的替代品	自然失业率	生产中的互补品
非加速通货膨胀失业率（*NAIRU*）	成本推动的通货膨胀	需求拉动的通货膨胀
修正的平衡增长率	可信度	

◼ 延伸阅读建议

James Tobin, "Okun's Law: How Policy and Research Helped Each Other," in *Full Employment and Growth: Keynesian Essays on Policy*, Cheltenham, UK: Edward Elgar, 1996; pp. 56-65

A. W. H. Phillips, "The Relationship between Unemployment and the Rate of Change of Money Wage Rates in the United Kingdom, 1861—1957," *Economica* NS25, no. 2 (1958): 283-299

Milton Friedman, "The Role of Monetary Policy," *American Economic Review* 58, no. 1 (1968): 1-17

"Symposium: The Natural Rate of Unemployment," [with contributions by various authors] in *Journal of Economic Perspectives* 11, no. 1 (1997): 3-108

Kevin D. Hoover, "The Phillips Curve," in David R. Henderson, editor, *The Concise Encyclopedia of Economics*, Indianapolis, IN: Liberty Press

◼ 课后练习

本教材网站上（appliedmacroeconomics. com）第 15 章的链接提供了完成这些练习所需的数据。在做练习之前，请复习"指南"中 G. 1～G. 5、G. 10～G. 11 以及 G. 15 部分的相关内容。

问题 15.1 假设在一场不幸的瘟疫中，一国丧失了四分之一的人口。使用劳动供给/劳动需求分析法分析这一灾难对真实工资、就业和 GDP 造成的影响。

问题 15.2 在一些情况下，经济发展会降低资本的经济存量，却不会对资本的物质存量造成任何影响。请举出类似的例子。

问题 15.3 在计算修正的平衡增长率 $\hat{Y}^*$ 时，劳动生产率的增长率和参与率是两个十分重要的因素。这两个因素在一定时间内的变化决定了 $\hat{Y}^*$ 的变化情况。在 20 世纪 70 年代中期，参与率和劳动生产率似乎呈现出与以往不同的模式。根据你对这些数据的理解，说明 $\hat{Y}^*$ 值在 20 世纪 70 年代前后是如何变化的？运用奥肯定律验证你的猜测，仿照表 15—4 作出 1948—1973 年及 1974—2008 年间的 ΔU 和 $\hat{Y}^*$ 的散点图，并为散点图绘制相应的回归曲线，计算 $\hat{Y}^*$ 的值。你估计的结果和你的预期是否一致？

问题 15.4 计算劳动生产率、劳动力参与率和劳动年龄人口的平均增长率，并使用这些数据计算上题中所出现的各时期的 $\hat{Y}^*$ 值。这些结果同基于失业增长率回归变化所得到的结果相比，有何不同？

问题 15.5 有观点认为，劳动生产率在 20 世纪 90 年代后期出现了显著提升。根据美国 1992 年以后的经济数据绘制散点图和回归线（就像问题 15.3 一样），利用它们估算 $\hat{Y}^*$。"速度限制"是否有所提升？提升了多少？是否有理由相信，你的计算系统性地高估或低估了真实的修正平衡增长率？（提示：请考虑劳动生产率在经济周期中的表现以及你的数据属于经济周期的哪个阶段。）

问题 15.6 根据问题 15.3 中的各时间段重新估算奥肯定律，使用校准产出变化代替失业变化进行推导。使用每个等式的标准表达形式。把你的计算结果同问题 15.3 中的情况进行对比。你所计算的修正自然增长率同先前的计算结果有何不同？

问题 15.7 使用 7 国集团的每个成员国 1995 年至今的经济数据，推导奥肯定律，并将修正过的平衡增长率（$\hat{Y}^*$）、参数调整速度（γ）以及回归方程的拟合度（R^2）的计算结果以列表的形式表达出来。美国的计算结果和其他 6 国有何差异？是什么因素导致了这种差异？为了验证你的猜想，你会采取什么样的进一步调查？

问题 15.8 假定等式（15.5）是真实反映当今美国经济的奥肯定率，请从网站（http://www.bea.gov for GDP 和 http://www.bls.gov for unemployment）中找出最新的 GDP 和失业率数据。根据这些数据计算最近一季度 GDP 较去年同期的增长率。基于 GDP 的增长率，关于最近一个季度最后一个月与去年同期相比失业率的变化，奥肯定律的预测是什么？实际情况又是怎样的？讨论二者的差异。

问题 15.9 相较于以过去的通货膨胀率作为预期的通货膨胀率的估计而言，使用调查作为预期通货膨胀率的估计要好多少？为此，首先计算如下两个序列：

1）以当前年度和下一年度的 CPI 通货膨胀率计算的事后通胀率或实际通胀率；

2）以上一年度和本年度之间的 CPI 通货膨胀率计算滞后通胀率；

（a）参照表 15—6 中使用的利文斯顿 CPI 通胀调查数据，在同一张表中绘制出以上两个序列的曲线。

（b）将每种预期通胀率减去实际通胀率，得出两组预测误差的新序列。在同一张图中绘出这两个新序列的曲线图，并把这两个新序列的均值、中位数和标准差分别填写在一张表格中。

（c）根据图表和计算的数据，你认为哪一组序列能够更好地预测出通货膨胀？从长期来看，这些数据是否系统性地低估或高估了通胀水平？如果是，你认为原因是什么？（例如，衡量方法是否没能反映出人们的真实预期，或者人们是否犯了系统性错误？如果是，这种错误是否存在某种模式？）

问题 15.10 参照表 15—7，绘制美国在 1950—1970 年间、1971—1986 年间以及 1987 年至今的菲利普斯曲线（计算本年度 CPI 和上一年度 CPI 的变化，求得通胀率）。给出每个等式的标准表达式。创建一张类似于表 15—8 的图，画出国会预算办公室（CBO）对 NAIRU 的估计值的图形，并将你对每期的估计数值标注在图形的横轴上。把国会预算办公室对 NAIRU 的估计值和你的估算值进行对比，二者是否一致？

问题 15.11 用校准产出代替失业率作为变量，重新推导问题 15.10 中各时期的菲利普斯曲线。给出每个等式的标准表达形式。你所估算的校准产出的非加速通胀率是多少？

问题 15.12 为了弄清 NAIRU 随时间变化的原因，创建两张表。在第一张表中绘制美国适龄工作男性、女性和青少年的劳动力参与率，并在该表中以独立的度量单位绘制国会预算办公室发布的 NAIRU 数值。在另一张表上绘制美国适龄工作男性、女性和青少年的失业率以及国会预算办公室发布的 NAIRU 数值。按照问题 15.10 中的各时期计算这 7 组数据中每一组的平均值，并放入一张表内。根据这些数据，你认为 NAIRU 随着时间变化的原因是什么？请紧密结合数据说明你的理由。

问题 15.13 一些研究者认为，可以通过人口统计学上的同质工人组的失业率来解释菲利普斯曲线中的人口变化。使用适龄工作男性的失业率来估算 1971—1978 年及 1987 年至今两个时期的菲利普斯曲线。给出每个等式的标准表达式。把这两组 *NAIRU* 数值同问题 15.10 中同时期基于整个工作人口计算出的数值进行对比。以上两种数据中，哪种更符合 R^2 的判断标准？根据哪一组曲线所判断的 *NAIRU* 值更为稳定？

问题 15.14 CPI 是根据居民消费支出制定的。在衡量总体通胀率时，CPI 可能并不是最好的标准。为了验证更宽泛的衡量标准会如何影响通胀分析，使用 GDP 平减指数代替 CPI 来估测 1987 年至今的菲利普斯曲线，并给出其标准表达公式。将以上结果与使用同期 CPI 计算的结果进行对比。注意观察 *NAIRU* 的估计值是否出现了显著差异？

问题 15.15 使用 7 国集团各成员国的 CPI 和失业数据（1995 年至今）绘制每个国家的菲利普斯曲线，并计算各国的 *NAIRU* (U^*)、参数调整速度 (β)、回归方程的拟合优度 (R^2)，计算结果以列表的形式给出。其他 6 国的估计结果和美国的有什么差异？是什么因素导致了这种差异？为了验证你的猜想，你会进行怎样的进一步调查？

问题 15.16 通过奥肯定律，能看出经济的哪种实际变化路径？根据 1990 年的实际失业率和 GDP 增长率，使用等式（15.5）计算失业率的预期变化序列。首先，用 1990 年的实际失业率加上 1991 年的预期失业变化率得出 1991 年的预期失业率；接着用 1991 的预期失业率加上 1992 年的预期失业变化率得出 1992 年的预期失业率；依此类推，得出一组预期失业率时间序列数据。通过图形的方式对预期失业率和实际失业率进行对比。你的预测和实际数据的匹配程度如何？

问题 15.17 用校准产出代替奥肯定律（等式（15.6））中的失业率重新计算问题 15.16，并与上题的计算结果进行对比，哪一种形式的奥肯定律在预测方面效果更好？

问题 15.18 通过菲利普斯曲线，能看出经济的哪种实际变化路径？根据 1990 年的实际通胀率和实际失业率，使用等式（15.12）计算通胀率的预期变化（基于 CPI）。首先，用 1990 年的实际通胀率加上 1991 年的预期通胀率变化率得出 1991 年的预期通胀率；接着用 1991 的预期通胀率加上 1992 年的预期通胀率变化率得出 1992 年的预期通胀率；依此类推，得出一组预期通胀率数据。通过图形的方式对预测通胀率和实际通胀率进行对比。你的预测和实际数据的匹配程度如何？

问题 15.19 用校准产出代替菲利普斯曲线中的失业率（等式（15.13））重新计算问题 15.18，并与问题 15.18 的计算结果进行对比，哪一种形式的菲利普斯曲线在预测方面效果更好？

第八篇

宏观经济政策

第 16 章

货币政策

美联储主席本·伯南克常被称为"美国最有权力的二号人物"。前任主席艾伦·格林斯潘和保罗·沃尔克在其任期内也都被视为享有同样的地位。为何一个非民选的政府官员在美国的影响力竟然仅次于总统？本章的学习目的就是间接回答该问题。答案简单直接：美联储主席处于美国货币政策制定的核心位置。但仅这一点不免引起如下问题：为什么货币政策如此重要？货币政策是如何发挥作用的？我们下面就来回答这些问题。

16.1 货币政策和财政政策

货币政策是宏观经济政策最主要的两种类型之一。在第 13 章（13.2 节）中，我们描绘了另一种类型的政策，即财政政策，它是运用政府收入（各种税收）和政府支出（既包括用于商品和服务的支出，也包括用于转移支付方面的支出）以达到影响宏观经济运行之目的的所有政府行动的总称。

货币政策是指通过金融系统来达到影响宏观经济运行的所有政府行动的总称。虽然我们在第 7 章（7.6.1 节）中讨论金融系统时触及货币政策，但要了解货币政策的全貌则需要更多的细节。财政政策的主要讨论被安排在第 17 章。尽管如此，由于货币政策和财政政策并非相互独立的，所以我们在本章讨论它们之间的关系。

□ 16.1.1 政府预算约束

正如自由市场经济中的所有经济主体一样，政府必须为其得到的商品和服务付费。当税收收入低于政府支出时（即处于赤字状态），政府必须通过其他途径筹集资金。大多数时候，政府通过出售政府债券来筹集资金，这增加了私人部门（B^G）持有的政府债务的存量。还有另外一种可能：除了借债外，政府可以通过"印制货币"来筹集资金。有些时候，政府实际上真的是在通过印制更多的货币来为其支出筹集资金。更多情况下，"印制货币"这一短语指的是中央银行（在美国即美联储）购买政府的一部分债券。它们用央行储备来支付购买这些债券的费用，也就是说，通过增加作为央行成员的商业银行账户上的贷款支付购买债券的费用，正如我们在第 6 章（6.3.2 节）中所见，基础货币等于非银行社会公众手中的通货加上央行储备。

因为这仅仅是在商业银行的准备金账户上增加数字，所以基本上不会对美联储可创造的基础货币有任何限制。事实上，美联储从来不曾免费馈赠准备金。有时它把准备金借给一家银行，因而导致美联储的账簿上同时出现一笔负债（准备金）和一笔相同数额的资产（向商业银行的贷款）。虽然极少数特殊情况下——例如，2008—2009 年的金融危机——这种贷款范围很广泛，但在正常情况下，规模一般很小；而且大多数准备金是在美联储购买政府债券时被创造出来的。这种购买增加了基础货币。美联储购买债券时，债券就脱离了社会公众之手，对于大多数与宏观经济学相关的目的而言，这些债务就被有效清偿了。

政府预算约束表明了对于政府赤字的融资选择：

$$G-(T-TR)=\Delta B^G+\Delta MB \tag{16.1}$$

等式（16.1）左边表示的是政府预算赤字（参见第 2 章 2.3.3 节）。这个等式说明该赤字（一个流量变量）一定要么是通过增加政府债务，要么是通过增加基础货币来融资的。债务存量（B^G）和基础货币存量（MB）只不过是以往所有变化的总和（$\Delta B^G + \Delta MB$）。

等式（16.1）左边反映的是财政政策——政府的收入和支出决定。等式右边反映的是货币政策——对政府的金融证券投资组合的管理。等号表明了货币政策和财政政策是紧密相关的。

纯粹的财政政策的一个例证是减税刚好被政府支出的减少（G 或 TR 的减少）所抵消。虽然等式左边两个（或者是三个）变量发生了变化，但政府赤字仍将保持不变，而且没有必要对等式右边的金融投资组合进行调整。纯粹的货币政策将只改变等式右边的变量，而等式左边保持不变。美联储可能购买一笔政府债券，实际上是用基础货币来交换政府债券。ΔMB 这一项将是正数、ΔB^G 这一项将为负数，并与前者在数值上相同。

大多数政策并不是纯粹的。一般来说，政府处于赤字运行状态。政府通过出售足够数量的债券来为赤字融资。美联储接着就不得不选择其货币政策。美联储无所作为这种情形的一个例子就是债务融资型赤字。美联储购买全部的债务增加量（增加基础货币，偿还新债务，并且使 $\Delta B^G = 0$）这种情形是赤字货币化的一个例子——政府"印刷货币"来为其支出融资（更详细的讨论参见第 17 章 17.2.1 节）的古典形式。在大多数情况下，美联储选择一种中间的货币政策，在这种政策中基础货币和未偿债务都随着赤字而进行调整。

在 21 世纪之交——就像 19 世纪的大部分时间一样——美国联邦政府处于财政盈余状态。在财政盈余情况下，所有相同的政策问题逆向产生。应该还清政府债务吗？还是应该减少基础货币？或者两者兼有之？

在第 13 章（13.1 节）中，我们得知财政政策可以通过乘数过程来刺激或者抑制总需求。财政政策（政府预算约束等式左边）显然对 GDP、失业以及其他对我们很重要的实际结果有着重要影响。但是，货币政策（政府预算约束等式右边）如何发挥作用？为什么重要？货币政策通过两个主要渠道影响实体经济：机会成本渠道和信贷渠道。

首先，当美联储购买和出售政府债务时，它也就改变了公众可获得的债券供给，这又反过来影响到债券的价格或收益。而且因为金融资产通常是替代品，所以其他资产的收益和政府债券收益按照相同方向变化（参见第 7 章 7.2.1 节）。正如我们在第 13 章和第 14 章中所看到的，金融资产收益的下降将会减少获得新增资本的机会成本，并激励企业扩大投资。这就是机会成本渠道（或利率渠道），在 16.3 节中有更详细的讨论。

第二个渠道取决于美联储的证券投资组合和商业银行的证券投资组合的相互作用。当美联储购买政府债券时，商业银行发现自己持有的央行准备金增加了。增加的这些准备金允许商业银行向企业和消费者增加贷款，而不管美联储的行动可能对债券收益产生何种影响。新增贷款反过来为消费支出或投资提供资金来源。这就是将在 16.4 节中详细讨论的信贷渠道。

除了这两个主要的渠道以外，货币政策还可以通过第三个渠道影响经济——货币政策对外汇市场和国际贸易的影响。我们将在 16.6 节中研究这个渠道。

在研究这两个主要的渠道之前，我们必须更仔细地探讨货币政策的运作方式。

16.2　美联储和银行系统

□ 16.2.1　中央银行

历史介绍

商业银行非常古老。古希腊人和古罗马人就已有了某种银行。非常接近现代银行的银行最初建立于公元 1135 年的威尼斯。中央银行距今时间相对较近。瑞典国家银行（瑞典的央行）建立于 1668 年，是世界上最古老的中央银行。随后英格兰银行（1694 年创立）和法兰西银行（1800 创立）相继诞生，而瑞典央行创立的初衷是为了帮助管理政府债务。

在第一任财政部部长亚历山大·汉密尔顿（1755—1804，其肖像当时印在 10 元钞票上面）的领导下，美国于 1791 年创立了第一银行。这所银行的特许经营权在 20 年后失效。失效 5 年之后的 1816 年，美国第二银行也只被许可经营 20 年。1836 年，美国第二银行希望继续获得经营权的努力失败，被视为美国第一任民主党总统安德鲁·杰克逊（1767—1804）的民主分散化倡议的胜利。民主党的态度导致美国第二银行的覆灭这种看法，在当今美国仍然很普遍，并且解释了为何当今的美国银行比其他工业化国家的银行更加不完整和分散化。

在 19 世纪，中央银行开始在复杂程度不断增加的金融系统中扮演稳定者的角色。大英帝国主宰了世界经济，而伦敦又是它的金融中心。金融系统常常经历周期性的商业危机。那个时候，英格兰银行变成了英国（间接地遍及全世界）商业银行的最后贷款人，虽然有着殷实的正净财产，但英格兰银行手头缺乏足够的现金以满足容易冲动的储户的紧急需求。货币政策从 19 世纪开始到 20 世纪 30 年代的大萧条时期结束，都侧重于如何保证金融系统的稳定。只要金融系统被金银货币锚住，中央银行对实体经济的干预效果就极其有限。

随着 1836 年美国第二银行的终结，美国不再拥有任何一家中央银行。19 世纪的大部分时间里，应对一系列金融恐慌依赖的是大私人银行家的金融实力和商誉。1907 年的金融大恐慌使得由皮尔庞特·摩根（1837—1913）领导的银行家财团竭尽全力来控制金融危机的蔓延以及避免金融系统的全面崩溃。作为对 1907 年金融大恐慌的直接反应，美国联邦储备系统于 1913 年创立。它的责任在于扮演最后贷款人的角色，并且作为"弹性的"货币供应者以满足不断变化的、日益复杂的金融系统之需求。

美国联邦储备系统的组成

联邦储备法案把国家分割成 12 个区，每个区均设立一个联邦储备银行（见图 16—1）。银行位置的选择是根据各个地区经济活动分布情况和人口规模，也许更为重要的是 1913 年国会中政治势力平衡的结果。假如美联储是在 21 世纪初期才创立，那么密苏里州就不太可能设有两个地区性联邦储备银行（圣路易斯和堪萨斯）。

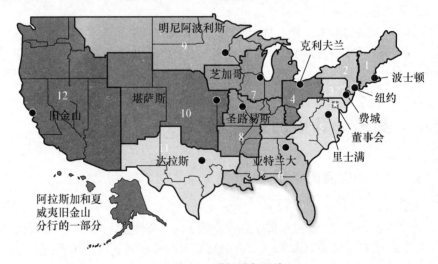

图 16—1　联邦储备系统

注：数字代表的是联邦储备区，城市表明联邦储备银行所在区的位置。联邦储备委员会位于华盛顿特区。

从形式上看，每一个联邦储备银行都是一个由本地区会员银行所拥有的私人公司。实际上，联邦储备银行都是政府机构。打个比方，除去付给会员银行的固定红利外，联邦储备银行的利润都归联邦政府所有；而且，虽然地区性银行日常运作中有一定的自由，但所有重要的货币政策事务和银行规章制度都要受位于华盛顿特区的联邦储备委员会指导。联邦储备系统（委员会和 12 个地区银行）根据其自己的描述，是"一个在政府心目中独立的实体，既拥有公共目的，也拥有私人目的"[1]。作为一个整体的美联储系统——包括联邦储备银行和委员会——通俗地被称为美联储。

美联储委员会由 7 名理事组成，理事由美国总统提名，参议院批准，每名理事任期

---

[1]　2005 年 2 月 15 日从以下网站下载：www. federal reserve. gov/geberalinfo/faq/faqfrs. htm5。

14 年。本·伯南克在 2006 年被首次任命，是现任的（从 2011 年开始）委员会主席。

货币政策的最重要方面由联邦公开市场委员会（FOMC）控制。它由 12 名成员组成，包括：联邦储备委员会的 7 名理事，纽约联邦储备银行行长，以及从另外 11 个联邦储备银行行长中投票选出的 4 位行长。[①] 当新闻媒体报道美联储提高或降低了利率时，它们报道的就是联邦公开市场委员会的决定。

□ 16.2.2　银行资产负债表

美联储和各商业银行之间的关系很容易通过它们的资产负债表（见表 16—1）来理解。

表 16—1　美联储和各商业银行的资产负债表

美联储		商业银行	
资产	负债	资产	负债
政府债券	非银行社会公众持有的钞票	准备金	交易账户
贴现贷款	准备金（准备金余额和库存现金）	贷款	储蓄和大额与小额定期存款
美联储持有的硬币		政府和商业银行债券以及其他资产	贴现贷款
外汇		（联邦基金贷出）	（联邦基金借入）
黄金	净值		净值

美联储的资产负债表

表 16—1 左半边指的是美联储。尽管美联储是一个"政府实体"，但其资产负债表常常是从其他联邦政府的资产负债表中分解出来的。因此，其主要资产显示为政府债券的持有量，债券持有量并不等于通常意义上的债务。实际上，联邦政府这一方持有的是另一种债务。（美联储所持政府债券的几乎所有利润都被返回给财政部。）

左边"资产"这一栏的其他项目很少引起直接的关注。贴现贷款是美联储提供给商业银行的短期准备金贷款。正如美联储可以买卖政府债券一样，它也可以买卖外币（外汇）。大部分的外汇业务是由财政部而不是由美联储来操作的。它们与汇率政策最为相关；不过，正如我们即将看到的（参见 16.6 节），它们也可以在货币政策和经济之间作为一个渠道起作用。美联储资产负债表中的黄金是 1973 年之前的时期遗留的财物，当时黄金是国际账户的结算工具。现在黄金交易对于货币政策而言不再重要。美联储持有的金属货币也被看作一种资产。美联储充当的是各银行所需要的金属货币的分配中心。

现在转向美联储的负债。看看一张美元钞票，最上面的边缘印有"联邦储备钞票"。严格来说，钞票（或纸币）是美联储的负债。1964 年之前，一美元纸币在如下意义上讲是一种负债：它根据需求转换成为银币。现在，一美元纸币至多可换成更新、更挺括

---

① 撰写本章内容时，鉴于 2008—2009 年的金融危机，修改联邦公开市场委员会的结构的建议正在讨论中。

的纸币或者换成硬币，它们本身只不过是货币符号，不再依据金属含量来定价或者被（银行）当作央行准备金。就会计核算目的而言，它们仍旧是美联储的负债。

请注意美联储资产负债表的"负债"这一栏，它仅指非银行公众手中持有的通货。银行存放在保险库中的通货、银行出纳窗口的通货，以及 ATM 机中存有的通货都被称为备用现金，并且被算作银行准备金的一部分。当你从 ATM 机中取出 100 美元时，美联储负债中的通货项目增加，准备金项目下降。

准备金是美联储的另一种负债。准备金或者表现为商业银行在某个地区性联邦储备银行账户中余额的形式，或者表现为库存现金的形式。准备金——特别是当它们被用于在商业银行间进行交易时——通常被称为联邦基金。

商业银行资产负债表

每一种金融负债一定是某人的一种资产。准备金——美联储的负债——是商业银行的一种资产（显示在表 16—1 的右边）。银行最获利的资产是贷款，贷款采取多种形式，其中包括：信用卡贷款，抵押贷款，住房权益贷款，汽车贷款，以及商业和工业贷款。银行也可能拥有其他资产，比如政府和公司债券。

那么银行从何处得到可以放贷的资金呢？贷款资金来源被列在银行资产负债表的负债方，大部分表现为不同形式的活期存款。交易账户，包括需求存款（普通的支票账户存款）以及一些其他容易变现的账户，是 M1 的重要组成部分，M1 是指与作为交易手段的货币最接近的货币总量（参见第 6 章 6.1.1 节和 6.3.2 节）。储蓄和小额定期存款对银行的普通客户来说是很熟悉的。大额定期存款一般采取短期债券的形式，它被称为大额可转让定期存单（CD）。

当客户从银行账户中提取资金或者当银行被请求凭其账户兑付所签发的支票时，或者被指示向其他银行电汇资金时，银行准备金便会减少。为了填补资金的流出，谨慎的银行会自愿地选择持有一些准备金。不管银行谨慎与否，都将会面临法定准备金要求：它们必须持有其交易账户 10％的准备金。目前，储蓄和定期存款不受法定准备金率的约束。[①] 法定准备金率设定的比例一般远高于银行的谨慎需求，而且更多情况下作为一种工具使用，通过这个工具，美联储可以巧妙地控制银行的贷款规模，而不是用于储户资金安全之需（参见 16.2.3 节）。

如果银行发现其准备金不足，它们可以获得更多的准备金。最为直接的方式就是借准备金。比如，可以通过贴现贷款的方式从美联储借准备金。传统而言，美联储不鼓励借准备金这种做法，而且，如果银行借的准备金过多或者借得过于频繁，监管者将对银行账目进行更仔细的核查。这种不受欢迎的审查使得贴现贷款保持在较低水平上。近年来，美联储已开始更多地自由放贷，前提就是银行处于良好运行状态而且提供良好的抵押品，不过却是以高于市场利率的利率水平提供贷款的。

银行也可能从另外一家碰巧具有超额准备金的银行借款。（专业经纪人帮助安排这些贷款。）这些联邦基金的交易会同时出现在资产负债表的借贷双方。因为资产负债表

---

① 1990 年以前，定期和储蓄存款也受法定准备金率的约束，但低于交易账户中法定准备金的比例，而且规模较小的银行的交易账户目前所受到的法定准备金的约束比例（3％）要低于规模较大银行所要求的准备金比例（参见 www.federalreserve.gov/monetarypolicy/reservereq.htm）。

是对每家银行各自的资产负债表的合并，所有银行之间的内部交易通常相互抵消。联邦基金的借出将正好等于联邦基金的借入。这些交易被表示在表16—1的括号中，这样做的目的是为了强调这些交易很重要，尽管对于整个银行系统而言它们的净值一定为零。

联邦基金基本上是隔夜贷款——某天贷出的款项通常在第二天偿还。联邦基金利率，对这些隔夜贷款收取的利息率，是通常所公布的最短的到期债券的收益。联邦基金利率之所以特别重要，是因为它是美国货币政策的目标利率。

□ 16.2.3 货币政策的运行机制

为理解货币政策如何起作用，我们必须首先了解准备金（联邦基金）市场的结构。在2008年，美联储开始为存放在联邦储备银行的准备金支付利息。[①] 这是货币政策操作中的一个主要变化。然而，如果我们首先考虑自二战以来的大多数时期美联储并不支付准备金利息时联邦基金市场的运作，就要容易理解得多。接着我们考虑近期的变化。

传统联邦基金市场

联邦基金（准备金）市场可以通过一个简单的供需图形来描述。在图16—2中，美联储投向市场的准备金供给以 R 正上方的垂直线表示。

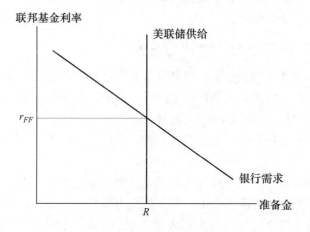

图 16—2　联邦基金市场

注：准备金的供给在很大程度上取决于美联储以往的公开市场操作，而且对于联邦基金利率水平不敏感。准备金需求取决于银行持有这些准备金的机会成本，它是联邦基金利率的负函数：银行拥有一美元准备金，就会损失该一美元准备金在联邦基金市场上贷出去所可能获得的利息，但好处在于，如果出现意料之外的准备金短缺，银行不必从市场借款。自然地，均衡就是供给等于需求，它决定了联邦基金利率。

准备金供给主要取决于美联储对政府债券的购买，并且不管联邦基金利率（r_{FF}）如何变化，准备金供给不变。[②]

---

① 该变化于 2008 年 10 月 6 日宣布，这一天也是美联储操作程序引入另一著名变化——非借入的准备金目标——的第 29 周年纪念日，这一变化发生在 1979 年 10 月 6 日，标志着美联储主席沃克尔的货币主义实验的来临。参见本章关于这部分内容讨论的附录。

② 这是一种简化，因为各银行也可能从美联储借入准备金（贴现贷款）。每当贴现率低于联邦基金利率时，这种准备金借款变得比从其他银行借款更有吸引力。承认这一点会给准备金供给曲线带来更复杂的形状。但在传统的美联储规则之下，美联储将贴现率定在联邦基金利率之上，以致只存在微乎其微的贴现借款；因而，我们通常可以不考虑这种复杂性。

银行需要准备金来满足法定准备定金要求和谨慎之需。令银行不愉快的是，在其"传统"的操作规程中，美联储并不支付准备金利息。不过，在传统的操作规程中，某家银行可以通过把其超额准备金贷给其他需要准备金的银行而获利。每一家银行都必须考虑持有额外一美元准备金的机会成本。

一方面，如果银行持有美元货币，它失去的可能是贷出这些美元所获得的收益——以联邦基金利率（r_{FF}）计算的利息。

另一方面，如果银行持有美元准备金，这部分美元准备金仍然要保持可利用状态，以防万一要用它来兑付未兑支票或者电子资金（或电汇）转账。美元准备金的价值是什么？如果银行的确缺少准备金，银行本身将不得不借入美元并支付联邦基金利率。正如一般的经济决策那样，银行是在不知道结果的情况下选择其行动过程的。银行可能决定持有美元，然而，到了最后，却并不需要它。此时，银行确定无疑的是失去利息收入。但也存在某种可能性（对于"准备金损失的概率"，称之为 prl），即银行将被请求使用美元，那么，持有美元就避免了需要借款来履行承诺这种行为。这种预防措施的价值就是准备金损失的概率乘以按照联邦基金利率借款的成本：$prl \times r_{FF}$。

持有一美元准备金的机会成本因而就是不将这一美元准备金贷放出去的确定的损失减去避免必须借款的可能的收益：

$$机会成本 = r_{FF} - prl(r_{FF}) = (1 - prl)r_{FF}$$

注意，随着联邦基金利率上升，机会成本本身也上升。当机会成本较高时，银行希望持有更少的准备金。因此，就银行体系而言，图16—2中的准备金需求曲线应该向右下方倾斜。同时注意到，当准备金损失的概率增加时，持有准备金的机会成本越低。所以，在每一个联邦基金利率水平上，银行都将需要更多的准备金，因而准备金需求曲线将向右移动。

所有未偿还的准备金一定被这家或那家银行所持有。在某一特定的联邦基金利率水平上，任何一家不愿意持有准备金的银行都将努力将其贷放出去，在此利率水平上任何一家想要更多准备金的银行都将努力借入准备金。因此，联邦基金利率必须作出调整，一直调整到由准备金供给和需求相交所决定的那个利率值上。

公开市场操作

美联储可以通过买卖一些资产来控制准备金存量和联邦基金利率。实际上，美联储正常情况下都将其自身限制在政府债券上。这种政府债券的买卖被称为公开市场操作。美国联邦公开市场委员会决定美联储的政策。自二战以来的大多数时期内，公开市场政策一直被指向控制利率。而且自1980年以来，这项政策包含针对联邦基金利率的一个明显的目标（或目标区间）。[①]

联邦公开市场委员会在华盛顿开会（通常一年8次）来评估经济形势，并决定下次会议之前的货币政策。联邦公开市场委员会的政策被概括在一份交给公开市场部的操作指南中，公开市场部是纽约联邦储备银行与所选择的政府债券经纪人打交道的办公室。

[①] 从1979年末一直到1982年，联邦公开市场委员会为联邦基金目标利率设定了如此之宽的区间，以致它实际上没有起到约束作用。本章附录中有关于这个时期的详细讨论。

每一天，公开市场部监控联邦基金利率并决定其需要提供的准备金数量以达到公开市场委员会的目标要求。通常，它能够做到非常精确。

设想联邦公开市场委员会希望降低联邦基金利率。图16—3表明如何才能通过政府债券的公开购买来实现这一目标。图16—3中左边的图与图16—2中的联邦基金市场相似。图16—3中右边的图表示的是政府债券市场。政府债券的供给表示为B_G处的垂直线。它取决于赤字的历史记录，并取决于政府对债务到期结构的选择。公众对于政府债券的需求被表示成一条向右上方倾斜的直线：收益越高（价格越低），公众希望持有的债券越多。

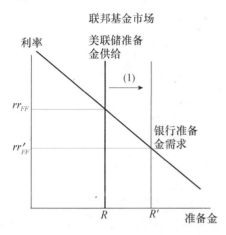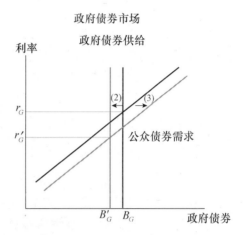

图16—3　公开市场购买

注：公开市场购买包括美联储使用准备金购买政府债券。这增加了准备金供给（移动1），并减少了政府债券的供给（移动2）。除此之外，因为准备金和政府债券是替代品，政府债券的需求曲线也向右移动以作为对联邦基金利率下降的反应。净影响就是准备金存量增加，政府债券存量下降，以及两种工具的利率均下降。

当美联储购买政府债券时，它就是用更多的准备金向商业银行贷款。银行反过来将款项贷给向美联储出售债券的那些人，这是通过在这些人的银行存款账户上增添更多货币的方式实现的。准备金供给的增加被表示成准备金供给曲线从R移动到R'（图中的（1））。这使得联邦基金利率从r_{FF}降为r'_{FF}。当然，美联储购买1美元政府债券同时也就减少了公众手中的1美元债券。

政府债券供给曲线（图中的（2））的移动幅度在图中表示为相对小于准备金曲线的移动幅度，因为政府债券市场要比联邦基金市场大得多，因此隐含在右边图中表示政府债券的横轴上的度量单位比左图中表示准备金的横轴上的度量单位大一些。从经济意义上讲，政府债券利率的直接下降较联邦基金利率下降的概率可能要小一些。

这里还有一个间接需求效应需要考虑。在银行证券投资组合中，联邦基金和政府债券是替代品。正如我们在第7章（7.2.1节）中所见，当某种金融工具（这里是联邦基金）的收益降低时，对其他金融工具（这里是政府债券）的需求便会增加。这在图16—3中被表示为公众对政府债券的需求曲线（图中的（3））向右移动，这进一步使政府债券利率降低。合并直接与间接效应的结果被表示为债券利率从r_G降到r'_G。① 公开

---

① 实际上，准备金需求曲线可能也会移动，因为它也会对政府债券收益的变化作出反应，但由于这种反应可能很小，我们并没有考虑这种移动。

市场购买是扩张性货币政策（也称宽松的货币政策）的一个例子：较低的利率刺激支出和总需求。

政府债券的公开市场销售按照完全相反的方向起作用：美联储减少准备金存量，从而使得联邦基金利率和政府债券利率上升。公开市场出售是收缩性货币政策（也称紧缩的或更约束的货币政策）的一个例子。利用公开市场操作，美联储可以使联邦基金利率处于其所选定的任一水平上。

公告操作

我们在第 7 章了解到对于金融资产的需求并不是一个纯粹的、机械的东西，而是主要取决于对未来的预期，这种对未来的预期则受到千变万化的信息的影响。联邦基金市场也一样。美联储打算将联邦基金利率定在什么水平上可能是最重要的信息。多年来，联邦公开市场委员会在会议后很长一段时间内都对审议结果和目标利率保密。即便如此，一位"美联储观察者"仍然能以相当高的准确度推测美联储实际的目标利率。在 1994 年，美联储开始在联邦公开市场委员会会议当日公布目标利率。

市场趋向于利用联邦基金目标利率作为需求的重要依据。因此，一旦目标利率被知晓，即便美联储实际上并未进行公开市场操作，市场需求曲线也会迅速趋于目标利率。由于仅仅通过公告就能在实际上达成这样的效果，所以目标利率的变化有时被称为公告操作。这并不意味着公开市场操作不重要。相反，公开市场操作却成了一个威胁。我们知道美联储能够迫使联邦基金利率发生改变，套利行为促使市场在没有实际的公开市场操作的情况下就趋向目标利率。为明白其中的道理，想想美联储如果降低目标利率将发生什么。没有银行会在更高的利率水平上借债，因为美联储早已承诺，如果需要就通过公开市场操作降低联邦基金利率。贷款银行之间的竞争将会促使实际利率降到借款银行愿意支付的水平。通过公开市场操作实行目标利率这种确实可信的威胁促使借贷双方关注目标利率。虽然美联储并不直接设定短期国库券目标利率，但一个类似的过程却在起作用，使短期国库券利率与目标联邦基金利率保持一致。

图 16—4 表明了公告操作如何简化联邦基金目标利率的设定。美联储宣布联邦基金目标利率由 r_{FF} 降至 r'_{FF}。银行需求曲线立即移动（参见图中的（1）），直到与不变的美联储供给曲线交于新的联邦基金利率。因为准备金实际上并没有被买卖，所以政府债券的供给并没有受到影响，但公众对政府债券的需求因为套利增加了（参见图中的（2））。政府债券利率从 r_G 降为 r'_G。

生息的准备金

虽然某家银行借入准备金时必须向贷出准备金的银行支付联邦基金利率，但根据传统，仅仅持有美联储准备金的银行是没有利息可言的。在新的操作规程中，银行对于其所持有的美联储准备金具有利息收入，利率略低于联邦基金目标利率。①

---

① 法定准备金的确切利率（截至 2012 年 3 月）比针对两周准备金会计期间的平均目标利率低 10 个基点（＝0.10%），而对于超额准备金而言，利率要比与以上相同的会计期间的最低目标利率低 75 个基点。（一个基点等于一个百分点的百分之一。）

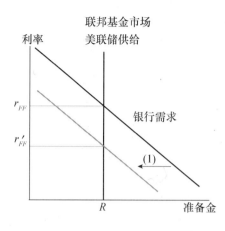
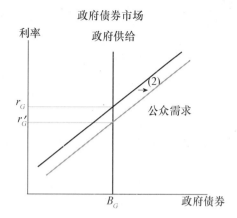

图 16—4　公告操作

注：公告操作发生在美联储宣布一个新的目标利率时，对于联邦基金市场而言，这变成了一个重要的参考依据。如果美联储宣布一个新的更低的目标利率，银行的准备金需求曲线左移（图中的（1）），从而联邦基金利率下降，即使准备金供给保持不变。由于准备金和政府债券互为替代品，在对联邦基金利率下降作出反应时（图中的（2）），公众对政府债券的需求增加，从而使政府债券的利率也下降。

这项政策的影响在于降低了商业银行持有准备金的机会成本，因而也降低了银行将准备金贷给其他银行的动力。

为了明白其中的含义，考虑一下图 16—5，该图是对图 16—2 的一个修正。美联储对准备金支付利息（r_{floor}）的那个利率水平设置了一个低于市场利率的限制。在此利率之下，没有一家银行会贷出准备金。因此，持有准备金的需求曲线，其形状与图 16—2 中的形状完全相同，只不过在最低限制利率以上有一个弯折，而在最低限制利率 r_{floor} 处该曲线变成水平线。如果准备金总供给曲线处于 R_1 所示水平，则最低限制利率没有约束力，对市场的分析结果同传统情形中的分析结果一样。另一方面，如果准备金总供给曲线位于 R_2 点所示水平，此处它与银行对准备金的需求曲线交于弯折点的右边，最低限制利率起到约束作用，此时的联邦基金利率由 r_{floor} 决定。

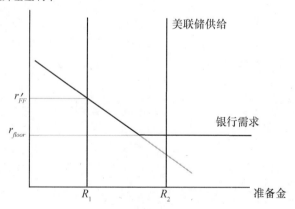

图 16—5　联邦基金市场

注：当美联储对于商业银行存放在联邦储备银行的准备金支付利息时，美联储设置一个最低限，或市场利率的最低限，因为没有银行会在低于 r_{floor} 的情况下向其他银行贷款。实际上，它使银行的需求曲线出现一个弯折。在 R_1 的准备金供给水平上，最低限制利率 r_{floor} 没有起到约束作用，联邦基金市场按传统的方式起作用。但在 R_2 的准备金供给水平上，最低限制利率 r_{floor} 具有约束作用，而且联邦基金利率由最低限制利率 r_{floor} 决定——其本身又是由美联储自己的联邦基金利率目标决定的。

当最低限制利率具有约束作用时，新政策给予美联储对准备金市场更大的控制力。而在传统的操作程序下，银行准备金需求的任何波动都将改变联邦基金利率，在新的操作程序下，对联邦基金利率的设定更精确——目标利率由最低限制利率决定。如果美联储希望改变联邦基金利率，仅仅通过降低或提高目标利率就可以做到这一点，目标利率的变化相应地改变最低限制利率。

贴现窗口政策

公开市场操作无疑是现今最重要的货币政策工具。当然，美联储仍有其他工具。其中之一就是贴现政策。美联储可以决定贴现利率，即某一商业银行从其所在区联邦储备银行借入准备金所支付的利率。美联储据以进行贴现贷款的制度机制被称为贴现窗口。

在经济大萧条爆发之前，贴现贷款是银行体系准备金的主要来源。从 20 世纪 30 年代一直到 2008—2009 年的金融危机，贴现贷款通常很小。2007 年 12 月的经济衰退发生之前的 11 月份，贴现贷款规模大约为 3.36 亿美元，低于未清偿的银行准备金的 0.5％。就二战后的绝大多数时期而言，美联储设定的贴现利率都低于联邦基金利率。实际上，这样一种政策原本应该会鼓励银行向美联储而不是向其他商业银行借款。然而，正如之前提到的，美联储对于经常的或者大笔的贴现借款是不赞成的，而事实上，美联储所维持的是阻碍这种行为的各种规制。不过，美联储最近已改变了其政策。对大多数借款人来说，美联储将贴现率设定在联邦基金利率之上（以致商业银行一般只在应急时才想到向美联储借款），但美联储也欢迎银行从排名较好而且具有优质抵押品的银行借款。

尽管在正常情况下贴现窗口政策在日复一日的货币政策中重要性不大，但是，当美联储被请求充当最后贷款人的时候，贴现贷款政策仍然扮演着很重要的角色。世贸中心遭遇恐怖袭击后，当时纽约的正常银行清算机制被完全破坏，贴现贷款从 2001 年 9 月 11 日前的 1.56 亿美元立即飙升至此后的 66 亿美元。应急性处理措施很快就使必要的基础设施得以恢复，3 周之后，贴现贷款降回 6.12 亿美元，5 周之后实际上约为 "9·11" 之前的一半。

2008—2009 年的金融危机为美联储通过贴现窗口充当最后贷款人角色提供了唯一一个最引人注目的例子。为了保护银行体系的流动性，美联储增加贴现贷款的数量是 2007 年 11 月时的 1 100 多倍，在 2008 年 11 月达到 4 030 亿美元的水平。

法定准备金

美联储也可以改变法定准备金。法定准备金的增加相当于图 16—2 中准备金需求曲线向右移动。它很像是在公开市场中卖出政府债券，将使得联邦基金利率上升。在 20 世纪 50—60 年代，法定准备金变动频繁。此后，美联储基本上已经放弃了将变动法定准备金作为货币管理的一种工具。例如，自 1992 年以来，交易账户中的法定准备金一直保持在 10％。

16.3 货币政策的机会成本或利率渠道

利用短期利率作为其主要工具来刺激或抑制总需求，货币政策制定者据此力求改善宏观经济运行结果。这个过程有两个步骤：

1. 利率的改变影响投资，但资本通常是经久耐用的真实资产，所以恰当的机会成本是长期利率，而不是短期利率。美联储必须以某种方式利用联邦基金利率来控制长期利率。

2. 利率政策影响名义利率，但真实投资和真实总需求取决于真实利率。在选择合适的名义利率时，货币政策必须考虑到预期的通货膨胀率对名义利率的影响。

□ 16.3.1　使用短期利率操控长期利率

情境1：联邦基金利率的一个可信的持久变化

依据利率期限结构的预期理论（参见第7章7.4.2节），长期利率可以视为目前和预期的未来短期利率的平均。如果美联储改变联邦基金利率，这将会影响整个利率期限结构。图16—6展示的是一种理想的情形。

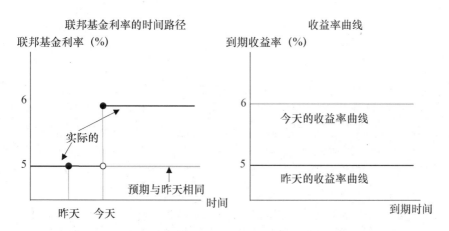

图16—6　联邦基金利率的一次持久上升对收益率曲线的影响

注：联邦基金利率的一次意料之外的、持久的上升使收益率曲线垂直上移。

左边图形显示的是联邦基金利率的时间路径。设想一下，在一个很长的时间内，联邦基金利率一直维持在5%的水平，并且直到昨天为止，公众作出的预期是，在可预见的未来，联邦基金利率还是维持在5%的水平上。如果忽略风险，那么很容易计算出（参见第7章7.4.2节）每种到期债券也将产生5%的收益率——否则将存在套利的机会。右图中昨天的收益率曲线反映的是这种单一的期限结构。

现在设想美联储今天出人意料地将联邦基金利率提高至6%，并且宣布其试图无限期地维持在这一利率水平上。那么今天的收益率曲线表明每种到期债券的收益率将不得不快速上升至6%以中止新的套利机会。在理想的状况下，美联储可以利用最短期债券的某种单一利率来控制每种较长到期债券的利率。

情境2：公众认为联邦基金利率的变化是暂时的

情境1使得货币政策看起来过于简单。不幸的是，美联储从来就不会宣布其将联邦基金利率控制在不变水平的意图。而且，即便美联储这样做了，任何观察过联邦基金利率大幅波动历史的人也没有理由相信美联储的这种意图。其实不是美联储的实际意图对于收益率曲线至关重要，相反，公众认为美联储的意图何在更为重要。

图 16—7 中的左图显示的是美联储试图采取与情境 1 相同的政策。但是在情境 2 中，公众认为美联储将使联邦基金利率提高一个百分点以达到 6％，而且使新利率维持仅一年的时间，之后又回到原来 5％的水平。

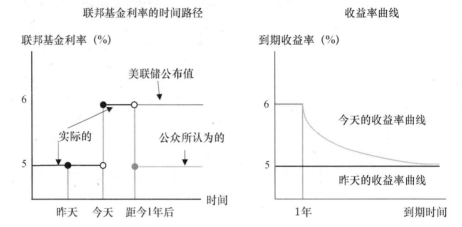

图 16—7　联邦基金利率的一次持久上升对收益率曲线的影响

注：公开宣布的联邦基金利率的一次永久性上升将不一定导致收益率曲线的垂直方向的平行移动，如果公众不相信央行公开宣布的政策的话。在图中，公众认为美联储将在一年后逆转其政策。就债券到期时间在 0～1 年之间而言，结果就是收益率曲线向上移动，上移的距离就是联邦基金利率增加的全部数量，而对于每一种到期时间更长一些的债券，收益率曲线移动的数量就更少一些。因为较长到期时间的债券收益率是预期的未来短期利率的平均，到期日越长，给予第一年的联邦基金利率的权重就越小，现期的收益率就越低。

因此，运用期限结构的预期理论，从 1 天到期到 1 年到期的每一种债券必定获得 6％的收益。这一点用图 16—7 右边图形中上面那条浅颜色曲线的左侧平坦部分来表示。注意到 2 年期利率是现在的 1 年期利率与预期的下一年 1 年期利率的平均值：$(6％+5％)/2=5.5％$。3 年期利率是现在的 1 年期利率与预期的随后两年的 1 年期利率的平均值：$(6％+5％+5％)/3=5.33％$。依此类推。隐含在该情形中的收益率曲线对于长于 1 年的所有到期时间来说是向右下方倾斜的。这条曲线总是高于 5％，但在较长到期时间处，该曲线仅位于昨天的收益率曲线上方一点点而已。在情境 2 下，货币政策只会略微地降低总需求，因为不会使长期利率提高很多。

可信度

情境 1 和情境 2 是两个极端的例子。联邦公开市场委员会并不试图隐瞒其为了应对不断变化的经济形势而根据联邦基金利率调整其目标利率的事实，而且从来不会公开宣布哪一次变化是永久性的。但是上述这两种情境的确强调了并不是仅有美联储的意图才重要这一事实；公众对于美联储政策的信任程度也同样重要。

例如，以下情况也将产生相同的收益率曲线：

（i）美联储宣布联邦基金利率将在一年中增加一个百分点，然后回到原来的水平，而且公众相信美联储；

（ii）美联储宣布联邦基金利率将会永久性地增加一个百分点，但公众坚持认为美联储将进行反向操作，并且在一年之后将联邦基金利率降低一个百分点。

在第一种情形中，美联储达到了其想要的利率模式。在第二种情形中，美联储希望长期利率上升的幅度与短期利率上升的幅度相同，但是，由于缺乏可信度，其政策受挫。

在 20 世纪 70 年代，公众——特别是金融市场——逐渐认为不能指望美联储会采取这样一种对抗通货膨胀的政策：通过更高的利率来限制总需求。不管这个信念是否被证实，美联储的政策还是缺乏可信度的，这种可信度是由美联储使用联邦基金利率来提高或降低长期利率的能力构成的。美联储主席，保罗·沃克尔（1979—1987）和艾伦·格林斯潘（1986—2007），因重新恢复了对宏观经济运行的影响而广受赞扬。沃克尔和格林斯潘向人们展示，如果有必要，他们愿意将联邦基金利率提到很高的水平，不断紧缩货币政策，并不断降低通胀，即使以高失业率作为代价。一旦美联储重新证明其能够打击通胀，一旦保罗·沃克尔和艾伦·格林斯潘建立起可信度，那么联邦基金利率的较小增加就可能达到所想要的效果。

□ 16.3.2　长期利率、真实利率、产出和通货膨胀

如果美联储可以成功地运用联邦基金利率来设定长期利率，那么它应该选择多高水平的长期利率？

稳定的通货膨胀率

投资部分地取决于其机会成本（参见第 13 章和第 14 章 14.5.1 节）。我们把机会成本计算成某种债券的事前真实报酬率（rr^e）与真实资本的真实报酬率（ρ）之间的差额：$rr^e - \rho = (r - \hat{p}^e) - \rho$（参见第 13 章 13.3.1 节）。圆括号中的那一项提醒我们，真实利率是经预期的通货膨胀率校准后的利率。为了设定一个特定的真实利率，货币政策制定者必须关注通货膨胀率。政策制定者遇到的问题可以通过第 15 章组合成的 IS/菲利普斯曲线图展示出来（参见第 15 章表 15—10）。

设想美联储准备接受现期的通货膨胀率 $\hat{p}_0$，但又想阻止其继续加速上涨，同时不愿意让产出下降（或失业率上升）来降低通货膨胀率。美联储应该将名义利率设在什么水平上呢？

图 16—8 的下半部分表明 NAIRU 是 $\tilde{Y}_N$。该图的上半部分表明，为达到 NAIRU 的总需求水平，真实利率水平需要达到 rr_N。给定当前的通货膨胀率，美联储力图达到 $r_N = rr_N + \hat{p}_0$ 的长期利率水平。[1]

图 16—8 的一个重要结论就是：货币政策松紧与否不能仅依据市场利率水平作出判断——联邦基金利率与长期利率均不能作为判断依据。

例如，当预期通胀率为 1%（因而真实利率为 5%）时，6% 的利率可能就是紧缩性货币政策，但当预期通胀率为 5%（从而真实利率为 1%）时，6% 的利率很可能就是宽松性货币政策。

---

[1]　瑞典经济学家纳特·维克赛尔（1851—1926），以及英国经济学家约翰·梅纳德·凯恩斯（1883—1946）在《货币论》（1930）中，将保持通货膨胀率不变的类似 r_N 这样的利率称作自然利息率。实际上，米尔顿·弗里德曼通过与维克赛尔的用法进行有意的类比创造了自然失业率这个术语。

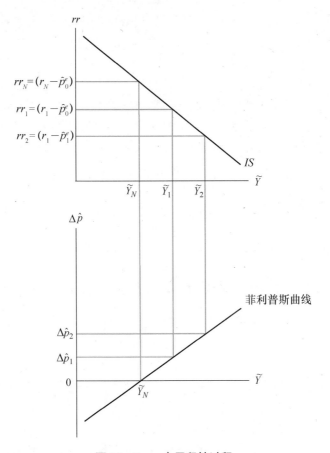

图 16—8　一个累积性过程

注：总需求由 IS 曲线来表示。为了保持 $NAIRU$，真实利率必须设定在总需求等于 $NAIRU$（$\tilde{Y}_N$）处。就初始的通货膨胀率水平 $\hat{p}_0^e$ 而言，美联储的目的在于某一联邦基金利率，该利率产生一个名义长期利率（r_N）以达到 rr_N 的真实利率。如果货币政策导致较低的真实利率水平，那么总需求超过自然率水平并且价格开始加速上升。对于相同的名义利率水平来说，通货膨胀率的上升进一步降低了真实利率，而且价格增速越来越快。

累积性过程

回想第 15 章（15.3.3 节）可知，$NAIRU$（被表述为一种失业率）通常比充分就业的失业率稍高一些，充分就业的失业率被定义为劳动供给等于劳动需求这一点。当经济处于 $NAIRU$ 时，关心失业的货币政策制定者可能会受到诱惑：如果他们将长期利率降低一点，比如降为 r_1，预期的通胀未受影响，则图 16—8 中的真实利率将会降到 $rr_1 = r_1 - \hat{p}_0^e$；产出将会上升到 $\tilde{Y}_1$，失业率将下降。这是好的一面。

不好的一面显示在图的下半部分。菲利普斯曲线表明总需求的增加导致物价加速上涨。当预期完全是适应性预期时，新的预期通胀率会更高（$\hat{p}_1^e = \hat{p}_0^e + \Delta\hat{p}_1$），真实利率进而更低（$rr_2 = r_1 - \hat{p}_1^e$），即便美联储将名义利率保持在 r_1 上不变。真实利率的下降将总需求进一步推向更高的水平 $\tilde{Y}_2$。这无疑又导致价格进一步加速上涨。起初名义利率的这种下降已引发了一个累积性过程，在此过程中，更高的总需求导致价格的不断加速上涨和更高的通胀，而这又进一步导致更高的总需求，依此类推。

不断加速上涨的价格是试图将经济推至 $NAIRU$ 之下的自然结果。但这一事实并不表明努力是徒劳的。取决于预期调整有多快以及美联储在多大程度上愿意接受通货膨胀的后果，经济可能享有一段时期的产出增加和较低的失业。但这也确确实实表明，接受这样一种政策是有成本的。最终，对通货膨胀的厌恶将超过对更充分的就业的渴望，政策将不得不逆转。价格被允许加速上涨得越厉害，将经济从通胀中解脱出来就会越难，代价就会越大。

货币政策起作用的状况取决于经济状况

即使美联储采取了使通货膨胀保持不变的一种利率政策，它也必须保持警惕，并随时做好准备以灵活应对不断变化的情况。例如，当经济繁荣接近结束时，资本的真实报酬率趋向下降，因为企业已经用完最有利可图的机会并且很可能过度投资了（这一点很容易被看作是当 GDP 增长仍然强劲的一段时期内资本利用率的下降）。ρ 的下降导致每一真实利率水平上更低的投资水平，也就是图 16—9 中所示的 IS 曲线的左移。

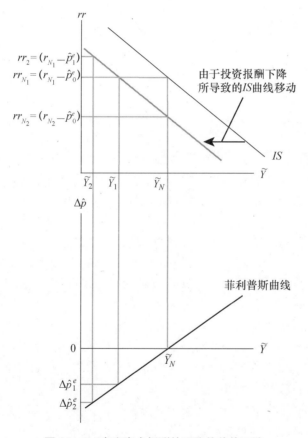

图 16—9　真实资本报酬的下降使价格下降

注：从真实利率位于 rr_{N_1}、通货膨胀率为常数的 NAIRU（$\tilde{Y}_N$）处开始。投资的真实报酬下降使 IS 曲线左移，从而使总需求减少并以 $\Delta \hat{p}_1$ 的速度使价格下降。更低的通货膨胀率提高了真实利率，对于一个固定的名义利率来说，这会进一步降低总需求，并进一步使价格减速。这个过程是累积性的，除非货币政策能够使长期名义利率减少（rr_{N_2}）到足以使经济重新恢复 NAIRU。

刚开始，总需求位于 NAIRU 处，此时的名义利率为 r_{N_1}，相应的真实利率为 rr_{N_1}。为使经济在面临 IS 曲线左移时仍然维持在 NAIRU，美联储应该以更低的长期利率 r_{N_2} 为目标，此时真实利率为 rr_{N_2}。如果联邦公开市场委员会出于疏忽将长期利率保持在

r_{N_1} 会怎样？

r_{N_1} 这一利率一开始是与 rr_{N_1} 的真实利率相对应的；但在新的 IS 曲线上，r_{N_1} 这一利率意味着校准产出低于 $NAIRU$，为 $\hat{Y}_1$，根据菲利普斯曲线，这个产出导致价格的一次减速（$(\triangle\hat{p}<0)$）。新的通货膨胀率为 $\hat{p}_1 = \hat{p}_0 + \triangle\hat{p}_1$。如果名义利率继续维持在原来的水平上，并且预期与现在更低的通胀率相适应，则真实利率增加到 $rr_2 = r_{N1} - \hat{p}_1$，这进一步削减了投资和总需求，并进一步使价格下降（$\triangle\hat{p}_2 < 0$）。

由于未采取任何直接干预行动，美联储已经允许货币政策变得紧缩了。正如在前面的情形中一样，IS 曲线的移动已经引发了一个累积性过程——不过这次的方向正好相反：更低的总需求导致不断减速的价格及更低的通货膨胀，由此导致更低的总需求，如此等等。

▍16.4 信贷渠道

除了机会成本渠道（或利率渠道）外，货币政策也可以通过信贷渠道更直接地影响实体经济。

□ 16.4.1 狭义信贷渠道

如果美联储通过公开市场操作降低了准备金的供给，一些银行会发现它们的准备金不足以满足法定准备金的要求。当一家银行准备金短缺时，可以在联邦基金市场上借入准备金。但当整个银行体系准备金短缺时，就没有足够的资金用来满足所有银行了。在争夺准备金的过程中，商业银行会驱使联邦基金利率上涨。这应该通过利率渠道影响经济，但并没有解决银行面临的难题——它们仍然缺乏准备金。

这有两种可能。第一，商业银行通过增加更多的负债来筹集更多的准备金。大银行可以出售能与商业票据、短期国库券和其他短期债券相竞争的大额可转让存单（CD）。这些 CD 不需面对满足法定准备金要求问题。

第二，银行也有能力将一些可获利的资产转换为准备金。各种不同形式的借款形成了商业银行投资组合的最大的资产面进项。一些借款是见票即付的，但通常是不好的企业最早要求借款。银行也持有政府和商业债券。这些都是有存在的市场。在短期，银行可以出售这些债券，将收益当作准备金持有。

在稍长一些的时期内，银行可能减少其贷款组合。银行每天都会收到一些偿还的利息和未到期贷款的本金。如果持有这些资金而不作出努力将它们再次贷放出去，银行的准备金余额就会增加。为了实施这个政策，银行使其贷款标准更加严格：对新客户设置更高的信誉标准；要求更高的担保金和更高的预付定金；坚持更小的平均贷款额度；进行信贷配给，即便银行没有索要更高的利率。

这些行动似乎将改善任何一家银行的准备金状况，但是因为准备金存量是固定的，因此，它们不能靠自身来改善整个银行体系的准备金状况。但是因为银行将其资产投资组合从贷款转向准备金，整个银行体系的存款也随之减少。这个最容易理解，比如说，当一辆汽车贷款被还清时，如果我向银行签发一张支票，那么银行会从我的支票账户存款中扣除支票上标明的金额（我的负债下降）；此时如果银行没有将获得的资金贷给另一个客户，银行的借方资产也下降。由于存款比以前减少，银行体系对于准备金的的需要也减少了。

当信贷配给在银行体系中变得比较普遍时，就会出现信贷挤压，经济活动变慢。一家建筑商或许没有能力投标承包一个项目，因为银行已经将该建筑商的信贷最高限额降到了其购买日用物资和发放工资所需要的额度以下。一家软件企业可能不得不因此裁员并抑制其扩张计划。一个濒临倒闭的餐馆甚至可能不得不选择关门歇业。同样，一对夫妇或许没有能力找到一笔足够的房屋抵押贷款来为他们的首套住房融资。一个刚毕业的研究生可能推迟购车计划。

常常最容易将信贷看成仅仅是通过价格来配给的：当信贷处于需求旺盛或者供给不足时，利率上升；当信贷处于需求疲软或者供给充足时，利率下降。无论利率水平如何，公司或者公众都可以在这个利率水平下借到他们所想要的任意数量的资金。他们计算的只是一个机会成本而已。这是被称为完美资本市场的一种理想情形。真实的世界是不完美的。事实上，个人和企业并不能借到想要的资金。贷款者考虑的是贷款的风险和借款人的抵押品。借款购买一所房子要比融资办社交聚会容易得多而且便宜得多。如果借款人在一项房屋抵押贷款上违约，银行总是能够没收这所房子，而且至少收回所贷资金数目的一个可观部分。

到目前为止所描述的信贷渠道，有时被称作狭义信贷渠道。即使利率没有发生多大变化，货币政策也可以通过该狭义信贷渠道来起作用。

□ 16. 4. 2 广义信贷渠道

对于确实改变了利率的货币政策来说，它也可以通过广义的信贷渠道起作用，该渠道强化了机会成本概念。

广义信贷渠道是通过企业的金融资产组合的价值变化来起作用的。我们从第 6 章（6.2 节）中获悉，不断上升的利率使得企业证券投资组合中的金融资产的市场价值减少——既包括生息债券，也包括股票，因为替代和套利的缘故。不断上升的利率也使得必须用来还本付息的现金增加。如果银行或者金融市场愿意借款给任何一个企业的数量取决于企业的金融证券投资组合的强度，那么资产负债表的恶化和现金流失都会减少其借款机会，并可能导致其信用评级降低。风险溢价（例如，根据具有相同到期日的公司债券和政府债券收益之差来衡量）随着违约风险增加而上升。即使企业有能力借到钱，其机会成本却已经上升了，因此，企业投资变少了。

无论是狭义还是广义，信贷渠道的运行都源于市场的不完善。举个例子，如果一家银行可以容易地通过卖出大额可转让存单来筹集资金，也就没有必要在面对准备金不足时减少贷款。与大型银行相比，小型银行更难进入金融市场。同样，如果银行不愿扩大信贷，那么有着良好信用评级的大企业常常可以转向债券市场——特别是短期商业票据市场。因此，在通常情况下，信贷渠道很可能更多地经由较小的银行和较小的或者信誉较差的企业来起作用。信贷挤压*对于经济中的这部分小银行或小企业打击更为严重。

---

* 也有人译成信贷危机或信用紧缩。——译者注

经济形势并不总是处于正常运行状态，2008—2009 年的金融危机充分证明了这点。危机引人注目之处乃源于最大的、先前最强的银行突然面临对于其偿付能力的怀疑，而且发现很难筹集资金。同样，AAA 级公司发现商业票据市场早已干涸。为了应对造成这种局面的危机和衰退，美联储将联邦基金利率降至零。机会成本渠道已经没有扩张的力量，整个金融系统和公司部门流动性受到约束，因此信贷渠道——通常是货币政策的微调——变成了美联储的主要工具。

□ 16.4.3 信贷渠道的运作

无论是狭义还是广义，信贷渠道都是通过移动 IS 曲线来起作用的。从 $NAIRU(\widetilde{Y}_N)$ 开始，此时真实利率为 rr_N，通货膨胀率为常数，图 16—10 显示的是一次信贷挤压：以准备金相对于 GDP（或潜在 GDP）的下降所表示的偏紧的货币政策减少了一些企业进入金融市场的途径，并使得这些企业在每一真实利率上的投资减少，使得 IS 曲线向左移动。当然，这项政策也可能导致更高的真实利率，比如位于 rr_1 的真实利率水平。

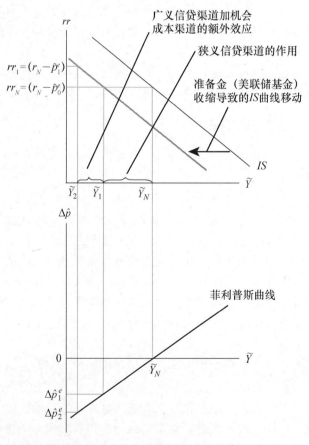

图 16—10 货币政策的信贷渠道

注：面对准备金的不断变化，信贷渠道通过银行贷款的非价格配给起作用。此处准备金的下降（信贷紧缩或信贷挤压）使银行贷款减少，这依次减少了靠贷款获得资金的投资和消费支出，从而使 IS 曲线左移。狭义信贷渠道指的是总需求的下降和价格的下降，两者甚至是在一个不变的利率水平下出现的结果。广义的信贷渠道增加了银行贷款配给的更进一步的影响，这是利率上升时家庭和企业的净财产下降的结果。

狭义信贷渠道以校准产出在原来的真实利率水平上下降到 $\hat{Y}_1$ 来表示，从而导致 $\Delta\hat{p}_1^c$ 的通货膨胀率的下降。如果真的出现利率上升，将会有惯常的机会成本效应。如果在 IS 曲线上移动的任何部分之所以发生仅仅是因为真实利率水平上升了，则起作用的就是广义信贷渠道。广义信贷渠道和机会成本渠道的综合效应以校准产出进一步降到 $\hat{Y}_2$ 表示，同时伴随着 $\Delta\hat{p}_2^c$ 的通货膨胀率的进一步下降。

专栏 16.1 ☞

货币政策对 2008 年金融危机的反应

始于 2008 年 10 月的金融危机已受到多方指责。当时，经济衰退已近 1 年。房价上涨已超出其他价格上涨的比例和 GDP 增长的比例，更是超出历史先例——一些人称之为"泡沫"。一些人指责美联储在 2001 年经济衰退后将利率保持在低水平上的时间过长，并且鼓励各种借贷，使得贷款人热衷于从低信誉度的借款人那里获得更高收益。一些人指责监管制度鼓励向持续低收入者和高风险者在几乎没有抵押品的情况下进行抵押贷款。一些人则指责创新性的金融手段，这些手段将住房抵押贷款打包成各种基金，而基金的融资则来源于用抵押贷款支持的债券。房价开始下跌也就减少了借款人的抵押品，而且当有关可调利率抵押贷款（ARM）的利率（这些可调利率抵押贷款起初是以较低的"诱惑利率"提供的）按照市场利率重新设定时，许多房屋所有人发现他们自己无力偿还贷款。早先已购买了信用违约合同的银行——这些合同基本上是银行为应对证券投资组合中住房抵押贷款支持债券的失效这种不利情况签订的保险合同——发现更多的此类工具早已被售出而不能被兑付了，由此其资产负债表中资产的价值暴跌。由于怀疑特定企业是否有清偿债务的能力，股票价格暴跌，短期货币市场的常规借贷（比如，商业票据的出售）干涸。由于不能够通过惯常的渠道来为日常运行筹集资金，随着企业——无论规模大小——解雇工人并且许多企业破产，衰退进一步加剧。

对此，美联储的反应是最大限度地运用其作为最后贷款人的功能，这是美联储在将近 100 年的历史中唯一一次这么做。起初，美联储出手资助濒临倒闭的贝尔斯登投资银行。首先，给贝尔斯登提供紧急贷款；随后，通过使用其监管权力，强行将贝尔斯登银行以极低的价格向另一家投资银行摩根大通公司出售。美联储向美国国际集团（AIG）进行大量紧急贷款，AIG 是美国一家最庞大的从事信用违约交换业务的保险公司。9 月，或许是为了打消其他机构寻求美联储帮助的念头，美联储允许另一家投资银行雷曼兄弟破产。雷曼兄弟的破产和股票市场的崩溃引起了金融市场的恐慌。很多人认为雷曼兄弟的破产是金融危机的转折点，许多人怀疑美联储不拯救雷曼兄弟公司是否明智。

由于旨在刺激经济并向金融体系增加流动性，美联储将联邦基金利率降至几乎为零，其他的短期利率也如影随形。这种货币宽松行为成效甚微，在如此低利率的情况下，进一步降低利率是不可能的。美联储随后采取了一种归结起来被称为量化宽松的政策。

本质上，量化宽松实质是购买大量不同种类的资产——既包括较长期限的资产，也包括私人的资产，但不包括财政部的资产在内。2007 年 11 月，衰退开始前一个月，美联储所持财政部的资产中 51% 的期限少于 1 年，81% 的资产期限少于 5 年。到 2010 年 3 月，只有 11% 的资产的期限不到 1 年，而 46% 的资产的期限大于 5 年。除此之外，在危机发生之前，美联储很少持有私人资产，到 2010 年 2 月，美联储证券投资组合的将近一半由私人资产组成：抵押贷款支持证券、商业票据，还有从贝尔斯登、AIG 和其他问题银行那里获得的作为抵押品的资产。

量化宽松的作用部分在于削减长期利率水平，这在收益率曲线的较长末端直接起作用。它也通过向银行体系提供大量准备金来起作用——实际上是试图大范围操作货币政策的信贷渠道。10 年期国债利率，2007 年 11 月还处于 4.1％的水平上，到 2008 年 12 月触及 2.42％的低位水平，在 2010 年初仍维持在远低于 4％的水平上。在衰退开始时到 2010 年初这段时间，银行准备金增长了 2 500％这一天文数字，此时，准备金处于 1 万亿美元以上的水平。联邦储备资产而非债券支持的准备金——例如，向有问题的金融机构的直接贷款——归纳起来又有大约 1 万亿美元。

当国会授权 7 000 亿美元用于问题资产救助计划（或 TARP）时，财政部支持了美联储的行动，该计划向持有价值不确定的住房抵押贷款支持证券的金融企业提供贷款。

衰退于 2009 年 6 月结束，不过到 2010 年初时，复苏依然乏力。美联储现在面对史无前例的货币政策问题：如何在不引起第二次衰退的情况下，放缓其大规模货币刺激？对准备金支付利息的政策是美联储提出的解决方案的一部分，因为银行贷出生息准备金的动力比贷出不生息准备金的动力要少。

16.5　货币政策的实施与局限性

□ 16.5.1　货币政策目标

通货膨胀和就业

1978 年的《汉弗莱-霍金斯法案》要求美联储追求一种旨在保证"最大限度的就业、稳定价格和适度的长期利率"的货币政策。美联储的合法管理是个难点。货币政策制定者就像灰姑娘一样，尽力去满足同父异母姐姐的那些不可能的需求："攀爬到阁楼里去，下到地窖里去——你能同时做到，灰姑娘"。如果说失业是美联储的地窖，通胀是美联储的阁楼，那么菲利普斯曲线使我们的灰姑娘确信她不可能同时完成这两件事。

美联储面临的问题可能比在通胀和失业之间作出最合意的权衡取舍更难。很多经济学家认为，在长期内，货币政策（通常指总需求政策）只能影响通胀，而不能影响产出、就业或者实体经济的其他方面。在第 13 章（13.4 节），我们知道经济不能被推动至超过充分就业的水平，虽然充分就业可能意味着低于 NAIRU 的失业率。一旦经济位于充分就业水平，则只有在资本存量或者劳动力增加、技术进步的情况下，才可能有进一步的经济增长（参见第 9 章及第 10 章）。除此之外，扩张的货币政策一定被更高的价格吸收（参见图 16—8）。

一些经济学家进一步认为货币政策甚至在短期内也主要影响通货膨胀。他们经常以 20 世纪 60 年代和 20 世纪 70 年代作为证据。他们认为，在那一时期，美联储试图将失业率推向 NAIRU 之下。通胀加速了，并且由于不利的供给冲击，真实产出实际上下降了。结果就是滞胀。

这种观点作出了两个关键假设。第一个关键假设是，经济或者总是位于充分就业附近，或者即使经济被推到偏离充分就业状态，经济基本上也会快速地自我纠正。在这个假设下，增加的总需求除了推动价格上升外别无他用。然而，这个假设只有在价格体系平滑而迅速地调整时才成立。对于小麦市场，甚至对于小汽车市场而言，价格体系可能真的是这样，但是（正如我们在第12章中所看到的）在劳动力市场上根本不可能做到这一点。同时也可能存在着其他市场，在这些市场中价格也存在黏性。

第二个关键假设是通货膨胀预期迅速地适应实际通货膨胀的变化。如果不是这样的话，那么经济就可能在高于 $NAIRU$ 的水平上运行一段时间，由于工人和企业都患有货币幻觉，也就是将名义价值误当作真实价值，每一方都愿意相信真实（相对）价格已经朝着对自己有利的方向移动，并且愿意去提供更多的劳动和产出，实际上，此时一般价格水平早就上升了。图 16—11 表明，虽然实际的和预期的通胀大致亦步亦趋，但也存在着长时期的、持续的分离。

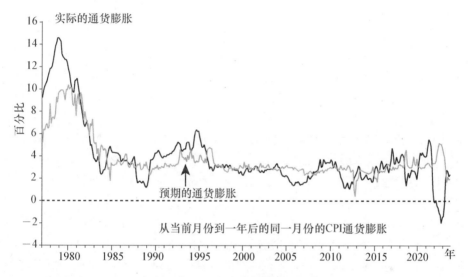

图 16—11   实际的和预期的通货膨胀

资料来源：CPI，劳工统计局；预期通货膨胀，密歇根大学调查所。

热或冷的货币政策

看起来不可能两个假设都不正确——两者都正确的可能性甚至更小。至少经济可能发现自身在持续很长的一段时期内处于萧条之中。此时，货币政策可能有助于将经济推回到充分就业状态。的确，货币政策是有可能让经济在一段时期内"热"起来的，也就是位于 $NAIRU$ 之上，前提是货币政策制定者做好了接受价格最终加速的准备。

很多经济学家相信这个政策不可能带来任何好处，他们求助于另一个有争议的假设，也就是，影响增长的因素和影响经济周期的因素彼此独立。真是这样吗？

通过利率渠道，而且在一定程度上通过信贷渠道起作用的扩张性货币政策通过增加投资从而提高总需求。然而，增加的这些投资使资本存量增加，并潜在地使长期增长加速。这些投资也可以提高生产率。即使不存在新技术的创新，新增加的资本也可能比正在使用中的最陈旧的资本生产率更高。这样，一个更高比例的新增资本就意味着更高的总生产率。除此之外，也有可能的是，真正的技术创新在经济繁荣时期加速。繁荣临近结束时所测量的资本生产率（ϕ）下降（参见第9章9.4.2节以及问题9.8），很可能是由资本投资速度超过总需求导致的，而不是技术的真正下降。在这些方法中，增加的总需求可能导致总供给增加，总供给的这一增加有助于缓和价格的增速。同样地，让经济"变冷"以使通货膨胀处于控制之下有可能产生相反的影响，并使长期滞胀的趋向持续存在。

平衡风险

在得出货币政策应该让经济运行在"热"的状态这个过分简单化的结论之前，需要考虑各种风险。即使这样一种政策对经济增长和就业具有实实在在的好处，但其代价却是加速上涨的价格。

一旦通胀达到一种不可接受的高水平，货币政策制定者就会选择从紧的政策。很难让政策恰到好处并实现所谓的"软着陆"。如果货币政策过紧，美联储可能会将经济推向衰退之中。一种"一张一弛"的政策——在政策引起的繁荣和政策引起的衰退之间不断转换——可能对长期增长有害，因为它增加了经济运行过程中的不确定性，使企业很难作出经营计划，并且周期性地使其中一些企业破产。

或许有一个折中的办法，在此情况下，中央银行的目的在于使通货膨胀在经济繁荣时期维持在一个适度的水平上，但准备应对接下来的萧条。这或多或少就是美联储二战以来的货币政策。美联储的一位主席，威廉·麦克切斯尼·马丁（1960—1998），据说曾俏皮地说美联储的职责就是"当聚会正要开始的时候把酒杯拿走"。这种说法可能把目标说得过于消极。美联储的职责可被更好地描述成：确信酒杯里的酒没有被加得太多，以至于要喊警察。马丁也将美联储的政策描述成（而且是更巧妙地）"根据经济风向行事"，也即当经济下滑时，放松政策，当经济繁荣时，紧缩政策。

美联储的正式目标长期以来一直是充分就业和低通货膨胀。其他国家的央行在是否以及如何将实体经济纳入考虑方面存在区别。例如，新西兰储备银行和欧洲央行（ECB）只追求通货膨胀目标。在欧元问世之前，德国联邦银行（德国央行）受20世纪20年代德国超乎寻常的恶性通胀记忆的驱使，也追求一种保卫德国马克购买力的专一的政策。英格兰银行被要求追求价格的稳定性（被定义为一个2.5%的通货膨胀目标）；不过，不同于美联储，这一政策被明显地看作为持续增长和充分就业打下了根基。

□ 16.5.2 规则与相机抉择

货币经济学家和政策制定者之间始终存在一个争论：中央银行是否应该相机抉择使货币政策指向今天看起来最佳的某个目标，或者反过来，中央银行是否应该建立一个固定政策规则，并且无论发生什么都遵守这一规则。相机抉择的观点很直接。形势在变，信息在变。一个未能适应新形势，或者没有根据新信息重新评估形势和政策的政策制定者一定会失去取得更好经济成效的机会。

反对相机抉择和赞成固定规则的争论更为复杂。规则的拥护者提出了四个内在相关的论点。

（i）政策制定者的无知

政策制定者对数据的无知。只有极少数变量，如利率，可以获得每天的数据。一小部分变量可以获得每周的数据。大多数变量只可以获得月度数据（如失业）或者季度数据（如GDP）。在第3章（3.6.2节）中，我们将政策制定时面对的这种延期比作驾驶一艘轮船而不断向外看船的尾部。如果对公布的GDP的每一种动向作出反应，美联储可能很容易就采纳了完全错误的政策——举个例子，当经济已经进入衰退时采取紧缩性货币政策（将船搁浅了）。与其冒险地采取一个系统性的不合时宜的政策，美联储还不如遵循一个根据平均情况设定的规则。

数据除了在搜集和公布方面有延迟外，我们也在第 3 章（3.6.2 节）中看到，GDP 数据经常被较大幅度地修正。大多数其他经济数据也常常被修正——有时被修正很多次。[①] 我们在第 12 章（12.2.2 节）中了解到失业率并不能完全地反映经济学家对失业的理想定义。这样，政策制定者就必须决定，失业率的下降是否真正地反映了经济状况的改善，或者失业率的下降是否由其他因素所引起。其他的经济数据也遇到同样的问题。

政策制定者也可能对经济运行的细节所知甚少。虽然多数情况下经济学家对经济运行的大体情况看法相同，但相机抉择的货币政策需要对具体的运行过程作出精确计算。被广为接受的精确的经济模型几乎不存在。一项政策对于某个模型而言是完美的，但对于另一个模型而言就是完全失败的。两个模型中的次优经验法则也比将所有的政策都寄托于一个模型可能得出更好的平均结果。

(ii) 政策时滞

货币政策运行过程具有三个时滞。其一，认识时滞。它是经济状况的实际变化与政策制定者感知到这种变化之间的时间间隔。虽然 2001 年的衰退开始于 3 月，但经济评论家们从仲夏到整个秋天都在讨论：如果真的有衰退，衰退何时发生。美国经济研究局（NBER）只是在 2001 年 11 月才宣布衰退的日期——这已是衰退开始后 8 个月。同样，NBER 只是在 2008 年 12 月才宣布 2007 年的衰退——衰退发生一年后。正如我们在第 5 章（5.2.2 节）中提到的，NBER 在宣布 1990—1991 年衰退的结束方面的时滞已影响了 1992 年的总统选举。

一旦评估发现有必要改变政策，政策制定者必须付诸行动。第二个时滞就是实施时滞。通常，货币政策的实施时滞很短。联邦公开市场委员会每月会晤一次，并且在定期会议之间还可选择电话会议。

认识时滞和实施时滞有时合在一起被称作内部时滞，因为它们指的是政策制定过程之中出现的时间耽搁。这两种时滞的区别并不大。联邦公开市场委员会常常采取一系列小到 1/4～1/2 个百分点的级别来改变联邦基金利率。这些缓慢的步调反映出政策制定者对于他们对经济形势的评估半信半疑。实施缓慢是因为要认清经济的真实状况。

任何政策行动的影响并不是立竿见影的。第三个时滞是传导时滞，有时也称外部时滞，因为它是政策制定者这个圈子外部对政策行动的滞后反应。例如，利率下降使投资步伐加快只是发生在企业有时间重新评估资本计划、安排资金、下订单和着手筹建或者开始运送新设备之后。人们常说货币政策的时滞是"长期和变化的"。

在某种意义上，时滞问题只不过是无知问题的另一种版本。如果数据完全及时并且

---

① 费城的联邦储备银行保持了一个实时的宏观经济数据库，当数据实际上公布时就记录下来了。这使得经济学家可以跟踪数据的修正，但更为重要的是，允许他们见到实际的数据，这些数据正是政策制定者对之作出反应的，而不是那些直到多年以后才可以获得的最终数据（www. phil. frb. org/econ/forecast/reaindex. hml active on 9 March 2010）。欧菲尼德斯（原来是美联储董事会的一名经济学家，现在是塞浦路斯银行的董事）曾认为，20 世纪 70 年代的货币政策并不像后来的经济学家所设想的那样由使用这些数据所误导，而是由所得到的信息来自质量较差的实时数据误导。（参见 Orphanides, "Monetary Policy Rules Based on Real-Time Data," *American Economic Review*, vol. 91, no. 4（September 2001），pp. 964–985。）

完全准确，就不会出现认识时滞问题。如果货币政策的影响完全可预料，还是会存在一个实施时滞问题，但这没有关系，因为制定合适政策时可以提前考虑到这一点。如果不存在上述这种完美性，就宁愿选择固定的规则了——次优选择可能就完全符合实际情况。

(iii) 稳定的经济环境

当货币政策制定者对经济作出反应时，企业和家庭也会对货币政策作出反应。相机抉择的货币政策在寻求适应每一种新环境时很可能以一种不可预料的方式发生改变。企业发现如果它能对真实利率的变化方向作出准确的猜测，则其对投资或生产进行计划就容易得多。

利率的变化越是不可预料，企业就越感到没有把握，企业作出一种糟糕选择的风险就越大。当然，风险使企业的机会成本提高，而且阻碍投资。对一个遵循规则的中央银行所采取的行动进行预测应该容易得多，而且这可能有助于使商业环境的可预测性更强、风险更小。不论货币政策制定者是如何小心翼翼地遵循规则的，凭借简单的、容易理解的以及容易监督的规则要比凭借复杂的规则更好地提升稳定性。

(iv) 时间一致性

没有规则，货币政策制定者可能会发现很难坚持正确的行动方向。举一个非经济的例子。教授和他的学生应该都关心学习。教授可能会说交作业的时间是星期五。到了周五，有个学生恳求延期交作业，教授可能作出这样的推断：相较于他迟一点收到学生作业的损失，这个学生在学习上的损失更大。因此，教授同意了学生的请求。这件事传开了，越来越多的学生成功地基于同样的成本收益计算并被允许迟交作业。

最终，教授的成本上升，升高到需要采取扣分的惩罚手段。教授可能对惩罚进行调整，使得迟交的作业达到某个数量，在教授看来，这一数量下作业迟交给他带来的边际成本刚好与允许学生额外增加时间完成作业的边际教育收益保持平衡。这种情况比无人迟交作业的情况可能更糟糕。问题就在于教授总是使用相机抉择并随着当前的局势进行调整，他发现很难拒绝学生延期交作业的恳求，因为此时带给他的边际成本较低而带给学生的边际教育收益很高。

在某种情形下，某一政策被公开宣布了，因它看起来不错（周五交作业），但（可预见地）事后却没有被强制执行，因为从事后的角度看，这项政策并不够好（到周五时，延期比评分惩罚更受欢迎），这种情形就被称为时间（或动态）不一致性。规则却可以是时间一致的。如果教授宣布绝对不可以延期交作业，对没有按时交作业的学生，虽然会受到同情心的折磨，但仍愿意实施重惩，他可能会发现实际上没有学生延期交作业。规则达到最佳结果，相机抉择反而导致坏的结果。

同样的观点也可以运用到货币政策中。理想情况下，央行想实现价格稳定和低失业，因此，它宣布一项旨在达到 *NAIRU* 的政策。回忆一下，一个处于 *NAIRU* 状态的经济，就没有非自愿失业这个意义讲，可能并没有实现充分就业。这对一个仁慈的政策制定者来说是个诱惑，因为扩张性货币政策可能在一段时间内减少失业，由此带来的通货膨胀上升的成本可能微不足道。然而，这个政策最终会产生一个高的通货膨胀率。如果高通货膨胀变得代价过大以致价格进一步加速上升，那么失业多数情况下会被迫升回 *NAIRU* 水平，该经济就会处于高通胀而失业没有得到任何改善的糟糕状态。

原先的政策中通货膨胀率低而且恒定，但是现在处于动态变化中，前后无法一致。人们有时认为如果永远不要踏上这条路可能会更好一些。但要让中央银行抵制诱惑，就必须以规则来约束。例如，新西兰不仅要求其央行只追求某一通货膨胀目标，同时将银行董事的报酬与成功实现这个目标相挂钩。

□ 16.5.3　美联储如何采取行动？

相机抉择还是规则？

货币政策规则可能很简单：将真实联邦基金利率维持在 2%。规则也可能很复杂并且允许存在很多偶然性结果。一方面，一项复杂的规则初看上去很像相机抉择，但如果不太明白易懂，则可能无法促进价格稳定。

另一方面，相机抉择有时初看起来又很像一种规则。我们都知道，要让淋浴时水温正好合适，需要稍微旋转一下把手，等待水温自动调整（即使在水管内，也存在着水温变化的滞后），接着再稍微旋转一点。如果旋转得太猛，水温通常会交替出现过冷和过热。这种类型的温和的相机抉择也适用于货币政策。

"逆经济风向行事"的经济政策（当通胀加速时，提高利率，当 GDP 增速放缓时，降低利率）既可以被视为规定性较为松散的**规则**，也可以被看作一种适度的相机抉择。如果采取小步前进的政策，可以在宽松的情形下得到规则的许多益处。图 16—2 显示，当美联储紧缩或者放松货币政策时，联邦基金利率在一系列微调中或者上升，或者降低——通常为 0.25 或者 0.5 个百分点。

泰勒规则

当本·伯南克每年 2 月和 6 月向国会发表证词时，他的言辞属于相机抉择性质。当联邦公开市场委员会会晤时，所有最近的数据都会被审核，表面上看，它根据自己对经济运行状况的评估选择了最佳政策，但是其行为似乎遵从某种类似规则的模式。

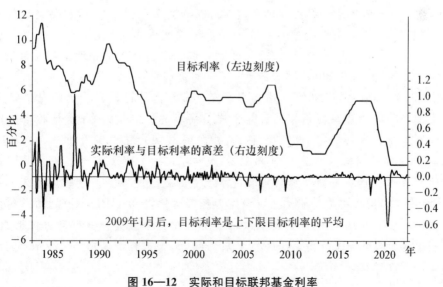

图 16—12　实际和目标联邦基金利率

资料来源：美联储。

约翰·泰勒，一位来自斯坦福大学的经济学家，前财政部官员，认为美联储1987—1992年间用于设定联邦基金利率（r_{FF}）的政策可以用一个简单的规则来总结：

$$r_{FF} = \overline{rr} + \hat{p} + 0.5(\hat{p} - \hat{p}^*) + 0.5gap \qquad (16.2)$$

泰勒规则是如何起作用的呢？这一规则认为，在设定联邦基金利率时，设定者心中的平均真实利率为$\overline{rr}$，但当实际的通胀率偏离其目标通货膨胀率$\hat{p}^*$以及当真实 GDP 偏离其潜在 GDP 时，会有一些调整。（变量gap是实际和潜在 GDP 之间的百分比差异，通常使用潜在 GDP 的估计值来测量，这由国会预算办公室（CBO）测算得出，或者由类似的序列得出，其中实际产出可能超过潜在产出。专栏 16.2 将 CBO 的潜在产出概念同本书在第 9 章 9.5 节中提出的并在整本书中加以使用的潜在产出概念作了比较。）

泰勒假定$\overline{rr}$和$\hat{p}^*$都是 2%，此时，规则可写为：

$$r_{FF} = 2 + \hat{p} + 0.5(\hat{p} - 2) + 0.5gap \qquad (16.2')$$

设想通货膨胀率正好为 2%，真实 GDP 等于潜在 GDP，所以gap为 0。此时，联邦基金利率将设定为 4%，真实利率将是 2%（$= r_{FF} - \hat{p} = 4\% - 2\%$）。

如果通货膨胀率增加到 3%，而gap仍然为 0，会怎么样？此时，美联储将会把联邦基金利率提高 1.5 个百分点，达到 5.5%（$= 2\% + 3\% + 0.5 \times (3\% - 2\%)$）。隐含的真实利率增加到 2.5%（$= 5.5\% - 3\%$）将使货币政策变成紧缩性政策。

专栏 16.2 ☞ ▬▬▬▬▬▬▬▬▬▬▬▬▬▬▬▬▬▬▬▬▬▬▬▬▬▬

潜在产出概念

经济学家们常常使用一个不同于本书中所使用的潜在产出的概念（参见第 9 章 9.5 节）。几种不同的组织——政府性组织（例如，国会预算办公室）、国际性组织（例如，国际货币基金组织和经济合作与发展组织）和商业性组织（例如，数据资源整合公司）——使用不同的概念已经估计出了美国潜在的真实 GDP。CBO 的估计比较具有代表性。CBO 将潜在产出定义为当经济在一个高资源使用率同时伴随着稳定通货膨胀率的水平上运行时所能达到的产出水平。[1] 然而，我们之前已将潜在产出定义为经济运行不能突破的最高限，但 CBO 将其定义为某一合意的产出水平。

虽然 CBO 测算潜在产出的方法特别复杂——具体地说，它看重的是经济中几个彼此独立的部门中的资源使用率——其本质是简单的。它从柯布-道格拉斯生产函数开始。全要素生产率（柯布-道格拉斯公式中的系数A）在繁荣时上升，在萧条时下降。CBO 对这些周期性波动进行抽象化后，产生了一个从顶峰到顶峰平滑增长的序列。它假定资本存量总是能够释放出其资本服务的充分的潜能。这些估算的关键之处在于 CBO 将生产函数中的劳动力投入设定为经济运行在 NAIRU 水平时可获得的劳动力的比例。这可以写为（1－NAIRU）×LF。这里的思想就是：当劳动力位于 NAIRU 水平时，通货膨胀率将保持稳定。这个方法产生了如下方程，其中，上标 pot 表示"潜

---

[1] Congressional Budget Office, "CBO'S Method for Estimating Potential Output," CBO Memorandum, October 1995，p. 1.（The report is available at the CBO website at：ftp：//ftp. cbo. gov/3xx/doc312/potout. pdf.）

在的"：

$$Y_t^{pot} = A_t^{pot} [(1 - NATRU_t)LF]^{\alpha} K_t^{1-\alpha} \qquad (\text{B}.16.1.1)$$

相比之下，我们将方程（9.22）中潜在产出的定义重写于此：

$$Y^{pot} = ALF^{\alpha}K^{1-\alpha} \qquad (9.22)$$

这两种方法的差异在于我们是将所有的劳动力都看作对潜在产出作出了贡献，还是只有 $[(1 - NATRU_t)LF]$ 这部分劳动力没有对加速的通货膨胀作出贡献。

与 CBO 类似的方法已经成为估计潜在产出最普遍的方法。然而，这些方法歪曲了直觉和"潜在"的自然用法。字典中将"潜在"定义为"供使用或者发展的能力或者生产力"[①]。因为实际的失业率水平可能高于或者低于 NAIRU，所以实际产出有时可能超过潜在产出。显然，这样一种潜在概念低估了经济的容量。在正规用法中，"潜在产出"应该表示一种最高限。

我们不计算校准数量，而是利用上述任意一种关于潜在的定义来计算实际与潜在 GDP 之间的差异，并表示为潜在产出的一个百分比。这种差异被称为产出缺口、GDP 缺口或者通胀缺口，并且可被定义为：产出缺口 $= \dfrac{Y_t - Y_t^{pot}}{Y_t^{pot}}$。当使用 CBO 的潜在产出定义时，一个正的产出缺口意味着失业率低于 NAIRU，因此，价格加速上涨，而一个负的产出缺口意味着失业率高于 NAIRU 以及不断减速的价格。

图 B16—1 利用两种潜在产出概念绘制了产出缺口图。注意，CBO 的缺口有时为正，有时为负，而基于潜在产出当作上限计算的缺口总是为负——我们永远达不到潜在产出。两个序列之间的相关系数很高（$R = 0.87$），这表明，就许多目的而言，两个序列之间的差异并不重要。

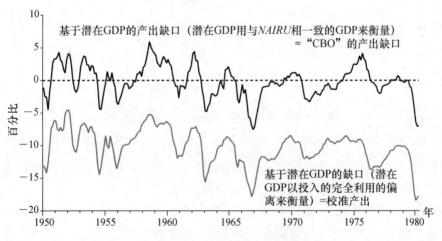

图 B16—1　两种潜在产出概念

资料来源：不同组成部分来自美国经济分析局，国会预算办公室，美联储、劳工统计局以及作者的计算。

[①] *Oxford American Dictionary.*

同样，如果通货膨胀率不变，但是缺口变为-2，经济可能处于衰退中，此时，美联储将联邦基金利率降到3.5%，真实利率将下降到1.5%，货币政策变成扩张性的。

泰勒最初提出这一规则是用来描述实际的美联储行为的。此后，一些经济学家提出证据表明泰勒规则（也许关于通货膨胀和缺口具有不同的权重）可能也是经济方面的最优规则。即便泰勒规则并不是一个正式规则，全世界的央行都已经使用基于泰勒规则的计算以提供一个基准，并参照这个基准来衡量各自实际的政策决定。

美联储遵循泰勒规则吗？

作为对实际的美联储政策制定的一种描述，泰勒规则取得了什么样的成功呢？图16—13将泰勒规则所隐含的联邦基金利率与1985—2010年间的实际的联邦基金利率作了一个比较。该图也显示了产出缺口和实际通货膨胀与目标通货膨胀之间的缺口，以反映泰勒规则背后的各种力量，同时该图提供了AAA级公司长期债券利率，以表明金融市场对货币政策作出的反应。即使联邦基金利率并不完全和泰勒规则保持一致，但在绝对水平上相当接近泰勒规则，并且大多数变化基本上与泰勒规则同向。

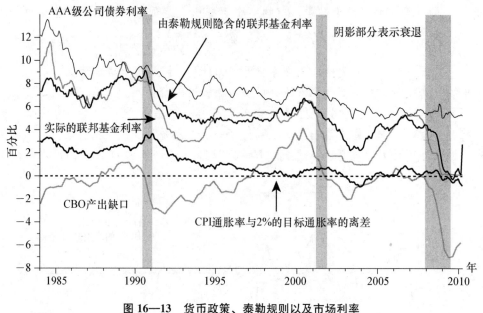

图16—13 货币政策、泰勒规则以及市场利率

资料来源：利率，联邦储备委员会，CPI，劳工统计局；产出缺口，国会预算办公室以及作者的计算。

泰勒规则建议在三个繁荣时期采用不断变紧的货币政策，在三个萧条时期采用不断放松的货币政策，而实际上美联储也是这样做的。

最下面的两个序列显示出，20世纪80年代偏紧的货币政策更多源于当时相对高的通货膨胀，而20世纪90年代偏紧的货币政策则源于高资源使用率——政策预料到价格的加速上升并进行了阻止。在1990—1991年和2001年的两次衰退中，美联储对联邦基金利率的削减要快于泰勒规则所建议的。与此相似，在2007—2009年的大衰退期间，美联储快速地将联邦基金利率削减到接近于零，作为对产出缺口大幅下降的反应。而实际上泰勒规则建议的联邦基金利率为负数——不过，负的名义利率显然是不可能的。最引人注目的地方是，泰勒规则建议在紧接大衰退结束之后的一段时期里将联邦基金利率

应用中级宏观经济学

增加到 2%～3%之间；然而，美联储在好几个月的时间内一直将联邦基金利率维持在零的水平。这使得美联储遭受了很多批评。

最后，需要关注货币政策和长期利率两者之间的关系。AAA 级债券利率的大体模式和联邦基金利率相类似。然而，在繁荣将近结束，货币政策为紧缩时，两种利率之间的差距大幅缩小。收益曲线变得扁平，这是经济周期扩张期结束时收益率曲线的特点，在第 7 章（问题 7.7～问题 7.10）中就已经介绍过。这也证实了 16.3.1 节中提出的观点，理论表明，在对货币政策行动作出反应时，长期利率的变化将比短期利率的变化少得多，长期利率的变化鲜被视作持久变化。

泰勒规则的限制

泰勒规则间接承认，总需求冲击是对经济稳定性的主要挑战。当政策制定者遵循泰勒规则行事时，经济将如何设法应对提高通货膨胀、降低 GDP 的总供给冲击（见第 15 章 15.1.1 节和 15.3.4 节）呢？

此情形中一般价格水平的上升很可能是永久性的，但通货膨胀率的增加仅仅是暂时性的。即便如此，等式（16.2′）中的目标通货膨胀项表明，联邦基金利率应该是上升的。如果资本和生产率得到了准确的衡量，一次供给冲击应该会同样减少潜在的 GDP 和实际的 GDP，因而两者的差距可能不受什么影响。如果资本和生产率未被准确地衡量，那么两者的差距很可能为负，而且产出缺口调整项将表明联邦基金利率的下降——部分抵消了通货膨胀带来的联邦基金利率的上升。然而，总体来说，联邦基金利率可能显著上升。毫无疑问，经济面临供给冲击时最不需要去做的事情就是紧缩货币政策，这一政策在总供给损害之外又增加了总需求损害——所有这些都是对通货膨胀临时性上升的反应，这种通货膨胀的上升伴随的是价格和真实工资的必要且永久的调整。

这里的教训是，尽管简单泰勒规则可能是对美联储行为的很好描述，并可能在合适的情况下提供良好的政策建议，但并不适用于所有情况。美联储可能大体上遵循某一个规则，但是它仍需要通过忽视其规则去适应一些冲击。1987 年，当股票市场崩溃时，美联储将自己的规则以及保持价格稳定和低失业的政策目标放在一边，暂时性地采取了一个极其宽松的货币政策来稳定金融体系。它充当了最后贷款人的角色，因为早先的章程要求它这样做。在 2011 年 9 月 11 日华盛顿和纽约遭受恐怖分子袭击之后的一段时期内，美联储就充当了这样的角色。经过慎重考虑后产生的规则也总需要为类似上述情形的相机抉择留出空间。

16.6 货币政策和国际金融

尽管美国的政策制定者和评论员看待货币政策时，有时认为它好像只包含国内因素，这是外贸开放度相对较小的大国的一种错觉。对任何小国来说，货币政策、汇率和国外贸易之间的相互作用很可能是最重要的货币政策问题。即使就美国来说，贸易（出口＋进口）在 GDP 中占据非常重要的比例也是一件好事。货币政策会在很大程度上影响外汇市场，反过来，外汇市场同样会在很大程度上影响货币政策。如早先提到的，除了货币政策常见的机会成本渠道以及信贷渠道之外，还存在一种外汇渠道。

□ 16.6.1 控制汇率

直接干预

如果政府想要控制汇率，它该怎么做？最明显的方法就是直接干预。如果美国想要美元升值，控制汇率政策的财政部就会指示纽约的美国联邦储备银行动用官方外汇储备（其外国货币存量）购买美元。财政部可能会瞄准某一特定货币，比如用日元购买美元——与此相对等的自然就是卖出日元、买入美元。尽管最直接的影响将是提高日元对美元的汇率，但是美元总体上的稀缺很可能使美元相对于一系列货币而言变得更值钱。当然，政府也可能卖出种类更多的货币。

在浮动汇率制下，直接干预很少见，一般只是发生在财政部深信货币已经严重偏离方向的情况下。财政部在 1995—2006 年曾干预过仅仅 10 天。官方干预和日常的外汇流量相比简直就是微乎其微。美联储在 2008 年年底持有的外币存量只值 250 亿美元——不到全世界每日外汇交易量的 2%。

虽然美联储能够通过快速耗尽其外汇供应来促使美元升值，但对于使美元贬值的直接干预并没有明显的限制。因为美联储可以创造美元，它可以无限量地购买外币（附带地增加了官方储备），使外币的价值不断提高，美元的价值不断降低。由于这种不对称性，外汇干预需要与其他国家相互协调。例如，因为欧洲中央银行具有无限创造欧元的能力，所以在采取行动使美元相对于欧元升值过程中欧洲央行比美联储受到更少的限制。

一些国家确实持有数额非常大的外汇储备。2009 年底，中国拥有最多的外汇储备：2.4 万亿美元。虽然这一储备比美国官方储备（包括黄金和作为特别提款权的储备货币或者在国际货币基金组织的储备头寸）大 30 倍，中国官方外汇储备仍然只有每日外汇交易量的一半左右，而且在直接干预下很容易就被消耗掉。

财政部和美联储很清楚它们的局限性。与美元交易总额相比，美联储购买或出售的美元数量很小；它们不能直接改变多少供需余额。相反，美联储将直接干预看作"想要汇率变动时发送信号的手段"，通过这个手段，它们希望能够影响当前以及将来的外汇交易商的行为。[1] 这一理念就是让市场了解到，政府认为汇率应该参照不同的标准。这些直接干预措施给市场中的外汇交易提供了一个关注焦点，从而对市场预期起作用，类似于国内货币政策的"公告操作"。但是市场并不总是能够领会其中的含义。

外汇与货币政策

汇率与货币政策之间的关系是双向的。一方面，外汇干预影响国内货币政策。使用新创造的美元购买外国货币增加了美元基础货币量——这些美元大部分最终都成为银行系统中的额外准备金。本质上讲，外汇市场交易只不过是另一种形式的公开市场操作，它使用外国资产而不是国债作为操作工具。这些准备金允许银行扩大贷款以及增加银行存款的存量，并因而增加 M1 的货币总量。

---

① "Fedpoint：U. S. Foreign Exchange Intervention"（www. newyorfed. org/aboutthe fed/fedpoint/fed44. html, active 9 March 2010）.

为了避免由于外汇干预而导致的货币扩张，美联储通常进行冲销式干预。在美联储买入或者卖出外币的同时，增加或者减少银行系统的准备金，它进行的是一种抵消性的公开市场操作。如果美联储已经购买了外国货币，它会通过出售相同数量的政府债券来对购买的外币进行冲销，将新创造的准备金再次吸收。如果美联储已卖出外国货币，那么它会通过购买相同数量的政府债券对卖出外币进行冲销，以替代新近减少的准备金。冲销使得银行体系恢复到以前的状态。

另一方面，国内货币政策可能被用来影响汇率，也就是间接干预外汇市场。间接干预实际上比直接干预更重要。紧缩性货币政策（不断提高美国的利率）可能促使美元升值，因为世界金融市场追求的是更高的回报率。

汇率的变化可能会反过来作用于国内经济。事实上，汇率通道还提供了另外一种机制，货币当局通过该机制操控经济。紧缩性货币政策导致的汇率升值会产生一种直接效应：一些外国商品用美元衡量立即变得更便宜了，暂时性地降低了通货膨胀率。对美国来说，直接效应可能被削弱了，因为进口的很大一部分比例实际上都是用美元结算的。然而，时间一长，外国企业可能会降低此类商品的美元价格。举个例子，由于是以美元结算的，空中客车公司通过销售一架空中客车所赚取的任意数量的美元将转换成更多的欧元；空中客车公司可以在没有利润损失的情况下制定更具竞争性的美元价格。

间接效应经由汇率渠道强化了紧缩性货币政策的直接效应。如果市场汇率上升的同时提高了真实汇率，那么经常账户可能转为赤字，因为相对于出口，美国的进口扩张了。净出口的下降减少了总需求，对通货膨胀施加向下的压力。

□ 16.6.2 汇率制度

固定汇率与浮动汇率

直到现在，我们一直假设汇率是在自由运作的外汇市场上决定的。看一下图 8—4（第 8 章），自 1973 年以来，英镑/美元的汇率显示出相当大的逐月波动性，这是自由市场的典型表现。对比之下，1973 年之前，有很长一段时期汇率没有发生变化。1973 年 3 月是个标志性的转折点，彼时，对于大多数主要货币来说，浮动汇率制度取代了固定汇率制度。

曾在第一次世界大战前繁荣、在 20 世纪 30 年代崩溃的国际金本位制度代表着固定汇率制度的终结。大多数国家的主币都曾经是具有一定重量和纯度（成色）的金币。汇率只不过是这些金币中的纯金含量。在 19 世纪 70 年代，一枚价值 1 英镑的英国黄金主权硬币（£），包含 0.235 4 盎司纯金；一枚价值 20 法郎的法国金币 F 含 0.186 7 盎司纯金。因此，两者的汇率为 F25.22/£。[1]

在金本位制下，央行必须根据人们的需求将纸钞票转换成金币。有时——例如，一战期间——政府采用扩张性货币政策为其支出筹集资金，使未偿付的纸币远远超过应该

---

① $F25.22/\pounds = \dfrac{0.235\,4\,\frac{oz.}{\pounds}}{(0.186\,7/20)\frac{oz.}{F}}$。

支撑这些纸币的黄金量。为了阻止由于外国人将纸币兑换成黄金而造成的黄金流出现象，主要应对措施就是暂停兑换——他们暂时放弃金本位制度而采取无黄金支持的纸币（或法定货币）。尽管经历了各种尝试，但是金本位制再也没有像 19 世纪那样在同一基础上重新建立。

在第二次世界大战之后，《布雷顿森林协议》（以新罕布什尔州的度假胜地命名，1944 年该协议在此签署）建立了近乎全世界通行的固定汇率制度，该协议也建立了世界银行和国际货币基金组织，这些机构最初的目的都是为了支持汇率制度。布雷顿森林体系是一种修改了的金本位制。美元被规定为 1/35 盎司的黄金，其他货币则与美元挂钩。美元取代了黄金和英镑，成为世界主要储备货币。为维持稳定的汇率，各国同意协调直接干预外汇市场。

在 20 世纪 60 年代末，当美国的通货膨胀导致美元价值被严重高估时，布雷顿森林体系受到了很大的压力（即汇率远高于购买力平价）。因此，一些外国持有者开始将美元兑换成黄金，并对美国保持 35 美元每盎司黄金的兑换率产生质疑。在 1971 年，美元被重新估价为每盎司黄金 38 美元；1973 年初期，变为每盎司 44 美元；最终，在 1973 年 3 月，美元与黄金的兑换关系彻底被打破，主要货币之间的汇率允许自由变动。就实用目的而言，黄金从此刻起不再是货币，不过货币黄金的持有仍然记录在官方的外汇储备项目上。

汇率管理的种类

自 1973 年以来的时期被最简单地描述为浮动汇率制度时期。然而，几乎没有国家允许市场在没有任何干预的情况下决定汇率。事实上，在真正的固定汇率制度到真正的自由浮动汇率制度这两端之间存在着很多汇率制度。

美元化。 当一个国家直接采用另一个国家的货币（通常是美元，但不全是）作为自己的货币时，这就是固定汇率的极端形式。比如，巴拿马把美元作为法定货币。巴拿马自己的货币，巴波亚，被定义为一美元。非官方的美元化也很常见，尤其是在通货膨胀率较高的国家，比如土耳其，2005 年货币改革之前，虽然美元不具有官方地位，但在银行持有美元账户以及对高价值的货物用美元计价非常普遍。一旦通货膨胀率降低或者对本国货币的信心重新得以建立，非正式的美元化一般会减弱。

货币局制度。 一个国家宣布其货币将以固定汇率进行交易，并授权货币发行局发行 100％由外汇储备支持的纸币，这是固定汇率的另一种形式。港币（比如在 2010 年 3 月）被定义为 7.8 美元。只有当货币发行局获得并持有美元时，它才能增发港币。一些国家的货币发行局在本国货币与英镑（如马尔维纳斯群岛）或者欧元（如爱沙尼亚）之间实行固定汇率。

正式挂钩。 布雷顿森林体系正式将各国货币和美元挂钩。尽管这两者很相似，但正式挂钩和货币局制度还是存在一些区别的，因为在正式挂钩情形中，货币发行和汇率之间不存在一一对应的保证。在正式挂钩情形中，只要中央银行能满足对外汇储备的实际要求，汇率就能保持稳定。但这并不总是管用。例如，1967 年，在英国经常性账户经历了多年赤字之后，国外的英镑持有数量超过了英国的英镑储备。当贸易者开始将持有的英镑转换成外币时，英国就面临储备用尽的危险。为了制止这场外流，只能将英镑贬值（即按不连续的步骤贬值），从每英镑兑换 2.80 美元跌到 2.40 美元。图 8—4 清楚地显示出，贬值致使美元的英镑价格上升。在更高的价位上，贸易者使用英镑购买美元的意愿会减小。因为其他货币的价值都用美元定义，英镑/美元汇率的下降会导致布雷顿森林体系下的每一种货币贬值（除去那些和英镑挂钩的货币，如爱尔兰镑）。周期性的贬值和升值是布雷顿森林体系的一个特点。尽管世界范围内的固定汇率体制消失了，但是一部分国家仍保持着正式的汇率挂钩。中国 1997—2005 年一直维持正式挂钩，1 美元兑换 8.27 元人民币。

非正式挂钩。一些国家虽然没有宣布正式挂钩，但在管理货币时所使用的方法就如同使用固定汇率一样。很多属于欧盟但不属于欧元区的国家，如丹麦、波罗的海诸国等，都将各自的货币和欧元非正式地挂钩。

管理浮动。很多国家试图稳定汇率的变化，以防止短期的剧烈波动，但同时允许长期的升值或贬值。它们可能会针对特定货币设立汇率，或者针对一揽子货币设立货币价值。在放弃绑定美元后，中国针对一揽子货币来管理人民币，使其总体趋势处于升值状态。在实践中，管理浮动规定汇率在相对较宽的范围内波动，比如在目标汇率上下15％的范围内。

管理浮动和自由浮动之间没有明确的分界线，因为即使最自由浮动汇率的支持者为了稳定外汇市场有时也会干涉汇率。同样，在固定汇率和浮动汇率之间没有明确的分界线，因为固定汇率也会由于升值而无法维持，因此需要贬值或重新定价，使货币价值与购买力平价更好地保持一致。无论分界线是否存在，今天的市场决定汇率的体制和1973 年以前的布雷顿森林体系存在很大差异。

固定汇率与浮动汇率：优点和缺点

为什么一个国家会偏爱某一种汇率体制？我们可以从以下三个方面来思考这个问题：

失衡。固定汇率制度迫使政策制定者选择"正确"的汇率。如果他们选错了，尤其是当汇率表现为严重高估的时候，一个国家很可能会遭受经常账户赤字，同时消耗储备。解决方案是，要么对固定汇率经常进行调整，在此情况下它就相当于浮动汇率；要么忍受长期的不平衡贸易，而对汇率进行较大但非经常性的调整，会使经济经常出现典型的收支平衡危机。在浮动汇率制度下，市场会找出合适的汇率，调整迅速且更为渐进。因为不需要维护固定汇率，因此不会消耗官方外汇储备，即使经常账户出现大额赤字。但是，正如我们在第 8 章（8.4.2 节）中看到的，市场决定的汇率不需要反映购买力平价（一般情况下，真实的汇率是不断变化的），也无须为了使国际收支账户保持平衡而变动。此外，市场可能要长期忍受实质性货币价值虚高，然后突然进行反抗。这种投机性的冲击会导致货币迅速贬值，这种快速贬值可能与固定汇率的大幅度非连续性变化具有同样的破坏性。

汇率风险。我们在关于无抛补利率平价的讨论中看到（第 8 章 8.4.3 节），浮动汇率为金融市场带来一种新风险，即汇率风险，持有的由外国货币计价的资产因为汇率变化导致资本增加或损失。固定汇率的一个优点是，它支持国际价值的稳定计算。固定汇率能够减少汇率风险，因为它使汇率在外国债券的持有期内不发生变化的可能性加大。这种风险的减少允许（比如说）美国交易商对待德国、英国和日本的资产就像美国资产一样，并促进其他种类风险的多样化，以此推动不同国家间金融市场的融合。固定汇率也许会减少这样的风险，但并不能完全消除这种风险，因为货币的贬值或者重新估价总是有可能发生的，而且针对某种固定汇率的货币确实可能存在一些投机性攻击。

发生在 1997 年的亚洲金融危机就是以这种方式开始的。投机者怀疑与美元挂钩的泰铢能否维持汇率。由于害怕贬值，他们抛售泰铢，迫使泰国当局一开始强势干预，消耗外汇储备以维持泰铢与美元的汇率。最后，泰国政府完全放弃努力，致使泰铢迅速贬值 45%。对货币贬值的担心扩散到该地区与美元挂钩的其他货币。结果，印尼盾、韩元、菲律宾比索以及马来西亚货币林吉特都大幅贬值。中国香港货币发行局采取大量干预手段维持了港元的汇率，而新加坡元相对于美元出现了相对缓慢的贬值。由于日本经济与该地区经济联系紧密，日元虽然采取浮动汇率，也出现了大幅贬值。外汇市场的破坏扩散到其他金融市场和实体经济，大量企业宣布倒闭，GDP 增长率急剧下跌。

因此，固定汇率制度也许受制于不常见但难以预测的大风险，而浮动汇率制度也许会受制于频繁发生但更易于预测的小风险。

宏观经济政策。固定汇率使国内宏观经济政策受制于支配国的政策。如果美国采取提高总需求的通货膨胀政策，那么那些未实现的需求就会转移到进口上，自然成为其他国家的出口。净出口的增加对这些国家来说代表着对需求的刺激，使得它们的经济向通货膨胀的方向发展。从这方面讲，美国"出口"了它的通货膨胀。对一个相对于美国来说处于从属地位的国家，一个类似的高需求政策和随之而来的经常性账户赤字可能会引起无法承受的官方外汇储备流出和收支平衡危机。为了避免这一危机，政府必须将政策调整到抑制通货膨胀的方向，收支平衡的危机可能会导致一场由政策引发的衰退，将国际危机转化为国内危机。

相反，浮动汇率制使他国的政策对国内宏观经济政策产生潜移默化的影响。如果汇率为维持购买力平价而变动，那么美国的高通货膨胀率将会导致美元贬值，而不会导致其他国家的需求上升。由于不需要捍卫固定汇率，官方外汇储备状况将不会约束国内的宏观经济政策。但是，正如我们已经了解到的，尽管一般情况下浮动汇率确实会向购买力平价的方向变动，但是其变动并不迅速，因此国内政策不完全受到国际环境的微妙影响。无论如何，我们可能都不希望它们如此。对一些国家来说，国际市场的约束或许能有效地抑制过度扩张的倾向。

邻居家的草坪总是更绿。浮动汇率制实行 35 年以来，一些经济学家支持回归布雷顿森林体系甚至金本位制度，认为这些制度具有一定的优点。不论一个固定汇率综合体系具有什么样的形式上的优点，只有当国家的宏观经济政策具有足够的纪律性和协调性，避免对这一体系施加过多的压力时，这一汇率制度才能获得成功。如果每个主要国家在政治上无法从大多数人的利益出发制定政策，那么就会出现有差别的通货膨胀、支出不平衡和经常性的货币贬值。我们应当记住，采用浮动汇率制并不是因为人们认为它更优越，而是因为布雷顿森林体系的崩溃，以及因为 1914 年以来人们一直未能重建一个广泛的金本位制度。

货币区域

在布雷顿森林体系下，或在这个大多数货币自由浮动的世界上依然孤立存在的美元化制度、货币局制度、正式挂钩制度下，每个国家都有自己的货币，并能在原则上改变对其他货币的汇率。即便对于一个像巴拿马这样的允许美元作为法定货币流通的国家来说，也是如此。固定汇率的一个更极端的例子是，不同国家采用同一种货币。中非法郎被 6 个非洲国家使用，而西非法郎被 8 个国家使用，大多数为前法国殖民地。这两种货币原先都与法国法郎挂钩，现在与欧元挂钩。

最著名的共同货币区是欧元区，1999 年建立。2010 年，欧元区由欧盟 27 个成员国中的 16 个国家组成，这些国家采用欧元代替本国货币。此外，其他 5 个国家也使用欧元，它们有的与欧盟签订正式协议，有的没有。其他欧盟成员国打算最终接受欧元。

虽然今天欧元区是著名的共同货币区域，但是人们很容易忘记，美国本身就是一个共同货币区域。宪法签署之后，通用的美元便取代了之前的各种州货币。美国的例子说明，有一些特征能够使共同货币区的建立不仅可行，而且有益。

首先，当不同区域经济高度融合，即劳动力、资本（包括金融资本）能够自由流动的时候，建立共同货币区才有意义。除了建立共同货币外，宪法也创造了世界上最大的自由贸易区——各州被禁止对相互的商品征收关税或施加限制，或阻止工人自由流动。一开始，各州对银行和其他金融中介的管理规则各不相同，但一段时间后，出现了一个主要的国家管理系统，这样一来，美国的金融市场也高度融合。

其次，当一个共同的宏观经济政策适用于所有成员时，共同货币区可以发挥最大作用。如果对系统的冲击是对称的，这就是正确的。但如果不对称，又会如何？假设全球对电脑的需求量上升，同时对车辆的需求量下降，密歇根州的汽车行业可能受益于扩张性的宏观经济政策，而加州的计算机行业可能宁愿要一个更缓和的政策。如果两者均有单独的货币，那么它们会遵从各自的政策，两者之间的汇率也会随之调整。当然，劳动力与资本的流动性会弥补失去的独立性。但是使曾经的密歇根汽车行业工人移动到加利福尼亚州的计算机行业是一个缓慢的过程。因此，适合一个州的财政政策并不适合另一个州，而且如果加州的需求占主导地位，密歇根州可能遭受损失。来自联邦政府的财政转移支付，例如，失业保险或经济重建资金，可能会减轻一些伤害。

整个货币区可能需要共同的宏观经济政策。由于货币政策统一实施，各州之间不同的只有财政政策。由于没有货币化赤字的机会，各州财政支出有了限制。选民可能会抵制过度征税；由于存在违约风险，债券市场将推动各州超额借贷的利率上升。

与作为共同货币区的美国相比，欧元区的状况怎么样？基本上欧盟存在货物贸易自由，而资本和劳动力在欧元区的流动性没有美国那么高。但是欧盟规则正在推动进一步的融合。欧元区的货币政策由德国法兰克福的欧洲央行统一制定。虽然财政政策主要由各国自行决定，但在政府赤字规模和债务相对于 GDP 的比例方面，欧元区政府原则上必须遵从欧盟的指导方针，这些方针旨在减少各国之间的冲突，因为这些冲突会诱使成员国采取单独的货币政策和改变货币汇率。欧元区国家经常受到不对称冲击，例如，芬兰和希腊的经济就存在很大区别。财政转移支付本来可以弥补各国因为取消汇率调整而遭受的损失，但欧盟在财政转移支付上的作用非常有限。

然而，到目前为止，差别冲击的威胁还未对欧元区产生无法忍受的压力。但是风险依然存在。① 在美国，脱离美元区的问题最终由美国的南北战争来解决。在欧洲，各成员国保持其独立政权，如果共同货币被证明存在很大弊端，那么这些国家原则上可以重新采用自己的货币。应当记住，美国作为一个共同货币区已经存在了200多年，而欧元区仅仅存在10多年。美元自身已成为更深层次的经济一体化工具，有理由相信，欧元将会促进欧元区的融合。欧元存在时间越长，成员国便越不可能脱离。金融市场中已经可以看到经济的一体化。在引入欧元之前，欧盟的成员国之间的汇率变化相当大。欧元区形成后，汇率显著趋同。②

附录 20世纪80年代的货币主义实验：*IS—LM* 分析的一个应用

半个多世纪以来，美国货币政策（一个很短的时期除外）一直根据利率来设计。在此期间，从1979年10月6日到1982年年底，美联储奉行一种针对货币总量的政策，这有时被称为"货币主义实验"。这个时期提供了一个应用 *IS—LM* 模型分析的自然机会，因为：首先，*LM* 曲线是为货币市场建模的；其次，*IS—LM* 模型的复杂版本是美联储宏观经济模型的关键部分，并在整个时期提供其见解。

□ 16. A. 1 1979 年的形势

问题和保罗·沃尔克

20世纪70年代是滞胀的10年。失业率在70年代后期的复苏阶段一直下降，1979年底开始再次上升。在那次扩张中，最低失业率（5.6%）仅仅略低于2001年衰退和复苏的最高点（6.3%）。涨势一直强劲的GDP在1979年末降至每年1.3%。和伊朗革命相关的第二次石油危机构成了重大的供给冲击。但是最糟糕的还是通货膨胀率：自第一次石油危机以来首次超过11%。利率紧随其后，长期利率高于10%，令买房人和企业十分懊恼。

当时，美联储主席威廉·米勒被公认为一位倒霉的货币政策的管理者。米勒于1979年辞职，卡特总统任命纽约联邦储备银行主席和前财政部官员保罗·沃尔克为新主席。沃尔克在华尔街非常受人尊敬，或许同样重要的是，他获得授权可以使用更严厉的货币政策去控制上升的通货膨胀。

货币主义与美联储

货币主义的经济信条对20世纪70年代的政策辩论的影响越来越大。有人发自内心地怀疑美联储的政策制定者是否为严格的货币主义者，但是很显然，货币主义的思想帮助他们形成决策。货币主义学说的代表人物有米尔顿·弗里德曼、卡尔·布鲁纳（1916—1989）和卡内基-梅隆大学的艾伦·梅尔泽。该理论建立在两大主张之上。

---

① 希腊、爱尔兰，或许还包括葡萄牙和西班牙等国在2010年、2011年爆发的财政危机是这一系统迄今为止面临的最大考验，至于2011年7月的结果如何，尚不可知。

② 由于部分国家被卷入2010—2011年的财政危机，这些汇率之间的差距增大。

首先，长期看来，货币供应量的扩张没有什么实质性影响，但却被完全转化成价格的上升。正如我们在第 13 章附录中看到的，这正是 *IS—LM* 模型在充分就业的经济环境中所作的预测。其次，货币供应量的变化造成短期内的实际波动。这与前者形成鲜明对比。

为了避免短期波动（这些短期波动被认为毫无意义，因为它们在长远看来不可持续），货币主义者建议政策制定者采取货币供应量稳步增长的货币政策。他们认为，考虑到货币与潜在产出在增长率上的差异，这一规则将会导致一个稳定的通货膨胀率：$\hat{p} = \hat{M} - Y^{pot}$。理想状况下，如果货币供给的增长率等于潜在产出的增长率，价格将保持不变。图 16—A—1 表示一个 *IS—LM* 图形，水平轴表示校准产出。在这个图形中，$\hat{M} = Y^{pot}$ 将导致一条不变的 *LM* 曲线。

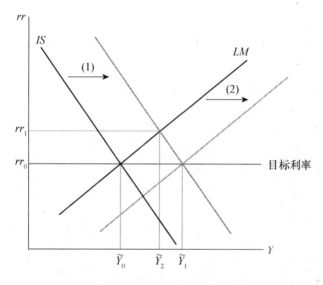

图 16—A—1　货币目标与利率目标

注：在利率目标下，当 *IS* 曲线出现意料之外的移动时，货币政策的目的是移动 *LM* 曲线，以维持原来的利率。在货币总量目标下，货币政策的目的是维持 *LM* 曲线不变。这导致利率上升，但是总需求的变化小于在利率目标下的总需求变化。

□ 16. A. 2　政策实施

IS—LM 分析

大体上，沃尔克执掌下的美联储贯彻执行货币主义者的建议，试图使货币供应量稳定增长，尤其是狭义货币 M1 的总量。长期看来，沃尔克希望产生一个更低、更稳定的通货膨胀率。

但是在短期内，他希望终结 GDP 不必要的波动。这个机制可以从图 16—A—1 中清楚地看出。在一个针对利息率的政策中（在 rr_0 处），对 *IS* 曲线的一次冲击（如一次意料之外的出口增长）将使曲线右移（1），其他条件不变时，利息率提高到 rr_1 的位置。但是，为了使 *LM* 曲线右移到位置（2），使利率达到其目标利率，美联储将会进行公开市场购买，提供准备金，扩大货币供应量。总需求从 $\tilde{Y}_0$ 上升到 $\tilde{Y}_1$。

相反，在一个货币总量目标下，*LM* 曲线不会移动。允许 *IS* 曲线移动以致利率出现一定程度的上升，但是总需求只能增加到 $\tilde{Y}_2$。在货币总量目标下需求的波动小于利息率目标下的波动。

准备金目标

货币总量目标的技术性问题是，美联储并不直接控制货币供应。把 M1 作为相应的总量，抛开小的组成部分，M1 是通货和活期存款的总和：

$$M \equiv Cu + D \tag{16.A.1}$$

式中，M 代表货币，定义为狭义货币 M1；Cu 代表通货；D 代表活期存款。原则上美联储可以限制通货的供应，但是在实践中它允许公众将其资产转换成任何水平的通货。美联储无法控制存款的需求水平，但是它能通过改变准备金要求以及改变准备金的供应影响活期存款。

当银行使用准备金去制造一笔贷款时，它通常将贷款的数额记到客户的活期存款账户上。银行资产（贷款）和负债（存款）等量增加。当然，银行创造的贷款数额是受限制的，因为它必须维持足够的准备金去满足新存款的准备金要求。反过来，客户通常愿意把钱花掉，否则为什么要借呢？钱通过支票方式花出去，支票存入另一家银行，这家银行会将支票返还到原来的银行并获得准备金作为交换。现在，第二家银行有可以借出的准备金了。这个过程会再次开始。在每个阶段，银行必须持有一些准备金以满足对准备金的需求。这一货币乘数过程意味着，第一，任何新的准备金都将导致存款增加；第二，美联储已经拥有一个影响存款量的机制。

为了使用货币乘数过程去控制存款存量，美联储必须首先对其进行量化。先了解一下基础货币的定义：

$$MB \equiv Cu + R \tag{16.A.2}$$

MB 是基础货币，R 是准备金。将（16.A.1）式的两边都除以（16.A.2）式，得到：

$$\frac{M}{MB} \equiv \frac{Cu + D}{Cu + R} \tag{16.A.3}$$

这个等式可以重写为：[①]

$$M \equiv \left(\frac{1 + Cu/D}{Cu/D + R/D}\right) MB \equiv mMB \tag{16.A.4}$$

等式中 Cu/D 为公众期望的货币与活期存款率的比率；R/D 是银行法定准备金率；$m = \left(\frac{1 + Cu/D}{Cu/D + R/D}\right)$ 是基础货币乘数；基础货币乘数告诉我们，基础货币的一美元将转换成更多的 M1。

等式（16.A.4）是一个恒等式。如果我们可以假设基础货币乘数（以及乘数公式中的两个比率）不变，或者至少稳定到可预测的程度，它就是一个可用于预测的有用等式。这样，美联储的策略就很简单。首先，它对基础货币乘数进行估算；然后，它使用估算的结果决定基础货币必须通过什么路径来实现 M1 与目标一致的增长。接下来美联

---

① 要想获得第二个表达式，将等式（16.A.3）的分子和分母除以 D。

储会参考过去的表现来预测公众对货币的可能需求。利用这些知识，美联储便能决定通过公开市场操作它必须提供多少准备金，以获得基础货币的正确路径。总而言之，这就是沃尔克在 1979 年 10 月 6 日向世界宣布的准备金操作程序。[①]

美联储的新操作程序的成功关键取决于两方面：

第一，基础货币和 M1 之间关系的稳定性——这决定了美联储控制货币供给的能力。

第二，货币需求的稳定性——美联储需要通过改变货币供给来控制 *LM* 曲线的变化，但是（如第 7 章附录所见），*LM* 曲线也可以因为货币需求的变化而发生移动。

□ 16．A．3　事后剖析

预期和结果

新操作程序起作用了吗？美联储期望目标货币总量可以产生两个积极的结果：(1) 通货膨胀率更低、更稳定；(2) 真实 GDP 增长率更稳定。美联储预测，实施该程序的成本是利率的变化幅度在某种程度上增加。

实际情况怎么样？表 16—A—2 显示出利率的变化。在目标货币总量期间，长期利率和短期利率的平均水平都出现上升，并出现剧烈波动。这或许是该政策导致的最不受欢迎的结果。

表 16—A—1 分析了三个次级样本（目标货币总量实施期间以及实施之前与之后的 5 年左右时间），对每个次级样本，该表提供了 GDP 的平均增长率、平均通货膨胀率及其标准差，以衡量变化程度。和另外两个时期相比，目标货币总量期间的通货膨胀率更高、变化性更大，GDP 增长率更低、变化性也更大。这与美联储的意图正好相反。这一结果令人沮丧，因此目标货币总量政策在 1982 年底被放弃。

表 16—A—1　　　　　　　**目标货币总量制度稳定经济了吗？**

时期	真实 GDP 的增长率[a]		CPI 通货膨胀率[b]	
	均值	标准差	均值	标准差
1975 年 1 月—1979 年 9 月	3.93	4.28	7.58	3.03
1979 年 10 月—1982 年 12 月	−0.18	5.22	8.38	5.18
1983 年 1 月—1987 年 12 月	4.39	2.39	3.38	2.47

a．年化的季度增长率。
b．CPI-U 年化的月度增长率。
资料来源：GDP、CPI-U 数据来源于美国经济分析局。

错在哪里？

当然，我们无法对这一时期进行一个完整的分析，但是我们可以猜测为什么这项政策会失败。首先，美联储似乎高估了自己控制 M1 的能力。图 16—A—3 在表 16—A—1 中三个次级样本的基础上绘制了基础货币乘数 (*m*)。1979 年 10 月 6 日之前的这段时期内乘数一直呈下降趋势，准备金目标政策引入后，乘数就发生了逆转。同时乘数的变异性增加。表 16—A—2 显示，在目标货币总量政策实施之前的时期，乘数以平均每年

---

① 从技术上讲，他宣布的是非借入准备金操作程序，因为银行可以通过贴现借款或通过公开市场操作这两种方法获得准备金。不过这只是个细节问题。

1.22%的速度下降，标准差为 3.94。在目标货币总量政策实施期间，平均看起来它几乎没有改变，但是其变异性增加了一倍（标准差为 8.25）。回到利率目标之后，乘数开始以每年超过 1% 的速度增长，同时它的变异性下降。

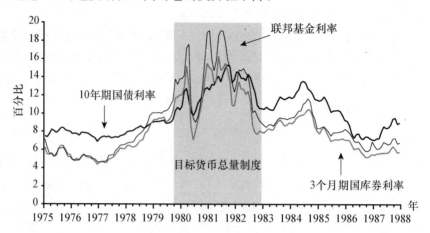

图 16—A—2　目标货币总量制度下的利率

资料来源：联邦储备委员会。

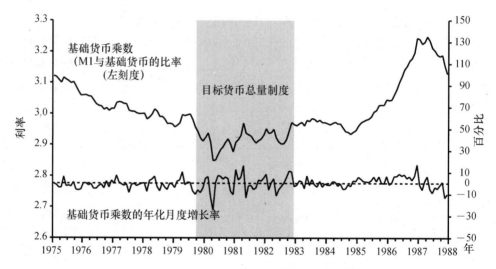

图 16—A—3　目标货币总量下的基础货币乘数

资料来源：联邦储备委员会。

表 16—A—2　　　　　　　目标货币总量制度使货币处于稳定状态吗？

时期	基础货币乘数[a]		货币的交易需求[b]	
	均值	标准差	均值	标准差
1975 年 1 月—1979 年 9 月	−1.22	3.94	−4.08	3.53
1979 年 10 月—1982 年 12 月	0.09	8.25	−1.77	7.10
1983 年 1 月—1987 年 12 月	1.07	5.11	2.49	6.00

a.　$=M1/MB$。
b.　$=M1/$名义 GDP。
资料来源：M1 和基础货币数据来源于美联储；GDP 数据来源于美国经济分析局。

应用中级宏观经济学

由于乘数不稳定，美联储很难选择适当的准备金水平，以达到其为 M1 设定的目标。但是，即便它获得了成功，也未必能使 LM 达到稳定状态。通过计算 M1 和名义 GDP 的比率（这一比率大致接近货币的交易需求）（见表 16—A—4），我们可以得到关于货币需求表现的大致情形。这个比率在 1979 年 10 月 6 日之前的时间段里随趋势不断下降，但是它在目标货币总量制度实施的中途突然转变了方向。同样，表 16—A—2 给出了每个次周期的增长率和标准差。关键之处在于，在目标货币总量时期，它的变化性是之前的近两倍，而在这一时期之后，其变化性降低。美联储关于货币需求稳定的假设被证明是错误的。即使美联储成功地设置了货币供给量，LM 曲线的移动仍不可预测。

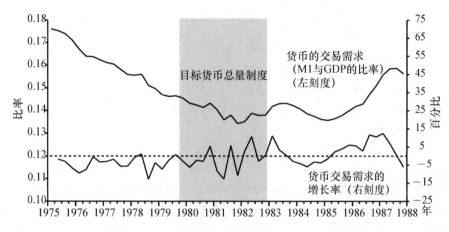

图 16—A—4 目标货币总量下的货币的交易需求

资料来源：联邦储备委员会。

是目标货币总量政策真的失败了，还是仅仅因为运气不好？这很难判断。这一短时期内出现两次衰退，这两次衰退间隔非常短，几乎融合成一次。是货币政策的责任吗？或许是吧，但是也存在其他原因。美联储无法控制 1979 年和 1980 年的油价冲击。在 1980 年初，卡特总统引入了信用控制，这可能导致了经济衰退，同时也使得货币政策更加复杂。除此之外，20 世纪 80 年代初期，银行和金融经历了快速创新，出现了有息支票账户、州际银行、银行账户电子服务（如 ATM 机）等。货币需求上的一些变化反映了这些发展。这使得美联储更加难以预测对 M1 的需求。但是无论这个政策是否真的失败了，美联储放弃了它。自 1982 年起，目标利率在美国的货币政策中占据了主导地位。

▍**本章小节**

1. 货币政策包括政府的行为，这些行为旨在通过金融体系影响宏观经济。货币政策一般通过中央银行来实施。在美国，联邦储备系统（美联储）就是中央银行，联邦公开市场委员会则是其主要的货币政策决策机构。

2. 政府的预算约束说明货币政策和财政政策相互关联，因为政府赤字必须通过向公众出售债务或者通过创造基础货币（通货加上央行准备金）的方式筹集资金。

3. 美联储的资产负债表和商业银行相关。最重要的是，准备金是美联储的债务、银行的资产。银行持有准备金，以满足支付需求以及满足交易账户的准备金需求。美联储可以通过改变可用准备金的数量来影响银行的投资组合。

4. 银行在联邦准备金基金市场上相互借贷准备金。美联储买卖政府债券，同时支付或接收准备金。这些公开市场操作改变银行可利用的准备金，并直接影响联邦基金利率（以及间接影响其他利率）。公开市场的购买行为增加了准备金、降低了利率：这是扩张性货币政策。公开市场的出售行为降低了准备金、提高了利率：这是紧缩性货币政策。

5. 市场对资产的需求可能会根据已宣布的或推测出的美联储目标利率进行改变，这一改变发生在实际的公开市场操作之前或在没有公开市场操作的情况下，以避免任何和利率变化相关的资本损失（或获得资本收益）。这些反应被称作公告操作。

6. 货币政策的机会成本渠道（或利率渠道）包括：第一，联邦基金利率的提高转化成长期名义利率。在给定通货膨胀率的情况下，名义利率的变化也会改变真实利率（投资的机会成本），因而改变总需求（IS 曲线出现移动）。根据菲利普斯曲线，总需求的变化可能会改变实际产出和通货膨胀率。通货膨胀率的任何改变本身将改变真实利率，改变的方向与最初政策行动的方向相同，并导致一个累积性的价格加速或减速，除非对名义利率作进一步调整将其抵消。

7. 信贷渠道通过银行的资产负债表运作。即使真实利率不发生变化，狭义信贷渠道亦可运作，因为准备金的扩大可能允许银行放出更多贷款。如果企业或消费者按信贷配给，那么额外的贷款就增加了投资和消费，提高了总需求（IS 曲线向外移动）。广义信贷渠道则需要利率的变化：当利率提高时，借款人的资产净值下降，银行的贷款意愿也可能会下降。如果是这样，投资和消费减少，总需求减少。

8. 中央银行必须权衡产出上升的优势和价格加速的成本。如果非加速通货膨胀失业率高于真正充分就业情况下的失业率，那么这种优势就是真的优势，但是货币政策绝不可能推动经济使其高出实际的潜在产出。在对抗通货膨胀的过程中，不同的经济学家和中央银行给予产出和就业的权重也不一样。

9. 货币政策可以通过相机行事来引导（总是根据新形势调整政策，以达到最佳效果）或通过政策规则来引导。支持规则有四个因素：（1）对决策时经济的真实状况一无所知；（2）认识时滞和政策实施时滞；（3）规则为个体经济决策提供了一个更为稳定的背景；（4）规则克服动态一致性问题。事实上，用来解释意外事件的复杂规则与相机行事很难区分。

10. 泰勒规则能够比较好地描述美联储的实际行为，这一规则将联邦基金利率设定为通货膨胀率加上一些积极的因素，如通货膨胀在目标通货膨胀之上以及产出高于潜在产出。

11. 政府可以通过购买和出售外国货币直接影响汇率，或者通过影响利率或通货膨胀率的货币政策间接影响汇率。

12. 对外汇市场的干预会影响货币政策，因为购买和销售外汇的行为类似于改变央行准备金存量的其他公开市场操作。美联储通过政府债券的公开市场操作可能会使这些基础的变化不起作用。

13. 汇率根据政策的变化而发生改变，汇率变动影响本国和外国商品的相对价格，因而影响到净出口。这提供了另一条由货币政策影响真实经济的渠道。

14. 早期，国家货币的外汇价值是由它们对黄金的价格所决定的。从第二次世界大战结束到 1973 年，它们的价值由国际协议决定——这是一个固定汇率体系。1973 年之后，货币之间的汇率大部分是浮动的，它们的价值由外汇市场的供需决定。不同政府对固定汇率和浮动汇率的利弊看法不同。结果，尽管浮动汇率是通行做法，但在过去的 40 年里，在不同的时代针对不同的货币，各国政府不同程度地介入以管理货币，或者采取将本国货币与其他货币挂钩的极端做法，或对决定货币价值的市场进行直接或间接的干预。

15. 固定汇率的极端版本就是不同的国家使用同一种货币。美国可以被视为一个共同货币地区，各州扮演国家的角色。欧元区就是近年来出现的最重要的共同货币区。任何共同货币区的成功都取决于成员国之间的经济利益是否和谐。成员国之间的自由贸易、生产要素的流动、金融市场的一体化、共同的宏观经济冲击，以及货币政策与财政政策的协调都可以提高这种和谐程度。

■ 关键概念

货币政策	机会成本（利率）通道	中央银行准备金
信贷通道	基础货币（MB）	中央银行
政府的预算约束	公告操作	联邦储备系统（美联储）
信誉	联邦公开市场委员会	累积性过程
准备金要求	逆经济风向行事	联邦基金利率
相机行事	联邦基金（或储备）市场	政策规则
公开市场操作	政策滞后	扩张性货币政策
时间（或动态）不一致	紧缩性货币政策	泰勒规则

■ 延伸阅读建议

Alan S. Blinder, *Central Banking in Theory and Practice*, Cambridge, MA：MIT Press, 1998

The Federal Reserve：*Purposes and Functions*, Washington, D.C.：Board of Governors of the Federal Reserve System, 1994

Milton Friedman and Anna Schwartz, *A Monetary History of the United States*, *1867—1960*, Princeton：Princeton University Press, 1963.

Charles, A. E. Goodhart, *The Evolution of Central Banks*, Cambridge, MA：MIT Press, 1988

Robert L. Hetzel, "The Taylor Rule：Is It a Useful Guideto Understanding Monetary Policy?" *Federal Reserve Bank of Richmond* Economic Quarterly, vol. 86, no. 2, Spring 2000, pp. 1−33

Alan Meltzer, *A History of the Federal Reserve*, volume 1：1913—1951, Chicago：University of Chicago Press, 2003

Ann-Marie Meulendyke, *U. S. Monetary Policy and Financial Markets*, New York：Federal Reserve Bank of New York, 1998

■ 课后练习

本教材网站上（appliedmacroeconomics. com）第 16 章的链接提供了完成这些练习所需的数据。在做练习之前，请复习"指南"中 G. 1～G. 4、G. 13 以及 G. 15 部分的相关内容。

问题 16.1　登录美联储的网站，查找相关数据回答以下问题：

a）最近的联邦基金利率为多少？

b）找出美国联邦公开市场委员会最近的政策申明，阅读其中关于联邦基金目标利率变化的内容。变化有多大？联邦基金目前的目标是什么？

c）阅读政策声明。简要归纳声明是如何描述目标和所采取货币政策行动的。除了联邦基金利率之外，声明还提到了其他的货币政策工具吗？

问题 16.2 登录美联储的网站，找出发布号为 H3、名为《储蓄机构总储备及货币基础》（*Aggregate Reserves of Depository Institution and the Monetary Base*）的最近一期统计数据。根据最近一个月的数据，找出基础货币的哪一部分是以现金和准备金的形式出现的，哪一部分准备金又是以库存现金和美联储商业银行账户的形式出现的？

问题 16.3 本书的第 6 章对货币总量作出了定义（见表 6—3）。登录美联储的网站，找出发布号为 H6、名为《货币存量度量》（*Money Stock Measures*）的最近一期统计数据。根据最近一个月的数据，找出哪一部分的 M1 是以通货和活期存款的形式出现的，M2 的哪些部分分别是以 M1、储蓄存款、定期存款和零售货币基金的形式出现的？

问题 16.4 制作两张类似于表 16—1 的资产负债表。通过表格说明以下行为会对美联储和商业银行的投资组合产生怎样的影响。（谨记资产负债表两端必须相等，根据下列各种条件对表作出细微调整，如果题目中所给的条件不够，请自己作出合理的假设，并说明作出这些假设的理由。）

（a）美联储在公开市场上出售 1 亿美元的政府债券；

（b）商业银行以贴现借贷的方式借入 1 000 万美元；

（c）商业银行借入 10 亿美元；

（d）商业银行在联邦基金市场上向另外一家借入 5 000 万美元。

问题 16.5 使用类似于图 16—3 的图形来说明在公开市场上出售政府公债会对准备金、政府公债、联邦基金利率和政府公债收益造成怎样的影响？

问题 16.6 假设公告操作有效，使用类似于图 16—4 的图形说明，联邦基金利率目标上涨会给联邦基金利率和政府债券利率带来怎样的影响？如果公告操作没有效果，美联储需要采取怎样的措施来实现相同的利率目标。这些措施和公开操作的效果有何不同？

问题 16.7 在忽略风险的情况下，使用类似于图 16—6 和图 16—7 的图形说明以下各种情况会对联邦基金利率和收益曲线产生怎样的影响：

（a）联邦基金利率永久性地下调 1%。

（b）联邦基金利率下调 1%，并在 5 年后恢复原有水平。

（c）联邦基金利率下调 1%。政府承诺 5 年之后才会恢复原有水平，但民众却普遍认为利率水平在 1 年后就会恢复原有水平。

问题 16.8 请找出美联储对联邦基金利率最近一次的调整（见问题 16.1）。从《华尔街日报》或者其他来源处获取日收益率曲线，或者根据美联储网站上的数据（数据发布号为 H.15）自行绘制曲线。比较以下四种不同时期的曲线：（1）目标调整前一个月；（2）目标调整前一天；（3）目标调整后一天；（4）目标调整后一个月。从这些收益率曲线的形状中，是否可以看出美联储通过联邦基金利率调整市场利率的能力？美联储的政策是在意料之中或是意料之外是否会改变你对收益率曲线的预期？请说明你的理由。

问题 16.9 货币政策和经济间的联系有多紧密？根据下列条件绘制散点图，并在图中添加回归曲线和 R^2 的值：

（a）3 个月期国库券收益率变化（纵轴）对联邦基金收益率变化的影响（横轴）；

（b）10 年期国库券收益率变化对联邦基金收益率变化的影响；

（c）穆迪 AAA 级政府债券收益率变化对 10 年期政府债券收益率的影响。

观察各曲线的回归系数。当联邦基金收益率出现 1% 的增长时，3 个月期和 10 年期的政府债券收益率（一般）会上升多少？这些变化会对收益率曲线的整体形状产生怎样的影响？当 10 年期政府债券收益率出现 1% 的增长时，穆迪 AAA 级公司债券的收益率一般会上涨多少？两种收益率的差值也正意味着公司债券和政府债券在风险溢价上的差异。在你看来，上述变化会引发风险溢价的哪些变化？这些变化同你绘制的回归曲线是否一致？这些变化会不会影响你对自己计算结果正确性的信心呢？

问题 16.10 使用上题中各收益率的年变化值（本月数据和去年同月数据相比）重新计算问题 16.9。计算结果和问题 16.9 的结果有何不同？你能用美联储行为（参见表 16—12）和货币政策可信度的重要作用来解释这些不同吗？

问题 16.11 穆迪 AAA 级公司债券和 10 年期政府债券在收益率上的差异可以衡量公司债券对政府债券的风险溢价。计算这些时间序列并绘制曲线，用阴影部分标注出美国经济研究局所发布的经济萧条期。这些数据有何种周期性特征？这些数据是否可以证实，货币政策是和更为广义的信用政策相联系的？说明你的理由。

问题 16.12 运用类似于图 16—8 的图形说明，货币政策是如何导致长期收益率（r_N）上涨的？即在目前的通胀率下，名义收益率是如何导致真实利率（rr_N）上涨超过非加速通货膨胀失业率所对应的数值的？

问题 16.13 使用类似于图 16—10 的图形解释准备金上涨通过信用渠道产生的影响。请详细说明，哪些效应是通过狭义信用渠道实现的，哪些又是通过广义信用渠道实现的。

问题 16.14 20 世纪 70 年代中期至 2007—2009 年衰退时期，金融市场进一步发展，公司和家庭申办信用也变得更为便捷。比如，按揭贷款的申请变得更为简化，通过网络就可以进行；按揭贷款的借贷机构互相竞争，不断调整还款模式、还款周期和首付额度来吸引客户。在这种发展趋势下，你认为信用渠道的重要性在一定时间内是增加还是降低了？详细说明你的理由。这种变化和 2008 年的金融危机是否有关？

问题 16.15 在管理联邦基金收益率时，美联储是否遵循"逆风而行"的政策？

（a）为联邦基金收益率绘制一幅类似于图 5—8（第 5 章）的图形。在数据完整的情况下，计算周期峰值 12 个月前的数据和 24 个月后的数据（设峰值为 100）。计算这些数据的平均值，以观察美联储是如何在一个商业周期内对联邦基金收益率进行管理的。

（b）计算联邦基金收益率，并根据数据绘制曲线（使用年 CPI 通胀计算公式：$\hat{P}_t=[(p_t+12)/p_t]-1$）。用阴影标出美国经济研究局发布的萧条期。

（c）根据以上两个图，有没有证据说明美联储是否在遵循"逆风而行"的政策？简要概括这些证据。描述美联储在商业周期内的政策行为。包括美联储在管理联邦基金收益率上的有意识行为和其政策的实际效果，这些数据是否能够能证明货币政策可以引发经济衰退（或至少是经济衰退的先行指标）？

问题 16.16

（a）绘制 IS 曲线。使用年度数据计算 10 年期国债的收益率（说明你所选择的变量和计算方法）。绘制一张散点图，纵轴表示有效产出，横轴表示真实利率。根据以上数据，给出回归曲线、曲线公式和 R^2 的值。（注意，在这里曲线的坐标与图 16—8 的坐标是相反的。参见"指南"，G.15.3，并解释原因。）

（b）根据你得出的公式，收益率值应当为多少才能和 NAIRU 相一致（参照第 15 章公式（15.2）来计算 NAIRU 的值）。

（c）根据以上小题计算得出的与 NAIRU 值一致的收益率和推导出的公式以及公式（15.12），实际利率下调 1%，并在 1 年内保持不变，会对通胀造成怎样的影响？

问题 16.17 通胀目标和产出缺口对于泰勒法则的重要性如何？请根据季度数据计算 1984 年至今的以下三种数据，并绘制图形（1），用公式（16.2′）计算美联储基金收益率；（2）在通胀目标偏离系数为零的情况下，重新计算（1）题；（3）在缺口系数为零的情况下重新计算（1）题（通胀率即核心 CPI 的年增长率（通过本季度数据和上一年度同期数据对比求得））。分别考虑通胀目标和产出缺口两种不同因素时，泰勒法则得出的结论会出现系统性差异吗？比如，单独考虑其中的一种数据，货币政策会变得更松还是更紧？

问题 16.18 通过网络查找当下 CBO 发布的产出缺口和当前 CPI 通胀率。根据这些数据，运用泰勒法则（公式（16.2′））计算联邦基金收益率的目标。查找当天的联邦基金收益率，并比较这些数据。查找美联储最近一次变更联邦基金收益率目标是在何时（参见问题 16.1）？其目的是否在于缩小泰勒法则目标和实际联邦基金收益率之间的差距？

问题 16.19 请说明一项宽松的货币政策是如何通过汇率渠道影响实体经济的？

问题 16.20 在本书写作之时（2010 年下半年），希腊和爱尔兰等国（也许应该把葡萄牙和西班牙两国也包含在内）政府正身处债务危机之中，欧洲地区也因此深陷混乱。很多人担心欧元区的一些国家会放弃使用欧元，重新使用本国货币。使用互联网或者其他渠道的信息简述欧债危机的始末。危机的开端是怎样的？请说明欧盟当下的货币政策。

第 17 章

财政政策

政府开支应该多大？如何偿还？高税收对于平衡预算是必需的还是它们只会抑制经济增长呢？赤字会提高利息率吗？债务对于下一代来说是一种负担吗？这些以及与之相关的问题涉及财政政策。无论是直接地还是间接地，它们都是政治经济学争论的主要议题。在第 13 章中，我们已探讨了财政政策在总需求决定中扮演的角色。在本章中，我们进一步深入研究长期和短期财政政策。

在美国，货币政策相对独立于政治。美联储是由美国国会创建的，而且美联储主席会在国会委员会之前定期检查货币政策的状态。尽管如此，美联储已被组织为一种不受日常政治控制的运行模式。任何一个国家的中央银行都不是独立的，但它应当独立这一观点在全世界范围内已经获得了稳定的支持。

相比之下，财政政策是政治的基础。"财政"一词来源于拉丁语**国库**，意为君主的钱包或者公共宝库。关于是填满还是掏空这个钱包的问题——获取或是支出——比其他问题会产生更大的政治热潮。

罗纳德·里根，在其 1980 年成功的总统竞选中，同时主张精简的政府和平衡预算。他认为较低的税率和较小的政府将会促进私人部门增长，并有助于平衡预算，因为税收收入会随收入的上升而增长，尽管税率更低了。事实上，当经济增长加速时，赤字也是如此。共和党在 21 世纪之交仍是一个主张减税的党派。

在克林顿总统领导下的民主党派认为，平衡预算在 20 世纪 90 年代后期确实得以实现，并引起了有记录以来最长的经济周期扩张。他们认为较少的联邦借款导致了较低的利息率，这反过来刺激了私人投资。当 2001 年经济衰退出现时，民主党派处于一种令人困惑的境地。将其归咎于乔治·沃克·布什总统的减税以及预算赤字的卷土重来只是政治上的权宜之计，他们的言论与其自身的经济分析是相互矛盾的：利息率事实上并没有上升，而且由于知道总需求下降会使失业进一步恶化，没有政治家想要在经济衰退的谷底提高税收和削减政府开支。尽管在 2008 年竞选期间曾严厉指责布什和共和党派的预算赤字，奥巴马总统和民主党派在 2009 年之后却增加了政府开支并扩大了赤字。

然而，重点并不是在过去（即使是最近）的政治辩论中支持某一方。相反，那些争论仅仅阐明了财政政策能够有多强的政治色彩。宏观经济学家应当通过阐明财政政策的作用来为公众舆论作出建设性贡献。

近期的争论突出显示了两个问题。第一，财政政策如何推动经济走出衰退或者抑制反复发生的通货膨胀？第二，财政政策对于长期经济增长前景有何影响？

17.1　反周期的财政政策

□ 17.1.1　对总需求和总供给冲击的财政应对

主动的和被动的财政政策

我们已经在第 13 章讨论了财政政策的一些主要特征，在那一章，我们明白了税收、政府转移支付和政府开支的变化对总需求会具有乘数效应。财政政策既可以是相机抉择的，也可以是自动稳定的（见 13.2 节）：自动稳定的财政政策是税法制定和支出方案的设计的一部分；而相机抉择的财政政策则是经过深思熟虑后进行选择以达到某一特定结果。

图 17—1 使用 IS 曲线和长期利率来阐释某一特定的相机抉择的财政政策行动：政府支出的增加（本章结束部分的问题 17.2 会考虑其他类型的相机抉择财政政策）。自动稳定的财政政策体现在 IS 曲线的形状和位置上，以及诸如净出口变动或边际消费倾向等非政策因素导致的 IS 曲线的平移或旋转的程度上（即体现在乘数上）。

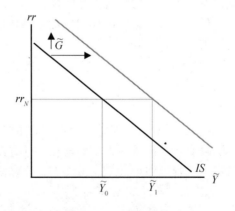

图 17—1　财政刺激

注：如果货币政策使真实利率保持不变，那么，政府支出增加使 IS 曲线右移，使总需求增加完全的乘数效应达到 $\tilde{Y}_1$。

对此最直截了当的阐释被描绘在图 17—1 中。与第 15 和第 16 章中的做法一样，GDP 及其各构成部分在图形中由潜在产出衡量。政府开支的增加使 IS 曲线右移。在某一固定的真实利率水平上，总需求从 $\tilde{Y}_0$ 增加到 $\tilde{Y}_1$。正如我们在第 13 章（13.3.3

节）中所看到的，IS 曲线右移的量值等于自主支出乘数乘以政府支出的变化量，即 $\mu \cdot \Delta \widetilde{G}$。

总需求冲击

如果经济始终沿着一条完全稳定的路径增长，那么政策方面的问题将容易解决。但不幸的是，国内和国外的很多事件都会使经济偏离正常轨道。在第 15 章（15.1 节）中，我们把这些事件分为影响总支出的部分，称作总需求冲击，以及影响潜在产出的部分，称作总供给冲击。

1997—1999 年发生在东亚新兴工业化国家的货币危机以及随之而来的衰退为美国提供了一个活生生的总需求冲击的例子：新兴工业化国家对美国商品的进口从 1997 年的最高水平降到 1999 年的最低水平，下降了 38%。毫无疑问，这促使美国该时期净出口持续下降。

在图 17—2 中，经济一开始位于非加速通货膨胀失业率水平，总需求冲击由 IS 曲线的左移来表示。在相同的真实利率水平上，GDP 从 $\widetilde{Y}_N$ 下降到 $\widetilde{Y}_1$，伴随着通胀率从 0 下降到 $\Delta \hat{p}_1$，价格开始下降。正如在第 16 章（16.3.2 节）中所看到的那样，偏离非加速通货膨胀失业率的某种变化会启动一个累积性的降低价格和总需求的螺旋式下降：如果任其自然，GDP 和通胀率都将下降，而且失业率将以递增的速率上升。

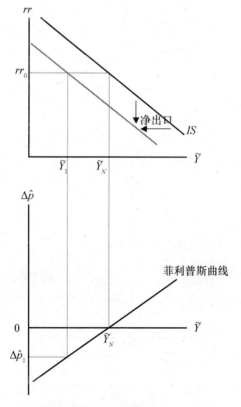

图 17—2　总需求冲击

注：总需求冲击（此处是净出口下降）使 IS 曲线左移，将总需求减少到非加速通货膨胀的失业率水平以下，并使价格下降。

当然，东亚金融危机并非那个时期发生在美国的唯一事件。图17—2描绘了其他条件不变的情况下总需求冲击的效应。但其他因素大大抵消了这一负面效应（总体来看，其他因素阻止了 IS 曲线下降，并且可能把 IS 曲线推至非加速通货膨胀失业率的右侧），以至于1997—1999年这一时期事实上成为一个高增长和低失业的时期。某些抵消性因素可能一直在抵消积极的总需求冲击或货币政策，或者财政政策行为。实际上，某一财政政策行为（政府支出或转移支付的增加，或者税收削减）能够刺激支出。如果这种政策行为设计合理，那么 IS 曲线将移回到原来的位置，从而抵消这种负面冲击效应。

总供给冲击

总供给冲击影响潜在产出（Y^{pot}）。回想一下校准产出为 $\tilde{Y}=\dfrac{Y}{Y^{pot}}$。如果潜在产出下降，那么对于同样的总需求水平，校准产出将会上升。在保持其他条件不变的情况下，起初 IS 曲线必然如图17—3所描绘的那样向右移动。回顾（第15章15.5.3节）IS 曲线的此种右移与真实 GDP 的增长并不保持一致这一事实是十分重要的。然而，以前的需求水平相对于现在更低的潜在产出水平突然变得更高了。价格的加速上升（$\Delta \hat{p}_1$）最终会减小相应的总需求，并使它回到非加速通货膨胀失业率水平（IS 曲线左移至其原始位置）。由于潜在产出的下降，非加速通货膨胀失业率现在与更低水平的 GDP 相一致，

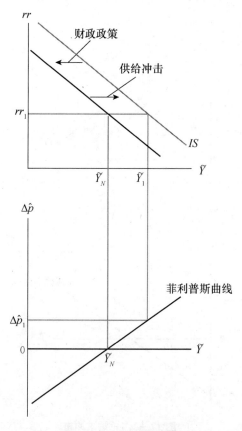

图 17—3 总供给冲击

注：在总需求没有改变的情况下，由于潜在产出下降，负的总供给冲击使 IS 曲线右移。随着总需求超过 NAIRU，价格加速上升。财政政策可以使 IS 曲线移回到原来的位置，从而抵消供给冲击的通货膨胀效应。

同时伴随着更低的真实工资率（因为劳动生产函数下移减少了劳动的边际产出）。在更低的真实工资率水平下，劳动供给和充分就业水平都将下降。尽管如今有更少的人在非加速通货膨胀失业率水平上工作，但实际的非加速通货膨胀失业率可能并不会变得更高，因为劳动力市场可能已经由于参与率的降低而变得更小了。

混合冲击

在现实世界中，纯粹的总需求冲击或纯粹的总供给冲击都很罕见。20世纪70年代和80年代以及2005年之后石油价格的大幅上涨或下跌就是这两种冲击的混合。就石油价格的一个大幅上升而论，其总需求效应是负的：美国（以及日本和大多数西欧国家）是一个石油净进口国，如果对石油的需求短期内相对缺乏弹性，那么石油价格的大幅上升将转化为进口商品美元价值的大幅增加。

油价大幅上升的总供给效应同样也是负的：石油价格相对于其他能源资源价格上升的直接结果是经济仍然在使用与原来的相对价格相适应的机器进行生产，因此在新的相对价格水平下它必然缺乏经济效率（参见第9章9.4.1节）。潜在产出必然下降。

图17—4分别描绘了石油价格上升的各个方面。原始的 IS 曲线为 IS_0。供给冲击表示为 IS 曲线从 IS_0 右移到 IS_1。IS_1 并不是实际的 IS 曲线，而是一条虚拟的 IS 曲线，它表示如果只有供给冲击起作用，IS 曲线将会发生的变化。同样地，需求冲击表示为 IS 曲线从 IS_0 左移到 IS_2。IS_2 表示的是如果只有需求冲击起作用，IS 曲线将会发生的变化。

IS 曲线的实际移动是这两种冲击的总和。在图中，总供给冲击被描绘得更大一些，以致两种冲击的净效应使 IS 曲线右移至 IS_3（当然，如果总需求冲击更大，IS_3 将位于 IS_0 的左方）。

如果没有政策行为，价格将会加速上升至 $\Delta\hat{p}_3$。某一旨在稳定物价的财政政策将会调整支出或税收以使 IS 曲线移回到 IS_0。这时，由于供给冲击，经济仍会遭受真实GDP的减少，但是价格的加速上涨将会得到抑制。如果任其自然，更高的价格将会如纯粹的总供给冲击一样，最终减少总需求的真实价值，并使 IS 曲线移回到非加速通货膨胀失业率水平。

错觉的代价

原则上，财政政策能够通过总需求的运作起到抵消其附带产生的对通货膨胀的损害作用。在实践中，这通常并不那么容易。与GDP本身不同，潜在产出和校准产出（$\tilde{Y}$）以及产出缺口不能被直接观测到。它们要通过一个我们在第9章（9.5.1节）中见到的模型计算出来。隐藏在这些计算结果背后的资本存量和企业生产能力数据的更新不如GDP数据更新得频繁，并且即使在更新的时候，也并不总是能够准确反映隐含于供给冲击中的资本经济效率的变化。

因而，政策制定者似乎并不能够充分认识到由 IS_1 所描绘的供给冲击的严重程度。对于这个问题，考虑一下如果供给冲击没有导致潜在产出数据的任何修正，将会发生什么，尽管从经济方面来看，事实上潜在产出数据已经发生了改变。这样一来，政策制定者将会完全忽略供给冲击，犹如供给冲击对应于 IS_1 的移动没有发生。那么，净效应将不再是 IS_3。相反，政策制定者将只考虑到总需求冲击，并把 IS_2 看作真实的油价冲击后的 IS 曲线。

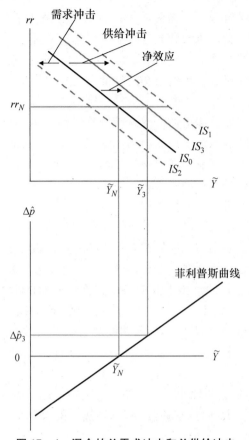

图 17—4　混合的总需求冲击和总供给冲击

　　注：混合的需求和供给冲击（例如，油价冲击）具有双重效应。潜在的 GDP 面对初始需求发生下降，单独从供给冲击来看，它将使得 IS 曲线右移。单独从需求冲击来看，它使 IS 曲线左移。假设供给冲击大于需求冲击，净效应以 IS_3 表示。紧缩性财政政策将使 IS 曲线移到 IS_0。重新使总需求和当前较低的总供给保持一致，并且使价格停止加速上涨。如果潜在产出衡量有误，财政当局可能认为实际的 IS 曲线是 IS_2（即他们仅仅认识到需求的下降）。如此一来，他们所接纳的财政政策将是试图弥合 IS_2 和 IS_0 之间的差额。但这样一种扩张性财政政策将仅仅使价格加速上升，并不会使得损失的潜在产出得以弥补。

　　假设政策制定者试图通过使用财政政策来抵消这一冲击。一项大到足以把看似真实的 IS 曲线（IS_2）移回到原始位置（IS_0）的财政刺激将会使真正的 IS 曲线（IS_3）远离而不是靠近原始的 IS 曲线。显然，这种结果将会推动总需求进一步超过非加速通货膨胀失业率，并使价格进一步加速上涨。这些认识性错误可能促成了 20 世纪 70 年代和 80 年代早期的快速通货膨胀。

□ 17.1.2　反周期财政政策的局限性

　　紧随二战之后的 20 年里，货币政策被广泛认为是无效的，而财政政策占支配地位。经济从 20 世纪 30 年代的大萧条中复苏，财政政策被认为功不可没。许多经济学家认为财政政策促进了 20 世纪 60 年代的长期扩张。他们认为 1964 年的税收削减至少阻止了经济的衰退，并且使经济能够在后来历史上最长的经济周期扩张中保持稳定增长（超过了最近的 1991—2001 年的扩张）。关于 20 世纪 80 年代经济增长根源的观点各不相同，但许多经济学家把它归功于罗纳德·里根政府 1981—1986 年实施的税

应用中级宏观经济学

收削减的财政刺激政策。①

从 20 世纪 80 年代后期到 2008 年，货币政策占据支配地位。尽管布什政府曾在 2001 年的经济衰退中呼吁实施财政刺激政策，但是系统性的反周期财政政策几乎没有拥护者。原因并不是财政政策被认为不够强有力，而是被认为太难操纵。奥巴马政府在 2009 年诚心诚意地接受了财政政策，此时其为试图抑制经济衰退而实施了美国历史上最大的财政刺激政策——8 620 亿美元。② 这些刺激措施将证实财政政策是不易操纵还是有效仍有待观察（在 2011 年中期）。

财政政策时滞

和货币政策一样，财政政策在发挥作用时也伴随着三种时滞——认识时滞、实施时滞和传导时滞（见第 16 章 16.5.2 节）。认识时滞对于货币政策和财政政策来说是类似的。除非政策制定者对于已经改变了的局势作出了评估，否则任何反周期的政策行为都不可能发生。对财政政策的这种评估和货币政策一样困难和费时。

相比之下，相机抉择的财政政策的实施时滞可能比货币政策的实施时滞长很多。原因在于美国（一如所有民主国家）并没有一个类似于美联储或其他国家的中央银行这样被视作货币政策制定者的财政政策制定者存在。联邦公开市场委员会有 12 个表决成员，而指导货币政策的委员会却有着统一的声音。但对于财政政策，这就不好说了。

联邦税收和预算政策是在国会内部以及国会与白宫之间进行复杂协商的主题。甚至在法律已经制定了某一政策的主体框架之后，进一步详细的决定可能仍然有待国内税务局和支出机构作出：确切地说，一项税收规则如何措辞？一条高速公路应当选址在什么地方？这一过程必定是缓慢的。事实上，这一过程如此之慢，以至于认识和实施时滞的结合通常比一次衰退的平均长度要长。

相机抉择的财政政策不仅可能会太迟，而且等到它最终被执行的时候，可能会把经济推向完全错误的方向，并且在很多情况下要确切地知道这是一种什么样的政策行为是不可能的。国会和总统，也像其他任何人一样，可能会基于税率表和其他关于经济的假设来预测一项特定征税的美元价值，但是他们不能准确地说："今天税收增加了 1 亿美元"。相反，美联储能够提高联邦基金利率并把其保持在一个它所选择的小幅度范围内。

尽管如此，处于长期休眠状态的相机抉择的财政政策还是随着 2009 年 2 月奥巴马总统一揽子刺激计划的实施而复苏了。这一揽子计划的细节确实证明了实行这类政策的某些难处。等到刺激计划通过国会并被写进法律的时候，经济衰退已经持续了将近 14 个月，并且这些刺激计划——支出增加和税收削减——还姗姗来迟。国会预算办公室估计，到 2009 年底仅有 31% 的计划得到落实。③ 据新闻报道称，奥巴马政府预期 70% 的

---

① 1981 年和 1986 年税收改革的细节，以及 1982 年和 1984 年的一些较小的调整都很复杂。参见美国财政部"关于美国税收体制历史的事实片段"的简史。（www. ustreas. gov/education/fact-sheets/taxes/ustax. shtml.）

② Congressional Budget Office estimate，March 2010.

③ Congressional Budget Office，"Estimated Impact of the American Recovery and Reinvestment Act on Employment and Economic Output from October 2009 through December 2009，" February 2010（www. cbo. gov/ftp-docs/110xx/doc11044/02-23-ARRA. pdf downloaded 10 March 2010）.

刺激计划将会在一年半时间内付诸实施。经济衰退本身在 2009 年 6 月结束。相机抉择的反周期财政政策显然是不灵活的，尽管对于它是否为大萧条以来对严重经济衰退的一种有效应对还没有定论。

相反地，非相机抉择的财政政策——自动稳定器——既不受实施时滞，也不受认识时滞的困扰。不需要政策制定者的注意和特别留心，它们悄悄地抑制总需求的波动。设计适当且有效的稳定器是政策计划者的一项重要职责。

传导时滞对于财政政策来说可能比货币政策要短。消费者支出与收入密切相关。更高的工资、由于税收削减或增加的就业所产生的新收入，相当快速地传导到租金支付、所购买的食品杂货和奢侈品上。较低的利息率转化成增加的投资，但这通常是在企业内部本身经历了认识和实施时滞之后才发生。较短的传导时滞是财政政策在三四十年之前被频繁采用的原因之一。这些拥护者没能领会到，一个民主政府呆板的政治程序使得实施时滞通常会淹没从较短的传导时滞中得到的任何好处。

持久政策与临时政策

在第 14 章（14.2 节和 14.5.2 节）中我们看到，有必要区分持久的和暂时的收入和机会成本。对于那些能够相对自由借贷的人（大约占人口的一半）来说，收入的一个暂时性增加几乎不会导致额外的消费。理性的消费者会储存这笔意外之财，并且至多消费掉它所赚取的利息——大概仅相当于收入增加的 1/20。那么对于消费者来说，税收削减或政府支出增加的政策若被认为是持久性的，则它应当比暂时的政策行为具有更高的乘数和对总需求更大的最终影响。

在实践当中它进展如何呢？老布什政府在 1992 年提供了一个个案研究，当时作为一项刺激措施，他指示国内税务局减少从薪金当中扣缴税款，而在税率上没有变化。更多的现金即刻被放进了人们的口袋。第 14 章（14.2.4 节）的永久收入/生命周期假说表明这一政策几乎没有任何效果。到 4 月 15 日那一天，税收申报表必须被提交，纳税人将不得不为税单上的任何缺口签发支票。这项政策没有增加任何人的收入，但它暂时性地改变了个人的现金流。然而，如果一些消费者流动性受限或缺乏远见（第 14 章 14.3 节），那么消费实际上也许会稍微有所上升。[1]

关于这段插曲的一项研究得出结论称流动性效应并不重要，43％的纳税人表现得缺乏远见，并把扣缴额的变化看作真正的收入，对消费的净直接刺激大约是 110 亿美元或 1992 年 GDP 的 0.2％。[2] 最终影响自然依赖于乘数的大小。如果乘数大到 2.9（第 13 章，方程（13.17）），那么其影响将会达到 430 亿美元或 GDP 的 0.6％。大多数经济学家估计的乘数要低得多。奥巴马总统的经济顾问理事会在筹划 2009 年的经济刺激措施时假定一个大约 1.6 的乘数，其他经济学家估计此乘数事实上明显小于 1。

国会往往提议对从事投资的企业给予税款抵免。相比于消费，正如我们在第 14 章中所看到的，这些措施在短期应当会相对有力。一项长期投资项目如果立即上马或从现在开始的一年内启动，其收益通常没有什么差别。如果政府仅在这一年提供税收抵免，

应用中级宏观经济学

---

[1] 对于小布什于 2008 年实施的刺激措施的效应的类似分析，见第 14 章专栏 14.1。

[2] Matthew Shapiro and Joel Slemrod, "Consumer Response to the Timing of Income: Evidence from a Change in Tax Withholding," *American Economic Review*, vol. 85, no. 1 (March 1995), pp. 274-283.

企业有理由把项目的起始日期提前。一个相对较小的激励可能会对现今的投资支出产生很大影响。其影响相对于持久性的税收抵免可能更大，因为企业知道机会是稍纵即逝的——"晒草要趁太阳好"。

然而，暂时的税收抵免通常被证明是无效的。如果税收抵免在下一年被取消，对前期投资的进一步激励也随之消除了。此外，将在下一年开始的许多投资项目现在已经开始了，因此下一年的新增投资将会大幅下降，逆转了现行政策的获益情况。

财政政策如果是持久的可能更加有效。然而，相机抉择的财政政策从来都不真正持久。它甚至可能是短命的。罗纳德·里根在1981—1986年执行了大规模减税，他明显意欲长久。甚至在里根政府任期内，有些税率还升高了。里根的继任者老布什，用保持财政政策稳定的承诺进行竞选（"请认真听……没有新税"）。对这一承诺的违背是他在下一届选举当中失败的一个重要因素。他的一个合理辩护是这样的，即由于环境发生变化，正确的政策必定要变。这恰恰就是要点：消费者、工人和企业清楚地意识到环境变化，以及过去每当它们有变化时，财政政策也发生了改变。税收削减不具有时间上的连贯性（见第16章16.5.2节）。小布什成功说服国会削减房地产税。他希望此次税收削减是持久的，但事实上国会明确把它限制为10年。奥巴马总统和民主党代表大会决定不延长减税，因此房产税从2011年开始回到其原始水平。

州和地方预算

财政政策似乎经常被描述为只牵涉到联邦政府。在美国，州及地方政府占全部政府支出的一半。州及地方政府通常不实行反周期财政政策。原因之一是这些州相互联系，以至于一个州的财政措施将会蔓延到其他各州，结果可能对政策发起州的就业几乎没有直接影响。当然，对于开放经济的小国而言，同样的问题也存在，特别是这些国家使用共同的货币时更是如此，就像欧盟许多国家现在所做的那样。州的财政措施可能或多或少会关系到美国的宏观经济，纵使它们并不是有意被用来抚平经济周期的。

正如联邦一级政府那样，州的税收和转移支付政策是经济的自动稳定财政政策的一部分。不幸的是，它们可能经常充当自动稳定器。当联邦支出超过收入时，联邦政府通过发行债券来补足差额。州政府并没有这种权力。根据州宪法，大多数州必须在一定限度内平衡其预算。州政府有时确实会借款，尽管它们的借款通常仅限于资本支出，并且往往需要选民的直接批准（有时以2/3多数通过）。结果是，当一个州陷入衰退并且收入下降时，它被迫要么增税，要么削减开支。这两者都倾向于减少总需求，并且加剧而不是抵消了经济衰退。

17.2　长期内的财政政策

□ 17.2.1　货币政策如同财政政策

铸币税

在第16章（16.1.1节）中，我们看到货币和财政政策通过政府的预算约束而紧密相连（等式（16.1）），在此复述为：

$$G-(T-TR)=\Delta B^G+\Delta MB \tag{17.1}$$

导致等式左边出现赤字的任何财政政策都必须通过等式右边政府负债的增加来弥补。通过创造基础货币进行融资被称作**赤字货币化**，就像我们已经学习过的（第 16 章 16.1.1 节）那样。

历史上，货币化有一个不好的名声。古时候，当货币实际上全部是金和银的时候，国王经常会用较少的贵金属（或使用更多的贱金属以维持其重量和尺寸）但保持相同的面值来发行新硬币。如果国王用 800 万旧币来制作 1 000 万新币，这 200 万的差额构成其收入的一部分，并且能够为其战争和华丽的服饰开支提供资金。在其臣民的开支没有任何减少的情况下，国王开支的增加会使需求相比于供给来说得到增加，并且价格会上升。他们名义财富真实价值的下降正好为国王的额外支出提供了资金。贬值的货币变为向其臣民征收的一种隐藏的税，即通胀税。

即使国王并不使货币贬值，要求其臣民给铸币厂的金条和银条多于以硬币的形式返还给臣民们的，也是常有的事。这一剩余被称作铸币税（来源于法国庄园主，意为"领主"），是纯利润。

贬值是一种依赖其臣民在货币真实价值更低的情况下却依然以面值接受它的不诚实行为。相反，人们会心甘情愿支付一个适量的铸币税，因为铸币的金属更易携带，并且比金条更易估价——这确实值得略有溢价。

在当代，用于制作美钞的纸的价值，甚至用于硬币的贱金属的价值相比于货币的面值要小。征收铸币税的可能性将是巨大的。另外，当政府发行基础货币时不像发行债券，它无须支付利息，那么政府为什么不简单地将财政赤字货币化呢？

在一定程度上，它确实这样做了。基础货币随着时间的推移而不断增长。然而，如果它相比于 GDP 或其他金融资产增长得更快，这就倾向于降低利率并刺激总需求。如果经济接近充分就业，那么自然的结果便是加剧通货膨胀。恰如古时候的国王，它使货币贬值了。造钱学派学者往往抱怨美联储做了相同的事情。事实上，铸币税通常只是政府收入的一小部分。例如，1993 年，直到 2008—2009 年的金融危机为止，是二战以后基础货币增长最快的一年，它仅仅覆盖了政府支出的 2.6%。金融危机表明铸币税仍然可能成为收入的主要来源。在第 16 章（专栏 16.1）中，我们看到 2009 年基础货币中的准备金数额大量增加。但是购买私人证券，这不直接提供铸币税，占了超过 3/4 的增加额。尽管如此，购买国库券提供的铸币税大约占了联邦政府支出的 9%。

恶性通货膨胀的风险

在财政制度效率低下或管理不善的国家，铸币税构成政府收入的份额通常要大得多。如果一个政府发现征税或发行债券很难，"印钞"可能成为它唯一的选择。比如在阿根廷，铸币税在 1991 年提供了 47% 的政府支出资金。依赖铸币税的经济体容易诱发高通胀。1991 年阿根廷的通胀率是每年 172%。

财政失调，包括实质性收入对铸币税的依赖为**恶性通胀**（通常定义为通胀率每月超过 50%）铺平了道路。有史以来最有名的恶性通胀发生在一战后的德国。获胜的同盟国要求的赔款支付远远超出了其普通收入来源。德国政府确实转而求助于印钞机。在 1922 年 8 月—1923 年 11 月期间，德国的平均通胀率是每月 322%。1923 年 10 月的通胀率曾上升到每天 41%！买一块面包或一包香烟需要装满一辆手推车的现金。

□ 17.2.2　跨越时间的赤字和债务

财政政策既有长期的，也有周期性的影响。政府支出、税收、转移支付和赤字都是流量。政府债务与其预算赤字存量相对等。在美国的大部分历史当中，联邦政府把没有借贷的预算平衡作为财政政策的理想目标。图17—5反映了联邦政府的财政政策史，且描绘了在超过两百年的时间里政府支出和收入占GDP的比重情况。

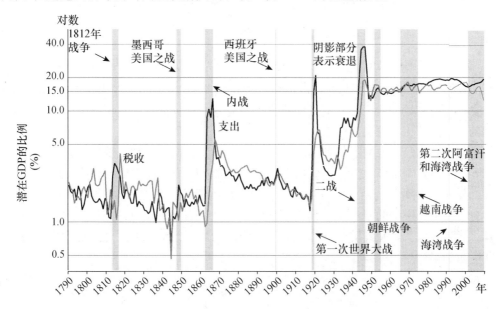

图 17—5　美国联邦税收和支出，1790—2009 年

资料来源：Kevin D. Hoover and Mark V. Siegler, "Taxing and Spending in the Long View: The Causal Structure of U. S. Fiscal Policy After 1791," *Oxford Economic Papers*, vol. 52, no. 4, December 2000.

引人注目的是，政府支出和收入在建国初期处于低水平，并且呈现一系列台阶式递增——每一级台阶都伴随着一次国家灾难——美国内战、第一次世界大战、大萧条/新政以及第二次世界大战。在整个19世纪出现了同样的局面——它甚至适用于较小的战争（1812年战争、美墨战争以及美西战争）。

19世纪的战争要求额外的支出。这些资金通过出售政府债券来提供。在每次战争之后，政府通常会有一个盈余并使用盈余偿还债务。在一战中我们能看到相同的局面，但它随着大萧条/新政以及二战的到来而被打破。从20世纪30年代开始，联邦政府经常出现了赤字。在二战结束后的25年里，收入和支出从没有出现过过分的不协调；但是，大约从1970年开始（越南战争时期前后），支出开始大大超过收入。只有在从20世纪90年代到2001年经济衰退这样一个短暂的时期内，联邦政府才有了一个显著的盈余。

历时很长的债务演变依赖于过去和目前的行动。当发行债券的时候，政府承诺为此支付利息。政府支出的其他部分——包括所谓的福利津贴——可以自由作出不同程度的裁量。把政府赤字分解为两个部分是很有用的：$(G+TR)-T=$ 基本赤字 $+$ 利息支付。基本赤字是非利息支付与收入之间的差额。利息支付代表过去遗留的债务，而基本赤字代表目前的选择。

因此，债务的演变可以通过一个等式来描绘：

$$B_t^G = B_{t-1}^G + r_{t-1}B_{t-1}^G + PD_t \qquad (17.2)$$

式中，本期末的债务存量（B_t^G）是上期债务存量（B_{t-1}^G）、本期支付的前期所欠债务利息流量（$r_{t-1}B_{t-1}^G$）和基本赤字（PD_t）的总和。

要进一步了解债务的增长率情况，可以通过将两边同时除以 B_{t-1}^G 得到，整理可得：

$$\frac{B_t^G}{B_{t-1}^G} - 1 = r_{t-1} + \frac{PD_t}{B_{t-1}^G} \qquad (17.3)$$

左边无疑是债务的增长率，因此上述等式可以改写为：

$$\hat{B}_t^G = r_{t-1} + pd_t \qquad (17.3')$$

式中，pd_t 是本期基本赤字与前期政府债务存量的比率（$pd_t \equiv PD_t/B_{t-1}^G$），也就是新产生的债务与现有债务的比率。利息率代表与原有债务相关的支出流量，而基本赤字比率则代表与新债务相关的支出流量。

图 17—6 描绘了二战后债务的增长率、为债务支付的利息率以及基本赤字与债务的比率情况。注意 1970 年之前，基本债务比率通常为负——联邦政府在除去满足支付利息的需要外还出现了盈余。20 世纪 90 年代，基本债务比率在 1994 年变为负数。在接下来的 3 年里，递增的基本盈余起到了抵消相对稳定的利息支付的作用，最终把其完全抵消，抑制其增长，并开辟了联邦债务短暂降低的局面。债务的此种降低无疑与克林顿政府晚期的预算盈余相符。

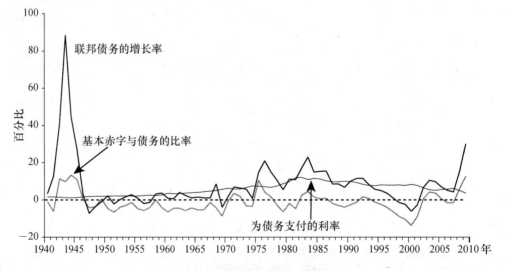

图 17—6　联邦政府债务的增长

注：债务利息支付与基本赤字和债务的比率这两者之和即为债务增长率。基本赤字是政府支出减去利息支付。这样一来，当前债务水平就可以理解为以往财政政策的遗产（利息）加上现期财政政策（基本赤字）。

资料来源：债务和利率，债务局；赤字，美国经济分析局；以及作者的计算。

□ 17.2.3　挤出

功能财政

大多数公众以及大多数政治家都坚信平衡预算（零赤字）且不存在公共债务代表着

一种经济的（或许也是道德上的）理想目标。许多国家的宪法规定至少在日常运作开支上保证预算平衡。数年前，对美国一项平衡预算宪法修正案的讨论非常普遍。对平衡预算的强烈偏爱看起来似乎就是一种共识。归根结底，如果我们任何一个人都毫不意外地使花费超过收入，将会招致财政危机。

个人预算平衡是理想的这一观念有着很深的文化根源。在查尔斯·狄更斯的美妙小说《大卫·科波菲尔》（*David Copperfield*）当中，大卫是这么描述快乐小懒汉米考伯先生的生活智慧的：

> 我记得，他郑重地恳求我要对他的命运引以为诚，并且注意到如果一个人每年有 20 镑的收入，然后花掉了 19 镑 19 先令 6 便士，那么他将会是快乐的；但是如果花掉了 21 镑，那么他将会是痛苦的。

很多人明确赞同莎士比亚作品《哈姆雷特》（*Hamlet*）中波洛尼厄斯的观点，他告诫自己的儿子："不做债主，也不做借贷人"。（有时人们会忘了波洛尼厄斯是一个愚蠢的人。）

我们大多数人都会怀疑通过借 25 万美元来举办一个派对是否明智；几乎没有人会认为借同样数目的钱去买一套房子是错误的，除非我们有了更进一步的信息。同样地，借钱读大学可能是我们大多数人会做的最明智的事情。

像个人借贷一样，政府赤字也必须根据情形来评判。"功能财政"这个名词是经济学家阿巴·勒纳（1903—1982）给出的关于政府预算和财政决策不应当由其是否平衡，而应当看其对经济产生什么样的影响来评判的观点。出自功能财政观点的一些相关问题有：

- 一项赤字如何影响总需求？（我们在 17.1 节中问到的问题。）
- 政府支出和个人支出是如何相互影响的？
- 政府的融资决策（税收或债务管理决策）是以一种有利的还是不利的方式来分配收入和财富的？
- 政府的融资决策是以一种有利的还是不利的方式改变激励的？

总而言之，评判财政政策的正确性，我们不能看国民账户和国家资产负债表，而应当看其对我们所关心的真实因素的影响：产出、就业、收入和财富的分配，即对实体经济的影响。我们将在本章余下部分考察其中的一些问题。

零和挤出

在政府介入经济活动的批评者中持续存在的一个担忧是财政政策会把私人部门排挤出去。挤出效应已适用于很多情况。"零和挤出"是争议最少的一个：如果经济处于充分就业状态，那么任何时候政府占用更多的资源，都必然会使能够提供给私人部门的资源下降。

这一点从生产—支出恒等式（第 2 章，方程（2.1））可以明显看出：$Y = C + I + G + NX$。在充分就业水平上，Y 是恒定不变的（馅饼有固定大小）。因此，政府份额（G）的任何增加都会导致消费者（C）、投资者（I）或外国人（NX）所得的那份更小。这是一个零和博弈。

零和挤出仅适用于政府在真实商品和服务上的支出（G），而不适用于在转移支付上的支出（TR），比如**福利**、社会保障或者**社会救济**。转移支付仅仅在私人部门各成员间转换了资源的所有权，因此其直接影响是保持私人部门的相对规模不变。转移支付当然可能会产生间接影响。

挤出还是挤进?

尽管政府所占份额的增加必然会挤出私人部门的份额，但是如果我们不考虑份额而考虑真实资源的实际水平，故事将变得更加复杂。份额涉及馅饼的分配。但是如果政府行为能够改变馅饼的大小又会怎样呢? 回顾第 13 章（13.1.4 节），当经济处在充分就业水平上时，政府支出的增加通过乘数过程增加 GDP。

即使在充分就业水平上，政府的财政政策也可能正面或负面地影响 GDP 的大小。设想一个国家——像 19 世纪的美国一样——资源丰富但基础设施薄弱。一个修建运河、铁路和电报等通信系统的政府将会促进私营产业的发展。GDP 将会更大，而且由私人部门控制的绝对资源量也将更大，尽管政府所占的份额本身可能更大。

事实上，美国基础设施建设的发展是政府和私人行为共同推动的结果。通常政府行为会促进私人部门的发展——例如，将土地分配给铁路。因为其政策对经济的间接渠道作用，政府在经济中的角色在国民账户中被轻描淡写了。在其他国家，政府政策更加直接，并且政府在经济中所占的份额更高。

在现代，政府介入互联网的发展以及道路、机场、学校、医院和公共交通的建造与维护，不仅直接贡献于 GDP，而且间接地为私人部门提供了必不可缺的服务：这些间接益处与第 3 章（3.5.4 节）的**负外部性**相反，被称为**正外部性**。最近几年，关于政府支出外部收益的水平和重要性已经有了激烈的争论。一些经济学家认为基础设施建设投资能够提高经济增长率。他们认为这些投资非但不是挤出的，而是提供了一个**挤进**的实例：政府支出增加了私人部门可利用的资源。关于这个争论仍有待分晓。

尽管道路、学校和其他基础设施是政府投资的典型实例，但私人部门本身有时也提供几乎所有类型的基础设施投资。然而，政府同样提供那些极少由私人提供的服务，如警察、法院以及健康和安全条例，此处仅举几例。这些服务同样表现出正外部性。这些问题——哪些服务最好由政府提供，而哪些最好由私人部门提供，以及政府部门应当多大?——在所谓**公共经济学**或**公共财政**经济学领域是核心问题。本课程无法详细解决这些问题。注意到额外的政府支出对经济会产生积极的还是消极的影响这一问题并不那么简单并且有待进一步研究，对于我们来说已经足够了。

私人支出的替代

当政府支出替代先前的私人支出的时候，另一种类型的挤出可能会发生。例如，在 19 世纪中期以前，政府通常不为孩子授权批准或提供公立学校。所以，许多孩子就读于私立学校。当政府承担起公共教育责任时，公民可以自由减少对私人学校的开支，而不会给孩子造成损失。

同样地，在 1936 年社会保障制度创立之前，美国公民不得不为其自身退休而储蓄，除非他们的雇主为其提供了退休金（极少有雇主这样做）。毫无疑问，私人养老金如今是普遍的，并且许多人仍然保有大量的私人退休储蓄金。尽管如此，一些经济学家认为美国如今的低个人储蓄率在一定程度上是社会保障制度产生的结果，并且社会保障供应的增加将会导致储蓄率进一步下降。

赤字和利率

财经新闻经常提到另一种类型的零和挤出。回顾第 2 章的部门赤字恒等式（2.3），在此复述如下：

$$[G-(T-TR)]+[I-S]+[EX-IM]=0 \qquad (17.4)$$

如果政府预算赤字（最左边方括号里的项目）增大而与此同时储蓄、对外赤字以及净出口（第三项）保持不变，那么投资必然被"挤出"。

尽管由于会计上的原因，预算赤字的增加必须由恒等式中的其他一些项目来平衡，但投资并不一定是唯一将要调整的因素，而且将其一对一地调整也是不大可能的。财政政策不能仅仅由赤字的大小来描述。为达到一个特定的赤字，政府会选择自主开支的水平，预测需为其债务支付的利息额并设定福利开支和税收的比率。

税率和转移支付的比率以及利率都影响经济行为。这些比率以及其他经济因素，比如 GDP 水平、资本真实回报率和汇率都影响公众的储蓄、投资、进口行为以及外国人对国内出口的需求。预算赤字可能也会影响它们，但只是间接的。尤其是，投资者不是首先看预算赤字或储蓄池的大小，然后决定投入多少新资本。相反，任何一个投资决定都基于其预期收益和企业所面临的机会成本。储蓄与投资之间或者预算赤字与投资之间不存在直接联系。

政府财政行为通常被认为通过利率渠道挤出私人投资。赤字的增加通过额外债务来提供资金，这便增加了政府债券的供给。为卖出这些额外的债券，其收益率必定上升（它们的价格必定下降），如图 17—7 所示的那样，沿着公众对政府债券的需求曲线移动。对于一个给定的预期通胀率，真实利率上升会抑制一些投资，并通过乘数过程减少 GDP。

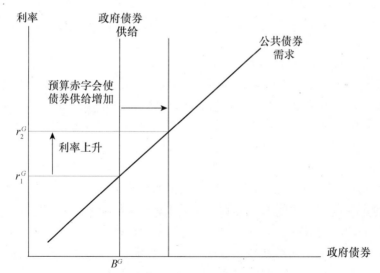

图 17—7　赤字和利息率

注：债券融资型预算赤字使债券存量上升，政府债券供给曲线右移。为了诱使公众增加对债券的需求，利率必须上升。

通过利率而产生挤出效应的观点是那些要求平衡预算的人长期以来的担忧。罗伯特·鲁宾，克林顿政府的财政部秘书，使这种观点更进一步。他认为，让政府债务得以减少的盈余得以维持，使利率降低到足够低的程度是对 20 世纪 90 年代经济繁荣的很好阐释。

在鲁宾的设想当中，朝着平衡预算的移动会"挤进"私人投资。尽管挤出机制通过利率起作用是简单明了的（更多的债务意味着更高的利率，更高的利率意味着更少的投资，更少的投资意味着更少的 GDP），但它是不完全的。

就像我们在第 7 章中（7.2.1 节）中所看到的那样，对金融资产的需求不仅仅依赖于利率本身的直接影响，而且依赖于其他金融资产的收益率，并且套利趋于把收益率推向一种稳定的关系。尤其是货币政策在短期趋向于决定市场利率，而在长期则趋向于决定预期通胀和真实资本的收益率。

然而对于更短期的利率来讲，赤字是否能够提高利率在很大程度上取决于货币当局是否允许他们这样做。对于长期利率来讲，套利趋于把长期债券的真实收益率带回到其与股票真实收益的正常关系当中。股票的收益无疑与企业的盈利情况相关，因此，其以一种复杂的方式与投资相关。

牵涉到投资的套利过程可能是缓慢的，因此，在短期，赤字可能提高市场利率，但除非利率影响到了资本的真实收益或者通胀率，否则这些影响在长期应当会被消除。短期影响有多大还是一个通常没有一致答案的实证性问题。

□ 17.2.4　财富效应

政府债券是净财富吗？

毫无疑问，财政政策会影响实体经济。政府选择多少以及什么类型的真实支出显然是很重要的，就像（我们在下一部分将会再次看到）不同种类的税收和激励一样。是否仅仅赤字大小本身很重要，而与资金筹措的方式无关呢？可能要紧的一种情况是，更大的政府债务与更大的私人财富相一致。

回顾第 6 章（6.1.2 节），私人部门作为一个整体不能通过在各成员间借入或贷出而变得更加富有。如果你借钱给我，那么贷款显示为你的资产和我的负债。当我们加总资产负债表得到整个私人部门的资产负债表时，这些账目相互抵消了。如果我们当中的任何一个持有政府债券，情况就不一样了。政府债券是你的资产和政府的负债。当我们仅仅对私人部门进行加总时，政府债券在总的私人资产负债表上仍然是一项资产。这看起来似乎是财富。但它真的是吗？

大卫·李嘉图（1772—1823），一位非常重要的英国经济学家，对此提出了反驳。设想一下政府想要通过削减税收来增加消费。它不改变任何其他的政府开支和转移支付计划。假设你的税收削减份额是 100 美元。为了向你提供那 100 美元，政府必须增加其债务。假设它卖出 1 年期债券获得 100 美元来弥补缺口。一年之后，它将支付债券利息。如果利息率是 7%，那么一年之后它将不得不把税收增加到 107 美元以清偿由你所拥有的债券份额所创造的债务。试想一下你事先已明确地预料到那个数目将是你未来要承担的税收份额，那么在面对目前税收削减的情况时你还会增加消费吗？

答案是否定的。事实上，如果在税收削减之前你对自己的消费计划是满意的，那么在税收削减之后就没有理由改变它们。你的选择是什么？如果你花掉了这全部 100 美元，那么来年你必须将消费削减 107 美元。但是你也可以储蓄这笔钱。事实上，你自己可以买入 100 美元的政府债券。如果你这样做了，政府将在来年支付给你 107 美元，这恰恰是在你的税单中增加的数额。通过购买债券，你的消费无论在今年还是来年都不发生变化。

因为持有政府债券的增加——表面上增加了你今年的财富——并不会导致你消费的任何改变，那么债券就不能充当真实的财富。事实上，采用永久收入/生命周期假说（见第14 章14.2 节）的逻辑，可以简单看出税收变化不会改变生命周期财富。税收削减和为偿付债券的未来税收增加额的现值是：$PV = (-T) + \dfrac{T(1+r)}{1+r} = (-100) + \dfrac{107}{1.07} = 0$。政府债券，作为税收削减的正的对等物，只有在不考虑发行债券的未来税收后果时，才似乎是一种净财富。

政府债券不是净财富或者政府在债务融资和税收融资之间选择任何一种都没有实际影响的观点被称作**李嘉图等价**。李嘉图等价有时会被误解。它并不是说政府的支出水平无关紧要；相反，它是说给定一个政府支出水平，通过何种方式融资（税收或负债）是无关紧要的。

李嘉图等价的局限性

假定一个政府支出计划固定不变，如果李嘉图等价成立，那么政府预算是赤字还是保持平衡都是无关紧要的。考虑到我们在税收削减情境中所作出的假设，李嘉图等价的逻辑是无可指责的。但这些假设是正确的吗？

奇怪的是，李嘉图本人并不这么认为。第一，他认为人们都是缺乏远见的，因此即使债务最终会被清偿，一些人仍不能明白这将意味着更高的税收，他们也因此未能将全部税收削减额储蓄起以便有钱支付未来的税收。第二，他认为一些人从税收削减中得到益处，然后移居国外，把税单留给他们的同胞们。19 世纪来自英格兰的移民数量庞大，但那对于 21 世纪的美国和大多数发达国家来说几乎看不出他们之间的关联。

然而，还有另外一种类型的移民。在前面的阐释当中，我们已经假设债券必须在一年之后偿清。但是，毫无疑问，债务可能由长期（比如说 30 年）债券来融资。即便如此，当这些债券到期时，新债可能会被发行以偿还旧债，因此债务的偿还被推向了更加遥远的将来。与此同时，税收削减的原始受益人可能会死去。实际上，他们已经移居到了过去。如果他们已经预料到，直到他们死去税收都不会因偿还债券而被提高，他们将会把税收削减当作一种确定的收益，并把对应的政府债券看作净财富。

对这一争论的一个回应是，关心子嗣的人们将不会选择把税收负担留给自己的后代。相反，当债券在他们有生之年被发行的时候，他们将会储蓄足够多的钱以支付隐藏在其子嗣身上的未来税负。经济学家们（特别是哈佛大学的罗伯特·巴罗）已经证明，即使税收削减的初始受益者活不到债务到期日，李嘉图等价定理仍然成立，但只有当人们已经预测到其会有子嗣，并且系统地考虑到了继承和税收影响其子嗣的行为方式时才成立。它把理性人假设推得太远，以至不能精确假设他们会这么做。而且，债务必须在未来的任何时段被偿清这个假设也是可疑的。什么能够阻止政府无休止地以发行新债来偿还旧债呢？

就像第 14 章（14.2 节）的持久收入/生命周期假说一样，李嘉图等价在这种情况下假设人们能够在任何必要的程度上以政府提供的利息率进行借贷。这是一个强假设。正如我们在第 14 章（14.3 节）中所看到的一样，有相当数量的人们受流动性约

财政政策

束——他们不能在合意的利率水平上进行借贷——因此，他们或多或少都是过着勉强糊口的生活。税收削减缓解了这一约束并且可能将税收削减额花掉，尽管它造成了未来的税收负担。同样地，即便是那些确实借钱的人也面临着高于政府的利息率。税收削减允许他们减少其高息借款，并在未来某个时候以一个较低的政府利息率偿还这一收益。因此，税收削减提供了一种净收益，并且至少一部分相应的政府债券应当被看作是净财富。

总之，尽管消费者可能会适当考虑隐含在新的政府债务当中的未来税收，但他们不可能全面考虑。因此，他们不可能储蓄全部数量的税收削减额，反而可能把为税收削减提供融资而发行的债券当作其净财富的增加。债券市场价值的多大部分应当被视作净财富是一个争议很大的实证性问题。[①]

□ 17.2.5　税收和激励

如果李嘉图等价完全成立又会怎样呢？这意味着财政政策在长期不重要吗？绝对不是！

第一，李嘉图等价仅仅专注于政府在税收融资和负债融资两者的选择。政府对商品和服务的支出水平作为 GDP 的一部分，衡量政府占用国家资源的份额，因此依然是重要的。同等重要的恰恰是政府使用那些资源做了什么。同样地，尽管转移支付并不代表政府在国家资源上的直接压力，但转移支付项目，比如社会保障或者医疗保险，可能不仅赋予接受者实质性的好处（或者可能存在的成本），而且可能间接影响整体经济。第二，财政政策不仅通过税收和支出水平起作用，还通过其比率发挥作用。

平均税率和边际税率

在前几章中我们已经强调了重要的经济决策都是"在边际上"作出的。在第 13 章的简单税收函数中（见图 13—4），函数的斜率表示边际税率，从原点出发到税收函数上点的射线的斜率表示平均税率。图 17—8 实质上是一个相同的示意图，只不过它适用于单个纳税人——横轴表示的是个人收入，而不是 GDP。该图描绘了一个**单一税**——它有着固定不变的边际税率。因为税收函数与收入轴相交于原点的右侧，所以从原点到该税收函数上点的射线会随着收入的增加而变得越来越陡峭：收入越高，平均税率越高。在税法中，平均税率随收入增加而升高的税收称为**累进税**；平均税率固定不变的税收称为**比例税**；平均税率随收入增加而下降的税收称为**累退税**。

图 17—9 描绘了 2010 年某个纳税人的所得税边际税率。它明显不是单一税。平均税率系统性地低于边际税率（正如我们在图 17—8 中所预料的那样）。它随着收入的增加而上升，表明该税制是累进的。一个累进的税种可以覆盖所有的纳税人吗？这是一个复杂的问题，因为税率是针对调整后的总收入而计算的，其中包括实际收入的很多扣除和调整（比如抵押利率和医疗扣除），这些使实际的税收支付得以改变。已婚夫妇的不同税率表归档在一起或独立分开使得税法进一步复杂化。总之，它是极其复杂的。

---

① 以下这篇文章提供了李嘉图之前观点的一个概览，John J. Seater, "Ricardian Equivalence," *Journal of Economic Literature*, vol. 31, no. 1 (March 1993), pp. 142-190。以下这篇文章对 277 页独立的研究进行了重新评估，并得出结论说李嘉图等价不成立：T. D. Stanley, "New Wine in Old Bottles: A Meta-Analysis of Ricardian Equivalence," *Southern Economic Journal*, vol. 64, no. 3 (January 1998), pp. 713-727。

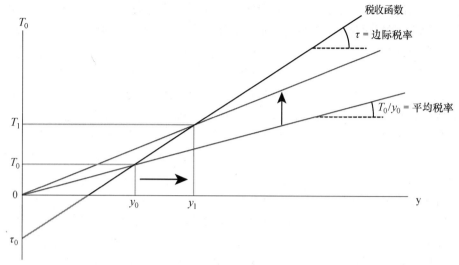

图 17—8　平均税率和边际税率

注：边际税率是税收函数的斜率。平均税率是从原点到税收函数上点的连线的斜率。当平均税率随收入增加时税收就是累进的。

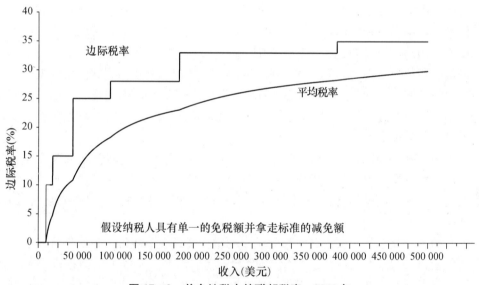

图 17—9　单个纳税人的联邦税率，2010 年

资料来源：Internal Revenue Service.

　　所得税无疑不是唯一的税收。人们还要支付许多种类的间接税（例如，营业税或者对酒及汽油征收的税）。而且，对于美国的许多低收入工人来说，最重要的税收不是所得税，而是为社会保障和医疗保险提供资金的工资税。这些是真正的单一税——尽管就社会保障而言，它仅能高至收入的最高限额。

　　当问及税收分配作用的问题时，平均税率是重要的：当税收是累进的时候，富人要支付的税款相比于穷人占收入的份额更大。相反，当问及资源有效配置的问题时，边际税率是重要的。在第 11 章（11.2.1 节）中我们已经看到，对于一个工人来说，所得税减少了其有效的真实工资。原则上，我们期望降低税率（提高有效的真实工资率）以使劳动供给有所增加。

转移支付的作用类似负税收。边际转移支付率的降低应当更像是边际税率的提高。因为很多转移支付项目随着收入的增加而下降，接受者（比如社会福利的接受者）可能面临着极高的净边际税率。当一个社会福利接受者找到一份工作的时候，他不仅面临着所得税，而且可能失去其全部或者大部分的福利金，因此其赚取的第一个美元的净边际税率可能实际上会高于100%。意识到这个问题，政府有时把更加复杂化的难题引入税法当中（比如美国的劳动所得税收抵免），旨在缓解其对工作的反向激励。

就像我们在第14章中（14.5.3节）中所看到的那样，企业所得税税率同样是重要的。它们可以被看作是对投资收益所征收的税。税收越少，投资收益越高，而且企业可能会投资得更多。

供给面经济学

一般来说，较低的边际税率会鼓励人们供给劳动以及鼓励企业进行投资。生产要素的增加无疑会提高边际产出和经济增长率。供给面经济学是一种认为较低的税率能够促进经济大幅增长的经济学说。供给面经济学在里根政府期间（1981—1989）得到普及。姑且不论对错，它通常被视为一种保守的政治思想。作为一种政治经济学，定性来看，其主要思想毫无疑问是合理的。真正的问题是：税收的激励效应在量上是否庞大，以及它们与政治上无法接受的分配结果是否相关，这对于经济研究依然十分重要。

供给面经济学的狂热倡导者走得更远，他们认为税率的大幅削减将会自我融资，因为应税所得额的增长将会比税率削减的比例更多。政府虽然在每一美元上得到的少一些，但是会在数量上得到弥补。这一乐观的供给面情况因常识性观察而得到巩固。在税率为0时，政府得不到收入。在税率为100%时，政府依然得不到收入：知道政府将会拿走一切，谁还会进行生产呢？因此，在0～100%之间的某个地方，存在着一个使政府收入最大化的税率。

图17—10以图形的形式展现了对税收、收入与边际税率之间关系的观察结果。该图在经济学家亚瑟·拉弗首次提出之后，被命名为拉弗曲线。图表的最高点表示的是收入最大化的税率。假设经济位于 A 点，那么减税确实会增加收入。但如果经济位于 B 点，减税将会减少收入。

不幸的是，存在某一收入最大化的税率的常识性观察不能告诉我们经济实际上是否位于类似于 A 点或者 B 点的某一点上。对此，我们需要一条能准确体现经济情况的拉弗曲线。或者我们能够——就像里根政府在20世纪80年代所做的那样——进行减税实验。经济繁荣了，这与供给面经济学相一致。（当然，这也与经济远低于充分就业水平时的税收乘数相一致。）然而，税收收入却赶不上政府支出，因此赤字大幅增加。

大部分经济学家都赞同财政政策会产生供给面效应，但在这种效应有多大的重要性方面分歧却很大。一项研究结论称20世纪80年代的减税通过更多的劳动供给大约使GDP增加了不到1.5%。[1] 当然，在资本和劳动上也有供给效应。无论怎样，这一数字应当更高，狂热的供给学派在考虑减税将会自我融资——至少在短期——时显然过于乐观了。

---

① M. A. Akhtar and Ethan S. Harris, "The Supply-Side Consequences of U. S. Fiscal Policy in the 1980s," *Federal Reserve Bank of New York Quarterly Review*, Spring 1992, p. 16.

应用中级宏观经济学

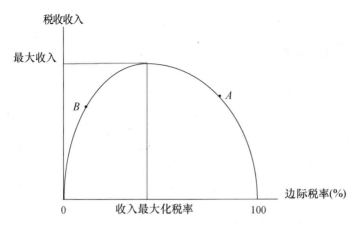

图 17—10　拉弗曲线

注：拉弗曲线表示的是边际税率和税收收入之间的关系。因为零税率产生零税收收入，100％的税率也会产生零税收收入（因为没人会无报酬地工作），所以，在0～100％之间一定存在一个使税收收入最大化的中间税率。如果经济位于拉弗曲线上的 *A* 点，减税将增加税收收入；位于 *B* 点，增税将增加税收收入。

复杂性的成本

除了税收的间接激励效应外，财政政策强加于经济一个直接成本——遵守成本。很显然，税收必须被征缴；国内税务局和国家税务委员会都不是虚设的。另外，税法极其复杂，而且随着时间的推移变得更加复杂。税务基金会，一个智囊团，估算出美国国内税收法规字数在 1995—2000 年之间将近翻了两番，并以平均每年高于 3％的比率上升。[①] 而且还有复杂性强加于其自身的成本。

第一，专业化税务会计、税务准备、税务软件、税务律师以及财务顾问的一个庞大产业已经围绕着税法成长起来。尽管这提供了就业，但是这种类型的支出归于遗憾品这一类（第 3 章 3.5.4 节）。专业化的税务服务在任何人眼中都不是**善行**的主要来源，而对特定税法结构来说是必要的。

第二，税法的复杂性不仅促使个人和企业求助于专家进行纳税申报，而且鼓励他们寻找途径改变其行为以限制税务风险。有时这确实是财政政策所意欲达到的。例如，国会可能对太阳能发电进行减税，以期减少污染。这些政策总是有争议的，但这些争论都是政治所阻碍的东西。

然而，有时税法会产生意想不到的后果，并且鼓励人们和企业在利用资源上作出不明智的经济选择，从而降低生产率。一个公平有效的税法应当有多么复杂？关于这个问题有许多合理的争论。然而，美国的现行税法是**胡乱操纵的**，并且如此复杂以至于国税局的代理人仅仅想要弄清楚它有什么要求都毫无头绪。2010 年，遵守联邦税经估算花费了 3 240 亿美元或者 GDP 的大约 2.5％。

第 17 章

财政政策

[①]　这一节关于税法复杂性和合规性的数据取自 Scott Moody, "The Cost of Tax Compliance," Tax Foundation, February 2002（www.taxfoundation.org/research/show/306.html）and Tax Foundation, "Tax Data," 26 October 2006（www.taxfoundation.org/research/show/1962.html），both downloaded 10 March 2010.

17.3 债务负担

在政治家和大众媒体当中，政府债务向来被描绘成一种负担——一种公众的负担，因为税收必须满足利息支付的需要；同时也是下一代的负担，因为我们的孩子和我们孩子的孩子必须偿付本金。显然，如果李嘉图等价定理成立，那么债务就其本身而言将不是负担。政府支出可能是一个负担，但它如何融资是无关紧要的。然而，在前面的章节中，我们已经给出了质疑李嘉图等价定理成立的理由。因此我们必须要问，政府债务是一个负担吗？

□ 17.3.1 债务和增长

债务和收入

债务的美元数额并不能合理衡量债务的繁重程度。一名刚毕业的高中生，每年赚取2万美元，将会发现一个1.5万美元的车贷是沉重的负担。而一个每年赚取12.5万美元的公司经理将会发现这是比较容易对付的。同样地，一个有着10万亿美元GDP的国家承担3万亿美元的债务比一个有着5 000亿美元GDP承担7 000亿美元债务的国家更加轻松。债务必须根据经济规模的大小进行衡量。

一种简单的衡量方法是债务占GDP的比例（B^G/pY）。表达式中的价格水平（p）可以被认为是把真实GDP（Y）转换成了名义GDP，因此它是名义债务占名义GDP（pY）的比例；或者它也可以被认为是把名义公债转换成了真实公债（B^G/p），因此其又是真实债务占真实GDP的比例。

我们如何才能判断债务大小是否与收入相关呢？我们又应当拿它跟什么相比呢？一种可能就是拿它跟其他国家的经验进行对比。表17—1描绘了精选的OECD国家债务占GDP的比例情况。2008年，美国债务大约是其GDP的2/5——尽管2009年之后它已快速增长。这是一个比除加拿大之外的任何一个G-7国家都低的比率，而且其还低于表中大多数非G-7国家。它仅占意大利债务比例的约1/3，以及日本债务比例的约1/5。另外一种明显的对比方法是对当前和过去的债务水平进行比较。这在问题17.7中得到了解决。

表 17—1 部分国家的债务比例，2008 年

	中央政府债务占 GDP 的比例（%）
G-7	
加拿大	29
美国	40
德国	46
英国	56
法国	69
意大利	114
日本[c]	197

	中央政府债务占 GDP 的比例（%）
其他国家	
卢森堡	11
中国[a]	13
墨西哥	14
韩国	18
土耳其[c]	25
泰国[b]	27
南非[a]	46
俄罗斯[a]	49
印度[c]	58
新加坡[b]	84
埃塞俄比亚[a]	101
布隆迪[a]	184

注：a. 2001 年值；

b. 2005 年值；

c. 2007 年值。

资料来源：OECD Statistics Portal for the United States, Japan, Germany, France, United Kingdom, Italy, Canada, South Korea, Mexico, Turkey, and Luxembourg; World Bank, *World Development Indicators* for China, India, South Africa, Singapore, Ethiopia, Burundi, Russia, and Thailand.

增长过快的债务

然而，这种简单的比较并不能反映全貌。一名实习医生可能赚取 4.5 万美元并承担着 12 万美元的助学贷款债务，但她并不担心，因为她知道再过几年其每年将会赚取 17 万美元。有时，若像医生这样，经济会使公共债务增长过快。债务比率的增长率可以表示为：

$$\left(\widehat{\frac{B_t^G}{p_t Y_t}}\right) = \widehat{B_t^G} - \hat{p}_t - \hat{Y}_t \tag{17.5}$$

用等式（17.3′）进行替换，上式可以改写为：

$$\left(\widehat{\frac{B_t^G}{p_t Y_t}}\right) = r_{t-1} + pd_t - \hat{p}_t - \hat{Y}_t = (r_{t-1} - \hat{p}_t) + pd_t - \hat{Y}_t \tag{17.6}$$

如果基本赤字（PD_t）保持不变（或者即便是相当缓慢地增长），那么基本债务比率（$pd_t = PD_t/B_t^G$）将会随着经济增长而下降到 0。如果是那样的话，政府债务的增长率就是事后真实利率（$r_{t-1} - \hat{p}_t$）与真实 GDP 增长率的差。一方面，如果真实利率相对低于整体经济的增长率，那么债务负担将会随着时间的推移变得越来越轻，即使其美元价值从未下降。另一方面，如果经济增长缓慢，那么仅基本赤字的盈余就能够减少债务占 GDP 的份额。

通货膨胀和债务

通胀对债务会产生什么样的影响呢？注意，如果存在费雪效应（见第 7 章 7.5.2 节），并且通胀是被预料到的，那么通胀率的任何增长都会由利息率一比一地增长与之相匹配。真实利息率（$r_{t-1} - \hat{p}_t$）将保持不变，而且债务比率也将不受影响。

然而，如果费雪效应是不完全的或者通胀是不可预期的，那么真实利息率将会下降并减小债务比率，缓解政府的融资负担。事实上，不可预期的通胀为政府提供了一种隐蔽的收入来源，其与17.2.1节所讨论的通货膨胀税紧密相关。

□ 17.3.2　资本和消费支出

关于长期公共财政，头号陈词滥调是"公共债务是子孙后代们的一种负担"。但它必然是这样的吗？这些陈词滥调的隐含假设是：政府支出是一种纯粹的损失。设想一个家庭花40万美元购买一套房产，并使用32万美元的抵押贷款进行融资。这一抵押贷款债务是一种负担吗？就其本身而言，这笔交易并不改变家庭的净财富——相同的账目会显示在其资产负债表的两边。真正的问题是房子的净收益（其提供的隐含的租赁服务）是否比偿还债务的成本更高或者更低，以及在把家庭收入考虑在内之后，购买那些服务本身是否为一个好主意。

对于政府债务，也存在同样的考虑。州际高速公路系统是一项非常昂贵的资本投资——通常在20世纪50—60年代。它一直都是重要服务作为回报的有价值资产。同样地，机场、医院、学校、公共图书馆、公园以及其他政府筹资兴建的生活福利设施，都是抵消债务的公共资本。正确的问题是：这些公共投资的真实报酬率如何与为其融资的债务利息率进行比较？这些投资产生了对公民来说最为有益的服务吗？如果此类投资是谨慎的，那么相应的债务将很难被认为是子孙后代们的一种负担。事实远非如此，如果未能作出这些投资，那才会是更加繁重的负担。

即便是由非资本支出引起的债务也很有可能是合理的。有时对公共福利的现时需要是如此重要以至于其必须被满足，即使这意味着借贷。就如我们在图17—5中所看到的那样，美国的战争都是通过债务融资的。很显然，通过借贷赢得二战比不参加战争更好。毫无疑问，风险是，政治家们可能会倾向于声称所有本期支出方式都属于必要战争这一范畴。

□ 17.3.3　内债和外债

如果关于长期公共财政的头号陈词滥调是"公共债务是子孙后代们的一种负担"，那么排在第二位的无疑是一个令人愉快但同样陈腐的观点："债务根本不是负担，因为我们是自己欠自己的"。像大多数的陈词滥调一样，这一个包含了正确的成分。政府债务利息和本金的偿还是一种不直接影响真实GDP的转移支付。无疑，这可能引发分配问题：如果由债务融资获得的支出所带来的收益归于不同的人，而不是归于那些通过纳税来帮助融资的人，那么他们之间会有一个净真实转移支付，这一转移支付可能受欢迎，也可能不受欢迎。

"我们是自己欠自己的"这种陈词滥调假定政府债券仅由我们本国的公民来购买。这种假设是错误的：2009年9月，29％的国债（34 970亿美元）由外国人持有。其持有债券的利息把美国相当大一部分GDP转移给了外国人。事实上，"我们欠他们的"。

对外国人负债一定是坏事吗？首先，它是双向的。美国也持有外国的公有和私有资产，在很大程度上产生了抵消性的收入流动。（回顾一下，这些净流量是GNP与GDP之间的差额；见第3章3.3节。）

借贷通常有助于实现良好的经济效益。通过私人债务可以更容易地看到这一点。19世纪的美国铁路大部分都是通过外国融资而建设的。确实，我们不得不通过真实收入转移来偿还债务，但我们也获得了铁路以及其提供的就业机会和服务。在当代，国家想方设法吸引外资参与汽车制造厂、酒店综合设施或者其他行业。

这一点同样适用于外国人持有政府债务，但这更难以令人明白。不管怎样，如果支出超过收入，那么债务将会被出售。如果它不被销往国外，那么利息率必须上升，直到其有足够的吸引力可以在国内销售。如果它被销往国外，那么本来可能用于购买政府债务的国内资金被转向了私人金融市场，在那里它们有助于为国内投资提供融资。与该项投资相关的利润和劳动力收入被部分征税，以满足偿还政府债务的需要。外国人拥有政府债务时，美国经济的生产性投资流向外国人，与外国人拥有私人债务时一样多。

17.4　总结：　再论功能财政

本章要旨是，一些简单的观点，如政府预算应当始终保持平衡，政府债务是子孙后代们的一种负担，以及因为我们欠着自己的，因此，债务终究没有成本，对于合理指导财政政策都毫无用处。相反，我们已采纳了功能财政的观点。功能财政背后的关键理念是，我们必须对之前的账目和财政行为对经济产生的影响进行回顾。我们必须注意特定财政行为如何影响失业率和产能利用水平、对生产或生产要素供给的激励，以及收入和财富的分配。财政政策的这些方面与当前政府预算赤字规模或者债务规模之间的关系都非常复杂。

本章小结

1. 财政政策涉及政府税收和支出决策。它比货币政策更具有政治性。

2. 短期的或反周期财政政策可能是被动的（自动稳定器，比如反周期的税收和转移支付率，成为现行法律和法规的一部分）或者是主动的（政府依据经济发展情况改变税收和支出计划）。

3. 一般来说，为保持充分就业和物价稳定，财政政策应当在面对消极的总需求冲击时提供激励，而在面对积极的需求冲击时使之紧缩。财政政策在短期内几乎没有能力改变供给冲击的真实效应。然而，一个减少潜在产出的总供给冲击——在相同的总需求水平上——像一个积极的总需求冲击一样有效地作用于价格，并且能够被紧缩性的政策抵消。在这种情况下，财政刺激将仅仅使价格加速上升。

4. 相机抉择财政政策的一个弊端是，在意识到这种需要并作出适当的政治决策和采取财政行动之间往往存在着很长的时滞，结果会使政策的实施变得很不合时宜。

5. 如果消费者是完全理性的，那么暂时性财政政策几乎没有影响，因为它们对改变永久收入作用很小。暂时性财政政策对投资理应会产生很大的现时影响，因为企业通常能够轻易地改变投资时机。永久性政策以一种相反的方式发挥作用。在实践中，消费者似乎成了一种从完全理性到高度缺乏远见或者流动性约束的混合体，因此暂时性政策对消费产生的影响比理论可能预测到的更大。

6. 州宪法关于平衡预算的要求迫使州政府顺周期地调整支出并且反周期地调整税收——事实上创造了自动稳定器。

7. 货币政策和财政政策通过政府的预算约束被联系起来。赤字可能被部分或完全货币化。征税机构不足的国家可能转而"印钞"，这就征收了一种通胀税。这种财政策略通常伴随着特别高的通货膨胀——有时称作恶性通胀。

8. 债务的增长依赖于过去财政政策的遗留问题，体现在利息的支付上；而目前的财政政策体现在基本赤字上（目前不包括利息支出与收入之间的差额）。减少或消除目前的基本赤字通常会减缓债务的增长率。

9. 功能财政认为赤字和债务不应当由其会计意义上的规模大小来评价，而应当由其对实体经济的影响来评价。

10. 挤出效应指的是政府支出减少私人经济活动的一些现象。零和挤出效应在充分就业水平上发生，此时政府占 GDP 份额的任何上升都会伴随某些私人部门占 GDP 份额的减少。政府也可能会替代特定的支出，例如，当私立学校的开支由于公立学校的创立和扩张而下降时的情况。通过借贷为政府开支提供融资可能会提高真实利息率，从而减少私人投资。

11. 李嘉图等价定理认为通过债务融资的税收削减不会增加当前的私人财富，因为偿还那些债券所必需的未来税收的现值完全抵消了当前财富的增加量。如果纳税人目光短浅而且未能了解到其意味着未来的税收，抑或如果那些税收负担能够从当前受益人身上被转移到其他当前各方或者下一代身上，那么李嘉图等价定理可能不成立。李嘉图等价定理事实上是否不成立仍在热烈讨论当中。

12. 税收不仅具有分配效应，而且具有激励效应。税收制度的分配效应被分为：累进税，如果平均税率随收入增加而上升；比例税，如果平均税率固定不变；累退税，如果平均税率随收入增加而下降。边际税率会改变实际可使用的真实价格或收益率。比如，较高的边际所得税率减少实际的真实工资，通常会减少劳动的供应；较高的企业所得税税率减少资本收益率，通常会减少投资。

13. 供给学派经济学是这样一种学说，认为较低的税率通过鼓励更多的劳动力和资本供给而大大提高经济增长率。拉弗曲线把税率和税收收入水平联系在了一起。拉弗曲线在 0 税率和 100% 税率之间必定有一个最大值。一些供给学派的拥护者认为经济已越过了最大值点，因此对税率的一个削减将确定会增加税收。美国的证据并不支持这一观点。证据确实支持的是税率对真实 GDP 存在供给方面的真正影响。

14. 债务占 GDP 的比例是债务负担的一种衡量方式。该比例的变化依赖于真实利息率、基本赤字对当前债务的比例，以及经济增长率。通常，如果 GDP 增长率高于真实利息率，那么一个低的基本赤字会导致债务负担减少。

15. 相当大一部分美国公债由外国人持有。然而在评估其成本的时候，由债务融资的真实支出的收益也必须被计算在内。

关键概念

自动稳定的财政政策	零和挤出效应	相机抉择的财政政策
挤入效应	赤字货币化	李嘉图等价
通货膨胀税	累进税	铸币税
比例税	基本赤字	累退税
功能财政	供给学派经济学	挤出效应
拉弗曲线		

延伸阅读建议

Robert Barro, "The Ricardian Approach to Budget Deficits," *Journal of Economic Perspectives*, vol. 3，no. 2（Spring 1989），pp. 37-54

Kevin D. Hoover，*The New Classical Macroeconomics*，Oxford：Blackwell，ch. 7，1988

Abba Lerner，"Functional Finance and the Federal Debt，"*Social Research*，vol. 10，no. 1（1943），pp. 38-51

John Taylor，"Reassessing Discretionary Fiscal Policy，"*Journal of Economic Perspectives*，vol. 14，no. 3（Summer 2000），pp. 21-36

📖 课后练习

本教材的网站上（appliedmacroeconomics. com）第 17 章的链接提供了完成这些练习所需的数据。在做练习之前，请复习"指南"中 G. 1～G. 5、G. 9～G. 11 以及 G. 15 的相关内容。

问题 17. 1 本书第 15 章介绍了总需求因素和总供给因素之间的差异。当二者出现出人意料的大幅度变化时，就出现了总供给冲击和总需求冲击。请从最近的经济事件中找出总供给冲击或总需求冲击的例子，包括正向和反向的冲击情况。说明你的理由。如果某事件同时造成了正向和反向的冲击，那么说明哪些方面与总供给有关，哪些方面与总需求有关。

问题 17. 2 图 17—1 使用 *IS* 趋势和市场真实利率来说明财政政策的作用，即导致政府支出的增加。使用同样的方法来说明下列财政政策的作用：

（a）边际税率增加；

（b）一项出人意料的全面退税政策（比如向每位纳税者退还 1 000 美元的税金）。

问题 17. 3 表 17—2 分析了反向总需求冲击的例子。请找出一个正向冲击的例子，并使用类似的表分析其作用，请注意其对产出、就业、失业和通胀造成的影响。在该冲击面前，怎样的财政政策才能保持稳定（或使其回到原来的水平）？请予以说明（不要只描述曲线的移动，要详细描述政策制定者的对策）。你认为货币政策会有什么表现？

问题 17. 4 可以把生产率出人意料的增长看作一种总供给冲击，这种冲击是积极的还是消极的？使用图表或者其他方法分析这种冲击对产出（相对于潜在产出）和通胀会产生哪些影响？应该制定哪些财政政策应对这种冲击？如果政策制定者没能弄清楚这种冲击的本质，结果会怎样？

请使用年度数据计算问题 17.5～问题 17.9。

问题 17. 5 计算二战后美国联邦政府的总支出和在商品和服务、转移支付及付息上的支出各占 GDP 的百分比。这些数据是否随着时间发生了变化？撰写一篇短文讨论这些变化同美国政治、经济和社会历史的关系（可以参照本书第 1 章作答）。

问题 17. 6 计算二战后美国联邦政府当前支出（即投资）占 GDP 的百分比，并根据数据绘制曲线。在另一张图上，根据军事开支和非军事开支占 GDP 的百分比数据绘制曲线。请找出数据和图表中出现的明显变化，并找出这些变化与总统任期之间的关系。撰写一篇短文阐述联邦政府在美国经济中不断变化的角色。

问题 17. 7 绘制二战后美国联邦政府总收入和总收入中来源于税收的部分（个税（即收入税）、公司营业税、关税、消费税、社会保险税）各占 GDP 的百分比，并根据数据绘制曲线。说明联邦政府收入占 GDP 的比例是如何随着时间变化的。（这些数据的平均值是多少？它们是否呈现明显的趋势性？）撰写一篇短文，阐述不同税种重要性的变化情况。

问题 17. 8 计算二战后美国联邦政府、州政府、地方政府收入各占 GDP 的百分比，并根据计算结果绘制曲线图。把所绘图形与图 13—5 进行对比。在这一时期，美国经济的税收层次和构成发生了怎样的变化？

问题 17.9 计算二战后美国联邦政府、州和地方政府的支出以及州和地方政府不同类型（如商品和服务、转移支付、付息支付）支出各占 GDP 的百分比，并根据计算结果绘制曲线图。根据数据撰写一篇短文，分别说明联邦政府以及州和地方政府在经济中角色的变化情况（在你的短文中结合问题 17.6 和问题 17.7 的内容）。

问题 17.10 州和地方政府的财政措施是否对维持经济稳定有用？为此，用季度数据计算州和地方政府支出和收入各占潜在 GDP 的百分比，并根据计算结果绘制曲线，用阴影部分标注美国经济研究局发布的经济萧条期。就州和地方政府的财政措施是否起到了维持经济稳定的作用，撰写一篇短文简要概括证据。

问题 17.11 一项严格的平衡预算宪法修正案会对经济活动中自动稳定器的行为造成哪些影响？

问题 17.12 2010 年，美国对年收入 106 800 美元以下者征收 6.20％的社会保障薪资税，高于这一数字的收入不征税。医保薪资税为 1.45％，收入范围不限。分别为工资税函数（类似于图 17—8 的混合收入税收函数）和边际及平均税率绘制曲线（曲线应能够准确地量化显示数据）。混合工资税呈渐进式、回归式还是中立的？

问题 17.13 人们有时把高利率归咎于高赤字。

（a）解释原因；

（b）绘制出关于美国联邦政府预算赤字（由潜在产出衡量）和事后实际利息率（10 年期政府债券利率减去通胀率，通胀率计算公式为 $\hat{p}_t = \frac{p_{t+1}}{p_t} - 1$）情况的图表。数据是否呈现出平稳的态势？你是否可以从图中看出两项数据存在长期或短期关联？（参见"指南"，G.5.2，G.14 和 G.15.4 的内容。）

（c）如果（b）中的两组数据呈现平稳态势，绘制一个以实际利息率为纵轴、以规模赤字为横轴的散点图；并给出回归曲线、曲线方程和 R^2 值。如果数据没有呈现出平稳态势，在绘制散点图后，再根据两项数据的差值绘制一张图，同样给出回归曲线、曲线方程和 R^2 的值。

（d）所绘图是否支持高赤字导致高利率这一说法？撰写一篇短文，概括出图提供的证据（请用数据进行详细解释）。你的数据可信度如何？你的结论是否存在漏洞？

问题 17.14 人们有时把高通胀水平归咎于高赤字：

（a）解释原因；

（b）绘制出关于美国联邦政府由潜在产出衡量的预算赤字和事后 CPI 通胀率（通胀率计算公式为 $\hat{p}_t = \frac{p_{t+1}}{p_t} - 1$）情况的图。数据是否呈现出平稳的态势？你是否可以从图中看出两项数据存在长期或短期关联？（参见"指南"，G.5.2，G.14 和 G.15.4。）

（c）如果（b）中的两组数据呈现平稳态势，绘制一个以实际利息率为纵轴、以规模赤字为横轴的散点图；并给出回归曲线、曲线方程和 R^2 值。如果数据没有呈现出平稳态势，在绘制散点图后，再根据两项数据的差值绘制一张图，同样给出回归曲线、曲线方程和 R^2 值。

（d）所绘图是否支持高赤字导致高通胀这一说法？撰写一篇短文，概括出图提供的证据。（请用数据进行详细解释）。你的数据可信度如何？你的结论是否存在漏洞？（提示：思考通胀和税收之间的关系，参见"指南"，G.13.5。）

问题 17.15 目前政界正在讨论（这些讨论有可能付诸实践，也可能只是纸上谈兵）是否可以用政府支出来替代一些特定领域的私人支出（见 17.2.3 节）。一些提案建议在一些领域取消政府支出，但是这些取消却可能引发事与愿违的结果，你能举出这样的例子吗？

问题 17.16 美国社会保障信托基金当前和预期收入的现值并未达到其对退休人员承诺的水平。从这个意义上讲，社会保障信托基金存在资金不足的情况。以下是三种解决策略，请对其进行比较：

1. 提高社会安全薪资税，把收入现值提高到承诺水平；

2. 通过出售政府公债来替代信托基金达到上述目的；

3. 暂时不采取任何措施。

在以上三种情况中，假设政府一定会按照计划向退休人员支付年金，且人们也相信政府会进行支付。撰写一篇短文，在李嘉图等价定理成立和不成立的两种条件下，分别说明这三种政策会对利率、通胀和产出造成哪些影响？

问题 17.17 在短暂的盈余之后，美国联邦预算于 2001 年再次出现赤字。政治讨论的焦点再次转向联邦债务增长的问题。我们可以从几个角度看待这个问题：

（a）名义数据通常具有误导性，用实际数据来表示联邦债务（说明你的转换方法），并根据数据绘制 1948 年至今的曲线图。

（b）通过计算债务占国民收入的百分比可以更好地衡量债务规模。计算 1948 年以来债务占 GDP 的百分比，并根据数据绘制曲线。

（c）把以上两张图中的主要特征与美国的经济和政治历史联系起来，撰写一篇短文。回顾历史如何有助于认识当前的债务状况？（可以参照本书第 1 章并结合进一步研究作答。）

问题 17.18 金融市场理论认为，真实利息应当与债务水平（相对于经济规模）而不是赤字水平相关联。使用任何你认为合适的数据和统计工具探讨这一问题。撰写一篇短文，描述你的数据、计算步骤以及对后面这一问题的作答：债务量越大意味着利率越高吗？

第九篇

宏观经济数据

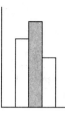

经济数据使用指南

此"指南"提供了各种统计学和数据处理方面的知识。这些知识有助于学生理解本书内容以及完成每章后的问题。读者可以从头到尾通读，但由于其各个部分相对独立，因此读者也可以在需要时查询特定知识点。本书正文以及每章后问题的开始部分均提供了"指南"的交叉索引。

■ G.1 经济数据

□ G.1.1 变量

经济数据表示的是以某一特定经济概念命名的变量。表 G—1 和表 G—2 公布的是 G-7 国家的数据，这些数据对应的经济概念是"真实 GDP"和"就业人数"。这些数据可以用变量表示：真实 GDP 用 $Y_{i,t}$ 来表示，就业人数用 $E_{i,t}$ 来表示。这里的下标 i 表示数据所指向的单位（这里是指 G-7 国家：加拿大、法国等），下标 t 表示的是时期（这里指 1991 年、1992 年，等等）。例如，$Y_{日本,1996}=1.56$ 万亿美元；$E_{法国,2000}=23\,262\,000$。变量有时写成函数而不是下标形式，$Y(i,\ t)=Y_{i,t}$。比如，$Y(意大利，1997)=4\,260$ 亿美元。

当然，单位未必就是国家，实际上，它们可能是州、家庭、企业、个人、特定金融资产，或者实际上是任何可测量的类别。时间是可以划分的，这里就划分成年份。不仅如此，时间通常也可以划分成季度、月份、周、日，或更大一些或更小一些的时间单位。测量可以在某一特定时刻进行（比如季度的最后一天），或者测量整个时期的平均值。

月份经常表示成年份后面跟一个冒号和一个数字：01 表示 1 月，一直到 12，表示

12 月。季度也常采用相似的表示方法：1 表示第一季度，2 表示第二季度，依此类推。比如，2001 年 7 月表示成 2001：07；1992 年第三季度表示成 1992：3。

通常来说，某一经济变量表示的是同一时期不同的单位或者是不同时期的同一单位的数据。时间固定而且每个时点指的是一个不同单位的数据被称为横截面数据。表 G—1 的第 5 行就是 1994 年 G-7 的真实 GDP 的横截面数据。根据上下文，如果某一横截面的含义非常明确，为避免混乱，变量下标 t 通常省略。例如，Y_i 足以用来标记上面 1994 年的横截面数据，只要我们心里记住它是 1994 年的即可。

表 G—1　　　　G-7 国家的真实 GDP［1996 年不变美元（链式指数化的）购买力平价］　　单位：10 亿

	加拿大	法国	德国	意大利	日本	英国	美国
1991	277	444	764	422	1 455	474	3 027
1992	274	429	764	425	1 475	463	3 115
1993	281	403	738	400	1 477	467	3 216
1994	299	434	748	402	1 486	492	3 431
1995	310	407	758	411	1 502	510	3 548
1996	316	451	760	416	1 560	528	3 699
1997	336	419	765	426	1 602	555	3 911
1998	355	477	782	438	1 567	577	4 087
1999	376	454	808	451	1 561	594	4 289
2000	401	520	837	462	1 591	617	4 558

资料来源：佩恩表 6.1、表 G—2，以及作者的计算。

时间不固定而且每个时点指的是一个相同单位的数据被称为时间序列。表 G—2 中的第 4 列数据是德国的就业人数时间序列。如果根据上下文，某一纵截面的含义非常明确，变量的下标 i 通常省略。例如，E_t 足以用来标记刚才那个时间序列数据，只要我们记住它表示德国即可。

表 G—2　　　　　　　　　G-7 国家的就业人数　　　　　　　　　单位：千人

	加拿大	法国	德国	意大利	日本	英国	美国
1991	12 916	22 316	37 445	21 595	63 690	26 400	116 877
1992	12 842	21 609	36 940	21 609	64 360	25 812	117 598
1993	13 015	20 705	36 380	20 705	64 500	25 511	119 306
1994	13 292	21 875	36 075	20 373	64 530	25 717	123 060
1995	13 506	20 233	36 048	20 233	64 570	26 026	124 900
1996	13 676	22 311	35 982	20 320	64 860	26 323	126 709
1997	13 941	20 413	35 805	20 413	65 570	26 814	129 558
1998	14 326	22 479	35 860	20 618	65 140	27 116	131 463
1999	14 531	20 864	36 402	20 864	64 623	27 442	133 488
2000	14 910	23 262	36 604	21 225	64 464	27 793	136 891

资料来源：国际货币基金组织的《国际金融统计》。

□ G.1.2　数据维度

单位一致

用来衡量数据的单位是经济变量的一个必要组成部分，而且该单位需要注明。通常情况下，只要不引起混淆，单位就可以省略。例如，根据上一节的数据，1996 年日本的真实 GDP 是 1.56 万亿美元，单位是"10 亿美元"，真正的单位是"1996 年不变美元（链式指数化的）购买力平价"。虽然每次这样写会显得累赘，但是我们必须时常注意提供此类信息（就像在表 G—1 的标题中那样）。

数据维度的代数表示和变量本身相同。假设我们希望计算出人均真实 GDP：$YH_{i,t} = Y_{i,t}/E_{i,t}$。其单位就是真实 GDP 的单位除以就业人数的单位，所以，$YH_{加拿大,1998} = 3\,550$ 亿美元 $/14\,326\,000 = 0.024\,780$（10 亿美元/千人）。较为常见的情况是，这种通过计算自然得到的单位不太好处理，可能需要以一种更简便的形式重新表述。这时科学记数法就派上了用场：$YH_{加拿大,1998} = (355 \times 10^9$ 美元$)/(14\,326 \times 10^3$ 人$) = 0.024\,780 \times 10^6$ 美元/人 $= 24\,780$ 美元/人。或者为了看起来更自然，可以这样写：$YH_{加拿大,1998} = 24\,780$ 美元/人。

例 G.1：梅赛德斯小轿车的价格单位是什么？以每辆 50 000 美元的价格销售的 10 辆梅赛德斯小轿车所得的收入单位是什么？

答：价格单位：美元/辆；收入单位：（美元/辆）×小轿车辆数＝美元。

例 G.2：如果 50 000 名工人在一年时间里每人工作 2 000 小时，那么用正确的单位表示的总工时比率是多少？

答：100 000 000 工时/年。

存量与流量

存量是某一时点上测量的数量，因此存量的单位就是数量单位；流量就是单位时间内测量的数量。因此，流量×一段时间就具有数量维度，即（数量/时间）×时间＝数量。水流以每分钟 5 加仑的速度从水龙头流出，5 分钟后浴缸里的水的存量就会增加 25 加仑。在经济学中，存量与流量的区别特别重要，这种区别在第 2 章（2.2.1 节）中有过详细的讨论。

年化与加总

虽然时间可以用诸如月份或者季度作单位来衡量，但将其换算为以年为单位表示常常更加方便。这种换算称为"年化"。实际上这种换算与换算短跑运动员的速度毫无二致：将短跑运动员每四分之一英里所用秒数换算成每小时英里数。例如，每四分之一英里 55 秒＝16.36 英里/小时。再举个经济学例子，美国的真实 GDP 是用季度作衡量单位的，但数据发布前会将数据年化：直接用季度数据乘以 4。比如，2004 年第四季度的真实 GDP 2.748 33 万亿美元/季度＝10.993 3 万亿美元/年（在美国，数据只有年化后才能发布，在其他一些国家 GDP 数据是以季度比率发布的）。

例 G.3：官方发布的英国 2004 年第三季度名义 GDP 是 2 907 亿英镑/季度，那么年化后的名义 GDP 是多少？

答：每年 1.162 8 万亿英镑。

通常我们想知道在大于观察频率的一段时期内某一数量的平均流量。比如，我们可能想知道 1993 年的真实 GDP，也就是 1993 年全年的真实 GDP，而不是将季度值年化后的真实 GDP。从更高频的数据（即更常见的数据）变化到更低频的数据，叫作"跨期加总"。因为英国 GDP 数据没有年化，所以问题就很明了：将每个季度数据相加。对于美国数据来讲，由于每个季度的数据都已乘以 4，因而将它们相加会使得数据变为 4

倍。因此，我们必须在将它们相加后除以 4。

例 G. 4：美国 2004 年四个季度的真实 GDP 分别是：10.697 5 万亿美元、10.784 7 万亿美元、10.891 万亿美元、10.993 3 万亿美元（每个数据均以年率、10 亿美元为单位衡量），那么美国 2004 年的真实 GDP 是多少？

答：(10.697 5 万亿美元＋10.784 7 万亿美元＋10.891 万亿美元＋10.993 3 万亿美元)/4＝10.841 6 万亿美元。

例 G. 5：英国 2003 年四个季度的名义 GDP 分别是 2 776 亿英镑、2 762 亿英镑、2 823 亿英镑、2 865 亿英镑英镑（每个数据均以季度比率和 10 亿美元为单元衡量），那么英国 2003 年的名义 GDP 是多少？

答：2 776 亿英镑＋2 762 亿英镑＋2 823 亿英镑＋2 865 亿英镑＝11 226 亿英镑。

百分比和百分点

百分比指的是以百分之一表示的分数或份额。实际上，百分号（％）只不过是"/100"的程式化，它是百分比的分母。任何一个自然的分数或者小数都可以准确地读作一个百分比：0.047 就是 4.7％，就像是 12 英寸等于 1 英尺。

百分点指的是百分之一（1/100）个单位。尽管可以将一个分数正确读成一个自然数或者一个百分比，但计算时，一定要将这个自然分数乘以 100，以便将其换算成百分比。这样的换算不是基本计算的一部分，它仅仅是选择首选单位的一种方法。（本书中，这种换算步骤总是被省略了。但在计算时，这个步骤不可被省略。）［Excel 提示：为了将分数表示成百分比，可以乘以 100 或者单击"格式"、"单位"，然后单击数字键上的"百分比"。］

对于百分数和百分点的区别要特别小心，注意不要混淆。例如，利率是由本金的百分比来表示的，比如说，每年 5.2％。如果利率上升到每年 6.4％，那么它就增长了 1.2 个百分点（＝6.4－5.2），但利率上升了 23％(＝(6.4－5.2)/5.2＝0.23)。

□ G. 1.3 季节性调整

很多经济序列按照年度时间发生有规律的变化。有时候我们对这种变化感兴趣，在这种情况下我们使用未经季节性调整的数据。在另外一些情形下，这种变化令人困惑。比如，如果我们关心经济是否进入一次衰退，那么每年第一季度未经季节性调整的 GDP 增长变缓的事实将会混淆我们的判断。我们真正想知道的是今年的 GDP 是否比往常增长更慢。季节性调整数据在转换成未经季节性调整的数据时要考虑这种常见的季节性变化。进行季节性数据调整的方法有许多种，每一种方法有别于其他之处就在于如何决定什么是"常见的"。

表 G—3 显示了典型的季节性调整，它以季节性调整和未经季节性调整两种形式表示了 2001 年食品的 CPI。数据第 4 列显示的是季节因子，即根据下面公式将未经季节性调整的数据换算成季节性调整数据的换算因子。

$$季节性调整变量＝未经季节性调整变量×季节因子 \qquad (G.1)$$

例如，1 月份的食品价格往往偏高，这时许多新鲜食品处于淡季，因此小于 1 的季节因子将数值下调了。第 5 列显示的是 0.29％的下调比例。同样，从仲夏到秋末（7 月到 11 月）因新鲜食品产量大增，食品价格走低。因此大于 1 的季节因子将数值上调。

月份	季节性调整后的	未经季节性调整的	季节因子	调整百分比
1	170.4	170.9	0.977	−0.29
2	171.2	171.3	0.999	−0.06
3	171.6	171.7	0.999	−0.06
4	172.0	171.9	1.001	+0.06
5	172.5	172.5	1.000	0.00
6	173.0	173.0	1.000	0.00
7	173.6	173.5	1.001	+0.06
8	174.0	173.9	1.001	+0.06
9	174.2	174.1	1.001	+0.06
10	174.9	174.9	1.000	0.00
11	174.9	174.6	1.002	+0.17
12	174.7	174.7	1.000	0.00
总计	2 077	2 077	12.000	−0.01[a]

表 G—3　　　　　季节性调整的一个例证：2001 年食品的消费者价格指数

a. 由于四舍五入，加起来的总和不等于零。
注：食品 CPI−U（1982—1984＝100）。
资料来源：劳工统计局。

季节性调整的不同方法之间的主要差别是：（1）如何估计季节因子；（2）是否使用乘法因子（多数方法使用）或者加法调整。

注意表 G—3 中季节性调整后的价格与未经季节性调整的价格之和相同，而且季节因子加起来等于 12，正好是一年的月份数 12。这都反映了这样一个事实：季节性调整的方法通常将全年的数据重新配置，但并没有改变逐年的数据。价格的年度总和并非经济上有意义的数字，但在其他情形下（比如说 GDP），这却是一个非常重要的属性。

■ G.2　图　　表

电子制表软件通常支持大量的各种各样的图表。这里我们仅考虑一些具有代表性的例子（图、图解、绘图通常作为图表的近义词）。

□ G.2.1　截面图

单变量横截面图

柱形图是显示单变量横截面图的典型方法。图 G—1 显示的是 1995 年 7 国集团（G-7）的就业人数。它是根据表 G—2 的一行绘制而成的。其他单变量横截面图包括饼状图，饼状图在强调相对份额时特别有用（例如，参见第 2 章的图 2—8）。此外，还有大量其他类型的图，每一种都有助于强调数据的某个方面。（Excel 提示：为制作一个图表，选定数据，然后单击"插入"、"图表"，最后从图表类型菜单里选择想要的图表类型。）

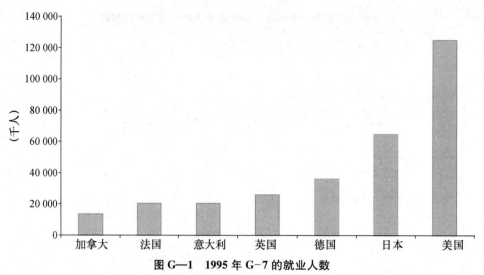

图 G—1　1995 年 G-7 的就业人数

资料来源：国际货币基金组织的《国际金融统计》。

多变量横截面图

关系图形在所有图表设计中是最好的，无论是就其最原始形式、散点图形式还是其变体形式而言，都是如此。[1]

有关联的横截面可通过各种各样的图表形式来表示。最重要的形式是散点图。

图 G—2 描绘的是图 G—1 中所显示的 1995 年 G-7 国家就业对真实 GDP 的数据（也就是说，来自表 G—2 的一行与来自表 G—1 中相对应的一行）。散点图不仅可以使我们看到每个国家"真实 GDP"和"就业"的不同水平，而且可以清楚显示二者很强的

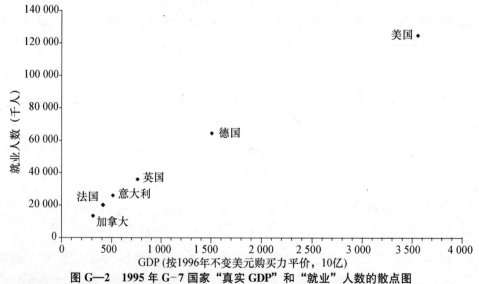

图 G—2　1995 年 G-7 国家"真实 GDP"和"就业"人数的散点图

资料来源：就业数据来源于国际货币基金组织的《国际金融统计》；GDP 数据来源于佩恩表 6.1、表 G—2 以及作者的计算。

---

① Edward Tufte, *The Visual Display of Quantitative Information*, 2nd edition, Chesire, CT：Graphics Press，2001，p. 47.

正相关关系：真实 GDP 越高，就业水平越高。何者为因、何者为果尚不清楚（参见第 13 章 13.5～13.7 节）。

□ G.2.2 时间序列图表

时间序列图表

显示时间序列最常见的办法就是将其描绘在横轴表示时间、纵轴表示时间数列的坐标图中。如果时间被看作一个变量，那么时间序列图只不过是一个变量相对于时间的散点图。单变量或多变量时间序列可以画在一个只有一个共同的纵轴或具有两个不同刻度纵轴的坐标图中。

图 G—3 绘出了加拿大的真实 GDP 和就业人数图形。因为真实 GDP 与就业人数的衡量单位彼此不同，因此，真实 GDP 水平以左边纵轴上的标度来描绘，就业水平以右边纵轴上的标度来描绘。当两个时间序列绘制为两个不同的纵轴标度时，它们的相对变化仍具有经济学上的意义，但垂直位置（包括它们是否相交、在何处相交）没有经济学上的意义：通过改变垂直标度，时间序列可以上下移动。

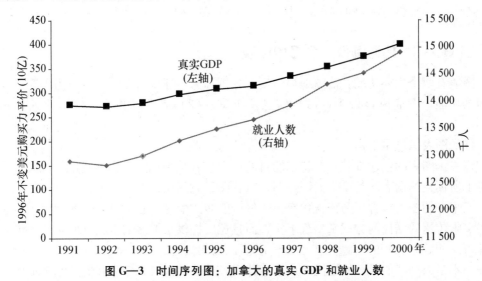

图 G—3　时间序列图：加拿大的真实 GDP 和就业人数

资料来源：就业数据来源于国际货币基金组织的《国际金融统计》；GDP 数据来源于佩恩表 6.1、表 G—2 及作者的计算。

通常（但不是必需的）将时间序列图上的散点用一条线连起来。图 G—3 中的方形和菱形标记的仅是已经观测到的数据。从连接这些标记值的线上所读取的任何信息是内插值或者推测值。通常情况下这些标记值被忽略。

时间序列散点图

一个散点图中也可以显示两个时间序列。图 G—4 呈现的是与图 G—3 相同的数据，但是这里的就业量是相对于真实 GDP，而不是相对于时间来绘制的。时间显示在图中的时间标号上。散点图再一次清晰地显示了真实 GDP 和就业随着时间而增长，然而，散点图并不是要强调时间的维度，而是要强调更高的就业与更高的真实 GDP 相联系这一事实（也就是说，在 20 世纪最后 10 年的某一个别年份中，对 G-7 来说这种关系正确，对加拿大而言也正确（参见图 G—2））。由于重点放在变量间的关系上，因此时间序列经常省去时间标号和连接已经观测到的点的线条。

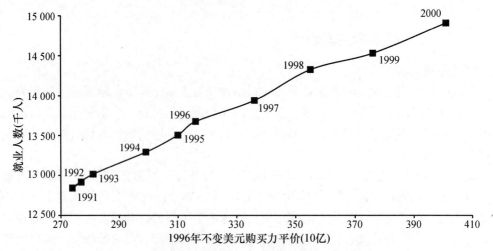

图 G—4 时间序列散点图：加拿大的真实 GDP 和就业

资料来源：就业数据来源于国际货币基金组织的《国际金融统计》；GDP 数据来源于佩恩表 6.1、表 6—2 以及作者的计算。

□ G.2.3 如何制作一个好的图表

图表有两个主要功能：清晰地揭示实证分析和为实证分析提供支持。为了充分发挥这两个功能，图表应该做到：（1）信息量丰富；（2）清晰且独立；（3）令人愉悦的美感。

好的图表信息量丰富

每一个图表的创建都有一个特定的目的；它具有某种视角。这种视角在很大程度上决定了所创建的图表的类型（如散点图、饼状图、时间序列图）。

一个好的图表包含了与该视角有关的尽可能多的信息。它不仅以一种能够支持我们想要清晰传达的结论的方式来呈现事实，而且还要提供足够多的事实，使得读者能够自己探讨这些数据之间的关系。在很多情形下，我们制造出的图表是用作数据分析的工具——不是因为我们已经知道图表要表达什么，准确地说，是因为我们还不知道图表要表达什么。图表显示的信息越多，显示的越符合实际，我们就越能看出数据间的关系，否则我们就可能错过这些关系。

当然，图表不可能也不应该包罗万象。我们的视角不仅告诉我们图表要包括什么，还告诉我们图表要省略什么。一个好的图表是真实的，它不会描述虚假的数据，也避免误导性的心理效应。举个例子，如果一个序列在 90～100 范围内的变化是人们的主要兴趣所在，那么使用 0～100 刻度的图表所呈现的是看起来没有什么变化的扁平直线——即使每一个数据点的位置都是正确的，还是会有心理上的误导性呈现。

一个好的图表应该清晰而且独立

对每一个阅读图表的人来说，基本不需要参考与图表关联的文字，就能清晰地理解图表所展现的信息。

● 每个图表应该有个叙述性的标题。

● 图表的坐标轴应该清晰地标明测量单位，以及它所涉及的变量的合适名称（如散点图中所示）。（时间序列图的横轴可例外处理。如果涉及日期的标度已经很明显了，那么，通常情况下，就不需要在坐标轴上标注"日"、"年"，或者其他单位。）

● 当一个图表有许多线条时，应该通过使用不同的权重、风格（如实线、虚线等）、标识来使这些线条变得清晰，具有区分度。（在使用颜色之前，考虑一下这些图表是否可被你或你之后的使用者以黑白颜色打印或者复制。）每个线条都应该清晰地标注。

● 图表应该表明数据来源。

● 注释应该尽量少，但要用在需要完全而准确地描述图表内容的地方。

一个好的图表应该给人愉悦感

世界上丑陋的东西已经够多了，一个好的图表不应该使这个世界更丑陋。需要注意两个方面：实用性和审美性。

关于实用性：

● 所有的线条（不仅仅是数据图，还包括坐标轴、箭头等等）都应该是黑色的，而且应该清晰明了。

● 为了便于阅读，字体应尽可能地大。

● 画在图表外面（Excel 默认值）以识别数据的图例应避免在图表内部每条线附近取代标签。

尽管通常情况下，一部分人的审美优于其他人，但是所谓各花入各眼，我的个人品位是：

● 使用白色作为背景色（而不是使用 Excel 默认的灰色作为背景色）。

● 避免在时间序列图里使用数据标识（正方形、菱形等等），尤其是数据密集的时候。

● 避免使用网格线，除非精确地阅读一个图表或者在对数图里需要这样做。因为在这样的情况下，使用网格线可以增强读者对非线性标度的认识。

● 不要将图表放在一个方框中（也就是将图表的上端和右端敞开，因为这些地方没有标度）。

● 选择标度以利用可获得的空间来显示数据图的最大变化，但从合理的角度看要排除可能带来误导的情形。

● 使用具有比例的衬线字体（比如，Times New Roman 或者 Book Antiqua），而不使用无比例的字体（如 Countier）、非衬线字体（如 Excel 默认的字体 Arial），因为它们直观上好看一些。

绘图的黄金规则

没有什么规则清单是完整的。一个好的图表的构成，部分取决于事情的细节，部分取决于个人的品位。

一些图表显然要比别的更好。将图 G—5（这个图或多或少是使用 Excel 的默认设置创建的）和图 G—3 中所显示的相同数据进行比较，哪一个图更好？就如何制作有效、美观的图表，政治科学家爱德华·塔夫特（参见"指南"的结尾用作参考的"延伸阅读建议"部分）的一系列有趣的书中提供了非常好的指导和启示。

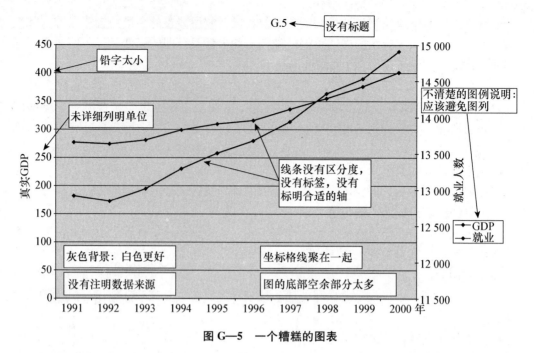

图 G—5　一个糟糕的图表

　　绘图的黄金规则是对读者的充分尊重：只创建你自己认为有用、有效、美观的图表。创建的目标不是遵循一系列武断的规则，而是有效地传达和支持经验分析。只要有助于创建一个更有效的图表，任何规则都可以打破。

G.3　创建好的表格指南

　　前面讨论过许多关于如何绘制好图表的规则和因素，这些规则对于制作好的表格也同样适用。在这里就不一一赘述了。对于制作表格，还有一些特殊的规则：
- 明确标题与副标题间的关系。
- 使数字在适当的标题下始终对齐（如果有小数点，则按小数点对齐）。
- 避免垂直的嵌线或网格。
- 不要过于频繁地使用水平嵌线来表明表格的开头、结尾或者表格的截面，按照逻辑将标题分类。
- 标题里应该包含单位；避免在表格本身的条目中直接附加单位。（例如，如果单位是百分比，将百分比直接放在标题里，在表中直接输入数据，比如说应该输入 6.8 而不是 6.8％。）

　　表 G—1 和表 G—2 以及这本书里的其他表格都提供了合理的模式以供效仿。

G.4　描述性统计学

　　数据存在的最主要问题就是数据太多了：我们不能只见树木不见森林。统计学是将

应用中级宏观经济学

信息节约化以及更简洁描述海量数据的工具，因此我们可以通过这些工具看到数据和信息间的基本关系。

□ G. 4. 1 直方图和频率分布

有些数据是离散的，它们必须取整数值。如果我们数一下袋子里每种颜色 M&M 巧克力豆的数量，会发现有 6 种颜色（蓝色、棕色、绿色、橙色、红色、黄色）。我们可以制作一个柱状图，其中，每一个柱子代表一种颜色，柱子的高度代表袋子里相同颜色的 M&M 巧克力豆的数量。这样的图表就叫作直方图，它以图形的形式展现了袋子里 M&M 巧克力豆的频率分布（即每种颜色的数量有多少）。

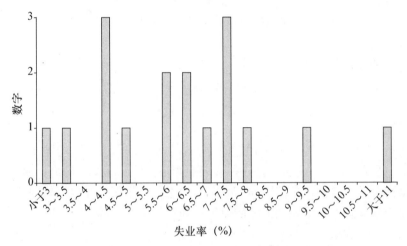

图 G—6A 直方图：失业率（部分国家）

资料来源：表 12—2。

大部分经济数据不是离散的。比如，表 12—2（第 12 章）显示的是 2008 年部分国家的失业率。这些失业率是连续的，它们可以取 0～100% 之间的任何一个真实值。事实上，表 12—2 里几乎任何一个值都是独特的。如果用这样一个直方图来表示，其最小值为 2.8，最大值为 11.4，间距单元为 0.1，上面分布 16 个条目，代表 16 个数值，对应 17 个国家（日本和墨西哥的数值相同），这样的一个直方图不能提供经济方面的信息。

为了更好地处理连续型数据，我们可以将可能值划分为若干区间。比如，图 G—6 是显示表 12—2 里数据的直方图。这个直方图将数据划分为 18 个范围或区间：小于 3，3～3.5 之间，依此类推，一直到大于 11。如果直方图的区间数量大于数据点的个数，这个直方图并没有提供什么特别信息：没有哪个区间的记录超过 3 个。图 G—6B 显示的是如果我们把区间的数目减少到较宽的 6 个：小于 2，2～4，4～6，6～8，8～10，大于 10，那么我们就可以进行简洁的描述。区间越宽、数量越少，就意味着我们丢失了原始数据的一些细节，但是总体的模式现在变得更清晰：大部分失业率都落在 4～8 这一范围内，并且有向高的一侧偏的倾向；高的失业率比较罕见。大体上，直方图或者频率分布的其他描述需要在一个大致模式（大体印象）和数据的细节之间进行取舍。

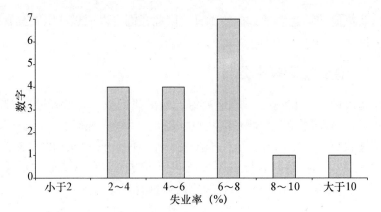

图 G—6B 提供较多信息的直方图：失业率（部分国家）

资料来源：表 12—2。

中心趋势的衡量

如果我们能将数据概括成几个数字，以刻画频率分布的特征，就更加简洁。最重要的概括方法分为两类：中心趋势的衡量和变异的衡量（或离差的衡量）。

算术平均值

有时候，"平均"这个词被用作衡量中心趋势方法的同义词（即频率分布中间值的衡量方法）。更常见的是，它指的是一种特定的衡量方法：算术平均值，通常简称均值。就一组数字而言，平均值用来回答如下问题：如果每个数据点被取值相同的数据点所取代，那么将必须取什么样的相同值才能使得总和和原始数据的总和一样？

例 G.6：一组数据 4，2，7，1 的平均值是多少？

答：这组数的总和是 14。如果每个数据点取值 3.5（=14/4），那么我们会得到相同的总和。

变量 X_i 的平均值的一般公式是：

$$\bar{X} = \frac{\sum_{i=1}^{N} X_i}{N} \tag{G.2}$$

i 表示 N 个数据点中的一个，上面带有一横的变量 X（没有下标）表示平均值。

例 G.7：表 12—2 中失业率数据的平均值是多少？

答：$\bar{U} = \dfrac{\sum_{i=1}^{17} U_t}{17} = \dfrac{103.8}{17} = 6.1\%$。

Excel 提示：平均值的命令是：=AVERAGE（number1，number2，…）。

加权平均数

有时不同数据点有着不同的重要程度。如果我们想知道美国和加拿大两国合在一起的平均失业率，该怎么办？将表 12—2 中的数据代入公式（G.2），就得到平均失业率 6.95%*（=(5.8%＋6.1%)/2）。但如果我们想用这个平均就业率衡量从美国和加拿大

---

* 应该是 5.95%。——译者注

随机抽取的一个人的失业概率，那么我们就应该考虑到这一事实：美国人口是加拿大人口的约 10 倍（2008 年美国是 3.016 亿人，加拿大是 0.332 亿人），因此，面临更低失业率的人口多于面临更高失业率的人口。我们可以调整公式（G.2）以形成一个加权平均数，在这个加权平均数里，人口提供了权重（w_i）。

$$\bar{X} = \frac{\sum\limits_{i=1}^{N} w_i X_i}{\sum\limits_{i}^{N} w_i} \tag{G.3}$$

例 G.8：如果将美国和加拿大两国的人口作为权重，那么两国失业率的加权平均数是多少？

答：使用公式（G.3），美国和加拿大的失业率加权平均数是：$\bar{X} = \frac{301.6 \times 5.8 + 33.2 \times 6.1}{301.6 + 33.3} = 5.83$。相较于加拿大的失业率值，这个失业率的加权平均值更接近美国的失业率值，并且低于非加权平均失业率值，因为美国的失业率值采用了一个更大的权重。

中位数

算术平均值可以被看作是选择某一点，以对该点两侧的频率分布施以相同权重。从视觉上想象一下图 G—6 突然翻转，让垂直的柱状图变成悬在横轴上。均值所回答的问题就是，我们应该在横轴的何处拴一根绳子才能让直方图完全水平地悬挂在横轴上？

这个平均数可能具有误导性。例如，如果我们想知道华盛顿州收入分布的中心，那么比尔·盖茨的几十亿美元的收入将在直方图中占据很大一部分，直方图是由横轴上代表不同收入水平的方块图构成的。

为了使倒悬在横轴上的直方图保持水平状态，我们需要将绳子移向右边很远的地方，但这样一来，大部分华盛顿人的收入将会远离平均值左端很远的地方。平均值并没有很好地向我们阐明怎样才算有代表性。中位数提出了另外一个问题：什么样的一个数值能够将数据一分为二，使得高于或者低于该数值的数据个数相同？在回答这个问题时，尽管比尔·盖茨收入达几十亿美元，但他作为高于中位数的一个成员，与另外一个同样高于中位数的成员有着同样的权重。

例 G.9：表 12—2 和图 G—6 中的失业率的中位数是多少？

答：6.1%。有 8 个国家的失业率高于这个水平，8 个国家的失业率低于这个水平。

注意到在上一个例子里，中位数实际上是数据集里的一个数据点：它是加拿大的失业率值。每当数据点的数目是奇数时（这里是 17），中位数将是数据集本身的一个数据。按照惯例，如果数据点的数目是偶数，那么中位数就是样本数据中较低数值的一半中的最大值和样本数据中较高数值的一半中的最小值的算术平均数。

例 G.10：使用与例 G.9 相同的数据集，但额外补充一个阿尔巴尼亚国家的观察值，其失业率为 53%，那么中位数是多少？

答：6.2%。现在加拿大在 9 个失业率较低的国家当中，具有最高的失业率（6.1%），在 9 个失业率较高的国家当中，爱尔兰拥有最低的失业率（6.3%）：(6.1% + 6.3%)/2 = 6.2%。

当分布是对称的时候，也就是直方图的左半部分与右半部分互为镜像时，中位数正好和算术平均值相同。当分布是正偏态分布时（也就是像图 G—6B 所示的那样，它的权重移向右边），平均数就大于中位数。当分布是负偏态分布时（也就是权重移向直方图的左边时），平均数就小于中位数。

例 G. 11：有 14 个人：其中收入 1 000 美元的 1 人，收入 2 000 美元的 5 人，收入 3 000 美元的 4 人，收入 4 000 美元的 2 人，收入 5 000 美元的 2 人，那么收入的平均数和中位数各是多少？这个收入分布是偏态的吗？若是，是正偏还是负偏？

答：平均数=[1×1 000+5×2 000+4×3 000+2×4 000+2×5 000]/14=2 929 美元。

由于这里数据的数目是偶数，中位数就等于 7 个低收入里的最高收入值（3 000 美元）和 7 个高收入里的最低收入值（同样也是 3 000 美元）的算术平均数，因此中位数是 3 000 美元。因为 14 个人收入的平均数小于中位数，因此这个数据的分布是负偏态分布。

Excel 提示：中位数的命令是：=MEDIA（number1，number2，…）。

几何平均数

正如算术平均值是对以求和形式联系在一起的数据的一种自然量度，几何平均数是对以乘积形式联系在一起的数据的一种自然量度，就一组数据而言，几何平均数回答如下问题：如果每个数据点都被取值相同的数代替，那么此数取什么样的值时才会使其乘积等于原始数据相乘的结果？

几何平均数的一般公式是：

$$\overline{X} = \sqrt[n]{\prod_{i=1}^{N} X_i} = \left(\prod_{i=1}^{N} X_i\right)^{1/N} \tag{G.4}$$

这里的 $\prod$ 是希腊字母"Pi"的大写，表示乘号，也就表示将每个项目连乘在一起，$\sum$ 是希腊字母"sigma"的大写，为求和符号，表示将每个项目相加。我们在变量上方用一横杠（没有下标）来表示几何平均数，阅读上下文，使我们不至于将其与算术平均数混淆。

假设阿尔巴尼亚这个国家的 GDP 连续三年分别以 16%、5%、9% 的速度增长。16% 的增长率意味着 GDP 水平是上一年 GDP 水平的 1.16 倍；5% 意味着是上一年的 1.05 倍，9% 意味着是上一年的 1.09 倍。三年后的总量是这些因子的乘积乘以第一增长年的上一年 GDP 水平。这三年间的平均增长率是多少？应用公式：几何平均数是 $(1.16 \times 1.05 \times 1.09)^{1/3} = 1.10$，增长率为 10%。

例 G. 12：给你一组数据，它们看起来是稳定增长的，但有一个观察值缺失了：1.1，2，X_3，8.1，16.3，其中，X_3 就是丢失的观察值，那么 X_3 的推测值是多少呢？

答：这是一个关于数据内插的问题。一种策略就是取相邻值的平均值：2 和 8.1。因为数据的增加相当稳定，而且增长是一个倍增过程，因此几何平均是首选。应用公式（G.4），那么 $\overline{X} = \sqrt[2]{2 \times 8.1} \approx 4.0$。注意到 2 和 8.1 的算术平均数约是 5.0，就上下文来看，这与 4.0 大不相同。

Excel 提示：几何平均数的命令是：=GEOMEAN（number1，number2，…）。

就算术平均值而言，某些单个数据点会比其他的更重要，这意味着要使用加权几何平均数。

对于算术平均值来说，权重以相乘的方式进入公式；对于几何平均数而言，权重以幂（乘方）的形式进入公式。公式是：

$$\overline{X} = \left(\sum w_i\right)\sqrt{\prod_{i=1}^{N} X_i^{w_i}} = \left(\prod_{i=1}^{N} X_i^{w_i}\right)^{(1/\sum w_i)} \tag{G.5}$$

例 G. 13：一家银行提供了一个特别账户：前 5 年每年的收益率是 7%，5 年之后，每年的收益率是 5%，利率在账户内自然增值。如果你持有这个账户 20 年，那么你的平均收益率是多少？

答：利率就像是增长率：收益率是 7%，意味着每年的账户按照 1.07 的倍数增长。应用公式（G.5），我们得到：平均增长因子 $={}^{(5+15)}\sqrt{1.07^5 \times 1.05^{15}} = \sqrt[20]{2.92} = 1.055$，这与 5% 的利息率相对应。

□ G. 4. 2　变异的衡量

方差

平均数和中位数都是频率分布趋中的衡量方法。我们可能也想知道分布的分散情况。图 G—7A 显示的是如下数据集合 $A = \{2，3，3，4，4，4，4，4，5，5，6\}$ 的直方图，图 G—7B 显示的是另一组数据集合 $B = \{1，2，2，3，3，3，4，4，4，4，5，5，5，6，6，7\}$ 的直方图。两个数据集合的平均数和中位数相同，都是 4。但是数据集合 B 显然要比数据集合 A 更为分散。

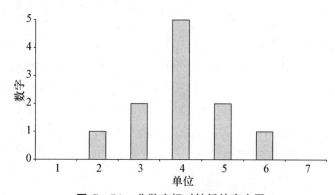

图 G—7A　分散度相对较低的直方图

注：就像图 G—7B 一样，这些数据的平均数、中位数以及众数都是 4，但是它们的方差更小。

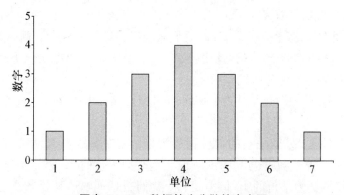

图表 G—7B　数据较为分散的直方图

注：和图表 G—7A 一样，这组数据的平均数、中位数以及众数都是 4，但这组数据具有更高的方差。

一种测量分散度的方法就是将平均值作为分布的中心从而测量与平均值的离

差。这些离差的平均值可以测量变异。因此，数据集合 A 的第一个离差就是 -2（$=2-4$），最后一个离差则是 $+2$（$=6-4$）。这种方法的问题在于，当我们将离差加起来取平均值时，正负离差将互相抵消。因为两个数据集合都是对称的，这种相互抵消将是完全的。两种情况下测量的变异均为零，完全没有表现出数据集 B 比数据集 A 更加分散这个明显的事实。相反，我们可以取离差的绝对值，然后再将它们相加。这一建议是可行的，有时候将其用作变异的一种衡量方法：绝对平均变异。

更常见的是，变异是用方差衡量的，计算公式是：

$$\text{var}(X) = \frac{\sum_{i=1}^{N}(X_i - \overline{X})^2}{N-1} \tag{G.6}$$

公式右边括号里的项目定义的是每个项目与均值的离差。因为所有离差平方后都是正的，所以每个离差都增加了离差平方和。

对离差平方和求平均值时是除以 $N-1$，而不是除以 N（虽然除以 N 似乎是自然而然的事情）。为了理解其中的原因，考虑只有一个观察值时的方差公式。此时平均数（$\overline{X}$）等于该观察值，不存在任何围绕该值的变异。如果加入第二个观察值，我们将仅仅提供一次额外的信息。如果公式（G.6）里的分母是 N，那么我们似乎不连续地一下子从没有离差跳到了具有两个不同的离差。

但这是不正确的。如果我们知道了平均值、围绕平均值的离差和以及其中一个离差，那么我们就一定可以算出另一个离差，这个额外的信息就不是独立的。因此，当有两个观察值时，实际上只有一个关于变异的独立信息；有三个观察值时，只有两个独立信息；有四个观察值时，有三个独立信息；……；有 N 个观察值时，则有 $N-1$ 个独立信息。除以 $N-1$ 恰当地解释了独立信息的实际数量。（这就是所谓的自由度校正。）

例 G.14： $\{1, 2, 3, 4, 5\}$ 的方差是多少？

答： 平均值是 3；$N=5$。与平均值的离差是 $(X_i - \overline{X}) = \{-2, -1, 0, +1, +2\}$。运用公式（G.6）得到 $\text{var}(X) = [(-2)^2 + (-1)^2 + 0^2 + 1^2 + 2^2]/4 = 10/4 = 2.5$

例 G.15： 图 G—7A 和图 G—7B 以及上面的数据集合 A 与 B，哪一个更为分散？

答： 运用公式（G.6），var（数据集合 A）$=1.200$，var（数据集合 B）$=2.667$，证实了我们所看到的 B 比 A 更分散的印象。

Excel 提示：方差的命令是：$=\text{VAR}(\text{number1}, \text{number2}, \cdots)$。

标准差

方差的一个不足之处就是它的单位很难解释。举个例子，假设我们计算表 2—2 中真实 GDP 的方差。原始数据单位是"2008 年购买力平价的 10 亿美元"，那么方差的单位就是（2008 年购买力平价的 10 亿美元）^{2}。我们很难理解这是什么意思。因此，通常将方差转换为标准差更为方便，标准差的定义为：

$$\text{stdev}(X) = x\sqrt{\text{var}(X)} \tag{G.7}$$

标准差和原始数据的单位相同。

例 G. 16：数据集合 A 和数据集合 B 的标准差各是多少（数据集合参见例 G. 11）？

答：运用公式（G. 7），stdev（数据集合 A）$= \sqrt{1.200} = 1.095$；stdev（数据集合 B）$= \sqrt{2.667} = 1.633$。结果再次证实了我们所看到的 B 比 A 更分散的印象。

Excel 提示：标准差的命令是：STDEV(number1，number2，…)。

变异系数

有关变异程度问题，有时候方差和标准差极有可能误导。想象一个老鼠的样本，其中，每只老鼠的体重围绕老鼠平均体重上下波动 1 盎司是常见的。将此与大象的样本进行比较，其中每只大象的体重围绕大象平均体重上下波动 5 磅（80 盎司）是常见的。大象体重的方差和标准差要比老鼠体重的方差和标准差大得多。然而，意义非常明确的是，相对于它们的正常体重而言，老鼠样本显示出更大的变异性。为理解这一点，我们可以计算出变异系数，它将标准差表示成占平均数的比例。

$$cv(X) = \left| \frac{\text{stdev}(X)}{\bar{X}} \right| \tag{G. 8}$$

我们将比例取绝对值的原因是，平均数可正可负，变异系数一直是作为正数公布的。变异系数通常用百分点的形式来表示，因此，计算时不要忘记乘以 100。

例 G. 17：相对于它们的平均值，表 12—2 中的 G-7 国家的失业率与非 G-7 国家的失业率哪一个变动更大？

答：下面这个表给出了变异系数以及使用公式（G. 8）计算变异系数所需的要素：

	G-7 国家	非 G-7 国家
标准差（百分点）	1.26	2.78
均值（百分比）	6.20	6.00
变异系数（百分比）	20.00	46.00

非 G-7 国家的变异系数是 46%，非 G-7 国家的真实 GDP 变动程度是 G-7 国家变动程度（20%）的两倍多。

G. 5 从描述性统计量中作出推断

G. 5. 1 同一性

我们可以一直计算不同的描述性统计量，但计算出来的这些描述性统计量是否有意义，要看我们如何使用它们。例如，假如你打算带领六年级的一个小组的学生进行一次热气球之旅。

这个小组有 10 个小孩，但一个热气球可以承受总重量不能超过 1 600 磅的 15 个学生。如果六年级学生的平均体重是 100 磅，那么热气球可以轻松容纳这个小组的 10 个小孩。现在，假如你要将其他班级的 5 个小孩增加到你这个小组里去：热气球可以承载这 5 个小孩吗？如果你不能称出这些小孩的体重，那么你可能会这样推理：因为这群小孩的平均体重是 100 磅，另外增加 5 个小孩平均而言就只增加 500 磅，还留出 100 磅的空间保证热气球的安全。你的推理很好——前提是你所要增加的 5 个小孩是你原有组别里的典型小孩。如果他们都来自六年级，这是一个很好的假设。但是如果这 5 个小孩来自 12 年级，他们的平均体重是 135 磅会怎么样呢？这时候热气球会超载（$10 \times 100 + 5 \times 135 = 1\,675$，超载了 75 磅）。

这个例子的意义在于，我们通常计算描述性统计量的目的是使超出我们观察的数据集显现出来，亦即由所观察到的数据推断出不能观测到的数据。但这种推断只有当观测到的数据和未观测到的数据在相关维度方面相同或者同质时才可以进行。

我们也可能要求同一数据集内部以及数据集间的数据具有同质性。如果我们声称一个平均值或者其他描述性统计量是典型的数据，那么这个平均值或者其他描述性统计量也应该是这些数据的任何一个子集的典型。举个例子，如果一群一年级学生和他们的父母去野外旅游，一位家长带一个小孩，我们可以计算出这一群人的平均体重。如果家长们的平均体重在 150 磅左右，并且一年级学生的平均体重在 50 磅左右，那么这个数据集里所有人的平均体重就在 100 磅左右。但是这既不是学生组的典型体重，也不是家长组的典型体重，从而就大多数目的而言，几乎毫无用处。

当每个大小合理的子集合呈现的是相似的描述性统计时，数据就是同质的。统计学家发明了许多正规的同质性检验方法，这些方法都超出了本书的范围。但常见的是，我们对某一问题的常识性思考以及对数据的某些子集的观察都会告诉我们：就我们的目的而言数据是否具有足够的同质性。

例 G. 18：表 12—2 中 G-7 国家的失业率是同质的吗？

答：对于这个问题，没有明确的答案；它部分取决于我们的意图。但注意到我们可以容易地将 G-7 国家划分为两个子集：失业率低（平均失业率＝5.1%）的日本、英国和美国；失业率高（平均失业率＝7.0%）的加拿大、法国、德国和意大利。由于某些目的，我们不认为 G-7 国家的失业率具有同质性。

□ G.5.2 平稳性

图 G—8 显示了加拿大的就业数据，和图 G—3 相同。如果我们将所有数据划分为两个部分，那么每个子集（如图中的水平线所示）的平均数显然不同：尽管这个数据集合涉及的是单一的经济单位——加拿大，而不是上一节里几个不同的经济单位，但这个数据集显然不是同质的。虽然在一个横截面里我们观察数据的顺序可以是任意的，但时间序列里数据的顺序仍然遵循了日期的自然顺序。正如许多经济时间序列一样，加拿大的就业趋势是向上的：后半部分的就业率均值典型地高于前半部分的就业率均值。加拿大的就业数据说明其是非同质性的一种特殊类型。当每个规模合理的子时期显示了相似的描述性统计时，这个时间序列就是平稳的。加拿大的就业数据是非平稳性的。如果基于早期就业的平均值来推断后期的就业水平，就会导致预测值严重偏低。为更好地进行推断，我们需要考虑平均值不断上升的事实。

应用中级宏观经济学

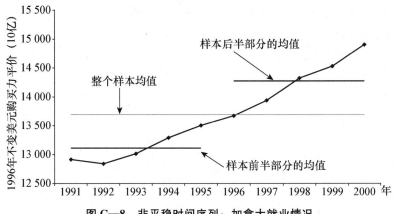

图 G—8　非平稳时间序列：加拿大就业情况

注：随着时间的推移，一个非平稳时间序列的平均值并非常数。

资料来源：国际货币基金组织的《国际金融统计》。

统计学家提出了正规的平稳性检验方法，但这些方法都超出了本书的范围。非正式地说，当一个时间序列频繁地经过它的样本均值时，我们就判断这个时间序列平稳。显然，当一个时间序列表现出严格的上升或下降趋势时（比如说加拿大的就业），它仅仅穿过样本均值一次，但一个不平稳的序列未必需要在同一个方向上表现出严格的趋势。

比如，图 13—2（第 13 章）显示的是美国的平均消费倾向，50 年里它仅经过平均值 5 次，并且有时偏离平均值相当远。因此它应被视作非平稳的。相反，图 5—5（第 5 章）显示的是去趋势的工业生产、个人收入以及就业反复穿过了它们各自的平均值。这三个序列可以被看作平稳的序列（当然，这就是去趋势的意义所在）。

一个遵循随机游走的时间序列（参见第 5 章 5.3.1 节），不管是否具有漂移（趋势的一种），也是一种非平稳时间序列。与具有趋势的序列不同，一种不带漂移的随机游走通常不会明显地往一个方向移动。然而，由于不带漂移的随机游走序列很少穿过其平均值，因此适用于平稳序列的描述性统计学应该不会适用于该序列。

非平稳时间序列可以通过很多方法转换成一个平稳时间序列。如果某一序列的趋势很明显，那么去趋势后的序列通常会是平稳的。同样，非平稳序列的一阶差分（$\Delta X_t = X_t - X_{t-1}$）或者增长率（$\hat{X}_t$）也常常是平稳的。

例 G.19：加拿大的就业数据序列能够转换成一个平稳序列吗？

答：图 G—9 显示的是加拿大就业数据的一阶差分及其平均值。与图 G—8 里的数据相比，它更像是一个平稳的序列。

前面的例子表明，在一个数据较少的样本里，不容易判断一个序列是否为平稳的。总体来说，与较短的时间跨度相比，我们更可能将较长时间跨度的序列看作平稳的。

就图 7—9 中的整个 50 年这个时间段来看，该图中的真实利率数据似乎是平稳的，但如果仅仅以 20 世纪 80 年代的 10 年为时间段，它又是非平稳的。这并不是一个幻觉或者差错，而是数据慢慢地随着离差调整的结果——这一性质被称为"持续性"。为了预测 1986—1990 年真实利率的走势，20 世纪 80 年代早期表现明显的非平稳数据的下降趋势总体而言将更有意义。但是，在一个更长的时间跨度中，比如根据截止到 1985

年的数据来预测 21 世纪初期的数据，如果使用较长期间内，如 1953—1983 年这一期间内明显平稳的数据的平均值，我们可能得到较好的预测结果。

在 G. 14 节，平稳性的重要性变得更加明显。

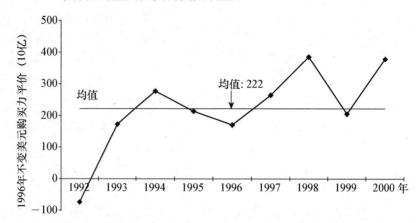

图 G—9　由非平稳序列向平稳序列的转换：加拿大就业数据

注：一个非平稳时间序列的一阶差分通常是平稳的。
资料来源：国际货币基金组织的《国际金融统计》。

G. 6　正态分布

　　现实世界中的许多数据具有正态频率分布（或者可以转换为正态频率分布）。图 G—10 是正态分布数据的直方图。描绘在直方图上的平滑的钟形曲线显示的是，如果我们具有足够多的数据，而且选择越来越细直到无穷小的柱形图，那么所描绘出来的曲线将会是这个样子。这里的直方图是离散分布的；钟形曲线是正态分布的连续形式。当一位老师说，学生成绩将按照曲线评分时，通常也就是假设学生的成绩至少是近似正态分布。

　　正态分布很普遍，因为统计学中有一个被称作"中心极限定理"的著名结论。中心极限定理大致说的是，即使原始分布偏离正态分布很远（比如它们的直方图中没有钟形曲线），一系列独立分布的平均值的频率分布也倾向于正态分布。

　　如果因为大量未测量到的独立的原因，数据显示出随机变异性，那么这些原因的净影响倾向于正态分布。

　　正态分布有一个重要的属性：不管平均值或者标准差是多少，约 38% 的观察值位于平均值的 0.5 个标准差范围内；68% 的观察值位于平均值的 1 个标准差范围内；95% 的观察值位于平均值的两个标准差范围内。这些参照基准，尤其是"两个标准差等于 95% 的基准"通常被我们用作一种衡量随机数据不确定性的方式。

　　举个例子，某一政治性民意调查可能这样陈述，有 ±3 个点的误差幅度说 48% 的样本赞成总统的工作表现。我们如何解读这个信息？

　　民意调查里的"误差幅度"几乎总是指两个标准差的判定标准。假设在总体的同一样本中进行另外一次民意测验。即使 48% 是个真实值，任何一个特定的民意测验都可

应用中级宏观经济学

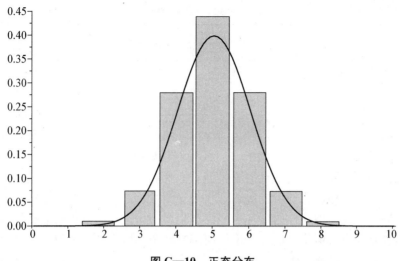

图 G—10 正态分布

能会产生一个不同的数。如果进行 100 次民意调查，平均而言我们期望 95 次会找到
45%～51% 之间的某个值。假设第二次民意调查产生的值是 49%。考虑到第一次民意
测验的不确定性，通常我们会认为这个数与第一次的 48% 是一致的，并不表明民意的
改变。另一方面，如果一份民意调查产生的值是 60%（我们并不认为是民意调查没有
进行好），那么将会有两种可能：（a）一种可能的情形就是（平均而言 5%）：真正的值
是 48%，但是测量值超出了误差幅度（远离平均值两个以上的标准差）；或者（b）民
意已经发生改变，因此差异真的存在，并不是随机变异。使用 95% 的标准而不是 50%
的标准的原因就在于试图减少解释（a）适用的次数。通常地，有如此多不同的人会得
出（b）结论，这是真的发生变化了。

G.7　第 I 类错误与第 II 类错误

在上一部分中，我们给出了"试图判断什么时候两次民意调查反映了民意真正转
变"的例子。这向我们展示了在统计和非统计推断过程中存在的一个常见的问题。假设
我们有一个法则：每当先行经济指标指数连续两个月下降时，那么可以预测半年内会有
一次衰退。这个法则好吗？

如果当每次指数连续下降两个月后，随之而来的是一次衰退，而如果指数没有连续
下降两个月，就没有衰退接踵而至，那么这个法则就非常完美。

这个法则可能在如下两个方面失效：指数没下降，但是实际上发生了一次衰退
（这就是所谓的假阴性），或者指数确实下降了，但是没有发生衰退（这就是假阳
性）。

统计学家以另一种方式将这些错误进行分类。如果我们作出一个假设（存在着一次
衰退），当假设正确（假阴性）时我们的推断却否认了它，这是第 I 类错误。当假设是
错误的时候我们却证实了它，就称之为第 II 类错误。表 G—4 显示的是事实和两类错误
之间的关系。

	假设实际上是	
	错误的	正确的
我们对假设作出的推断是		
错误的	成功	第Ⅰ类错误
正确的	第Ⅱ类错误	成功

通常，第Ⅰ类错误和第Ⅱ类错误之间存在着两难取舍。例如，假设我们在审判一个人。从理论上讲，如果他真的犯罪了，那么我们将要判他有罪；如果他真的不曾犯罪，那么我们就要判其无罪。如果他真的犯罪了，但我们判其无罪，那么我们就犯了第Ⅰ类错误。为使错误最小化，我们可能接纳这样的规则：总是判其有罪。这样一来，就没有罪犯可以逍遥法外了。但这样的话，一些没有犯罪的人也会不公正地被送进监狱。如果这个人确实没有犯罪，但是我们却无论如何判其有罪，那么我们就犯了第Ⅱ类错误。为使错误最小化，我们可能采纳这样的规则：总是判其无罪。没有人会蒙冤入狱。但同样也会出现罪犯不去坐牢这种现象。为了在可能出现的第Ⅰ类错误和第Ⅱ类错误之间作出平衡，我们必须选择某一折中规则。当然，在某一特定情况下，倾向于哪一方面则取决于哪一种类型的错误代价更大。

上一部分的两次民意调查所产生的问题与此相同。我们想要决定的是，显示 60% 的民意的调查与 48% 的民意的调查是否真的反映了相同的民意。如果第二次民意调查（60%）超出第一次民意调查的误差幅度（两个标准差），那么规则就否定了两次民意调查是相同的，事实上它们反映了相同的民意。两个标准差规则基本上表明，如果遵循这条规则，会有 5% 的机会犯第Ⅰ类错误。我们可以采用一个更加严格的标准来进一步减少犯第Ⅰ类错误的机会，但是那样的话，我们就会增加犯第Ⅱ类错误的机会：也就是说，当两次民意调查实际上不同时，增加了将它们看作是相同的机会。

两个标准差的法则是统计学家平衡第Ⅰ类错误与第Ⅱ类错误的基本法则。但是如果不进一步加以分析，那么一个能精确衡量第Ⅱ类错误的方法通常不为人所知。

G.8　使用指数

□ G.8.1　指数

指数将某一数据集由其自然单元转化成一个将其值作为参照点的单位。举个例子，假设我们有这样一个时间序列：2003 年取值 5；2004 年取值 10；2005 年取值 12.5。指数总是这样规定的：选择一个参考值，然后将其设定为指数的基准值，通常（但不一定）为 100。在这里，我们将 2003 年的取值 5 作为参考值（通常规定 2003 年＝100），那么指数序列 2003 年取值 100；2004 年取值 200（因为 10 是参考值 5 的两倍）；2005 年取值 250（因为 12.5 是参考值 5 的 2.5 倍）。

指数的一般公式为：

$$XI_t = \left(\frac{X_t}{X_0}\right) Z \tag{G.9}$$

式中，XI 是表示成指数的 X 的值（后缀 I 表示的是一个自然变量（X）已被转化成一个指数）；X_t 表示时间 t 时自然变量的值；X_0 表示的是参考值（即任何一个被当作参考值的数据点的自然值），用下标 0 表示参考时间段或者单位（比如横截面数据中的某一国家），不管这个时间段是什么，也不管这个单位是什么；Z 是决定指数在一个参考期内取值的范围因子。通常，$Z = 100$，因此在参考期，指数 $= 100$。但是它也可以选择一些其他数字：有时候会使用 1 和 10；除此之外的值很少见。实际上，这个公式说明的是，在日期 0 处，将 X_0 的值设为 Z，并按比例相应调整 X_t 的所有其他值。

参考值不一定就是一个特殊观察值。通常就月度数据来说，参考值（X_0）为一年 12 个月的平均值，季度数据的参考值（X_0）就是一年 4 个季度的平均值。有时候也会选取一个较长的时间段：CPI 的参考值选取的时期是 1982—1984 年——36 个月的平均值。

例 G. 20：将表 G—2 中法国的就业数据用指数重新表述，使用 1991 年、1995 年、1998—1999 年作为参考期。

答：1991 年的参考值是 22 316，1995 年的参考值是 22 311，1998—1999 年的参考值是 21 670.5（$= (22\,479 + 20\,864)/2$）。三个指数显示在表 G—5 中。

通常，我们通过规定参考期以及 Z 的值来表示一个指数的单位。

表 G—5　　　　　　　　　　　　　指数：法国的就业

	原始数据	带参考期的指数		
	千人	1991＝100	1995＝100	1998—1999＝100
1991	22 316	100.0	110.3	103.0
1992	21 609	96.8	106.8	99.7
1993	20 705	92.8	102.3	95.5
1994	21 875	98.0	108.1	100.9
1995	20 233	90.7	100.0	93.4
1996	22 311	100.0	110.3	103.0
1997	20 413	91.5	100.9	94.2
1998	22 479	100.7	111.1	103.7
1999	20 864	93.5	103.1	96.3
2000	23 262	104.2	115.0	107.3

资料来源：国际货币基金组织的《国际金融统计》。

举个例子，对于表 G—5 中的第一个指数，规定单位为：1991＝100。对于第三个指数，规定单位为：1998—1999＝100。CPI 的单位是：1982—1984＝100。标准普尔 500 股票指数的单位是：1941—1943＝10（也就是说，$X_0 = 1941$—1943 年这段时期的平均值，$Z = 10$，$Z \neq 100$）。有了横截面数据后，我们可能会说，例如，加拿大＝100。

指数将数据表示成参考值的百分比。实际上，指数是将变化换算为数值的一种方法。当我们想强调比较时，指数尤为有用。指数最常见的是和时间序列在一起使用，但也有例外：图 9—11（第 9 章）显示的是国家生产率水平的一个横截面图，它是以美国的数值作为参考值的。

当我们想显示各种没有共同单位的数据时，指数再一次派上了用场：图 5—1（第 5

章）显示的是个人收入（单位：10 亿美元）、就业（单位：千人）以及工业生产（单位：指数 1997＝100）的时间序列，三者面对同一坐标轴。它们用 1959：01＝100 将每一序列换算为指数。

一旦指数被计算出来，通过将指数本身当作原始数据集并运用公式（G.9），这个指数可能再一次被变为基数。

例 G.21：使用表 G—5 中关于法国就业的指数（1998—1999＝100），找出参考期为 2000＝100 的 1993 年的指数。

答：由表 G—5 可知，1993 年的指数值是 95.5，2000 年的指数值是 107.3，使用公式（G.9）可得就业指数 $I_{1993}＝(95.5/107.3)×100＝89.0$。

这与我们使用原始数据计算的结果完全相同：1993 年的就业人数是 20 705，而 2000 年的就业人数是 23 262：$I_{1993}＝(20\ 705/23\ 262)×100＝89.0$。

□ G.8.2 物价指数

物价指数是单个物价的加权平均数，以指数形式表示。第 4 章（4.1 节）针对物价指数的建立提供了详细的讨论，讨论主要集中在价格因子的权重选择上。价格因子取代了公式（G.9）中括号内的项目。这里我们给出有关主要指数的价格因子的具体公式。

拉氏（或者基期加权）指数

将每一商品（j）从 1 到 n 进行编号，那么 p_{jt}、q_{jt} 分别表示的是商品 j 在时间 t 里的价格和数量。令 $t＝0$ 表示基期（也就是将要计算支出份额的那个时期）。拉氏指数的价格因子的简易公式就是：

$$pf_t^L = \frac{\sum_{j=1}^{n} p_{jt}q_{j0}}{\sum_{j=1}^{n} p_{j0}q_{j0}} \tag{G.10}$$

实际上，正如第 4 章所显示的那样（4.1.1 节），很容易将这个公式中单个商品价格变化的权重表示成各个商品支出在基期总支出中的比重。首先注意到，公式的分母是基期的总支出（也就是说，篮子里包括的是经济中所有的最终商品和服务，基期的 GDP）。在分子中乘以和除以 p_{jt} 后，重新整理后就得到：

$$pf_t^L = \frac{\sum_{j=1}^{n} p_{jt}q_{j0}}{\sum_{j=1}^{n} p_{j0}q_{j0}} = \sum_{j=1}^{n} \left(\frac{p_{jt}}{p_{j0}}\right)\left[\frac{q_{j0}\,p_{j0}}{\sum_{j=1}^{n} p_{j0}q_{j0}}\right] \tag{G.10'}$$

公式（G.10'）右边第一项表示的是商品 j 的价格因子。公式右边第二项的分子表示的是基期用于商品 j 的支出。结果是，右边第二项作为一个整体，表示的是商品 j 在基期的支出份额。因而，价格因子就是每一种商品价格变化与该商品在基期的支出份额的乘积的和。

例 G.22：表 4—1 的沙发土豆经济中 2009 年、2010 年以及 2011 年的拉氏指数各是多少？

答： 使用公式（G. 10′）并将 2009 年作为基年，将墨西哥玉米片称作商品 1，啤酒称作商品 2，那么 2009 年的价格因子就是：

$$pf_{2009}^L = \frac{\sum\limits_{j=1}^{2} p_{j2009} q_{j2009}}{\sum\limits_{j=1}^{2} p_{j2009} q_{j2009}} = \frac{0.50 \times 5 + 0.75 \times 4}{0.50 \times 5 + 0.75 \times 4} = 1.000$$

2010 年的价格因子就是：

$$pf_{2010}^L = \frac{\sum\limits_{j=1}^{2} p_{j2010} q_{j2009}}{\sum\limits_{j=1}^{2} p_{j2009} q_{j2009}} = \frac{1.00 \times 5 + 1.25 \times 4}{0.50 \times 5 + 0.75 \times 4} = 1.818$$

2011 年的价格因素就是：

$$pf_{2011}^L = \frac{\sum\limits_{j=1}^{2} p_{j2011} q_{j2009}}{\sum\limits_{j=1}^{2} p_{j2009} q_{j2009}} = \frac{1.25 \times 5 + 1.40 \times 4}{0.50 \times 5 + 0.75 \times 4} = 2.118$$

使用上面的价格因子，并且将 2009 年作为参考年（也就是说，$p_{2009}^L = 100$），那么，每年的拉氏指数的值就分别是：

$$p_{2009}^L = p_{2009}^L \times pf_{2009}^L = 100 \times 1.000 = 100.0$$
$$p_{2010}^L = p_{2009}^L \times pf_{2010}^L = 100 \times 1.818 = 181.8$$
$$p_{2011}^L = p_{2009}^L \times pf_{2011}^L = 100 \times 2.118 = 211.8$$

上述这些计算就等同于用价格因子来取代公式（G. 9）括号里的项目。它们也与第 4 章（4.1.1 节）中的例子相符。

帕氏（计算期加权）指数

用帕氏指数计算价格因子的公式是：

$$pf_t^P = \frac{\sum\limits_{j=1}^{n} p_{jt} q_{jt}}{\sum\limits_{j=1}^{n} p_{j0} q_{jt}} \tag{G. 11}$$

因为帕氏指数是一种计算期加权综合指数，因此，现在的基期就是时期 t，而且价格因子表示的是计算期（t）价格与之前某一时期（0）价格的比率。很容易将帕氏指数表示为：根据计算期单个商品支出占计算期总支出的份额加权后的单个商品价格的变化之和的倒数。注意，公式中的分子是计算期的总支出。

$$pf_t^P = \frac{\sum\limits_{j=1}^{n} p_{jt} q_{j1}}{\sum\limits_{j=1}^{n} p_{j0} q_{j1}} = \sum\limits_{j=1}^{n} \frac{1}{\left(\dfrac{p_{j0}}{p_{j1}}\right)\left[\dfrac{p_{j1} q_{j1}}{\sum\limits_{j=1}^{n} p_{j1} q_{j1}}\right]} \tag{G. 11′}$$

公式（G.11′）中右边部分分母中的第一项表示的是商品 j 的单个价格因子，第二项表示的是计算期商品 j 的支出份额。

例 G.23：表 4—1 的沙发土豆经济中 2009 年、2010 年的帕氏指数各是多少？

答：使用公式（G.11′），并且将 2009 年作为参考年，然后根据定义，2009 年的价格因子是 1.000，2010 年的价格因子为：

$$pf_{2010}^P = \frac{\sum_{j=1}^{2} p_{2010} q_{2010}}{\sum_{j=1}^{2} p_{j2009} q_{j2010}} = \frac{1.00 \times 4 + 1.25 \times 5}{0.50 \times 4 + 0.75 \times 5} = 1.783$$

因此，物价指数就是：

$$p_{2009}^P = p_{2009}^P \times pf_{2009}^P = 100 \times 1.000 = 100.0$$
$$p_{2010}^P = p_{2009}^P \times pf_{2010}^P = 100 \times 1.783 = 178.3$$

它们也与第 4 章（4.1.2 节）的例子相吻合。

因为帕氏指数每个计算期都采用新的权重，如果以较后面的某一年（比如说 2011 年）作为计算期，那么价格因子和物价指数的值将有区别。然而，拉氏指数很常见，帕氏指数经常被作为计算链式指数的一个步骤，在计算链式指数的过程中，变换基期是所期望的一个特征。

费雪理想指数

在第 4 章（4.1.3 节），费雪理想指数被表示成拉氏指数和帕氏指数的几何平均数。费雪理想指数几乎总是被作为计算链式指数的一个步骤，计算过程中每期的基期都要更新。

在此计算过程中，拉氏指数的基期是 $t-1$ 期，而帕氏指数的基期是 t 期。费雪理想指数的价格因子的一般公式就是：

$$pf_t^F = \sqrt{pf_t^L \times pf_t^P} = \sqrt{\frac{\sum_{j=1}^{N} p_{jt} q_{jt-1}}{\sum_{j=1}^{N} p_{jt-1} q_{jt-1}} \times \frac{\sum_{j=1}^{N} p_{jt} q_{jt}}{\sum_{j=1}^{N} p_{jt-1} q_{jt}}} \qquad (G.12)$$

例 G.24：表 4—1 的沙发土豆经济中，2009 年以及 2010 年的费雪理想指数各是多少？

答：使用公式（G.12），2010 年的价格因子是：

$$pf_t^F = \sqrt{\frac{\sum_{j=1}^{2} p_{j2010} q_{j2009}}{\sum_{j=1}^{2} p_{j2009} q_{j2009}} \times \frac{\sum_{j=1}^{2} p_{j2010} q_{j2010}}{\sum_{j=1}^{2} p_{j2009} q_{j2010}}}$$

$$= \sqrt{\frac{1.00 \times 5 + 1.25 \times 4}{0.50 \times 5 + 0.75 \times 4} \times \frac{1.00 \times 4 + 1.25 \times 5}{0.50 \times 4 + 0.75 \times 5}}$$

$$= \sqrt{181.8 \times 178.3} = 1.800$$

这个结果与第 4 章（4.1.3 节）的结果相符合。如果 2009 年是参考年，那么根据定义，$p_{2009}^F = 100$。2010 年的费雪理想指数值就是 $p_{2010}^F = p_{2009}^F \times pf_{2010}^F = 100 \times 1.800\ 0 = 180.0$。

G.9 真实量和名义量

□ G.9.1 真实量和名义量之间的换算

将名义数据换算成真实数据

从根本上讲，名义价值或者市场价值就是一定数量的美元；真实价值指的是一定数量的美元所能购买的某一商品的数量。如果买一个巨无霸需要 3.69 美元，100 美元就是等价于真实价值 27.1 个巨无霸（=100/3.69）的名义价值。物价指数通常是以一篮子商品为基础的。如果我们知道这一篮子商品所花费的美元数量，那么我们就可以将任一数额的美元价值换算成以篮子数目衡量的真实价值。但是物价指数只是笼统地以指数形式发布的，而且就像我们在 G.8.1 节看到的那样，指数实际上是将相对变化转变成绝对数量的一种方法。我们可以使用指数（参见第 2 章 2.4.1 节和 2.4.2 节）将以某一年美元数量表示的某一名义量的价值重新表述成另一年的不变美元价值。这和 G.8.1 节创建指数的过程相似，不同的地方在于：我们将参考值设定为参考期的名义值，而不是将参考值设定为 100。将任何一个名义货币值 X 换算成真实值的一般公式是：

$$\$_R X_t = (\$_R X_t)(p_R/p_t) \tag{G.13}$$

下标 R 表示的是参考期，美元符号的下标表示的是名义量被衡量的那个时期的货币数量。

例 G.25：2003 年墨西哥的出口额是 165 396 百万比索，如果 1990 年的消费者价格指数（2000=100）是 18.56，2003 年的 CPI 是 116.80，那么以 2000 年比索计算的 2003 年墨西哥的出口额的真实价值是多少？如果以 1990 年的比索计算呢？

答：使用公式（G.13），当然要用比索代替美元。比索$_{2000}$ 出口$_{2003}$ =（比索$_{2003}$ 出口$_{2003}$）(p_{2000}/p_{2003})=165 396×(100.0/116.8)=141 606 百万比索$_{2000}$。同样，比索$_{1990}$ 出口$_{2003}$ =（比索$_{2003}$ 出口$_{2003}$）(p_{1990}/p_{2003})= 165 396×(18.56/116.8)= 26 282 百万比索$_{2000}$。

将真实数据换算成名义数据

为了将真实数据换算成名义数据，我们只需将上述过程反过来即可。从公式（G.13）开始，求解名义值得到如下公式：

$$\$_R X_t = (\$_R X_t)(p_t/p_R) \tag{G.14}$$

例 G.26：以 2005 年不变美元计算，2004 年第四季度美国的真实 GDP 是 123 035 亿美元。如果 2004 年第四季度隐含价格平减指数是 97.86，那么名义 GDP 是多少？

答：使用公式（G.14）：

$$\begin{aligned} \$_{2004:4} Y_{2004:4} &= (\$_{2005} Y_{2004:4})(p_{2004:4}/p_{2005}) = 12\ 303.5 \times (97.86/100.00) \\ &= \$_{2004:4} 120\ 402\ \text{亿} \end{aligned}$$

将某一参考期的真实数据转化成另一参考期的真实数据

如果数据已经表示成一个参考期的不变美元价值（R1），我们使用以下公式将它们换算成另一个参考期的不变美元价值（R2）：

$$\$_{R2}X_t = (\$_{R1}X_t)(p_{R2}/p_{R1}) \tag{G.15}$$

例 G.27：根据例 G.21 的计算，2003 年墨西哥出口的真实价值是根据 1990 年不变比索计算的 26 282 百万比索$_{2000}$。使用这个值以及 1990 年和 2000 年墨西哥的 CPI 分别是 18.56 和 100 的事实，以 2000 年不变比索计算的 2003 年墨西哥出口的真实价值是多少？

答：使用公式（G.15），当然要用比索替代美元，比索$_{2000}$出口$_{2003}$＝（比索$_{1990}$出口$_{2003}$）(p_{2000}/p_{1990})＝26 282×(100.0/18.56)＝141 606 百万比索$_{2000}$。这自然就和我们把 2003 年名义出口值换算成以 2000 年不变比索计算所得到的真实出口值是一样的。这里的计算之所以不同，是因为我们在一开始时使用的就是真实值（即不变比索值），而不是名义值（即计算期比索值）。

□ G.9.2 使用链式加权指数的真实值

在拉氏指数和帕氏指数的基础上构建的链式加权指数以及将名义值换算为真实值的指数计算和运用，第 4 章（4.1.4 节）已经描述过。链式加权指数为比较某一给定序列在不同时间的数量大小提供了最好的方法。然而遗憾的是，由于要不断转换权重以构建链式加权指数，链式加权指数就有一些令人不满意的特性。

表 G—6 显示的是名义 GDP 及其构成，同时显示了 2001 年、2005 年和 2009 年的名义 GDP 以（链式加权的）2005 年不变美元计算的真实值。需要注意的是，使用任何一年的名义值时，恒等式 $Y = C + I + G + NEX$ 完全成立。当然，2005 年的名义值和真实值是一样的。所以对于 2005 年的真实值而言，恒等式同样成立。但需要注意的是，对于 2001 年的真实值，$C + I + G + NEX = 113\ 520$ 亿美元＞113 470 亿美元＝Y。两者之差以残差－5 来表示。（容易验证，2009 年恒等式也不成立。）当使用链式加权指数计算真实值时，总体是部分之和这个一般法则就失灵了。相比之下，使用固定权重指数计算真实值时，这个规则继续有效。

GDP 的真实值和它的各个组成部分的真实值之和这两者之间的差额以残差形式公布（就像国民收入和产品账户（NIPA）表中那样）。残差通常很小，经常小到可以完全忽略。

残差可能会引起问题。例如，假设我们要问，随着时间的推移，政府支出所吸纳的 GDP 的比例是如何变化的？实际上，因为收入和支出都是以当前的现期美元支付的，该问题的正确答案可以很容易地通过计算名义（市场）价值得到。2001 年真正的份额是：名义 G_{2001}/名义 $Y_{2001} = 1\ 849/10\ 286 = 17.9\%$。然而，假设我们试图使用（链式加权的）不变美元值来计算这个份额，那么，2001 年的份额将是：真实 G_{2001}/真实 $Y_{2001} = 2\ 178/11\ 347 = 19.2\%$。表 G—7 显示的是每一年各组成部分的份额，各组成部分在表 G—6 中则是用真实值和名义值表示的。当然，不管用哪一种方式表示 2005 年各组成部分的比例都是一样的。但在其他任何一年中，各组成部分的真实份额具有系统性差异。

名义和真实（链式加权的）GDP 及其组成部分

	名义（10亿美元）					真实（2005年不变美元，链式加权，10亿）					
	GDP	消费	投资	政府支出	净出口	GDP	消费	投资	政府支出	净出口	剩余
2001	10 286	7 149	1 662	1 846	−371	11 347	7 814	1 832	2 178	−472	−5
2005	12 638	8 819	2 172	2 370	−723	12 638	8 819	2 172	2 370	−723	0
2009	14 256	10 089	1 629	2 931	−392	12 987	9 235	1 528	2 565	−356	16

资料来源：美国经济分析局。

表 G—7　　利用名义 GDP 和链式加权真实 GDP 计算的各组成部分在 GDP 中的份额

	名义 GDP 的百分比				链式加权真实 GDP 的百分比			
	消费	投资	政府支出	净出口	消费	投资	政府支出	净出口
2001	69.5	16.2	17.9	−3.6	68.9	16.1	19.2	−4.2
2005	69.8	17.2	18.8	−5.7	69.8	17.2	18.8	−5.7
2009	70.8	11.4	20.6	−2.7	71.1	11.8	19.8	−2.7

资料来源：表 G—6。

在计算 GDP 各个组成部分对 GDP 增长率的贡献（或者与此类似，任何一个序列的组成部分对整个增长率的贡献）时也会产生与上面相同的问题。每当我们在不同的链式加权时间序列之间进行比较时，必须慎之又慎。计算的值距参考年份越远，就越具有误导性。在计算份额时，最好使用名义值。虽然我们十分明白如何正确计算出各组成部分的真实值对整个增长的贡献，但多少有些复杂。幸运的是，NIPA 包含了一个补充表格，使用这个表格，可以适当地作出必要的计算。NIPA 也包括这样一些补充表格，它们使用各种各样的参考年份，从而使得我们很方便地在不同的真实值之间进行准确比较。

G.10　增长率

□ G.10.1　增长率的基本知识

简单增长率

增长率就是每单位时间内的变化比率（或百分比）。简单增长率的计算和简单百分比变化的计算一样：

$$\hat{X}_t = \frac{X_t}{X_{t-1}} - 1 \qquad\qquad (G.16)$$

本书中我们将在变量上方用"抑扬符号"或者"帽子符号"来表示增长率。

例 G.28：美国 2002 年的真实 GDP（以 2005 年不变美元计算）是 11.533 万亿美元，2003 年的真实 GDP 是 11.841 万亿美元，那么 GDP 的增长率是多少？

答：$\hat{Y}_{2003} = 11\,841/11\,553 - 1 = 0.025$ 或者每年 2.5%。

注意该答案中两种写法是等价的（写成 0.025 这种自然单位形式，或写成 2.5% 这种百分比形式）。一般而言，在发布结果时应该使用百分比形式。在许多情形下，进行计算时更喜欢使用自然单位。(Excel 提示：为确保计算以百分比形式显示，可以将结果乘以 100，也可以在"单元格格式"对话框的"数字"选项卡上点击"百分比"。)

复合年化

如果数据一年观察一次，那么简单增长率是年率（每年）。如果数据一个月或者一个季度观察一次，那么简单增长率就是月增长率或季度增长率。如果所有增长率都年化了或者用年度单位重新表示了，那么理解增长率并在增长率之间进行相互比较就很容易了。一般的法则是：

$$\hat{X}_t = \left(\frac{X_t}{X_{t-1}}\right)^m - 1 \tag{G.17}$$

m 表示每年的时期数目（4 表示季度数据；12 表示月度数据；依此类推）。

举个例子，如果我们要将一个季度增长率换算成一个复合年化增长率，我们使用以下公式：

$$\hat{X}_t = \left(\frac{X_t}{X_{t-1}}\right)^4 - 1 \tag{G.17'}$$

例 G.29：美国 2003 年第四季度的真实 GDP 是 120 428 亿美元，2004 年第一季度的真实 GDP 是 121 276 亿美元，那么 2004 年第一季度 GDP 的复合年化增长率是多少？

答：$Y_{2004:1} = \left(\frac{12\ 127.6}{12\ 042.8}\right)^4 - 1 = 0.028$ 或者每年 2.8%。

为了将月份增长率年化，可以将 4 次方换成 12 次方。

年增长率

还有一种可能就是从月份数据或者季度数据中计算年度增长率（不是年化增长率）。使用季度数据计算年度增长率可使用公式：

$$\hat{X}_t = \frac{X_t}{X_{t-4}} - 1 \tag{G.18}$$

例 G.30：2003 年第一季度美国的真实 GDP 是 11 645.8（10 亿美元），那么与 2003 年第一度相比，2004 年第一季度的年度增长率是多少？

答：$Y_{2004:1} = \frac{12\ 127.6}{11\ 645.8} - 1 = 0.041$ 或每年 4.1%。

为了使用月份数据计算出年度增长率，将公式（G.18）中的 $t-4$ 换成 $t-12$。正如图 2—11 和图 2—14（第 2 章）所示，年度增长率的时间序列要比复合年化的季度（或月份）增长率的序列平稳。

平均增长率

有时候我们想要知道平均增长率，换句话说，它是指这样一种增长率，如果这种增长率得以稳定保持，那么它将在一段时间后产生一个从初始值到最终值的时间序列，该时间段恰好使初始值和最终值得以区别开来。这个公式只不过是复合年化增长率公式的一个变异：

$$\overline{\hat{X}}_t = \left(\frac{X_t}{X_{t-k}}\right)^{1/k} - 1 \tag{G.19}$$

这里的 k 表示的是起始点（$t-k$）和终止点（t）之间的时间间隔，以年来衡量，增长率上方的一横用来表示平均增长率。

例 G.31： 美国 1999 年第二季度的真实 GDP 是 1 068.4（10 亿美元），2003 年第三季度的真实 GDP 是 11 935.5（10 亿美元），那么这段时期的平均增长率是多少？

答： 这段时期是 4.25 年，因此 $\overline{\hat{Y}} = (11\,935.5/10\,684.0)^{1/4.25} - 1 = 0.026$ 或者每年 2.6%。

□ G.10.2　应该何时计算复合增长率?

当某一时期的增长使存量增加，存量的这种额外增加以及原有存量在接下来的一个时期都发生增长时，复合增长率就有意义。因此，当考虑真实 GDP、人口、就业以及大多数其他宏观经济变量的增长时，复合增长率就是自然的。然而，有时候某一时期的增长被抽走了，每一时期均在相同的基础上开始增长。

举个例子，假设你的一个银行账户里有 100 000 美元，每季度产生的利率是 1%。每个季度你会得到利息 1 000 美元。如果你把利息留在账户里，让它和初始本金一起增长，这样一来复合增长就是自然而然的。但是假使每个季度你把这个 1 000 美元利息花掉，那么你的年利率是多少？这正好是季度利率的 4 倍，因为一年你会获得 4 000 美元的利息或者获得初始本金的 4%。这是简单年化的一个例子：季度增长率乘以 4，月度增长率乘以 12，依此类推。

在宏观经济和金融中，简单年化的最普遍运用就是债务定价和计算支付（例如，房屋抵押贷款支付）的公式。利率通常以简单年利率报价。比如，为了得到月度利率，我们将年利率除以 12。

例 G.32： 一个银行账户以年利率 7.3% 按月支付利息。如果你将 200 美元存入该账户并且存期为一年，利息一直存放于这个账户中，那么（a）你账户的复合利息率是多少？（b）一年到期时，你会拥有多少美元？

答： 月单利是 0.608%（$=7.30/12$）。复合年利率 $r_{复利年率} = (1+r_{复利年率})^{12} - 1 = (1.006\,08)^{12} - 1 = 7.54\%$。一年到期后本息和是：$200 \times 1.075\,4 = 215.09$ 美元。

将单利和复合年利率联系起来的一般公式是：

$$\hat{X}_{复利年率} = (1+(\hat{X}_{单利年率}/m))^m - 1 \tag{G.20}$$

这里的 m 为复合的频数：季度是 4，月度是 12，周数是 52，依此类推。

例 G.33： 在例子 G.32 中，如果银行以每天取代每月将利率复合，那么这种情况下的复合年利率将会有什么不同？

答： 使用公式（G.20），按每天进行复合的年利率将是：$r_{复利年率} = (1+(r_{单利年率}/365))^{365} - 1 = (1+(0.073/365))^{365} - 1 = 7.57\%$，这高于例 G.32 中根据季度进行复合得到的年利率 7.54%。

□ G.10.3　外推法

1991—2000 年的 9 年中，英国真实 GDP 的复合年增长率（参见表 G—1）是 2.97%（$=(617/474)^{1/9} - 1$）。如果以这一增长率持续稳定地增长，那么 2008 年的真实 GDP 将会是多少？这是外推法中的问题。将时期 t 的数据外推 k 期到将来的一般公式是：

$$X_{t+k} = X_t(1 + \overline{\hat{X}})^k \qquad\qquad\qquad (G.21)$$

这里的 $\overline{\hat{X}}$ 是和 k 以相同时间单位表示的平均增长率（例如，如果 k 是以季度来衡量的，那么 $\overline{\hat{X}}$ 一定是季度复合平均增长率）。使用这个公式，英国 2005 年的真实 GDP 将是 $Y_{2008} X_{2000}(1 + \overline{\hat{X}})^8 = 6\,170 \times (1 + 0.029\,7)^8 = 780(10 亿美元)$。

例 G.34：在 1997：4 和 2002：4 期间，意大利的就业以 1.54% 的复合年率增长。2004：4 的就业人数是 21 757 000。如果继续以这一稳定比率增长，那么 2009：1 的就业人数值会是多少？

答：首先，我们需要复合季度平均增长率：$\overline{\hat{E}} = (1 + 0.015\,4)^{1/4} - 1 = 0.38\%$。其次，2009：1 比 2004：4 提前 25 个季度，因此 $k = 25$。使用公式（G.21），我们得到 $E_{2009:1} = E_{2001:4}(1 + \overline{\hat{E}})^{25} = 21\,757\,000 \times (1.003\,8)^{25} = 23\,920\,970$。

□ G.10.4　增长率的代数学

因为增长率与对数联系紧密，使用它们遵循的法则与使用对数遵循的法则类似（参见 G.11.2 节）：

$$\text{如果 } z = xy\text{，那么 } \hat{z} \approx \hat{x} + \hat{y} \qquad\qquad (G.22)$$
$$\text{如果 } z = x/y\text{，那么 } \hat{z} \approx \hat{x} - \hat{y} \qquad\qquad (G.23)$$
$$\text{如果 } z = x^y\text{，那么 } \hat{z} \approx y\hat{x} \qquad\qquad (G.24)$$
$$\text{如果 } z = \sqrt[y]{x}\text{，那么 } \hat{z} \approx \hat{x}/y \qquad\qquad (G.25)$$

这些规则只是近似成立。当增长率很小的时候，这种近似非常好，但当增长率变大时，近似则变得很糟糕。

例 G.35：假设名义工资每年增长 5%，以 CPI 衡量的通货膨胀率每年是 2%，那么真实工资以多快速度增长？

答：真实工资 $= (w/p)$，因此根据法则（G.23），真实工资的年增长率 $= \hat{w} - \hat{p} = 5\% - 2\% = 3\%$。

其余法则的运用很简洁明了。

G.11　对　　数

□ G.11.1　什么是对数

对数的概念

在电子计算器、个人电脑以及电子制表软件程序出现之前，对数（首先由苏格兰数学家约翰·纳尼尔（1550—1616）提出）是计算的一个重要工具。今天对数作为分析工具仍然有用。

某一数字的对数就是某一给定底数自乘刚好等于这个数字的那个幂（或指数）。举个例子，以 10 为底数的（记为 $\log_{10}$）100 的对数就是：

$$\log_{10}(100)=2，因为\ 10^2=100$$

类似地，$\log_{10}(1\,000)=3$，因为 $10^3=1\,000$。

对数并不局限于整数的幂：

$$\log_{10}(43)=1.633，因为\ 10^{1.633}=43$$

（使用袖珍计算器检查一下。）

底数为 10 的对数称为常用对数。一般地，计算器上标记为"log"的按钮就是常用对数。然而，从数学上讲，关于底数 10 没有什么特殊之处：

$$\log_2(43)=5.426，因为\ 2^{5.426}=43$$

反对数

如果我们知道了对数，那么通过将底数自乘对数的幂就可以算出原始数字。举个例子，如果知悉某一常用对数的值是 3.478，我们可以计算出原始数字：

$$10^{3.478}=3\,006.076$$

这就是所谓的取反对数。对于常用对数而言，有时将其反对数标记为 $antilog_{10}$ 或者 $\log^{-1}$（读作 log 逆），因此 $antilog_{10}(3.478)=\log_{10}^{-1}(3.478)=3\,006.076$。

反对数是对数的逆运算，反过来也一样。

自然对数

就解释的目的而言，常用对数很方便，因为每个人对 10 的乘方都很熟悉。以往对数普遍用于计算，那时底数 10 是最常用的底数，"常用对数"因此得名。然而，在许多科学应用当中，另一个底数（乍一看很奇怪）优于底数 10。这个底数获得自然底数 e 这个名称，并将其定义为 e＝2.718 28……这里的省略号表示 e 是一个无理数（就像 π 一样），它不能表示成两个整数的比例，因而，它是无限不循环的。底数为 e 的对数遵循的规则与底数为 10 或其他底数的对数遵循的规则一样。举个例子，$\log_e(17)=2.833\,21$，因为 $e^{2.833\,21}=17$；$antilog_e$ 通常写成指数（exp）的形式，因此 $antilog_e(2.833\,21)=\exp(2.833\,21)=e^{2.833\,21}=17$。

以 e 为底数的对数叫作自然对数。e 值的名称和解释之所以产生，是因为底数为 e 的对数自然而然地被包括在数学里重要问题的求解中。积分中就有这样一个问题：在 $x=a$ 到 $x=b$ 之间，等轴双曲线下方的面积是多少？[①] 数学家已经证明出答案就是 $\log(b)-\log(a)$。但是从数值上讲，只有对数的底数为 2.718 28……时，这个答案才是正确的。换句话说，$\log(a)=\log_e(a)$，等等。

本书的正文中仅使用自然对数。自然对数有几种不同的符号，最常见的有：$\log_e$、ln，以及 log。为了避免与常用对数混淆，ln 通常用于计算器以及电子制表软件（包括 Excel）中。遗憾的是，在许多情况下，小写字母"l"会被误当成"1"。我们将自然对

---

① 对于大多数熟悉积分的人来说，这个问题就是求 $\int_a^b(1/x)\mathrm{d}x$ 的积分。

583

数表示成没有下标的 log，其优点是表示出了正确的读音。

□ G.11.2　运用对数进行计算

对数将乘法问题转化成了加法问题，通常说来，加法问题比较容易解决（至少手算是这样）。为了了解这是怎样转化的，将 10 000 乘以 1 000 000。当然，计算很容易，但是这可以用来说明原理。我们可以将这个问题写成如下形式：

$$10\,000 \times 1\,000\,000 = 10^4 \times 10^6$$

指数法则告诉我们，可以将上式右边的项目写成如下形式：$10^4 \times 10^6 = 10^{4+6} = 10^{10}$；也就是说，我们将指数相加。因此：

$$10\,000 \times 1\,000\,000 = 10^4 \times 10^6 = 10^{10} = 10\,000\,000\,000$$

当然，这里的指数就是常用对数。将指数相加就如同将对数相加一样。因此，解决问题的另一种办法是：

$$\log_{10}(10\,000) = 4$$
$$\log_{10}(1\,000\,000) = 6$$
$$4 + 6 = 10$$
$$\text{antilog}_{10}(10) = 10^{10} = 10\,000\,000\,000$$

对数降低了许多计算的复杂程度：它们将乘法问题转化成加法问题，将除法转化成减法，将自乘的幂转化为乘法，将求根转化为除法。（自然）对数的主要法则有：

$$\text{如果 } xy = z, \text{ 那么 } \log(x) + \log(y) = \log(z) \tag{G.26}$$

$$\text{如果 } x/y = z, \text{ 那么 } \log(x) - \log(y) = \log(z) \tag{G.27}$$

$$\text{如果 } x^y = z, \text{ 那么 } y\log(x) = \log(z) \tag{G.28}$$

$$\text{如果 } \sqrt[y]{x} = z, \text{ 那么 } \log(x)/y = \log(z) \tag{G.29}$$

如果 x 是一个自然数，那么：

$$\text{antilog}(\log(x)) = \log^{-1}(\log(x)) = \exp(\log(x)) = e^{\log(x)} = x \tag{G.30}$$

$$\text{如果 } y \text{ 是一个对数，那么 } \log(\exp(y)) = \log(\log^{-1}(y)) = \log(e^y) = y \tag{G.31}$$

$$\text{对于很小的数 } x, \log(1+x) \approx x \tag{G.32}$$

例 G.36：使用对数计算 （a） $1\,356 \times 43\,119$；（b） $317/48$；（c） 211^{14}；（d） $\sqrt[4]{12\,591}$；（e） 当 $\log(x) = 0.57$ 时 x 的值；（f） 当 $\exp(y) = 8.22$ 时 y 的值；（g） $\log(1.024)$。

答：依次使用法则（G.26）～（G.32）：

（a） $\log(1\,356) + \log(43\,119) = 7.212\,3 + 10.671\,7 = 17.884\,0$；$\exp(17.884\,0) = 58\,468\,576$；

（b） $\log(317) - \log(48) = 1.887\,0$；$\exp(1.887\,0) = 6.604\,2$；

（c） $\log(211^{14}) = 14\log(211) = 14 \times 5.351\,86 = 74.926\,04$；$\exp(74.926\,04) = 3.467\,1 \times 10^{32}$；

（d） $\log(\sqrt[4]{12\,591}) = \log(12\,591)/4 = 9.440\,74/4 = 2.360\,18$；$\exp(2.360\,18) = 10.592\,9$；

（e） $\exp(0.57) = 1.058\,7$；

（f） $\log(8.22) = 2.106\,6$；

（g） 不需要计算（使用公式（G.32）），$\log(1.024) \approx 0.024$；更精确地，$\log(1.024) = 0.023\,7$。

法则（G.26）～（G.29）与 G.10.4 部分适用于增长率代数学的法则有很强的相似性。

☐ G.11.3　对数和增长

对数的导数以及百分比的变化

我们从任何一本标准的微积分教材都能证明的法则开始：

如果 $z=\log(x)$，那么 $dz/dx=d\log(x)/dx=1/x$。

回顾一下，导数就是一个函数的变化率。因此，如果我们想知道，当 x 发生一个较小的变化时 z 变化多少，就必须将 x 的任一变化所造成的 z 的变化率乘以 x 本身的变化：$dz=(dz/dx)dx$。当 $z=\log(x)$ 时，就有：

$$dz=(dz/dx)dx=(d\log(x)/dx)dx=(1/x)dx=dx/x$$

注意到对于微小变化而言，$dx\approx\Delta x$，因此，$dz\approx\Delta x/x=x$ 的百分比变化。

也就是说，某一变量（dz）的对数的一个微小变化近似等于该变量本身的百分比变化。

例 G.37：假设某个月份的价格水平是 $p_t=123$，下一个月份的价格水平是 $p_{t+1}=124$，那么价格水平的百分比变化是多少？

答：使用对数 $d\log(p)/dt\approx\log(124)-\log(123)=4.820\,282-4.812\,18=0.008\,1$，或 0.81%，这与直接计算的结果一样（$124/123-1$）$=0.008\,1$。

接下来的一个例子说明了一个重要的注意事项：对数近似方法只有在变化量极其微小时才起作用。

例 G.38：假设某个月份的价格水平是 $p_t=123$，下一个月份的价格水平是 $p_{t+1}=275$。那么价格水平的百分比变化是多少？

答：使用对数，$d\log(p)/dt\approx\log(275)-\log(123)=5.549\,08-4.812\,18=0.736\,9$ 或者 73.69%。但是直接计算的准确结果与这个结果大不相同：（$275/123-1$）$=1.235\,8$ 或者 123.58%。用对数差计算的结果几乎低估了一半的百分比变化。

对数和增长率

考虑某一时间序列 x。我们可以将 x 当作时间 t 的一个函数。因此，比如说，当我们将 GDP 绘制在一幅图中时，描述 GDP 的方程可能是 $z=Y(t)$。该表达式两边取对数得：$\log(z)=\log(Y(t))$。$\log(z)$ 关于时间的导数是多少？使用对数函数的求导法则以及链式法则得到：

$$d\log(z)/dt=d\log(Y(t))/dt=[1/Y(t)][d(Y(t))/dt] \tag{G.33}$$

方括号内的第一个项目是初始对数导数。方括号内的第二个项目来自链式法则：它是函数内函数的导数。

我们可以以一种实用的方式来解释式（G.33）右边的部分。将式（G.33）右边的项目重新整理，得到 $\dfrac{dY(t)/dt}{dt}$。记住对于微小变化，$dx\approx\Delta x$，我们可以看出：

$$d\log(z)/dt=[1/Y(t)][dY(t)/dt]=\frac{dY(t)/Y(t)}{dt}\approx\frac{\Delta Y(t)/Y(t)}{\Delta t} \tag{G.34}$$

右边的分子表示 Y 的百分比变化。(在这里，选取时间 t 而不是更常见的时间 $t-1$ 作为基期。只要所有的变化都极其微小，这种差别就无关紧要。) 右边的分母是时间的微小变化。整个表达式可以读作每单元时间内的百分比变化，当然，这就是增长的定义。这样一来，就有如下通用法则：

$$\frac{\mathrm{d}\log(z)}{\mathrm{d}t} = \frac{\mathrm{d}z/\mathrm{d}t}{\mathrm{d}t} \approx \frac{\Delta z/z}{\Delta t}$$

因为：

微小变化 $= \hat{z}$ 单位时间内 z 的百分比变化或者 z 的增长率 (G.35)

变量上面的"符号"或者"帽子"(^) 表示的是增长率。函数的导数衡量的是图的斜率。因此，我们从数学上证明了，某一变量的对数时间序列图的斜率就是该变量的增长率。

类似地，我们可以证明在对数法则 (G.26)~(G.32) 与 G.10.4 节增长率的代数学之间为什么会有很强的相似性。

例 G.39：$z=xy$ 的增长率是多少？

答：$\hat{z} = \mathrm{d}\log(z)/\mathrm{d}t = \mathrm{d}\log(xy)/\mathrm{d}t = \mathrm{d}\log(x)/\mathrm{d}t + \mathrm{d}\log(y)/\mathrm{d}t = \hat{x} + \hat{y}$，这正好是法则 (G.22) 增长率的代数学，其他法则可同样推导。

连续复利

再次审视等式 (G.17) 中的复合增长率的公式。最终的复合年增长率取决于复合的频数。从季 ($m=4$) 到月 ($m=12$) 到周 ($m=52$) 再到天 ($m=365$)，复合增长率随复合增量的时间间隔逐渐缩小而上升。任何标准的微积分课本都已证明：当 m 变得无穷大，以致复合增量间的时间间隔变得无穷小时，复合增长公式等同于：

$$\hat{X}_{复利年率} = \exp(\hat{X}_{单利年率}) - 1 \tag{G.36}$$

例 G.40：在例 G.32 和例 G.33 当中，如果银行按连续复利而不是按天或者季度计算复利，复合年利率将会有何不同？

答：使用公式 (G.36)，按天计算的复合年利率将是 $r_{复利年率} = \exp(r_{单利年率}) - 1 = \exp(0.073) - 1 = 7.57\%$。这高于按季度计算的 7.54% 的复合年利率，但是与按天计算的复合年利率相同。两者相同是四舍五入导致的。如果我们将计算保留到小数点后足够的位数，那么我们就会发现，连续时间的复合利率会稍稍超过按天计算的复合利率。

再一次考虑等式 (G.21) 的外推问题。如果将 $1+\overline{\hat{X}}$ 用其连续复利的等式 ($\exp(\overline{\hat{X}})$) 来代替，我们得到：

$$X_{t+k} = X_t[\exp(\overline{\hat{X}})]^k \tag{G.37}$$

两边取对数得到：

$$\log(X_{t+k}) = \log(X_t) + k\overline{\hat{X}}$$

整理得：

$$\overline{\hat{X}} = \frac{\log(X_{t+k}) - \log(X_t)}{k} \tag{G.38}$$

等式（G.38）表明，我们可以将连续复合平均增长率计算为对数差额（百分比变化）除以该差额得以产生的期间数目（k）。k 的单位数决定了 $\overline{\hat{X}}$ 的单位数，举个例子，如果 k 是以年衡量的，$\overline{\hat{X}}$ 将是一个年利率；如果 k 是以月衡量的，那么 $\overline{\hat{X}}$ 就是一个月利率。

例 G.41：以 1995 年不变克朗计算，1995：3 瑞典的真实 GDP 是 403.39 克朗，2004：1 的真实 GDP 是 553.41 克朗。那么（a）以季度计算的这段时期的平均复合增长率是多少？（b）以年度计算的这段时期的平均复合增长率是多少？

答：使用公式（G.38），以季度作为衡量单位，两个时期之间的时间间隔 $k = 34$ 个季度；以年作为衡量单位，$k = 8.5$ 年。因此：

(a) $\overline{\hat{Y}} = \dfrac{\log(Y_{2001;1}) - \log(X_{1995;3})}{34} = \dfrac{\log(553.41) - \log(403.39)}{34} = 0.93\%$（每季度）。

(b) $\overline{\hat{Y}} = \dfrac{\log(Y_{2001;1}) - \log(X_{1995;3})}{8.5} = \dfrac{\log(553.41) - \log(403.39)}{8.5} = 3.72\%$（每年）。

年利率刚好是季度利率的 4 倍。

更多例子

下面的另外三个例子运用了这样一个事实：不同时期内的对数差异近似等于连续复合增长率。

例 G.42：1997 年第二季度，美国的真实 GDP 是 7 236(10 亿美元)；1997 年第三季度，真实 GDP 增长到 7 311(10 亿美元)。那么真实 GDP 的季度增长率是多少？

答：$\hat{Y} \approx \log(7\,311) - \log(7\,236) = 0.010\,3$，或者每季度 1.03%。为了以复利年化该季度增长率，乘以 4 得到 $\hat{Y} \approx 4.12\%$。该近似值有多准确？将其与使用等式（G.17′）计算出的年化复合季度增长率相比较。

例 G.43：1990 年第四季度 GDP 价格平减指数是 95.1，1991 年第四季度是 98.3。那么年通货膨胀率是多少？

答：$\hat{p} = \log(98.3) - \log(95.1) = 0.033$ 或者每年 3.3%，再次将此结果与使用公式（G.16）计算出来的百分比变化进行准确度比较。

例 G.44：1980 年，美国的人口数是 227 225 000，1998 年是 267 636 000。那么年平均增长率是多少？

答：$\hat{pop} \approx [\log(267\,636\,000) - \log(227\,225\,000)]/18 = 0.99$ 或者每年 0.9%。再一次将结果与使用公式（G.19）计算出来的平均复合年增长率比较精确程度。

"72 法则"

某一特定的增长率是快还是慢？一个简略的指南常常很有用。"72 法则"就是这样一个简单指南：任何增长量翻番的时间都是 72 除以以百分点表示的增长率。

例 G.45：如果通胀率是每年 12%，那么物价水平翻番需要多长时间？

答：翻番的时间近似等于 72/12 = 6 年。

为什么"72 法则"可以成立？假设有一个数量 X，我们要问的是：按照连续复合增长率需要多长时间才能使其数量翻番？也就是说，按照 $\overline{\hat{X}}$ 的增长率需要多长时间才能达到 $2X$？将这些值代入等式（G. 38）中得：

$$\overline{\hat{X}} = \frac{\log(2X) - \log(X)}{k} = \frac{\log(2X/X)}{k} = \frac{\log(2)}{k}$$

解出 k 得到：

$$k = \frac{\log(2)}{\overline{\hat{X}}} = \frac{0.69}{\overline{\hat{X}}} \tag{G. 39}$$

等式（G. 39）中的增长率是以自然单位衡量的，但如果我们想用百分点来衡量，它就变成：

$$k = \frac{100\log(2)}{\overline{\hat{X}}} = \frac{69}{\overline{\hat{X}}} \tag{G. 39'}$$

使用例 G. 45 中的数字，$k = 69/12 = 5.75$ 年，这一翻番时间比之前算出的 6 年要精确一点。因此，"72 法则"其实是"69 法则"，但为什么不说"69 法则"呢？

答案要回到一开始的假设：我们需要一个简单实用的方法来计算增长速度。69 有 4 个整数约数 $\{1, 3, 23, 69\}$。而 72 有 12 个整数约数 $\{1, 2, 3, 4, 6, 8, 9, 12, 18, 24, 36, 72\}$。因此，72 是相对于心算来说更容易使用的数字，并且，当我们将其运用到低增长率时，误差无关紧要，而且不需要一个精确的答案。无论何时，只要这个数字更容易使用，任何与 69 接近的其他数字（68，69，70）会和 72 一样起作用，甚至比 72 更好。这 4 个数字有 23 个不同的约数。

G. 11. 4　对数图形

图 2—12 表示的是以对数为标度的真实 GDP。对数标度也叫作比率标度。原因可以从纵轴上看到。在正常标度下，2 万亿美元与 4 万亿美元之间的距离和 4 万亿美元与 6 万亿美元的距离是一样的。注意，在以对数为标度时，与第一组数据相比，第二组数据之间的距离显著变小。还要注意，2 万亿美元与 4 万亿美元之间的距离和 4 万亿美元与 8 万亿美元之间的距离也是一样的。对数标度的法则就是：等距离代表等比率。4 万亿美元是 2 万亿美元的两倍，8 万亿美元是 4 万亿美元的两倍，所以这两对数据之间的距离是相等的。同样，10 亿美元与 30 亿美元之间的距离和 1 美元与 3 美元、1 千亿美元与 3 千亿美元、2 万亿美元与 6 万亿美元之间的距离也是一样的。因为它们的比率都是 3∶1。

对数图形的恒定比例属性是将除法（即形成比率）转变为减法（即计算线性距离）这一对数属性的直接结果。

当我们想在同一幅图上绘制数值范围很大的数据图或者当我们想强调它们的比率时，对数标度使用起来就很方便。增长可被视作一种比率：100% 的增长是 2∶1；50% 的增长是 1.5∶1；10% 的增长是 1.1∶1。一个以纵轴表示对数、横轴表示时间的图可以使我们将增长率看作单位时间的比率。图的斜率是某一时期内的上升幅度。在这种情形下，上升是百分比的改变，因为那就是比率，时期就是一系列时间单位。

因此，斜率就是直接衡量增长率的方式。如果 1955:1所在的线要比 1985:3所在的线陡峭，那么，与普通标度图表的情形不同，我们可以正确地得出结论：1955:1的增长率更快。

图 G—11 显示的是两个序列，每个序列都处于完全平稳的增长状态：一个序列以每期 10％的速度增长，另一个序列以每期 20％的速度增长。在（A）图中，两个序列都以自然刻度绘制；在（B）图中，两个序列都以对数刻度绘制。以对数刻度绘制的两个序列都变成了直线，比较陡峭的线对应的是较快的增长率。

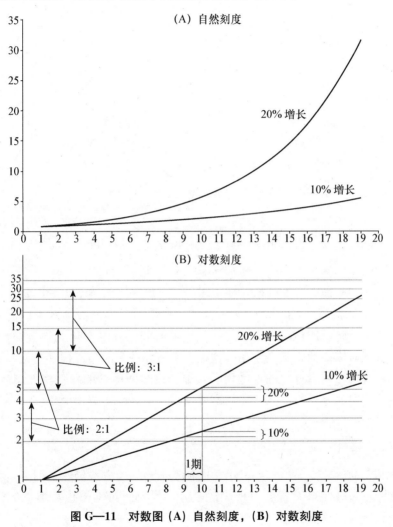

图 G—11　对数图（A）自然刻度，（B）对数刻度

G. 12　去趋势

趋势和周期没有本质上的区别。不存在一种正确的方法来对一个时间序列去趋势。问题不在于方法是正确还是错误的，而在于这种方法是有用还是无用的。

去趋势有助于我们更加清楚地看到经济中所发生的事情吗？在这本书里，我们将使用众多去趋势方法中的三种：1. 常数趋势（G.12.1 部分）；2. 移动平均趋势（G.12.2 部分）；3. 差分或增长率趋势（G.12.3 部分）。

□ G.12.1　常数趋势

使用常数趋势法

常数趋势对应的是一个具有固定系数的等式，包括线性趋势和指数趋势。如果我们这样认为，尽管有周期性的波动，一个序列的平均增长率在一段较长的时期里不会改变得太多，那么就有理由认为这个趋势有一个恒定的增长率，并且我们可以用一个等式来描述：

$$trend = a(1+b)^t$$

或者

$$trend = a\exp(bt)$$

这里的 t 表示时间，a 和 b 是常数。每个等式描述的都是按照某一常数增长率 b 的指数增长。图 5—2（第 5 章）中的趋势线可以用上面的等式来表示。

时间序列与趋势之间的差异是：

$$对趋势的离差 = 时间序列 - 趋势 = 时间序列 - a(1+b)^t$$

或者

$$对趋势的离差 = 时间序列 - 趋势 = 时间序列 - a\exp(bt)$$

每一期都存在一个不同的对趋势的离差（参见图 5—2）。

如果我们知道常数 a 和 b 的值，那么我们就可以计算出每个离差以及离差的方差的数值（参见 G.4.3 部分）。不同的 a 和 b 的值可以得出不同的离差和不同的方差。选择趋势的一个法则就是：所选择的 a 和 b 的值能使时间序列的变化对趋势的贡献最大化，时间序列的变化对周期的贡献最小化。这相当于估计一个回归方程（参见 G.15 部分）。

如果某一时间序列以稳定的速率增长，那么该时间序列的对数将如图 5—3 所示按照一个稳定的绝对比率增长。这个趋势就可以用一个线性函数来描述，而不是用指数函数来描述。

$$trend = a(1+b)$$

通过选择 a 和 b 的值使离差的方差最小化这种发现趋势的方法仍然适用。当我们考虑稳定增长数据的对数时，自然就会出现线性趋势，但即便对不按指数增长的自然数据来说，线性趋势也可能适用。

线性趋势

Excel（以及其他的电子软件制表程序）允许在一个时间序列图中添加各种各样的趋势线：在 Excel 里，点击"图表"、"添加趋势线"、"选择趋势/回归类型"，然后再点击你想要的类型（在这本书里，趋势通常是线性或者指数的）；点击"Ok"后，图表中就会显示出一个趋势。将趋势线的方程式显示出来通常是一种好办法：在点击"Ok"之前，点击选项卡查找"在图表中显示等式"的小方框。（注意选项卡也允许你在你的图表上向前或者向后推测趋势。）

这个方程式在形成去趋势序列或者趋势的离差时是有用的：趋势的离差＝时间序列－趋势。一旦有了趋势的方程式，就可以在工作表中增加一列，在趋势形成的样本中第一期以 1 开始，第二期为 2，依此类推，直到结束为止。假如这一列是 C 列（尽管它可以是任何一列），1 被放置在 C2 单元格内。线性趋势的方程式将在表里表示为：$y=bx+a$，b 和 a 是数值系数，x 代表的是从 1 开始衡量的时间，就像在 C 列中的条目一样。那么，时期 1 的趋势值可以被输入到其他单元格中（例如，D2），输入的是 "$=b*$C2$+a$"。时期 2 的值将以 "$=b*$C3$+a$" 的方式输入到 D3 中。当然，只要使用 Excel 的自动填充特征向下拖动单元格 D2 就能够做到。Excel 不能识别从图表里剪切并粘贴在电子表格里的方程式，因此你必须通过手动方式复制 a 和 b 的数值。一旦你拥有了所有的趋势值，那么计算去趋势的值就容易了。（检验你的计算是否正确的方法是：在你增加了趋势线的同一张图中绘制出你所计算的趋势值；它们之间应该没有区别。）

例 G.46：假设给出如下线性趋势的方程式：$y=0/4\,896x+11.699$，并且时期 7 的原始时间序列值是 23.065 07，那么时期 7 的趋势序列值和去趋势序列值是多少？

答：假设你的时间序列数据在 C 列，C2＝1，那么时期 7 对应的就是第 8 行。时期 7 的趋势＝$0.489\,6\times7+11.699$（这等价于输入＝$0.489\,6*$C8$+11.699$ 到一个单元格内）＝15.117 2。时期 7 的去趋势序列值＝23.065 07－15.117 2＝7.947 874。

指数和其他常数趋势

除了描述趋势的方程式采取不同形式外，得出指数趋势和其他常数趋势的程序是相似的。

例 G.47：使用和例 G.46 中相同的原始序列，假设给定某一指数趋势线的方程式：$y=22.785e^{0.008\,6x}$，那么时期 7 的趋势和去趋势序列的值是多少？

答：假设你的时间数据在 C 列，C2＝1，时期 7 对应的是第 8 行。时期 7 的趋势＝$22.785\,0\times p(0.008\,6(7))$（等价于在单元格内输入＝$22.785*\exp(0.008\,6*$C8$)$）＝24.198 78。时期 7 的序列趋势值＝23.065 07－24.198 78＝－1.133 71。

注意，在例 G.46 和例 G.47 中，趋势值和去趋势值之间存在巨大差异。去趋势的方法起着关键作用。在涉及增长率的宏观经济学当中，大多数情况下，指数趋势要优于线性趋势。如果原始时间序列数据通过取对数进行了转换，那么线性趋势是首选（这是对数将一个较为复杂的问题转化为较为简单问题的另一个例子）。

□ G.12.2　移动平均趋势

移动平均趋势

在第 2 章（尤其是图 2—11 和图 2—12）中，我们看到从一个 10 年到另一个 10 年的平均增长率并不是一成不变的。在此情形下，使用常数趋势可能不适合。我们或许可以使用每 10 年的平均增长率来近似地表示这个趋势。但这样可能会错误地表明，在某种程度上 10 年就是一个自然的改变。相反，我们可以计算出一个中心移动趋势。假设我们有 1960—2006 年的真实 GDP 的年度数据，5 年的中心移动平均将从 1962 年开始，关于 1962 年的平均值，是将两年前的值与两年后的值加以平均得到的：

$$趋势_{1962}=\frac{Y_{60}+Y_{61}+Y_{62}+Y_{63}+Y_{64}}{5}$$

在 1963 年，计算移动平均值时去掉 Y_{60}，增加 Y_{65}：

$$趋势_{1963}=\frac{Y_{61}+Y_{62}+Y_{63}+Y_{64}+Y_{65}}{5}$$

依此类推，直到 2004 年。

当然，中心移动平均的一个缺点就是，它不能从样本的一开始就进行平均，而且必须在样本结束之前就结束平均，这是为了考虑到领先项和滞后项。

中心移动平均应该具有奇数个项目，以便保持对称。窗口越狭窄（即平均的时期数目小），趋势就越显示出波动性。窗口选择没有一个正确的方法，但是对于去趋势的经济时间序列而言，一个适当长的窗口通常是合适的。在图 5—4（第 5 章）中使用的 25 个季度窗口近似于美国经济周期的平均长度，保证了趋势是对每个点的上升和下降趋势的平均。

计算移动平均趋势

Excel 适用于尾随移动平均趋势。然而在这本书里，我们仅仅使用中心移动平均趋势。从 Excel 函数里可以轻易地将它们构建出来。如果原始序列在 B 列，那么一个具有 N 个领先项目和 N 个滞后项目的中心移动平均趋势可以在另一列里构建，方法是：AVERAGE(B$c-N$：B$c+N$)，c 表示当前单元格的行数。

例 G.48：当对应的行数为 47 时，B 列 15 期的中心移动平均值是多少？

答：当前单元格 $c=47$。为了得到 15 期的中心移动平均值，$N=7$，因为领先项加上滞后项加上当前这一时期等于总数 $15\times(2N+1)$。因此，在 47 行，移动平均＝AVERAGE(B40:B54)。

端点问题的处理

端点问题随着移动平均趋势而出现，因为对任何小于（$N+1$）个单元的单元格来说，我们没有足够的数据从样本的开头或结尾来计算（$2N+1$）期的移动平均。就许多目的而言，忽略带来麻烦的单元格并且不为那些日期计算任何值是可以接受的。但是有时，我们必须要有一个值，在此情形下，需要做各种各样的修复。一个简单的修复就是在计算移动平均前，通过增加 N 项到样本的开头和结尾来对原始序列作出调整，其中每项的取值是原始样本的开头或者结尾 N 个项的平均值。

因此，在上一个例子中，如果最后 7 项的平均值是 16.5，我们可以增加 7 个取值 16.5 的单元格到样本的末端。现在当我们计算移动平均时——在原始数据的最后一行结束计算——AVERAGE 函数会找出所需的 7 个额外单元格，然后将 15 个值一起平均。（该方法对于处理样本开头的数据一样起作用，不同之处是使用开头 7 项计算平均而不是最后 7 项计算平均。）

移动平均的最后 7 项与样本中间的项是不一样的。

相反，它们是当前项和 7 个拖拽项的加权平均，7 个拖拽项的值是最后 7 项的平均值。我们越接近端点，权重就越往平均值移动。

这不是解决端点问题的完美方法，但对于许多用途来说，它应该足够了。

□ G.12.3 差分或增长率趋势

前面的两种方法真正地将趋势与周期分解为独立的部分。有时我们可能并不真的关注趋势而只是关注波动。通过对数据取一阶差分很容易做到这一点：

$$\Delta X_t = X_t - X_{t-1}$$

更常见的是，我们可以计算出比例一阶差分，这正好是增长率。

$$\hat{X}_t = \frac{\Delta X_t}{X_{t-1}} = \frac{X_t - X_{t-1}}{X_{t-1}}$$

图 G—12 显示的是一个通过计算增长率而被去除趋势的时间序列。注意到对某一时间序列进行差分（或者计算增长率）会导致图像发生位移：当原始时间序列下降时，增长率是负数；当表示数量的时间序列上升时，增长率是正数。增长率比原始时间序列提前四分之一周期达到顶峰。这一点很容易理解。当数量时间序列刚好处于顶峰或位于谷底时，它既不上升也不下降，因此其增长率必定为零。在经过其中一个极值点后，它经历了一段时间的快速变化，接着增长速度放慢，直到下一个极值点，此时增长率不发生变化。因此，增长率的绝对值一定是在数量时间序列的顶峰和谷底之间达到最大。从经济意义上讲，这意味着，我们不能从 GDP 增长率的顶峰或谷底来判断经济活动的顶峰或谷底，相反，我们要从留意何时增长率由正变为负或者由负变为正来判断经济活动的顶峰或谷底。增长率应该在经济扩张中间某个地方达到最大，然后在周期的顶峰和谷底下降到零，而且应该在衰退中间某个地方达到负增长率的极大值。

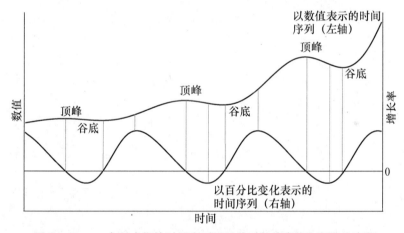

图 G—12　一个程式化的时间序列以及绝对数值变化和百分比变化

注：绘制某一时间序列的增长率的图改变了其图像：当增长率为零的时候，原始序列的波峰和波谷就会出现，然而最快的正增长率和负增长率（增长序列的波峰与波谷）出现在扩张中期和衰退中期四分之一周期以后。

G.13　相关关系和因果关系

□ G.13.1　相关性的本质

系统性地一起移动的数据被称为"相关"。图 G—13 中（A）图的左半部分显示的是相对于时间所描绘的两个完全正相关的序列。虽然二者有着不相同的平均数以及不同的振

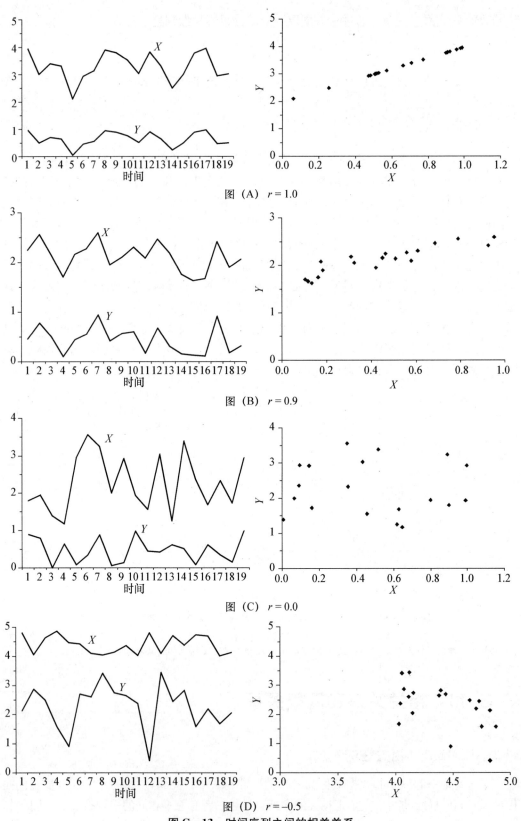

图（A） $r = 1.0$

图（B） $r = 0.9$

图（C） $r = 0.0$

图（D） $r = -0.5$

图 G—13 时间序列之间的相关关系

幅，但当 X 上升 20% 时，Y 也相应地上升 20%，X 下降 3% 时，Y 也相应地下降 3%，等等。相关系数（R）衡量的是序列之间的一致程度。$R=+1$ 的相关系数表示的是完全相关。用另外一种方法来审视上述数据，图（A）右半部分显示的是上述两个相同的序列，将这两个序列分别描绘在两个轴上，而不是以时间作为横轴来描绘它们，该图表明了完全相关的特点：所有点位于一条直线上。

当时间序列完全负相关时，相关系数 R 的值等于 -1。X 的每一变化与 Y 反方向的一定比例的变化相匹配。当两个时间序列之间没有关系时，R 的值为零。除了这些极值点外，在 $0<R<1$ 和 $-1<R<0$ 范围内取值时，表明不同序列的波动存在不同程度的一致性。

图 G—13 中图（B）显示的是两个高度相关但不完全相关的序列（$R=0.9$）。序列大部分是一起波动的，偶尔会出现两个序列的反方向运动，而且当两个序列一起运动时，它们也不总是按照相同比例运动。图（B）的右半部分表明散点图呈云状分布。云状图越长、越接近一条直线，相关度就越高。

图（C）说明的是零相关的情形（$R=0$）。此时不存在时间序列运动的共同模式。云状图向四周散开呈椭圆形状，而不是沿着一条直线紧密分布。图（D）显示的是一个适度的负相关（$R=-0.5$）。散点图中的各点形成明显的向下倾斜的云状图——既不像图（C）的散点图那样分散，也不像图（B）的散点图那样紧密。

虽然这里用来说明的全都是时间序列，但是相关系数也可以用来衡量横截面数据的一致性。我们同样可以计算出美国自 20 世纪 70 年代以来 GDP 增长率和通货膨胀率之间的相关关系，或者计算出 G-7 国家 2004 年 GDP 增长率和通货膨胀率之间的相关关系。

和其他概要统计量一样，相关系数只能用于阐释平稳数据。"指南"G.14.1 讨论的是谬误相关，它产生于数据没有不变均值之时。一般而言，两个具有趋势的序列之间相关系数高。但是这两个序列之间可能存在相关关系，也可能确实没有关系。在计算相关系数之前，将非平稳时间序列去除趋势很重要。

□ G. 13. 2　协方差

两组数据的协方差提供了这两组数据一起运动的程度的一种衡量：

$$\mathrm{cov}(X,Y) = \frac{\sum_{t=1}^{N}(X_i - \overline{X})(Y_i - \overline{Y})}{N-1} \tag{G.40}$$

首先，将这个公式和协方差的公式（即等式（G.6））进行比较。若 X 和 Y 取完全相同的值，$\mathrm{cov}(X, Y)=\mathrm{var}(X)=\mathrm{var}(Y)$。但在多数情况下，序列是不同的。当 Y 高于均值时，X 也倾向于高于其均值，平均而言，两者乘积的和将倾向于为正数，协方差将是正数。当 Y 低于均值时，X 低于其均值。或者反过来。那么平均而言，两者乘积的和将倾向于为负数，协方差也将是负数。若这两个变量之间没有关系，那么两者的乘积有时为正、有时为负，因此当它们相加时，就会互相抵消，平均而言，其和为零。

□ G. 13. 3　相关系数

像方差那样，协方差的实际大小部分取决于测量的单位。相关关系将协方差表示为两个变量方差的几何平均数的某一比例，以对某种关系进行无计量单位的衡量。

$$R = \text{cor}(X,Y) = \frac{\text{cov}(X,Y)}{\sqrt{\text{var}(X)\text{var}(Y)}} = \frac{\dfrac{\sum\limits_{i=1}^{N}(X_i - \overline{X})(Y_i - \overline{Y})}{N-1}}{\sqrt{\dfrac{\sum\limits_{i=1}^{N}(X_i - \overline{X})^2}{N-1}\dfrac{\sum\limits_{i=1}^{N}(Y_i - \overline{Y})^2}{N-1}}}$$

$$= \frac{\sum\limits_{i=1}^{N}(X_i - \overline{X})(Y_i - \overline{Y})}{\sqrt{\sum\limits_{i=1}^{N}(X_i - \overline{X})^2 \sum\limits_{i=1}^{N}(Y_i - \overline{Y})^2}} \tag{G.41}$$

公式（G.41）表明，若两个变量之间没有关系，以致协方差为零，那么相关系数（R）本身也将为零。同样地，若两个序列是相同的，那么分子和分母（这一点很容易从第二个等式后的表达式中看出来）都将等于方差，因此 $R=1$。

如果两个序列虽然不相同，但却完全一致地运动，那么 R 的值是多少？例如，令 $X_i = \{1, 2, 4, 1, -1, -8, \cdots\}$，$Y_i = \{0.5, 1, 2, 0.5, -0.5, -4, \cdots\}$，那么 $Y_i = 1/2 X_i$。考虑两个均值都为零变量，该问题的答案就更清楚了。$\overline{X} = \overline{Y} = 0$，$Y_i = b X_i$。那么：

$$R = \text{cor}(X,Y) = \frac{\text{cov}(X,Y)}{\sqrt{\text{var}(X)\text{var}(Y)}} = \frac{\sum\limits_{i=1}^{N}(X_i)(Y_i)}{\sqrt{\sum\limits_{i=1}^{N}(X_i)^2 \sum\limits_{i=1}^{N}(Y_i)^2}}$$

$$= \frac{\sum\limits_{i=1}^{N}(X_i)(bX_i)}{\sqrt{\sum\limits_{i=1}^{N}(X_i)^2 \sum\limits_{i=1}^{N}(bX_i)^2}} = \frac{b\sum\limits_{i=1}^{N}(X_i)^2}{\sqrt{b^2}\sqrt{\left(\sum\limits_{i=1}^{N}(X_i)^2\right)^2}} = \frac{b}{\sqrt{b^2}} \tag{G.42}$$

若 b 为正数，等式中的最后一项等于 1；若两个序列恰好是完全按比例朝同一方向移动的，那么 $R=1$。若 b 为负数，那么等式中最后一项为 -1；若两个序列完全朝着相反方向移动，那么 $R=-1$。

若 X 和 Y 之间的关系是更为一般的线性函数形式，即 $Y_i = a + b X_i$，其中一个变量或两个变量都将有不同的非零均值，则上述结论同样成立。这一点虽然很难证明，但却同样正确。

一般来说，两个变量不会完全一起变化，因此我们很少有 $R=1$ 或 $R-1$，除非遇到下列情况，第一，我们犯了错误；第二，两个变量作为恒等式联系在一起。但是，如果两个变量彼此变化的一致性越高（正向或逆向），R 的绝对值就越大。

变量之间的相关系数小但不为零则可能是：（a）真的有相关性，但相关性弱，或者是（b）不相关。对于随机数据而言，第二种情况总是有可能的。例如，若我们记录一枚硬币投掷上千次后的正反面次数，在任一时刻，尽管随着投掷次数的增加，平均值越来越接近 0.5（正面为 1，反面为 0），我们通常也不会得到相同数目的正面和反面。在本书之外，有正规的统计检验来决定选择（a）或选择（b）。在这一水平上，最合理的程序是，不将一个非常低的相关性本身作为证据来证明一个真实的弱相关关系。但是如果我们有独立证据表明两者之间确实存在关系，那么一个低相关度确实在一定程度上能够说明这一关系的强度。在这种情况下，低相关度很可能意味着还有其他重要因素我们并没有考虑到。

Excel 提示：计算相关性的函数是 CORREL（数列 1，数列 2），数列 1 和数列 2 指的是两个变量的单元格范围。

□ G. 13. 4 相关的两个重要特性

相关是对称的

X 和 Y 的相关与 Y 与 X 的相关是完全一样的：相关是对称的。回顾一下等式 (G. 41)。若在出现 X 和 Y 的地方均将二者互换，我们就很容易发现函数的值是一样的。这个也容易在电子制表软件中证明。例如，使用 Excel 的 CORREL 函数来计算两个序列之间的相关性。现将函数里的变量顺序颠倒，你应该得到完全相同的数字。

相关是不传递的

类似"大于"的关系具有传递性。若 X 大于 Y，Y 大于 Z，那么 X 大于 Z。但是相关关系并不具有传递性。若 X 和 Y 相关，Y 和 Z 相关，并不意味着 X 和 Z 相关。

例 G. 49：考虑所选择的相关性较低的两组随机数据：$X = \{0.53，0.14，0.2，0.75，0.65，0.22，0.75，0.08，0.75，0.48\}$，$Y = \{0.8，0.81，0.83，0.75，0.2，0.66，0.57，0.34，0.7，0.82\}$。

第三组变量是两组之和。$Z = X + Y = \{1.33，0.95，1.03，1.5，0.85，0.88，1.32，0.42，1.45，1.3\}$。使用这些变量来说明相关并不具有传递性。

答：在电子制表软件中很容易计算出相关性。$\text{Cor}(X, Z) = 0.76$，相关性相当高；$\text{cor}(Z, Y) = 0.59$，相关性仍然比较适中。因此，很明显 X 和 Z 相关，Z 和 Y 相关。但是 $\text{cor}(X, Y) = 0.06$，相关系数很小；所以，我们可以得出结论：X 和 Y 并不相关。相关关系并不具有传递性。

□ G. 13. 5 因果关系与相关关系

因果关系的本质

当我们说 X 是 Y 的原因时，我们通常是说：如果我们能够控制 X，我们就能控制 Y。一句古老的谚语是这样说的："相关关系并不能证明因果关系"。不同小镇中警察的数量和犯罪率之间可能存在相关关系，但警察是犯罪的原因就不足为信。一个真正的相关关系——也就是说，并非仅仅是统计上的偶然事件的相关关系——确实表明变量之间是有因果联系的：要么（a）一个变量导致另一个变量发生，要么（b）变量之间具有更复杂的因果联系，同时也包含其他变量。但相关关系并不能告诉我们到底是（a）还是（b）。

因果关系的特性

因果关系的关键属性和相关关系的属性正好相反（参阅前面的内容）。当相关关系具有对称性时，因果关系就是非对称的。一般来说，若 X 导致 Y，一般而言，Y 并不导致 X。（相互的因果联系虽然存在，但并非一般情形。）当相关关系不可传递时，因果关系具有传递性。若 X 是 Y 的原因，Y 是 Z 的原因，那么 X 也是 Z 的原因。即使 X 和 Y

之间的相关关系表明 X 和 Y 之间存在因果关系，但是它并不能告诉我们哪个是因、哪个是果，或者有没有其他一种或多种原因与它们有联系。

□ G.13.6　因果关系结构

互为因果和循环因果

虽然一般而言因果关系是不对称的，但是也有互为因果关系或同时存在的因果关系。想象一下两个梯子斜靠在一起，形成一个 A 形的框架。每一个梯子可以看作是另外一个梯子直立起来的原因。经济学中的均衡关系可能表现为互为因果关系。例如，不同期限的利率之间的套利关系（见第 7 章 7.4 节）就是一种均衡关系。

改变某种期限的债券利率值通常也会引起另一个期限的债券利率值发生改变，反过来也一样。

因果关系也会随着时间周期性顺次发生。思考一下第 13 章 13.1.4 节所描述的乘数过程。最先引起消费变化的因素，在后面的某一时期会增加收入，而这又会在更后面的时期增加消费；当乘数收敛到其最终值时，会一直如此持续下去。

直接和间接的因果关系

因为因果关系具有传递性，所以我们可以区分直接和间接的因果关系。一些经济学家认为货币存量增加会引起通货膨胀。一些经济学家认为政府的财政赤字会引起通货膨胀。这两种理论可能是一致的，例如，财政赤字可以通过货币存量增加来筹资，接着，货币存量增加就引起通货膨胀。货币是直接的因果关系，赤字融资是间接的因果关系。

同一因果关系可能既有直接效应，也有间接效应，它们没有必要在同一个方向起作用。例如，总需求的增加可能是导致产能利用率增加的积极因素。但因为投资增加导致经济的产能增加，它又可能是产能利用率的负面影响因素。总需求增加对产能利用率影响的净效应一定使得正向的直接效应与负向的间接效应相互抵消。

共同的因果关系

两个变量之间的因果联系说明了它们之间的相关性，但是两个变量可能真的具有相关性但却没有因果关系。这在某种意义上讲就是，其中一个变量的变化未必会引起另一个变量的变化。汽油的价格和塑料的价格可能高度相关。最好的解释并不是一个引起另一个的变化，而是两者都是从石油派生出来的，以致原油的价格与汽油和塑料的价格有因果联系。

□ G.13.7　因果推断

相关性是某些因果结构将变量联系起来的重要证据。但是我们如何从结果中将原因区分开来，如何从间接和共同的因果关系中将直接因果关系区分开来呢？这对于高级统计学和科学方法学来说是一个有趣的问题。但即使是在相当初级的水平上，进行一些思考也是很有帮助的。

时间顺序

除了科幻小说（也许还有一些物理学中深奥的领域）外，我们通常认为原因不可能迟于结果。然而，正如 G.13.6 节中例子所表明的，原因和结果可能同时发生。对于什么是因、什么是果，时间顺序常常是很好的线索，然而，它也可能较复杂。思考一下石油价格作为汽油价格和塑料价格的共同原因这个例子。石油价格的变化对汽油价格所起的作用比对塑料价格所起的作用要快得多，因此，看起来似乎不仅仅是汽油价格和塑料价格相关，而且汽油价格的变化总是发生在塑料价格改变之前。但是，我们不应该就得出结论说汽油价格影响塑料价格。

当我们随便评估时间序列的运动时，时间顺序尤其不可信。若 X 和 Y 都在一个大致的周期中变化但并不同时发生，那么，哪一个是领先序列？哪一个是滞后序列？视觉上考察两个变量（例如，在时间序列图中）可能得不出结论。有时我们发现 X_t 和 Y_{t+1} 的相关性强于 X_{t+1} 和 Y_t 的相关性。那么这有可能表明 X_t 是原因并领先于 Y_{t+1}。当然，如果这两个相关性都很大，那就可能存在周期性的因果关系，其中一个变量对另一个变量的影响具有滞后性。

经济理论和常识

常识有时候可以告诉我们具有相关关系的两个变量中哪一个是因、哪一个是果。例如，我们知道美联储可以将联邦基金利率设定到非常接近任一目标水平，我们也知道 3 个月的短期国库券利率和联邦基金利率是高度相关的。我们有理由认为联邦基金利率可能是短期国库券利率的直接原因，因为联邦基金利率是受控的利率，也就是说，我们知道美联储政策决定联邦基金利率，因此联邦基金利率独立于任何其他可能改变短期国库券利率的因素。然而，我们要注意的是国库券利率也可能是联邦基金利率改变的间接原因。如果美联储的政策是用联邦基金利率来使国库券利率达到目标利率水平，那么任何将改变国库券利率的因素都会直接影响美联储的政策行动，这种行动将间接导致联邦基金利率发生变化。

经济理论有时候是和常识起到相同作用的。例如，我们知道股票市场价格变化是国内生产总值变化的先行指标。这里有多重机制在起作用。第 6 章（6.3.3 节）讨论过其中一种机制。股票价格是基于预期未来利润的贴现值。如果未来国内生产总值比现在高，那就有可能是未来利润增加的缘故。如果人们运用这种因果联系或多或少正确地预测了未来利润的增加，那么在预见未来利润增加的情况下，今天的股票价格将上升。因此，股票价格将与未来 GDP 的变化成相关关系，尽管未来并非过去的原因。我们的经济理论知识将有助于我们解决因果关系方向中这种潜在的混淆状况。

▮ G. 14 平稳时间序列和非平稳时间序列的关系

☐ G. 14. 1 谬误相关

关于现实以及各种经济关系之间的强度，我们很容易误用相关性并因此得出错误的结论。一个简单的示例可以说明这一点。

图 G—14 描绘的是 1959—1977 年美国科罗拉多州博尔德地区的领先经济指标和累计降雨量。两个时间序列均呈现上升趋势。两者的相关系数 $R=0.93$，这个相关系数很高。伟大的统计学家乔治·尤德尼·约尔（George Udny Yule）将此类关系称为谬误相关，谬误相关是指变量之间虽然不存在真正的关系但其相关性却很高。上面这个例子明显就是谬误相关的，因为某个城镇降雨量的历史几乎不可能与其领先经济指标有任何深层次联系。如果它们之间是谬误相关的，这种谬误相关是如何发生的呢？

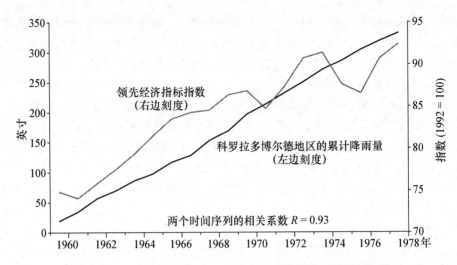

图 G—14 两个非平稳时间序列：领先经济指标和累计降雨量

资料来源：领先经济指标来源于世界大型企业联合会，累计降雨量来源于美国气象观测组织。

　　需要注意的是相关系数是基于均值、方差、协方差进行计算的（等式（G.41））。我们从 G.5.2 节知道，只有在平稳的时间序列中，才容易对这些数据进行解释。

　　但是上例中的领先经济指标和累计降雨量都是很强的趋势序列——它们是非平稳序列（它们并非与序列的均值频繁相交）。向上的趋势序列的当前值总是高于其均值，而且其均值每期都在增加。对于两个向上的趋势序列而言，相关系数计算公式（G.41）中的乘积项都将是正数，所以相关系数 R 也必将是正数，并随着时间推移接近于 1。（如果两个时间序列都为负趋势序列，R 仍将是正数；如果两个序列中有一个是向下的趋势序列，相关系数 R 将是负数；但是，在每一种情形中，R 的绝对值随着时间推移将接近 1。）这些结果并不说明变量之间是否存在着真正的相关关系。它们之所以出现，只是因为数据具有趋势而已。

　　第一点教训就是：不要为趋势数据计算相关系数，这些相关系数没有丝毫意义。一个直接的推论就是：不要为任何其他类型的非平稳数据计算相关系数，它们同样没有任何意义。

□ G.14.2　非平稳时间序列之间的真正关系

　　假设存在谬误相关问题，我们如何从非平稳时间序列之间的虚假关系中识别出真正的关系呢？真正的关系可能存在于短期，或者存在于长期（大概就是第 5 章 5.1 节中趋势和周期之间的区分）。我们依次讨论每一种情形。

　　短期关系

　　我们的思路很简单：如果我们首先将每个序列去趋势，以致每个时间序列都是平稳序列，这样就适合运用相关系数来衡量时间序列之间的关系，并且认为高相关系数就表明某些关系（或许是复杂的关系）存在。

　　例 G.50：领先经济指标和科罗拉多州博尔德地区的累积降雨量之间存在着真正的短期关系吗？

　　答：有很多种方法可以去趋势（见 G.12 部分），图 G—15 表示的就是其中的一种，它是图 G—14 中趋势数据的一阶差分。这些数据看起来是平稳的。去趋势序列间的相关系数 $R=0.03$，这个值很小，表明它们之间不存在真正的关系。

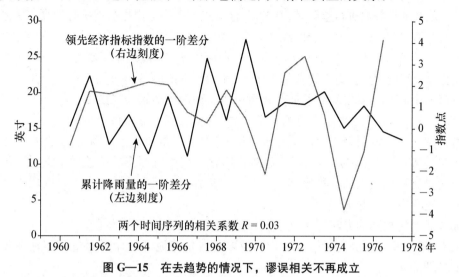

图 G—15　在去趋势的情况下，谬误相关不再成立

资料来源：领先经济指标来源于世界大型企业联合会，累计降雨量来源于美国气象观测组织。

　　上面这个例子中的关系支持谬误相关，但下面的例子考虑的是一个更为合理的经济关系。

　　例 G. 51：在表 G—1 和表 G—2 中，加拿大的就业人数和人均 GDP 数据之间存在真正的短期关系吗？

　　答：图 G—16 描述的是数据的增长率（参见表 G—3 的数值型数据），很难对短期（这里只有 9 个时期）数据的平稳性方面进行有把握的判断。不过，这些数据肯定比原始数据更平稳。两个时间序列的相关系数 $R=0.94$，它表明两者在短期内确实朝着同一方向一起运动。

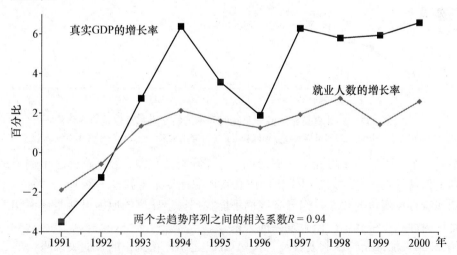

图 G—16　存在趋势的时间序列之间的真实关系：加拿大真实 GDP 和就业人数

资料来源：就业人数数据来源于国际货币基金组织的《国际金融统计》；GDP 数据来源于佩恩表 6.1、表 G—2，及作者的计算。

经济数据使用指南

长期关系

数据每次进行转换时，信息可能也会丢失。不能仅仅因为存在趋势的序列容易出现谬误相关，就必须将数据进行差分转换或者其他形式的去趋势才能呈现所有的真实关系。各种变量的数值之间可能具有主要的经济关系。比如说，2010 年的消费高于 1800 年的消费，是因为 2010 年的 GDP 高于 1800 年的 GDP。不论消费的季度或年度变化与 GDP 的季度或年度变化是否高度相关，这一说法都正确。这两者之间的关系并非谬误相关的。

有时两个时间序列之间的长期关系可以用一种简单形式表现出来。

例 G. 52：美国的国内生产总值和资本之间存在真正的长期关系吗？

答：图 9—14 表明资本生产率序列（即 GDP 与资本的比率）围绕其均值 0.35 并没有显示出趋势。（尽管它并不呈现出趋势，但它与其均值相交的次数微乎其微，因此也极不可能是真正意义上的平稳序列。不过，它却表明，至少从长期来看，国内生产总值和资本之间存在真正的关系。）

如果我们将相同的方法运用到谬误相关的情形会是什么样子呢？

例 G. 53：领先经济指标指数和科罗拉多州博尔德地区的计降雨量之间存在真正意义上的长期关系吗？

答：图 G—17 表明这两个时间序列的比率本身是一个趋势序列（非平稳序列）。两个序列的比率并未提供证据来支持两者之间真正的长期关系。

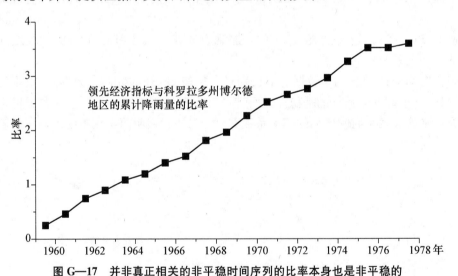

图 G—17 并非真正相关的非平稳时间序列的比率本身也是非平稳的

资料来源：领先经济指标来源于世界大型企业联合会，累计降雨量来源于美国气象观测组织。

最后一个例子进一步巩固了我们的观点，即降雨量和领先经济指标这个例子是谬误相关的，但这只是部分原因，因为我们还有其他的证据来支持这一观点。尽管一个稳定比率意味着存在真正的关系，但导致我们不能找到稳定比率的原因可能是谬误相关，也可能是因为存在一种真正的但更复杂的关系。

例 G. 54：加拿大的就业人数及其人均 GDP 之间存在真正的长期关系吗？

答：图 G—18 所表示的人均 GDP 和就业人数的比率看起来是存在趋势的（非平稳的）。尽管如此，它们之间可能真的存在着关系。趋势的产生是因为它们之间存在着更复杂的关系，这种关系包括劳动生产率以及图中的两个序列（见第 10 章 10.4 节）。

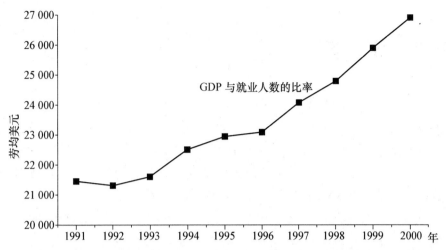

图 G—18　真的正相关的去趋势时间序列之间的比率也可能是非平稳序列：
　　　　加拿大的真实 GDP 和就业人数

资料来源：就业数据来源于国际货币基金组织的《国际金融统计》；国内生产总值来源于佩恩表 6.1、表 G—2，及作者的计算。

　　这一例子强化了另一个重要教训：统计结果本身极少能够说明哪一种关系是或者不是真正的关系，它们都是证据的一部分，但必须与对经济的理解一起应用，并将所有的证据考虑在内。

□ G. 14. 3　不要混淆平稳时间序列和非平稳时间序列

　　两个平稳时间序列之间可能有也可能没有真正的简单关系。这一点同样适用于两个非平稳时间序列。但是一个平稳时间序列和一个非平稳时间序列之间肯定不存在真正的简单关系。例如，美国的价格水平和失业率之间不存在真正的简单关系。价格水平（见图 2—9）自第二次世界大战以来几乎一直在稳定地上升，上升了 700% 以上。而失业水平（见图 12—2）严格说来可能不是平稳的（它看起来在长时期内具有较高的均值或较低的均值）。很明显，失业水平的边界比价格窄得多（最低 2.5%，最高 10.8%，均值 5.7%），因此，就某些目的而言，它可被看作均值的平稳时间序列。假设价格是失业率的函数：$p = f(U)$。考虑样本中一个较早的时间点（比如说，1960 年），此时价格水平是 18.6%，失业率是 5.5%。因为失业序列是平稳的，因此失业率很有可能在稍后的某个时间将再次位于 5.5% 或附近——例如，就像大约 1996 年那样。当然，根据等式的预计，价格也应该回到其早期值。但毫无疑问，由于价格存在强烈的向上趋势，在那个时间上价格水平实际上高得多，为 83.0。显而易见，不存在这样一个等式能够描述这种关系。

　　这并不是说价格和失业率之间就没有关系。在第 15 章（15.3 节），我们推导出了失业率和通货膨胀率变化（价格的增长率）之间的重要关系。但在那一情形中，价格被转换成一种通货膨胀率，而且通货膨胀率的一阶差分是平稳的，因此在一个平稳时间序列和一个非平稳时间序列之间就存在着某种关系。

　　所以，本部分最后一个教训就是：不要在一个平稳时间序列和一个非平稳时间序列之间寻找真正的简单关系。

经济数据使用指南

□ G. 15. 1　线性回归

回归线

我们常常希望以一种简单的方式来概括两组经济数据（时间序列或横截面数据）之间的一般关系。例如，图 G—19 中的散点图是基于一些人为的劳动供给数据绘制的。每一点描绘的是某一工人相对于其真实工资率的劳动供给。

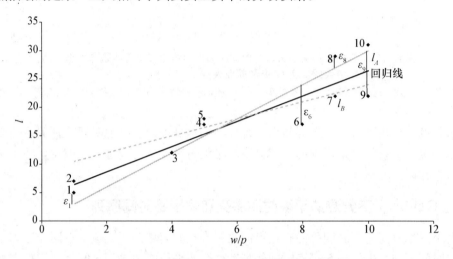

图 G—19　l（劳动）关于 w/p（真实工资）的回归

数据的总体趋势是向上和向右的，但怎样才能更简洁地概述这一趋势呢？图中实心的灰色线（线 l_A）是随意选取的。其方程式为：

$$l_A = a + b(w/p) = 0 + 3(w/p)$$

我们如何衡量它的拟合状况呢？让我们看点 1，点 1 和线 l_A 之间的垂直线的长度衡量的是误差，我们可将此误差称为 ε_1。我们可以计算该误差如下：

$$\varepsilon_1 = l_1 - l_A = l_1 - (0 + 3(w/p))$$

我们可以为散点图中的每一点计算出类似的误差。散点图中已表示出点 6、8、9 的误差（即 ε_6，ε_8，ε_9）。我们按照相同的方法计算它们的值。实际上，我们可以计算出散点图中每一点的误差值（参见表 G—8）。

很明显，如果拟合很完美，每一点都将位于线 l_A 上。如果所有的点密集于线 l_A 的周围，那么拟合度就很好。如果各点稀疏地散布在线 l_A 周围，那么拟合度就较差。方差衡量的就是数据是紧密地还是稀疏地聚集在一起的（参见 G. 4. 3）。表 G—8 公布了线 l_A 周围误差的方差为 19. 2。

但误差的数字是大还是小？只有当我们具有可比较的对象时才知道答案。线 l_B 是另一条任意给出的线，其方程式为：

$$l_B = a + b(w/p) = 9 + 1.5(w/p)$$

利用这个方程我们可以计算出新的一组误差及其方差。线 l_B 周围误差的方差就是表中所公布的 18.3。较低的方差表明线 l_B 对数据的拟合好于线 l_A。

表 G—8

观测次数	数据		替代性选择的拟合系数					
	真实工资 (w/p)	劳动 (l)	线 l_A		线 l_B		回归线	
			$l_A = 0 + 3(w/p)$	误差 ε_A	$l_B = 9 + 1.5(w/p)$	误差 ε_B	$l_R = 2.2 + 4.2(w/p)$	误差 ε_R
1	1.0	5.0	3.0	2.0	10.5	−5.5	6.4	−1.4
2	1.0	7.0	3.0	4.0	10.5	−3.5	6.4	0.6
3	4.0	12.0	12.0	0.0	15.0	−3.5	13.0	−1.0
4	5.0	17.0	15.0	2.0	16.5	0.5	15.2	1.8
5	5.0	18.0	15.0	3.0	16.5	1.5	15.2	2.8
6	8.0	17.0	24.0	−7.0	21.0	−4.0	21.8	−4.8
7	9.0	22.0	27.0	−5.0	22.5	−0.5	24.0	−2.0
8	9.0	29.0	27.0	2.0	22.5	6.5	24.0	5.0
9	10.0	22.0	30.0	−8.0	24.0	−2.0	26.2	−4.2
10	10.0	31.0	30.0	1.0	24.0	7.0	26.2	4.8
因变量的方差 (l)		72.2	误差的方差	19.2		18.3		11.9

注：每个拟合线的误差计算为：$\varepsilon_i = l - l_i = l - (a + b(w/p))$，这里 i 表示线 l_A、线 l_B，或回归线。

我们可以继续通过试验和误差试着画出不同的线，寻找一条具有最小方差的线。所幸的是，统计学家们已经推导出了一个公式，用来计算能够带来最小方差的系数（a 和 b）。像 Excel 这样的电子制表软件（使用标题栏菜单中的增加趋势工具）可以自动计算出最佳系数。散点图中的黑色线，即所谓的回归线，使用的就是最佳系数：

$$l_R = a + b(w/p) = 2.2 + 4.2(w/p)$$

表中所示的回归线的方差是 11.9，该方差比线 l_A 和线 l_B 的方差要低很多。

计算机程序或电子软件制表程序计算回归时，它寻找的是方程中系数 a 和 b 的"最佳"值：

$$Y_i = a + bX_i + error_i \tag{G.43}$$

这里的误差项不能观测到，但一定要依据所选择的系数估计出来，而且"最佳"的定义就是使得误差项的方差最小的系数值。该最佳估计值的公式是：

$$b^* = \frac{\text{cov}(X, Y)}{\text{var}(X)}$$

$$a^* = \bar{Y} - b^* \bar{X} \tag{G.44}$$

系数右上角的 * 表示它是个估计值。

正如我们将在下一节中看到的，回归和相关是紧密相连的。它们可用于许多不同方面。相关关系衡量的是变量之间联系的紧密程度。回归帮助我们对这种联系施加一个数学形式，通过为我们提供系数值使得我们可以知道一个变量变化对另一个变量变化的反应程度。

拟合优度

但是，回归线怎样才能拟合得绝对好呢？我们可以将回归线看作是对真实工资和劳动供给之间关系的简单说明。表 G—8 所给出的劳动的方差为 72.2。误差项的方差 (11.9) 是劳动方差的 16.5%。我们对此解释如下：真实工资解释了劳动供给方差的 83.5%（＝100%－16.5%）。这是一般性地衡量拟合优度的一个例子，计算公式为：

$$R^2 = 1 - \frac{误差的方差}{因变量的方差} \tag{G.45}$$

右边的第二项是以因变量变异性的一定比例所表示的误差项的变异性，也就是将其表示为所要解释的对象的一定比例。因为误差项是不能由自变量解释的因变量的变化部分，该项是"未解释"的方差的比例；整个右边（1 减去该比例）是由自变量所揭示的因变量的变异性的比例。R^2 因而就是被解释的因变量的变异性和未解释的因变量的变异性的比例。

虽然我们不提供推导，但是式（G.45）与下面的等式是相等的：

$$R^2 = \frac{\mathrm{cov}(X,Y)^2}{\mathrm{var}(X)\mathrm{var}(Y)}① \tag{G.46}$$

这种方法叫做 R^2，因为 $\sqrt{R^2}=R$，这个 R 就是相关系数（见"指南"，G.13.3）。等式（G.45）表明，在回归线附近数据的变异性越小，即误差的方差越小，那么 R^2 越高。在这个例子中，$R=\sqrt{0.835}=0.914$，它表明数据高度相关。

□ G.15.2　非线性回归

散点图（见图 G—19）中各个线条都是直线（即线性的）。其他形状的线条也可以运用同样的推论。比如说，我们也许会认为这种相关关系是二次方。那样的话，电子软件制表程序将试图寻找系数（a、b 和 c）的值，这个系数值将使得像 $l=a(w/p)^2+b(w/p)+c$ 这样的方程式的方差最小。在图 11—8（第 11 章）中，Excel 被用来拟合一个六次多项式。选择这样一种复杂的多项式形式是由于它有可能使得该多项式的几何曲线向后弯曲；我们的理论讨论表明劳动供给曲线向后弯曲实际上是可能的，但简单的线性回归线绝不可能做到这一点。

□ G.15.3　回归的指向

相关是对称的（G.13.3 节）；回归是非对称的：一般来说，Y 对 X 的回归并不等于 X 对 Y 的回归。思考一个像（G.43）这样的方程式，但是方程式中的 X 和 Y 互换：

$$X_i = c + dY_i + error_i \tag{G.47}$$

如果误差项为 0，那么通过一点点的代数运算就可得到 $d=1/b$。因而普通的方程式是对称的。但当误差项不为 0 时，上述结论就不再成立了。d 的回归估计值是：

---

① 该等式的证明要试用等式（G.35）和 a^* 和 b^* 的定义来对所估计的误差进行定义。接着根据 X,Y 的方差和协方差计算它们的方差，将这个结果代入式（G.45），然后简化。

$$d^* = \frac{\text{cov}(X, Y)}{\text{var}(Y)} \qquad\qquad\qquad (G.48)$$

很明显，$d^* \neq 1/b^*$。

为了使这个结果形象化，图 G—20 表示的是和图 G—19 相同的散点图和回归线。回归线给出的是劳动（l）对真实工资率（w/p）的回归。图 G—20 也显示出真实工资率对劳动的反方向回归。这两条回归线显然是不同的。

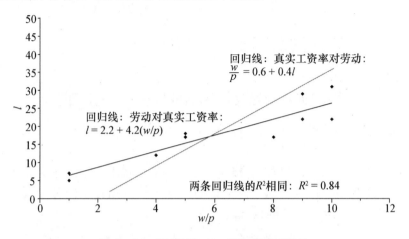

图 G—20　回归的方向，回归是非对称的

注：依据哪一个变量被视作因变量、哪一个变量被视作自变量的不同，回归方程也不同。如果因果关系的方向已知，回归的指向应该与因果关系的指向一致。

与相关不同的是，回归是有指向的。那么我们应该选择哪一种方向进行回归呢？实际上规则很简单：回归方程应该将原因写在方程右边（散点图的横轴），而将结果写在方程左边（纵轴）。那样的话，自变量的系数就可以解释成自变量和因变量之间因果联系的强度，误差项就可以解释为因变量未被观察到（或许是不可观察的）的原因。这个规则实际运用起来并不总是那么容易，因为对于什么是因、什么是果我们并非总是具有充足的证据，或直觉（参见 G.13.5～G.13.7）。此时，就像其他情况一样，比中级教程统计学更复杂一些的统计学就可能大有帮助。

□ G.15.4　**谬误回归**

回归和相关是紧密联系的。再次回到等式（G.41），该等式定义的是相关系数，等式（G.44）和（G.48）定义的是 b^*、d^* 以及回归系数。它们是在相同的方差和协方差的基础上建立起来的。因而，很自然地，两个变量之间的相关系数（R）越高，回归拟合度就越好（R^2）。

从这种紧密联系中我们得出的一个重要教训就是：正如我们必须避免从谬误相关中得出错误结论一样，我们也必须警惕谬误回归。某一趋势变量对另一趋势变量的回归具有一个较高的 R^2，但不能轻易就将此解释为它们之间表现出了一种真正的经济联系。就如相关性一样，在估计回归方程之前，我们必须通过去趋势、差分、取增长率或比率将数据转换成平稳形式。就好比在一个平稳变量和非平稳变量之间设想建立一个简单的、真正的联系没有任何意义一样，通常估计一个平稳变量对一个非平稳变量的回归，或者反方向估计，也是没有任何意义的。

当非平稳数据之间存在着真正的关系时（参见 G.14.2），回归线有时可能会捕捉到这种关系。通常来说，数据在时间上必须相隔很远，以使得长期关系主导短期关系（或者不存在短期关系）。一定要注意的是，在这种情况下的回归方程反映的是两个序列一起运动的长期趋势，而且不应该以此来预测逐月、逐季度或逐年的变化，因为对长期趋势关系的调整一般来说很缓慢。

G.16　柯布-道格拉斯生产函数

□ G.16.1　柯布-道格拉斯生产函数的性质：一个例证

柯布-道格拉斯生产函数的性质可以通过一个简单的数字例证简单进行说明。（下一节，我们使用微积分推导这些性质。）

为了将等式（9.8）中的柯布-道格拉斯生产函数运用于实际经济，我们不得不使用两个关键参数 A 和估计值。然而，为了说明该函数的性质，我们可以编造一些数字。令 $A=1$ 和 $\alpha=0.75$，那么生产函数可以写成：

$$Y=L^{0.75}K^{0.25}$$

为了说明这个函数的性质，我们计算 L 和 K 的不同投入水平下 Y 的值。下表表示的是 16 种不同的组合——与 K 的 4 种投入水平相匹配的 L 的 4 种投入水平。

不同投入（L 和 K）组合下的产出值（Y）

			L		
		0.0	1.0	1.1	1.2
K	0.0	0.0	0.0	0.0	0.0
	1.0	0.0	1.000 0	1.074 1	1.146 5
	1.1	0.0	1.024 1	1.100 0	1.174 2
	1.2	0.0	1.046 6	1.124 2	1.200 0

学生们应该从表格里取出一些 L 和 K 的值代入生产函数中，以检验它们的正确性。

使用这个表格，我们可以证明 9.2.2 节中阐述的生产函数的 6 个性质。

性质 1（其他条件不变的情况下，GDP 随着每种生产要素投入的增加而增加）：每一行显示的是，当 K 不变时，Y 随 L 的增加而发生的变化。我们逐行往下阅读时就会发现 Y 是增加的。同样，每一列显示的是，当 L 不变时，Y 随 K 的增加而发生的变化。Y 的值在两个方向上都是增加的。

性质 2（生产函数经过原点）：对于第一行（资本为 0）与第一列（劳动为 0）的每一个条目来说，GDP 都是 0——"天下没有免费的午餐"。

性质 3（每种生产要素的报酬不断递减）：看一下第二行（$K=1.0$），当 L 从 1 增加到 1.1 时，Y 增加了 0.074 1；当 L 从 1.1 增加到 1.2 时，Y 增加的数量更小，为 0.072 4。

Y 的这种少量增加便是劳动的边际产品。学生可以证明，L 的第二次等量增加对应的是 Y 的更小的增加，这种相同模式对于另外几行来说也是正确的。同样，保持 L 不变，沿着某一列往下看，会发现同样的模式也适用于等量 K 增加的情况。

性质 4（在其他条件不变的情况下，一种生产要素的增加会提高其他要素的边际产量）：看一下 $K=1$ 那一行，增加 0.1 单位劳动投入的边际效应（从 $L=1$ 到 $L=1.1$）是 $\Delta Y=1.074\ 1-1.000\ 0=0.074\ 1$，因此，劳动的边际产量就是 $\Delta Y/\Delta L=0.741$。再看 $K=1.1$ 那一行，劳动投入同样的变化带来更高的产出变化：$\Delta Y=1.100\ 0-1.024\ 1=0.075\ 9$，因此，劳动的边际产量也变高了（$\Delta Y/\Delta L=0.759$）。逐行往下看时，学生可以证实，保持劳动投入不变，同样的结论也适用于资本投入的情形。

性质 5（技术的增加会提高每种生产要素的边际产量）。假设用 $A=2$ 代替 $A=1$，学生应该重新计算表中的所有值。将新表与原来的表进行比较，每个非 0 单元格将具有比原来更大的值。

性质 6（规模报酬不变）：与主对角线的第二个单元格（$K=1$，$L=1$）相比，沿着主对角线的最后两个单元格对应的是每一种要素的相同百分比的增加（10％和 20％）。需要注意的是，Y 在每种情形下增长的百分比都一样。

□ G.16.2　柯布–道格拉斯生产函数的数学运算

天下没有免费的午餐

柯布–道格拉斯生产函数可以写成这样：

$$Y=AL^{\alpha}K^{1-\alpha} \tag{G.49}$$

其中，$0<\alpha<1$。

由公式可以立即看出，如果两种投入之中的任何一种（L 或 K）为 0，产出也为 0。从图形上看，这就表示柯布–道格拉斯生产函数经过原点。

投入越多，产出越多

劳动的边际产量是保持其他投入不变时，从劳动投入的少量增加中所生产出来的少量额外产出。用微积分的术语表示，这是一个导数，$\mathrm{d}Y/\mathrm{d}L$。因为 Y 是一个上述变量的函数，准确地说，这是一个多元微积分问题。然而，我们可以像对待不变项（用变量上方的一横来表示）一样对待其他变量，这样一来，Y 就似乎是一个只有变量 L 的函数，那么我们就可以应用普通微积分的乘幂法则：

$$mpL=\frac{\mathrm{d}Y}{\mathrm{d}L}=\alpha AL^{\alpha-1}\overline{K}^{1-\alpha}=\alpha AL^{\alpha}L^{-1}\overline{K}^{1-\alpha}$$

$$mpL=\frac{\alpha AL^{\alpha}\overline{K}^{1-\alpha}}{L}=\frac{\alpha Y}{L} \tag{G.50}$$

可以将上列形式写成另一种有用的形式：

$$mpL=\frac{\mathrm{d}Y}{\mathrm{d}L}=\alpha AL^{\alpha-1}\overline{K}^{1-\alpha}=\alpha A\left(\frac{\overline{K}^{1-\alpha}}{L^{1-\alpha}}\right)=\alpha A\left(\frac{\overline{K}}{L}\right)^{1-\alpha} \tag{G.51}$$

相似地，资本的边际产量是：

$$mpK = \frac{\mathrm{d}Y}{\mathrm{d}K} = (1-\alpha)A\bar{L}^{\alpha}K^{-\alpha} = (1-\alpha)A\bar{L}^{\alpha}K^{1-\alpha}K^{-1}$$

$$mpK = \frac{(1-\alpha)A\bar{L}^{-\alpha}K^{1-\alpha}}{K} = \frac{(1-\alpha)Y}{K} \tag{G.52}$$

这也可以写成：

$$mpK = \frac{\mathrm{d}Y}{\mathrm{d}K} = (1-\alpha)A\bar{L}^{\alpha}K^{-\alpha} = (1-\alpha)A\left(\frac{\bar{L}^{\alpha}}{K^{\alpha}}\right)$$

$$= (1-\alpha)A\left(\frac{\bar{L}}{K}\right)^{\alpha} \tag{G.53}$$

除了一两种投入为零的情形外，投入一般不可能为负，因此劳动的边际产量一定为正。从图形上看，这意味着柯布-道格拉斯生产函数向上倾斜。

生产要素的报酬递减

看一下等式（G.51）最右边的项，很明显，随着 L 不断变大，mpL 变得越来越小。换句话说，柯布-道格拉斯生产函数表明劳动报酬不断递减。递减的报酬可以通过对 mpL 求导数进行数学证明，该导数表示的是随着 L 增加，它以多大比例变化。mpL 的一阶导数和 Y 的二阶导数是一样的。利用等式（G.51）中第三项作为 mpL 的表达式：

$$\mathrm{d}(mpL)/\mathrm{d}l = \mathrm{d}^2Y/\mathrm{d}L^2 = \mathrm{d}(\alpha AL^{\alpha-1}K^{1-\alpha})/\mathrm{d}L = (\alpha-1)\alpha AL^{\alpha-2}K^{1-\alpha} \tag{G.54}$$

因为 $\alpha<1$，等式右边的第一项（$\alpha<1$）为负。表达式的其他项均为正，因此整个表达式的值为负。因此，等式（G.54）说明随着劳动的增加，劳动的边际产量下降。从图形上看，生产函数是凹向代表劳动的轴的。

通过相同的步骤并作出适当的修改后，对于资本来说，可以导出相同的结果。

例 G.55：使用第 9 章 9.2.4 节中有关 2008 年的数据：$\alpha=0.67$，资本是 40 173（10 亿美元），劳动是 263 011（百万工时/年），真实 GDP 是 13 312（10 亿美元），那么资本和劳动的边际产量各是多少？请证明它们是递减的。

答：利用等式（G.50）：$mpL = \alpha(Y/L) = 0.67 \times (13\,312 \times 10^9)/(263\,011 \times 10^6) = 51$ 美元/小时。利用等式（G.52），$mpK = (1-0.67) \times (13\,312 \times 10^9)/(40\,173 \times 10^9) = 0.11$ 美元产出/美元资本。A 的值可以用类似等式（9.17'）的其他信息计算出来，其值是 9.63。利用等式（G.54），$\mathrm{d}(mpL)/\mathrm{d}L = (\alpha-1)\alpha AL^{\alpha-2}K^{1-\alpha} = (0.67-1) \times (9.63) \times (263\,011 \times 10^6)^{0.67-2}(40\,173 \times 10^9)^{(1-0.67)} = -4.47 \times 10^{-20} < 0$；对于资本来说，也将得到同样的表达式：

$$\mathrm{d}(mpK)/\mathrm{d}K = -\alpha(1-\alpha)AL^{\alpha}K^{-\alpha-1} = (-0.67) \times (1-0.67) \times (9.63)$$

$$(263\,011 \times 10^6)^{0.67} \times (40\,173 \times 10^9)^{(-0.67-1)}$$

$$= (-1.82) \times 10^{-15} < 0$$

因为每种要素的边际产量的导数都是负的，所以边际产量随着投入不断增大而变小——报酬是不断递减的。

递增的规模报酬

假设我们以相同的比例增加两种生产要素的投入，称之为 λ，那么产出将会增加多少？将等式（G.49）右边部分的 K 和 L 分别用 λK 和 λL 代替，就得到：

$$A(\lambda L)^\alpha(\lambda K)^{1-\alpha}=A\lambda^\alpha L^\alpha \lambda^{1-\alpha}K^{1-\alpha}=\lambda^{\alpha+(1-\alpha)}AL^\alpha K^{1-\alpha}=\lambda Y \tag{G.55}$$

从表面上看，两种生产要素的同比例增加带来的是产出的同比例增加。数学家将此准确地称为"一阶齐次"。在这里的上下文中，经济学家把它称作"规模报酬不变"。

用数据估算劳动的产出份额（α）

从本质上讲，GDP中劳动的份额就是工人的收入除以GDP。由此就带来一个问题，因为国民收入和产出账户中得到公认的收入有许多种，工资和薪金显然是劳动收入，而利润、利息和红利无疑是资本收入，那么什么是所有者收入呢？所有者是企业的拥有者，在企业中他们自己也是主要的工人，因此所有者收入是劳动收入和资本收入的混合。为了分配所有者收入，我们假设所有者收入就像GDP其他部分一样包含相同比例的劳动收入。

排除了所有者收入后，GDP中的劳动份额就是：

$$\alpha=\frac{\text{雇员薪酬}}{\text{GDP}-\text{所有者收入}-\text{企业间接税和非税负债}}$$

"企业间接税和非税负债"这一项是不可缺少的，因为和其他企业一样，单人业主制企业（经营者）在上报其收入前的某一生产阶段支付税收。

所使用的收入份额 α(0.67) 是 1946—2008 年这段时期内年估计值的平均。

延伸阅读建议

B. S. Everitt, *The Cambridge Dictionary of Statistics*, Cambridge：Cambridge University Press，1998

Darrell Huff, *How to Lie with Statistics*, New York：Norton，1993

Berbard Lindgren, *Statistical Theory*, 3rd ed, New York：Macmillan，1976

Edward Tufte, *The Visual Display of Quantitative Information*, 2nd edition, Chesire, CT：Graphics Press，2001

Edward Tufte, *Visual Explanations*：*Images and Quantities*, *Evidence, and Narrative*, Chesire, CT：Graphics Press，1997

Edward Tufte, *Envisioning Information*, Chesire, CT：Graphics Press，1990

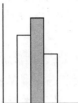

符　号

特殊符号

除常用代数符号外，以下符号也在本书中使用。

$\$_{date}$ 下标日期的美元数

| 表示在其之前的值以紧随其后的值为条件

Δ 改变量、差分或一阶差分（也就是本期与相邻前期之间的差额）

≡ 恒等于；根据定义相等

≈ 约等于

函数和运算符

antilog 逆（反）自然对数

$antilog_x$ 以 x 为底的逆对数

exp 指数；逆自然对数

f() 一般函数

F() 一般函数

g() 一般函数

log 自然对数＝ $\log_e$

$\log_x$ 以 x 为底的对数

下标

大量下标被用于识别某一变量所适用的概念或实体。在上下文中，其含义一般是清晰的，此处不一一列出。

0 　初始值或参照值

e 　自然对数的底

M 　至到期日的时期数

N 　（1）自然率；（2）观察值的数量

t 　时间或日期

上标

大量上标被用于识别某一变量所适用的概念或实体。在上下文中，其含义一般是清晰的，此处不一一列出。

$*$ 　（1）均衡值或最佳值；（2）估计值

$+$ 　反事实的

′, ″, ‴ 　替代值或替代说法

e 　预期的

m 　至到期日的时期数

P 　持久的

pot 　潜在的

T 　暂时的

变量上方的着重符

^ 　（抑扬符或"帽子"）数量增长率

— 　横杠：（1）算术平均数或几何平均数；（2）变量或变量值保持固定

⌣ 　（"微笑符"）以有效劳动单位衡量的变量

~ 　（波浪符）校准的（潜在值或满生产能力值的百分比）

变量，参数和标签

α 　劳动在 GDP 中的份额（自然分数）$= Y_L / Y$

β 　菲利普斯曲线中的参数调整速度

δ 　（小写希腊字母 "delta"）折旧率（资本的折旧份额）

φ 　（小写希腊字母 "phi"）资本平均产量 $= apK$

γ 　（1）汇率和国家相对物价水平之间的比例因子（参见等式（8.10））；（2）奥肯定律中参数的调整速度

ℓ 　（小写希腊字母 "iota"）投资率（投资占 GDP 的份额）

κ 　（小写希腊字母 "kappa"）资本—劳动比率（$= K/L$）

μ 　（小写希腊字母 "mu"）（消费）乘数

υ 　（小写希腊字母 "nu"）租金率（资本服务的要素报酬）

θ 　（小写希腊字母 "theta"）劳动平均产量 $= apL$

ρ 　（小写希腊字母 "rho"）投资内部收益率（投资的真实回报）

τ 　（小写希腊字母 "tau"）边际税率

τ_0 　（小写希腊字母 "tau"）税收函数的截距

Π （大写希腊字母"pi"）利润

A 全要素生产率

A_L 劳动加强型技术进步

A_K 资本加强型技术进步

A_u 自发支出

AD 总需求（$=Y^D$）

apc 平均消费倾向

apl 企业的劳动平均产量

apL 总的劳动平均产量

apk 企业的资本平均产量

apK 总的资本平均产量

AS 总供给

B 债券

BB 平衡预算

c 边际消费倾向（$=mpc$）

c_0 消费函数的截距

C （1）消费；（2）环比指数

CA 经常账户

Cpn 息票（债券）

Cu 通货

CU 产能利用率

D （1）需求；（2）需求存款

EMP 就业

EX 出口

F 费雪理想指数

FF 联邦基金

FV （债券的）未来值或面值

G （1）政府对商品和服务的支出；（2）政府

gap 实际产出与潜在产出的差额占潜在产出的百分比

GDP 国内生产总值

GNP 国民生产总值

I 投资

$\tilde{I}$ 校准投资（根据潜在 GDP 校准的投资 GDP$=I/Y^{pot}$）

IM 进口

implicit 隐含价格平减指数

k 企业资本投入

K 总量资本

$\tilde{K}$ 校准资本（在用资本占总资本的份额$=CU$）

$\breve{K}$ 有效劳动单位的资本量（$\breve{K} \equiv K/A_L L$）

KA 资本账户

KP 资本支付

KR 资本收入

l 工人对企业的劳动投入

L (1) 总劳动；(2) 拉氏价格指数（基期加权）

L^S 劳动供给

L^D 劳动需求

$\tilde{L}$ 校准劳动（受雇佣劳动力占总劳动力的比例＝L/LF）

lcw 个人生命周期财富

LCW 总生命周期财富

LF 劳动力

m (1) 至到期日的时期数；(2) 货币乘数

M (1) 至到期日的时期数；(2) 货币

M^D 货币需求

M^S 币供给

MB 基础货币

MC 边际成本

mpc 边际消费倾向

mpk 企业资本的边际产出

mpK 总量资本的边际产出

mpl 企业劳动的边际产出

mpL 总量劳动的边际产出

mps 边际储蓄倾向

MR 边际收益

n 人口增长率（$n=\hat{L}$）

N (1) 观察值数量；(2) 自然率

NIA 国外净收入

$NTRA$ 国外净要素支付

NX 净出口（$EX-IM$）

p 价格（具体价格或指数）

P (1) 持久的；(2) 帕氏价格指数（本期加权的）

p_B 债券价格

p_S 股票价格

$\hat{p}$ 通货膨胀率（价格增长率）

pd 基本赤字占政府债务存量的比例（$pd=\dfrac{PD}{BG}$）

PD 基本（政府预算）赤字（赤字扣除利息支付）

pf 价格因子

POP 人口

PR　参与率

prl　（央行准备金的）损失概率

PV　（贴现的）现值

q　托宾 q 值（公司市值和有形资产的重置成本之比）

r　（市场和名义）利率，收益率，到期收益率

R　（1）作为统计量，相关系数；（2）央行准备金（联邦基金）；（3）保留（工资）

r_s　公司股份（股票）的持有期收益率

R^2　作为统计量，相关系数的平方（拟合优度的衡量）

RFV　（债券的）真实未来值或面值

RPV　真实（贴现的）现值

RXR　真实汇率

rr　真实利率

S　（1）储蓄；（2）供给；（3）（公司）的股份或股票

s　储蓄率

T　（1）税收；（2）暂时的

tr　边际转移支付率

tr_0　转移支付函数的截距

TR　转移支付

U　失业率

w　工资率

X　一般变量

XR　汇率

y　企业产出

Y　国内生产总值（GDP）

$\tilde{Y}$　校准产出（根据潜在 GDP 校准的 GDP＝Y/pot）

$\overset{\cup}{Y}$　有效劳动单位的 GDP（$\overset{\cup}{Y}＝Y/A_L L$）

Y^D　总需求（＝AD）

y^e　个人预期收入

Y^e　总预期收入

Y_L　GDP 中劳动份额的价值

Y_K　GDP 中资本份额的价值

y^P　个人的永久性收入

Y^P　永久性收入总量

Y^{pot}　潜在 GDP

Y^S　总供给（＝AS）

Y^T　暂时性收入

YD　可支配收入

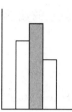

词汇表

中括号中的数字指代教材中该术语被定义、被解释，或者首次出现的那一节。

A

acyclical [5.3.2] 非（无）周期的
与经济周期之间没有规律性的关系，通常在某一变量或时间序列中提到它。

adjusted capital [10.4.2] 调整过的资本
以有效劳动单位表示的资本。

adjusted output [10.4.2] 调整过的产出
以有效劳动单位表示的产出。

advance estimates（of the U. S. NIPA accounts） [3.6.2] （美国 NIPA 账户的）事先估计
最早获得的估计；季末之后的第一个月将结束时发布（也就是 1 月末、4 月末、7 月末和 10 月末），与初步估计和最终估计相比较而言。

after-tax real wage [11.2.1] 税后真实工资
扣除收入所得税后的真实工资值。

aggregate [1.2.1] 总量
通过加总整个经济或重要部门而计算的数量。

aggregate demand [2.7] 总需求
整个经济中所有商品和服务的支出总和。

aggregate-demand shock [17.1.1] 总需求冲击
经济的需求面的外生变化——例如，来自投资需求或出口需求的某种改变。

aggregate income [2.3.2] 总收入

整个经济收入的总和。

aggregate production function [9.2.1] 总量生产函数

当整个经济的技术给定时，生产过程中的投入和产出之间关系的数学表示。

aggregate supply [2.7] 总供给

整个经济所有商品和服务的产出价值的总和。

aggregate-supply shock [17.1.1] 总供给冲击

经济的供给面的外生变化——例如，来自生产要素价格或技术的某种改变。

annual rate of growth [G.10.1] 年增长率

某一数量在一年内的百分比变化，或者比一年长或短的期间内等同于年率表示的百分比变化。

annual rate of growth，compound [G.10.1] 复合年增长率

增长率以这种方式年化：一个时期中增长的增量被解释为这些增量本身在后续各个时期的增长。

annualization，simple [G.10.2] 简单的年化

以小于一年或大于一年时间的频率表示的某一比率乘以一个合适的因子转化成的年率。例如，将月利率乘以 12 即为简单的年化。

annualized（annualization） [3.6.3，G.10.1] 年化了的

1. 将短于或长于一年的时间单位表示的任意流量转换为以一年为时间单位的等价物，如每季度 1 亿美元年化为每年 4 亿美元。2. 增长率的具体化，任意增长率转化为年增长率。

antilogarithm [G.11.1] 反对数

对数的逆（例如，$antilog(log(x))=x$）。

appreciation（appreciate） [8.3.1] （汇率）升值

一国货币相对于另一个国家的货币的价值增加。

arbitrage [7.2.1] 套利

利用价格差异同时在不同市场上买卖密切相关的商品或金融工具的行为。

arbitrageur [7.2.1] 套利者（商）

从事套利的人（或机构）。

arithmetic mean [G.4.2] 算术平均数

对中心趋势的一种衡量，将各个值加总求和并除以求和数值个数，通常简称为均值或平均值。

asset [6.1.2] 资产

自身拥有的有价值之物（实物或金融方面的），正值财富与负债或债务相反。

automatic（fiscal）policy [17.1.1] 自动（财政）政策

成为税法和支出计划一部分的自动稳定器。

automatic stabilizers [13.2，13.2.2] 自动稳定器

没有采取有意识的行动但却倾向于在衰退时增加支出，在扩张时减少支出的机制，特别是那些构成税法或支出计划一部分的机制。

autonomous expenditure [13.1.3] 自发支出

对总需求而言为外生的支出：$Au = I + G + NX$。

autonomous expenditure multiplier [13.2.1]　自发支出乘数

需求增加与自发支出增加的比率（$\mu_{A\mu}^{BB} = \dfrac{\Delta Y}{\Delta A\mu}$）。

average product of capital [9.1.1]　资本的平均产量

每单位资本所生产出来的产出数（即 y/k 或 Y/K），又叫资本生产率。

average product of labor [9.1.1]　劳动的平均产量

每单位劳动所生产出来的产出单位数（即 y/l 或 Y/L），又叫劳动生产率。

average propensity to consume [13.1.1]　平均消费倾向

用在消费上的可支配收入比例（即 C/YD），简写为 apc。

average rate of growth [G.10.1]　平均增长率

一种增长率，如果稳定地维持这个增长率，将会产生一个从初始值到结束值的时间序列，时间段是在初始值和结束值区分开来之后。

average tax rate [13.1.2]　平均税率

GDP 中被政府当作税收的比例（即 T/Y）。

B

backward-bending labor-supply curve [11.2.1]　向后弯曲的劳动供给曲线

在较高工资水平时斜率变为负的劳动供给曲线。

bad [3.5.4]　劣等品

与优等品相反，是一种不受欢迎的产品。

balance of payments [2.2.2, 8.2]　国际收支

1. 一国国际收支的差额；2. 指国际收支账户余额，记录的是一个国家相对于其他国家的进口、出口、收入和资产的流动。

balance sheet [6.1.2]　资产负债表

记录一个经济实体或组织（家庭、企业、政府等）的资产、负债和净资产的表。

balanced-budget multiplier [13.2.1]　平衡预算乘数

当税收调整到使预算保持平衡时，总需求增加与政府支出增加的比率（$\mu_G^{BB} = \dfrac{\Delta Y}{\Delta G}$, $G = T$）。

balanced growth [10.4.1]　平衡增长

1. 一般情况下，经济中主要的量以稳定且可持续的速率增长时经济的增长路径。2. 在没有技术进步的情况下，所有总量以相同的不变速率（即它们的速率是常数）增长的一种增长路径，而且此时生产要素的边际产量从而要素价格保持不变；3. 在存在技术进步的情况下，真实 GDP 与劳动和资本（因劳动加强型技术进步而调整过）按照相同的不变速率增长的一种增长路径，因而，每种生产要素的边际产量和价格以不变速率（但可能不同）增长，同时满足如下关系式：$(n + \bar{\theta} = \hat{K} + \bar{\varphi})$。

base period (of a price index) [4.1.1, G.8.2]　（价格指数的）基期

计算支出份额的那个时期。

base-weighted index [4.1.1] 基期加权指数

在此价格指数中，每一种商品的价格变化率得以加权，权重就是基期该商品的支出份额，又名拉斯佩尔指数。

basis point [16.2.3] 基点

收益率或者利率的衡量单元，等于一个百分点的百分之一。

benchmark revision（**of the U. S. NIPA accounts**）[3.6.2] （美国国民收入核算账户的）基准修订

这种修订大约每五年进行一次，以更新数据来源和核算方法来产生新的估计，经常要对从账户开始时期到现在的每个时期进行修订，又名全面修订。

black economy [3.5.3] 黑色经济

这种经济交易是不直接上报到政府当局或者不被政府当局记录的，因为这些交易要么本身不合法，要么涉及不合法的避税或者不合法的逃避管制（亦称影子经济、隐蔽经济、地下经济或黑市经济）。

Board of Governors of the Federal Reserve System [16.2.1] 联邦储备委员会

是美国的政府机构，连同地区联邦储备银行一起构成美国的中央银行。

bond [6.3.1] 债券

一种典型的金融工具，具体来说，就是一个以某种固定模式支付一个确定货币流的支付承诺，通常要么以书面证书的形式来代表，要么以在经纪人或者政府那里记录在案的形式来代表。可以在公开市场上买卖。

bond price [6.3.1] 债券价格

债券在当前市场上应得的实际价格，债券的现值，又名（债券的）市场价值。

boom [5.2.1] 繁荣

处于经济周期中的顶峰和谷底之间的这段时期，在此期间，经济活动处于上升阶段，又名扩张。

borrowing constraint [14.3] 借贷约束

对消费者消费的限制，原因在于消费者不能够在当前利率水平上随心所欲地借款，又名流动性约束。

Bretton Woods Agreement [16.4.2] 布雷顿森林协议

一个几乎在全世界范围内建立固定汇率体系的国际条约，以 1944 年新罕布什尔州的条约签订地命名。

broad credit channel（**of monetary policy**）[16.4.2] （货币政策的）广义信贷渠道

一种机制，通过这种机制，影响市场利率的货币政策的变化导致资产负债表的变化，资产负债表的变化转而促使银行对企业和家庭进行信贷数量配给。将其与狭义信贷渠道、（利率的）机会成本渠道、汇率渠道进行对比。

bubble [6.3.3] 泡沫

资产的价格上涨与其价值决定的基本面因素不相称；资产升值仅仅是因为人们预期该资产会进一步升值。

budget surplus（**government's**）[2.2.2] 预算盈余

政府的收入（税收）超过政府支出（在商品和服务上的支出加上转移支付）。

business cycle [5.2.1] 经济周期

1. 不同的经济衡量方法之间大体上一致和具有大体上一致的周期性的经济的交替状态，又名周期；2. 完整的经济周期 [5.2.1]，经济周期中一个顶峰和接下来的一个顶峰之间的时期，或者一个谷底和接下来的一个谷底之间的时期。

C

capital-utilization rate [9.4.3] 资本利用率

总（或者部门）产出与经济（或者部门）的生产能力之比，又名校准资本。

capital [2.2.2，9.1.1] 资本

持续期一年以上的物质（非劳动力）生产资料；通常为持续很长时期的物质生产资料，经常指代总资本品。

capital account（of the balance of payments）[8.2] （国际收支的）资本账户

一个国家的外汇进出或者其他资产转移的记录。

capital-account balance [8.2.2] 资本账户余额

获取的外国资产与向外转移的国内资产两者之间的差额。

capital-account transactions [8.2.2] 资本账户交易

不涉及产品和金融资产的国际交易，包括对自然资源的权利和对无形资产的销售和购买（例如，专利、版权、商标、特许权和租约协定）。

capital-augmenting technical progress [9.3.2] 资本加强型技术进步

与简单地靠增加资本投入，同时维持科技水平不变的技术进步相类似的技术进步形式。

capital consumption [3.4，10.3.3] 资本消耗

生产过程中损失的资本量（资本价值随着时间流逝的过程），又名折旧。

capital deepening [10.4.1] 资本深化

劳均资本的增加。

capital gain [6.3.3，7.3.2] 资本利得

某资产市场价值的增加。

capital good [3.1.2] 资本品

在当期不会被用完，会在未来时期继续使用的单个生产工具。

capital intensity [10.4.1] 资本密集度

单位劳动的资本量。

capital-labor ratio [10.4.1] 资本—劳动比

劳均资本量。

capital loss [7.3.2] 资本亏损

某资产市场价值的下降。

capital productivity [9.3.1] 资本生产率

单位资本的产出（GDP）；又名平均资本产量。

capital，scaled [9.5.2] （校准）资本

实际使用的资本占可获得资本的比例，又名生产能力利用率。

capital services [3.4，9.1.1] 资本服务

来自资本品存量的有用服务流。

capital share [9.2.3] 资本收入份额
在生产过程中，归因于资本投入的那部分收入或 GDP。

capital widening [10.4.1] 资本广化
劳均资本不变的情况下，总资本的增加。

centered moving average [G.12.1] 中心移动平均数
具有相同数目的滞后值或者领先值的时间序列的现值的平均。

central bank [6.1.1，6.2.1] 中央银行
（典型的政府经营的）银行，它的客户是商业银行，其他的政府分支机构，国外实体；
　　通常对维护银行间出清业务收费，对银行和其他金融中介进行监管，实行货币政策；
　　在美国，中央银行是联邦储备系统。

central-bank reserves [16.1.1] 央行准备金
商业银行在中央银行账户上的信用加上备用现金。

ceteris paribus [1.3.2] 其他条件不变
拉丁语，意思是其他条件相同，用以说明在保持其他外生变量以及基本关系不变的情况
　　下，某种外生变量（或外生变量的组合）的变化导致的内生变量的变动。

chain-weighted index [4.1.4] 链式加权指数
价格指数，典型的费雪理想指数，该指数中以支出份额作为权重的基期每期都更新，但
　　参照期保持不变。

Cobb-Douglas production function [9.2.2] 柯布-道格拉斯生产函数
生产函数的具体数学形式，在总量形式中，将其写为 $Y = AL^{\alpha}K^{1-\alpha}$，此处，$0 < \alpha < 1$。

coefficient of variation [G.4.3] 变异系数
被表示成标准差与平均值的比例的绝对值。$cv(X) = \left| \dfrac{\text{stdev}(X)}{\overline{X}} \right|$。

coincident indicator [5.2.3] 一致指标
当经济周期到达或者接近顶峰时，这个时间序列通常也到达自己的顶峰，当经济周期到
　　达或者接近谷底时，这个时间序列通常也到达谷底。

commodity money [6.3.2] 商品货币
价值体现在实物商品中的货币，相对于代用货币或者法币而言。

common logarithms [G.11.1] 常用对数
表示某一给定数字所必需的 10 的指数，例如，57 的常用对数为：$57 = \log_{10}(57) = 1.756$，因为 $10^{1.756} \approx 57$；与对数、自然对数相比较。

common stock [6.3.3] 普通股
某一公司的部分所有权份额，在所有的债务和优先股的合约责任都得到履行后，它使得
　　所有者拥有对公司的剩余所有权。

comparable-worth laws [12.3.1] 可比值定律
强制规定一些职业（通常以女性为主）的工资和薪金必须与其他被认为是"可比较的"
　　职业（通常以男性为主）的工资和薪金相同的定律。

complements [7.2.1] 互补品

两种商品中一种商品的价格上升，这种商品的需求量下降，另一种商品的需求量也下降，那么两种商品就是互补品。互补品通常都是一起使用的商品，例如，面包和果酱。

complements in production [15.1.1]　生产中的互补品
生产过程中的互补性要素；两种生产要素之间，当一种要素的价格上升时，其需求量下降，另一种生产要素的需求也下降。

complete（business）cycle [5.2.1]　完整的经济周期
经济周期中相邻两个顶峰或者相邻两个谷底之间的这段时期。

compound annual rate of growth [G.10.1]　复合年增长率
增长率以这种方式年化：一个时期中增长的增量被解释为这些增量本身在后续各个时期的增长。

comprehensive revision（of the U. S. NIPA accounts） [3.6.2]　（美国国民收入核算账户的）全面修订
这种修订大约每五年一次，以更新数据来源和核算方法来产生新的估计，经常要对从账户开始时期到现在的每个时期进行修订。

constant returns to scale [9.1.1，G.16.1]　规模报酬不变
生产函数的一种特征，在这种生产函数中，要素投入的同比例变化导致产出的同比例变化。

consumer durable goods [3.5.1]　耐用消费品
长期使用的商品（在美国国民收入核算账户中持续存在三年以上），消费者拥有的一种形式的资本。

consumer goods（and services） [3.1.2]　消费品（和服务）
旨在由个人购买和消费的产品。

consumer nondurable goods [3.5.1]　非耐用消费品
存在时间短的消费品（在美国国民收入核算账户中持续期小于三年）。

consumer price index（CPI） [4.2]　消费者价格指数
旨在捕捉典型消费者的消费束价格变化的基期加权价格指数。

consumption expenditure [2.2.2]　消费支出
用于消费品的支出。

consumption function [13.1.1]　消费函数
消费与（可支配）收入或者GDP之间的关系；与储蓄函数互补。

consumption multiplier [13.1.4]　消费乘数
GDP的变化量与任一外生变量的变化量之比，外生变量变化的效应通过消费函数来传导，例如，自发消费乘数，政府支出乘数，简写为乘数。

consumption real wage [11.3.1]　消费量真实工资
真实工资被定义为名义工资即将购买到的典型消费篮子的数量（$= \frac{名义工资}{消费篮子的价格}$）。

contraction [5.2.1]　收缩
经济活动处于下降阶段时，周期的顶峰与谷底之间的时期，又名衰退、不景气，与萧条、扩张进行比较。

contractionary monetary policy [16.2.3] 紧缩性货币政策

以降低总需求为目的的货币政策。同义词：限制性或者从紧的货币政策。

convergence [10.4.1] 趋同

经济增长的趋同，是指有着相同技术水平的不同国家的经济增长率达到相同的劳均（或人均）GDP 水平的过程。

core rate of inflation [4.3.1] 核心通货膨胀率

根据扣除食品和能源价格以后的价格指数所衡量的通货膨胀率。

corporate equities [6.3.3] 公司股权

公司的部分所有权股份。同义词：股票、股份；与普通股进行比较。

corporation [6.3.3] 公司

一种合法的企业结构，其中所有者（即股东）具有有限责任。

correlation coefficient (R) [G.13.1.] 相关系数

对数据系列之间的一致性程度或者协同变异程度的衡量。$R=+1$ 表明不同数据系列呈现完全正比例的变化。$R=-1$ 表明负比例变化，$R=0$ 表明没有系统关系；R 在 -1 和 $+1$ 之间的其他值表明不同的一致性程度（协方差的一种特定的衡量）。

cost-of-living index [4.2.1] 生活费用指数

旨在反映典型消费者支出的一种价格指数。

cost-push inflation [15.1.1] 成本推进的通货膨胀

源于供给因素变化的通货膨胀，尤其是源于投入要素价格的外生变化。与需求拉动的通货膨胀相比较。

countercyclical [5.3.2] 反（逆）周期的

时间序列的逆周期，它与经济周期变化的方向相反：在衰退期上升，在扩张期下降。

counterfactual [10.2] 反事实的

形容词，表明所分析的一种情况实际上并没有真正地发生，但却很有可能就发生了，如果事情按照特定的方式发生了变化的话。

counterfactual experiment [1.3.2] 反事实的实验

为了回答"如果有问题将会发生什么"这个问题，分析时模型中所代表的特定事实与它们在现实世界的本来面目不相同。

coupon [6.3.1] 息票

对债券持有者的定期支付。（通常是季度、半年或者一年。）

coupon rate [6.3.1] 息票利率（票面利率）

以票面价值的百分比表示的债券的票息。

covariance [G.13.2] 协方差

数据序列之间协变或一致性程度的衡量，类似于单个序列的方差，并与相关系数有联系。

CPI-U [4.2.1] 城市消费者的 CPI

针对所有城市消费者的消费者价格指数。

CPI-W [4.2.1] 工资获得者的 CPI

针对所有城市工资收入者的消费者价格指数。

credibility [15.3.5] 可信性（度）

指的是货币或财政政策的可信度，公众对于政策制定者实行一项公开的或者隐含的政策所给予的信任。

credit channel（of monetary policy）[16.1.2] 信用渠道

货币政策变化起作用的机制，货币政策变化导致资产负债表变化，反过来，资产负债表的变化转而促使银行对企业和家庭进行信贷数量配给。与广义信贷渠道和狭义信贷渠道相比较。

credit crunch [16.4.1] 信贷挤压

在紧缩的货币政策中，企业和家庭发现很难获得信贷，即便他们愿意为贷款支付市场利率。

credit rationing [16.4.1] 信贷配给

银行和其他贷款者给借款者可获得的信贷数量设置的限制，通常这与借款者愿意承担的利率无关。

creditor [6.1.2] 债权人

贷款者；金融资产的持有者；与资金来源相比较。

cross-section [G.1.1] 横截面

在特定的时间里，在各个不同的统计单位之间变化的变量（如不同的人群、国家或企业）。

crowding in [17.2.3] 挤入

政府支出的增加导致更高的私人支出的一种情形，尤其是更高的投资支出。反义词：挤出。

crowding out [13.A.3，17.2.3] 挤出

政府支出的增加导致私人支出的下降，尤其是更低的投资支出。反义词：挤入。

cumulative process [16.3.1] 累积过程

针对通货膨胀和资源利用率或者失业率来说的一种不稳定的情况，其中真实利率偏离自然失业率导致价格和真实数量按照相同方向加速变化。

currency [6.1.1] 通货

以纸币和硬币这种具体形式存在的货币。

current account（of the balance of payments）[2.2.2，8.2] 经常账户

出口、进口和持有资产的收入进出一个国家的记录。

current-account balance [3.7，8.2.2] 经常账户余额

一方面，指出口和国内持有的国外资产获得的收入之间的差额；另一方面，指进口和对外国持有的国内资产支付的收入之间的差额。

current-account deficit [2.2.2] 经常账户赤字

负的经常账户余额。

current-account surplus [2.2.2] 经常账户盈余

正的经常账户余额。

cycle（complete）[5.2.1] （完整的）周期

一个顶峰到下一个顶峰之间的时期，或者一个谷底到下一个谷底之间的时期。

cycle [5.1] 经济周期

同上。

cyclical peak [5.1] 周期的顶峰

经济周期中扩张的高点，表明扩张的结束和萧条的开始。

cyclical trough [5.1] 周期的谷底

经济周期中收缩的低点，表明萧条的结束和扩张的开始。

D

debt-financed deficit [16.1.1] 债务融资型赤字

通过出售政府债券为政府预算赤字融资。

debtor [6.1.2] 债务人

借款人，金融债务的持有者。

decreasing returns to scale [9.1.1] 规模报酬递减

生产函数的一种特征，在该生产函数中，要素投入同比例变化导致产出较小比例的变化。

default risk [7.3.1] 违约风险

金融资产的发行者（借款人）将要违约并且无法偿还双方同意的本金和利息的风险。

deflate [2.4.1] 通货紧缩

1. 通过除以价格水平将名义值转换为真实值的过程，或者转换成不变美元值的过程。 2. 实施通货紧缩政策——导致总需求下降的一种政策行动。

deflation [2.6.1] 通货紧缩

1. 一般价格水平的下降，同义词：去通货膨胀；2. 旨在降低总需求的政策的实施。

demand factors [15.1.2] 需求因素

一般来说，与总需求有关的因素和与总供给有关的因素截然不同，尤其是就菲利普斯曲线而言，与总需求相关的因素，而不是与失业率或资源利用率有关的因素使得菲利普斯曲线发生移动。

demand failure [12.3.1] 需求失灵

需求不足以维持劳动力充分就业或者资本的充分利用。

demand-pull inflation [15.1.2] 需求拉动的通货膨胀

需求因素的变化导致的通货膨胀，也就是说，由政府支出或者宽松的货币政策导致的通货膨胀，与成本推进的通货膨胀进行比较。

depreciation（depreciate）[8.3.1] 贬值或折旧

1. 汇率的贬值，一种货币相对于另外一个国家的货币的价值的下降。2. [3.4.，10.3.3] 资本的折旧，生产过程中资本损失的数量（资本价值随时间变化而损失的过程）。同义词：资本消耗。

depression [5.2.1] 萧条

特别严重的衰退。

detrended series [G.12.1] 去趋势序列

趋势的估计值已经被去除的时间序列。

diminishing returns to factors of production [9.1.1] 生产要素的报酬递减

生产函数的一种特性，在这种生产函数中，在保持其他要素投入不变的情况下，一种生产要素投入的连续增加导致依次减少的产出增加。

discount [6.2.1] 贴现

1. 在决定合适的比例因子时使用机会成本计算某一终值的现值的行为；金融资产的贴现，某种意义上贴现率的运用；2. 基于面值找到某一金融资产的市场价格，在此情况下，合适的机会成本由相近替代资产的到期收益率给出；3. 为了产生正的到期收益率，小于其面值的金融工具的市场价值减少，就像贴现债券那样；4. 债券的贴现以小于面值的价格出售。

discount bond，pure [6.3.1] 贴现债券

具有面值但没有息票（利息）支付的债券；因为债券销售时就其面值打折产生了到期收益；例如，美国国库券。同义词：零票面利率债券。

discount loans（or lending） [16.2.2] 贴现贷款

中央银行给商业银行或者其他合法的金融中介的准备金贷款。

discount policy [16.2.3] 贴现政策

管理贴现率的设定或者从贴现窗口借款条件的货币政策。

discount rate [6.2.1，16.2.3] 贴现率

1. 当计算现值或用债券的面值计算市场价值的时候，用来将终值贴现的机会成本。2. 央行对贴现贷款索要的利息率。

discount window [16.2.3] 贴现窗口

美联储对银行和其他金融中介进行贴现贷款所凭借的习以为常的机制。

discouraged workers [12.2.3] 泄气工人

未受雇佣的工人的一小部分，他们提供一个与职业市场相关的不找工作的理由，诸如相信当前的就业前景如此之差，以致搜寻是没有结果的。

discretion [16.5.2] 相机抉择

针对货币政策而言，选择政策行动以作为对不断变化的环境的最佳反应；与政策规则相对照。

discretionary（fiscal）policy [13.2，17.1.1] 相机抉择的（财政）政策

审慎选择财政政策以达到特定的结果；与自动稳定（财政）政策相对照。

disinflation [2.6.1] 反通货膨胀

一般价格水平的下降。同义词：通货紧缩。

disposable income [2.3.2] 可支配收入

扣除税收和转移支付后可获得的收入。

disposable-income identity [2.3.2] 可支配收入恒等式

国民会计恒等式，它表明可支配收入被划分为消费和储蓄：$YD=Y-T+TR=C+S$。

dividend yield [6.3.3] 红利收益率

公司股票的收益率，它被定义为每年支付的红利与股票价格之比率。

dividends [6.3.3] 红利

根据股东持股数目按比例将公司利润的一部分支付给股东。

domestic private sector [2.2.2] 国内私人部门

不包括政府和外国部门的经济。

double coincidence of wants [6.1.1]　欲望的双重一致性

直接物物交换的必要条件：物物交换的第一方想要出售的东西，正是第二方想要购买的（第一重一致性）；物物交换的第一方所想要购买的东西，正是第二方想要出售的（第二重一致性）。

double-entry bookkeeping [6.1.2]　复式簿记系统

记录财富交易的通常做法是以这种方式进行的：财富的任意变化都必须进入两栏，资产、负债或者净值，目的是维持账户平衡（即会计的基本恒等式，也就是资产＝负债＋净资产）。

dynamic [1.3.2]　动态的

经济模型的动态，涉及时间，以致至少某些变量的当前值取决于过去值或者这些变量本身及其他变量的未来预期值。

dynamically inconsistent policy [16.5.2]　动态不一致的政策

虽然从早期来看是最优的政策，但从其实际执行的时间来看却不出所料地是次优的政策。

E

earnings [6.3.3]　收益

进行费用支付后的公司留存收益。同义词：利润。

earnings/price (*E/P*) ratio [6.3.3]　市盈率

公司收益与其股价之比。

easy monetary policy [16.2.3]　宽松的货币政策

旨在增加总需求的货币政策。同义词：扩张性或松的货币政策。

economic growth [1.1, 10.1]　经济增长

经济规模的增加，尤其是用 GDP 来衡量的经济规模。

economic model [1.3.2]　经济模型

经济的描绘，通常以数学和几何图表的形式来表达。

effective-exchange-rate index [8.3.2]　有效汇率指数

相对于一篮子货币而言，衡量汇率的升值和贬值的指数，通常根据每个国家的贸易相对于其国内经济的重要性（以该国总贸易的份额表示）作为权重衡量单个汇率的变化。同义词：贸易加权的汇率指数。

effective labor [10.4.2]　有效劳动

以基期劳动单位衡量的劳动，用以说明劳动生产率的变化（例如，如果时期 1 的劳动力具有 1 的生产率，那么，在时期 2，具有 1.5 的劳动生产率的 10 个工人就被衡量为 15 个时期 1 工人的有效劳动力）。

efficiency-wage hypothesis [12.3.1]　效率工资假说

较高工资增加工人努力程度的一般性假说；与公平工资假说、名义效率工资假说、实际效率工资假说相比较。

efficiency-markets hypothesis [7.2.2]　有效市场假说

基于金融市场公开可获得的信息不存在系统地可供利用的套利机会的一种假说。

employment rate [9.4.3]　就业率
获得有报酬的工作的劳动力的比例。

endogenous growth [10.5.3]　内生增长
增长本身导致技术进步的可能性；快速增长会导致快速增长。

endogenous technological progress [10.3.1]　内生技术进步
是经济增长本身的函数的技术进步。

endogenous variable [1.3.2，13.1.3]　内生变量
在经济的一个特定系统内或者在表示这个系统的模型内被决定的变量。

establishment Survey [12.2.1]　企业调查
由美国劳工统计局进行的企业调查的一部分，以收集有关就业的统计数据。

ex ante [2.7]　事前
"之前"的拉丁语，事前经济决策，来自某项计划或者未来导向的视角，因此，必然涉及某些变量的预期值以及不可避免的不确定性。

ex ante（or expected）real rate of interest [6.2.2]　事前（或预期的）真实利率
针对进行贷款或者发行债券时的预期通货膨胀作出了调整的市场利息率，以便在贷款或债券的整个到期日内有所获，$rr_t^e \approx r_t - p_{t+1}^e$。

ex post [2.7]　事后
"之后"的拉丁语，事后经济决策，来自一个实现了的或过去导向的视角，因此，必然涉及那些成为过去的以及超乎进一步变化的事实（虽然不一定超越改进了的衡量）。

ex post real of interest [6.2.2]　事后真实利率
使用在作贷款时或者发行债券的时候的通货膨胀调整后的市场利率，以此获得贷款或者债券的生命期。针对贷款或者债券的整个生命期内实际获得的通货膨胀率作出了调整的市场利息率，$rr_t \approx r_t - \hat{p}_{t+1}$。

excess capacity [9.4.3]　过剩生产能力
当前生产水平上资本过剩的增加。同义词：闲置生产能力，未利用的生产能力。

excess reserves [16.2.3]　超额准备金
商业银行持有的央行准备金超过为满足法定准备金所必需的数量。

exchange rate [8.3.1]　汇率
一种货币以另外一种货币表示的价格。

exchange-rate channel（of monetary policy） [16.6.2]　（货币政策的）汇率渠道
货币政策的一种作用机制，通过这种机制，货币政策的变化会导致汇率的变化，汇率变化进而影响国内的实体经济活动，与广义信贷渠道、狭义信贷渠道、机会成本渠道进行对照。

exchange-rate risk [8.4.3]　汇率风险
非预期的汇率升值所导致的资本损失（以国内货币衡量）的风险。

exchange-rate-risk premium [8.4.3]　汇率风险溢价
以外币命名的资产的持有人为补偿汇率风险所必需的额外收益率。

exogenous technological progress [10.3.1]　外生技术进步

1. 它是技术进步，其速度与其他经济要素无关。2. 建模时技术进步被作为一个外生变量。

exogenous variable [1.3.2，13.1.3]　外生变量

在经济的某一特定体系或者在代表这个体系的模型之外被决定的变量。

expansion [5.2.1]　扩张

当经济活动处于上升阶段时，经济周期的谷底到经济周期的顶峰之间的时期。同义词：繁荣，恢复。

expansionary monetary policy [16.2.3]　扩张性货币政策

旨在增加总需求的货币政策。同义词：宽松的货币政策。

expectations-augmented Phillips curve [15.3.2]　附加预期的菲利普斯曲线

表明通货膨胀率的变化和失业率变化之间反向关系的曲线，或者是通货膨胀率变化与资源利用程度变化之间正向关系的曲线。

expectations theory of the term structure of interest rates [7.4.2]　利率期限结构的预期理论

基于不同到期日资产的现期收益率和预期收益率之间的套利对利率期限结构的解释。

expenditure（or product）method（of measuring GDP） [3.6.1]　（衡量 GDP 的）支出法（生产法）

基于经济中所生产的所有最终商品和服务的价值的加总对 GDP 的一种衡量。

export receipts [2.2.2]　出口收入

出口商品和劳务作为交换而获得的货币价值。

exports [2.2.2]　出口

被卖到国外的商品。

extrapolation [G.10.3]　外推（法）

对所观察的样本外的变量价值的估计，这是通过对测量到的或与所观察到的样本相符合的推断来实现的。

F

face value [6.3.1]　面值

债券到期时偿还的数量。

factor-augmenting technical progress [9.3.2]　要素加强型技术进步

技术进步的一种形式，它与保持技术不变而只是简单增加某一特定生产要素投入量之间没有明显的分界线。与资本加强型技术进步和劳动加强型技术进步相比较。

factors of production [2.2.2，3.2，9.1.1]　生产要素

生产过程的投入；一般是资本和劳动力。

factors payments [2.2.2]　要素报酬

生产要素所有者就其生产要素在生产过程中的使用所获得的收入。

fair-wage hypothesis [12.3.1]　公平工资假说

效率工资假说的一种形式，在此假说中，被认为是公平的工资使得工人的努力程度增加。

fallacy of composition [1.2.1]　合成谬误

对部分是正确的对于总体必定也是正确的一种错误推断。

fallacy of division [12.3.1]　分解谬误

对总体是正确的对于部分必定也是正确的一种错误推断。

FDI [8.2.2]　外国直接投资

外国直接投资的缩写。例如，外国企业在本国经济中进行厂房和设备的投资或者外国企业在本国企业中获得大量所有权。

Fed，the [6.1.1]　美联储

联邦储备系统的简称。

Federal funds [7.6.1，16.2.2]　联邦基金

在美国，指中央银行准备金，尤其是涉及各商业银行间（联邦基金市场）的隔夜贷款的那些准备金。

Federal funds market [7.6.1，16.2.3]　联邦基金市场

商业银行从其他银行借入央行准备金，或者将央行准备金贷给其他商业银行的市场（通常在隔夜拆借市场中进行）。同义词：准备金市场。

Federal-funds rate [7.6.1，16.2.3]　联邦基金利率

对于联邦基金市场上的央行准备金贷款，一家银行向另一家银行索取的利率。

Federal Open Market Committee（FOMC） [16.2.1]　联邦公开市场委员会

由美联储主席、各地区分行的主席组成，决定管理公开市场业务的政策。

Federal Reserve Bank [6.1.1，16.2.1]　联邦储备银行

12 家地区性联邦储备银行之一，它们与联邦储备委员会一起共同构成美联储系统。

Federal Reserve System [6.1.1]　联邦储备系统

美国的中央银行，由 12 家地区性联邦储备银行和联邦储备委员会共同构成。

fiat money [6.3.2]　法币

并非因为其物质成分而有价值，而是因为其曾被政府宣布为合法货币才有价值的货币就是法币。与商品货币相比较。

final estimates（of the U. S. NIPA accounts） [3.6.2]　（美国国民收入核算账户的）最终估计

经第二次修改的估计值。季度结束后的第三个月末发布（3 月，6 月，9 月和 12 月）；与提前估计和初步估计相比较。

final goods and services [3.1.2，2.2.2]　最终商品和服务

在计算期内离开企业部门（与生产边界相交）的任意商品。同义词：最终产品。

final product [3.1.2，2.2.2]　最终产品

在计算期内离开企业部门（与生产边界相交）的任意商品。同义词：最终商品和服务。

financial account（of the balance of payments） [8.2.2]　金融账户

资本账户中记录的交易，它涉及外国资产的国内持有和本国资产的外国持有。

financial instrument [6.1.1]　金融工具

详细列明对现期或将来有价商品的索取权（纸质或电子的）的记录，例如，用于偿还债务或者所有者权益。

financial intermediary [6.1.1]　金融中介

以买卖金融工具为业务的企业，或者，等价地说，将借贷双方、储蓄者和花钱者匹配起来的企业。

financial market [6.1.1]　金融市场

金融工具买卖的市场。

financial wealth [6.1.2]　金融财产

在未来某个时间某种有价值的东西的支付（或者转移）索取权。

firm sector [2.2.2]　厂商部门

企业组成的经济的一部分，涵盖生产或商品和服务销售的企业；厂商可能以各种形式组织起来，包括股份公司和独资公司。

first difference [G.5.2，G.12.1]　一阶差分

时间序列变量的价值的一期变化。

fiscal drag [13.2.2]　财政拖累

在面临固定的税收计划的情况下，当较高的总需求导致税收增加时所产生的一种向较低总需求趋近的推力。

fiscal policy [1.4，13.2]　财政政策

决定政府支出和税收水平的一组行动，而政府支出和税收水平共同决定政府的预算赤字。

Fisher effect [7.5.2]　费雪效应

其他条件不变的情况下，预期通货膨胀率的增加会导致市场利率的同步增加（以经济学家费雪命名）。

Fisher hypothesis [7.5.2]　费雪假说

是一种经验现象，市场利率的一单位变化大约与实际的通货膨胀率的一单位变化相联系。

Fisher-ideal index [4.1.3]　费雪理想指数

一种价格指数，对于同一组数据，费雪理想指数是对拉氏指数和帕氏指数进行几何平均形成的。

fixed-exchange-rate regime [16.6.2]　固定汇率制度

把汇率维持在固定比率上的制度，这一汇率是根据央行或财政部据此汇率自由买卖的意愿或根据法定货币制定的。

flat tax [17.2.5]　单一税

边际税率固定的税收。

floating exchange-rate regime [16.6.2]　浮动汇率制度

汇率是由市场力量（具有最小干预）决定的。

flow [2.2.1，G.1.2]　流量

单位时间内的数量。

flow of funds [6.1.1]　资金流

货币和金融资产在整个经济中的运动。

flow of funds account [6.1.2]　资金流量账户

记录资金流的账户。

foreign direct investment ［8.2.2］ 外国直接投资

例如，外国企业在本国经济中进行厂房和设备的投资，或者外国企业在本国企业中获得大量所有权收益。

foreign exchange ［16.2.2］ 外汇

1. 不同国家货币进行交易的市场。2. 外国货币的同义词。

foreign-exchange market ［8.3.1］ 外汇市场

银行网络、经纪人和交易商进行不同国家之间货币的两两交易（例如，用欧元购买美元，卖出英镑换取日元）的市场。

foreign sector ［2.2.2］ 对外部门

世界经济的一部分（即其他国家），它与国内经济进行贸易和金融外汇业务。

foreign-sector deficit ［2.3.3］ 对外部门赤字

出口超过进口的余额，净出口，贸易余额。

frequency distribution ［G.4.1］ 频率分布

通过计算事件发生的数量所形成的一种模式，其中，一组中的数据取每一个可能的值或值域。例如，正态分布。

frequency of observation ［G.1.2］ 观测频率

数据记录的时期——例如，每天，每周，每个季度，每年。

frictional unemployment ［12.2.2］ 摩擦性失业

即便在经济周期顶峰时也仍然存在的失业。

full employment ［12.1］ 充分就业

在现行工资水平下，每个想要工作且能胜任工作的工人都有一份工作的状态。

functional finance ［17.2.3］ 功能财政

认为政府预算和融资决策不应该以它们是否平衡来作为判断标准，而是以它们对经济具有何种影响来决定的一种观点。

fundamental identity of accounting ［6.1.2］ 会计基本恒等式

会计中最基本的关系；资产＝负债＋净收益。

fundamentals（market） ［6.3.3，7.2.1］ 基本面（市场）

理想地说，在人们被完全地告知信息的不现实的假定下，决定某种资产价值的各种因素；那些与企业获利前景合理相关的各种因素。

G

GDP ［3.2］ 国内生产总值

国内生产总值的首字母缩写：在某一特定时期内，在一个国家边界范围内，生产的所有最终商品和劳务的市场价值。

GDP gap ［16.2］ GDP 缺口

被表示成潜在 GDP 的一个百分比的真实 GDP。同义词：通货膨胀缺口，产出缺口。

GDP（implicit price）deflator ［2.4.2］ GDP（隐含价格）平减指数

将名义 GDP 转换为真实 GDP 的价格指数（＝名义 GDP/真实 GDP）。

词汇表

general price level [4.1] 一般价格水平

经济中价格的中心趋势，通常表示成价格指数。

geometric mean [G.4.2] 几何平均数

对于 N 个数据而言，N 个数据乘积的 $1/N$ 次根。

globalization [8.1] 全球化

增进不同国家之间经济一体化的过程，尤其包括金融一体化，资本和劳动力的流动，涉及生产中间产品的贸易。

GNP [3.3] 国民生产总值

国民生产总值的缩写，也就是某一特定国家的国民所拥有的生产要素所生产的所有最终商品和服务的市场价值；与 GDP 相对照：GDP 是在一国范围内生产的，GNP 可以由一国之外的国民所拥有的资源生产。

government budget deficit [2.3.3] 政府预算赤字

政府在商品和服务上的支出以及转移支付之和超过了政府收入。

government expenditure [2.2.2] 政府支出

政府在实物产品和商务上的支出（不包括转移支付）。

government sector [2.2.2] 政府部门

包括所有各级政府的经济的一部分。

government services [2.2.2] 政府服务

由政府提供的服务，通常具有经济上的价值，但没有在市场上的定价。

government's budget constraint [16.1.1] 政府预算约束

对于政府预算赤字的融资选择发行债券或者基础货币（"印钞"）：$G - (T - TR) = \Delta B^G + \Delta MB$。

gross domestic product [2.1] 国内生产总值

在某一特定时期内，在一个国家边界范围内的劳动力和财产所生产的所有最终商品和服务的市场价值；缩写为：GDP。

gross investment [3.4，10.3.3] 总投资

用于维持和增加资本存量的那部分 GDP，与净投资相比较。

gross national income [3.7] 国民总收入

某一特定国家的常住居民获得的总收入。

gross national product [3.3] 国民生产总值

某一特定国家的国民所拥有的生产要素所生产的所有最终商品和服务的市场价值；缩写为 GNP。与 GDP 相对照：GDP 是在一国范围内生产的，GNP 可以由一国之外的国民所拥有的资源生产。

growth rate [G.10.1] 增长率

每单位时间的变化比率（或百分比）。

growth recession [5.2.1，15.2.3] 增长型衰退

比趋势增长慢的时期，通常持续一年以上。

H

histogram [G.4.1] 直方图

一种频率分布图，计算的是一组数据中落在一个特定范围内的值的个数。

holding-period yield [14.4.3]　持有期收益

资产在一个时期内的总收益，既包括收入（利息与红利），也包括资本利得，它被表示为持有期期初资产价格的百分比。

homogeneity [G.5.1]　同质性

数据的同质性，就中心趋势和变异性的测量而言，数据与其子集具有相同的值。

household sector [2.2.2]　家庭部门

包括工人和消费者的经济的一部分。

household survey [12.2.1]　家庭调查

美国劳工统计局进行的家庭调查，目的是为了收集有关就业和失业的统计数据（当前人口调查的一部分）。

human capital [3.5.1]　人力资本

所获得的能够提高劳动力价值的教育、技能，以及社会关系。

human wealth [14.2.2]　人力财富

个人或者团体预期的未来收入贴现到现在的值。

hyperinflation [17.2.1]　恶性通货膨胀

非常快的通货膨胀，习惯上通常定义为每月 50% 以上的通货膨胀率。

I

imperfect competition [9.1.2]　不完全竞争

一种市场类型，在此市场中，企业（有时是工人）能选择其所卖产品（或提供劳动）的价格，虽然他们在某一特定价格下所能出售的数量受到产品需求的约束；垄断、寡头垄断和垄断竞争是不完全竞争的形式；与此相对的是完全竞争。

imperfectly competitive [15.3]　不完全竞争

具有不完全竞争的特征。

implementation lag [16.5.2]　实施时滞

颁布一项政策的决定与实施之间的间隔。内部时滞的一种。

（implicit）rental rate [9.1.2]　（隐含的）租金率

资本服务的价格；资本品由资本服务的使用者所拥有以致没有进行实际的报酬支付，如果资本实际上不得不被出租的话，租金率将可能不得不由使用者支付，这就是隐含的租金率。

import payments [2.2.2]　进口支付

用于支付进口商品和服务的货币价值。

imports [2.2.2]　进口

从外国购买的商品，与出口相比较。

impulse [5.3.1]　脉冲

经济周期分析中的概念，引发一次周期性调整的外生变量的变化。

Income effect [11.2.1]　收入效应

一般来说，在保持相对价格不变的情况下，由于收入变化而导致的需求或供给的变化，在劳动力市场分析中，是指保持真实工资率不变，收入的一次上升所导致的劳动供给的减少。

income method（of measuring GDP）〔3.6.1〕 （衡量 GDP 的）收入法
GDP 的一种衡量方法，将经济中所有生产要素所有者所获得的收入加总即得到 GDP。

increasing returns to scale〔9.1.1〕 规模报酬递增
生产函数的一个特性，在此生产函数中，要素投入的同比例变化导致产出更大比例的变化。

index number〔G.8.1〕 指数
把一组数据的值转换为一个固定参考值的一定比例的数值，对于参考期或参考单元而言，其值通常为 100，但并非总是如此。

index of coincident indicators〔5.2.3〕 一致指标指数
是很多时间序列的平均数，它被转变成一个指数形式，通常在经济周期的顶峰或附近达到其自身的顶峰，在经济周期的谷底或附近达到其自身的谷底。

index of industrial production〔9.4.3〕 工业生产指数
工业产出对产出能力的比率转换成的一种指数。

indices of economic indicators〔5.2.3〕 经济指标指数
各种不同时间序列的平均数，分成先行指标、一致指标和滞后指标三组，进行平均后转换成指数。

inflate〔2.4.1〕 价格膨胀
1. 通过乘以一个价格指数的变化，将较低的名义值变为较高的另一年的不变美元值的过程。2. 实施一种通货膨胀政策——导致更高的总需求增长，尤其是更高的价格水平的一种政策行动。

inflation〔2.6.1〕 通货膨胀
一般价格水平的上升。

inflation-indexed security〔6.1〕 通货膨胀指数化证券
面值得以调整的证券，用以补偿证券有效期内的通货膨胀。

inflation tax〔17.2.1〕 通货膨胀税
政府靠发行新的基础货币可能使价格水平上升，或者通过允许通货膨胀来减少政府债务的真实价值的方式来降低私人财富所获得的隐性收入。

inflationary gap〔16.2〕 通货膨胀缺口
将真实 GDP 表示为潜在 GDP 的某一百分比。同义词：GDP 缺口，产出缺口。

inflow-outflow identity〔2.3.4〕 流入（注入）—流出（漏出）恒等式
表明向国内私人部门注入的值一定等于从国内私人部门流出的值的国民会计恒等式：$I+G+TR+EX=S+T+IM$。

inflows〔2.3.4〕 流入（注入）
在收入和支出的循环流中，向国内私人部门提供的货币流的支出：投资、政府支出、转移支付和出口。

initial public offering〔14.4.3〕 首次公开募股（IPO）
公司新发行股份的第一次售卖，缩写为 IPO。

input [2.2.2，9.1.1]　投入

生产过程中所消耗的用于创造出待售其他商品或服务（即产出）的实物商品或服务。

inside lag [16.5.2]　内部时滞

一项经济政策在实施时被耽搁的时间，包括认识时滞和实施时滞。

insider/outsider model of unemployment [12.3.1]　失业的内部人/外部人模型

在此模型中，存在失业是因为已经受雇佣的工人（企业的内部人）将工资率推到高于允许企业雇佣失业工人（外部人）有利可图的工资水平之上。

intensive form（of a production function） [10.4.2]　密集形式

生产函数中投入和产出数量被表示成与某一种生产要素的比率（通常为劳动）的形式，以便将生产函数简约为一种更简单的关系。

interest rate [6.2.1]　利息率

将使用货币的报酬表示成贷款、债券或其他金融工具的本金或购买价格的某一百分比形式，与收益率进行比较。

interest-rate channel（of monetary policy） [16.4.1]　（货币政策的）利率渠道

货币政策的一种作用机制，通过这种机制，货币政策的改变会导致利率变化，利率变化诱使企业创新评估投资项目的现值，进而改变其投资支出和总需求。同义词，机会成本渠道。与广义信贷渠道、汇率渠道相对比。

interest-rate risk [7.3.2]　利率风险

指债券的利率风险，它是购买时点和销售时点之间因利率变化所导致的资本利得或损失的风险。同义词：价格风险。

intermediate goods and services（intermediate product） [2.2.2，3.1.2]　中间商品和服务（中间产品）

本期生产其他商品或服务过程中所消耗的产成品。

internal rate of return [14.4.1]　内部报酬率

一种贴现率，即使得某一资本项目所产生的未来收入流刚好等于该资本设备的购买成本的贴现率。

interpolation [G.2.2]　内插

基于样本内可得数据的关系对样本中缺失值的计算。

investment [2.2.2，3.1.2]　投资

新的有形生产资料的流量；新的制成资本产品的添置。

investment accelerator [14.5.2]　投资加速数

表示一种关系，其中，生产GDP的生产能力的增加要求资本存量的增加量（投资）高于所想得到的GDP的增加，其结果就是由此诱致的投资提供了对总需求的追加（加速）刺激。

investment function [13.3.1]　投资函数

真实利率和真实投资之间的反向关系。

investment grade [7.3.1]　投资等级

指债券的投资等级，具有较低的违约风险（标准普尔的BBB等级或者其他机构的相同和更高的评级）。

involuntary unemployment [12.1]　非自愿失业

指这样一种情形，在现行工资水平上，工人愿意而且能够在一个他能够胜任的岗位上工作，但实际上却没有被雇佣；或未被雇佣的工人的保留工资低于真实工资的一种情形。

IOU [6.1.1]　借据（欠条）

字面意思就是"我欠你的"；是债务或者债务工具的一般表述。

iron law of wages [10.3.2]　工资铁律

古典政治经济学中的信条：认为人口增长的压力会将真实工资率逼到生存水平。

***IS* curve** [13.3.3]　*IS* 曲线

所有真实利率和总需求两者组合的轨迹，它使得所有流向国内私人部门的其他资金流（政府支出、转移支付和出口）给定情况下的计划投资，与从国内私人部门流出的其他资金流（税收和进口）给定情况下的计划储蓄保持一致。

J

job creation [12.3.3]　职位创造

企业新的工作岗位的开设；与职位毁灭相比较。

job destruction [12.3.3]　职位毁灭

被企业关闭的现存工作场所；与职位创造相比较。

junk bond [7.3.1]　垃圾债券

针对因违约风险而具有投机等级的债券的带有贬义的术语，也就是说，债券被评为低于投资等级；具有高违约风险的债券（标准普尔的 BB 等级债券或者与其他机构相同及低于其他机构评级的债券）。

L

labor [9.1.1]　劳动

以工人数目或工作小时数衡量的生产的人力投入。

labor-augmenting technical progress [9.3.2]　劳动加强型技术进步

与维持技术不变仅仅靠增加劳动投入量相类似的一种技术进步形式。

labor demand [11.1.1]　劳动需求

企业对生产过程中劳动力投入的需求，通常与真实工资率成反向关系。

labor-demand curve [11.1.1]　劳动需求曲线

企业对劳动的需求与真实工资率之间的反向关系。

labor force [9.4.3, 11.2.3]　劳动力

希望获得有报酬的工作的人数。

labor-force participation [11.2.2]　劳动参与率

劳动年龄人口的比例，劳动年龄人口是指受雇佣者或非自愿失业者。

labor hoarding [9.4.2]　劳动力冗余

保留的工人对于生产过程而言过剩了，通常预期需求增加时解雇然后重新雇佣这部分劳动力的成本高于需求不足时低效率使用这部分劳动力的成本。

labor productivity [9.3.1]　劳动生产率

单位劳动的 GDP。同义词：劳动的平均产量。

labor，scaled [9.5.2]　校准劳动力

实际使用的劳动力占可获得劳动力的比例；劳动者对劳动力的比率。

labor share [9.2.3]　劳动收入份额

生产过程中归因于劳动投入的那部分收入或 GDP。

Laffer curve [17.2.5]　拉弗曲线

税率和税率产生的税收收入之间的关系，在 0 税率或 100％税率下，税收收入为零；在 0 税率和 100％税率之间的某一税率水平上，税收收入达到最大值，以经济学家阿瑟·拉弗命名。

lagging indicator [5.3.2]　滞后指标

通常在经济业周期到达顶峰之后才到达其自身的顶峰，在经济周期到达谷底之后才达到其自身的谷底的时间序列。

Laspeyres index [4.1.1]　拉斯佩尔指数

一种价格指数，在这种指数中，每一种商品的价格变化率以该商品在基期的支出份额作为权重，以统计学家路易斯·拉斯佩尔命名。

law of motion [10.3.2]　运动法则

支配某一时间序列路径的动态方程。

law of one price [8.4.2]　一价定律

指一种关系，其中，不同地方的同一种商品的价格（以单一货币衡量）一定不同，但不会超过将这些商品从廉价市场运送到价格昂贵的市场所花费的成本，简言之，任何商品的价格经过交易成本调整后在任何一个地方均相同。

leading indicator [5.3.2]　先行指标

在经济周期顶峰之前到达其自身的顶峰，在经济周期谷底之前到达其自身的谷底的时间序列。

"leaning against the wind" [16.5.1]　"逆风向行事"

经济减速时采取宽松的货币政策，经济繁荣时采取紧缩的货币政策。

learning-by-doing [10.5.3]　干中学

保持其他因素不变的情况下，随着生产经验的增多，生产率也在提高的一种状况。

legal tender [6.3.2]　法定货币

一种货币工具，在法律上必须接受该货币工具用于清偿以其单位命名的债务——例如，在美国法律的规定下，对于以美元命名的债务而言，美联储票据就是法定货币。

lender of last resort [16.2.1]　最后贷款者

当不能获得其他流动性来源时，中央银行为可靠的银行保持流动性的功能。

liabilities [6.1.2]　负债

债务、欠债、负资产，与资产相对。

life-cycle hypothesis [14.2.1]　生命周期假说

一种消费理论，在该理论中，消费取决于计划，该计划将一生的收入预期模式考虑在内。与持久收入假说密切相关。

life-cycle wealth [14.2.2]　生命周期财富

一生当中所有的人力、真实以及金融财富的预期现值。

liquidity [6.3.1]　流动性

买卖的便利性，尤其是金融资产的便利性，通常隐含着根据现价进行的买卖。

liquidity constraint [14.3]　流动性约束

在现行利率水平上，由于不能够按照消费者所想要的数量进行借款导致的对消费的限制。同义词：借贷约束。

LM curve [7.A.2]　*LM* 曲线

在货币需求等于货币供给的条件下，所有真实利率与总需求的组合的轨迹。

loan [6.1.1]　贷款

一方（贷款人）给予另一方（借款人）的资金，该资金在往后的某个日期偿还，通常是附加利息的。

logarithm [G.11.1]　对数

指某个数的对数，给定某一底数的幂（或乘方），一定会得到这个数。与常用对数、自然对数进行比较。

logarithmic graph [2.5]　对数图形

一个或两个轴以根变量的对数作为度量单位的图形。

logarithmic scale [G.11.4]　对数刻度

以根变量的对数作为衡量单位的图形的坐标轴的刻度，等距离的刻度表示相同的比率值。同义词：比率刻度。

long run [9.4.1]　长期

用于经济分析的一种范围，在此范围内所有的生产要素都可以自由调整，经济自由到达均衡；长期不是指某一个特定的时间段，而是经济随其进行调整的一种不断变化的状态。

lump-of-labor fallacy [11.3.2]　劳动总和谬误

劳动生产率增加从长期来看对工人有害的一种错误的看法，因为生产出现行产量只需更少的工人即可。这种观点之所以错误是因为它假设只有一个固定数量的工作需要人做（劳动总和不变），而没有说明生产率的提高允许更大数量工人的新生产得以产生，这些生产可以吸纳特定行业的富余工人。

M

M1 [6.3.2]

美国货币总量，其主要组成部分是通货、银行支票存款以及旅行支票。

macroeconomic equilibrium [2.7]　宏观经济均衡

当人们的事前消费计划与企业的事前生产计划相一致时的情形，或者等价地说，事前储蓄计划与事前投资计划相一致的情形。

macroeconomic fluctuations [1.1]　宏观经济波动

宏观经济活动的变动，通常以经济周期来识别。

macroeconomics [1.2.1]　宏观经济学

把经济作为一个整体来研究；与微观经济学相反，微观经济学是在保持其他变量不变的情况下，研究经济的一部分（例如，具体的个人、家庭、企业、市场）。

marginal cost [9.1.2]　边际成本

产出增加一单位导致的生产要素成本的少量增加，缩写为 MC。

marginal product of capital [9.1.2]　资本的边际产量

资本投入增加一单位而导致的产出的少量增加；缩写为 mpk（对于单个企业而言），或 mpK（总量形式）。

marginal product of labor [9.1.2]　劳动的边际产品

劳动增加一单位而导致的产出的少量增加；缩写为 mpl（对于单个企业而言），或 mpL（总量形式）。

marginal propensity to consume [13.1.1]　边际消费倾向

当（可支配）收入增加一个微小量时，消费增加的比率，缩写为 mpc。

marginal propensity to save [13.1.1]　边际储蓄倾向

当（可支配）收入增加一个微小量时，储蓄增加的比率，缩写为 mps。

marginal revenue [9.1.2]　边际收益

增加一单位产出的销售所获得的收益的微小增加量，缩写为 MR。

marginal tax rate [11.2.1, 13.1.2]　边际税率

额外增加的美元收入中用作税收支付的比例。

marginally attached workers [12.2.3]　边际附属工人

表明自己想要工作的人，做好准备去工作，并且在刚刚过去的一段时间里寻找过工作，但现在不在工作或者正在积极寻找工作的人。

market value（of a bond） [6.3.1]　（债券的）市场价值

某一债券在即期市场上应得到的实际价格。债券的现值。同义词：债券价格。

maturity [6.3.1]　到期日

债券的到期日，指债券偿还其面值，并且它不再是发行人的负债和持有人的资产的日期。

mean [G.4.2]　均值

对中心趋势的衡量，各个数值加总求和并且除以这些数值的个数即得到均值。同义词：算术平均数，平均数。

means of final payment [6.1.1]　最终支付手段

终止债务的货币的特殊职能。

means of transaction [6.1.1]　交易手段（工具）

用于购买商品和服务的手段的货币的独特职能。

median [G.4.2]　中位数

某一数值，将某一变量的一组数值划分成两部分，大于和小于此值的数目相同；当数值个数为奇数时，中位数就是一个数；当数值个数为偶数时，中位数习惯上就是较低数值组中最大值与较高数值组中最小值的均值。

Median income [2.4.2]　中位数收入

在获得高于此收入的一半人口和获得低于此收入的一半人口之间划分出一条线的那个收入。

Mercantilism [8.1] 重商主义

在 19 世纪之前占据主导地位且在后来的政策讨论中经常得到回应的经济信条，重商主义认为政策的目标是通过鼓励出口、限制进口从而大量积累贵金属和外汇，以牺牲其他国家作为代价来使一国富裕。

microeconomics [1.2.1] 微观经济学

在其余部分既定的情况下研究经济的一部分（例如，个人、家庭、企业、市场）。与宏观经济学相对应，它将经济作为一个整体来研究。

minimum-wage laws [12.2.2] 最低工资法

详细说明必须按照某一法定水平或高于此水平支付工资的法律。

mixed indicator [5.3.2] 混合指标

与经济周期的关系遵循不同于先行指标、一致指标或滞后指标的模式的时间序列。

modified balanced rate of growth [15.2.2] 修改了的平衡增长率

沿着一条平衡增长路径是可持续的，GDP 增长率经过修改用于解释不断变化的劳动参与率；与平衡增长进行比较。

monetarism [16.A.1] 货币主义

一种经济学说，货币主义认为，在长期，货币供给仅仅影响一般价格水平而不影响真实数量，货币供给量的变化是短期内经济真实波动的主要源泉；货币主义主要与经济学家米尔顿·弗里德曼有关。

monetary aggregates [6.3.2] 货币总量

经济中货币存量的可供选择的各种计量；与 M1 和基础货币相比较。

monetary base [6.3.2，16.1.1] 基础货币

最狭义的货币总量，由通货和央行准备金组成，缩写为 MB。

monetary-base multiplier [16.A.2] 基础货币乘数

较为宽泛的货币总量（例如，M1），与基础货币的比率。

monetary flows [2.2.2] 货币流动

货币工具的流动，它与实物商品和服务的流动方向相反，或者说是收入和资金的循环流动中金融工具的流动。

monetary instruments [6.1.1] 货币工具

通货或者被认为是法定货币的其他交易媒介，或者其他与这些被认定的资产密切相关的资产。

monetary policy [1.4，16.1] 货币政策

通过对金融资产组合和金融资产价格的熟练操作而影响宏观经济绩效的政府行动；与政府的金融资产组合和利率组合相关的政策。

monetization of the deficit [16.1.1，17.2.1] 赤字货币化

通过创造追加的基础货币（"印钞"）来为政府支出融资。

money illusion [12.3.1，16.4.1] 货币幻觉

将名义价值的变化误当成真实价值的变化。

money market [6.3.1] 货币市场

短期金融工具市场（这里的货币指的不是通货或者货币总量，而是到期日通常少于一年

的债券）。

multifactor productivity［9.2.2，9.3.1］ 多要素生产率
劳动加强型和资本加强型技术进步共同导致的生产率的一种衡量；劳动和资本生产率的
一种加权平均。同义词：全要素生产率。

N

NAIRU［15.3.3］ 非加速通货膨胀失业率
1. 是指这样一种失业率，若其得以维持，将导致实际的通货膨胀率等于平均的预期通
货膨胀率；导致一个不变的通货膨胀率的失业率；是非加速通货膨胀失业率的首字母
缩写；与自然失业率进行对比。2. 指自然利用率（例如，根据校准产出来衡量的自然
利用率），如果得以维持，将导致实际的通货膨胀率等于平均的预期通货膨胀率；导
致一个不变的通货膨胀率的资源利用率。非加速通货膨胀的资源利用率的首字母缩
写。（"RU" 这个首字母缩写有些模棱两可，它可以指失业率，也可以指资源利用率，
通常要根据上下文来决定。）

narrow credit channel（**of monetary policy**）［16.4.1］ （货币政策的）狭义信用渠道
货币政策的一种作用机制，通过这种机制，货币政策的改变导致与机会成本变化或利率
变化无关的资产负债表的改变，进而诱使银行对企业或家庭实施信贷数额配给；将其
与广义信贷渠道、机会成本（利率）渠道、汇率渠道相对照。

national income［3.7］ 国民收入
支付给生产要素的所有收入之和扣除间接税和补贴。同义词：以要素成本计算的净国民
收入。

national income and product accounts［2.3］ 国民收入和产出账户
从产出和收入两个视角记录 GDP 及其构成的账户体系，缩写为 NIPA。

natural logarithms［G.11.1］ 自然对数
表示某一给定数字所需要的 e（＝2.71828）的幂——例如，49 的自然对数，$\log_e(49)＝$
3.892；$e^{3.892} \approx 49$；通常也写成 "log" 或 "ln"。

natural rate of growth［10.3.2］ 自然增长率
即人口增长率，称之为 "自然" 是因为在长期，人口增长率决定了劳动力的增长率，而
且在长期内平衡增长路径（不考虑技术进步）不会超过劳动力增长率。

natural rate of unemployment［15.3.3］ 自然失业率
是指这样一种失业率，若其得以维持，将导致实际的通货膨胀率等于平均的预期通货膨
胀率；导致一个不变的通货膨胀率的失业率；与 NAIRU 进行比较。

negative externality［3.5.4］ 负外部性
生产的副作用，例如，污染，这种副作用会对经济或者市场交易的外部社会产生一种坏
的结果。

negatively skewed［G.4.2］ 负偏态分布
非对称的频率分布，多数频数被移到数值小的一侧 * ；例如，可通过平均数低于中位数

---

* 原文如此。——译者注

来进行识别。

negotiable certificates of deposit [16.2.2]　可转让定期存单
银行发行的短期债券类型，它们在次级市场上进行买卖。

neoclassical growth model [10.4]　新古典增长模型
建立在规模报酬不变生产函数、完全竞争以及充分就业基础上的一种增长模型。

net acquisition of financial assets [6.1.2]　金融资产净增加
发生在某一部门的储蓄大于投资时的金融资产持有量的增加。

net exports [2.2.2，8.1]　净出口
出口超过进口的余额。同义词：对外部门赤字，贸易余额。

net income from abroad [3.3]　国外净收入
从世界其他国家获得的收入减去对世界其他国家的支付。GNP－GDP＝国外净收入。

net investment [3.4，10.3.3]　净投资
总投资减去折旧；投资使资本存量增加的量。

net national income at factor cost [3.7]　以要素成本表示的净国民收入
支付给生产要素的所有收入之和扣除间接税和补贴。同义词：国民收入。

net present value [14.4.1]　净现值
就投资项目而言，未来利润的现值减去现期成本。

net taxes [2.2.2，2.3.3]　净税收
税收减去转移支付。

net worth [6.1.2]　净财富
资产减去负债的余额；投资组合的价值。

neutral [17.2.5]　中立的
税收的中立性是指这样一种情形：随着收入的增加，纳税人之间的平均税率保持不变，以致富人和穷人按照相同的税收比率缴纳税收。与累进的和累退的相比较。

new product bias [4.1.1]　新产品偏误
由于未对新产品的引入作出解释而导致的通货膨胀率的高估。

no-arbitrage condition [7.4.2]　非套利条件
假设所有的套利机会都已被利用的价格或者利率的关系。例如，利率期限结构的预期理论，一价定律。

nominal [2.4.1]　名义的
没有根据一般价格水平的变化进行调整；与"真实的"相对应。

nominal efficiency-wage hypothesis [12.3.1]　名义效率工资假说
效率工资假说的一个版本，其中，较高的名义工资会提高工人的努力程度；与真实效率工资假说相对应。

nominal value [2.4.1]　名义价值
按照现行市场价格计量的价值；与真实价值相对应。

non-accelerating inflation rate of unemployment [15.3.3]　非加速通货膨胀失业率
是指这样一种失业率，若其得以维持，将导致实际的通货膨胀率等于平均的预期通货膨胀率；导致一个不变的通货膨胀率的失业率；是非加速通货膨胀失业率的首字母缩

写；与自然失业率进行对比。

non-accelerating inflation rate of resource utilization [15.3.3]　非加速通货膨胀的资源利用率

指自然利用率（例如，根据校准产出来衡量的自然利用率），如果得以维持，将导致实际的通货膨胀率等于平均的预期通货膨胀率；导致一个不变的通货膨胀率的资源利用率。非加速通货膨胀的资源利用率的首字母缩写。

nonsense correlation [G.13.1，G.14.1]　谬误相关

尽管两个变量之间缺乏真正的关系，但是衡量出来的是存在高度相关关系；在趋势和非平稳数据中常见。

nonsense regressions [G.15.3]　谬误回归

在回归的情形中与谬误相关是同义词，尽管两个变量之间没有真正的关系，却有着明显严格拟合的回归；一般在趋势和非平稳数据中很常见。

nonstationary [G.5.2]　非平稳的

时间序列的非平稳性，数据达不到同质性，尤其是均值在不同的子样本中不能保持稳定。这方面的例子包括那些趋势和随机游走的时间序列，与平稳相比较。

normal frequency distribution [G.5]　正态分布

一种具有钟形直方图的频率分布，这种分布之所以重要是因为在统计学中它经常出现，因为它是不同非正态分布的平均值的极限；也叫高斯分布，在数学家卡尔·高斯研究之后得以命名。

O

OECD [10.5.1]　经济合作与发展组织

经济合作与发展组织的缩写，一个组织，总部设在巴黎，成员国都是高度发达国家。

Okun's law [15.2.3]　奥肯定律

失业率变化或者是资源利用率变化（如校准产出）与 GDP 增长率之间的关系，其中，存在 GDP 增长率的一个临界值，因而如果增长超过这个临界值将导致失业率下降（或资源利用率上升），如果增长低于这个临界值，将导致失业率上升（或资源利用率下降）；以经济学家阿瑟·奥肯命名。

Open Market Desk [16.2.3]　公开市场部

纽约联邦银行的办公室，它负责管理公开市场业务。

open-market operation [16.2.3]　公开市场操作

为了减少或增加央行对银行体系准备金的供给而出售或购买金融工具（通常是政府债券）。

open-market purchase [16.2.3]　公开市场购买

为了增加央行对银行体系准备金的供给而购买金融工具（通常是政府债券）。

open-market sale [16.2.3]　公开市场销售

为了减少央行对银行体系准备金的供给而出售金融工具（通常是政府债券）。

open-mouth operation [16.2.3]　公告操作

目标利率的公告，它变成了债券市场交易的一个焦点，因而，即便没有进行实际上的公开市场操作就达到了利率目标。

opportunity cost [3.2，6.2.1，11.2.1]　机会成本

某一特定选择或行动所放弃的最佳替代选择的价值。

opportunity-cost channel（of monetary policy）[16.4.1]　（货币政策的）机会成本渠道

货币政策的一种作用机制，通过这种机制，货币政策的改变会导致利率变化，利率变化诱使企业重新评估投资项目的现值，进而改变其投资支出和总需求。同义词：（货币政策的）利率渠道。与广义和狭义信贷渠道、汇率渠道相对比。

Organization of Economic Cooperation and Development [10.5.1]　经济合作与发展组织

经济合作与发展组织，一个组织，总部设在巴黎，成员国都是高度发达国家。

outflows [2.3.4]　流出（漏出）

在收入和支出的循环流动中，提供货币流的支出离开国内私人部门：储蓄、税收和进口。

output [2.2.2，9.1.1]　产出

生产过程的最终结果；投入转变而成的产品（商品或劳务）被企业用于销售。

output gap [16.2]　产出缺口

真实 GDP 被表示为潜在 GDP 的百分比。

output scaled by potential output [9.5.2，15.1]　经潜在产出校准的产出

被表示成潜在 GDP 的百分比的产出：$\tilde{Y} = \dfrac{Y}{Y^{pot}}$ 。

outside lag [16.5.2]　外部时滞

由于经济系统中的经济机制不能即时起作用这一事实，而使得一项政策的有效运作被耽搁的时间。同义词：传导时滞。与内部时滞相反。

P

Paasche price index [4.1.2]　帕氏价格指数

一种价格指数，在此价格指数中，每一种商品价格的变化率以该商品在现期的支出份额作为权重（以统计学家赫尔曼·帕舍命名）。同义词：现期加权价格指数。

par [6.3.1]　平价

债券的平价，债券以等于面值的价格出售。

paradox of thrift [13.4]　节俭的悖论

其他条件不变的情况下，较高的储蓄率使总需求减少，以致实际的储蓄水平并未增加，因而可用于投资的资源并不增加，即便消费被削减了。

parameter [1.3.2]　参数

刻画行为或模型中变量之间关系特征的数字。

participation rate [11.2.3]　参与率

劳动力占相应人口的百分比。

PCE deflator [4.2]　个人消费支出平减指数

个人消费支出平减指数的缩写；国名收入账户中所使用的价格指数，以便将名义消费支出转换为真实个人消费支出。替代 CPI 的消费者价格指数的另一种衡量方法。

P/E ratio [6.3.3]　市盈率

价格/盈利率的缩写；与股票收益率的衡量成反比，股票收益率被计算为股票价格与其盈利（有时取较长时期的平均值）的比率。

peak，cyclical [5.1]　周期的顶峰

经济周期扩张的最高点，标志着扩张期的结束和衰退期的开始。

percent（percentage） [G.1.2]　百分比

以百分之一的单位数衡量的某一值与另一个值的比率。

percentage point [G.1.2]　百分点

等于百分之一的单位（1/100）。

perfect capital market [16.4.1]　完全的资本市场

在现行利率水平上任何人都可以在其中按照自己想要的数量进行借贷的市场；一个完全竞争的金融市场。

perfect competition [9.1.2]　完全竞争

企业（有时是工人）能在市场价格下买卖它所想要的任意数量商品的市场，但是它不能制定与市场价格不同的价格；企业（或者工人）被称作价格接受者；与不完全竞争相对应。

perfect substitutes [7.2.1]　完全替代品

两种商品是如此相近的替代品，以致价格上的细微差异就会使得需求完全转向较廉价的商品。

permanent income [14.2.2]　永久收入

产生于生命周期财富的收入流，或者等价于从生命周期财富中获取的最大数量收入，而没有减少生命周期财富价值。

permanent-income hypothesis [14.2.1]　持久收入假说

消费取决于持久收入的一种估计的理论，根据持久收入假说，收入的暂时增加应该储蓄起来，随着时间的推移，消费得以平滑；与生命周期假说紧密相关。

personal consumption expenditure deflator [4.2]　个人消费支出平减指数

国名收入账户中所使用的价格指数，以便将名义消费支出转换为真实个人消费支出。替代 CPI 的消费者价格的另一种衡量方法。

Phillips curve，expectations-augmented [15.3.2]　附加预期的菲利普斯曲线

通货膨胀率变化与失业率变化之间的反向关系，或者通货膨胀率与资源利用率变化的正向关系；简称菲利普斯曲线。

policy lag [16.5.2]　政策时滞

一项政策的执行在需要与最后实施之间被耽搁的时间；与内部与外部时滞相比较。

policy rule [16.5.2]　政策规则

将经济体的客观条件与特定的政策行为联系起来的规则；与相机抉择相对应。

population，principle of [10.3.2]　人口原理

罗伯特·马尔萨斯提出的原理：给定充足的生存资料，由于人口以指数形式增长，生存资料以算术方式增长（或者至少更慢一些），实质上，人口总是处于其最大可持续水平上。

portfolio investment [8.2.2]　证券投资（间接投资）

在国民收入账户中，金融资产的销售与购买数量太少以致不被当作外国直接投资（FDI）。美国的实践表明，实际上在美国，非股权式外国金融资产的买卖，例如，债券和股票，低于10％的临界值。

portfolio reallocation [6.1.2] 资产组合再配置
资金从一种金融工具向另外一种金融工具转移。

positive externality [17.2.3] 正外部性
生产的副作用，它对经济或市场交换以外的社会造成一种好的结果。

positively skewed [G.4.2] 正偏态分布
非对称的频率分布，多数频数被移到数值大的一侧*；例如，可通过平均数高于中位数来进行识别。

potential output [9.5.1, 16.2] 潜在产出
1. 如果全部劳动力和所有的资本存量均在其经济面的最优水平上得到充分利用的话，所能生产出来的 GDP 数量的估计值。2. 与 *NAIRU* 相一致的 GDP 水平。

PPI [4.2] 生产者价格指数
producer price index 首字母的缩写：是一种基期加权价格指数，旨在捕捉生产者或部分生产者价格的一般水平。

preferred stock [6.3.3] 优先股
虽然使所有者在红利支付方面获得优先权，但并不向其提供投票权的公司股份。

preliminary estimates（**of the U. S. NIPA accounts**）[3.6.2] （美国国民收入核算账户的）初步估计
第一次修订的估计，每个季度末的第二个月末发布（2 月，5 月，8 月，11 月）。

premium [6.3.1] 溢价
债券的溢价，指债券以高于面值的价格出售。

present discounted value [6.2.1] 当期折现价值
相应的机会成本（利率或者收益率）既定的情况下，未来收益或者价值的现值。"贴现"指的是根据机会成本将未来值转换成现值的计算。同义词：现值。

present value [6.2.1] 现值
相应的机会成本（利率或者收益率）既定的情况下，未来收益或者价值的现值；同义词：当期折现价值。

price risk [7.3.2] 价格风险
债券的价格风险，它是购买时点和销售时点之间因利率变化所导致的资本利得或损失的风险。

price factor [2.4.2, 4.1.1, G.8.2] 价格因子
不同时期的价格水平的比率（通常以价格指数来衡量），用来将一个时期的名义货币价值转换为另一个时期的货币价值。用来将 t 期价格转换为某一参照期价格的价格因子为：$pf_t = p_{reference}/p_t$。

price index [2.4] 价格指数

---

* 原文如此。——译者注

应用中级宏观经济学

各种不同价格的价格指数（加权平均），通常是一个部门或者群体的消费和生产的代表，被表示成指数形式，例如，CPI 和 GDP 价格平减指数都是价格指数。

price setter [9.1.2]　价格制定者（定价者）

一个具有自己的定价权的经济行为人（尤其是企业），考虑的是对其产品需求的影响；一个不完全竞争者；与价格接受者相对应。

price taker [9.1.2]　价格接受者

能够以市场价格买进或者卖出其所想要的任意数量商品的经济行为人（尤其是企业）；完全竞争者；与价格制定者相对应。

price/earnings ratio [6.3.3]　市盈率

与股票收益率的衡量成反比，股票收益率被计算为股票价格与其盈利（有时取较长时期的平均值）的某种比率。

primary deficit [17.2.2]　基本赤字

政府在商品、服务和转移支付上的支出（不包括利息支付）与政府收入这两者的差额。

primary labor markets [11.3.3]　主要劳动力市场

需要特定技能的通常工资较高而且较安全的工作。

prime-age males [11.2.3]　中青年男性

处于鼎盛期工作年龄的男性劳动力，24～54 岁。

principle of comparative advantage [8.1]　比较优势原理

如果每个国家专门生产那些它们在生产中相对有效率的产品，即便它们相对于其他国家而言不是绝对地更有效率，经济产出在世界范围内也将达到最大的原理。

principle of population [10.3.2]　人口原理

罗伯特·马尔萨斯提出的原理：给定充足的生存资料，由于人口以指数形式增长，生存资料以算术方式增长（或者至少更慢一些），实质上，人口总是处于其最大可持续水平上。

principle of similarity and replacement [6.2.1]　相似性和替代性原理

一种商品或者资产的价值可能是通过寻找到与其足够相似的商品或资产的替代成本来确定的原理。

private-sector deficit [2.3.3]　私人部门赤字

私人投资支出超过私人储蓄的数量。

procyclical [5.3.2]　顺周期的

与经济周期变化方向相同的时间序列：扩张时上升，衰退时下降。

producer price index [4.2]　生产者价格指数

是一种基期加权价格指数，旨在捕捉生产者或部分生产者价格的一般水平。

product-expenditure identity [2.3.1]　生产—支出恒等式

表明产出价值与支出价值相等的国民会计恒等式：$Y+M\equiv C+I+G+EX$。

product-real wage [11.3.1]　真实工资

名义工资将能购买到的企业生产的商品单位数（$=\dfrac{名义工资}{产品价格}$）。

production boundary [2.2.2]　生产边界

将企业部门和经济其他部门加以分开的概念；当某种产品越过生产边界时就成为最终产品了。

production function [9.1.1] 生产函数

产出量（特定商品的产量或 GDP）与用来生产该产出量的投入（生产要素）之间的数学关系。

profits [3.2] 利润

企业收益超出其成本的量。

progressive [17.2.5] 累进的

针对税收的累进税，在累进税下，随着收入的上升，不同纳税人之间的平均税率也上升，以致富人以较高比例的税率缴税。

propagation mechanism [5.3.1] 传导机制

在经济周期分析中，经济的某种外生冲击借以被转换成进一步的内生性调整的机制，或许会导致一次周期性波动。

public offering [14.4.3] 公开募集（公开发行新股）

相对于股票而言，向社会公众出售新股。

purchasing power of money [2.6.1] 货币的购买力

以真实商品和服务为单位衡量的货币价值。

purchasing-power parity [2.4.2, 8.4.2] 购买力平价

一旦一个国家的货币已被转换成其他国家的货币，当不同国家商品或服务的成本都相同时的情形被称为购买力平价；是一价定律的推广版本。

pure discount bond [6.3.1] 纯贴现债券（零息债券）

有面值但没有息票（利息）的债券；相对于其面值而言，因为债券是折价销售的，因而产生到期收益率；例如，美国国库券。同义词：零息票债券。

Q

quality change bias [4.1.2] 质量变化偏误

使用帕氏指数所导致的通货膨胀率的低估，原因在于没有对构成帕氏指数的商品质量的变化作出解释。

quid pro quo [3.1.1] 以物易物

"以物易物"的拉丁语；检验某物是否为经济物品的就是以物易物，也就是说，既定的某物是用来交换它的吗？

R

R^2 [G.15.1] 判定系数

相关系数的平方；对回归方程的拟合优度的一种衡量，等于由方程所解释的变异与被解释变量的总变异之比；$0 \leqslant R^2 \leqslant 1$，$R^2$ 越接近于 1，拟合得越好；有时叫作决定系数。

R&D [10.3.1] 研发

研究与开发的缩写，用于发现和开发新产品的投资支出。

random variable [1.3.2] 随机变量

一种变量，不能提前决定其精确值的变量，但其可能值可能遵循一个稳定的（而且已知的）频率分布。

random walk [5.3.1] 随机游走

1. 是一个时间序列，在此时间序列中，对下一个值的最佳预期就是它将与现期值等同；
   2. 带有漂移的时间序列，在此时间序列中，各个值围绕一个趋势增长路径构成一种随机游走。

ratio scale [G.11.4] 比率标度

某一图形的坐标轴的标度（刻度），以根变量的对数衡量，其中，相同距离表示各个值的比率相同。同义词：对数标度。

real [2.4.1] 真实的

随着一般价格水平的变化而进行调整；与名义的相对应。

real efficiency-wage hypothesis [12.2.2] 真实效率工资假说

效率工资假说的一个版本，在此假说中，较高的工资提高工人的努力程度；与名义有效工资假说相对应。

real exchange rate [8.3.2] 真实汇率

反映每一种货币的有效购买力的汇率。

real flow [2.2.2] 真实流量

单位时间内某一数量的真实价值量。

real rate of interest [6.2.2] 真实利率

1. 事前的（或预期的）真实利率，以发行债券或进行贷款决策之时预期的通货膨胀率进行调整的债券或贷款的整个生命期内的市场利率：$rr^e \approx r_t - \hat{p}_{t+1}$。2. 事后的真实利率，经实际获得的通货膨胀率调整的债券或贷款的整个生命期内的市场利率：$rr_t \approx r_t - \hat{p}_{t+1}$。

real value [2.4.1] 真实值

根据变化中的价格作出调整的价值——以某一特定时刻不变美元表示的价值。

real-wage rate [9.1.2] 真实工资率

以实物形式表示的工资率的价值（要么以特定商品的单位数表示，要么以不变货币单位数表示）；通常写作 w/p；与消费品真实工资和生产品相比较。

real-wage floor [12.2.2] 最低真实工资

真实工资所能下降的最低限。

real wealth [6.1.2] 真实财富

1. 提供直接效用或者生产性服务的所有物；通常并非排他性的有形之物；与金融财富相对。2. 各种形式财富的真实价值。

recession [5.2.1] 衰退

经济周期的顶峰和经济周期的谷底之间的时期，此时，经济活动处于下降阶段。同义词：萧条，紧缩。

recognition lag [16.5.2] 认识时滞

由于经济形势变化和感知到经济形势这种变化之间的时间间隔导致政策执行被耽搁的时间；内部滞后的一个部分。

recovery [5.2.1] 复苏

1. 在经济周期谷底和顶峰之间的时期，此时，经济活动处于上升阶段。同义词：繁荣，扩张。2. 有时在更极端一些的意义上说，是指经济周期的谷底与恢复到以下两种情况之一时所经历的时期：（1）前一个顶峰期所经历的经济活动水平；（2）如果经济活动过去保持在趋势上，它将可能经历的低水平。

reference period [2.4.1, 4.1.1]　参考期

通过将参考期设定为某一任意值（通常设定为 100）来对指数进行校准的时期（或其他经济单位）。

reference value [G.8.1]　参考值

参考期某一变量的值。

regression line [G.15.1]　回归线

经由一组数据最佳拟合出来的线（线性或非线性的），通过选择使所选定的拟合线周围的数据的方差最小化的系数值来对该组数据进行估计。

regressive [17.2.5]　累退的

累退税，在此情形中，随着收入的增加，不同纳税人之间的平均税率下降，以致穷人以更高的税收比率缴纳税收；与中性税和累进税相比较。

regrettables [3.5.4]　遗憾品

并非因为其内在价值而购买商品或服务（例如，安全系统），而是为了避免我们购买后后悔而不得不面对的某些成本。

relative efficiency-wage hypothesis [12.3.1]　相对效率工资假说

名义效率工资假说的一种形式，在此假说中，相比常规工资（例如，其他类型工人的工资或以相同方式安排在其他企业的工人的工资，或过去的工资）而言，高工资会增加工人的努力程度。

rental rate [9.1.2]　租金率

资本服务的价格；与隐含租金率相比较。

required reserves [16.2.3]　法定准备金

必需要满足准备金要求所持有的央行准备金。

research and development [10.3.1]　研发

用于发现和开发新产品的投资支出；缩写为 R&D。

reservation wage [11.2.2]　保留工资

与不工作相比，工作的机会成本——真实工资高到足够使得一个工人认为加入到劳动力队伍中正好划算。

reserve market [7.6.1, 16.2.3]　准备金市场

商业银行从另一家商行借入准备金或向另外一家商业银行贷出准备金的市场（通常在隔夜贷款市场上进行）。同义词：联邦基金市场。

reserve operating procedure [16.A.2]　准备金操作程序

通过为扩张或者紧缩银行系统可获得的央行准备金设定一个目标路径来实施货币政策的机制（美国在 1979—1982 年间实施过）。

reserve requirement [16.2.2]　准备金要求

要求商业银行持有的央行准备金等于某一特定类型的银行负债的一定比例的规定；例

如，在美国，要求商业银行持有的准备金等于其支票存款的 10%。

reserves，central-bank [16.1.1] 准备金，央行
商业银行在中央银行的账户上的贷款。

restrictive monetary policy [16.2.3] 限制性货币政策
旨在减少总需求的货币政策。同义词：紧缩性货币政策。

retained earnings [6..3.3] 未分配利润或留利
不参与分配的利润，但用于企业的再投资。

risk premium [7.3.1] 风险溢价
贷款者（债券买方）所需要的收益率增量，以补偿因为持有资产而带来的各种风险。

Ricardian equivalence [17.2.4] 李嘉图等价
在其他条件不变的情况下，政府支出模式、融资方式（税收或者债务融资）对经济没有
实质性影响的命题，以古典经济学家大卫·李嘉图命名。

rule of 72 [G.11.3] 72 法则
任何增长量翻一番的时间约等于 72 除以以百分点表示的增长率。

rule，policy [16.5.2] 规则，政策
将经济中的客观条件与特定政策行动联系起来的规则；与相机抉择相对应。

S

saving [2.2.2] 储蓄
未被消费的收入。

saving deposits [16.2.2] 储蓄存款
不受支票转账约束的有利息的银行账户。

saving function [13.1.1] 储蓄函数
储蓄与（可支配）收入或者 GDP 之间的关系；与消费函数互补。

Say's law [12.3.1] 萨伊定律
绝不存在充分就业障碍的一个命题。有时被重新表述为：供给总创造自己的需求；以古
典经济学家让·巴蒂斯特·萨伊的名字命名。

scaled capital [9.5.2] 校准资本
作为可资利用的资本的一部分、实际使用中的资本。同义词，生产能力利用率。

scaled labor [9.5.2] 校准劳动
作为可资利用劳动力的一部分、实际使用中的劳动力。劳工与劳动力的比率；同义词，
就业率。

scaled output [9.5.2，15.1] 校准产出
经潜在产出校准的产出，即被表示成潜在 GDP 的某一百分比的产出：$\widetilde{Y} = \dfrac{Y}{Y^{pot}}$。

scatter plot [G.2.1] 散点图
是一种表示关系的图形，图中每个点都代表两个变量中的每一个在单个时期或以单个单
位所取的值，每个变量的值都标在两个坐标轴中的一个坐标轴上；此时，对时间序列
的数据，所有这些点可以连成线以表明它们在时间上的连续性。

scrap value [14.4.1]　残值

当资本在生产过程中不再使用时的残余价值。

seasonal factor [G.1.3]　季节因素

（通常）根据乘法公式，将未经季节性调整数据转变为季节性调整数据的数字。

seasonally adjusted [3.6.3，G.1.3]　季节性调整的

指数据的季节性调整，考虑到典型的季节波动的数据的转换，通过对不同年份中相同
　　周、月份和季度的比较建立一种常态；与未经季节性调整数据相对应。

seasonally unadjusted [G.1.3]　未经季节性调整的

非季节性调整的数据。

seasonally labor markets [11.3.3]　季节性的劳动力市场

通常为更低的工资和更加缺乏安全的工作，几乎不需要什么技能。

sectoral-deficits identity [2.3.3]　部门赤字恒等式

所有部门赤字之和为零的国民收入会计恒等式：$[G-(T-TR)]+[I-S]+[EX-IM]\equiv0$。

secular [5.1]　长期的

指趋势，与周期相反；例如，长期增长就是长期趋势增长。

securities [6.3.1]　证券

在有组织的市场上交易的金融工具，尤其是长期工具。

seigniorage [17.2.1]　铸币税

来自法语"庄园主"，意为"领主"；上交国王的利润，来自保存于铸造厂的黄金（或者
　　其他贵金属）的重量与熔铸在特定交易中的硬币中的黄金的重量这两者之间的差额所
　　导致的价值差异；经过延伸，从发行新货币中获得的归由政府或中央银行的利润都是
　　铸币税，在发行新货币的情形中，新货币生产成本低于新货币的价值。

shares [6.3.3]　股份

公司的部分所有权。

short run [9.4.1]　短期

经济分析的范围，其中，某些生产要素是固定的，任何均衡都是暂时的。

similarity and replacement，principle of [6.2.1]　相似性和替代性原理

一种商品或者资产的价值可能是通过寻找到与其足够相似的商品或资产的替代成本来确
　　定的原理。

simple annualization [G.10.2]　简单年化

以小于一年或大于一年的时间频率表示的某一比率乘以一个合适的因子转化成的年率。
　　例如，将月利率乘以 12 即为简单的年化。

slump [5.2.1]　萧条

在经济周期顶峰和谷底之间的时期，期间经济活动下降。同义词：紧缩、萧条，与衰
　　退、扩张相比较。

Solow growth model [10.4.2]　索洛增长模型

美国对索洛-斯旺增长模型的狭义称谓。

Solow-Swan growth model [10.4.2]　新古典增长模型的特殊形式，以投资为 GDP 的一
　　个固定比例为特征；以经济学家罗伯特·索洛和特雷弗·斯旺命名。

source of funds [6.1.1] 资金来源

贷款人。

spare capacity [9.4.3] 闲置能力

在现行生产水平上资本富余的增加。同义词：过剩生产能力、未使用的生产能力。

speculative grade [7.3.1] 投机评级

债券的投机评级，具有高违约风险（标准普尔的 BB 评级或者其他机构的相似及更低的评级）。

speculative demand for money [7.A.1] 货币的投机需求

货币总需求中对利率敏感的那部分需求；货币需求量构成金融资产组合的分散投资的一部分。

stagflation [15.1.1] 滞胀

20 世纪 70 年代创造的新词（停滞＋通胀），意味着一个既存在停滞（以低真实 GDP 增长率和高失业率为根据），又存在高通货膨胀率的时期。

standard deviation [G.4.3] 标准差

数据变异性的一种衡量方法，它等于方差的正的平方根，而且与原始数据具有相同的度量单位。

static [1.3.2] 静态

静态的经济模型，不涉及时间的任何方式的变化。

stationary [G.5.2] 稳定的

针对时间序列而言，齐次的；当每个合理大小的子期呈现出相似的描述性统计量时，尤其是从均值在不同子样本间保持稳定这个意义上讲；与非稳定相比较。

statistical discrepancy [3.6.1] 统计误差

理论上必定产生相同值的一个数量的两种计算方法之间的差异——通常而言，这是数据的某些组成部分的不准确或不完全性导致的结果。

steady state [10.4.2] 稳态

一种运动法则的稳态，当稳态所控制的变量停止变化时的状态。

sterilized interventions [16.6.1] 冲销式干预

外汇的买卖对未结清的中央银行准备金存量的影响通过相同规模的国内公开市场业务的反向操作抵消。

stock [2.2.1, G.1.2] 存量，股票

1. 无时间单位度量的数量；与流量相对；2. 公司的部分所有权（同义词：公司权益，股份；与普通股相比较）。

stock price [6.3.3] 股票价格 公司股票的市场价格。

store of value [6.1.1] 价值储藏

货币被用作保存价值的工具的独特职能。

structural unemployment [12.3.2] 结构性失业

由于企业所需要的技能和工人所拥有的技能之间的不匹配，或者由于工作的地理位置和潜在工人之间的不匹配，即便一些工人仍然处于失业状态，还是存在职位空缺，此时所导致的失业就是结构性失业。

subsistence wage [10.3.2] 生存工资

仅够满足最低可接受的生活水平的工资——一部分是客观的（生理学的）和一部分是主观的（社会的或心理学的）标准。

substitutes（substitution） [4.1.1, 7.2.1] 替代品

两种商品之间，当第一种商品的价格上升时，第一种商品的需求下降，第二种商品的需求上升；通常来说，替代品就是能够相互替代的商品——例如，木莓酱和草莓酱就是替代品。

substitutes in production [15.1.1] 生产替代品

如果两种生产要素是替代品，那么，在两种生产要素之间，如果其中一种生产要素的价格上升，其需求下降，第二种生产要素的需求上升。

substitution bias [4.1.1] 替代偏误

使用基期加权价格指数导致的通货膨胀率的高估，因为未能解释对价格相对更快速上涨的商品的替代。

substitution effect [11.2.1] 替代效应

一般来说，在保持收入不变的情况下，由于相对价格的变化而造成的需求或者供给的变化，在劳动力市场的分析中，在保持收入不变的情况下，因真实工资率的变化而导致的劳动供给的变化。

supply factors [15.1.1] 供给因素

一般来说，与供给有关的因素，有别于总需求；尤其对于菲利普斯曲线来说，与总供给相关的因素（如进口价格的变化）会导致菲利普斯曲线移动。

supply shocks [15.1.1] 供给冲击

供给要素的外生改变。

supply-side economics [11.2.1, 17.2.5] 供给面经济学

认为较低税率会显著促进增长的学说。

T

T-account [6.1.2] T 形账户

资产负债表以两栏的形式表达——一个是资产，另一个是负债和资产净值。

tax [2.2.2] 税收

政府征收的费用；通常是对收入或者商品的消费征收。

tax function [13.1.2] 税收函数

税收和 GDP 之间的关系。

tax multiplier [13.2.1] 税收乘数

总需求变化量与税收变化量的比率 s（$\mu_\mathrm{T} = \dfrac{\Delta Y}{\Delta T}$）；税收乘数是负数。

tax wedge [11.2.1] 税收楔子

雇主所付的工资与工人所得到的税后工资之间的差额。

Taylor rule [16.5.3] 泰勒规则

制定联邦基金利率的一族规则，以对不同通货膨胀水平和产出缺口作出反应。

technique [9.1.1] 技艺

生产过程的知识；生产的秘方。

technology [9.1.1] 技术

可资利用的技艺的集合。

temporal aggregation [G.1.2] 临时加总

将高频数据加总以形成低频数据；例如，月度数据的加总或者平均以构成年度数据。

term premium [7.4.3] 期限溢价

贷款人（债券买方）为了补偿其持有的到期日不断延长的债券的额外风险所要求的收益率的增量。

term structure of interest rates [7.4.1] 利率的期限结构

具有不同到期日的利率的模式；收益率曲线的形状。

TFP [9.2.2，9.3.1] 全要素生产率

全要素生产率的缩写。劳动加强型和资本加强型技术进步共同导致的生产率的一种衡量；劳动和资本生产率的一种加权平均。同义词：多要素生产率。

tight monetary policy [16.2.3] 紧缩的货币政策

旨在减少总需求的货币政策。

time deposits [16.2.2] 定期存款

具有明确持有期的银行存款（例如，小额存款单）。

time-inconsistent policy [16.5.2] 时间不一致性政策

虽然从早期来看是最优的政策，但从其实际执行的时间来看却不出所料地是次优的政策。

time series [G.1.1] 时间序列

以时间为序的数据。

time-series plot [G.2.2] 时间序列图

以时间为序列的图形。

time to maturity [6.3.1] 到期时间

一直到债券到期的一段时间。

Tobin's q [14.4.3] 托宾的 q

企业的市场价值（以企业公开上市的股份的价值衡量）与其有形资产的重置成本之比。以经济学家詹姆斯·托宾的名字命名。

total factor productivity [9.2.2，9.3.1] 全要素生产率

劳动加强型和资本加强型技术进步共同导致的生产率的一种衡量；劳动和资本生产率的一种加权平均。同义词：多要素生产率。

trade balance [3.7，8.2.1] 贸易余额

出口减去进口。同义词：外国部门赤字，净出口。

trade-weighted exchange-rate index [8.3.2] 贸易加权汇率指数

相对一篮子货币而言，衡量汇率的升值和贬值的指数，通常根据每个国家的贸易相对于其国内经济的重要性（以该国总贸易的份额表示）作为权重衡量单个汇率的变化。同义词：有效汇率指数。

transaction accouts [16.2.2] 交易账户

用来进行包括需求存款（即支票账户存款）的交易所使用的银行账户。

transaction costs [8.4.2] 交易成本

贸易的交易成本是指诸如运输成本、保险成本的成本，这些成本限制了实物商品之间套利的有效性。

transactions demand for money [7.A.1] 货币的交易需求

为了便利商品和服务的购买而持有的货币。

transfer payment [2.2.2, 3.1.1] 没有等值物作为回报的支付。不以"以货易货"为条件将有价值的商品、服务或资产捐献给另一方（例如，福利支付，利息支付）。

transitional unemployment [12.2.2] 转换性失业

在职位之间调换需要时间这一事实不可避免地导致的失业。

transitory income [14.2.3] 收入变化的非持久性；现期收入减去持久收入。

transmission lag [16.5.2] 传导时滞

由于经济系统中的经济机制不能即时起作用这一事实，而使得一项政策的有效运作被耽搁的时间。同义词：外部时滞；与内部时滞相反。

trend [5.1] 趋势

时间序列的主导路径，在这一路径周围实际的值可能发生波动或循环变化。

trough，cycle [5.1] 经济周期的谷底

经济周期收缩的最低点，标志着衰退的结束和扩张的开始。

turning point [3.6.2] 转折点

周期性序列从扩张变化到衰退或者从衰退变化到扩张的一个时期。

type Ⅰ error [G.7] 第Ⅰ类错误

在统计学中，第Ⅰ类错误是指将正确的当作错误的来对待。

type Ⅱ error [G.7] 第Ⅱ类错误

在统计学中，第Ⅱ类错误是指将错误的当作正确的来对待。

U

uncovered interest-parity condition [8.4.3] 无抛补利率平价条件

外汇中的无抛补利率平价条件，是指非套利条件，其中，预期汇率升值约等于国内外资产之间的收益率差异。

underemployment [12.2.3] 就业不足

在此情况下，受雇在岗的工人没有尽其所能，而且没有生产出其潜在的价值增值——尤其是当胜任主要劳动力市场的工人被雇佣在次级劳动力市场之时。

unemployment [9.4.2] 失业

1. 一般而言，指无论何种原因不在工作的状态；2. 通常，等同于非自愿失业——指这样一种情形，在现行工资水平上，工人愿意而且能够在一个他能够胜任的岗位上工作，但实际上却没有被雇佣。

unemployment rate [9.4.3, 12.2.2] 失业率

未被雇佣的劳动力的比例。

unit labor costs [15.3.4] 单位劳动成本
每单位产出的真实工资（及其他补助和奖金）。

unit of account [6.1.1] 记账单位
货币的独特职能，即货币提供价格和价值的计量单位。

unused capacity [9.4.3] 未使用的生产能力
在现期生产水平上资本富余的增量。同义词：过剩生产能力，闲置生产能力。

use of funds [6.1.1] 资金的使用
借方。

V

value-added [3.1.2] 增加值
生产过程产出价值超过其投入成本的数量。

value-added method（**of measuring GDP**）[3.6.1] （衡量 GDP 的）增加值法
将每一生产阶段上的增加值进行加总来衡量 GDP 的方法。

variable [1.3.2] 变量
一种概念，在模型中它用诸如一个字母这样的符号来表示，可用与所衡量的数量相对应的各种不同数字对变量赋值。

variance [G4.3] 方差
衡量一组数据的变异性，通过对样本均值的离差的平方和进行平均得到方差。

vault cash [16.2.2] 备用现金
银行预料到自然人和自动取款机的提款需求而持有的货币；银行准备金的组成部分之一。

voluntary unemployment [12.1] 自愿失业
在当前条件下选择不工作的人；当前不在工作的人，其保留工资高于现期对他们能胜任的工作所支付的市场工资。

W

wage [2.2.2] 工资
劳动供给者的要素支付。

wage-price spiral [15.3.4] 工资—价格螺旋
工资提高促使企业提高价格，价格的上升促使工人及工会将工资进一步推高，这样一种模式就是工资—价格螺旋；是成本推进的通货膨胀的一方面原因。

wealth [2.2.1] 财富
拥有物的存量，拥有物存量的价值。

weighted（**arithmetic**）**mean** [G.4.2] 加权（算术）平均数
算术平均数中各部分按照其频率或者重要性的一定比例放大，频率或重要性以乘数权重的形式表示。

weighted geometric mean [G.4.2] 几何加权平均数
几何平均数中各部分按照频率或者重要性调整的几何平均，频率或重要性是以指数权重的形式表示的。

weighted-median CPI [4.3.2]　加权中位数 CPI

消费者价格指数的一种版本，其中各通货膨胀率组成部分以其支出份额作为权重，CPI
　　指数由这些组成成分的中位数构成，与普通 CPI 的中位数相反；是作为核心通货膨胀
　　率的一种替代指数被提出来的。

Y

yield [6.2.1]　收益率

从债券、贷款或者其他金融资产上赚取的收入，该收入被表示成其购买价格的百分比，
　　与利率相比较。

yield curve [7.4.1]　收益率曲线

利率期限结构的图形，图中以到期时间作为横轴，以到期收益率作为纵轴，画出不同到
　　期日的债券的收益率。

yield to maturity [6.3.1]　到期收益率

如果债券以现期市场价格购买并持有直到债券到期，而且按其面值支付时所获得的回
　　报率。

Z

zero-coupon bond [6.3.1]　零息票债券

只有票面价值而没有息票（利息）支付的债券；因为债券就其面值打折销售，由此产生
　　到期收益；例如，美国短期国库券。

zero-sum crowding out [17.2.3]　零和挤出

充分就业经济中的挤出形式；政府在采用更多资源的时候，私人部门所能够获得的资源
　　就会减少。

应用中级宏观经济学

译后记

2012年11月下旬，中国人民大学吴汉洪教授受邀为安徽大学经济学院的卓越班本科生和研究生做了一场"对干预主义与自由主义争论的比较和思考"的专题学术报告。报告结束后，他和我提到凯文·D·胡佛教授的这本《应用中级宏观经济学》英文版，并给予很高的评价，希望能够将此书翻译成中文。对于中文译者的资格，吴汉洪教授提出了三点要求：首先，承担本书的翻译者必须讲授宏观经济学10年以上并有中级宏观经济学的教学经历；其次，翻译者要有宏观经济学双语教学经历；最后，翻译者要有一年以上的英语国家学习经历。吴教授问我能否物色合适人选，我当时半开玩笑地说："您这三个条件似乎是针对我的啊！"我欣然接受了翻译任务。

拿到英文原版教材以后，我不由得倒吸了一口凉气，这本书阅读起来虽然朗朗上口，但真正翻译起来却不是那么容易。尤其是作者独到的眼光和分析技术无不体现出经济学这门学科的特色。作者字里行间所渗透的学术理性以及语言的艰涩也增加了翻译的难度和精度。为确保翻译的质量，我特地邀请了安徽大学外语学院的杨玲博士共同承担翻译全书的任务。杨玲副教授不顾教学科研任务繁重，毅然接受邀请，这使我信心倍增，没有她的加盟，这本书的翻译可能难以如期按质量完成。

经过近两年的努力，翻译工作基本完成。本书共17章，其中11章主要由本人负责翻译，剩余6章主要由杨玲博士负责。此外，中国人民大学的硕士研究生翟敏园，安徽大学经济学院西方经济学专业的硕士研究生高琳、丁友洁、杨雪荣、魏凌杰、马金凤、马贤麟，广西大学政治经济学专业的硕士研究生柯宇晨，安徽大学产业经济学专业的硕士研究生陶晨浩以及安徽大学外语学院2012级翻译专业的硕士研究生韦鹏飞、施怡等对部分章节的初稿翻译付出了艰辛的努力，在此一并致谢。译文初稿完成后，我和杨玲博士交叉校对了一遍，吴汉洪教授负责二校，最后由我负责统稿和定稿。

翻译就是"带着镣铐跳舞"。中、英语言和文化上的巨大差异给语言转换带来很多困难；此外，原教材学术气息浓厚、专业性强、信息量大，加大了翻译难度，使我们在翻译过程中如履薄冰，唯恐贻笑大方，有负吴教授所托。由于译者水平和能力有限，难免出现错译或不能准确表达原作者思想等问题，敬请读者批评指正并提出宝贵建议！

蒋长流

2015 年 4 月 12 日

定稿于安徽大学磬苑校区

应用中级宏观经济学

经济科学译丛

序号	书名	作者	Author	单价	出版年份	ISBN
45	高级宏观经济学导论:增长与经济周期(第二版)	彼得·伯奇·索伦森等	Peter Birch Sørensen	95.00	2012	978 - 7 - 300 - 15871 - 6
46	宏观经济学:政策与实践	弗雷德里克·S·米什金	Frederic S. Mishkin	69.00	2012	978 - 7 - 300 - 16443 - 4
47	宏观经济学(第二版)	保罗·克鲁格曼	Paul Krugman	45.00	2012	978 - 7 - 300 - 15029 - 1
48	微观经济学(第二版)	保罗·克鲁格曼	Paul Krugman	69.80	2012	978 - 7 - 300 - 14835 - 9
49	微观经济学(第十一版)	埃德温·曼斯费尔德	Edwin Mansfield	88.00	2012	978 - 7 - 300 - 15050 - 5
50	《计量经济学基础》(第五版)学生习题解答手册	达摩达尔·N·古扎拉蒂等	Damodar N. Gujarati	23.00	2012	978 - 7 - 300 - 15091 - 8
51	国际宏观经济学	罗伯特·C·芬斯特拉等	Feenstra, Taylor	64.00	2011	978 - 7 - 300 - 14795 - 6
52	卫生经济学(第六版)	舍曼·富兰德等	Sherman Folland	79.00	2011	978 - 7 - 300 - 14645 - 4
53	宏观经济学(第七版)	安德鲁·B·亚伯等	Andrew B. Abel	78.00	2011	978 - 7 - 300 - 14223 - 4
54	现代劳动经济学:理论与公共政策(第十版)	罗纳德·G·伊兰伯格等	Ronald G. Ehrenberg	69.00	2011	978 - 7 - 300 - 14482 - 5
55	宏观经济学(第七版)	N·格里高利·曼昆	N. Gregory Mankiw	65.00	2011	978 - 7 - 300 - 14018 - 6
56	环境与自然资源经济学(第八版)	汤姆·蒂坦伯格等	Tom Tietenberg	69.00	2011	978 - 7 - 300 - 14810 - 0
57	宏观经济学:理论与政策(第九版)	理查德·T·弗罗恩	Richard T. Froyen	55.00	2011	978 - 7 - 300 - 14108 - 4
58	经济学原理(第四版)	威廉·博伊斯等	William Boyes	59.00	2011	978 - 7 - 300 - 13518 - 2
59	计量经济学基础(第五版)(上下册)	达摩达尔·N·古扎拉蒂	Damodar N. Gujarati	99.00	2011	978 - 7 - 300 - 13693 - 6
60	计量经济分析(第六版)(上下册)	威廉·H·格林	William H. Greene	128.00	2011	978 - 7 - 300 - 12779 - 8
61	国际经济学:理论与政策(第八版)(上册 国际贸易部分)	保罗·R·克鲁格曼等	Paul R. Krugman	36.00	2011	978 - 7 - 300 - 13102 - 3
62	国际经济学:理论与政策(第八版)(下册 国际金融部分)	保罗·R·克鲁格曼等	Paul R. Krugman	49.00	2011	978 - 7 - 300 - 13101 - 6
63	国际贸易	罗伯特·C·芬斯特拉等	Robert C. Feenstra	49.00	2011	978 - 7 - 300 - 13704 - 9
64	经济增长(第二版)	戴维·N·韦尔	David N. Weil	63.00	2011	978 - 7 - 300 - 12778 - 1
65	投资科学	戴维·G·卢恩伯格	David G. Luenberger	58.00	2011	978 - 7 - 300 - 14747 - 5
66	宏观经济学(第十版)	鲁迪格·多恩布什等	Rudiger Dornbusch	60.00	2010	978 - 7 - 300 - 11528 - 3
67	宏观经济学(第三版)	斯蒂芬·D·威廉森	Stephen D. Williamson	65.00	2010	978 - 7 - 300 - 11133 - 9
68	计量经济学导论(第四版)	杰弗里·M·伍德里奇	Jeffrey M. Wooldridge	95.00	2010	978 - 7 - 300 - 12319 - 6
69	货币金融学(第九版)	弗雷德里克·S·米什金等	Frederic S. Mishkin	79.00	2010	978 - 7 - 300 - 12926 - 6
70	金融学(第二版)	兹维·博迪等	Zvi Bodie	59.00	2010	978 - 7 - 300 - 11134 - 6
71	国际经济学(第三版)	W·查尔斯·索耶等	W. Charles Sawyer	58.00	2010	978 - 7 - 300 - 12150 - 5
72	博弈论	朱·弗登博格等	Drew Fudenberg	68.00	2010	978 - 7 - 300 - 11785 - 0
73	投资学精要(第七版)(上下册)	兹维·博迪等	Zvi Bodie	99.00	2010	978 - 7 - 300 - 12417 - 9
74	财政学(第八版)	哈维·S·罗森等	Harvey S. Rosen	63.00	2009	978 - 7 - 300 - 11092 - 9

经济科学译库

序号	书名	作者	Author	单价	出版年份	ISBN
1	克鲁格曼经济学原理(第二版)	保罗·克鲁格曼等	Paul Krugman	65.00	2013	978 - 7 - 300 - 17409 - 9
2	国际经济学(第13版)	罗比特·J·凯伯等	Robert J. Carbaugh	68.00	2013	978 - 7 - 300 - 16931 - 6
3	货币政策:目标、机构、策略和工具	彼得·博芬格	Peter Bofinger	55.00	2013	978 - 7 - 300 - 17166 - 1
4	MBA 微观经济学(第二版)	理查德·B·麦肯齐等	Richard B. McKenzie	55.00	2013	978 - 7 - 300 - 17003 - 9
5	激励理论:动机与信息经济学	唐纳德·E·坎贝尔	Donald E. Campbell	69.80	2013	978 - 7 - 300 - 17025 - 1
6	微观经济学:价格理论观点(第八版)	斯蒂文·E·兰德斯博格	Steven E. Landsburg	78.00	2013	978 - 7 - 300 - 15885 - 3
7	经济数学与金融数学	迈克尔·哈里森等	Michael Harrison	65.00	2012	978 - 7 - 300 - 16689 - 6
8	策略博弈(第三版)	阿维纳什·迪克西特等	Avinash Dixit	72.00	2012	978 - 7 - 300 - 16033 - 7
9	高级宏观经济学基础	本·J·海德拉等	Ben J. Heijdra	78.00	2012	978 - 7 - 300 - 14836 - 6
10	行为经济学	尼克·威尔金森	Nick Wilkinson	58.00	2012	978 - 7 - 300 - 16150 - 1

经济科学译库

序号	书名	作者	Author	单价	出版年份	ISBN
11	金融风险管理师考试手册(第六版)	菲利普·乔瑞	Philippe Jorion	168.00	2012	978-7-300-14837-3
12	服务经济学	简·欧文·詹森	Jan Owen Jansson	42.00	2012	978-7-300-15886-0
13	统计学:在经济和管理中的应用(第八版)	杰拉德·凯勒	Gerald Keller	98.00	2012	978-7-300-16609-4
14	面板数据分析(第二版)	萧政	Cheng Hsiao	45.00	2012	978-7-300-16708-4
15	中级微观经济学:理论与应用(第10版)	沃尔特·尼科尔森等	Walter Nicholson	85.00	2012	978-7-300-16400-7
16	经济学中的数学	卡尔·P·西蒙等	Carl P. Simon	65.00	2012	978-7-300-16449-6
17	社会网络分析:方法与应用	斯坦利·沃瑟曼等	Stanley Wasserman	78.00	2012	978-7-300-15030-7
18	用 Stata 学计量经济学	克里斯托弗·F·鲍姆	Christopher F. Baum	65.00	2012	978-7-300-16293-5
19	美国经济史(第10版)	加里·沃尔顿等	Gary M. Walton	78.00	2011	978-7-300-14529-7
20	增长经济学	菲利普·阿格因	Philippe Aghion	58.00	2011	978-7-300-14208-1
21	经济地理学:区域和国家一体化	皮埃尔-菲利普·库姆斯等	Pierre-Philippe Combes	42.00	2011	978-7-300-13702-5
22	社会与经济网络	马修·O·杰克逊	Matthew O. Jackson	58.00	2011	978-7-300-13707-0
23	环境经济学	查尔斯·D·科尔斯塔德	Charles D. Kolstad	53.00	2011	978-7-300-13173-3
24	空间经济学——城市、区域与国际贸易	保罗·克鲁格曼等	Paul Krugman	42.00	2011	978-7-300-13037-8
25	国际贸易理论:对偶和一般均衡方法	阿维纳什·迪克西特等	Avinash Dixit	45.00	2011	978-7-300-13098-9
26	契约经济学:理论和应用	埃里克·布鲁索等	Eric Brousseau	68.00	2011	978-7-300-13223-5
27	反垄断与管制经济学(第四版)	W·基普·维斯库斯等	W. Kip Viscusi	89.00	2010	978-7-300-12615-9
28	拍卖理论	维佳·克里斯纳等	Vijay Krishna	42.00	2010	978-7-300-12664-7
29	计量经济学指南(第五版)	皮特·肯尼迪	Peter Kennedy	65.00	2010	978-7-300-12333-2
30	管理者宏观经济学	迈克尔·K·伊万斯等	Michael K. Evans	68.00	2010	978-7-300-12262-5
31	利息与价格——货币政策理论基础	迈克尔·伍德福德	Michael Woodford	68.00	2010	978-7-300-11661-7
32	理解资本主义:竞争、统制与变革(第三版)	塞缪尔·鲍尔斯等	Samuel Bowles	66.00	2010	978-7-300-11596-2
33	递归宏观经济理论(第二版)	萨金特等	Thomas J. Sargent	79.00	2010	978-7-300-11595-5
34	剑桥美国经济史(第一卷):殖民地时期	斯坦利·L·恩格尔曼等	Stanley L. Engerman	48.00	2008	978-7-300-08254-7
35	剑桥美国经济史(第二卷):漫长的19世纪	斯坦利·L·恩格尔曼等	Stanley L. Engerman	88.00	2008	978-7-300-09394-9
36	剑桥美国经济史(第三卷):20世纪	斯坦利·L·恩格尔曼等	Stanley L. Engerman	98.00	2008	978-7-300-09395-6
37	横截面与面板数据的经济计量分析	J.M.伍德里奇	Jeffrey M. Wooldridge	68.00	2007	978-7-300-08090-1

金融学译丛

序号	书名	作者	Author	单价	出版年份	ISBN
1	个人理财(第五版)	杰夫·马杜拉	Jeff Madura	69.00	2015	978-7-300-20583-0
2	企业价值评估	罗伯特·A·G·蒙克斯等	Robert A. G. Monks	58.00	2015	978-7-300-20582-3
3	基于 Excel 的金融学原理(第二版)	西蒙·本尼卡	Simon Benninga	79.00	2014	978-7-300-18899-7
4	金融工程学原理(第二版)	萨利赫·N·内夫特奇	Salih N. Neftci	88.00	2014	978-7-300-19348-9
5	投资学导论(第十版)	赫伯特·B·梅奥	Herbert B. Mayo	69.00	2014	978-7-300-18971-0
6	国际金融市场导论(第六版)	斯蒂芬·瓦尔德斯等	Stephen Valdez	59.80	2014	978-7-300-18896-6
7	金融数学:金融工程引论(第二版)	马雷克·凯宾斯基等	Marek Capinski	42.00	2014	978-7-300-17650-5
8	财务管理(第二版)	雷蒙德·布鲁克斯	Raymond Brooks	69.00	2014	978-7-300-19085-3
9	期货与期权市场导论(第七版)	约翰·C·赫尔	John C. Hull	69.00	2014	978-7-300-18994-2
10	固定收益证券手册(第七版)	弗兰克·J·法博齐	Frank J. Fabozzi	188.00	2014	978-7-300-17001-5
11	国际金融:理论与实务	皮特·塞尔居	Piet Sercu	88.00	2014	978-7-300-18413-5
12	金融市场与金融机构(第7版)	弗雷德里克·S·米什金 斯坦利·G·埃金斯	Frederic S. Mishkin Stanley G. Eakins	79.00	2013	978-7-300-18129-5

金融学译丛						
序号	书名	作者	Author	单价	出版年份	ISBN
13	货币、银行和金融体系	R·格伦·哈伯德等	R. Glenn Hubbard	75.00	2013	978 - 7 - 300 - 17856 - 1
14	并购创造价值(第二版)	萨德·苏达斯纳	Sudi Sudarsanam	89.00	2013	978 - 7 - 300 - 17473 - 0
15	个人理财——理财技能培养方法(第三版)	杰克·R·卡普尔等	Jack R. Kapoor	66.00	2013	978 - 7 - 300 - 16687 - 2
16	国际财务管理	吉尔特·贝克特	Geert Bekaert	95.00	2012	978 - 7 - 300 - 16031 - 3
17	金融理论与公司政策(第四版)	托马斯·科普兰等	Thomas Copeland	69.00	2012	978 - 7 - 300 - 15822 - 8
18	应用公司财务(第三版)	阿斯沃思·达摩达兰	Aswath Damodaran	88.00	2012	978 - 7 - 300 - 16034 - 4
19	资本市场:机构与工具(第四版)	弗兰克·J·法博齐	Frank J. Fabozzi	85.00	2011	978 - 7 - 300 - 13828 - 2
20	衍生品市场(第二版)	罗伯特·L·麦克唐纳	Robert L. McDonald	98.00	2011	978 - 7 - 300 - 13130 - 6
21	债券市场:分析与策略(第七版)	弗兰克·J·法博齐	Frank J. Fabozzi	89.00	2011	978 - 7 - 300 - 13081 - 1
22	跨国金融原理(第三版)	迈克尔·H·莫菲特等	Michael H. Moffett	78.00	2011	978 - 7 - 300 - 12781 - 1
23	风险管理与保险原理(第十版)	乔治·E·瑞达	George E. Rejda	95.00	2010	978 - 7 - 300 - 12739 - 2
24	兼并、收购和公司重组(第四版)	帕特里克·A·高根	Patrick A. Gaughan	69.00	2010	978 - 7 - 300 - 12465 - 0
25	个人理财(第四版)	阿瑟·J·基翁	Athur J. Keown	79.00	2010	978 - 7 - 300 - 11787 - 4
26	统计与金融	戴维·鲁珀特	David Ruppert	48.00	2010	978 - 7 - 300 - 11547 - 4
27	国际投资(第六版)	布鲁诺·索尔尼克等	Bruno Solnik	62.00	2010	978 - 7 - 300 - 11289 - 3
28	财务报表分析(第三版)	马丁·弗里德森	Martin Fridson	35.00	2010	978 7 300 11290 9

图书在版编目（CIP）数据

应用中级宏观经济学/（美）胡佛著；蒋长流等译. —北京：中国人民大学出版社，2015.4
（经济科学译丛）
ISBN 978-7-300-21000-1

Ⅰ．①应… Ⅱ．①胡… ②蒋… Ⅲ．①宏观经济学 Ⅳ．①F015

中国版本图书馆 CIP 数据核字（2015）第 056907 号

"十一五"国家重点图书出版规划项目
经济科学译丛
应用中级宏观经济学
凯文·D·胡佛　著

蒋长流　杨玲　译
Yingyong Zhongji Hongguan Jingjixue

出版发行	中国人民大学出版社
社　　址	北京中关村大街 31 号　　　　　　　**邮政编码**　100080
电　　话	010 - 62511242（总编室）　　　　010 - 62511770（质管部）
	010 - 82501766（邮购部）　　　　010 - 62514148（门市部）
	010 - 62515195（发行公司）　　　010 - 62515275（盗版举报）
网　　址	http://www.crup.com.cn
	http://www.ttrnet.com（人大教研网）
经　　销	新华书店
印　　刷	北京东君印刷有限公司
规　　格	185 mm×260 mm　16 开本　　　　**版　次**　2015 年 5 月第 1 版
印　　张	43 插页 2　　　　　　　　　　　　**印　次**　2015 年 5 月第 1 次印刷
字　　数	978 000　　　　　　　　　　　　　**定　价**　78.00 元